Maldita guerra

Francisco Doratioto

Maldita guerra

Nueva historia de la Guerra del Paraguay

Traducción de Juan Ferguson

emecé
historia

Doratioto, Francisco
　　Maldita guerra.- 1ª ed. – Buenos Aires : Emecé, 2004.
　　656 p. ; 25x16 cm.

　　Traducción de: Juan Ferguson

　　ISBN 950-04-2574-2

　　1. Narrativa Argentina I. Título
　　CDD B869.3

Emecé Editores S.A.
Independencia 1668, C 1100 ABQ, Buenos Aires, Argentina

Título original: *Maldita guerra*

© *2002, Francisco Fernando Monteoliva Doratioto*
doratioto@hotmail.com
© *2004, Emecé Editores S.A.*

Diseño de cubierta: *Mario Blanco*
1ª edición: 4.000 ejemplares
Impreso en Grafinor S. A.,
Lamadrid 1576, Villa Ballester,
en el mes de julio de 2004.

IMPRESO EN LA ARGENTINA / PRINTED IN ARGENTINA
Queda hecho el depósito que previene la ley 11.723
ISBN: 950-04-2574-2

Índice

Agradecimientos... 13
Introducción 15

1. TEMPESTAD EN EL PLATA.. 21

  El Paraguay de Francia y de Carlos López: la defensa de la
    autonomía (1811-1862) 21
  Tensión regional (1862-1864) 36
    Las nuevas situaciones políticas.................................... 37
    Argentina y Brasil... 42
  La guerra en el horizonte 55
    Solano López rompe con el Brasil 55
    El acercamiento argentino-brasileño;
      la pacificación del Uruguay 66
  Solano López, de tirano a héroe antiimperialista:
    la construcción del mito 74

2. EL PARAGUAY ATACA: EL FRACASO DE LA "GUERRA RELÁMPAGO"........... 91

  El ataque a Mato Grosso... 91
    La invasión 91
    Saqueos y expulsión de los brasileños 100
    La reacción brasileña 104
  La movilización militar... 105
  Mato Grosso librado a su propia suerte 114
  El ataque a Corrientes.. 123
    La invasión 124
    La reacción argentina... 130
    La derrota en Riachuelo frustra la estrategia paraguaya............ 138

La Triple Alianza contra el Paraguay.................................... 148

El Tratado de Alianza... 149

Las críticas del Consejo de Estado al Tratado 154

El ataque a Rio Grande do Sul 161

El paseo paraguayo: de São Borja a Uruguayana......................... 162

Retirada paraguaya; avance aliado 179

3. La guerra de posiciones (1866-1867) 187

La invasión del Paraguay.. 188

La larga espera.. 189

La invasión 200

Desinteligencias entre los aliados y derrota de Curupaytí.......... 227

El repudio a la guerra.. 245

Los países neutrales.. 245

En el Brasil: "Dios es grande, pero el monte

lo es todavía más" 253

Dificultades en el reclutamiento: el recurso de los esclavos 259

Caxias en la guerra.. 265

La reorganización del Ejército brasileño 265

Las divergencias con Mitre 285

4. 1868: el año decisivo 297

La caída de Humaitá 297

Los aliados estrechan el cerco... 298

El paso de Humaitá; las naves brasileñas en Asunción 304

La ocupación aliada... 311

La nueva situación.. 318

La situación aliada. Caxias quiere la paz 319

La situación paraguaya: la paranoia de Solano López................. 325

Avance y victorias aliadas 335

De Humaitá a Lomas Valentinas 336

La "decembrada": Itororó, Avaí y Lomas Valentinas 345

La fuga de Solano López: ¿un accidente?................................. 358

5. La cacería de Solano López 367

¿La guerra continúa?... 367

Las tropas brasileñas saquean Asunción................................... 367

Caxias se retira.. 370

Desánimo en el Ejército brasileño 376
El conde d'Eu se resiste a ir a la guerra 379
La campaña de la Cordillera 384
Las últimas grandes batallas 385
El gobierno provisional paraguayo 401
Cacería y muerte de Solano López 418
Balance de la guerra 435

Conclusiones 451
Notas 465
Archivos consultados y abreviaturas 559
Cronología 561
Fuentes y bibliografía 581
Crédito de las ilustraciones 605
Índice alfabético 609

Para mi familia:
Amelia y Fernando,
quienes me apoyaron para ir más allá del horizonte.
Isabel, Leonardo y Rafael,
porque hacen que haya valido la pena
haber ido más allá del horizonte.

¡Maldita guerra, que nos hace atrasar medio siglo!

BARÓN DE COTEGIPE AL BARÓN DE PENEDO,
Río de Janeiro, 12/5/1866

Esa guerra que no buscamos, que no deseábamos (...), era inevitable debido a la naturaleza del poder despótico e irresponsable del gobierno del Paraguay, que constituía una amenaza perpetua para sus vecinos debido a la concentración de elementos militares en su territorio, militarizando en masa a su población para perturbar nuestra paz, fomentando nuestras divisiones [políticas]; debido a cuestiones económicas referentes a la libertad de navegación de los ríos y del comercio, originadas en su política restrictiva y exclusivista; y, finalmente, por la reivindicación de nuestros límites legítimos y naturales.

BARTOLOMÉ MITRE,
presidente de la República Argentina

Después de todo, la Guerra del Paraguay es comparable a la de Vietnam, por la dificultad logística, por la participación de la población del país y hasta por las típicas acciones de guerrilla. Lo notable es que hayamos vencido.

ARMANDO DE SENNA BITTENCOURT

Agradecimientos

Dejo constancia de mi agradecimiento y cariño por las personas citadas abajo, que tienen interés por la historia de la Guerra del Paraguay y que, en un momento o en otro, fueron mis interlocutoras. A ellas les debo informaciones, indicaciones, apoyo y sugerencias.

Agradezco el apoyo de los profesores de la posgraduación del Departamento de Historia de la Universidad de Brasilia, donde cursé la maestría y el doctorado. Estoy particularmente agradecido a los profesores doctores Amado Luiz Cervo, Celso Fonseca, Corcino dos Santos, Geralda Dias Aparecida (orientadora de la maestría), José Flávio Sombra Saraiva (orientador del doctorado) y Luis Alberto Moniz Bandeira, por la amistosa recepción que me dieron cuando llegué a Brasilia procedente de San Pablo, y también, por compartir conmigo informaciones y reflexiones que fueron resultado de años de investigación y de enseñanza. Agradezco el incentivo de mis colegas profesores de las Facultades Integradas Upis, con los cuales tengo el privilegio de convivir. Mis alumnos del Instituto Rio Branco y de la Upis tuvieron infinita paciencia con mi pasión por la Guerra del Paraguay.

Agradezco a los siguientes amigos historiadores la búsqueda de valiosa documentación utilizada aquí, a saber: Eugênio Vargas Garcia (British Documents on Foreign Affairs: Reports and Papers from the Foreign Office); João Luiz de Araújo Ribeiro (Archivo Nacional, consultas al Consejo de Estado sobre la aplicación de la pena de muerte) y Valéria Nely César de Carvalho (Archivo Vaticano). Mis agradecimientos son también para Claudio Garon, por las sugerencias derivadas de la lectura parcial de los originales de este libro.

Por la indicación de fuentes, las sugestiones y el apoyo, agradezco a Alberto da Costa e Silva, André Amaral de Toral, Antonio José Rezende Castro, Eduardo y María Bernadette Furusawa, Eliane Elias de Rezende, Gonçalo de Barros Carvalho y Mello Mourão, Guilherme Condurú, Herraldo Póvoas de Arruda, Joel Souza Pinto Sampaio, José Dantas Filho, José Ronaldo Montalvão Monte Santo, Luiz Felipe Lampreia, Luiz y María Helena da Fonseca Costa, Marcio Dornelles, Marcio de Oliveira Dias, Olavo Malheiros Jr., Reginaldo José da Silva Bacchi, Ricardo Bonalume Neto, Roberto Teixeira de Avellar, Rodrigo Baena Soares, Rodrigo Rodrigues Costa y Lima y Simone de Souza Bastos.

En el Paraguay, Carlos Pusineri Scala, director de la Casa de la Independencia, me dio acceso a su archivo particular y me prestó libros. Lo mismo hizo Manuel Peña Villamil, quien también presidió mi incorporación a la Academia Paraguaya de la Historia, constituyéndose para mí en un ejemplo de integridad intelectual y dedicación a la investigación histórica, al igual que Ricardo Scavonne Yegros. Las conversaciones con José Luis Simón y Ricardo Caballero Aquino, así como la lectura de sus trabajos sobre la historia política paraguaya, constituyeron fuentes de importantes informaciones y reflexiones. Los textos de análisis político, novelas históricas y conversaciones con Guido Rodríguez Alcalá —uno de los mayores intelectuales paraguayos—, contribuyeron de forma relevante para mi conocimiento de la realidad paraguaya. Entre mis mejores recuerdos de Asunción está la convivencia con José Eduardo Alcázar y Octavio Henrique Dias García Cortés. Hago constar también la simpatía y cordialidad que recibimos mi familia y yo durante los largos tres años que vivimos en el Paraguay; el cariño por el país y por su pueblo nos acompañará siempre.

En la Argentina le agradezco a Hernán Santibáñez Vieyra, amigo de muchos años, a quien debo el incentivo incial para escribir este libro y el apoyo subsecuente. También estoy en deuda con la historiadora Liliana M. Brezzo, de la Pontificia Universidad Católica Argentina, en Rosario, por las informaciones obtenidas de sus trabajos y por el intercambio de ideas y publicaciones.

La investigación sobre la documentación diplomática de Portugal solamente fue posible gracias a la amabilidad del diplomático Antonio Leão Rocha. Dado que el archivo era objeto de reformas y no estaba en condiciones para recibir investigadores, Leão Rocha me hizo un lugar en su sala de trabajo donde pudiera leer la documentación que me interesaba.

Son dignos de reconocimiento los empleados de los archivos y bibliotecas donde investigué. Mi búsqueda y solicitud de un gran número de documentos fueron atendidas con amabilidad y celeridad. El historiador no podría desarrollar su trabajo sin la dedicación de esos funcionarios.

Introducción

Entre 1740 y 1974 el planeta tuvo 13 mil millones de habitantes y fue testigo de 366 guerras de gran dimensión, con un costo de 85 millones de muertos. El resultado de esas guerras parece haber sido un premio a la agresión, pues en dos tercios de ellas venció el agresor. En cuanto a la duración, el 67% de las mismas terminó en un plazo inferior a los cuatros años[1]. Por lo tanto, la Guerra del Paraguay forma parte de la minoría, ya que el agresor paraguayo fue derrotado y la lucha se extendió por cinco años. Se trató del conflicto externo de mayor repercusión para los países participantes, sea en cuanto a la movilización y pérdida de hombres, sea en cuanto a los aspectos políticos y financieros. El enfrentamiento entre la Triple Alianza y el Paraguay se convirtió en un verdadero divisor de la historia de las sociedades de esos países, tal como lo demuestra, para el caso del Brasil, el siguiente fragmento de la crónica de Machado de Assis escrita en 1894:

> "¡Dios mío! ¡Hay personas que nacieron después de la Guerra del Paraguay! Existen jóvenes que se afeitan, que se enamoran, que se casan, que tienen hijos y que, no obstante, nacieron después de la batalla de Aquidabán".

La larga duración de la guerra, que se extendió desde diciembre de 1864 a marzo de 1870, creó una nueva realidad en Río de Janeiro, una "vida intensa". Los soldados entraban y salían de la capital del Imperio del Brasil y, en una época en que no existía el telégrafo internacional, se esperaba el arribo de los navíos llegados del Río de la Plata con noticias del frente de batalla[2]. La vida cotidiana también se vio alterada en las otras dos capitales aliadas, Buenos Aires y Montevideo, por donde pasaban las tropas brasileñas que eran enviadas al Paraguay y los enfermos evacuados del frente de batalla. En la Argentina, donde se abastecían el Ejército y la Marina imperiales, la reactivación de la economía enriqueció a estancieros y comerciantes. La Guerra del Paraguay repercutió en la consolidación

15

de los Estados nacionales argentino y uruguayo; fue el momento del apogeo de la fuerza militar y de la capacidad diplomática del Imperio del Brasil, pero, de forma paradojal, contribuyó igualmente para acentuar las contradicciones del Estado monárquico brasileño, debilitándolo. El Paraguay, por su lado, se convirtió en la periferia de la periferia, dado que su economía se volvió satélite de la economía Argentina luego de la finalización del conflicto.

La evolución de la guerra llamó mi atención cuando realizaba la investigación para mi disertación de maestría sobre las relaciones entre el Imperio del Brasil y el Paraguay, en la segunda mitad de la década de 1980. De inmediato me encontré con sucesivas sorpresas en los archivos de los países envueltos en la guerra; en informes de diplomáticos europeos que sirvieron en la región; en libros de memorias; en trabajos del final del siglo XIX y comienzos del siglo XX, así como en estudios paraguayos más recientes. Pronto quedó claro que, desde el final de la guerra, en 1870, la historiografía brasileña tradicional había reducido la importancia del aliado argentino para la victoria sobre Solano López, además de haber minimizado —cuando no olvidado—, importantes críticas a la actuación de los jefes militares brasileños en el conflicto. En contrapartida, resultaba evidente que Francisco Solano López era el dictador casi caricaturesco de un país agrícola atrasado, autor de errores militares que le costaron la vida a millares de sus valientes soldados, pero que motivaron el sospechoso silencio de sus admiradores futuros, los revisionistas históricos. La historia de la guerra fue "retrabajada" por el revisionismo populista en las últimas décadas del siglo XX, creándose el mito de Solano López como gran jefe militar y, más absurdamente, líder antiimperialista. Al mismo tiempo, se descalificaba el accionar de los Ejércitos aliados así como la resistencia y el sacrificio demostrado por sus hombres, quienes habían luchado durante años lejos de sus países. En realidad, hubo actos de desprendimiento personal, de valentía, de cobardía o de crueldad en ambos lados de la guerra.

La generación de aquellos que lucharon en la guerra, en los países aliados o en el Paraguay, no consideraba de forma positiva el papel histórico de Solano López. Existía la certeza sobre su responsabilidad, sea en el desencadenamiento de la guerra, al invadir Mato Grosso, sea en la destrucción de su país, debido a los errores en la conducción de las operaciones militares y en la decisión de sacrificar a los paraguayos, e incluso cuando ya estaba definida la derrota, por no ponerle fin al conflicto. De esa generación nació la historiografía tradicional sobre la guerra, la cual simplificó la explicación del conflicto ateniéndose a las características personales de Solano López, caracterizado como ambicioso, tiránico y aun como casi desequilibrado. Esa caracterización no estaba lejos de la realidad y hasta puede explicar ciertos momentos de la guerra, pero no su origen y su dinámica.

A finales del siglo XIX y comienzos del XX surgieron voces que discordaban con esa interpretación tradicional. En el Brasil, los adeptos al positivismo —una filosofía que era contraria al régimen de gobierno monárquico— comenzaron a responsabilizar al Imperio brasileño por el comienzo de la guerra. En la misma época, surgió en el Paraguay el revisionismo sobre Solano López, quien tuvo su imagen "reconstruida" y comenzó a ser presentado como estadista y gran jefe militar. Como se aclara en el capítulo 1 de este libro, esa interpretación surgió por motivos financieros y fue adoptada por una secuencia de dictadores: Rafael Franco (1936-1937) la oficializó, Higinio Morinigo (1940-1948) la fortaleció y Alfredo Stroessner (1954-1989) la convirtió en ideología oficial del Estado, al punto de detener y forzar al exilio a aquellos que no la compartiesen. La falsificación del pasado, mediante la apología de la dictadura lopizta, contribuyó para construir la opresión del presente, dándole una supuesta legitimidad a los regímenes de esos tres gobernantes.

Sin embargo, la promoción de Solano López a líder antiimperialista fue realizada a partir de fines de los años 1960 por intelectuales nacionalistas y de izquierda del Río de la Plata. Ese revisionismo —que con el tiempo derivó en posturas populistas—, presenta al Paraguay anterior a la guerra como un país progresista, en donde el Estado habría propiciado la modernización del país y el bienestar de su población, evitando su inserción en la economía capitalista y la subordinación a Inglaterra. Según esa explicación, el Brasil y la Argentina habrían sido manipulados por intereses británicos con el objetivo de aniquilar el desarrollo autónomo paraguayo.

El libro más emblemático de ese revisionismo tal vez sea *La Guerra del Paraguay: ¡gran negocio!*, publicado en 1968 por el respetable historiador argentino León Pomer. En el Brasil, en 1979, una simplificación de los argumentos de esa obra tuvo como resultado *Genocídio americano: a Guerra do Paraguai*, del escritor Julio José Chiavenato. *Genocídio americano* tuvo un gran éxito editorial, y le enseñó a generaciones de estudiantes brasileños que el imperialismo inglés, "destruyendo al Paraguay, mantiene el *statu quo* en la América meridional, impidiendo el ascenso del único Estado económicamente libre". Esa teoría conspirativa va contra la realidad de los hechos y no tiene pruebas documentales; por el contrario, el lector encontrará en el capítulo 1 de este libro una fotocopia de la carta del representante británico en Buenos Aires, Edward Thornton, dirigida al gobierno paraguayo en diciembre de 1864, en la cual le ofrece sus servicios para evitar una guerra entre el Paraguay y el Brasil. A pesar de haber sido desmentida por sólidas investigaciones históricas, como las de

Alfredo da Mota Menezes, André Toral, Ricardo Salles y Victor Izecksohn, esa teoría todavía tiene alguna repercusión, como en los trabajos de Carlos Guilherme Mota y Paulo Miceli. En el Paraguay, autores como Juan Carlos y María Isabel Herken Krauer, Guido Rodríguez Alcalá, Ricardo Caballero Aquino y Diego Abente, también explicaron los orígenes de la guerra a partir de factores regionales[3].

En realidad, al ignorar documentos y anestesiar el sentido crítico, tanto la historiografía conservadora como el revisionismo simplificaron las causas y el desarrollo de la Guerra del Paraguay. Ambos sustituyeron la metodología del trabajo histórico por la emoción fácil y la denuncia indignada. Debido a la época en que surgió, la historiografía conservadora careció del necesario conocimiento metodológico e incluso del acceso a documentación que permite al investigador un análisis más preciso de los orígenes y desarrollo de la guerra. Pero esos atenuantes no son válidos para el revisionismo en su vertiente antiimperialista; este puede explicarse por el momento histórico en que fue generado y se desarrolló, durante las décadas de 1960 y 1980, cuando las sociedades de esta parte de América del Sur vivían bajo dictaduras militares que, a pesar de cercenar las libertades civiles, reivindicaban para sí la defensa del pensamiento liberal. Una de las formas de combatir esas dictaduras era desmoralizar sus referentes históricos, sus ídolos —en la Argentina, Mitre; en el Brasil, el duque de Caxias—, y sus fundamentos ideológicos. De allí el espíritu acrítico con que el mundo académico de aquel momento aceptó y reprodujo publicaciones "revisionistas" sobre la Guerra del Paraguay, las que mitificaban a Solano López y responsabilizaban por el conflicto al imperialismo británico. Sin embargo, continuar defendiendo hoy esa interpretación solo puede ser resultado de la ignorancia histórica o, tal vez, de la natural dificultad de reconocerse equivocado.

La superación de los regímenes autoritarios, los avances del conocimiento histórico y la apertura de archivos crearon las condiciones para un análisis más objetivo de la Guerra del Paraguay, más allá de simplificaciones y desfiguraciones. A partir de esa perspectiva, el presente libro, apoyado en una vasta y diversificada documentación parcialmente inédita, intenta explicar los orígenes de la guerra y su desarrollo. Constituyó una preocupación del autor el dar a las voces del pasado —de aquellos que vivieron la guerra en los diferentes ejércitos— el espacio para que sean escuchadas con respeto, esto es, insertadas en el contexto histórico en que fueron generadas. Aquellos que se sacrificaron luchando por una causa que les parecía justa, sean aliados o paraguayos, merecen nuestra admiración. Pero es una obligación del historiador, en favor del conocimiento de la realidad de la guerra y en ejercicio de un deber ético, señalar a los que estando en posiciones de mando fueron responsables por un tratamiento cruel a subordinados y enemigos, o que no fueron dignos del valor y del sacrificio de sus soldados.

Por último, se actualizó la ortografía en la transcripción de fragmentos de documentos, así como se tradujeron al castellano las citas escritas en otros idiomas.

1. Tempestad en el Plata

La historia del Paraguay estuvo íntimamente ligada al Brasil y a la Argentina, como principales polos del subsistema de relaciones internacionales en la región del Río de la Plata. El aislamiento paraguayo hasta la década de 1840, así como su apertura e inserción internacional, se explican en gran medida por la situación política platina. En los años siguientes a esa apertura, el Paraguay tuvo buenas relaciones con el Imperio del Brasil y se mantuvo apartado de la Confederación Argentina, a la cual se había aproximado en los años de 1850, al mismo tiempo en que vivía momentos de tensión con Río de Janeiro. En la primera mitad de la década de 1860, el gobierno paraguayo, presidido por Francisco Solano López, intentó tener participación activa en los acontecimientos platinos, apoyando al gobierno uruguayo que era hostilizado por la Argentina y por el Imperio. De esta forma, el Paraguay entró en ruda colisión con sus dos mayores vecinos, y Solano López terminó por ordenar la invasión de Mato Grosso y Corrientes dando comienzo a una guerra que se extendería por cinco años. En realidad, la Guerra del Paraguay fue el resultado del proceso de construcción de los Estados nacionales en el Río de la Plata y, al mismo tiempo, un marco en sus respectivas consolidaciones.

EL PARAGUAY DE FRANCIA Y DE CARLOS LÓPEZ: LA DEFENSA DE LA AUTONOMÍA (1811-1862)

En 1776, España creó el Virreinato del Río de la Plata, con sede en Buenos Aires, para contener la expansión portuguesa en esa parte de América. Era un vasto territorio que abarcaba lo que hoy es la Argentina, Uruguay, Paraguay y Bolivia, llegando incluso al océano Pacífico. Luego de liderar la independencia del Virreinato del Río de la Plata en relación con España, la burguesía mercantil de Buenos Aires planeaba un Estado nacional centrali-

21

zado bajo su hegemonía, con la unificación de las economías de las demás provincias de la ex colonia. La posición estratégica de Buenos Aires —en la desembocadura del río Paraná— le permitía dificultar el comercio marítimo del interior con el resto del mundo. De ese modo, podía concentrar en el puerto de esa ciudad los intercambios mercantiles internacionales de la región platina, lo que resultaría en el incremento de la riqueza de la burguesía mercantil porteña en detrimento de las elites del interior. Pero estas reaccionaron, y en 1811 fue derrotada en el Paraguay la columna militar comandada por Manuel Belgrano, la cual había sido enviada por Buenos Aires para someterlo. Sin embargo, y pese a que el II Congreso General Paraguayo de 1813 modificó la designación del Paraguay de Provincia a República, la proclamación formal de la independencia paraguaya se dio recién en 1842. Hasta 1840 el país fue gobernado por el dictador perpetuo —título oficial—, José Gaspar Rodríguez de Francia, hijo de portugués[1].

La independencia paraguaya recién fue proclamada formalmente en 1842, y el primero en reconocerla fue el Imperio del Brasil en 1844. Sin embargo, de 1824 a 1829 el Brasil mantuvo un cónsul en Asunción, Manuel Correa da Câmara, con quien Francia discutió un tratado definiendo los límites entre los dos países; el criterio del funcionario se basaba en el tratado de San Ildefonso de 1777 y en el principio de *uti possidetis*, apoyado por Río de Janeiro y rechazado por el dictador. Según ese principio, a cada país le correspondería el territorio que estuviese ocupando efectivamente en ocasión de la independencia, y de esta forma serían brasileñas las tierras derivadas del expansionismo colonial portugués. Las relaciones brasileño-paraguayas se deterioraron rápidamente, hasta el punto de que Francia expulsó al cónsul brasileño en 1829[2].

Hasta comienzos de la década de 1840 no existieron contactos oficiales entre el Paraguay y sus vecinos. Francia aisló a su país como la mejor forma de mantener la independencia en relación con Buenos Aires y con su propia dictadura, en la cual las instituciones "públicas" eran un apéndice de su voluntad e idiosincrasia personales. Durante la dictadura de Rodríguez de Francia, el diminuto comercio del Paraguay con el exterior —bajo control estatal— se dio con la provincia argentina de Corrientes por medio del puerto de la Villa del Pilar, y con el Brasil por la Villa de Itapúa. Francia eliminó cualquier oposición a su proyecto aislacionista por parte de sectores de la elite. Los españoles residentes en el Paraguay —los peninsulares—, y una parte de la elite local —los criollos—, eran bien vistos por Buenos Aires debido a intereses económicos; pero ambos sectores fueron neutralizados en 1820 luego del descubrimiento de una conspiración para asesinar a Francia, quien aplicó la justicia sumaria contra los participantes del movimiento. El alto precio que pagaron los conspiradores, tanto en términos personales como con la confiscación de sus bienes, desanimó nuevas conspiraciones. La Iglesia, por su lado, asistió a la expulsión de las órdenes religiosas del país y a la secularización de sus bienes, con la transferencia al Estado de tierras y esclavos que le pertenecían. Esa medida fue una reacción del dictador perpetuo a una orden del papa León XII, quien en 1824 se dirigió a los obispos y arzobispos que se encontraban en América para que apoyasen los esfuerzos que realizaba Fernando VII, rey de España, por restablecer su autoridad sobre las antiguas colonias[3].

Alejado de las luchas platinas, el aislamiento del Paraguay implicó el establecimiento de un tipo de economía en la que el Estado se convirtió en regulador de todas las actividades y en detentador del monopolio del comercio de la yerba mate, de la madera y del tabaco, los productos más significativos de la economía nacional. Al confiscar tierras de la elite tradicional, se fortaleció el poder económico del Estado paraguayo. En esas tierras se organizaron "estancias de la patria", establecimientos estatales arrendados a campesinos o explotados por el propio Estado, en las cuales también se utilizaba mano de obra de esclavos negros o de prisioneros[4]. En la década de 1830, el intento del dictador de la Confederación Argentina, Juan Manuel de Rosas, de imponerse a las antiguas provincias del Virreinato del Río de la Plata agrupándolas en un Estado nacional bajo su jefatura, contribuyó para la continuidad del aislamiento paraguayo en esa época.

Sin embargo, el año de 1840 fue testigo de cambios internos tanto en el Brasil como en el Paraguay, los cuales les permitieron volver a participar de las cuestiones platinas. En el Paraguay, murió José Gaspar de Francia, y en el Imperio del Brasil, la mayoría de edad anticipada de Pedro II y el pacto entre elites en torno de un Estado monárquico centralizado y esclavista pusieron fin al agitado período regencial (1831-1840), durante el cual no se había podido crear una política para el Plata. A mediados de la década de 1840, el Estado brasileño y el paraguayo ya estaban suficientemente estructurados como para que, en el caso del Brasil, se pudiera tener una política activa con relación al Plata y, en el caso del Paraguay, se articulara externamente en la defensa de su independencia.

A Francia le siguieron en el poder dos juntas militares y un consulado compuesto por Mariano Roque Alonso, militar, y Carlos Antonio López, abogado perteneciente al núcleo de sobrevivientes de los grandes propietarios rurales. En 1844 fue convocado el Congreso paraguayo, que no tuvo actividades regulares hasta comienzos de 1870 y se reunía apenas cuando era llamado por el Ejecutivo para convalidar sus decisiones. En esa ocasión el Congreso "eligió" a Carlos Antonio López como presidente de la República del Paraguay. En el plano interno, el nuevo jefe de Estado dio continuidad al autoritarismo de Rodríguez de Francia, persistiendo en el país la falta de

Poder Legislativo y de Constitución —la cual solo llegaría en 1870—. Pero en el plano externo el Paraguay comenzó a participar de los acontecimientos platinos. En julio de 1841 el país firmó dos tratados con la provincia de Corrientes, que entonces se había sublevado contra Rosas: uno de Amistad, Comercio y Navegación, y otro de Límites. Esos documentos establecían el libre comercio recíproco y un *modus vivendi* para evitar conflictos mientras no se llegase a un acuerdo de fronteras[5].

El Congreso paraguayo, que no se reunía desde hacía dos décadas, proclamó solemnemente la independencia del país en 1842, a fin de fortalecerla mediante su reconocimiento por parte de las demás naciones.

Esa nueva postura externa exigía la modernización de la economía, pero el Paraguay carecía de un sector social con la experiencia administrativa y el capital financiero necesarios para esa tarea, ya que los grupos oligárquicos se encontraban desestructurados luego de haber sido duramente alcanzados por Francia. Le cupo al Estado transmitirle ese dinamismo a la vida económica, "representando los intereses vitales de la naciente burguesía rural cuyo poder y sofisticación se garantizaban con la expansión de un régimen capitalista fuertemente basado en los ítem exportables de la producción agropecuaria"[6].

La necesidad del Paraguay de ampliar el contacto con el exterior para modernizarse encontraba un obstáculo en Rosas, quien se rehusaba a reconocerle independencia y dificultaba su comercio con el exterior controlando la navegación del río Paraná. La intervención de Rosas en la Guerra Civil Uruguaya (1838-1851), apoyando a los blancos contra los colorados, no era bien vista por el Imperio del Brasil, que temía por la independencia de la República Oriental del Uruguay. Este país había surgido luego de tres años de guerra (1825-1828) entre Buenos Aires y Río de Janeiro, quienes se disputaban la posesión del territorio que hasta entonces había sido llamado Banda Oriental, o Provincia Cisplatina por los brasileños. Así, por representar una amenaza común, el líder de la Confederación se convirtió en un poderoso motivo de aproximación entre el Brasil y el Paraguay. El 28 de diciembre de 1842, Carlos López le envió una nota al gobierno imperial en la cual le solicitaba el reconocimiento de la independencia paraguaya, siendo esta la primera comunicación oficial que el gobierno paraguayo le enviaba al Imperio en casi dos décadas. En 1844 llegó a Asunción el primer encargado de negocios brasileño, José Antonio Pimenta Bueno, futuro marqués de São Vicente[7].

Pimenta Bueno tenía instrucciones para firmar un tratado con el gobierno de López que permitiese la comunicación con Mato Grosso a través de la libre navegación de los ríos compartidos por los dos países. El encargado de Negocios también recibió instrucciones para emplear todos los medios a su alcance a fin de evitar que el Paraguay llegara a un entendimiento con la Confederación Argentina. El 14 de septiembre de 1844 Pimenta Bueno firmó el acto de reconocimiento de la independencia paraguaya, y dado que el Brasil fue el primer país en hacerlo, se comprometió a utilizar sus representaciones diplomáticas para conseguir que otras naciones hiciesen lo mismo, lo que de hecho sucedió. Se firmó incluso un Tratado de Alianza, Comercio, Navegación, Extradición y Límites por el cual la República restituiría el dominio paraguayo sobre aproximadamente 200 mil kilómetros cuadrados que se encontraban en manos brasileñas, pero el mismo no fue ratificado por el gobierno imperial porque utilizaba el Tratado de San Ildefonso para la definición de las fronteras[8].

Pimenta Bueno estableció excelentes relaciones con el presidente Carlos López, de quien se volvió consejero. López informaba al diplomático sobre las principales cuestiones que enfrentaba la República y lo invitaba a opinar sobre los problemas internacionales del Paraguay. Pimenta Bueno colaboró en la redacción de decretos y de leyes, y sugirió la creación del primer periódico del país, el *Paraguayo Independiente*[9].

El acercamiento con el Paraguay atendía a la política del gobierno imperial de buscar el aislamiento de Rosas en el Plata. El hecho de que el Brasil fuese la única monarquía en América llevó a sus gobernantes a identificarlo como un Estado solitario en el continente, cercado de potenciales enemigos. Esa percepción no dejaba de ser procedente, pues los Estados vecinos, especialmente los platinos, veían en el Brasil monárquico —gobernado por la Casa de Bragança, al igual que Portugal— un heredero de las ambiciones del expansionismo colonial portugués. Al señalar la existencia de una amenaza externa, el discurso sobre la soledad del país también cumplía la función de fortalecer la unidad nacional brasileña. El Estado monárquico brasileño temía la constitución de una república poderosa y exitosa en el Sur, ya que el desarrollo de esta podría incentivar movimientos republicanos dentro del Brasil. Los gobernantes imperiales se mantenían atentos a las repercusiones de las cuestiones externas en el marco interno brasileño, en especial de aquellas relativas al Plata, región fronteriza de la problemática provincia de Rio Grande do Sul —donde ya se había dado el intento secesionista republicano de la *Farroupilha**—, y del distante y aislado Mato Grosso.

Para la diplomacia imperial, un vecino poderoso en el Plata —el cual solo podría ser la Argentina— representaba una amenaza a la independencia del Paraguay y del Uruguay. La existencia de esos dos Estados era la garan-

* *N. del T.*: Revolución federalista *gaúcha* acontecida en 1835.

tía de que los ríos platinos no serían nacionalizados por la Argentina, lo cual constituiría una amenaza para su libre navegación. Esa libertad era esencial para que Río de Janeiro tuviera acceso por vía fluvial al Mato Grosso, única forma de contacto regular de esa provincia con la capital brasileña. La navegación era hecha con barcos que penetraban en el estuario del Río de la Plata, subían por los ríos Paraná y Paraguay, y pasaban por Asunción para llegar a Cuiabá, capital matogrossense. Ese camino fluvial continuó siendo el medio más práctico para ese contacto hasta la década de 1910, cuando fue sustituido por el enlace ferroviario entre San Pablo y Mato Grosso.

El Partido Conservador, que gobernaba el Imperio a fines de la década de 1840, implementó para el Plata una política de defensa de la integridad territorial del Paraguay y del Uruguay. Con eso, los conservadores no solo buscaban garantizar la libre navegación sino también evitar la ampliación de la frontera argentino-brasileña, reduciendo los puntos por los cuales Rosas podría promover una eventual agresión al Brasil. La acción del Imperio en el Plata se vio facilitada por las luchas internas en la Argentina y en el Uruguay, las cuales se daban en torno al carácter que deberían asumir los nuevos Estados. En esas luchas, el gobierno imperial apoyaba a la facción liberal, abierta al comercio exterior y por lo tanto a la libertad de navegación de los ríos[10]. Y fue así como se dio la alianza entre el Imperio del Brasil, la facción política de los colorados en el Uruguay —que entablaban una guerra civil contra los blancos apoyados por Rosas—, y el gobernador de la provincia de Entre Ríos, Justo José de Urquiza, alianza que permitió la caída del dictador de la Confederación en 1852.

Luego de que Rosas fue derrocado, los gobernadores de las provincias argentinas firmaron el Acuerdo de San Nicolás en mayo de 1852, el cual redefinió el Pacto Federal de 1831 que había creado la Confederación. Mientras que trece provincias juraron la Constitución de 1853 en el Congreso de Santa Fe, convalidando las modificaciones descentralizadoras, Buenos Aires, que persistía en su proyecto de un Estado argentino bajo su hegemonía, se rehusó a hacerlo y elaboró una Constitución propia en 1854. De esta forma, cobraron vida dos unidades políticas independientes entre sí y en permanente conflicto: la Confederación Argentina, con sede en Paraná, y el estado de Buenos Aires. Ambas reconocieron la independencia del Paraguay, quien tuvo franqueada la navegación del Plata y del río Paraná.

Una vez garantizado su acceso al mar, el Estado paraguayo implementó poco a poco una estrategia de "crecimiento hacia afuera". Esta se basaba fundamentalmente en las exportaciones de productos primarios para el mercado regional y mundial, posibilitadas con la libertad de navegación que existía en el Plata a partir de la década de 1850. Lo específico de esa estrategia residía en el hecho de que, a partir de ella, el Paraguay comenzó una rápida modernización —básicamente militar—, sin el concurso de capitales extranjeros, pagando al contado la tecnología y los especialistas extranjeros que importaba[11].

En 1854, Francisco Solano López, primogénito del presidente Carlos Antonio López, fue enviado a Europa como ministro plenipotenciario para comprar armamentos y establecer contactos comerciales. En París conoció a una cortesana de lujo, la irlandesa Elisa Alicia Lynch. Nacida en 1835, había estado casada con un oficial francés del cual se separó, comenzando entonces a vivir en el *demi monde* de París, poblado de mujeres indiferentes a la moral de la época, refinadas y capaces de agradar a los hombres también por sus conversaciones inteligentes[12]. El que condujo a Solano López hasta Lynch fue el capitán Brizuela, su ayudante de campo, quien al informarle a su superior que debía conocer a la mujer más linda de París, recibió como respuesta que la llevara al hotel esa misma noche "sin importar cuánto pueda costar". Sin embargo, Brizuela aclaró que "la joven exige que sea Vuestra Excelencia quien vaya para su casa"[13]. Si bien el diálogo resulta esclarecedor sobre la vida que llevaba Elisa Lynch, luego de recibir a Solano López en su casa lo siguió de vuelta al Paraguay y se convirtió en su compañera hasta que fue muerto en Cerro Corá, en 1870.

En Inglaterra, Solano López entró en contacto con la Blyth & Co., que en esa época era una de las compañías tecnológicamente más avanzadas del mundo. Por intermedio de esa compañía, el Paraguay comenzó a comprar armamento, a enviar jóvenes paraguayos para que recibieran entrenamiento en ella, e incluso reclutó unos doscientos cincuenta técnicos europeos —de los cuales doscientos eran ingleses—, para modernizar el país. Entre estos últimos, William K. Whytehead se convirtió en ingeniero jefe del Estado paraguayo, y en el Ejército guaraní, William Stewart llegó a ser cirujano jefe y George Thompson, ingeniero jefe[14].

Resulta fantasiosa la imagen construida por cierto revisionismo histórico de que el Paraguay anterior a 1865 promovió su industrialización a partir de "dentro", con sus propios recursos, sin depender de centros capitalistas, hasta el punto de convertirse en una supuesta amenaza a los intereses de Inglaterra en el Plata. Los proyectos de infraestructura guaraní fueron atendidos por bienes de capital ingleses y la mayoría de los especialistas extranjeros que los implementaron era británica. Antes de 1865, las manufacturas oriundas de Inglaterra llegaron a cubrir el 75% de las importaciones paraguayas, las cuales provenían mayoritariamente de Buenos Aires, a partir de operaciones controladas por comerciantes británicos allí instalados. Esos comerciantes les concedían a los importadores paraguayos un crédito de ocho meses para el pago de las mercaderías[15].

También es equivocada la presentación del Paraguay como un Estado donde existirían igualdad social y educación avanzada. La realidad era otra, y había una promiscua relación entre los intereses del Estado y los de la familia López, la cual supo convertirse en la mayor propietaria "privada" del país mientras estuvo en el poder. Los otros núcleos económicos dependían directamente del aparato del Estado para apropiarse de parte del excedente generado por la economía, como era el caso de la naciente burguesía rural. Así, en 1860, una libra-peso de yerba mate era vendida en Buenos Aires a un vigésimo de libra esterlina, y las exportaciones paraguayas de ese producto a la capital argentina alcanzaron el monto de 190 mil libras. El Estado paraguayo pagaba 25 libras esterlinas por arroba a los que tenían permiso para explotar los yerbatales, quienes a su vez pagaban un centésimo de libra esterlina a los trabajadores empleados en la obtención de la yerba[16].

Luego de que la Confederación reconociera la independencia del Paraguay, en 1852, los dos países firmaron un Tratado de Límites. Según el mismo, le correspondería al Paraguay el territorio hasta el río Bermejo, en la región del Chaco, mientras que la posesión del área de Misiones sería argentina. Sin embargo, el Tratado de Límites fue rechazado por el Congreso de la Confederación en 1855. En respuesta, Carlos López entabló relaciones con el estado de Buenos Aires y nombró un cónsul ante el gobierno porteño. En el año siguiente, el gobierno de Paraná envió a Tomás Guido a Asunción con instrucciones para obtener la formalización de la libre navegación de los ríos, el libre comercio y la definición de límites, la cual debería obedecer a las demarcaciones del período colonial. Guido reivindicó la soberanía de la Confederación no solo sobre Misiones, sino también sobre todo el Chaco. Finalmente, el 29 de julio de 1856, el diplomático de la Confederación obtuvo la firma de un Tratado de Amistad, Comercio y Navegación, y la cuestión de límites quedó en suspenso por seis años[17].

El enviado extraordinario y ministro plenipotenciario del Imperio, Limpo de Abreu (vizconde de Abaeté), firmó ese Tratado de Amistad, Comercio y Navegación con la Confederación, el cual permaneció en secreto. Por ese acuerdo ambas partes se comprometían a no apoyar la separación de una parte del territorio del país aliado, o el establecimiento de un gobierno independiente en desafío a las autoridades constituidas. De esta forma —y a pesar de la amenaza británica de apoyar a los porteños en caso de que el Brasil ayudase de algún modo al gobierno de Paraná—, el Imperio apoyaba a la Confederación en su disputa con el secesionista estado de Buenos Aires. Gran Bretaña estaba interesada prioritariamente en una Argentina unida, pacífica y liberal, características estas que favorecían el comercio inglés en la región. Se hizo un pacto por el cual el Imperio ayudaría al aliado a recuperar Buenos Aires y, en contrapartida, la Confederación apoyaría al Brasil en sus dos problemas con el Paraguay: el de límites, y el de la dificultad en obtener la libre navegación de los ríos internacionales platinos[18].

Arriba, foto de 1869 del palacio que Solano López construyó para su residencia particular y que hoy es la sede de la Presidencia de la República. Abajo, Solano López en traje de oficial, con la banda de presidente, y su compañera, Elisa Alicia Lynch. Ambos se conocieron en 1854 en París, donde ella era una cortesana de lujo. Elisa lo acompañó en su regreso al Paraguay.

El gobierno imperial reivindicaba la soberanía del territorio comprendido entre los ríos Branco y Apa, teniendo este último como límite al Paraguay; para su reclamo se basaba en el principio de *uti possidetis*, pues en esa área había ciudadanos brasileños dispersos. El gobierno paraguayo, por su parte, disputaba el límite en el río Branco basándose en el Tratado de San Ildefonso de 1777, firmado entre la corona española y la portuguesa. La diplomacia imperial rechazaba esa disputa y argumentaba que el Tratado de Badajoz, que firmaron las dos metrópolis en 1801, había anulado el documento del siglo anterior[19].

Durante gran parte de la década de 1850, Carlos López generó obstáculos para la libre navegación del río Paraguay por parte de los navíos brasileños, condicionándola a la delimitación de la frontera entre los dos países en el río Branco. La importancia vital que tenía esa navegación para el Imperio lo llevó a amenazar al Paraguay con una guerra, para la cual no estaba preparado[20]. El gobierno paraguayo cedió y en abril de 1856 firmó con el Imperio un tratado donde garantizaba la libre navegación, postergando por seis años la discusión sobre las fronteras y manteniendo el *statu quo* del territorio en litigio entre los ríos Apa y Branco.

A pesar del acuerdo firmado en 1856, las autoridades paraguayas continuaron dificultando por medio de reglamentos el paso de los navíos brasileños que se dirigían a Mato Grosso. Carlos López estaba dominado por la idea de que con la libre navegación el Imperio fortalecería militarmente a esa provincia y amenazaría a su país[21]. El gobierno imperial, por su parte, no descartaba la posibilidad de un conflicto con el país guaraní a finales de la década de 1850. En 1857, Paulino de Souza afirmó que "en el caso presente, tiene toda aplicación el principio de que en la paz se debe preparar la guerra". En ese año, el almirante Marques de Lisboa fue enviado a Europa con la misión de comprar cien mil rifles y acompañar la construcción de seis navíos de guerra. Mientras tanto, eran enviadas a Cuiabá tropas con numerosos oficiales. El gobierno de Río de Janeiro actuaba con prudencia y articulaba los preparativos militares con movimientos diplomáticos[22].

Todavía en 1857, mientras realizaba preparativos militares, el Imperio envió a Asunción al consejero Joaquim Thomaz do Amaral, quien no consiguió que el gobierno paraguayo realizara alteraciones en la reglamentación que restringía la libre navegación. Como consecuencia de ello, en septiembre del mismo año llegó al Paraguay el ministro de Negocios Extranjeros brasileño, José María da Silva Paranhos (futuro vizconde de Rio Branco), quien antes pasó por Buenos Aires y allí garantizó la neutralidad del Imperio en las divergencias existentes entre ese estado y la Confederación. A continuación, Paranhos se detuvo en Paraná y firmó con la Confederación un acuerdo para la extradición de criminales, desertores y esclavos fugitivos, y otro que reglamentaba la navegación y el comercio por los ríos pertenecientes a los dos países. También se firmó un Tratado de Límites por el cual la Confederación renunciaba a cualquier pretensión sobre la región de Misiones, al oeste de los ríos Pepirí-guazú y San Antonio. Este documento fue criticado por el Congreso de la Confederación, quien se rehusó a aceptar el principio de *uti possidetis* y no lo ratificó; lo mismo sucedió en cuanto a la extradición de esclavos. El paso de Paranhos por Paraná le permitió a Urquiza obtener un nuevo empréstito del Brasil por un valor de 300 mil patacones, a un interés del 65% anual (el anterior, de 1851, en ocasión de la alianza contra Rosas, había sido de 100 mil patacones). A su vez, por el protocolo reservado del 14 de diciembre, Paranhos consiguió que la Confederación reclamase junto con el Uruguay la apertura del río Paraguay a la libre navegación, coincidiendo esa demanda con su presencia en Asunción. No se llegó a establecer una alianza militar contra la república guaraní porque el enviado imperial no aceptó las pretensiones argentinas en cuanto a la definición de límites con ese país. Paraná reiteró la reivindicación de posesión sobre todo el Chaco, en la margen derecha del río Paraguay; pero si bien el diplomático brasileño concordaba con la posesión hasta el río Bermejo, sostenía que la Confederación debía desistir del resto del territorio a cambio de Misiones[23].

A pesar de la falta de una alianza militar, el protocolo reservado establecía la posibilidad de cooperación entre Paraná y Río de Janeiro en caso de guerra contra el Paraguay. Si el conflicto se concretase, a la Confederación le correspondería participar con 6 mil hombres, mientras que el Imperio aportaría 8 mil soldados, además de fuerzas navales que realizarían el bloqueo fluvial del país guaraní, atacando las posiciones paraguayas y transportando provisiones y municiones para las fuerzas aliadas. El comandante en jefe aliado sería el general Urquiza, gobernador de Entre Ríos. En caso de que no participase del conflicto contra Asunción, el gobierno de Paraná debería permitir que las fuerzas imperiales atravesasen el territorio de Corrientes; por su parte, el Brasil se comprometía a utilizar su Marina para impedir un eventual ataque de Buenos Aires a la Confederación[24].

En diciembre de 1857, y como consecuencia de la misión de Paranhos, se firmó un contrato entre Irineu Evangelista de Souza, barón de Mauá, y el gobierno de la Confederación. De esta forma, el empresario brasileño obtuvo una autorización —válida por quince años— para instalar en el país un banco de depósitos al contado, con permiso para acuñar monedas de oro y plata. Mauá tuvo excelentes relaciones con Urquiza, y el caudillo utilizó el crédito concedido por las agencias del citado banco en el Uruguay, en el Brasil y en Inglaterra, para adquirir armamentos, municiones, víveres, objetos de arte y otros artículos, tanto en el Imperio como en Europa[25].

Para el cónsul británico en Buenos Aires, por detrás del apoyo brasileño a Urquiza existía una motivación económica: si la Confederación llegase a incorporar a Buenos Aires, tendría recursos financieros adicionales, dando mayor seguridad al Imperio para recibir el pago de los empréstitos otorgados a Paraná[26]. Además, mientras que Entre Ríos y Corrientes, que eran las provincias más importantes de la Confederación, tenían una tradición en favor de la libre navegación de los ríos, Buenos Aires era históricamente un obstáculo para ello. En esa época, los gobernantes del Imperio no podían considerar, sin un grado razonable de incertidumbre, que los porteños ya no crearían más dificultades a la libertad de tránsito fluvial en el Plata.

El 7 de enero de 1858 Paranhos llegó a Asunción, donde, convenientemente, ya circulaban los rumores del protocolo firmado entre el enviado imperial y el gobierno de la Confederación. Esto llevó a que Carlos López adoptase una posición prudente y aceptase las pretensiones brasileñas sobre la libre navegación. El día 12 del mes siguiente se firmó un convenio que, según Paranhos, "resolvió todas las cuestiones de modo satisfactorio", pues franqueó los ríos a la navegación y, por medio de un protocolo anexo, definió como límite occidental entre los dos países a Bahía Negra, en el Chaco[27]. Posteriormente, Paranhos afirmó que priorizó la garantía de la libre navegación por sobre la definición de las fronteras porque gran parte del territorio en disputa estaba deshabitado, y el Brasil no estaba en condiciones de poblarlo en aquel momento. En lo que respecta a esa cuestión, el Imperio debía limitarse a mantener el territorio bajo constante vigilancia[28].

Al ceder en la cuestión del libre tránsito fluvial, el gobierno paraguayo ganaba tiempo para intentar poner al país en condiciones de luchar contra sus vecinos. Los López, padre e hijo, estaban convencidos de que, más tarde o más temprano y a pesar de todas sus rivalidades, el Brasil y la Argentina llegarían a un acuerdo para hacerle la guerra al Paraguay. De allí los preparativos militares de Carlos López, cuya finalidad, según la opinión del propio Paranhos, "nunca tuvo en vista la guerra ofensiva, preparándose siempre para la defensiva". El presidente López temía que primero la Argentina pudiese atentar contra la independencia guaraní, y que más tarde se diera también un conflicto con el Imperio como consecuencia de las cuestiones fluviales[29].

El 2 de enero de 1859, y como consecuencia de los tratados anteriores, terminó por firmarse un tratado de alianza entre Río de Janeiro y Paraná, por el cual la Confederación continuaba siendo respaldada por el gobierno brasileño. Sin embargo, Urquiza no ratificó el tratado debido que el gobierno imperial se resistía a intervenir directamente en Buenos Aires y se negaba a concederle un nuevo empréstito de 1 millón de pesos fuertes. El caudillo entrerriano se volvió entonces hacia el Paraguay para proponerle una alianza, la cual fue rechazada por Carlos López; a pesar de ello, este último se ofreció para ser intermediario entre la Confederación y Buenos Aires en la búsqueda de una solución para las divergencias entre las dos partes. La propuesta fue aceptada luego de que Urquiza rechazara una oferta idéntica de parte del Imperio, cuando en realidad había sido él quien la había solicitado[30].

Sin embargo, Carlos López no deseaba la unificación argentina. Según le expresara él mismo a Francisco Adolpho de Varnhagen, representante brasileño en Asunción, si la unificación se llevase a cabo, el vencedor —fuese Buenos Aires o los federales— se volvería contra el Brasil y el Paraguay. López afirmó que lo mejor sería que los dos países se previnieran para esa eventualidad, y agregó que el Paraguay, además de estar preparado para la lucha la deseaba, pues era una forma de poner fin a esa situación de paz armada que causaba enormes gastos. Las palabras del presidente tenían la finalidad de obtener informaciones sobre la posición del Imperio en la disputa entre Urquiza y Buenos Aires. Varnhagen tomó posición en contra de la guerra, respondiéndole a Carlos López que incluso las victorias costaban caro, pero le garantizó que el Brasil defendería la independencia del Paraguay y del Uruguay en caso de que fueran amenazadas[31].

Varnhagen llegó a Asunción el 15 de agosto de 1859, donde permaneció poco, retirándose ya en los primeros días de noviembre de ese año. Su partida se debió a problemas de salud y también a un artículo, "escrito evidentemente por el presidente López", que fue publicado en el diario oficial *El Semanario*, el cual planteaba la oposición del Paraguay al Tratado de 1857 entre el Imperio y la Confederación. Frente a las opciones de reaccionar al artículo —lo que podría traer dificultades adicionales en la relación entre el gobierno brasileño y el paraguayo—, o permanecer "impasible" —lo que podría ser interpretado como una muestra de debilidad—, Varnhagen pensó que lo mejor era retirarse del país[32].

Los gobiernos brasileño y paraguayo se mantenían intransigentes en sus posiciones sobre las divergencias de límites, perjudicando así las relaciones bilaterales. Para el Imperio, cualquier concesión en ese aspecto sería una amenaza al propio mantenimiento de Mato Grosso como parte integrante del Brasil. Después de todo, escribió Varnhagen, las "tendencias de absorción del territorio de Mato Grosso, en virtud de la proximidad de Asunción, han crecido progresivamente de 1750 para acá"[33].

Carlos López no le ocultaba al Brasil su determinación de no ceder en la cuestión territorial: le aseguró al nuevo encargado de Negocios brasileño, Carvalho Borges, que era imposible llegar a un acuerdo sobre las fronteras mientras ambos países se mantuviesen intransigentes. Acusó al gobierno imperial de fomentar el avance sobre el área en disputa, sin respetar el acuerdo de mantener el *statu quo*, y agregó que el Paraguay no cedería pacíficamente. Para Carvalho Borges, el presidente "nunca" reconocería, por medios pacíficos, la línea fronteriza del Apa y del Iguatemí, excepto mediante otras concesiones "sumamente onerosas" para el Imperio. En contrapartida, López demostraba un "gran deseo" de vivir en paz con el Brasil[34], ya que también se tenía que preocupar con las reivindicaciones territoriales de la Confederación Argentina.

La derrota de las tropas de la Confederación, al mando de Urquiza, por las fuerzas de Buenos Aires, comandadas por Mitre, en la batalla de Pavón (17 de septiembre de 1861), causó un fuerte impacto en el gobierno paraguayo. Carlos López y Francisco Solano López quedaron alarmados ante el desarrollo de los acontecimientos, ya que "temen mucho al general Mitre". Ese sentimiento de inseguridad contribuyó para que Solano López diese crédito al rumor, llegado de Buenos Aires, sobre las hostiles intenciones del Imperio en relación con el Paraguay. Se mostró "asustado" con ese rumor y, según le declarara al representante brasileño en Asunción, fue por ese motivo que el gobierno paraguayo aumentó sus fuerzas en las regiones próximas al Brasil[35].

Carlos López le comentó a Carvalho Borges que no tenía esperanzas de vivir en paz con el Brasil y que esa idea lo atormentaba. La tensa situación llevó a que ese diplomático declarara en su correspondencia con el gobierno brasileño que la situación en Asunción era un "puesto sumamente difícil". Carvalho Borges se consideró "incapaz" para ejercer la función de encargado de Negocios en el Paraguay y solicitó su remoción del cargo tan pronto como fuera posible[36].

A su vez, dado que la moratoria establecida en 1856 venció en abril de 1862, el gobierno imperial autorizó a Carvalho Borges para negociar la cuestión de límites con Carlos López. El canciller brasileño escribió que el Imperio respetaba el territorio paraguayo y que, "siempre que fuera preciso", respaldaría al Paraguay en el mantenimiento de su integridad. El Imperio estaba dispuesto a negociar con Carlos López condiciones "justas y razonables" que fueran propuestas por este, siempre que no afectasen los derechos de terceros países, aclarando además que "el Imperio no cederá territorio suyo"[37]. Por lo tanto, el gobierno imperial no apoyaría al Paraguay en la disputa por el Chaco con Bolivia —que había reclamado ese territorio en 1852—, ni cedería en la reivindicación para establecer el río Apa como hito fronterizo.

Carvalho Borges recibió instrucciones de no continuar con las negociaciones en caso de que la postura paraguaya no atendiese a la reivindicación brasileña sobre límites. En ese caso continuaría vigente la Convención de 1856, la cual, al garantizar la libre navegación, "era de suma importancia para el Imperio", y el Brasil se mantendría en el territorio hasta el Apa, apoyado por títulos de posesión "incuestionables". El canciller brasileño no creía que el gobierno paraguayo cometiese la "imprudencia" de atacar al Imperio, y estaba convencido de que la controversia se resolvería de forma pacífica —cediendo el Paraguay—, ya que a los dos países les interesaba evitar la ruptura[38]. Esta era también la opinión predominante en los círculos políticos de Río de Janeiro.

Durante un discurso en la Cámara de Diputados, Paranhos argumentó que el Paraguay no podría provocar una guerra con el Brasil debido a la desigualdad de recursos entre los dos países. Sin embargo, el Brasil no debería valerse de su superioridad para intentar resolver la cuestión por la fuerza:

> "Cuando se trata de una nación débil, no queremos resolver las cuestiones con valentonadas, porque también puede haber una nación fuerte que nos quiera aplicar la Ley del Talión. Es necesario que seamos moderados, prudentes y justos para con todos"[39].

Carvalho Borges participó de las reuniones preliminares sobre la cuestión de límites con el presidente Carlos López y con Francisco Solano López. Padre e hijo estaban alarmados por las intenciones belicistas que veían en el Brasil, conclusión a la que habían llegado por la lectura de artículos publicados en la prensa carioca. Se quejaban de las "provocaciones" del Imperio en el territorio disputado, refiriéndose al aumento de la presencia brasileña en la región (por ejemplo, la fundación de la colonia militar de Dourados). Estaban convencidos de que la navegación brasileña del río Paraguay era perjudicial para su país, pues juzgaban que esta era utilizada por el Imperio para armar a Mato Grosso. Sintiéndose presionado por el Imperio y por el fortalecimiento del poder del general Mitre, el presidente López le afirmó reiteradas veces a Carvalho Borges que el Brasil y el Paraguay podrían dividir el territorio en disputa. Esa idea ya había sido presentada antes, "siendo siempre rechazada por el gobierno imperial"[40].

El ambiente, que ya de por sí era poco favorable a las negociaciones, empeoró todavía más con la protesta presentada por Carvalho Borges al gobierno paraguayo. El motivo de la misma era que dos meses atrás, en febrero, de sesenta a setenta soldados paraguayos habían incursionado hasta las colonias militares brasileñas de Dourados y Miranda, localizadas en las márgenes de los ríos del mismo nombre e instaladas en el territorio reivindicado por los dos países. La nota de protesta tenía un tono conciliador, pero no ocurrió lo mismo con la respuesta del cancilller paraguayo, que defendía la incursión militar con el argumento de que de nada hubiera valido un reclamo diplomático[41]. Carvalho Borges se convenció de que el presidente López planeaba una acción militar contra el Imperio, siempre que consiguiese, como mínimo, la garantía del general Mitre de que Buenos Aires no tenía intenciones hostiles en relación con el Paraguay. Considerando inútil continuar en el Paraguay —pues no había conseguido evitar una acción paraguaya contra el Brasil—, y argumentando estar enfermo, Carvalho Borges se retiró a Montevideo sin autorización de la Cancillería brasileña[42].

El diplomático tenía razón en cuanto a los preparativos bélicos del gobierno paraguayo. El 6 de febrero de 1862, los jefes militares llegados de los distintos puntos del país se habían reunido con Francisco Solano López en Asunción. En esa ocasión se elaboró un "presupuesto de gastos de guerra" y comenzó la movilización militar, convocándose para el servicio militar a todos los ciudadanos entre diecisiete y cuarenta años de edad. El mayor Pedro Duarte fue nombrado para comandar el campamento militar de Cerro León, a unos noventa kilómetros de la capital y centro de aquella movilización, que ya contaba entre 4 mil y 5 mil reclutas. El 15 de abril de ese mismo año, Duarte recibió órdenes de Solano López para que regresara a su antiguo puesto de comandante militar de la villa de Encarnación, en la frontera este, para organizar una fuerza militar de 10 mil soldados[43]. El Paraguay se preparaba para la guerra.

La rivalidad brasileño-paraguaya fue realimentada por el hecho de que el territorio disputado produjese yerba mate y de que hubiera una disputa por los mercados de consumo de ese producto, ampliamente utilizado en el Plata para la elaboración de mate. A comienzos de la década de 1860 había un exceso de oferta de yerba mate, lo cual deprimía sus precios justo cuando el gobierno paraguayo necesitaba de mayores recursos para mantener sus importaciones de maquinaria y material defensivo. La ampliación de las exportaciones paraguayas de yerba mate tendría que darse, necesariamente, a costa de la yerba brasileña[44]. Era este un elemento adicional a los motivos de orden geopolítico en la disputa de límites entre los dos países, el cual contribuía para el agravamiento de las relaciones entre el Imperio y el Paraguay.

Tensión regional (1862-1864)

El año de 1862 constituyó un hito para los Estados platinos, sea para las respectivas políticas internas, sea para las relaciones entre ellos. En el Paraguay, subió al poder Francisco Solano López; en la Argentina, se dio la reunificación nacional bajo el liderazgo de Buenos Aires, y en el Brasil, el Partido Liberal sustituyó en el gobierno al Conservador. Ese año, también finalizó la moratoria para la definición de los límites que en la década anterior había establecido el Paraguay con el Imperio y con la Confederación

Argentina. A partir de 1864, las relaciones del nuevo gobierno paraguayo con el Imperio y con la República Argentina se deterioraron de forma acelerada; esto llevó al Paraguay a una guerra contra esos dos países, los que para enfrentar a Solano López constituyeron junto con el Uruguay la Triple Alianza.

Las nuevas situaciones políticas

En octubre de 1862 murió Carlos Antonio López, siendo sustituido en la jefatura del Estado por su hijo, Francisco Solano López, que entonces contaba treinta y seis años. La sustitución solo fue posible porque el Congreso paraguayo, convocado en 1856 —la sesión anterior había sido en 1844—, convalidó la decisión de Carlos Antonio López de reducir el límite de edad para ocupar el Ejecutivo del país de cuarenta a treinta años. También fue convalidado el deseo de López de designar su sucesor provisional, decisión que posteriormente pasaría por la apreciación de un Congreso extraordinario.

En agosto de 1862, Carlos Antonio López estaba gravemente enfermo e hizo su primer testamento político designando a Ángel Benigno López, uno de sus cinco hijos, para que asumiera el cargo de vicepresidente, hasta entonces inexistente. En la década de 1840, Ángel Benigno estudió durante dos años en la Escuela Naval de la Marina brasileña y era culturalmente superior a su medio, sosteniendo ideas más liberales que inspiraban la desconfianza de su hermano mayor, el ministro de Guerra y Marina Francisco Solano López[45]. Este último llegó al puesto de general del Ejército con apenas diecinueve años de edad, gracias al nombramiento de su padre, y a los veintitrés ya era ministro de Guerra y Marina. Más tarde, cuando se encontraba en el poder, Solano López también le proporcionó una fulgurante carrera militar a sus hijos: Juan Francisco fue nombrado coronel con quince años de edad; Enrique llegó a teniente con once años y Leopoldo ya era sargento a los siete años[46].

Francisco Solano López supo del agravamiento de la salud de su padre cuando estaba en Humaitá, una estratégica fortaleza ubicada en las márgenes del río Paraguay, al sur del país. Retornó a Asunción y no estuvo de acuerdo cuando Carlos López le comunicó la decisión de nombrar como vicepresidente a Ángel Benigno López. Solano López consiguió que el moribundo alterase el testamento, nombrándolo a él para ese cargo[47].

Carlos Antonio López murió el 10 de septiembre de 1862. Momentos antes de expirar, le advirtió a Solano López que el Paraguay "tiene muchas cuestiones pendientes, pero no busque resolverlas con la espada, sino con la pluma, principalmente con el Brasil"[48]. Carlos López había actuado para que el Paraguay tuviera un lugar en el plano internacional, pero tenía conciencia de la debilidad de su país, de allí el pragmatismo de su política externa, pautada por los límites de lo posible. El fallecido presidente no era un aventurero ni un obstinado, y, "como buen administrador tradicional, conocía los límites de su poder"[49]. Muy diferente sería la actuación de su hijo mayor al ocupar la presidencia paraguaya.

Solano López asumió provisionalmente la jefatura del Estado paraguayo y, el 16 de octubre, se abrió la sesión del Congreso paraguayo —que no se reunía desde 1856— para elegir nuevo presidente. El diputado Carlos Riveros fue el encargado de lanzar la candidatura presidencial de Solano López, la única en ser presentada. Sin embargo, el diputado José María Varela presentó una moción cuestionando la legitimidad del acto de transferencia del poder de padre a hijo en un régimen republicano, y cuando la Ley de Administración Política de la República de 1844 afirmaba que "el gobierno de la República no será patrimonio de una familia". Riveros respondió que la elección no se basaría en la relación familiar sino en la elección de los diputados en libre ejercicio de sus mandatos. Presionado, Varela retiró la moción, y Solano López fue elegido por unanimidad para un mandato de diez años[50].

La presentación de la moción de Varela fue el resultado de un acuerdo previo entre varios ciudadanos, y su finalidad no solo era impedir la elección de Solano López, sino también llevar a la creación de una Constitución que le garantizase al país una mayor libertad. Durante la sesión del Congreso, ese grupo también hizo circular la idea de una Constitución que le garantizase al Paraguay una vida dentro de los patrones de la civilización y del progreso. La idea fue rechazada con el argumento de que era inoportuna e improcedente, pues el Congreso había sido convocado con el único objetivo de elegir al nuevo presidente[51]. En realidad, el Congreso fue convocado para ratificar la permanencia en el poder de Solano López y no para mejorar la organización política del país.

Los congresistas disidentes que osaron cuestionar la presentación de la "candidatura" de Solano López fueron detenidos. José María Varela, el sacerdote Fidel Maíz y Pedro Lezcano, presidente de la Corte Suprema, fueron condenados a cinco años de prisión bajo la acusación de conspirar contra el Estado y de intentar promover una "revolución social, moral y política". El propio hermano del presidente electo, Benigno López, a quien se atribuía la autoría del intento reformista debido a sus ideas liberales, fue confinado en el interior del país[52]. Si el pueblo paraguayo hubiese tenido la libertad de elegir a sus gobernantes, "no hay ninguna duda" de que el elegido hubiera sido José Berges, "uno de los hombres mejor preparados para dirigir al Paraguay", lo cual explicaría la poca simpatía que le tenía Solano López[53].

Desde el poder, Solano López le dio continuidad a la tradición autoritaria paraguaya. El país estaba repleto de informantes de la policía que daban cuenta de cualquier comentario que dejase alguna duda en cuanto a la adhesión al gobernante, y el autor de dicho comentario era obligado, como mínimo, a dar explicaciones ante la autoridad policial. La propia Iglesia paraguaya fue nacionalizada, y sus miembros obedecían antes al Estado que al Vaticano. Los sacerdotes informaban a las autoridades policiales todo lo que ocurría en sus diócesis; "era un espionaje horrible"[54]. Al asumir sus funciones, los sacerdotes debían hacer un juramento de fidelidad al Estado. En 1863, al convertirse en obispo de Asunción, Manuel Antonio Palacios juró fidelidad al "Gobierno Supremo" en los siguientes términos:

"(…) juro por el sagrado nombre de Dios y de los Sagrados Evangelios y prometo prestar obediencia a la Patria y fidelidad al Gobierno Supremo (…) que no participaré en reunión, plan ni iniciativa alguna, dentro o fuera del país, contra la tranquilidad pública o contra el Supremo Magistrado de la Nación [Solano López] y si llego a saber algo en ese sentido, sea en mi Diócesis o fuera de ella, informaré al Gobierno"[55].

Poco después de asumir la presidencia, Solano López intentó adornar su figura encomendando joyas a Europa. En 1863, la empresa parisiense Fontana y Cía. —proveedora de joyas para la Corona francesa— envió al Paraguay una condecoración ornamentada con brillantes cuyo costo era de 16.080 francos, y que Solano López había encargado para sí mismo, además de un lujoso cinto donde fueron gastados otros 420 francos. Ese fabricante envió también modelos de espadas incrustadas de diamantes para que las apreciara el jefe de Estado paraguayo[56].

El Paraguay que recibió Solano López era una nación unificada, sin deudas y que gracias a la presencia de técnicos extranjeros contaba con avances tecnológicos mayores que otras naciones del continente. Sin embargo, esa modernización era de carácter militar o defensiva, mientras que el campesino paraguayo todavía utilizaba técnicas de cultivo que ya tenían dos siglos de antigüedad. A mediados del siglo XIX, el Estado guaraní era dueño de casi el 90% del territorio nacional y prácticamente controlaba todas las actividades económicas, pues alrededor del 80% del comercio interno y externo eran de propiedad estatal[57]. Para mantener su ritmo de desarrollo, la economía paraguaya necesitaba ampliar el comercio externo a fin de conseguir recursos para continuar importando tecnología. Ese panorama llevó al Paraguay a tener intereses fuera de sus fronteras y participar de las cuestiones en la cuenca del Plata, "a buscar su *Lebensraum*"[58].

José Gaspar Rodríguez de Francia, que tenía el título oficial de dictador perpetuo del Paraguay. Gobernó el país desde 1813 hasta su muerte, en 1840, aislándose del resto del mundo como forma de mantener la independencia en relación con Buenos Aires, así como también su despotismo personal.

Carlos Antonio López gobernó el Paraguay desde 1844 hasta su muerte, en 1862. Estableció relaciones con otros Estados, siendo el Brasil el primer país que reconoció la independencia paraguaya. Carlos Antonio López fortaleció militarmente al país importando máquinas y técnicos europeos, en especial ingleses.

En su lecho de muerte, Carlos Antonio López nombró a Francisco Solano López como presidente provisional del Paraguay. De ese modo, Solano López se perpetuó en el poder y comenzó a interferir en los acontecimientos internacionales del Río de la Plata, alterando de esta forma la política externa de su padre.

La acción para aumentar su presencia en el Plata puso a Asunción en ruta de colisión con el Imperio. Este último buscaba mantener el *statu quo* platino, que se caracterizaba por un desequilibrio favorable al Brasil, el cual era hegemónico en el área por haber tenido éxito en influir sobre los Estados de la región por medio de un sistema de alianzas. La falta de definición de límites era un visible elemento de tensión entre el Paraguay y el Imperio.

En el Brasil, el año de 1862 fue testigo del ascenso de un gabinete liberal, el primero desde 1848. En las elecciones legislativas de 1860 había vencido la candidatura liberal, dando inicio así a un vigoroso movimiento rumbo al poder que alteró el panorama partidario. En la Cámara surgieron tres grupos políticos: el conservador puro, el conservador moderado y el liberal. Estos dos últimos grupos se aliaron y formaron la Liga Progresista, produciendo en la Cámara la caída del gabinete conservador presidido por el marqués de Caxias. El período entre 1862 y 1868 asistió a la constitución de seis gabinetes liberales —producto de luchas políticas internas—, los cuales tuvieron repercusión en el accionar brasileño en el Plata[59].

La nueva posición paraguaya de participación en los asuntos platinos llevó también a la modificación de las relaciones que mantenía el país guaraní con la Argentina. En esta, a pesar de la victoria del proyecto centralizador de Estado derivado de la derrota de Urquiza frente a Mitre en 1862, quedaban resistencias federales en las provincias, especialmente en Entre Ríos y Corrientes. Para combatir al recién nacido gobierno central, la oposición argentina intentó articularse con las fuerzas platinas contrarias a Buenos Aires. Una de esas fuerzas eran los blancos, quienes estaban en el poder en el Uruguay, donde los opositores a la dictadura de Rosas habían estado exiliados bajo la protección de los colorados —como era el caso de Mitre. Otra fuerza era el Paraguay, que se acercaba al gobierno uruguayo para buscar una salida al océano por el puerto de Montevideo, y de esta manera garantizar y ampliar sus relaciones comerciales con los centros capitalistas europeos. Posteriormente, Bartolomé Mitre afirmaría que "vencido el tirano del Paraguay con todo su poder, desapareció la necia esperanza de que derrocase al gobierno argentino en pro y honra de los reaccionarios de la República"[60].

El elemento catalizador de todas esas divergencias fue la situación política en el Uruguay, que desde 1860 se encontraba bajo la presidencia de Bernardo Berro. El puerto de Montevideo se presentaba como competidor de su homólogo de Buenos Aires, pues Entre Ríos y Corrientes lo utilizaban como variante comercial para sus exportaciones. De ese modo, la República paraguaya estableció relaciones con la resistencia federal contra Mitre. Al Estado centralizado que pretendía consolidar Buenos Aires, los blancos le oponían un entendimiento entre su país, el Paraguay y aquellas dos provincias argentinas[61].

En lo relativo al Brasil, el presidente Berro intentó debilitar la hegemonía imperial en su país. El gobierno uruguayo se rehusó a renovar el ya vencido Tratado de Comercio y Navegación de octubre de 1851 —eliminando así los privilegios comerciales del Imperio—, e impidió la libre navegación de los ríos Cebollate, Tacurú y Olimar. A pesar de que ya se las había hipotecado al Brasil por el Tratado de 1851, Berro le empeñó a Inglaterra y Francia las rentas de la aduana como garantía del pago por los perjuicios causados a los ciudadanos de esos países europeos durante las guerras civiles uruguayas. Montevideo instituyó un impuesto sobre las exportaciones de ganado en pie hacia Rio Grande do Sul, lo cual afectaba los intereses de los estancieros *gaúchos*. Además, el jefe de Estado uruguayo tomó medidas para evitar que los *fazendeiros* brasileños utilizaran mano de obra esclava en su país, ya que ese tipo de trabajo abarataba la producción de charque en perjuicio de los productores orientales, quienes tenían que enfrentar costos mayores derivados de la utilización de mano de obra libre[62].

El Uruguay fue creado en 1828 y, según Lord Ponsonby, representante del gobierno británico en el Plata —a su vez, patrocinador de la independencia uruguaya—, cumplía la función de ser un algodón evitando el choque entre dos cristales: las Provincias Unidas del Río de la Plata y el Imperio del Brasil[63]. El Estado oriental no llegó a cumplir ese papel y, a partir de 1863, más bien se convirtió en el punto de convergencia de las contradicciones platinas que desencadenarían la guerra entre el Paraguay y la Triple Alianza.

El presidente Berro se indispuso tanto con la Argentina como con el Brasil, hasta el punto de que ambos países estaban interesados en el fin de su gobierno. Si eso sucediese, le permitiría a Mitre consolidar el Estado unitario, luego de lo cual podría enfrentar al Paraguay y a los federales de Corrientes y Entre Ríos en caso de que se aliasen a Solano López. Para el Brasil, el final de aquel gobierno significaría atender a los reclamos de los *fazendeiros gaúchos*, liberando así al Imperio para presionar militar y diplomáticamente al Paraguay, con el fin de forzarlo a aceptar al río Apa como frontera entre los dos países.

Argentina y Brasil

En abril de 1863, el caudillo colorado Venancio Flores —que el año anterior había combatido al lado de Mitre en la batalla de Pavón— invadió el Uruguay con tropas reclutadas y organizadas en Buenos Aires y con el beneplácito del gobierno argentino. Este dio apoyo moral a esa invasión e incentivó y ayudó a la rebelión colorada con dinero y "miles" de mosquetones[64].

Frente a la hostilidad de sus poderosos vecinos —pues el gobierno imperial había protestado por las violencias cometidas contra sus súbditos en territorio oriental—, y enfrentando la revuelta colorada, Bernardo Berro aceleró su aproximación al Paraguay. Ya en 1862 el gobierno uruguayo había enviado a Asunción a Juan José de Herrera, quien alertó a Solano López sobre el peligro que estaría corriendo la soberanía de los dos países en virtud de una supuesta connivencia entre la Argentina y el Perú para dividir a Bolivia[65].

En 1863 Herrera fue nombrado ministro de Relaciones Exteriores del Uruguay. Planeó entonces implementar una política externa independiente, verdaderamente nacional, rompiendo con la postura pendular uruguaya frente a la Argentina y al Brasil, en la cual, cuando el gobierno uruguayo se sentía amenazado por uno de esos países buscaba la protección del otro. Como la política paraguaya parecía estar estructurada en el sentido de enfrentar las presiones tanto de Río de Janeiro como de Buenos Aires, el nuevo canciller uruguayo preconizó una alianza con el Paraguay como forma de establecer un nuevo sistema de equilibrio de poder regional. Según Herrera, al eje Montevideo-Asunción deberían sumarse las provincias argentinas que deseaban la autonomía en relación con Buenos Aires[66].

Para tratar con el Paraguay, el gobierno oriental envió a Asunción al político blanco Octavio Lápido. Si bien este llegó a la capital paraguaya en junio de 1863, sus instrucciones databan del mes de marzo, y por lo tanto eran anteriores a la invasión del territorio oriental por Flores, la cual ocurrió en abril. El enviado oriental debía invitar al gobierno guaraní a formar una alianza, con el argumento de que solo la unión de los dos países podría lograr un equilibrio en el Plata, y contener así las ambiciones argentinas y brasileñas. El tratado de alianza propuesto por Montevideo al jefe de Estado paraguayo preveía el apoyo recíproco en la defensa de las respectivas soberanías, un incremento de las relaciones comerciales bilaterales y la garantía de la libre navegación del Plata —que era vital para el Paraguay—. Este último objetivo debía lograrse mediante la neutralización de la estratégica isla de Martín García, perteneciente a la Argentina, la cual podía llegar a ser un factor de impedimento del libre tránsito fluvial en caso de ser fortificada. Casi en forma simultánea con la llegada de la misión uruguaya, Solano López recibió a José Rufo Camiños, cónsul paraguayo en Paraná, quien llevaba una propuesta de Urquiza para establecer una alianza ofensiva y defensiva formada por Entre Ríos y los Estados paraguayo y uruguayo[67].

Aunque Solano López no rechazó en forma taxativa las propuestas de alianza, evitó comprometerse con Montevideo o con Urquiza. Lápido escuchó de labios del jefe de Estado paraguayo la vaga afirmación de que cooperaría "de algún modo" en la defensa del Uruguay, en caso de que este fuese objeto de una declaración de guerra por parte del gobierno argentino[68]. El gobierno paraguayo no aceptó la propuesta de alianza de Lápido porque en ella constaba la neutralización de la isla de Martín García, y según el canciller paraguayo José Berges, eso significaría declararle la guerra a la Argentina[69].

Solano López mantuvo idéntica cautela en cuanto a la propuesta hecha por Urquiza. Sin embargo, el presidente paraguayo dio instrucciones a Camiños en el sentido de que el caudillo entrerriano debía marchar contra Buenos Aires, pero destacando que el Paraguay no apoyaría un intento separatista. Para Solano López, el mantenimiento de la integridad territorial argentina era una condición para el equilibrio en el Plata, sin la cual el Imperio lograría imponerse en el área[70].

La cautela paraguaya se explica, por un lado, porque en julio de 1863 el gobierno paraguayo todavía creía en la "estricta neutralidad" de Mitre en relación a la situación uruguaya[71]. El aumento gradual y controlado de los conflictos dentro de la Argentina y de esta con los blancos en el Uruguay podría crear una situación de equilibrio platino, de la cual sería una pieza importante el Paraguay. El gobierno oriental y los federales argentinos interpretaban las ambiguas posturas del líder paraguayo como las de un aliado potencial, que si bien era recalcitrante para asumir un compromiso formal, llegaría a hacerlo con el desarrollo de los acontecimientos. Para Solano López, la posibilidad de esa alianza significaba ampliar el peso o el poder de negociación de su país ante Buenos Aires, y también ante Río de Janeiro. De ese modo, el país guaraní se volvería una presencia indispensable en la solución de los problemas platinos, y así sería visto por los gobiernos argentino y brasileño. Por lo tanto, utilizando una alianza no concretada pero siempre posible, Asunción establecería el equilibrio regional poniendo fin a la hegemonía del Imperio en el área, así como alejaría la amenaza histórica de una acción de la Argentina contra el Paraguay. Además de eso, este último país obtendría condiciones favorables para negociar las fronteras con sus dos vecinos.

Solo la continua y fuerte rivalidad entre Buenos Aires y Río de Janeiro le impedía a Solano López ocupar una posición en pie de igualdad con los dos vecinos. Tal igualdad se daría básicamente por el hecho de que tanto el gobierno argentino como el brasileño buscarían estrechar las relaciones con Asunción en su intento por aislarse uno del otro. Además de eso, para que el Paraguay pudiera justificarse como parte importante de las cuestiones platinas, contaría adicionalmente con la ascendencia que poseía sobre los blancos uruguayos y los federales argentinos.

El caudillo colorado Venancio Flores dio comienzo a la guerra civil uruguaya, que sirvió como catalizador para que las contradicciones en el Río de la Plata llevaran a la Guerra del Paraguay. Flores estuvo al mando del Ejército uruguayo en la guerra hasta 1866.

Sin embargo, los acontecimientos tomaron otro rumbo. La nota paraguaya donde se solicitaba explicación al gobierno argentino sobre las acusaciones planteadas por Montevideo, referentes al apoyo de Buenos Aires a Flores, alertaba que este tendría un efecto "desastroso" sobre los intereses del Paraguay. El gobierno argentino no necesitaba de la intermediación paraguaya pues, al ser acusado oficialmente por el Uruguay de instigar la revuelta colorada para anexar al país, le dio las explicaciones solicitadas al Brasil tranquilizando al gobierno imperial. Para Rufino de Elizalde, ministro de Relaciones Exteriores argentino, tales explicaciones no solo evitaban complicaciones sino que también garantizaban la amistad del Imperio. Argentina y Brasil podrían alcanzar un entendimiento para un acuerdo entre Flores y Berro una vez que fuera establecida la paz entre Buenos Aires y el gobierno oriental. Al escribirle al representante de su país en Londres, Elizalde le informó que estaba seguro de que el gobierno imperial no tomaría posición en contra de la política argentina en la cuestión oriental[72].

Las protestas uruguayas contra el apoyo de Buenos Aires a los rebeldes colorados continuaron sucediéndose. Como respuesta, y a pesar de las evidencias en sentido contrario, el gobierno argentino negaba cualquier involucramiento declarándose neutro, alegación esta que también se daba a las interpelaciones paraguayas. Todavía en 1863, el gobierno argentino y el uruguayo firmaron un protocolo en octubre por el cual el primero se comprometía a utilizar medios legales para que los colorados refugiados en su territorio no organizasen movimientos hostiles contra el presidente Berro. Además de eso, se buscaría un árbitro para solucionar las cuestiones pendientes entre los dos países. El representante brasileño en Montevideo, João Alves Loureiro —que fue en misión a Buenos Aires para reconciliar a la Argentina y el Uruguay—, desempeñó un importante papel para lograr ese acuerdo[73]. Aquel protocolo terminó siendo anulado en virtud de que Mitre señaló a Don Pedro II como árbitro, y de que el jefe de Estado uruguayo insitía en que Solano López cumpliera esa función. Al tomar conocimiento del rechazo argentino a su arbitraje, López lo consideró como un rechazo a su persona[74]. Las crecientes tensiones en las relaciones entre el Uruguay y la Argentina —causadas por el continuo apoyo argentino a los rebeldes colorados— llevaron al rompimiento diplomático entre los dos países a comienzos de 1864.

Al no tener éxito en su intento de presentarse como árbitro para la lucha en el Estado oriental, e interpretando que el Paraguay no estaba siendo respetado por Buenos Aires en el contexto platino, Solano López modificó su postura. Entonces se mostró decidido a adoptar una incisiva política de defensa de los intereses paraguayos en la región. De allí que le dirigiera una carta a Mitre donde, luego de recordarle la tradicional política de neutralidad que el Paraguay había adoptado en las cuestiones platinas, le afirmaba que la misma no era absoluta y que podría modificarla en caso de necesidad para la defensa de la seguridad paraguaya[75].

Las insinuaciones del jefe de Estado paraguayo no intimidaron al gobierno argentino. Mitre, contra toda evidencia, le escribió a Solano López reafirmando la neutralidad argentina en las cuestiones uruguayas, y sosteniendo que tal política derivaba del hecho de que era la que mejor atendía a los intereses de su país. Agregó que la neutralidad era un acto de libre y espontánea voluntad de la Argentina, mostrando que la postura externa del país no se alteraría en función de las demandas del Paraguay. Además, Mitre escribió que su país podría adoptar una posición diametralmente opuesta "sin que tuviese que dar cuenta a nadie de su conducta"[76].

Solano López intentó establecer la influencia de su país instrumentalizando las contradicciones platinas. Para ello, presentó al Paraguay como una parte legítima en el marco regional y un factor de pacificación y estabilidad en el área. Sin embargo, para la Argentina el gobierno paraguayo era visto como un intruso cuya presencia en el Plata podría constituir una amenaza al Estado argentino.

Del lado del Brasil, el ánimo popular estaba exacerbado desde 1863. El gobierno imperial había roto relaciones con Gran Bretaña debido al bloqueo efectuado por naves de ese país contra la barra de Río de Janeiro, entre el 31 de noviembre de 1862 y el 5 de enero del año siguiente, y también por la captura de cinco navíos brasileños en la bahía de Guanabara. Esos actos causaron la furia de los cariocas, que se reunieron en las calles, en los morros y en las playas, maldiciendo a gritos a los ingleses y amenazando atacar el consulado y la legación británicos[77]. La acción naval británica pretendía presionar al Imperio para que este pagara una indemnización por la desaparición de los rescatados del *Prince of Wales*, un navío que había naufragado en las costas de Rio Grande do Sul. El pago fue realizado bajo protesta, y mostró la impotencia del nuevo gobierno imperial ejercido por los liberales; mientras que el Partido Conservador, anteriormente en el poder, había resistido las presiones británicas para la renovación de privilegios comerciales a comienzos de la década de 1840, manteniendo una postura altiva en relación con Londres. En Río de Janeiro, el clima se agitó aún más con la reapertura de la Cámara —disuelta en 1862—, sucediéndose intensos debates sobre los más diferentes aspectos, inclusive sobre la humillación de las represalias inglesas. El representante argentino en la capital carioca informó que en el Brasil: "después de la cuestión inglesa, se agita en su seno el estruendo de las armas"[78].

En una sesión plenaria de la Cámara desarrollada en el mes de abril de 1864, el diputado conservador Ferreira da Veiga interpelaba al ministro de Negocios Extranjeros sobre la situación de los ciudadanos brasileños residentes en el Uruguay. El diputado describía a los súbditos del Imperio que eran encontrados decapitados en las calles uruguayas, con el documento de nacionalidad en la boca como ultraje, mientras que otros eran azotados. Mientras tanto, el general Souza Neto había llegado de Rio Grande do Sul trayendo una representación formal ante el gobierno brasileño de los ganaderos de esa provincia, y de otros instalados en el Uruguay, donde denunciaban desórdenes en la frontera y buscaban el apoyo armado oficial; sería la guerra. El gabinete de Zacarías temía perder el control de la situación, sobre todo teniendo en cuenta la posibilidad de que los estancieros *gaúchos* tomaran la iniciativa y, aliándose con los colorados, le hicieran la guerra a Montevideo al sentirse desamparados por Río de Janeiro en la defensa de sus intereses[79]. Tal hecho podría reavivar los sentimientos *gaúchos* contra el gobierno imperial, cuando todavía era fuerte el recuerdo del intento secesionista de la *Farroupilha*.

El marqués de Caxias —exponente del Partido Conservador y la mayor autoridad militar del Imperio, con experiencia en Rio Grande do Sul y en el Plata— fue consultado por el gobierno imperial sobre un eventual apoyo a los *fazendeiros*. Souza Neto se encontró personalmente con el marqués, prometiendo movilizar al Uruguay 40 mil brasileños bien armados. Caxias le respondió que no se movilizarían ni mil brasileños, e incluso que su opinión era la de que el Brasil no debía envolverse en las cuestiones internas de los países vecinos. Para Caxias, la única medida que el gobierno imperial debía tomar para garantizar los "derechos" de los brasileños en el Uruguay era la de reforzar las guarniciones militares en la frontera. Argumentó que si el Brasil tuviese fuerzas "respetables" en la región fronteriza, el gobierno uruguayo modificaría su conducta en relación con los súbditos del Imperio que vivían en territorio oriental[80].

La opinión de Caxias era pragmática, y representaba la experiencia adquirida por el Partido Conservador en cuanto al Río de la Plata durante sus años en el poder. En 1863, el gobierno imperial intentaba evitar el involucramiento de los ciudadanos brasileños en la guerra civil uruguaya y —como ha sido señalado—, trató de buscar la conciliación entre la Argentina y el Uruguay por medio de la Misión Loureiro. Sin embargo, el ambiente popular de Río de Janeiro en 1864 prácticamente demandaba una acción intervencionista en el Uruguay por parte del Imperio, y eran pocos los que se oponían a ella. Para el gabinete imperial, esa intervención no solo atendería a los objetivos del Estado sino que también se perfilaba como útil en la política interna, pues ayudaría a levantar el prestigio de los liberales, que se encontraba comprometido ante la opinión pública debido a la humillación impuesta por la cuestión inglesa[81]. Además, la presencia brasileña en la república impediría que la posible victoria de Flores beneficiase exclusivamente a la Argentina[82].

A comienzos de 1864 finalizó el mandato de Bernardo Berro en la presidencia del Uruguay, y la guerra civil impidió la realización de nuevas elecciones en el país. El presidente del Senado, el blanco Atanasio de la Cruz Aguirre, asumió entonces el Ejecutivo uruguayo y prosiguió la lucha contra la rebelión colorada. Aguirre estaba comprometido con el sector militar del Partido Blanco, donde había distintas corrientes y eran comunes las luchas internas. Esta facción, que había jurado resistirse tanto a la política del Brasil como a la del gobierno argentino, depositaba su confianza en la ayuda de Solano López y en la máquina bélica paraguaya[83]. El gobierno imperial continuó presionando a Montevideo con quejas sobre los actos de violencia que sufrían los súbditos brasileños. El Imperio acusaba al gobierno uruguayo de condescendiente y corresponsable por esas agresiones[84]. Mientras tanto, Flores respetaba los bienes y la integridad física de los brasileños[85].

En abril de 1864 el gobierno imperial envió en misión especial al Uruguay al consejero José Antonio Saraiva, diputado liberal de posiciones moderadas. Sus instrucciones eran las de exigir del gobierno uruguayo el respeto a los derechos de los brasileños residentes en el país, la punición de los funcionarios uruguayos que habían abusado de su autoridad y una indemnización por los perjuicios causados por ellos a los brasileños. En realidad, Río de Janeiro trataba de crear condiciones para justificar la invasión de la república vecina, pues Saraiva era portador de un *ultimatum* para Montevideo. En principio, el enviado iba a establecer negociaciones con los gobernantes orientales con el objetivo de ganar tiempo mientras la fuerza imperial era organizada y distribuida en la frontera[86].

Poco antes de la partida de Saraiva, llegó a Río de Janeiro una misión especial enviada por el gobierno argentino y liderada por José Mármol. Éste tenía instrucciones de informarse sobre la actitud que tomaría el gobierno imperial frente a la situación uruguaya. La posición de la diplomacia argentina era la de mantenerse neutral frente a cualquier acción que tomase el Brasil para obtener disculpas del gobierno uruguayo, y no pedir apoyo brasileño para resolver las diferencias entre Buenos Aires y Montevideo[87]. La misión de Mármol contribuyó para evitar malentendidos entre la Argentina y el Brasil sobre los respectivos objetivos en el Uruguay, repercutiendo favorablemente en los medios políticos brasileños. El senador Paranhos defendió la reciprocidad brasileña frente a la iniciativa del gobierno argentino de cultivar buenas relaciones con el Imperio[88]. Una vez cumplida su misión, José Mármol volvió a Buenos Aires a comienzos de junio de 1865.

El interés del Imperio en crear condiciones políticas para la intervención en el Uruguay se explica por la ruptura de sus relaciones con Gran Bretaña. Ésta siempre se había mostrado interesada en la independencia uruguaya, y una intervención brasileña en el país vecino podría ser interpretada como producto de una finalidad expansionista, que no era el caso. Asimismo, una intervención pura y simple del Brasil en el Uruguay podría también levantar sospechas en la Argentina, llevando al Imperio a una indeseable posición de aislamiento internacional.

Para acompañar a Saraiva en su misión fue enviada una poderosa escuadra al mando del vicealmirante Tamandaré. Sin embargo, el gobierno blanco no se dejó intimidar, pues contaba con el respaldo paraguayo. En una enérgica nota, el canciller Juan José Herrera responsabilizó al Brasil y a la Argentina por la guerra civil uruguaya, ya que los dos países habían permitido la organización de fuerzas hostiles a Montevideo en sus respectivos territorios. Herrera puso en jaque los argumentos de Río de Janeiro al preguntar cómo era posible que los 40 mil residentes brasileños en el Uruguay, que supuestamente estarían sufriendo persecuciones diarias, hubieran generado apenas sesenta y tres quejas del gobierno imperial en doce años. Ese argumento coincidía con la opinión del ministro de Relaciones Exteriores argentino, para quien era "absurdo" que el Imperio pretendiera que los ciudadanos de los países neutrales no sufriesen ningún inconveniente en el Estado oriental, sobre todo si se consideraba que allí había una guerra civil y que muchos de esos extranjeros tomaban parte en la lucha[89].

No obstante ello, en Montevideo, el consejero Saraiva se convenció de que el Brasil alcanzaría sus objetivos en el Uruguay y podría garantizar las vidas y propiedades de los brasileños, además de promover la paz interna en el Estado oriental. Después de todo, la victoria de una de las partes en la lucha no era previsible en un futuro cercano: Flores carecía de infantería para ocupar Montevideo y el gobierno de Aguirre no tenía caballería para perseguir y vencer al rebelde en el interior. La paz imaginada por Saraiva implicaría una reestructuración del gobierno uruguayo, con el alejamiento de los elementos que se oponían a los intereses brasileños y a la incorporación de colorados al ministerio. El gobierno imperial autorizó a Saraiva a promover la paz en la vecina república[90].

Para el presidente Mitre, un acuerdo de paz entre el gobierno uruguayo y Flores era la condición para resolver la cuestión entre la Argentina y el Uruguay. Mitre decidió entonces enviar a Montevideo a su canciller, Rufino de Elizalde, para que realizara gestiones, y solicitó que lo acompañase el representante británico en Buenos Aires, Edward Thornton, junto con una nave de guerra de esa nacionalidad. El presidente argentino argumentó que sería peligroso que una nave argentina entrase en el puerto de la capital uruguaya, dada la hostilidad que allí reinaba en contra de la Argentina[91]. En caso de ser concretada, era probable que la paz uruguaya resolviera las diferencias entre el gobierno argentino y el uruguayo, ya que Aguirre tendría que ceder en algo ante Flores y esto significaría una victoria —si bien que parcial—, de los rebeldes y de Mitre, que los apoyaba. Los blancos saldrían debilitados, al igual que la oposición federal argentina.

Las exigencias brasileñas presentadas al gobierno uruguayo también tenían relación con la guerra civil. Como consecuencia de ello, Mitre le dio autorización a Elizalde para que armonizase su posición con la de Saraiva en sus gestiones en favor de la paz con Thornton, pero siempre que el enviado brasileño estuviese dispuesto a ayudarlo[92]. Elizalde, Thornton y el representante uruguayo en Buenos Aires, Andrés Lamas, desembarcaron en Montevideo el 6 de junio. Thornton relató la primera iniciativa que tomaron:

"El Sr. Elizalde y yo entramos en contacto con el Sr. Saraiva, quien nos recibió cordialmente y, después de una vacilación muy natural, debido a la situación poco satisfactoria de sus negociaciones con el gobierno de Montevideo, concordó en colaborar con nuestro esfuerzo para conseguir la pacificación de esta República"[93].

En un principio, el canciller Herrera y Obes se resistió a aceptar la iniciativa del gobierno argentino pero, presionado por la legación británica en Montevideo, terminó por ponerla a consideración del presidente Aguirre. El mismo día 6, los enviados argentino, brasileño y británico se encontraron con Aguirre y le expusieron la absoluta necesidad de la pacificación del Uruguay. La presencia de Thornton servía para avalar la iniciativa, así como también para superar las eventuales dudas que pudiese tener el presidente en cuanto a la sinceridad de la mediación de la Argentina y del Brasil. Los mediadores consiguieron movilizar a la opinión pública y a la mayor parte de la prensa de la capital uruguaya en favor de la idea de la paz con Flores. El 12 de junio, luego de diversas reuniones con Herrera y Obes y otras autoridades, los tres enviados, junto con Andrés Lamas y Federico Castellanos —representantes del presidente Aguirre—, fueron al encuentro de Flores para iniciar los contactos en favor de la paz[94].

Los negociadores llegaron al campamento de Flores el día 16 de junio, e inmediatamente quedó establecido un armisticio en la guerra civil. Dos días después, el 18 de junio, se llevó a cabo la Conferencia de Puntas del Rosario, en la cual Saraiva y Thornton tomaron nota de las exigencias de Flores para llegar a la paz, mientras que Elizalde hacía lo mismo en relación con los dos representantes de Aguirre. Luego de que se compararon las anotaciones fue redactado el texto preliminar de un acuerdo de paz. El presidente aceptó las exigencias formales de Flores —básicamente la de que el gobierno ratificara sus actos (nombramientos militares, gastos, etc.)—, y también aquella contenida en una carta reservada donde el caudillo exigía el cambio del gabinete, con el alejamiento de los blancos radicales y la incorporación de políticos colorados. Cuando todos consideraban que la paz era un hecho consumado, Aguirre retrocedió y afirmó que solo consideraría la posibilidad de modificar el gabinete luego de la desmovilización de las fuerzas coloradas[95].

Aguirre no tuvo el coraje de informarle a los líderes que lo apoyaban la aceptación de un cambio de gabinete. Así, cuando llegó el momento de formalizar la paz, el presidente uruguayo inventó la versión de que el cambio de gabinete había sido una exigencia de última hora de los colorados. Como consecuencia de ello, los tres mediadores se prepararon para partir, y Flores comunicó con cuarenta y ocho horas de precedencia —según lo determinaba el acuerdo del armisticio— que el 6 de julio retomaría las operaciones militares. Desconociendo el compromiso que había asumido Aguirre en cuanto a las modificaciones en el gabinete, Herrera y Obes le escribió a Elizalde preguntándole sobre el motivo de la reiniciación de las operaciones militares. Por pedido de los otros dos mediadores, Thornton visitó a Aguirre el día 4 de julio y le expuso la gravedad de la situación, agregando que Elizalde y Saraiva estaban combinando una acción argentino-brasileña en el Uruguay para poner fin a la guerra civil; además, sugirió que se constituyese un nuevo gabinete integrado únicamente por blancos moderados. A pesar de haber sido amenazado con un golpe de Estado por parte de los blancos radicales, el presidente aceptó y convocó a una reunión para el día 7. En esta se formalizó el nombramiento de los nuevos ministros, todos ellos más radicales que sus antecesores en su oposición a Flores. Los mediadores todavía le comunicaron a Aguirre que esperaban un cambio de política y no de hombres, los cuales incluso eran extremistas; además, le sugirieron nombres que fueran digeribles para los colorados, como Castellanos, Llamas y Herrera. La respuesta del jefe de Estado uruguayo fue la de que era "imposible" alterar su decisión, con lo que Elizalde, Saraiva y Thornton declararon finalizada su acción pacificadora[96].

Si bien la misión fracasó en su objetivo de pacificar al Uruguay, logró crear condiciones de confianza mutua entre la Argentina y el Imperio. La aceptación inmediata y sin restricciones de la iniciativa de paz de Mitre por parte de Saraiva repercutió favorablemente en Buenos Aires. La relación leal que establecieron Elizalde y Saraiva durante la mediación contribuyó para disipar las desconfianzas que sentía el gobierno imperial en relación a la política argentina sobre el Estado oriental. Posteriormente, Saraiva escribió que la Triple Alianza que llevó a cabo la guerra contra Solano López se constituyó en Puntas del Rosario[97]. De hecho, en ese momento las acciones de Elizalde y Saraiva tuvieron como resultado un grado de confianza mutua argentino-brasileña en la cuestión uruguaya. El otro miembro de lo que llegaría a ser la Triple Alianza, Flores, ante la imposibilidad militar de conquistar Montevideo, se mostró conciliador y así ganó el respeto de aquellos dos diplomáticos; estos dejaron de creer en Aguirre porque no había cumplido con el compromiso asumido, y perdieron la esperanza de que los blancos llegasen a negociar la paz. La imagen de Aguirre también se vio comprometida frente a Gran Bretaña, a la cual los informes de Thornton convencieron de que la Argentina y el Brasil no intentaban anexarse el Uruguay, sino obtener la paz que no buscaban los blancos radicales.

El revisionismo histórico, que señala al imperialismo inglés como la causa de la Guerra del Paraguay, ve en el encuentro de Puntas del Rosario el momento de la constitución de la Triple Alianza bajo la articulación de Thornton. De hecho, este funcionario acompañó la acción diplomática brasileña y argentina durante esos meses con un grado de intimidad que dio elementos de argumentación para que se señalase al imperialismo británico como factor de conflicto. Sin embargo, esa intimidad derivaba de la propia responsabilidad de Gran Bretaña en el mantenimiento de la independencia que el Uruguay había obtenido en 1828 gracias a la acción de esa potencia europea. Lo que sí buscó Thornton fue ponerle fin a la guerra civil uruguaya, pues era un factor inhibidor del comercio que interesaba a los comerciantes británicos, e incluso evitar la intromisión paraguaya en la cuestión. Tanto es así que, a fines de agosto, ese diplomático viajó a Asunción e intercedió ante Solano López en un intento por suprimir las sospechas paraguayas sobre la actuación brasileña en el Estado oriental y evitar que se agravase la situación platina. Thornton le aseguró al canciller José Berges que el Brasil no pretendía amenazar la independencia uruguaya, sino que deseaba obtener disculpas por las injurias que había sufrido del gobierno uruguayo, según el derecho inherente a cualquier nación[98]. Mientras tanto, el gobierno paraguayo intentó involucrar a Gran Bretaña en la cuestión uruguaya, acusando al Brasil de pretender aumentar su territorio a costa de los Estados menores y de querer monopolizar el comercio en el Plata, objetivos que perjudicarían los intereses comerciales y marítimos europeos en la región[99].

Una vez fracasado el intento de que Aguirre adoptara una postura conciliadora en relación con el Imperio, la intervención brasileña en el Uruguay no se concretó debido a que todavía no había tropas suficientes concentradas en Rio Grande do Sul. El Ejército imperial disponía de mil hombres en la frontera *gaúcha*, todos de caballería, y dispersos en pequeños destacamentos[100].

Saraiva viajó entonces a Buenos Aires, donde el 11 de julio se encontró con el presidente Mitre, en presencia del gabinete y del propio Thornton. En esa ocasión, Saraiva propuso que el Brasil y la Argentina interviniesen conjuntamente en el Uruguay por tiempo limitado, obligando a las partes en lucha a deponer las armas, convocando a elecciones y apoyando al gobierno que surgiese de ellas. Mitre rechazó la propuesta e hilvanó tres argumentos: la intervención traería antipatía, los países interventores serían responsabilizados por los errores del futuro gobierno y, por último, la intervención causaría gastos que no tendría cómo justificar frente a los argentinos[101]. Sin embargo, Saraiva también escuchó que el gobierno argentino no veía en el Brasil designios que no fuesen justos y compatibles con la independencia y la integridad uruguayas[102]. Mitre se mantuvo formalmente neutral, lo que por un lado dejó libre al Imperio para presionar a Aguirre a fin de cambiar la posición de su gobierno, y por otro no provocó la reacción contraria de los sectores políticos antibrasileños en la Argentina.

El presidente Aguirre, por su lado, envió a Antonio de las Carreras al Paraguay el 14 de julio. El enviado uruguayo le aseguró a Solano López que el Brasil pretendía anexarse una porción del territorio uruguayo y que a la Argentina le correspondería lo que sobrase, o entonces el control del gobierno oriental. En ese contexto, agregó Carreras, si Mitre consiguiese someter a las provincias argentinas surgiría una amenaza para el Paraguay, que solo podría ser alejada si ellas se separasen de Buenos Aires[103]. Carreras le entregó a Solano López una carta de Aguirre en la cual solicitaba la urgente intervención paraguaya en el Plata, para evitar complicaciones que serían perjudiciales a la tranquilidad y seguridad de la región. Aguirre escribió que el Paraguay debía ocupar en el Plata la posición que le correspondía[104]. A esa altura, Solano López estaba persuadido de que los gobiernos brasileño y argentino actuaban de común acuerdo, no solo en cuanto al Uruguay, sino también al Paraguay[105], debido a la cuestión de las fronteras. Una vez asegurada la benévola neutralidad de Mitre, el gobierno Imperial instruyó a Saraiva para que presentara un *ultimatum* al presidente Aguirre y atendiese a las exigencias brasileñas. Pero Saraiva mantenía una postura moderada en comparación con la del gobierno imperial. El *ultimatum* fue presentado el 4 de agosto, dándose un plazo de seis días para atender a las exigencias, de lo contrario las tropas brasileñas entrarían en el Uruguay para garantizar los derechos de los súbditos del Imperio allí residentes. Sin embargo, el documento le dejaba a Aguirre una alternativa previa al enfrentamiento, pues afirmaba que las fuerzas brasileñas intervendrían en caso necesario para proteger a los agentes consulares y a los ciudadanos brasileños afectados en sus derechos por cualquier autoridad uruguaya, agregando que esa acción no sería un acto de guerra. El *ultimatum* terminaba por exhortar al gobierno uruguayo a no empeorar la gravedad de la situación, evitando nuevos acontecimientos "lamentables". Por lo tanto, gracias a Saraiva, la efectivización de las represalias brasileñas no sería resultado de los actos pasados por los cuales se quejaba el Imperio, sino de su reiteración. Sin embargo, el gobierno uruguayo no temía a la invasión brasileña o argentina, pues estaba seguro de contar con la mediación e incluso con el apoyo militar del Paraguay[106]. Además, Aguirre "se había rodeado de un grupo de hombres perdidos y desesperados", y el mismo día 6 devolvió la nota brasileña afirmando que el honor nacional no permitía mantenerla en los archivos uruguayos[107].

Saraiva dio por terminada su misión y se retiró a Buenos Aires el 11 de agosto. Allí se encontró con Rufino de Elizalde, y el día 22 del mismo mes firmaron un protocolo en nombre de sus países donde declaraban que la paz en el Uruguay era indispensable para la solución de las divergencias de ese país con la Argentina y el Brasil. Por ese documento, el gobierno argentino y el brasileño se reconocían mutua libertad para accionar en relación a Montevideo, siempre que fuera por medios lícitos (por el "derecho de gentes"), y que se respetaran la integridad territorial y la independencia del Estado oriental. La Argentina y el Brasil se prometían ayuda recíproca en los esfuerzos que hiciera cada uno para solucionar las respectivas cuestiones con el gobierno de Aguirre[108]. Para Mitre, las exigencias hechas por Saraiva eran "reclamos justos"[109].

La cooperación argentino-brasileña en el Plata ganaba contornos definidos. El sector más radical de los blancos había perdido la noción de la realidad y del poder de las fuerzas que se unían contra el gobierno de Aguirre. Según el representante italiano en Montevideo, "aquí están muy contentos con la nueva actitud del Brasil", y los blancos esperaban sacar el mayor provecho de la situación creada con el *ultimatum*. Según parece, el gobierno uruguayo entendía que ese documento era un elemento que llevaría a que el Paraguay asumiera decididamente la alianza soñada por Herrera. Así, Montevideo rompió relaciones con el Imperio, y el ministro oriental en el Paraguay, Vásquez Sagastume, le entregó al gobierno guaraní una copia de la nota de Saraiva con el *ultimatum*. El día 30 de agosto, Paraguay protestó contra cualquier ocupación del territorio uruguayo por fuerzas de mar y tierra del Imperio, la cual sería "atentatoria del equilibrio de los Estados del Plata", siendo este el interés paraguayo, y afirmó que no asumiría la responsabilidad por las consecuencias de cualquier acto brasileño[110]. La protesta mereció enormes y ruidosas manifestaciones de apoyo, realizadas por orden del propio Solano López[111].

LA GUERRA EN EL HORIZONTE

La protesta que la Cancillería paraguaya presentó a la Legación del Brasil en Asunción y el predominio de la influencia de los blancos radicales sobre el presidente Aguirre redujeron el margen para una solución diplomática de la crisis uruguaya. Los gobernantes argentinos y brasileños se convencieron de que la crisis solo terminaría con el propio fin del gobierno de Aguirre. Para Solano López, en cambio, la situación se presentaba como la oportunidad para que el Paraguay se impusiera como potencia regional.

Solano López rompe con el Brasil

Ni el gobierno brasileño ni el argentino tomaron en serio la amenaza implícita en la protesta paraguaya del 30 de agosto. En Río de Janeiro ni siquiera se creía que el Paraguay estuviese dispuesto a romper con el Imperio por el *ultimatum* dado a Montevideo. A su vez, para Rufino de Elizalde "el Paraguay no hace, no hará, ni puede hacer nada"[112]. Los soldados paraguayos eran vistos con desprecio tanto en el Río de la Plata como en el Brasil: "Nadie los suponía capaces de la salvaje intrepidez y de la insuperable disciplina que demostraron durante la guerra". Después de todo, hasta ese momento los únicos hechos militares paraguayos habían sido la victoria sobre Manuel Belgrano en 1811 —pero contando con una gran superioridad numérica en relación con las fuerzas enviadas por Buenos Aires— y, en 1850, la expulsión por parte de ochocientos paraguayos de veinticinco soldados brasileños que habían ocupado la isla de Pan de Azúcar en el río Paraguay[113].

De hecho, existían informaciones que llevaron a que los gobernantes brasileños y argentinos fortaleciesen la convicción de que el Paraguay no llevaría a cabo ninguna intervención militar en la cuestión uruguaya. El 25 de agosto, Herrera le pidió a Solano López esa intervención al proponerle una acción común contra la isla de Martín García, y presentó el proyecto de impulsar a Urquiza para que sublevara a Entre Ríos contra el presidente Mitre. La respuesta paraguaya fue negativa, utilizando como justificación el argumento de que el gobierno uruguayo no siempre le había informado al Paraguay de todas las negociaciones que realizaba. El gobierno paraguayo argumentó que si sus buenos oficios como intermediario en las negociaciones por la paz en el Uruguay hubiesen sido utilizados correctamente, sería otra la situación en agosto de 1864[114]. La legación brasileña tomó conocimiento de ese rechazo en el mismo día a través de un espía no identificado, y la interpretó como una prueba del deseo de Solano López de alejarse del gobierno de Aguirre[115].

Los informes de los agentes diplomáticos brasileños en Asunción minimizaron la capacidad militar paraguaya y las intenciones agresivas de Solano López. La sustitución de representantes brasileños en el Paraguay durante el período anterior a la guerra, y su aislamiento de la sociedad local, les impidieron conocer bien la realidad paraguaya. En el momento del comienzo de la guerra, el ministro brasileño en Asunción, Cézar Sauvan Viana de Lima, hacía solo tres meses que estaba en el puesto y había llegado allí a fines de agosto de 1864. Además de ser un recién llegado, se encontraba prácticamente impedido de salir a la calle pues estaba aislado de la sociedad local y, al igual que otros funcionarios de la legación y del consulado brasileños, era objeto de una permanente vigilancia de parte de los agentes de la policía paraguaya. El antecesor de Viana de Lima, que partió de Asunción luego de haber visto comprometidas sus relaciones con Solano López, relató que algunos criados paraguayos de la legación eran espías[116].

A mediados de septiembre de 1864, y con poco más de quince días en el puesto, Viana de Lima comenzó a considerar la posibilidad de que el gobierno paraguayo tuviera intenciones ciertas de promover una acción armada contra el Brasil. El día 19 de ese mes informó sobre la intensificación de una "actitud hostil" de las autoridades paraguayas en relación con la política del Imperio en el Uruguay. Solano López hacía alarde de esa hostilidad y profería discursos violentos contra esa política brasileña en manifestaciones organizadas por la policía, en las cuales la población era convocada a comparecer. Además, manifestaba estar dispuesto a enviar tropas al Uruguay en caso de que los soldados brasileños ingresasen allí, e incluso a ocupar el territorio entre los ríos Apa y Branco. Viana de Lima se resistía a creer en eso debido a las consecuencias que tendría que enfrentar el Paraguay si rompiese con el Brasil. Al mismo tiempo, el énfasis que ponía Solano López en sus protestas contra la entrada de fuerzas brasileñas en territorio uruguayo hacía que el diplomático pensara que "solo con una gran humillación podrá dejar de hacer alguna cosa"[117]. Sea por falta de informaciones, sea por no haber aprehendido la particular lógica de la sociedad local, lo cierto es que Viana de Lima tenía dificultades para entender la realidad paraguaya. Esa sociedad había vivido siempre bajo dictaduras y aislada del exterior hasta 1840, lo que tuvo por resultado una percepción errónea de su poderío nacional, una incapacidad para comprender la realidad internacional y la falta de instituciones republicanas y de opinión pública[118]. Al considerar factores como la desproporción de recursos entre el Imperio y el Paraguay, así como los riesgos inherentes a una guerra, Viana de Lima se guiaba por la lógica diplomática y todavía consideraba que Solano López "tal vez apenas rompa relaciones" con el Brasil[119].

Sin embargo, a esa altura de los acontecimientos, era tarde para que la modificación del análisis de la legación brasileña pudiese influir en el proceso de decisión del gobierno imperial. El 7 de septiembre ya se habían expedido órdenes para que las tropas brasileñas ocupasen la villa de Salto y también Paysandú, además de que se reconociese a Flores como parte beligerante[120].

A mediados de septiembre, Viana de Lima informó que el Ejército paraguayo ya contaba con 30 mil hombres y que la Marina guaraní disponía de once vapores. Los números no lo impresionaban, pues destacaba que los navíos no eran de guerra y 14 mil soldados eran reclutas, pero se olvidaba de que el resto de la tropa estaba bien preparada y era equivalente al desorganizado Ejército imperial. Para este diplomático, el poder militar paraguayo no asustaba pues estaba pésimamente organizado; carecía de oficiales mínimamente preparados y los militares se caracterizaban "por la ausencia de brío, debido al estado de postración moral a que fue reducida la población en un régimen de hierro como este" [121].

En octubre, Viana de Lima ratificaba la continuidad de las amenazas de guerra que Solano López le había hecho al Brasil. El presidente paraguayo había desistido de obtener la cooperación de Mitre y comenzó a accionar sobre Urquiza para que se volviese contra el Brasil. Según las declaraciones de Solano López, si las tropas brasileñas entrasen en el Uruguay se le declararía la guerra al Imperio; amenaza esta en la que no creía Viana de Lima. Sin embargo, el diplomático se convenció de que el Brasil no podría mantener relaciones francas y de buena vecindad con el jefe de Estado paraguayo. Pensaba que en algún momento el Imperio tendría que ir a la guerra contra Solano López, sea por sufrir alguna "ofensa" de su parte, sea para defender los intereses brasileños. La guerra era deseada por la elite paraguaya pues veía en ella una forma de librarse de la dictadura lopizta[122], la cual mantenía las prisiones llenas de sospechosos de ser opositores, sometidos "a las más atroces y bárbaras torturas"[123].

A pesar de estar aislado, bajo permanente vigilancia de espías y con una precaria base de informaciones, Viana de Lima le escribió a Tamandaré que para derrotar al ejército de Solano López "sin gran esfuerzo", bastaba con una tropa de 10 mil hombres. Repetía allí que había una carencia de jefes militares paraguayos competentes pues, para mantenerse en el poder, Solano López buscaba anular a aquellos que demostrasen algún talento, "reduciéndolos a la simple condición de sus lacayos". Relataba también que la mayor parte del armamento paraguayo era obsoleto, y en cuanto a las posiciones defensivas, la más fuerte era Humaitá, "que creo poco defendible por el lado de tierra". La Marina paraguaya tampoco era tomada en serio, teniendo como "único" vapor armado al *Tacuarí*, "en pésimo estado por ser muy viejo"[124].

El análisis de Viana era parcialmente verdadero. Se equivocaba en cuanto a Humaitá, que era una fortaleza localizada en una estrecha curva del río Paraguay, y epicentro de un poderoso sistema de defensa. Del planeamiento de las trincheras y de las instalaciones de los cañones de la fortaleza habían participado cuatro oficiales enviados al Paraguay por el gobierno imperial en 1851, entre los que se destacaban Willigran Cabrita y Hermegildo Portocarrero, quienes lucharían contra Solano López en la guerra. Esas fortificaciones le sirvieron de apoyo a Carlos López frente a los deseos de Rosas de incorporar el Paraguay[125]. Sin embargo, Viana Lima estaba lleno de razón cuando señalaba la falta de oficiales preparados en el Ejército paraguayo, así como cuando responsabilizaba por esa carencia a la dictadura lopizta. El régimen de Solano López embotaba la iniciativa individual y el surgimiento de líderes —militares o civiles—, que pudiesen sobresalir y constituir aunque más no fuera una remota alternativa al poder. La falta de oficiales no impidió que el gobernante paraguayo comenzara la guerra, pero perjudicó sus planes de campaña cuando ocurrió la invasión de Rio Grande do Sul y, posteriormente, la de Corrientes.

La amenaza que representaba Solano López para el Imperio también fue minimizada por el funcionario brasileño mejor informado sobre la situación paraguaya: el cónsul general Amaro José dos Santos Barbosa, quien se encontraba en Asunción desde 1853. En febrero de 1864, este funcionario informó que las noticias publicadas en el Plata sobre el poder militar paraguayo, sobre sus recursos y sobre el tamaño de su población eran exageradas: "de todo cuanto se dice se puede, haciendo justicia, creer en la mitad". En abril, comunicaba que la movilización de unos 7 mil hombres era una reacción de Solano López al acercamiento argentino-brasileño y a la construcción de fortificaciones argentinas en la isla Martín García. Al mes siguiente, en mayo, el mismo funcionario informaba que el Ejército paraguayo contaba con 16.680 hombres, además de cerca de 7 mil a 8 mil reservistas; y que la Marina tenía apenas 190 hombres y otros cien reclutas bajo entrenamiento. La población paraguaya —decía—, era de 700 mil a 800 mil personas, en una proporción de ocho a nueve mujeres por cada hombre[126]. El cálculo de la población era exagerado, pero la proporción presentada le permitía al gobierno imperial concluir que la máxima capacidad militar del Paraguay sería la de un ejército inferior a los 100 mil hombres. En esas condiciones, y considerándose la posición geográfica del país, así como también la situación política en el Plata —donde Mitre tampoco simpatizaba con el gobierno paraguayo—, parecía lógico concluir que Solano López no se lanzaría a una aventura militar en la región. Sin embargo, el jefe de Estado paraguayo tenía una lógica muy peculiar. El 20 de octubre, Tamandaré firmó el Acuerdo de Santa Lucía con Venancio Flores, donde se establecía la cooperación entre las fuerzas de ambos. La firma estaba de acuerdo con las instrucciones que había impartido el gobierno imperial el 7 de septiembre, pero se llevaba a cabo sin que el Imperio le hubiese declarado la guerra a Aguirre, gobernante legal del Uruguay contra el cual solo habían sido anunciadas represalias. Sin ese acuerdo Flores no tendría oportunidades de éxito en la lucha, pues disponía de apenas 1.500 hombres mal armados y peor vestidos, y carecía de la capacidad de reclutar más soldados. Esa pequeña fuerza colorada no tenía depósito de armas y municiones; contaba con escasos recursos de subsistencia y sus cañones eran de poco calibre, sin capacidad de atacar a la villa de Paysandú, que era un reducto gubernamental bien guarnecido y con artillería[127]. Paysandú solo fue tomada debido a la acción de la artillería de las naves imperiales y al ataque de soldados brasileños.

La invasión brasileña al Uruguay era esperada por Solano López. En una correspondencia del día 28 de octubre, escribió que creía que las tropas brasileñas ya habían ocupado territorio uruguayo. Agregaba que "se decía" que las fuerzas imperiales se estaban concentrando en la frontera de Mato Grosso y comentaba, "ojalá que así sea"[128]. De acuerdo con el informe de la legación norteamericana en Asunción, el gobierno paraguayo buscaba un enfrentamiento con el Brasil[129]. Mientras que Solano López se preparaba para guerrear contra el Imperio, el gobierno brasileño pensaba que apenas iba a realizar una fácil campaña militar contra los blancos uruguayos, quienes eran un débil adversario.

El representante brasileño en Asunción le advirtió al presidente de Mato Grosso, general Alexandre Albino de Carvalho, sobre la "hipótesis poco probable" de una guerra entre el Imperio y el Paraguay. También le sugirió que, a pesar de saber de los "exiguos" recursos defensivos disponibles en esa provincia, se tomasen providencias para evitar una eventual agresión[130]. Albino de Carvalho tomó las providencias posibles: envió al Sur a los soldados que estaban en Cuiabá, así como al comandante de armas (jefe militar de la provincia), coronel Carlos Augusto de Oliveira, y convocó a 213 guardias nacionales para el servicio militar en la capital. Augusto de Oliveira se instaló en Corumbá, principal puerto comercial de Mato Grosso; reforzó el fuerte de Coimbra con cerca de setenta hombres y distribuyó los demás entre su puesto de comando y las villas de Miranda y Nioaque. Albino de Carvalho solicitó la ayuda de las autoridades de Río de Janeiro, principalmente el envío de más soldados y de dinero, pues el Tesoro matogrossense disponía apenas de siete *contos* de *réis**, cantidad insuficiente para cubrir los gastos de la defensa de la provincia. Debido a la urgencia del pedido, el documento fue enviado por tierra con un emisario especial, un alférez que partió de Cuiabá el 20 de octubre y que recién llegó a Río de Janeiro el 21 de diciembre. El gobierno imperial —negligente en la defensa de Mato Grosso— había enviado su última correspondencia al presidente de esa provincia el 26 de agosto, y la siguiente fue remitida recién el 13 de abril de 1865. Por lo tanto, incluso luego de que gran parte de su territorio fuera ocupado por los paraguayos, en enero de 1865, el gobierno matogrossense quedó sin información sobre lo que ocurría en la guerra[131].

El 12 de octubre, una brigada brasileña comandada por el general José Luis Menna Barreto invadió el territorio uruguayo y luego de dos días ocupó la villa de Melo, entregándola enseguida a las fuerzas del general Flores. Poco después, Menna Barreto tomó la villa de Salto en una acción combinada con el vicealmirante Tamandaré. El 1º de diciembre, las fuerzas del Ejército imperial en Rio Grande do Sul que estaban acampadas en Piraí, en la frontera, invadieron el Uruguay lideradas por la 1ª División al mando del general Osório. Durante el cerco de Paysandú, esas tropas fueron reforzadas por 1.200 soldados de la brigada del general Antonio de Sousa Neto y por los soldados de Flores. A mediados de enero de 1865 las tropas brasileñas siguieron hacia Montevideo. Mientras tanto, la fuerza del líder blanco Basilio Muñoz promovió saqueos en Rio Grande do Sul luego de haber entrado dos veces por Jaguarão[132].

---

* *N. del T.:* Un *conto* correspondía a un millón, mientras que el *réis* era la antigua moneda brasileña y portuguesa.

La actuación que tuvo la diplomacia imperial en el Uruguay en 1864 motivó una crítica esclarecedora por parte de João Batista Calógeras, oficial del gabinete del Ministerio de Negocios Extranjeros. En una carta fechada el 6 de noviembre de 1864, le escribió a su hijo, Pandiá George Calógeras:

"Toda nuestra política en esta cuestión fue poco feliz desde el principio. Comenzamos por enviar una misión especial presionados por una amenaza de revolución de los riograndenses que apoyaban a Flores, y que pretenden extender su influencia al Estado oriental. Así, nos dejamos arrastrar por un principio revolucionario y terminamos apoyando una revolución, la de Flores contra el gobierno legal de Montevideo. Exigimos satisfacciones por reclamos que habíamos abandonado desde hacía doce años, mientras que el Estado oriental tenía otras tantas cuestiones contra nosotros, una verdadera provocación; y más aún, pues en el momento en que presentábamos semejantes pretensiones contra el gobierno de la República del Uruguay, ese gobierno estaba —y continúa estando— enfrentado con una revuelta que no consigue dominar, y que es sostenida sobre todo por los brasileños que abrazaron la causa de Flores"[133].

No menos crítica era la opinión del marqués de Caxias, que se irritó con las posiciones asumidas por Pedro II en el Uruguay, calificándolo de amante de "disparates", "bobo" y "hombrecillo". En el Senado imperial, José María da Silva Paranhos defendió que el gobierno brasileño fuese flexible en cuanto a la cuestión oriental. Preocupado con la seguridad de sus inversiones en la Argentina y el Uruguay, el barón de Mauá también deseaba una solución pacífica para la situación uruguaya, simpatizando con los blancos y despreciando a Flores[134]. Durante buena parte de la crisis uruguaya no había unidad en los medios brasileños en cuanto a la postura que debía adoptar el Imperio.

La noticia de la entrada de las tropas brasileñas en el Uruguay llegó a Asunción el 25 de octubre como un rumor. Entonces, el representante uruguayo le requirió a Solano López la ayuda prometida al gobierno de Aguirre, obteniendo como respuesta que eso no era posible porque la noticia no tenía carácter oficial. La legación brasileña interpretó ese rechazo como una demostración de la poca voluntad que tenía Solano López para cumplir el compromiso de ayuda a Aguirre en función del aislamiento paraguayo en el Plata. Viana de Lima reafirmó que no creía que el país guaraní entrase en guerra con el Brasil, por más que Solano López y sus ministros "continúen afirmando que el Paraguay pronto entrará en la lucha"[135].

En la madrugada del 11 de noviembre llegó a Asunción el navío brasileño *Marquês de Olinda* —un buque con dos mástiles a vela, impulsado por ruedas y con una chimenea—, que pertenecía a la Compañía de Navegación a Vapor del Alto Paraguay. La compañía era subsidiada por el gobierno imperial para mantener una línea regular que uniera Montevideo y Cuiabá, en un viaje que duraba 135 horas si se hacía contra la corriente y 65 horas en sentido inverso[136]. La embarcación llevaba al nuevo presidente de Mato Grosso, coronel Carneiro de Campos, y a algunos oficiales que lo acompañaban. Algunas horas después de su partida de Asunción, el *Marquês de Olinda* fue alcanzado por la cañonera paraguaya *Tacuarí* y se vio obligado a retornar al puerto de la capital. Solano López no comprendía cómo el *Marquês de Olinda* y el presidente de Mato Grosso habían continuado su viaje hacia esa provincia "después de que el Brasil nos declaró la guerra", al invadir el Uruguay después de la protesta paraguaya del 30 de agosto[137].

El Imperio no le había declarado la guerra al Paraguay, pero Solano López interpretaba o fingía que así era. La Cancillería paraguaya le comunicó al gobierno británico que con la captura del *Marquês de Olinda*, el Paraguay había "respondido a las hostilidades iniciadas por el Brasil sin previa declaración de guerra", dando a entender así, con evidente falsedad, que había habido un ataque brasileño a un blanco paraguayo[138]. El gobierno imperial y la opinión pública brasileña consideraron que la captura era un acto traicionero de piratería.

El gobierno paraguayo daba crédito a las noticias de los diarios de Río de Janeiro y de Buenos Aires, donde se afirmaba que el *Marquês de Olinda* transportaba armas[139]. En realidad, el barco llevaba correspondencia "de gran valor" y dinero para la administración de esa provincia[140]. Decepcionado, Solano López se enteró de que el *Marquês de Olinda* no transportaba armas sino dinero brasileño por valor de 200 mil patacones[141], y que la numeración de los billetes había sido divulgada por la legación brasileña en Buenos Aires, cancelando su circulación[142]. La tripulación del barco brasileño fue liberada y llegó a Buenos Aires a mediados de enero, permaneciendo como prisioneros el coronel Carneiro de Campos y los oficiales que lo acompañaban[143].

El día 13 de noviembre, la legación brasileña en Asunción protestó ante la Cancillería paraguaya por el aprisionamiento del *Marquês de Olinda*, pidiendo explicaciones por ese acto. El gobierno paraguayo entregó una nota de respuesta fechada el día anterior, en la cual rompía relaciones con el Imperio. En ese documento también se prohibía la navegación de navíos brasileños por el río Paraguay, al mismo tiempo que se autorizaba el paso de aquellos que pertenecieran a países amigos[144].

A comienzos de diciembre, Cézar Sauvan Viana de Lima solicitó su pasaporte y los de su familia para partir del Paraguay. Los documentos les fueron entregados, pero en la práctica se vio impedido de partir ya que las autoridades paraguayas habían prohibido que salieran barcos mercantes del puerto de Asunción —donde además no había ningún barco de guerra extranjero que pudiese dar cabida al diplomático brasileño y a sus familiares—. Berges le sugirió que partiese por tierra, lo que evidentemente era imposible y costaría la vida de la familia de Viana de Lima. Solo la intervención del ministro residente norteamericano, Charles Ames Washburn, pudo conseguir que Solano López facilitase la salida del representante brasileño y su familia, así como de otros miembros de la legación brasileña; la nave de guerra paraguaya *Paraná* transportó a todos ellos hasta Buenos Aires, adonde llegaron luego de una semana de viaje[145].

En Buenos Aires, el navío paraguayo desembarcó al ministro brasileño y en la misma noche embarcó clandestinamente municiones y un cargamento de eficientes rifles modelo Minié —que aunque todavía se cargaban por la boca, tenían bala cónica y caño estriado. Y no fue esta la última vez que el Paraguay recibió armas desde Buenos Aires. En febrero de 1865, el representante comercial paraguayo en esa capital —Egusquiza— embarcó treinta y ocho cajones con fusiles en el vapor inglés *Esmeralda*, los cuales fueron entregados en la fortaleza de Humaitá[146]. Peor suerte tuvo el cónsul general del Brasil en Asunción, Amaro José dos Santos Barbosa. En el momento de la partida, Viana de Lima le aconsejó a Barbosa que hiciera lo mismo cuando sus servicios consulares ya no fuesen útiles, o en caso de saberse en peligro. En lugar de partir inmediatamente —como era aconsejable—, el cónsul permaneció en el Paraguay, seguramente para atender a los brasileños prisioneros en el *Marquês de Olinda*. Barbosa terminó por ser aislado y evitado por todos los paraguayos y, para evitar que sus oficios a Río de Janeiro fueran interceptados por Solano López, comenzó a enviarlos por duplicado y a través de diferentes canales[147].

A comienzos de 1865, el gobierno paraguayo suspendió la autorización de Barbosa para ejercer la función consular (*exequatur*), y este ya no pudo salir del país. El 29 de marzo de ese año, y luego de quince días de aislamiento en su casa, salió a las siete de la tarde para visitar al cónsul argentino y fue atacado por extraños frente a varios soldados que se encontraban cerca, y que no hicieron nada. Le partieron la cabeza con una botella, de aquellas gruesas y pesadas como eran los envases de esa época. Perdiendo abundante sangre, Barbosa pidió ayuda sin éxito, pues todos lo evitaban; solo fue atendido dos horas después en una farmacia[148]. Centurión, que fue testigo ocular, cuenta una versión de lo ocurrido ligeramente diferente. Afirma que el cónsul brasileño atravesaba la calle Estrella, cuando se cruzó temerariamente frente a una columna de más de mil reclutas que pasaban marchando, y que uno de ellos, "reconociéndole, le dio un botellazo en la cabeza, dejándolo tendido solo e inconsciente"[149].

El hecho es que nunca se descubrió al autor del atentado. Y eso fue porque no se quiso hacerlo, pues había testigos que podrían haber identificado al autor en caso de ser interrogados por la autoridad policial, ya que la delación era una práctica incentivada por los regímenes autoritarios paraguayos. Además, la intimidación física del cónsul Amaro José dos Santos Barbosa encontraba precedentes en octubre de 1864, cuando las relaciones entre Solano López y los representantes brasileños en Asunción ya eran tensas. En esa ocasión, Juan Barbosa —que era un brasileño empleado en el consulado imperial— fue herido en la calle por policías a golpes de sable. Barbosa corrió peligro de muerte, habiendo sufrido ocho contusiones en los brazos, treinta en la espalda y tres en el rostro. En este caso tampoco se descubrió a los responsables, lo que no llega a sorprender dado que en la primera hoja del expediente policial el empleado consular era catalogado como "castigado" y no como víctima. Durante el proceso, Juan Barbosa fue tratado como reo y clasificado como vagabundo[150].

El cónsul general Santos Barbosa ya no salió más de su residencia luego de esa agresión física. Su último contacto con el gobierno brasileño —archivado en Itamaraty— es una carta datada el 1º de agosto de 1865. En ella informaba que prácticamente estaba con prisión domiciliaria, pues sabía que sería asesinado en caso de salir a la calle[151]. Terminó por ser detenido y, en la batalla de Curupaytí, Barbosa y otros prisioneros fueron colocados en un lugar al alcance de las balas de los cañones de la escuadra brasileña, pero a pesar de que sus rebotes caían en medio de ellos, no mataron a nadie[152]. Finalmente, Santos Barbosa no resistió el agotamiento físico y murió en febrero de 1868 como prisionero en Humaitá, agonizando a la intemperie sobre un pedazo de cuero[153]. Sus hijos, Pedro Máximo Barbosa y Manuel dos Santos Barbosa, nacidos en Asunción pero que desde 1860 estudiaban en el Brasil, participaron de la invasión del Paraguay por las tropas brasileñas en 1866 sirviendo en la artillería[154].

Cuando mandó apresar al *Marquês de Olinda*, Solano López se convenció de que el Brasil se preparaba para hacerle la guerra. Estaba informado de que el *Amazonas* y otras dos naves de guerra brasileñas estaban navegando hacia Mato Grosso transportando armamento, los que constituirían preparativos bélicos del Imperio contra el Paraguay. En virtud de informaciones de ese tipo, así como del trabajo de persuasión que había realizado el gobierno uruguayo, Solano López creyó que la guerra del Brasil contra él era inevitable. En consecuencia, el 15 de noviembre decidió iniciar las operaciones bélicas contra Mato Grosso lo más rápido que fuera posible[155]. El paso siguiente sería invadir Rio Grande do Sul por São Borja, con las tropas que estaban concentradas en Encarnación, en las márgenes del río Paraná[156]. Para evitar malos entendidos, Solano López le garantizó a Urquiza que esas tropas no estaban destinadas a invadir Corrientes o Entre Ríos, ni a ser utilizadas contra el gobierno argentino, "aunque la política del general

Mitre y el apoyo moral con que protege los desmanes del gobierno imperial, justificarían cualquier acción preventiva" paraguaya[157].

Solano López tenía razones para creer en la inferioridad militar del Imperio en relación al Paraguay. La propia intervención brasileña en el Uruguay, que había sido planeada por el gobierno imperial para ser una prueba de fuerza, se constituyó en una demostración de debilidad, pues hubo dificultades y demoras para movilizar a la tropa. Esas demoras habrían hecho que Solano López se volviera lo suficientemente confiado como para adoptar una posición de fuerza ante el Imperio[158]. Había informantes del gobierno paraguayo que confirmaban la debilidad brasileña. En diciembre de 1864, uno de ellos escribía que "las fuerzas imperiales en el Uruguay tal vez no llegasen a 5 mil hombres". El Imperio —decía— era incapaz de movilizar un ejército que mereciese ese nombre en dos o tres meses, y que pudiera enfrentar a los paraguayos. El informante agregaba que luego de ese plazo el Brasil no podría reunir más de 15 mil hombres, y que su Guardia Nacional, mantenida como fuerza de reserva, "no vale nada". El representante comercial paraguayo en Montevideo escribió que un ataque del Paraguay a Rio Grande do Sul obligaría a retroceder a la fuerza brasileña en el Uruguay, que era la única organizada de todo el Ejército imperial[159].

Como Francisco Solano López consideraba probable una guerra con el Brasil, interpretó que la intervención brasileña en el Uruguay era el preámbulo de un ataque al Paraguay, luego de la anexión de parte del territorio uruguayo. La Cancillería paraguaya entendía que esa anexión era la única justificación para los gastos que le ocasionaba al Imperio su acción militar en el Uruguay[160]. Los argumentos de Antonio de las Carreras habían convencido a Solano López de que el gobierno argentino se volvería contra el Paraguay luego de la caída de Montevideo, y de que la alianza del Brasil con Flores servía a la política de Buenos Aires[161].

Las interpretaciones del gobierno paraguayo estaban equivocadas, no solo en cuanto a la amenaza a la independencia paraguaya, sino también en que el Paraguay fuera blanco de un ataque del Imperio luego de la intervención brasileña en el Uruguay. Esos equívocos tal vez podrían haber sido evitados si el gobierno paraguayo hubiera contado con informaciones fidedignas, y no con aquellas que le ofrecía Vásquez Sagastume, el representante uruguayo en Asunción. Además, el Paraguay carecía de servicio diplomático, que era un requisito indispensable para reducir los márgenes de error al montar una estrategia de acción para el Plata. Si bien esa región era el centro neurálgico de sus intereses, el Paraguay no tenía allí representantes diplomáticos, poseyendo apenas un cónsul en la ciudad de Paraná y agentes comerciales en Buenos Aires y Montevideo. En Europa tan solo contaba con un encargado de Negocios —Cándido Bareiro, que estaba acreditado ante los gobiernos británico y francés— y un representante comercial para Bruselas y Berlín —Alfredo Du Graty, quien ni siquiera era paraguayo[162]. Mientras tanto, el Imperio del Brasil poseía experimentados diplomáticos en los principales países europeos y americanos, quienes cumplieron un importante papel de refuerzo político a la acción militar durante la guerra.

Otro factor relevante para esas equivocaciones era que, en función de su sistema político totalitario, en el Paraguay no existía un proceso de decisión donde los diferentes aspectos del contexto platino fuesen evaluados por varias instancias. Eso no permitió que se llevara a cabo un análisis más realista sobre la factibilidad de una victoria militar paraguaya sobre el Brasil, y cuál sería la relación costo/beneficio en ese conflicto. Esa evaluación fue hecha básicamente por un solo hombre: Francisco Solano López. Esto aumentaba dramáticamente la posibilidad de error, y más todavía si el análisis era hecho por una personalidad acostumbrada a lograr sus objetivos en una realidad simple, como la de la sociedad paraguaya, en la cual no existían periódicos (excepto un pequeño *tabloide* oficial), ni intercambio de ideas con el exterior y tampoco partidos políticos. El autoritarismo no solo anestesió a la sociedad paraguaya, impedida de tener una participación activa en los destinos del país, sino que también cegó al propio Solano López: su excesiva autoconfianza lo llevó al voluntarismo, a sobrestimar el poderío nacional paraguayo y a realizar un análisis equivocado de la correlación de las fuerzas militares y políticas del Plata.

El acercamiento argentino-brasileño; la pacificación del Uruguay

La gravedad del panorama platino llevó a que el gabinete liberal, presidido por el consejero Furtado, enviara en misión al Plata a un conocedor de la región: el político conservador José María da Silva Paranhos. Este funcionario, que hasta mediados de 1864 había bregado por una postura flexible del gobierno brasileño en la cuestión oriental, ahora había rectificado su posición. Paranhos comenzó a solicitar que el gobierno imperial actuase de acuerdo con las exigencias hechas por Saraiva, y que no se debería "retroceder ante las bravatas de Montevideo y de Asunción"[163].

El gobierno imperial instruyó a Paranhos para que este buscase una alianza con Buenos Aires para apoyar a Flores y realizar una intervención conjunta en el Uruguay. Tal unión se hacía necesaria porque el Brasil no tenía fuerzas suficientes para atacar por su cuenta a la ciudad de Montevideo, y porque existía la hipótesis de una invasión paraguaya al territorio brasileño, "aunque no se considerase probable"[164]. Paranhos intentó ampliar el carácter de esa alianza para que la misma comprendiese una acción común entre el Imperio y la Argentina contra el Paraguay. Según lo recordó posteriormente Mitre, el diplomático le había asegurado a Elizalde en reiteradas ocasiones que los respectivos países marcharían juntos contra Solano López. Sin embargo, la alianza propuesta fue rechazada por el presidente argentino, quien no obstante habría hecho votos por la victoria del Brasil[165].

Al proponerle al gobierno argentino la alianza contra el Paraguay, Paranhos reivindicaba la aplicación del Tratado de 1857, el cual había sido firmado entre la Confederación Argentina y el Imperio. Por ese documento, los dos países se comprometían a actuar de común acuerdo en caso de que el gobierno paraguayo atacase a uno de ellos. El canciller Rufino de Elizalde y el general Gelly y Obes —ministro de Guerra— concordaban con Paranhos, pero el presidente Mitre y los otros ministros no reconocían la obligación asumida en 1857[166].

Mitre no podía comprometerse formalmente con el Imperio debido a la reacción interna que podría provocar ese acto, sea entre los liberales autonomistas de Buenos Aires, sea en Entre Ríos y Corrientes, donde existía oposición al Brasil y la población tenía mayor afinidad cultural con el Paraguay que con Buenos Aires, pues casi todos hablaban guaraní. En realidad, el presidente argentino simpatizaba con el Brasil y elogiaba su régimen político, e incluso llegó a censurar al escritor chileno Benjamín Vicuña Mackenna porque este utilizaba "palabras huecas, como las de 'Imperio esclavócrata'", agregando que si bien la esclavitud era una mal que existía en la monarquía, esto no probaba nada contra las instituciones brasileñas. Mitre escribió que esas instituciones "dejan muy atrás en liberalismo a muchas de nuestras Repúblicas", las cuales no se veían amenazadas o en peligro por la existencia del Imperio[167].

El historiador argentino Tjarks, basándose en el archivo de Rufino de Elizalde, señaló que la pieza que faltaba para recomponer el rompecabezas de la Guerra del Paraguay era la lucha entre la ideología liberal y la conservadora. Para ese estudioso, tanto don Pedro II como Mitre no deseaban que sus países se vieran envueltos en el conflicto uruguayo y en la subsecuente acción bélica en el Plata. Sin embargo, ese no era el objetivo de los liberales que se encontraban en el poder en el Brasil y en la Argentina. Según el texto de Tjarks, esas corrientes políticas se articularon para promover la intervención de sus respectivos países contra el Uruguay y el Paraguay, donde los gobiernos eran antiliberales[168].

Ciertamente, el hecho de que dos grupos liberales ocuparan el poder simultáneamente en la Argentina y en el Brasil —mientras que los gobiernos de Asunción y Montevideo tenían una orientación política opuesta— facilitó el acercamiento y la posterior alianza entre Buenos Aires y Río de Janeiro. Sin embargo, existe abundante documentación que demuestra que el gobierno imperial no quería una guerra contra el Paraguay e, incluso, que en un principio la intervención en el Uruguay tenía doble finalidad: impedir que Montevideo quebrara la dependencia uruguaya en relación al Brasil —atendiendo a los reclamos de los ganaderos *gaúchos*—, y producir una acción distractiva en el sur para que la opinión pública brasileña olvidase la humillación sufrida ante Gran Bretaña. Posteriormente, entre agosto y septiembre de 1864, el objetivo de la diplomacia imperial pasó a ser, en la práctica, la destitución del gobierno uruguayo. Siendo así, argumentar que existía una diplomacia secreta del Partido Liberal en relación al Plata, de la cual el emperador no tenía conocimiento, es desconocer el papel que el monarca brasileño desempeñaba dentro del Estado. Don Pedro II estaba presente en los asuntos de gobierno e intentaba mantenerse al tanto de todo, participando incluso de la política externa brasileña.

En cuanto a Mitre, es incorrecto afirmar que no tuviese conocimiento de la política implementada por Elizalde. Según la feliz definición de Tjarks, esa política buscaba que en el Plata hubiera una hegemonía compartida entre el Imperio y la Argentina. En su intercambio de cartas con Urquiza, el presidente argentino procuraba demostrar que en la práctica el gobierno nacional se mantenía neutral, tanto en las divergencias entre el gobierno imperial y el uruguayo, como en los primeros tiempos del conflicto brasileño-paraguayo. No obstante ello, al mismo tiempo intentaba convencer al caudillo entrerriano de que no había motivos para temer al Brasil. Mitre escribió que si la Argentina se veía rodeada por dos vecinos en guerra, el que "puede hacernos un mal mayor, y el que hasta hoy nos ha hecho más bienes" era el Imperio, mientras que con el Paraguay, "podemos tener cuestiones de interés nacional en el futuro". Y recordaba que Urquiza también se había beneficiado de la alianza con el Brasil en el pasado[169].

Ese Mitre, afable con el Imperio no solo por afinidades ideológicas sino también por intereses concretos, es el que favoreció la acción brasileña en el Plata. En septiembre de 1864, el diario liberal carioca *O Correio Mercantil* revelaba que el presidente argentino tenía "la mejor buena voluntad con nosotros", e incluso que su ministro de Marina le habría ofrecido abastecimiento de carbón a los vapores brasileños que operaban en la costa uruguaya. Se autorizó que una cañonera brasileña retirara de Buenos Aires pertrechos de guerra, entre ellos 6 mil carabinas y seis cañones estriados. La buena voluntad del gobierno argentino era tal que Paranhos pudo solicitar autorización para instalar como espía en Corrientes a Miguel Joaquim de Souza Machado, vicecónsul imperial en Paysandú, "para que nos informe de los sucesos que puedan interesarnos del lado del Paraguay". La respuesta fue positiva, hasta el punto de que Elizalde le informaba al gobernador correntino Manuel Lagraña que los "agentes" brasileños en la provincia podrían necesitar enviar "algunos oficios a sus superiores" en Buenos Aires. Lagraña debería enviar esos documentos al canciller argentino "por el [correo] expreso, sin pérdida de tiempo"[170].

Mientras tanto, se definía la situación en el Uruguay. El presidente Aguirre estaba decidido a no cambiar su posición en relación con la Argentina y con el Imperio, a despecho de la presión militar brasileña y de la hostil campaña que desataron los diarios argentinos *La Tribuna* y *La Nación Argentina*, la cual fue calificada de "fanfarronadas" por el primer mandatario uruguayo. Según Aguirre, el objetivo de su gobierno era "ser consecuente (como regla invariable de su política) con su aliado, el gobierno paraguayo"[171]. La firme postura que evidenciaba el presidente uruguayo —de resistencia a las presiones de sus dos poderosos vecinos— era resultado de la información de que los paraguayos invadirían Rio Grande do Sul en la primera semana de diciembre para socorrer al Estado oriental[172].

La ayuda paraguaya a Montevideo no se concretó, y Aguirre, al ser presionado por las fuerzas del Imperio, solo pudo recurrir a las potencias europeas para mantenerse en el poder. A mediados de 1865 el gobierno blanco envió a Cándido Joanicó en misión a España, Francia Gran Bretaña e Italia. Este funcionario debía obtener de esas potencias la garantía de la independencia uruguaya y de la estabilidad del gobierno legal; para ello debía demostrar que los intereses comerciales de Europa estaban vinculados a la paz en el Uruguay, el cual se veía amenazado por las aspiraciones expansionistas del Brasil y la Argentina[173].

Cuando Joanicó llegó a su destino, Flores ya había triunfado. La sucesión de Aguirre, cuyo mandato presidencial finalizaba, fue disputada por dos facciones del Partido Blanco: por un lado, los más radicales, que eran favorables a la guerra con el Brasil y estaban representados por Juan Ceravia, y por otro lado, aquellos que deseaban la paz, representados por Tomás Villalba e influidos por comerciantes mayoritariamente extranjeros. Estos últimos estaban temerosos por los perjuicios al comercio que derivaban del bloqueo de Montevideo y de su puerto, el cual había sido establecido el 2 de febrero de 1865 por Tamandaré[174]. Villalba fue elegido presidente del Senado el día 15 del mismo mes y, ante la imposibilidad de realizar elecciones para el cargo debido a la guerra civil, automáticamente se convirtió en jefe del Ejecutivo en ejercicio.

Al día siguiente de que asumiera Villaba comenzaron las negociaciones de paz con Paranhos, con la mediación del representante italiano en Montevideo, Ulisses Barbolani. El 20 de febrero se firmó el Protocolo de Paz de Villa Unión. La firma del mismo tenía el visto bueno argentino, y de ella participaron el enviado brasileño, el representante del presidente en ejercicio,

Manuel Herrera y Obes, y el líder colorado Venancio Flores. Por ese documento Flores asumía la presidencia de la república[175].

Con ese acuerdo, Paranhos consiguió que Montevideo capitulara sin luchar, siendo que "nadie (...) preveía semejante desenlace"[176]. Un ataque a la capital podría haber costado la vida de 2 mil soldados brasileños, pues la ciudad estaba defendida con trincheras. Además, Flores se comprometió a atender todas las exigencias del *ultimatum* del 4 de agosto del año anterior, y de esta forma el Imperio ganó una base que era vital para las operaciones contra el Paraguay[177]. El nuevo presidente era "un verdadero amigo del Brasil"[178]. Flores suprimió la legación uruguaya en Asunción, puso en vigencia nuevamente los Tratados de 1851 y, cumpliendo su promesa, se puso al lado del Imperio en la lucha contra Solano López. Según la opinión del conde d'Eu —marido de la princesa Isabel, heredera del trono brasileño—, el gobierno colorado recibió apoyo "moral y material" de Río de Janeiro, sin el cual "sería expulsado" de la capital uruguaya[179].

El éxito de Paranhos le costó su puesto el mismo día en que la noticia llegó a Río de Janeiro, el 3 de marzo. La justificación para ese acto fue que el acuerdo no contemplaba la reparación del honor brasileño, ultrajado por el gobierno blanco. Tal ultraje se dio como consecuencia de la toma de Paysandú, ciudad localizada a orillas del río Uruguay y que a partir del 2 de diciembre de 1864 había sufrido un cerco de 6 mil hombres, entre soldados brasileños y hombres de Flores. Cuando se rindieron los defensores de la ciudad, el general legalista Leandro Gómez, comandante de la plaza, le pidió a Tamandaré que lo entregara a sus compatriotas, cosa que se concretó. Los colorados entonces fusilaron al prisionero y a todos los oficiales que participaron en la defensa de la ciudad; este acto fue reprobado por el vicealmirante brasileño, quien ordenó la liberación de los demás prisioneros[180].

Lo ocurrido en Paysandú era la reiteración de una práctica frecuente en el Río de la Plata, según la cual se pasaba por las armas a los vencidos que eran aprisionados. Apenas algunos años atrás, en enero de 1858, también el Uruguay, más precisamente en Quinteros, el general Díaz —un colorado que había sido derrotado luego de rebelarse contra el presidente blanco Pereira— fue muerto por el general legalista Medina luego de que este le hubiera dado garantías para su vida y la de sus oficiales. A pesar de las protestas del cuerpo diplomático, ciento cincuenta sublevados fueron fusilados o muertos a bayoneta por orden del jefe de Estado uruguayo. El fusilamiento de Leandro Gómez fue una réplica colorada por lo de Quinteros, pero en Montevideo se hizo responsable por los fusilamientos al Imperio[181]. A consecuencia de ello, el presidente Aguirre ordenó quemar en la plaza pública los tratados del 12 de octubre de 1851, lo cual fue hecho por un prisionero retirado de la prisión pública con esa finalidad. La quema se hizo frente a

Aguirre, sus ministros y cerca de trescientas personas silenciosas, frustrando la expectativa de la presencia maciza de ciudadanos indignados con el Brasil[182]. El gobierno imperial terminó por reconocer formalmente a Flores como beligerante.

Durante la quema de los tratados de 1851, la bandera brasileña fue arrastrada por las calles de la capital uruguaya. Tamandaré bloqueaba la ciudad y, al tomar conocimiento del hecho, quiso bombardearla como forma de desagraviar al pabellón imperial. La represalia fue evitada gracias a los argumentos que esgrimió Paranhos sobre su inconveniencia política. Sin embargo, Tamandaré insinuó la falta de dignidad del diplomático, llegando a afirmar que "solo un militar puede saber lo que significa un insulto a la bandera"[183].

Las relaciones entre el enviado imperial al Plata y el comandante de la escuadra brasileña se agravaron rápidamente. Cuando Paranhos reunió a los jefes militares para informarles de la marcha de las negociaciones con Villalba entró en conflicto con Tamandaré, quien afirmó que el diplomático no estaba autorizado para tal iniciativa. Tamandaré se veía a sí mismo no solo como el comandante supremo de las cuestiones militares, sino también de las soluciones políticas, en lo que fue refutado por aquel enviado. Las relaciones entre esas altas autoridades fueron conflictivas, lo que tal vez se explique por el hecho de que Paranhos era senador del Partido Conservador mientras que el contralmirante pertenecía al Partido Liberal. El diplomático tenía ácidas opiniones sobre Tamandaré, a quien creía "incapaz de plan y método", sin condiciones de comandar las fuerzas imperiales en el Paraguay. Así, Paranhos instó al marqués de Caxias —que también era miembro del Partido Conservador— para que aceptara el comando contra Solano López[184].

Disgustado con los acontecimientos, Tamandaré pidió su relevo del comando de las fuerzas navales del Imperio en el Plata. El jefe de gobierno, consejero Furtado, y el ministro de Negocios Extranjeros, Dias Vieira, le propusieron al emperador la destitución de Paranhos, argumentando que la misma era reclamada por la opinión pública[185]. Este era un argumento verdadero, pues si bien la noticia de la rendición de Montevideo provocó una verdadera fiesta en las calles de Río de Janeiro, al día siguiente, 3 de marzo, los ánimos se exaltaron contra Paranhos cuando se hicieron públicos los términos del acuerdo[186].

En la destitución de Paranhos tuvo mayor peso el aspecto político y la opinión pública que su divergencia con Tamandaré. La intervención en el Uruguay fue un sentimiento realimentado y ampliado por el gabinete liberal como forma de fortalecerse frente a una población sensibilizada por la Cuestión Christie, y así demostrar competencia para enfrentar los problemas externos. La intervención en el territorio uruguayo servía también para desviar la atención de la mayor crisis financiera y comercial que vivió el país durante el siglo XIX, la cual había comenzado en septiembre de 1864. Esa crisis tuvo su origen en la *Casa Souto e Cía.*, la mayor institución bancaria brasileña de la época, que cerró sus agencias provocando una violenta corrida hacia otros bancos, con serios perjuicios para el comercio y los inversores[187].

Si bien la causa original de la intervención brasileña en el Uruguay había sido evitar que ese país rompiera su dependencia en relación al Imperio, así como también la presión de los estancieros *gaúchos*, todo terminó por diversificarse. Los gobernantes brasileños intentaron que la opinión pública no prestara atención a los problemas citados más arriba transformándola en blanco de una "realimentación positiva", la cual amplificaba los sentimientos de hostilidad contra el gobierno blanco en un movimiento de creciente intensidad. Existen dos maneras de interrumpir ese movimiento: cuando entra en colapso algún elemento que lo generó —o incluso un elemento surgido del medio en que se desarrolla—, o bien cuando se agota algún recurso o suplemento esencial. Las formas de realimentación positiva "son características de situaciones que tienden a escapar de control"[188]. De hecho, con la declaración de guerra de parte del Paraguay, la situación se salió de control y sorprendió al gobierno imperial.

El apresamiento del *Marquês de Olinda* por Solano López agregaba un factor para que el Imperio deseara el fin del gobierno de Aguirre en el Uruguay. Para que la escuadra brasileña pudiera operar contra el Paraguay era necesaria una base en el Plata. El acuerdo de Paranhos garantizaba esa base con el establecimiento de un gobierno aliado en Montevideo, pero en lugar de recibir elogios, el enviado fue apartado de su misión. La paz firmada no contenía en su texto la punición inmediata y nominal de los responsables por las violencias cometidas contra brasileños en territorio uruguayo, ni la de los que arrastraron la bandera imperial por las calles de Montevideo. Esos dos acontecimientos fueron utilizados para incentivar la hostilidad de la opinión pública brasileña contra el gobierno blanco. El propio Paranhos señaló que su destitución había sido causada por los "justos resentimientos de la población brasileña", y por la apreciación errónea que tuvo de sus actos el gobierno imperial en virtud de la distancia[189]. Sin embargo, Paranhos fue más sincero con su amigo Caxias: "vencieron S.M. [Su Majestad] y su Almirante [Tamandaré], pero la victoria de la razón ha de ser mía"[190]. Sin duda, la posteridad reconoció esa victoria.

El sentimiento bélico había escapado al control de quienes lo habían fomentado, ganando dinamismo propio en el seno de la opinión pública brasileña, que naturalmente se identificaba con las actitudes de fuerza de Ta-

72

mandaré. Don Pedro II, que era amigo y admirador del anterior, se reservaba casi exclusivamente para sí mismo la solución de los conflictos internacionales de carácter grave, y avaló la desgracia de Paranhos. Esa posición tenía un efecto interno y otro externo. Por un lado, ella coincidía con la de la opinión pública y reforzaba la identidad entre el ciudadano y la patria, que estaba personificada en el emperador. Por otro lado, la dura reacción del gobierno imperial al destituir a Paranhos también le hacía ver a los enemigos platinos que enfrentar al Brasil no reportaría ventajas en negociaciones posteriores.

Con la destitución de Paranhos quedó eliminada la salida diplomática para la situación uruguaya. Para el vizconde de Niteroi, el convenio del 20 de febrero de 1865 era el "prenuncio de un arreglo pacífico en todo sentido, y que tanto le habría ahorrado al Brasil y más aún al Paraguay", pues la guerra podría haber sido "hasta evitada". Para Joaquim Nabuco, en lo que se refiere a los acontecimientos uruguayos, nada contribuyó más para la guerra contra el Paraguay que las actitudes de Tamandaré[191].

Solano López también podría haber evitado dar continuidad a la guerra. La convención del 20 de febrero garantizaba la independencia y la integridad territorial uruguayas —aspectos cuya defensa había sido invocada por el gobierno paraguayo para atacar al Imperio—, que ahora permitía una retirada digna de las fuerzas invasoras. El país guaraní gozaba de una magnífica posición geográfica defensiva, pues estaba aislado en el interior del continente y las fuerzas brasileñas solo podrían atacarlo en puntos defendibles: por el río Paraguay, que estaba bajo el control de la fortaleza de Humaitá, y al sudoeste. Las contradicciones internas tendían a mantener la neutralidad de la Argentina, y esto imposibilitaba una acción eficaz del Imperio contra la república paraguaya, pues el Brasil carecía de puntos de apoyo logístico dentro de la región platina. Si bien ese panorama podría haber favorecido una solución diplomática del conflicto, esta no fue considerada por el jefe de Estado paraguayo. Basándose en informaciones sobre la debilidad militar del Imperio y el mantenimiento de la neutralidad del gobierno argentino, el mandatario paraguayo creía posible obtener una victoria militar[192]. Thornton, el representante británico en Buenos Aires, tenía su parte de razón cuando escribió que la situación uruguaya era apenas un pretexto de Solano López para atacar al Brasil, ocupar el territorio en disputa y concluir un tratado de límites con el Imperio desde una posición ventajosa para el Paraguay[193].

El gobierno argentino, por su parte, no creía en la ampliación del conflicto brasileño-paraguayo, pese a que la destitución de Paranhos generó algunas dudas. En marzo de 1865, Rufino de Elizalde veía con optimismo la situación platina. Pensaba que el Paraguay permanecería a la defensiva, pues

Mato Grosso era un territorio vacío y sin importancia militar; además, consideraba que invadir Rio Grande do Sul sería complicado, pues los paraguayos tendrían que pasar por territorio argentino y, aunque lo lograsen, serían "fácilmente" derrotados por los *gaúchos*. En cuanto al Brasil, el canciller entendía que era inviable invadir el Paraguay por Mato Grosso y que tampoco se podría hacerlo desde Rio Grande do Sul, pues esto implicaría atravesar el territorio de la Argentina, y esta —escribió Elizalde—, tenía cuestiones de límites pendientes tanto con el Paraguay como con el Brasil. José Mármol —que retornó a Río de Janeiro en misión especial— debía obtener un tratado de límites y de comercio con el Imperio por medio de una solución "fraternal", y estar atento a la política interna brasileña. Después de todo, escribió Elizalde, la destitución de Paranhos significaba el triunfo de aquellos que defendían una acción "dura y enérgica" del Brasil en el Plata, lo que provocaría reacciones en la región "y perderíamos todo nuestro trabajo para la unión del Brasil con nosotros"[194].

De todos los gobiernos que lucharon en la Guerra del Paraguay, el único que se preparaba, de hecho, para un conflicto regional era el de Solano López. Los blancos uruguayos lo deseaban; Mitre y Elizalde comenzaron a considerar seriamente esa posibilidad solo después de la invasión paraguaya de Mato Grosso, y el gobierno imperial fue sorprendido por el ataque paraguayo a territorio brasileño.

Solano López, de tirano a héroe antiimperialista: la construcción del mito

A partir de la muerte de Solano López en la batalla de Cerro Corá, en marzo de 1870, y hasta fines del siglo xix, no se cuestionaba que él hubiera sido un dictador que llevó a su país a una guerra imprudente contra vecinos más poderosos. Robert Bontine Cunninghame Graham, un adolescente británico que llegó al Paraguay en 1871 y viajó por el país durante un año y medio sin problemas de comunicación —pues hablaba guaraní—, fue testigo del odio que sentían los sobrevivientes por Solano López[195]. En los países vecinos el sentimiento era idéntico, hasta el punto de que la historiografía tradicional —incluso la paraguaya— personalizaba en la figura de Solano López la explicación de las causas de la guerra, dejando en segundo plano el proceso histórico que llevó al conflicto.

Hacia finales del siglo xix el Paraguay era un país muy pobre desde el punto de vista económico, prácticamente sin autoestima por su pasado y carente de héroes paradigmáticos. Era presentado como un país de déspotas que fue derrotado en una guerra en la cual había sido el agresor. Al mismo tiempo, en Asunción despuntaba una generación de estudiantes universitarios y secundarios que deseaban construir una sociedad mejor, pero que no encontraban un pensamiento que fuera capaz de recuperar la autoestima nacional, quebrar el sentimiento de inferioridad frente a otras naciones y encaminar la superación de esa realidad miserable. Esos pocos jóvenes necesitaban héroes que encarnasen los valores, supuestos o reales, de la nacionalidad paraguaya. La educación liberal apenas les ofrecía la denuncia del pasado y de los "antihéroes", los tres dictadores que gobernaron el país hasta 1870.

Esas circunstancias permitieron que el Paraguay viera el nacimiento del revisionismo histórico de la figura de Solano López, también conocido como lopizmo. Ese movimiento intentó transformar la imagen de Solano López, de dictador responsable por desencadenar una guerra desastrosa para su país, en un héroe que fue víctima de la agresión de la Triple Alianza y en sinónimo de coraje y patriotismo. El intelectual responsable por el nacimiento del revisionismo fue Juan Emiliano O'Leary, quien por "recuperar" la memoria del fallecido dictador comenzó a ser conocido como "El Reivindicador".

O'Leary era hijo del segundo matrimonio de Dolores Urdapilleta Caríssimo. Su primer marido había sido el juez Bernardo Jovellanos, quien murió en la prisión adonde había sido enviado porque sus decisiones desagradaban al presidente Francisco Solano López. Durante la guerra, Dolores fue acusada de traición y condenada al destierro interno. Ella y otras mujeres en la misma situación fueron obligadas a realizar largas marchas forzadas, casi sin comida, acompañando a los soldados paraguayos que se retiraban hacia el interior del país frente al avance de las tropas aliadas. En esa marcha, los hijos pequeños de Dolores murieron de hambre. Al recordar las penurias por las que pasó su madre, Juan Emiliano O'Leary escribió:

"Para tus verdugos y para los verdugos de nuestra patria —perdóname, madre mía— mi odio es eterno.
Madre, tu martirio es infinito. Día tras día, a cada momento, aparecen ante sus ojos las sombras de sus hijos, mis hermanos, muertos de hambre en la soledad de su peregrinación. Tú los viste morir.
Tú presenciaste aquella agonía indescriptible y, después que murieron, tuviste que dejar sus pequeños cuerpos fríos bajo una capa de tierra y una alfombra de flores.
¡Pobres mis hermanos! Yo también los veo en mis sueños, envueltos en nítidas mortajas, flotando en el espacio como blancos angelitos. Ni siquiera ustedes escaparon de la furia de los tiranos y de los Caínes.
¡Algún día, cuando mi canto sea digno de ustedes, enterraré su memoria en la cristalina sepultura de mis versos!
Tú perdonaste al tirano, que tan brutalmente te maltrató. Yo no lo perdono. Lo olvido. Y en este día, uno mis lágrimas a las tuyas y con mi alma abrazo

a esos pobres mártires, mis hermanitos, muertos de hambre en la soledad del destierro"[196].

Sin embargo, el talentoso escritor pronto olvidó esa promesa y prefirió enterrar su conciencia. Si bien el nacimiento del revisionismo histórico lopizta llenó un vacío ideológico en el Paraguay, muy distinto es el motivo real para construir la imagen heroica de Solano López.

Elisa Lynch, la irlandesa compañera de Solano López que había llegado al Paraguay en la década de 1850, "compró" tierras e inmuebles durante la guerra. Ella recibió del gobierno paraguayo 33.175 kilómetros cuadrados de territorio que estaba en disputa con el Brasil, un área que correspondía exactamente a la extensión territorial de la colonia de *Dourados*, delimitada por un decreto del gobierno imperial del 26 de abril de 1856[197]. Gracias a Solano López, también se convirtió en propietaria de unos 4.375 kilómetros cuadrados entre los ríos Bermejo y Pilcomayo —en un territorio que fue reconocido como argentino en la posguerra—, e incluso de otros 135 mil kilómetros cuadrados en la región oriental del Paraguay. Para que esos negocios mantuvieran una apariencia de legalidad, las ventas llevaban la autorización del vicepresidente Sánchez y no del propio presidente, como era habitual. En sus solicitudes de compra, Elisa Lynch invocó la condición de ciudadana británica con hijos paraguayos, y utilizó como pretexto para la operación su deseo de contribuir en el esfuerzo de guerra del Paraguay con el dinero que ofrecía por las tierras. Como bien señaló Centurión, cuando se hicieron las ventas, en 1869, ya no había tiempo para usar el dinero recaudado en la defensa nacional, y además no existía ninguna ley que autorizase la incautación de tierras públicas. Lynch incluso compró 29 inmuebles urbanos, 27 de los cuales estaban en Asunción[198]. El enriquecimiento inmobiliario de madame Lynch —como la llamaban los paraguayos de la época— fue posible porque el Estado paraguayo era prácticamente un feudo de la familia López. Según la descripción de Richard Francis Burton, escritor, aventurero y diplomático inglés: "De hecho, el país es una gran estancia de la cual actúa como propietario el primer magistrado"[199].

El 23 de diciembre de 1868, cuando estaba cercado por el enemigo en Lomas Valentinas, Solano López dejó su testamento al cuidado del representante diplomático norteamericano, general MacMahon. Allí se mostraba "agradecido por los servicios [sic!] de la señora doña Elisa A. Lynch", y la declaraba su heredera universal[200]. Luego de un viaje al Cercano Oriente, Elisa Lynch retornó a Europa, se instaló en París y allí dilapidó su herencia, quedando en estado de absoluta pobreza; el inglés William Stewart contribuyó a ello, pues le negó los recursos financieros que el fallecido dictador había dejado a su cuidado. Stewart fue el cirujano mayor del Ejército paraguayo, y durante la guerra recibió dinero para transferir a Londres fuera del alcance del Ejército aliado[201], apropiándose de 200 mil libras esterlinas que depositó a su nombre en el Banco Real de Edimburgo[202].

La transferencia de tierras públicas a Elisa Lynch se explica por la preocupación que tenía Solano López con la suerte de su familia. Otra explicación hipotética, pero no excluyente, es la de que, ante la inminencia de la derrota final, Solano López estaba convencido de que el Paraguay sería dividido entre la Argentina y el Brasil, dejando de existir como Estado independiente. Entonces, habría intentado que sus descendientes accediesen por lo menos a la propiedad privada de gran parte del territorio, tal vez con la esperanza de que la nacionalidad británica de Elisa Lynch le permitiría a ella recurrir al gobierno inglés para la defensa de la posesión de esos bienes, en caso de que la misma fuese cuestionada por los países vencedores[203]. Sin embargo, a pesar de que la independencia paraguaya fue garantizada, los descendientes de Solano López no tuvieron reparos en intentar legalizar el asalto a la propiedad pública que significaba la posesión de las citadas tierras.

Ya empobrecida, Elisa Lynch llegó a Buenos Aires en 1885 —había estado allí diez años antes, camino a Asunción, donde no pudo permanecer debido a la hostilidad de las mujeres de la elite local—; su objetivo era obtener la posesión de las tierras que el gobierno de Solano López había transferido a su nombre. Al tomar conciencia de las dificultades que tendría que enfrentar para lograr su objetivo, Elisa Lynch le transfirió los supuestos derechos de posesión a su hijo mayor, Enrique Venancio Solano López[204].

Sin embargo, también en 1885, el procurador general del Estado paraguayo, Juan Crisóstomo Centurión, se opuso al pedido de reconocimiento de la posesión de esas propiedades —que formaban un total de 19 mil kilómetros cuadrados—, por parte de la ex compañera de Solano López. Para Centurión, el pedido era "improcedente frente a las leyes y la razón". Tres años más tarde, en 1888, el parecer de Ramón Zubizarreta, del Supremo Tribunal de Justicia, agregó que aquellas ventas habían sido simuladas y un abuso de poder, por lo tanto, no constituían fuente de derecho y sus efectos tenían la misma duración que la fuerza que los había producido. Zubizarreta escribió que no habría quien "se atreviese a defender la realidad de aquellas ventas, como mínimo por respeto a la verdad, si no a las desgracias de un pueblo"[205].

Además, la negativa de las autoridades judiciales paraguayas tenía respaldo legal y se basaba en tres decretos. El primero, de agosto de 1869, fue emitido por el gobierno provisional paraguayo y declaró a Francisco Solano López traidor a la patria y forajido de la ley; otro, del 19 de marzo de 1870, embargó sus bienes y los de sus familiares, incluso los de la "concubina" Elisa Lynch, por ser de origen "bastardo e ilegítimo", y resultado del enriquecimiento a costa de propiedades públicas. Un tercer decreto, del 4 de mayo de 1870, transfirió al Estado los bienes de Solano López y ordenó embargar aquellos que constaban como siendo propiedad de Elisa Lynch, anteriores a las "donaciones" o "compras" del período final de la guerra; además, la mujer debía ser sometida a juicio para aclarar el origen de su enriquecimiento. Los tres decretos fueron aprobados por el Legislativo paraguayo, incluso por congresistas que habían luchado en la guerra del lado de Solano López[206]. De esa forma, se bloquearon las estratagemas jurídicas que pudiesen llegar a utilizar sus herederos para reclamar esas propiedades.

Luego de regresar a Europa, Elisa Lynch murió en París en 1886, tan inmersa en la miseria que su entierro fue pagado por la municipalidad[207]. Mientras tanto, Enrique Venancio Solano López intentó lograr que los tribunales de la Argentina y del Brasil lo declarasen propietario de las tierras que le había transferido la madre. En la Argentina, esas tierras alcanzaban a 11.420 kilómetros cuadrados entre los ríos Pilcomayo y Bermejo, y en 1920 la Justicia decidió que ellas eran propiedad del patrimonio público[208].

En el Brasil, el 24 de octubre de 1892, un representante de Enrique Venancio Solano López registró ante una escribanía de muebles de la comarca de Corumbá la escritura de compraventa que madre e hijo habían labrado en Buenos Aires. En ese entonces, los 33.175 kilómetros cuadrados de tierras en Mato Grosso que reclamaba Enrique eran explotados en concesión por la poderosa *Companhia Matte Larangeira*[209].

En 1895, el gobierno paraguayo envió a Río de Janeiro a Juan Silvano Godoy como representante diplomático. Además de su misión oficial, el representante tenía un objetivo privado en el cual parecía tener interés el propio presidente paraguayo, Juan Bautista Egusquiza, y que consistía en la obtención del reconocimiento de la posesión de aquellas tierras por Enrique Solano López. En la capital brasileña, Godoy se encontró con el senador Amaro Cavalcanti, quien, conociendo sus propósitos, le prometió contactar al canciller Carlos de Carvalho para "prepararlo en el sentido que combinamos"[210]. Amaro Cavalcanti —quien años después ocupó el cargo de ministro del Supremo Tribunal Federal— había sido enviado al Paraguay en 1894 por el presidente Floriano Peixoto, con el objetivo de impedir la elección a presidente de un supuesto enemigo del Brasil, José Segundo Decoud[211]. Su relación con los políticos paraguayos databa de esa época.

El 6 de febrero, Godoy fue recibido por el presidente Prudente de Moraes y expuso uno de los objetivos de su presencia: obtener para Enrique Solano López las tierras que eran explotadas en Mato Grosso por la *Matte Larangeira*. A continuación, el enviado paraguayo se encontró dos veces con el canciller Carlos Carvalho y argumentó que ningún país se había atribuido derechos sobre la propiedad rural o urbana de particulares luego de anexar o adquirir nuevos territorios. Señaló que era precisamente eso lo que había hecho el gobierno brasileño al considerar el territorio reivindicado por Solano López como perteneciente al dominio público, cediéndolo para explotación a la *Matte Larangeira*. Carvalho habría respondido que no se oponía a la reivindicación de Solano López, reconociendo incluso la validez de la documentación presentada, pero que no podía atenderla bajo pena de comprometer su futuro político. En el Brasil, aceptar tal reivindicación sería interpretado como un desmembramiento del territorio nacional[212].

Carvalho sugirió entonces que Solano López iniciase una demanda judicial contra la *Matte Larangeira*, arrendataria de la propiedad cuestionada[213]. En 1895, Enrique Solano López se asoció en Mato Grosso con el brasileño João Baptista Meduce[214], tal vez con la intención de que el pleito de tierras no fuera considerado exclusivamente como el de un descendiente de Francisco Solano López. A mediados de 1896, el propio Enrique Venancio Solano López fue a Río de Janeiro y contrató a Rui Barbosa para que defendiera su causa. Este último habría cuestionado con ironía los argumentos que esgrimió Carvalho para evitar la solución administrativa de la cuestión, afirmando que en el Brasil existían muchos propietarios extranjeros de extensas áreas y que el país no había sido desmembrado por eso[215].

Rui Barbosa fue objeto de críticas públicas. El jurista y senador se defendió en el Senado, afirmando que las tierras demandadas formaban parte del territorio brasileño y que tal hecho no era cuestionado. Sostuvo que la acción que patrocinaba era una acción civil contra la *Companhia Matte Larangeira*, de la cual no formaba parte la Hacienda brasileña. Rui Barbosa continuó la demanda judicial no solo contra esa compañía sino también contra el estado de Mato Grosso pues, además de las tierras, Enrique Solano López reclamaba una indemnización por perjuicios y la entrega de los lucros obtenidos en las tierras con la explotación de yerba mate. El 18 de octubre de 1900, la Justicia federal de Mato Grosso juzgó que la demanda era improcedente argumentando que Enrique Solano López y sus antepasados jamás habían tenido la posesión de las tierras pretendidas, y además, que el gobierno paraguayo no podía vender posesiones en el territorio en disputa. Rui Barbosa apeló al Supremo Tribunal Federal, el cual confirmó la sentencia el 17 de diciembre de 1902. Se reafirmó que las tierras reivindicadas formaban parte del patrimonio de la nación pues eran *devolutas**, y que según los términos del artículo 64 de la Constitución pertenecían al estado de Mato Grosso[216].

* *N. del T.:* Tierras desocupadas restituidas o adquiridas por devolución.

El intento de Enrique Venancio Solano López para obtener el reconocimiento del derecho a recibir los bienes de los cuales se habían apropiado sus padres durante la guerra puede explicar, en parte, la transformación de la imagen de Francisco Solano López de tirano a héroe. En 1931, la legación del Brasil en Asunción elaboró un informe sobre la situación política del Paraguay que ilumina el nacimiento del revisionismo lopizta, y que también explica la sorprendente transformación de O'Leary, el cual pasó de crítico a panegirista de Solano López. El informe señala que los herederos del gobernante, interesados en recuperar sus bienes, llegaron a un acuerdo con paraguayos influyentes con el objetivo de iniciar una campaña para conseguir la revocación del decreto de 1869 y poder así rescatar sus derechos civiles. Una vez alcanzado ese objetivo, y tras la creación de un ambiente político favorable, podrían removerse los obstáculos jurídicos que impedían que los descendientes de Solano López y de Elisa Lynch obtuviesen la devolución de las propiedades y de los bienes que poseyeron sus padres. "El señor O'Leary se lanzó en la campaña lopizta por inconfesables intereses de dinero" y permaneció en ella cuando captó que era una fuente de prestigio y ventajas materiales[217].

En la década de 1920, cuando crecía en el país la ideología lopizta, el escritor y político paraguayo Cecilio Báez se refirió a la recuperación de la imagen de Solano López:

"(...) Esa tarea no es el cumplimiento de un deber familiar, como quieren algunos. Es simplemente una empresa mercantil, de lucro, en cuyo éxito creye[ro]n los hijos de la Lynch [sic] adulando a los poderosos"[218].

El revisionismo lopizta adquirió fuerza en las décadas siguientes. En 1936, el coronel Rafael Franco —que llegó al poder derrocando al presidente electo Eusebio Ayala—, promulgó un decreto por el cual se consideraba a Solano López un héroe nacional. Durante las tres décadas de la dictadura de Alfredo Stroessner (1954-1989), el lopizmo fue apoyado por el Estado volviéndose omnipresente, y los intelectuales que se atrevieron a cuestionar la glorificación de Solano López fueron perseguidos e incluso exiliados. Stroessner se presentaba como el continuador de la obra del general Bernardino Caballero, el cual había sido fundador del Partido Colorado en 1887 y, durante los años de la guerra, un hombre de confianza de Solano López en el Ejército. El revisionismo construyó una imagen militarista de Caballero, como protegido y heredero político de Solano López.

En el Brasil, los ideólogos del positivismo eran enemigos del régimen monárquico de gobierno y también los mayores críticos de la guerra contra el Paraguay, responsabilizando al Imperio por el conflicto[219]. Utilizaron periódicos y libros para entablar una verdadera batalla de ideas contra aquellos que señalaban a Solano López como el agresor responsable por el comienzo de la guerra. Francisco Alambert planteaba la hipótesis de que, cuando se trasladó el positivismo al Brasil, hubo una renovación del universalismo de esa corriente al pensar América latina como un todo. Sin embargo, la participación brasileña en un proyecto republicano de integración continental exigía "resolver" la cuestión de la Guerra del Paraguay. En consecuencia, los positivistas brasileños generaron una "interpretación negativa del papel de la guerra en la constitución de la nacionalidad brasileña"[220].

En las décadas de 1960 y 1970 el revisionismo sobre la Guerra del Paraguay fue más lejos, explicando a esta última como el enfrentamiento de dos estrategias de crecimiento: la paraguaya, sin dependencia de los centros capitalistas, y la de la Argentina y del Brasil, dependiente del ingreso de recursos financieros y tecnológicos extranjeros. Para el revisionismo, estos dos países habrían sido manipulados por intereses de Gran Bretaña —que era la mayor potencia capitalista de la época— para aniquilar el desarrollo autónomo paraguayo y abrir un nuevo mercado consumidor para los productos británicos y proveedor de algodón para las industrias inglesas, pues la provisión de esa materia prima se había visto perjudicada por la Guerra de Secesión norteamericana.

Esos argumentos no tienen sustento fáctico. El mercado consumidor paraguayo era diminuto debido a la falta de poder adquisitivo de la población, y aun así estaba abierto a las importaciones. En cuanto al algodón, la Guerra del Paraguay comenzó cuando ya había terminado la lucha norteamericana, sin que en el lapso de ese conflicto Gran Bretaña hubiese encarado cualquier iniciativa para obtener algodón paraguayo. Además, desde 1860, las necesidades de la industria textil británica estaban cubiertas por la compra de algodón en Egipto[221].

Los presupuestos y conclusiones de ese revisionismo sufrieron la fuerte influencia del contexto histórico en que fueron escritos. En América del Sur, las décadas de 1960 y 1970 se caracterizaron por los gobiernos militares. Una forma de luchar contra el autoritarismo era minar sus bases ideológicas. Gran parte de la recepción acrítica y del éxito que alcanzó entre los medios intelectuales el revisionismo sobre la Guerra del Paraguay tiene su origen allí: por atacar el pensamiento liberal, por denunciar la acción imperialista y por criticar el desempeño de los jefes militares aliados —siendo que uno de ellos, Bartolomé Mitre, fue un exponente del liberalismo argentino, y en el Brasil, Caxias y Tamandaré se convirtieron en comandantes del Ejército y de la Marina—. Nótese, de paso, que en las entrelíneas de los trabajos revisionistas se percibe la construcción de un cierto paralelismo entre la

Cuba socialista —aislada en el continente americano y hostilizada por los Estados Unidos—, y la presentación de un Paraguay de dictaduras "progresistas", que en ese entonces había sido víctima de la potencia más poderosa del planeta: Gran Bretaña.

Responsabilizar a Gran Bretaña por el conflicto sirvió a distintos intereses políticos durante las décadas de 1960 y 1970. Para algunos, se trataba de mostrar la posibilidad de construcción de un modelo de desarrollo económico no dependiente en América latina, señalando como un precedente al Estado paraguayo de los López. Sin embargo, en la medida en que presentaron a Gran Bretaña —la potencia central— como omnipotente, capaz de imponerse a los países periféricos para destruir cualquier intento independiente, terminaron por negar aquella posibilidad. El resultado de ello fue que el lector desprevenido, o los estudiantes que aprendieron esa cartilla, pueden haber llegado a la conclusión de que la historia de nuestro continente no se hizo o no se puede hacer aquí, pues los países centrales deciden todo inexorablemente. En esa perspectiva, los latinoamericanos dejan de ser el sujeto de su propia historia, o ven negado su potencial para constituirse en tales sujetos. La visión maniqueísta y mistificadora de Solano López también le interesaba al oficialismo paraguayo de la dictadura de Stroessner. El Solano López víctima de una conspiración internacional, que prefirió morir antes que ceder a las presiones externas, le confirió un carácter épico a los orígenes del coloradismo.

Hasta 1865, las relaciones del Paraguay con Gran Bretaña no se habían caracterizado por un exceso de cordialidad. Sin embargo, eso y mucho más podría decirse del Imperio, que incluso rompió relaciones diplomáticas con Londres en 1863. Según Herken Krauer y Giménez de Herken —que se basaron en una profusa documentación diplomática británica—, la opinión personal de los diplomáticos ingleses que tuvieron que negociar con el gobierno paraguayo fue mayoritariamente negativa, tanto en lo que respecta al carácter político del país, como en lo referente a sus potencialidades comerciales. Eso no impidió que los representantes siguiesen las instrucciones de su gobierno en lo que se refería al Estado guaraní, las cuales consistían básicamente en impedir que Solano López utilizase a Gran Bretaña en las disputas con los países vecinos y, al mismo tiempo, asegurar el libre acceso de las naves de bandera británica a los ríos Paraná y Paraguay. Fue justamente ese país europeo el que más se capitalizó con el auge económico paraguayo de la preguerra: los proyectos de infraestructura guaraní fueron atendidos por bienes de capital ingleses, y la gran mayoría de los especialistas que los implementaron era británica[222].

Excepto por las manifestaciones de simpatía de los Estados Unidos hacia el Paraguay, los gobiernos de las grandes potencias se mantuvieron neu-

Reservada.

Buenos Aires. Diciembre 7
de 1869

Mi apreciado Señor y amigo,

Le agradezco mucho la
comunicacion de los documentos
importantes adjuntos á su
Nota Oficial de 17 de ppdo. No
puedo menos que deplorar
la necesidad en que el Gobierno
de V. E. se encuentra segun su
opinion de romper las relaciones

Al Exmo. Señor
Don Jose Berges
&c. &c. &c.

de

Fragmento de la carta en que Edward Thornton, representante inglés en Buenos Aires, ofrece su mediación al canciller paraguayo José Berges para evitar la guerra entre el Paraguay y el Brasil.

trales durante la guerra. El gobierno británico incluso llegó a tomar una iniciativa desfavorable para la causa aliada, ya que el 2 de marzo de 1866 presentó ante su Parlamento el tratado completo por el cual se constituyó la Triple Alianza, el cual hasta ese momento era secreto[223]. Durante la guerra, el representante inglés en Buenos Aires le proporcionó a Solano López "frecuentes comunicaciones con el exterior", mientras que su maleta diplomática, que por su carácter oficial no podía ser revisada por las fuerzas que estaban en guerra contra el Paraguay, fue utilizada por Elisa Lynch para recibir periódicos europeos[224].

Cuando se rompieron las relaciones entre el Paraguay y el Imperio, Edward Thornton, representante británico en la Argentina y también en el Paraguay, intentó evitar el comienzo de la guerra entre los dos países. Thornton le escribió una carta al canciller paraguayo José Berges, la cual constituye una prueba adicional de que Gran Bretaña no estaba interesada en una guerra entre el Paraguay y sus vecinos. Debido a su importancia, esa carta merece ser transcripta:

"Al Exmo. Señor
Don José Berges[225]

Reservada

Buenos Aires, 7 de diciembre de 1864.

Mi preciado Señor y Amigo,

Agradezco mucho la comunicación de los importantes documentos anexos a su Nota Oficial de 17 p. No puedo dejar de deplorar la necesidad que tiene su gobierno, según su opinión, de romper las relaciones de amistad con el Brasil. V.E. [Vuestra Excelencia] ya conoce mi pensamiento sobre ese tema. A juzgar por los documentos que vi, creo que el Brasil tiene justos motivos de queja contra el gobierno oriental y tiene el derecho de pedir satisfacción por las ofensas que tuvieron que aguantar sus súbditos. Tampoco tengo el menor motivo para sospechar que el gobierno del Brasil tenga la menor intención de amenazar la independencia de la República Oriental del Uruguay. Sin embargo, debo reconocer que el gobierno paraguayo es el mejor juez de lo que más le conviene a su patria y no me está permitido decir nada contra sus resoluciones.
V.E. sabe que Inglaterra también tiene fricciones con el Brasil, de modo que tanto por ese motivo, como por la falta de instrucciones de mi gobierno, no podría hacer nada oficial con su gobierno, pero sí podría hacerlo en forma particular; si pudiera servir, en lo mínimo que sea, para contribuir a la reconciliación de los dos países, espero que V.E. no dude en utilizarme[226].
Me atrevo a recordarle a V.E. su promesa de enviarme alguna información sobre la cantidad total de las cuentas de la República [del Paraguay]. Cuando V.E. tenga un momento para dedicarse a ese tema, quedaré inmensamente agradecido.

Al mismo tiempo, le suplico a V.E. que presente mis respetos al Exmo. Señor y que tenga la seguridad de mi más alta consideración, con lo que tengo la honra de suscribirme

De V.E.
su atento servidor
y amigo
[??]

Edward Thornton [firma]"

Los aliados obtuvieron préstamos de los banqueros ingleses durante la guerra. El capital no tiene ideología y procura la mejor remuneración asociada al menor riesgo. Según la lógica empresarial, concederle empréstitos al gobierno de López hubiera sido una actitud arriesgada, pues desde el segundo semestre de 1865 era evidente la imposibilidad de que el Paraguay venciera la guerra. El país tenía una gran desventaja económica, financiera y demográfica, según se puede ver en los datos consignados abajo y que se refieren a 1860[227]:

	POBLACIÓN	COMERCIO EXTERIOR EN LIBRAS ESTERLINAS	RECAUDACIÓN DE IMPUESTOS EN LIBRAS ESTERLINAS (FINES DE 1864)	EFECTIVOS DEL EJÉRCITO
Paraguay	400.000	560.392	314.420	77.000
Argentina	1.737.076	8.951.621	1.710.324	6.000
Brasil	9.100.000	23.739.898	4.392.226	18.320
Uruguay	250.000	3.607.711	870.714	3.163

Cuanto mayor es el número de habitantes de un país, tanto mayor es su capacidad de ampliar el ejército en caso de guerra. Los efectivos del Ejército paraguayo que figuran en el cuadro anterior ya son producto de la movilización militar de fines de 1864, quedando entonces muy reducida la capacidad de ampliarlos en el futuro, en comparación con la Argentina y el Brasil. En esa época, la superioridad numérica era un factor importante para vencer guerras. Además, la posición geográfica del Paraguay —aislado en el interior del continente y sin acceso al mar— le impedía recibir armas del exterior debido al bloqueo que impuso la escuadra brasileña en el Río de la Plata. Incluso estaba la propia desventaja económica y financiera paraguaya en relación con sus enemigos. En esas condiciones, los banqueros no le prestaron dinero al Paraguay y, utilizando la misma lógica, se lo prestaron al Brasil.

La organización militar del Paraguay era anacrónica en el plano bélico. El único general del país era el propio Solano López, quien no había alcanzado ese puesto por sus méritos militares sino debido a su condición de hijo del presidente Carlos Antonio López —y que, además, al comienzo de la guerra ascendió a mariscal por decreto—. La oficialidad paraguaya estaba limitada a 5 coroneles, 2 tenientes coroneles, 10 mayores, 51 capitanes y 22 tenientes primeros, demostrando así una clara indigencia de comando para una fuerza de miles de hombres. Cuando Solano López llegó al poder, el Ejército guaraní disponía de 73.273 soldados; pero, sin dejar de ser respetable, ese número se vuelve menos impresionante si consideramos que 43.846 de esos hombres no tenían instrucción militar y se limitaban a realizar ejercicios de gimnasia con armas simuladas los días domingo. En el servicio activo se encontraban 12.945 hombres, y había otros 16.484 en la reserva que habían pasado a los cuarteles. Sin embargo, en marzo de 1864 había 30 mil hombres en los campos de entrenamiento de Cerro León; 17 mil en Encarnación; 10 mil en Humaitá; 4 mil en Asunción y 3 mil en Concepción. El armamento paraguayo carecía de artillería pesada y estriada; en esta última, el proyectil puntiagudo es expelido del caño girando sobre su propio eje, con una trayectoria estable y con poder de penetración. Solo ese tipo de proyectil permitiría perforar los blindajes de los navíos acorazados, que tenían sus lados y conveses protegidos por chapas de hierro, y que en esa época eran la última palabra en tecnología naval. Una parte de los cañones paraguayos databa de la época colonial, o sea, eran de caño liso y disparaban proyectiles redondos, con gran poder de impacto pero no de penetración. Gran parte de la infantería paraguaya llevaba obsoletos fusiles de chispa que no funcionaban bajo la lluvia, pues para realizar el disparo dependían de la centella que se producía cuando se golpeaba la piedra de chispa contra el metal[228].

La afirmación de una parte de la historiografía militar brasileña y de los revisionistas en el sentido de que el Ejército paraguayo estaba bien adiestrado y armado no corresponde a la realidad. Existen varios relatos de combatientes aliados que destacan la delgadez y casi desnudez de los soldados guaraníes. Sin embargo, esas carencias —que se agravaron por la mala conducción de la guerra de parte de Solano López— no impidieron que las fuerzas paraguayas luchasen valientemente durante los largos años del conflicto[229]. De todos modos, la fuerza de línea paraguaya era numéricamente superior a la de sus vecinos, los cuales todavía no disponían de embarcaciones acorazadas.

Sin embargo, el Ejército paraguayo podría haberse armado bien si Solano López no hubiese apurado la invasión a Mato Grosso. El Paraguay había comprado armamento en Europa, el cual pronto debía ser entregado. En noviembre de 1864, antes de que la Marina brasileña bloquease el Plata para los navíos que se dirigían a Asunción, el gobierno paraguayo recibió de Inglaterra 106 cajones con rifles y municiones, además de recursos humanos representados por tres médicos y cuatro técnicos contratados, todos ingleses. El representante paraguayo en Europa, Cándido Bareiro, tenía para enviar "mucho armamento y hasta cañones estriados"[230]. Incluso había cuatro acorazados en construcción que habían sido encomendados a los astilleros europeos por el gobierno paraguayo[231].

Ante esas circunstancias, resulta evidente cuán absurdo fue el momento elegido por Solano López para atacar al Brasil. Si no lo hubiese hecho, en pocos meses el Paraguay hubiera podido contar con un armamento moderno que le hubiera permitido alterar el equilibrio militar regional, garantizando la navegación de sus barcos y el transporte de tropas por el río Paraná hasta las cercanías de Buenos Aires. A pesar de la contundente inferioridad geográfica, demográfica y económica, el gobernante paraguayo pretendió enfrentar al Imperio, que era el Estado más poblado y rico de Sudamérica, y que estaba aliado a la Argentina y al Uruguay.

La Guerra del Paraguay fue el resultado de las contradicciones platinas, teniendo como última razón de ser la consolidación de los Estados nacionales de la región. Esas contradicciones se cristalizaron en torno de la guerra civil uruguaya, que comenzó con el apoyo del gobierno argentino a los sublevados, y en la cual también intervinieron el Brasil y el Paraguay. Sin embargo, eso no significa que la única salida para el difícil panorama regional fuese el conflicto. Si bien la guerra era una de las opciones posibles, terminó por concretarse porque interesaba a todos los Estados implicados. Teniendo como base informaciones parciales o falsas del contexto platino y de sus potenciales enemigos, los gobernantes de esos Estados previeron un conflicto rápido en el cual sus objetivos serían alcanzados con el menor costo posible. Aquí no existen "buenos" y "malos", como quiere el revisionismo infantil, sino intereses. La guerra era vista desde diferentes ópticas: para Solano López, era la oportunidad de ubicar a su país como potencia regional y de tener acceso al mar por el puerto de Montevideo gracias a una alianza con los blancos uruguayos y los federales argentinos representados por Urquiza; para Bartolomé Mitre era la forma de consolidar el Estado centralizado argentino, eliminando los apoyos externos que recibían los federales de parte de los blancos y de Solano López; para los blancos, el apoyo militar paraguayo contra los argentinos y los brasileños lograría impedir que sus dos vecinos continuasen interviniendo en el Uruguay; para el Imperio, aunque la guerra contra el Paraguay no era esperada ni deseada, en sus comienzos se pensó que la victoria brasileña sería rápida, que pondría fin al litigio fronterizo entre los dos países y a las amenazas a la libre navegación, y que permitiría deponer a Solano López.

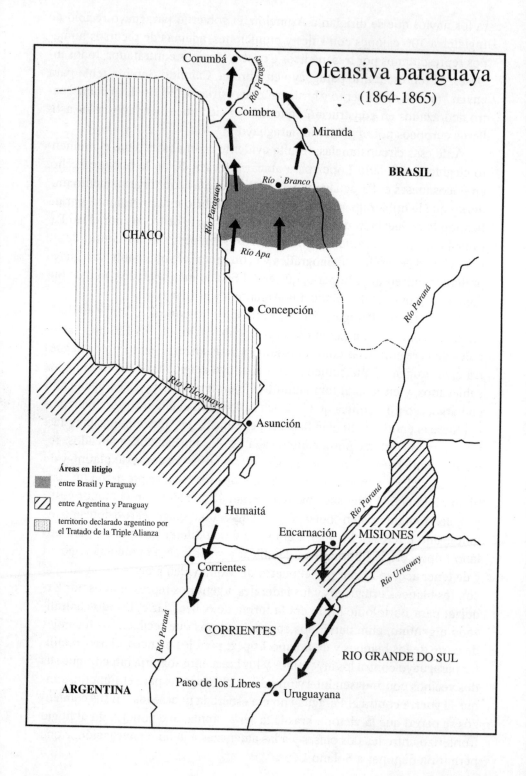

Ofensiva paraguaya
(1864-1865)

BRASIL

Corumbá

Coimbra

Miranda

Río Branco

CHACO

Río Paraguay

Río Apa

Concepción

Río Paraná

Río Pilcomayo

Asunción

Áreas en litigio
entre Brasil y Paraguay
entre Argentina y Paraguay
territorio declarado argentino por
el Tratado de la Triple Alianza

Humaitá

Encarnación

MISIONES

Río Paraná

Río Uruguay

Corrientes

CORRIENTES

Río Paraná

RIO GRANDE DO SUL

ARGENTINA

Paso de los Libres

Uruguayana

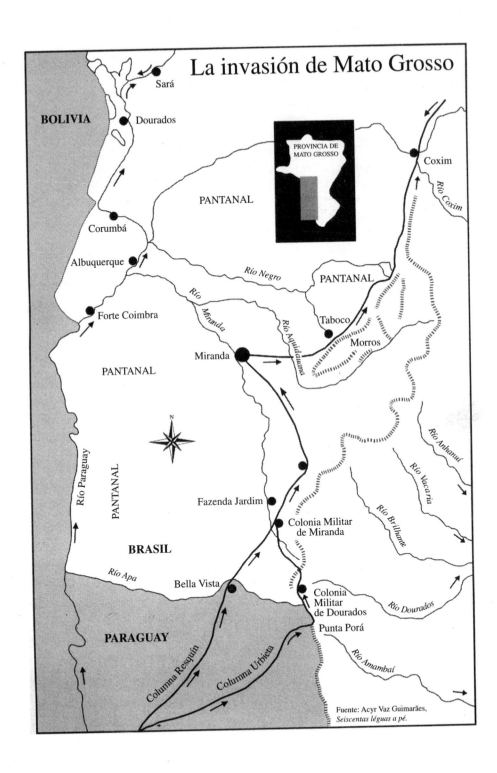

La invasión de Mato Grosso

Fuente: Acyr Vaz Guimarães, *Seiscentas léguas a pé.*

Dibujo inédito de Taunay

De todos los errores de análisis de los hombres de Estado implicados en esos acontecimientos, el que tuvo las peores consecuencias fue el de Solano López, pues al finalizar la guerra su país quedó materialmente arrasado. Y debe recordarse que él fue el agresor, que comenzó la guerra primero con el Brasil y siguió con la Argentina.

2. El Paraguay ataca: el fracaso de la "guerra relámpago"

Entre diciembre de 1864 y mediados de septiembre de 1865 el Paraguay dio curso a su ofensiva militar e invadió territorio brasileño y argentino. Solano López planeó una guerra relámpago que, en caso de tener éxito, derivaría en un nuevo equilibro de poder en el Plata. Sin embargo, el plan se vio frustrado por diversos factores. Las fuerzas que invadieron Corrientes y Rio Grande do Sul no aprovecharon adecuadamente el factor sorpresa; en el Uruguay, los blancos salieron del poder y, en Corrientes y Entre Ríos, la población no adhirió a la fuerza invasora.

EL ATAQUE A MATO GROSSO

El Brasil se vio envuelto en una guerra inesperada y fue sorprendido con el Ejército sin preparación, hasta el punto de que seis meses después de comenzada la lucha no había conseguido tomar la ofensiva. Mato Grosso era la provincia más aislada e indefensa del Brasil, y por ello constituyó un blanco fácil para la invasión paraguaya.

La invasión

Antes de que se concretara el ataque paraguayo al Brasil, algunas voces aisladas llamaron la atención sobre la falta de preparación militar brasileña, que era particularmente grave en el Sur y en Mato Grosso. En 1862, el senador Ferraz interpeló al ministro de Guerra sobre el estado de abandono de las fuerzas terrestres en Rio Grande do Sul, donde los destacamentos carecían de cuarteles y se guarecían en pequeñas chozas y en viejas barracas que no los protegían de los rigores del clima. El senador Oliveira Mota, por su lado, señaló que las naves de guerra de la Marina no eran apropiadas para una guerra en el Plata. El *Correio Mercantil* anunció que Asunción se armaba con navíos acorazados, artillería estriada[1] y un buen ejército. El periódico recomendó que se ubicasen en el río Paraguay "unas cuatro cañoneras acorazadas", no solo para defender Mato Grosso, sino también "para tomar la ofensiva y cooperar eficazmente con cualquier expedición que enviemos a aquella república"[2].

En 1862 el gobierno imperial había enviado a Europa una misión para comprar armamento destinado a la infantería y a la caballería, así como para la artillería costera. El material fue entregado en 1863, pero era insuficiente para hacer frente a la invasión paraguaya pues había sido pensado para equipar al pequeño Ejército brasileño en tiempos de paz[3]. La compra de artillería costera se explicaba por el aumento de la tensión con Inglaterra, cuyos navíos de guerra eran un instrumento de presión contra el Brasil. Sin embargo, las naves de la escuadra imperial habían sido construidas para acciones marítimas, no tomando en cuenta la necesidad de tener cañoneras fluviales modernas, que eran las apropiadas para Mato Grosso.

En abril de 1864, el panorama de tensión en el Plata llevó a que el gobierno imperial propusiera aumentar los efectivos del Ejército en tiempos de paz a 22 mil hombres. Si bien la Cámara de Diputados aprobó la propuesta, a fines de 1864 el Brasil disponía de apenas 18 mil soldados profesionales repartidos por todo el país. A pesar de que en 1863 el propio Ministerio de Guerra afirmase que era necesario mantener una fuerza del Ejército en Mato Grosso —pues sería una "falta de previsión" enviarla cuando lo exigiesen "circunstancias inesperadas"—, tampoco se tomó una medida defensiva en el territorio más vulnerable del Imperio; lo que pasó fue exactamente una falta de previsión, pues a mediados de 1864 la provincia se encontraba en el momento de mayor debilidad militar: disponía apenas de 875 efectivos del Ejército, cuando su número debía ser de 3.879, y la Guardia Nacional no alcanzaba a los 3 mil hombres, todo ello con una población aproximada de 775 mil personas[4].

La negligencia militar de los gabinetes que gobernaron el Brasil hizo que, desde 1862, fueran enviadas a Mato Grosso una gran cantidad de armas, municiones y otros artículos bélicos, pero sin destinar la tropa necesaria para utilizarlos. Aquellos 875 soldados, dispersos por cinco distritos militares, y los seis pequeños vapores de la Marina imperial —dos de los cuales apenas tenían dos cañones—, eran insuficientes para defender la provincia. Esas embarcaciones no podían ser consideradas naves de guerra, y servían como transportes[5]. En ese contexto, la única y precaria defensa de que disponía Mato Grosso en caso de un ataque paraguayo era el fuerte Coimbra, el cual había sido construido en la época colonial y se encontraba estratégicamente localizado en las márgenes del río Paraguay, en la frontera con el país guaraní.

La invasión de Mato Grosso fue bien preparada del lado paraguayo, siendo precedida por la recolección de informaciones por medio de espías. En 1862, una patrulla de jinetes paraguayos recorrió el distrito de Miranda. En abril del año siguiente llegó a Corumbá el teniente de la Marina paraguaya Andrés Herrera, quien luego de ser recibido por el comandante de la guarnición militar brasileña visitó de inmediato el puerto de Dourados, a orillas del río Paraguay. Dos años después Herrera volvería a esa región al mando de la *Iporá*, una nave perteneciente a la fuerza invasora. En noviembre de 1863, el coronel paraguayo Francisco Isidoro Resquín desembarcó en Corumbá disfrazado de hacendado interesado en comprar tierras en el municipio de Miranda; luego de visitar ese lugar, se dirigió prontamente a Nioaque y contrató un guía brasileño para recorrer la región. Resquín solo volvió a Corumbá en febrero del año siguiente, embarcándose desde allí a Asunción; meses después, comandaba la fuerza que invadió el territorio matogrossense[6]. En octubre de 1864, el gobierno paraguayo obtuvo informaciones sobre la situación militar de Mato Grosso, las cuales le fueron suministradas por José Antonio Acosta, un desertor brasileño del fuerte Coimbra. Al ser interrogado, el desertor aseguró que en esa posición no corrían rumores sobre las intenciones de ataque paraguayas; y más aún, contó que el estado de espíritu de los soldados del fuerte no era bueno y que no serían capaces de nada, pues además de ser pocos, estaban allí desde hacía cuatro años sin ser relevados[7].

Los días 22 y 24 de diciembre, salieron de Asunción y de Concepción dos expediciones militares para invadir Mato Grosso. La primera era fluvial, estaba formada por cinco barcos a vapor —además de otros cinco menores—, y 4.200 hombres —mil de los cuales eran de caballería—, todos bajo el mando del coronel Vicente Barrios, cuñado de Solano López; su objetivo principal era tomar el fuerte Coimbra. La segunda expedición era terrestre, estaba compuesta por alrededor de 3.500 hombres al mando del coronel Francisco Isidoro Resquín, y siguió el trayecto Concepción-Bella Vista-Nioaque-Miranda-Coxim. Antes de la partida de la expedición fluvial, Solano López les leyó a los soldados una proclama donde afirmaba que sus esfuerzos para mantener la paz habían sido estériles, que el Brasil había provocado la guerra, y que el Paraguay debía aceptarla en nombre del honor nacional y "de los más preciados derechos"[8]. Más tarde, en marzo de 1865, el ministro de Guerra y Marina —Venancio López—, afirmó en una exposición ante el Congreso que el ataque a Mato Grosso había sido hecho para asegurar la frontera norte "teniendo en vista la guerra que el Brasil le declaró a la República"[9]. Al negar la secuencia cronológica de los acontecimientos, el gobierno paraguayo se presentaba como agredido cuando era el agresor.

Las instrucciones del coronel Barrios determinaban que fuese ocupada Cuiabá, la capital matogrossense. Se afirmaba que los efectivos brasileños establecidos en Mato Grosso no superaban los 2 mil combatientes, repartidos en ocho puntos diferentes que no tenían comunicación entre sí. Barrios también contaba con la información de que, de toda la fuerza naval brasileña de esa provincia, solo la *Anhambaí* estaba artillada con dos cañones. Las instrucciones daban precisa cuenta de los efectivos de Coimbra y de otras fortificaciones brasileñas, previendo que los mil guardias nacionales matogrossenses "no lucharán"[10]. Aunque no conste en las instrucciones, la lógica induce a pensar que el plan paraguayo era que las dos columnas invasoras convergiesen sobre Cuiabá.

La expedición paraguaya llegó al fuerte Coimbra en la noche del 26 de diciembre. Este se encontraba ubicado sobre un monte cuyo terreno se inclinaba gradualmente hasta alcanzar la orilla del río Paraguay. Era una posición defensiva relativamente fuerte, con sólidas murallas de piedra y que, debido a las colinas que la circundaban, solo podía ser atacada desde un lado. El fuerte estaba al mando del capitán Benedito de Faria y contaba con diecisiete cañones y 115 hombres para su defensa, número que llegaba a 150 personas si se contaban las mujeres y los indios[11]. A la mañana siguiente, Barrios intimó a la guarnición brasileña a la rendición, pero fue rechazado por el coronel Hermenegildo Portocarrero, quien era comandante del Distrito Militar del bajo Paraguay y se encontraba inspeccionando el fuerte. Este era el mismo Portocarrero que había estado de servicio en el Parguay en 1851[12].

Coimbra sufrió un fuerte bombardeo y 750 hombres de la infantería paraguaya avanzaron por un desfiladero —que era el único camino posible; el fuego de los cañones y fusiles brasileños les hicieron perder doscientos soldados y tuvieron que retroceder. La muralla del fuerte no tenía un foso que la protegiera, y en cierta parte apenas llegaba a tener tres metros de altura, lo cual permitió que ocho atacantes entrasen en el perímetro de la defensa y matasen a dos brasileños antes de ser heridos y capturados. La historiografía brasileña afirma que los defensores utilizaron 9 mil de los 12 mil cartuchos de fusiles de que disponían en el arsenal, y que otros tres mil fueron preparados por las mujeres que se encontraban en el fuerte y por algunos soldados. Luego de un nuevo combate en el día 28, a las fuerzas brasileñas solo les quedaban mil cartuchos de fusiles y pistolas. Esa situación habría motivado la orden de Portocarrero para evacuar el fuerte, lo cual se llevó a cabo utilizando el vapor *Anhambaí* y sin que lo percibieran los atacantes. Según el testimonio de sus compatriotas, los heridos paraguayos que quedaron en la fortificación fueron bien tratados[13]. El presidente de Mato Grosso, general Alexandre Manuel Albino de Carvalho, responsabilizó por la su-

Arriba, reconstitución artística del fuerte Coimbra en la época de la guerra; abajo, foto actual. El fuerte Coimbra fue la primera fortificación atacada y tomada por los paraguayos cuando invadieron Mato Grosso, en diciembre de 1864.

puesta falta de munición en Coimbra al coronel Carlos Augusto de Oliveira, quien había tenido dos meses para abastecer de munición al que sería un blanco de ataque evidente en caso de una invasión paraguaya, pero que no hizo nada[14].

Para Thompson y Centurión, quienes participaron de la guerra del lado paraguayo y escribieron relatos equilibrados, los brasileños deberían haber resistido en Coimbra. Ellos argumentan que los defensores disponían de municiones y que tampoco habían sido cortadas sus comunicaciones con la retaguardia, donde contaban con el apoyo de naves de la Marina imperial que estaban en el río Paraguay[15]. De hecho, en la lista del armamento capturado por los paraguayos figuran 83.400 cartuchos de fusil y 120 kilogramos de pólvora fina. En la fortaleza de Humaitá se instaló la "batería Coimbra", así llamada porque diez de sus cañones habían sido capturados en el fuerte brasileño[16].

De todos modos, la decisión de retirada de parte de Portocarrero se justifica si se considera la gran inferioridad numérica de los defensores del fuerte, así como la falta de tiempo para esperar los refuerzos de Corumbá. Es improbable que el sacrificio de los defensores de Coimbra hubiera llegado a tener un resultado militar positivo, salvo retardar unas pocas horas el avance paraguayo.

Portocarrero y sus hombres buscaron refugio en Corumbá. Durante una parte del camino fueron perseguidos por el coronel Barrios, quien se detuvo en la población de Albuquerque para ocuparla, el 1º de enero de 1865. Dos días después, la fuerza paraguaya desembarcó aproximadamente a doce kilómetros de Corumbá. El lugar contaba con poco más de mil habitantes, unas ochenta casas de teja, 149 ranchos cubiertos de paja, capilla, iglesia en construcción, cuartel y depósitos del Ejército y de la Marina. Para su defensa, la villa disponía de cuatrocientos soldados, 23 cañones, armamento portátil y munición; lo suficiente para enfrentar a los atacantes e infligirles mayores pérdidas de las que habían sufrido en el ataque a Coimbra. A pesar de la vulnerabilidad de Corumbá, era posible sostener su defensa conteniendo al enemigo río abajo y manteniendo abierta la comunicación fluvial con Cuiabá. Sin embargo, el coronel Carlos Augusto de Oliveira ordenó la evacuación de la villa antes de avistar al enemigo y a pesar de la oposición del comandante de la flotilla de la Marina. Si hubiese habido resistencia se habría ganado tiempo para recibir eventuales refuerzos de la capital, y principalmente para evacuar a los civiles en los barcos de la flotilla brasileña. Garantizar esa evacuación era una obligación moral, pues Oliveira le había prohibido a las personas alejarse de Corumbá, dando la impresión de que iba a resistir ante los paraguayos[17].

El día 2 enero, el coronel Oliveira, su Estado mayor y la guarnición de

Corumbá huyeron en el vapor *Anhambaí* con destino a Cuiabá. La embarcación estaba sobrecargada y su línea de seguridad quedó bajo las aguas. Al verse abandonados, las familias de los civiles y algunos soldados intentaron escapar en lanchas, sobre todo en la goleta argentina *Jacobina*, que era remolcada por el *Anhambaí*. Sin embargo, el vapor no consiguió arrastrar a la goleta sobrecargada y Oliveira ordenó que se la desatara, generando protestas entre los que eran librados a su propia suerte. En ese momento, el teniente João de Oliveira Melo, que había luchado en Coimbra y estaba en el *Anhambaí*, pidió permiso para desembarcar y llevar los pasajeros de la *Jacobina* a Cuiabá. Una vez desembarcado, Oliveira de Melo incluso regresó a Corumbá para destruir munición de la infantería que había sido abandonada displicentemente y que podría ser útil al enemigo. De inmediato se puso al frente de la retirada de una columna que llegó a tener cuatrocientas personas —pues iba aumentando durante el trayecto—, y que luego de una penosa caminata de 650 kilómetros atravesando pantanales llegó a Cuiabá el 30 de abril[18]. El coronel Augusto de Oliveira, por su parte, desembarcó en el puerto de Sará, en el río San Lorenzo, y luego de una travesía por tierra llegó a la capital matogrossense el 6 de marzo. Fue destituido de sus funciones por el presidente de Mato Grosso, quien calificó como "desastroso" el abandono de Corumbá. Oliveira escribió un informe con una frágil defensa de su actuación, pero no recuperó sus funciones y fue retirado del servicio activo por el gobierno imperial[19].

El *Anhambaí* salió del puerto de Sará para socorrer a la *Jacobina*, pero el día 6 de enero se encontró con el vapor de guerra paraguayo *Iporá* en el delta del río San Lorenzo. El *Iporá* y el *Marquês de Olinda* —incorporado ahora a la flota naval paraguaya— habían participado de la ocupación del puesto naval de Dourados, el cual estaba ubicado en la margen izquierda del río Paraguay, donde había un astillero y un depósito de municiones de la Marina imperial. Luego de la ocupación de Corumbá, el 4 de enero el coronel Barrios envió al *Iporá* y al *Río Apa* en persecución del *Anhambaí*. El vapor brasileño fue alcanzado luego de cuatro horas y empujado hacia la orilla, donde encalló, tras lo cual fue abordado. Pocos marineros brasileños lograron escapar con vida: los que se quedaron a bordo fueron muertos con espadas y hachas de mano, y a los que intentaron ponerse a salvo a nado se los mató a tiros. Según el diario de un pasajero no identificado del vapor británico *Ranger* —que había estado en Corumbá luego de la ocupación—, a los marineros muertos les cortaron las orejas y las colgaron con cuerdas en los mástiles del *Iporá*. El diario refiere que el *Iporá* llegó a Asunción con el producto del saqueo en Mato Grosso, llevando "a la vista del público una cuerda que tenía gran cantidad de orejas humanas puestas a secar, que pertenecían a los infelices tripulantes del *Anhambaí*"[20].

La expedición terrestre paraguaya se dividió en dos columnas e invadió Mato Grosso por dos puntos: por el antiguo fuerte paraguayo de Bella Vista, en la margen izquierda del Apa, y por donde hoy se encuentra la ciudad brasileña de Ponta Porã. Luego de vencer a una pequeña fuerza de caballería brasileña, el grueso de la tropa paraguaya que salió de Bella Vista al mando de Resquín entró en la colonia militar de Miranda, la cual había sido evacuada por sus habitantes. Antes de que los paraguayos penetrasen en la colonia, algunos indios de la región se apoderaron de una parte del armamento que estaba en el depósito de la localidad, teniendo un breve y desafortunado combate con los invasores[21]. El día 2 de enero Resquín ocupó la localidad de Nioaque, cuyos habitantes también habían huido, y desde allí se dirigió a la villa de Miranda (no confundir con la colonia militar del mismo nombre). Mientras tanto, la otra columna invasora, comandada por el capitán Martín Urbieta, atacó y conquistó la colonia militar de Dourados, que estaba defendida por apenas dieciocho soldados. El comandante brasileño, teniente Antonio João Ribeiro, les ordenó huir a los colonos —que eran unos cincuenta—, y escribió a su jefe, el coronel Dias da Silva: "sé que muero, pero mi sangre y la de mis compañeros servirá de solemne protesta contra la invasión del suelo de mi patria"; de hecho, todos ellos murieron[22].

La columna de Urbieta se unió a la de Resquín en el camino a la villa de Miranda, pero cuando llegaron a destino, el 12 de enero, la encontraron abandonada. Los paraguayos nuevamente se apoderaron de una gran cantidad de munición y armamento que había en el arsenal local: cuatro cañones con 9.847 proyectiles, 502 fusiles, 67 carabinas, 131 pistolas, 468 espadas y 1.092 lanzas[23].

En el distrito de Miranda había diez aldeas indígenas fijas, con cerca de 5 mil indios. En la guerra, cada tribu adoptó una postura propia. Los guaná, kinikinau y laiano se asociaron a la población blanca brasileña; los terena se mantuvieron neutrales y los kadiweus (guaicurú) atacaron a paraguayos y brasileños. Algunos fugitivos de la invasión paraguaya del distrito de Miranda hicieron campamentos en lo alto de la sierra de Maracaju, donde estaban más o menos a salvo; antes que ellos, habían llegado al lugar los kinikinau. En ese punto se constituyó entonces una verdadera colonia compuesta por indios y blancos. En un principio se alimentaron de la recolección de frutos y de la caza, pero enseguida desarrollaron los cultivos agrícolas, sembrando la pequeña cantidad de semillas que tenían. Abrieron claros con gran esfuerzo, y dos meses después de la siembra el suelo fértil les permitió recoger una abundante cantidad de cereales ya en la primera cosecha. A pesar del duro trato que les habían dado los blancos anteriormente, y de que ahora los superasen en una proporción de diez a uno, los indios no se vengaron ni se aprovecharon de la situación. Burlando a las patrullas paraguayas, los indígenas descendían por la noche a la planicie para enlazar ganado que luego era conducido hasta los campamentos, y se volvían cada vez más osados en esa tarea. Su ejemplo también sirvió de incentivo para que los blancos buscasen una nueva fuente de alimento, y así iban a pescar al río Aquidauana, el cual se encontraba lejos de los campamentos[24].

Luego de que las columnas de Resquín y de Urbieta se hubieron reunido, la fuerza invasora marchó hasta Caxim, adonde llegó el 24 de abril y allí permaneció. A su vez, la expedición naval paraguaya no fue más allá del río San Lorenzo. Pese a que habían recogido informaciones sobre la existencia de un camino de tierra entre Dourados y Cuiabá —la ruta de Piquirí—, y sobre la posibilidad de utilizarlo para transportar artillería, los invasores no intentaron llegar hasta la capital[25]. Después de la toma de Corumbá, ese camino estaba protegido por una fuerza de 2 mil hombres, entre guardias nacionales y soldados del Ejército imperial, los cuales estaban instalados en un punto del río Aricá. La población de la capital matogrossense quedó asustada por las noticias de las fáciles victorias paraguayas y con la visión de los refugiados que llegaban del sur en condiciones deplorables. El presidente de la provincia, Albino de Carvalho, convocó a tres batallones de la Guardia Nacional, creó un batallón llamado Voluntarios Cuiabanos y, además de la fuerza que había sido enviada al río Aricá, ordenó la construcción de una fortificación en la colonia de Melgaço, situada a más de cien kilómetros de Cuiabá. Todo ello para enfrentar la temida expedición fluvial paraguaya, que nunca se concretó[26]. Finalmente, Carvalho consiguió movilizar 2.400 soldados del Ejército y de la Guardia nacional en toda la provincia[27].

Las instrucciones originales de Barrios eran tomar Cuiabá, lo que prácticamente separaría a Mato Grosso del Imperio. Sin embargo, ya sea porque no se sentían seguros para avanzar, o bien porque no disponían de barcos adaptados a la difícil navegación hasta Cuiabá, o porque Solano López cambió de planes, lo cierto es que los paraguayos se limitaron a ocupar el territorio en disputa con el Brasil. Solano López, que ya se preparaba para invadir Rio Grande do Sul, estaba satisfecho con la gran cantidad de armamento —más de cincuenta cañones— y de municiones tomados en Mato Grosso. Según Thompson, ese material bélico atendió a casi todas las necesidades del Paraguay durante la guerra. De esta forma, Solano López dirigió sus atenciones al nuevo teatro de guerra en el sur, y en abril de 1865 redujo la fuerza de ocupación en Mato Grosso a un poco más de mil hombres; en función de ello, Barrios retornó a Asunción con el grueso de sus tropas[28].

La entrada del Ejército paraguayo en Mato Grosso se pareció más a un entrenamiento militar que a una invasión. En su avance apenas se luchó en Coimbra y en Dourados, donde los invasores perdieron entre doscientos y trescientos hombres, mientras que los brasileños tuvieron 33 militares muertos y otros 23 heridos. Excepto en Corumbá, donde el conjunto de la población no tuvo barcos para escapar, los pobladores brasileños huyeron por todo el territorio invadido. La fuga fue posible gracias a la propia escasez de población, ya que en Miranda, Dourados y Albuquerque solo había 1820 personas, 606 de las cuales eran esclavos. Luego de su invasión, los distritos de Corumbá y de Miranda pasaron a constituir la provincia paraguaya de Mbotetey, la cual era gobernada por el coronel Hermógenes Cabral[29].

A partir del año 1865, los ocupantes paraguayos sufrieron frecuentes ataques con fusil y flechas de parte de los indios mbaya, los cuales les causaron muchos muertos y heridos con sus acciones de guerrilla[30]. Del lado brasileño, la desarticulación de la producción agrícola matogrossense que causó la invasión generó una amenaza de hambre. En Cuiabá subieron los precios de los alimentos, especialmente el de la sal. Como en los años anteriores estaba garantizada la libre navegación del río Paraguay, en Mato Grosso se había dejado de explotar la sal del suelo y el producto llegaba por vía fluvial a un precio menor. La invasión paraguaya puso fin a esa navegación y aumentó el aislamiento de la provincia: la correspondencia oficial enviada desde Río de Janeiro en octubre de 1864 recién llegaba a Cuiabá en febrero de 1865[31].

Saqueos y expulsión de los brasileños

En Corumbá, los paraguayos habían tomado "un botín de inmenso valor". Los soldados salieron a buscar a los habitantes que huyeron a la selva y los obligaron a volver a la villa, donde encontraron sus casas saqueadas. Las mujeres sufrieron violencias sexuales; el propio coronel Barrios se quedó con una muchacha luego de obligar a su padre a saltar del barco y amenazar con fusilarlo en caso de que se resistiese a dejarla. Los hombres de Corumbá fueron interrogados y los que no supieron o no quisieron responder a las preguntas fueron golpeados; a algunos se los mató a lanzazos luego de acusarlos de espionaje[32]. Sin embargo, las instrucciones de Barrios eran tratar bien a los civiles siempre que no hostilizasen a la fuerza invasora, y tener "esmerado cuidado" con los soldados heridos enemigos, pues la "cortesía" de guerra "es la más evidente prueba de civilización de un Ejército"[33].

Mujeres de Asunción, entre las cuales se encontraban algunas que eran parientes del propio Barrios, se dirigieron a Coimbra y Corumbá con el objetivo declarado de cuidar de los heridos paraguayos. Sin embargo, el objetivo real era apropiarse de las riquezas saqueadas, y poco tiempo después volvieron a la capital con joyas y objetos de valor[34]. Todas las casas de Corumbá fueron saqueadas. Una parte de los bienes se repartió entre los oficiales y la tropa ante la presencia del comandante paraguayo, mientras que los objetos más valiosos fueron transportados a Asunción. Hasta las campanas de la iglesia fueron retiradas y llevadas a Asunción, siendo restituidas a Corumbá en 1869, luego de la ocupación brasileña de la capital paraguaya[35].

A lo largo de su camino, los invasores de la columna paraguaya que iba por tierra saquearon las casas y *fazendas* que habían sido abandonadas por la población. Los habitantes que estaban en el camino de esa columna se escondieron en los bosques. Al ser descubiertas, todas las mujeres fueron "escandalosamente tratadas y robadas"[36].

Desde Corumbá, Barrios envió a Asunción prisioneros brasileños y extranjeros (básicamente portugueses). El barco que los transportaba llegó a destino en febrero de 1865. Algunos de los prisioneros fueron enviados a la Villa Occidental, un paraje ubicado en el Chaco, sobre la orilla del río Paraguay opuesta a la capital, donde sobrevivieron dedicándose a la agricultura. Otros 140 fueron mantenidos en la prisión cercana al puerto de Asunción —el Cuartel de la Rivera—, donde se separó a los civiles de los militares y se les impidió comunicarse entre sí. Incluso hubo prisioneros brasileños que fueron enviados a la lejana villa de San Pedro, situada entre Asunción y Concepción. El 29 de julio de 1866, otros cuatrocientos a quinientos civiles que todavía vivían en Corumbá —en su mayoría extranjeros—, fueron embarcados para Asunción por orden de Solano López. Recibieron la orden de embarcar en tres horas, bajo pena de ser fusilados si no estuviesen listos. Partieron con la ropa puesta y unas pocas pertenencias, dejando tras de ellos bienes que también fueron saqueados por los soldados paraguayos[37].

Los brasileños que estaban en Asunción no recibían alimentos o vestimentas de las autoridades paraguayas; solo recibían comida los prisioneros militares, pero casi siempre estaba en mal estado. Algunos brasileños consiguieron no caer en la indigencia porque tenían recursos financieros en el Brasil y se beneficiaban de las relaciones personales, o bien porque recibían ayuda del Consulado de Portugal. Este fue el caso de Antonio Gaudie Ley, tesorero de la Aduana de Corumbá, quien era propietario de varios inmuebles en esa localidad y en Cuiabá, y acreedor de algunas personas en esas localidades y en Río de Janeiro. El ex tesorero se hospedó en la casa de José Maria Leite Pereira, responsable del consulado portugués. Otro ejemplo similar fue el de Francisco da Costa Leite Falcão, propietario de tierras y comerciante en Mato Grosso, que pagaba hospedaje en una casa de familia de Asunción. Gaudie Ley obtuvo dinero de Leite Pereira emitiendo pagarés, mientras que Falcão lo consiguió del comerciante boliviano Rafael Peña, quien había llegado desde Santa Cruz de la Sierra, vía Mato Grosso, para venderle mercaderías al gobierno paraguayo. Estos dos brasileños les prestaron dinero a otros prisioneros que sobrevivían trabajando durante el día y que volvían a la prisión al anochecer. El comerciante italiano Manuel de Luque —que gozaba de libertad a pesar de haber sido obligado a mudarse de Corumbá a Asunción en junio de 1866—, en un paseo en tren hasta Cerro León vio "cinco o seis" soldados brasileños prisioneros trabajando en el gran campamento militar de esa localidad[38].

Las autoridades paraguayas no temían fugas de parte de los militares y civiles que habían sido traídos de Mato Grosso. Las grandes distancias, las florestas y pantanos, la falta de caminos y de medios de transporte, así como la falta de mapas del Paraguay, hacían imposible que los prisioneros pudieran alcanzar territorio brasileño o argentino. La capital paraguaya era una Siberia tropical, y varios de esos brasileños terminaron presos acusados de pequeños robos[39].

José María Leite Pereira —secretario y yerno de Francisco José Corrêa Madruga, cónsul portugués en Asunción—, se convirtió en una especie de ángel de la guarda de los ciudadanos extranjeros que estaban retenidos en esa ciudad. Madruga estaba en el país desde hacía casi diez años y se había convertido en hacendado. En noviembre de 1865 fue a Buenos Aires y no retornó a su puesto, justificando esta actitud ante sus superiores por el bloqueo que le había impuesto al Paraguay la Marina brasileña. La justificación no era procedente porque el bloqueo no era total y se permitía el paso de naves de otros países en misión oficial. Antes de partir, Madruga nombró como sustituto suyo a Leite Pereira en lugar del vicecónsul Antonio Vasconcellos, y el gobierno paraguayo reconoció al indicado como "gerente de consulado"[40].

Careciendo de comida, ropa o zapatos, los prisioneros brasileños en Asunción fueron socorridos por José Maria Leite Pereira, quien les proveyó lo necesario para que sobrevivieran mediante la firma de recibos. A principios de 1865, José María da Silva Paranhos y el almirante Tamandaré solicitaron que el Consulado portugués en Asunción distribuyese vestimentas entre los militares brasileños prisioneros, por lo cual sería resarcido posteriormente por el gobierno imperial. Los prisioneros recibieron las ropas, y la legación brasileña en Buenos Aires reintegró los gastos del consulado portugués, alcanzando un monto que tal vez haya llegado a casi tres kilos de oro[41].

Los habitantes que habían sido traídos de Corumbá en agosto de 1866 estaban "hambrientos y casi desnudos". Leite Pereira no solo ayudó a sus compatriotas sino a todos los demás necesitados. Además de los motivos de índole caritativa, justificó sus acciones por el afán de cumplir con el Reglamento Consular de Portugal, el cual determinaba que sus agentes consulares protegieran a los ciudadanos necesitados de otros países cuando aquellos no tuviesen representantes consulares propios. En su casa hospedó a tres brasileños y ocho portugueses, y en una chacra de la periferia de Asunción a veintiséis personas. Cauteloso, Leite Pereira le consultó al canciller José Berges si había algún inconveniente con esa ayuda, y recibió como respuesta que los que habían llegado de Corumbá eran personas libres, que podían fijar su residencia en cualquier lugar de la capital[42].

Algunos meses después, en marzo de 1867, llegaron a Asunción varios habitantes remanentes de los alrededores de Corumbá. Eran familiares de aquellos que ya vivían bajo la protección de Leite Pereira, y se sumaron a ellos. Sin embargo, al mes siguiente su casa y la chacra fueron invadidas por la policía, la cual se llevó a seis portugueses y a dos brasileños sin dar explicaciones. Los detenidos fueron encerrados e incomunicados en el calabozo de la ciudad, y sobrevivieron gracias a la comida que era enviada por el consulado portugués; hasta que en febrero de 1868 fueron transferidos al campamento militar de Cerro León[43].

La ayuda humanitaria que brindaba Leite Pereira provocó su persecución de parte del gobierno paraguayo. Las autoridades policiales intentaron —infructuosamente— asociar esa ayuda a la práctica ilegal del cambio de monedas; para ello se basaron en la denuncia que en enero de 1867 había hecho otro ciudadano portugués, el cual era comerciante de productos agrícolas[44].

Leite Pereira no se dio cuenta, pero su situación era cada vez más vulnerable. En parte esto era consecuencia del accionar del propio representante diplomático portugués ante los gobiernos de los países platinos, el ministro Leonardo de Sousa Leite Azevedo, quien residía en Montevideo. Azevedo era informante del gobierno paraguayo desde 1864, cuando se ofreció para esa función; luego de ser aceptado, le escribió al canciller paraguayo que "mis servicios (...) estarán siempre a disposición" de Solano López. El espía le transmitía las informaciones a José Brizuela, agente comercial paraguayo en la capital uruguaya, quien a su vez las enviaba a Asunción[45]. Cuando se estableció el bloqueo naval brasileño al Paraguay, Azevedo continuó enviándole informaciones y publicaciones a Solano López por medio de la valija diplomática —la cual no podía ser revisada por las autoridades brasileñas porque transportaba documentos oficiales portugueses—. En septiembre de 1865, por ejemplo, hubo dos ocasiones en que Berges le comunicó a Solano López que había llegado correspondencia en "paquetes grandes": una vez era transportada por la cañonera italiana *Veloce*, y otra por el vapor *Príncipe Odone*, de igual nacionalidad; en ambas ocasiones la correspondencia llegaba "bajo la protección de la legación de Portugal"[46].

En 1867, Azevedo —quien ya portaba el título nobiliario de barón de Sousa— continuaba prestando sus "servicios" al gobierno paraguayo y agravó la situación de Leite Pereira. José Berges le informó al diplomático-espía que las autoridades paraguayas ya no reconocerían más a Leite Pereira como gerente del consulado. En lugar de proteger a su subordinado, Azevedo respondió que solo mantenía correspondencia con el vicecónsul Antonio Vasconcellos, y que ya en 1865 había ordenado que el consulado quedase a cargo del citado agente[47]. Leite Pereira no fue informado de esos hechos y, al quedarse sin ninguna protección del gobierno portugués, se convirtió en una presa fácil del gobierno paraguayo.

Sin saber que había sido desautorizado por la mayor autoridad diplomática de Portugal en el Plata, José María Leite Pereira tuvo un destino trágico. En 1868 el gobierno paraguayo lo acusó de participar de una supuesta conspiración contra Solano López. De esta forma, se vio obligado a refugiarse en la única representación diplomática en Asunción: la norteamericana. Esta última sufrió fuertes presiones de las autoridades locales, llegando hasta el punto de que el ministro residente norteamericano, Charles Washburn, también fue acusado de conspirador y no se sentía seguro en cuanto a la inviolabilidad de su residencia. A consecuencia de ello, Leite Pereira se entregó a las autoridades paraguayas y, luego de un simulacro de juicio, fue encontrado culpable y fusilado el 25 de agosto de 1868. Igual suerte corrió Antonio Vasconcellos, cuya condición de vicecónsul dejó de ser reconocida por el gobierno paraguayo[48].

Cuando finalizó la guerra, Francisco José Corrêa Madruga y Francisca Lópes Leite Pereira, su hija —y también viuda de José María Leite Pereira—, le solicitaron al gobierno imperial el pago de una cantidad superior a doscientos *contos de réis* por la ayuda que le brindó el consulado portugués en Asunción a los brasileños que estaban en el Paraguay. El gobierno imperial consultó el tema con la Sección de Negocios Extranjeros, que dio un parecer favorable para que se hiciese el pago a la viuda[49].

La reacción brasileña

El ataque paraguayo a Mato Grosso causó indignación en el Brasil. Dado que las relaciones entre los dos países eran normales, y como el *Marquês de Olinda* había sido aprisionado sin que mediara una declaración de guerra, la agresión fue vista como un acto traicionero e injustificable. En un principio, el entusiasmo popular se expandió por el país y se presentaron voluntarios para el campo de batalla. Sin embargo, la Guardia Nacional —que era una milicia controlada por las elites regionales— no demostró el mismo ardor.

La movilización militar

Luego de la captura del *Marquês de Olinda*, y una vez que fue caracterizada la política de enfrentamiento del Paraguay con relación al Brasil, el gobierno imperial movilizó los modestos recursos del Ejército que estaban desparramados por todo el país, los cuales eran insuficientes para entablar una guerra. En esa época, el servicio militar era considerado un castigo o una degradación. Contribuían para ello no solo la percepción que tenía la elite de los soldados del Ejército, que eran vistos como marginales, sino también las malas condiciones de vida que reinaban en los cuarteles. En estos se aplicaban penas corporales a los soldados; la remuneración era la misma desde 1825, cuando la moneda valía el doble en relación a 1868; la tropa recibía apenas una comida por día; las comodidades eran pésimas y el armamento era anticuado[50]. Haciendo referencia a los años anteriores a la guerra, el propio Caxias le escribió al ministro de Guerra que "por un conjunto de circunstancias deplorables, nuestro Ejército contaba siempre entre sus filas a una gran mayoría de hombres que la sociedad repudiaba por sus pésimas cualidades"[51].

El reclutamiento solo mereció la atención del gobierno imperial en 1848, cuando se creó el servicio voluntario en el Ejército con una duración de seis años. En las intervenciones en el Plata de 1851 y 1852, la insuficiencia de hombres alistados obligó a que el Imperio recurriera a una tropa mercenaria europea. En 1852, el gobierno brasileño aumentó el premio en dinero por el servicio voluntario debido al gran número de bajas de soldados que ya habían cumplido sus seis años de alistamiento, pero le quitó todo atractivo al aumentar su duración a nueve años. Como un paliativo para el problema de la falta de efectivos, y a pedido del presidente del Consejo de Ministros, marqués de Caxias, en 1862 se amplió el reclutamiento de la Guardia Nacional. Comenzaron a ser reclutados allí todos los ciudadanos mayores de dieciocho años —independientemente de su renta—, los cuales estaban divididos en tres clases: los del servicio *activo*, los de la *reserva* y los *disponibles*, siendo estos últimos los ciudadanos de dieciocho a treinta y cinco años que no estaban incluidos en las otras clases. Tanto los voluntarios como los reclutados estaban sometidos a una instrucción militar precaria, la cual no los preparaba para entrar en combate contra un ejército organizado[52].

En los primeros momentos de la crisis con el Paraguay se consideró la posibilidad de movilizar a la Guardia Nacional para complementar al Ejército. En ella se alistaban todos los ciudadanos de dieciocho a sesenta años que tuviesen una renta mínima de 200 mil *réis* anuales. La Guardia estaba compuesta por 440.972 hombres subordinados a 239 comandos superiores, siendo 48.607 de caballería, 6.474 de artillería, 310.585 de infantería y 75.306

de la reserva[53]. La magnitud de esos números no traducía una fuerza militar real, pues los guardias nacionales, a pesar de que eran considerados auxiliares del Ejército en caso de guerra, no estaban preparados para el combate y solo desempeñaban funciones policiales internas. Además, como los sectores subalternos de la población estaban excluidos de la Guardia Nacional, las clases superiores veían a la milicia como una forma de "entretener su vanidad y servir de pretexto a [sus] ambiciones"[54].

El 21 de enero de 1865 el gobierno imperial emitió un decreto por el cual convocó a 15 mil guardias nacionales, divididos en cuotas distribuidas entre las provincias, con el objetivo de fortalecer al Ejército en el Sur del país. Sin embargo, hubo una gran resistencia de los milicianos a cumplir con su deber. En Pernambuco, cuya cuota era de 2.424 guardias nacionales, todos los batallones se resistieron a enviar a los convocados y una buena parte de estos desertó. Como en 1866 Santa Catarina aún no había completado su cuota, y como esa situación ocurría "casi por todas partes", el presidente de esa provincia concluyó que la Guardia Nacional tenía "poca utilidad práctica". En 1866, Paraíba tampoco había completado su cuota de guardias nacionales, y lo mismo ocurrió en 1867 en Río de Janeiro, donde el presidente informaba que estaba realizando "serios esfuerzos" para completar los efectivos de milicianos destinados a luchar en el Paraguay. Los gobiernos de Minas Gerais y de Rio Grande do Norte plantearon idénticas dificultades. Los miembros de la Guardia Nacional de Bahía y de Goiás fueron un caso especial, pues demostraron buena disposición para cumplir con sus obligaciones militares[55].

Se formó entonces un consenso sobre los límites y las debilidades de la Guardia Nacional. Para João da Silva Carrão, presidente de San Pablo —cuya milicia poseía 36 mil hombres—, la Guardia Nacional no era una fuerza militar respetable, estaba "herida por un profundo descrédito" y debía ser modificada urgentemente, pues en esas condiciones "no puede merecer confianza". Esa opinión era compartida por el presidente de Ceará, para quien la dificultad de movilizar a la Guardia Nacional para la guerra demandaba "una reforma radical de esa institución"[56].El propio Ministerio de Justicia —al cual estaba subordinada la Guardia Nacional— reconoció que con esa organización la milicia no atendía a su finalidad, entorpecía seriamente actividades profesionales de sus miembros y, en el interior del país, servía "solamente" como instrumento de dominación política y de cercenamiento de las libertades civiles[57]. De todos modos, durante el conflicto con el Paraguay fueron movilizados 24 regimientos de caballería de la Guardia Nacional con 43.522 hombres, 29.210 de los cuales tomaron parte activa en la guerra, quedando los demás de reserva en Brasil[58].

No era raro que los guardias nacionales convocados para la guerra enviasen a un sustituto en su lugar. Esta práctica, que estaba reglamentada por el decreto 3.509 del 12 de septiembre de 1865, era viable para aquellos que tenían recursos financieros, siendo la sustitución legalizada mediante un contrato. El sustituto tenía que servir durante nueve años en la Guardia Nacional, quedando dispensado del servicio militar. Según ese decreto, toda persona que presentase un sustituto sería responsable por él durante un año en caso de deserción. En los dos ejemplos citados más abajo se puede ver el contrato de servicios entre el guardia nacional convocado y su sustituto[59]:

> "Entre nos, los abajo firmantes, João Jacob Schmidt y João Hermes se hizo y se acordó la siguiente convención:
> Yo, João Hermes, natural de Alemania, declaro que me obligo a alistarme y entrar en el servicio activo del Cuerpo de la Guardia Nacional, en Santa Ana [Rio Grande do Sul] en lugar de João Jacob Schmidt, por la cantidad de seiscientos ochenta réis, para la cual le sirve este recibo, y lo restante en el importe de trecientos mil réis debiéndomelo pagar el dicho João Schmidt en el final de la guerra, y en caso de que no vuelva más en el final de la guerra, debe entonces pagar el mismo João Schmidt la mencionada cantidad de trecientos mil réis a mi cuñado Carlos Juchem. Y yo João Jacob Schmidt prometo y me obligo a cumplir las condiciones mencionadas arriba. Y por claridad mandamos a hacer dos originales del mismo tenor, firmados por ambos.
>
> Picada do Hortêncio, 1º de agosto de 1865.
> João Jacob Schmidt
> João Hermes"

> "Declaro yo firmando abajo Jº Hemsing, que habiendo contratado seguir en el 12º Cuerpo de la Cav.ª de la G.ª Nal. de São Leopoldo en lugar de Jacob Reinheimer de la 2ª Compañía, mediante la gratificación de cuatrocientos mil réis que recibí en este acto. Y por ser así me he comprometido a seguir como su sustituto, me obligo a sostener el lugar que voy a ocupar y me obligo a no abandonar jamás dicho lugar, y si lo hago me obligo a restituir dicha cantidad y a ser capturado para ser entregado en dicho Cuerpo para sostener el presente contrato.
>
> Campamento en la Estância Nova, 22 de septiembre de 1865."

La dificultad para movilizar guardias nacionales y enviarlos al Sur no tuvo consecuencias más graves solo porque, como resultado de la declaración de guerra paraguaya de noviembre del año anterior, el gobierno imperial creó los cuerpos de Voluntarios de la Patria por un decreto del 7 de enero de 1865. En estos cuerpos se podían alistar para servir en el Ejército por libre voluntad los ciudadanos que tenían entre dieciocho y cincuenta años de edad. Para estimular el alistamiento, los voluntarios recibían el sueldo normal de los soldados de las fuerzas regulares —que era de quinientos *réis* dia-

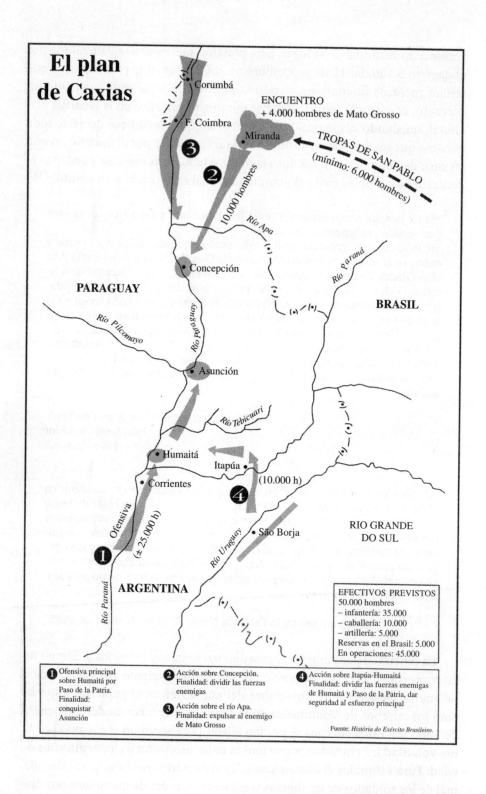

El plan de Caxias

Corumbá

F. Coimbra

❸

❷

10.000 hombres

Río Apa

Concepción

ENCUENTRO
+ 4.000 hombres de Mato Grosso

Miranda

TROPAS DE SAN PABLO
(mínimo: 6.000 hombres)

PARAGUAY

Río Pilcomayo

Río Paraguay

Río Paraná

BRASIL

Asunción

Río Tebicuari

Humaitá

Itapúa

Corrientes

(10.000 h)

❹

Ofensiva

(± 25.000 h)

São Borja

Río Uruguay

**RIO GRANDE
DO SUL**

Río Paraná

❶

ARGENTINA

EFECTIVOS PREVISTOS
50.000 hombres
– infantería: 35.000
– caballería: 10.000
– artillería: 5.000
Reservas en el Brasil: 5.000
En operaciones: 45.000

❶ Ofensiva principal
sobre Humaitá
por Paso de la Patria.
Finalidad:
conquistar
Asunción

❷ Acción sobre Concepción.
Finalidad: dividir las fuerzas
enemigas

❸ Acción sobre el río Apa.
Finalidad: expulsar al enemigo
de Mato Grosso

❹ Acción sobre Itapúa-Humaitá
Finalidad: dividir las fuerzas enemigas
de Humaitá y Paso de la Patria, dar
seguridad al esfuerzo principal

Fuente: *História do Exército Brasileiro.*

A Bahia a seus filhos.

— Ide, meus filhos —, esta capella cingirá os vivos, as minhas orações acompanharão os mortos; e mortos ou vivos, o Brasil espera, e eu mando, que cada um de vós cumpra o seu dever.

"Bahía a sus hijos: 'Id, hijos míos, este templo ligará a los vivos, mis oraciones acompañarán a los muertos; y, muertos o vivos, el Brasil espera, y yo ordeno que cada uno de vosotros cumpla su deber'".

Alegoría publicada en 1865 en la Semana Illustrada, *alude a los bahianos que se alistaron para formar los batallones de Voluntarios de la Patria.*

rios—, y una gratificación de trescientos mil *réis* al salir de baja al final de la guerra. En ese momento, los voluntarios también tendrían derecho a 49.500 metros cuadrados de tierras en las colonias militares y agrícolas que existían en diferentes puntos del Brasil. Asimismo, se les garantizaban promociones por valentía, medio sueldo por invalidez y, en caso de muerte, una pensión por ese valor para un heredero elegido libremente. En agosto de 1865, las ventajas concedidas a los voluntarios se extendieron a los guardias nacionales que estaban en el teatro de la guerra, representando para ellos una ganancia de medio sueldo[60]. Las ventajosas condiciones que se ofrecían a los Voluntarios de la Patria ponen de manifiesto lo grave que era la falta de soldados en el Brasil, donde por lo general los ciudadanos se resistían a ingresar en el Ejército[61].

En realidad, mientras que la elite, representada por la Guardia Nacional, se resistía a ir a la guerra, el sector popular estaba impregnado de entusiasmo patriótico para formar los cuerpos de Voluntarios de la Patria. Se alistaron cerca de 10 mil voluntarios, un número que el gobierno imperial consideró suficiente y que le hizo suspender el reclutamiento de guardias nacionales, pues "no es necesario obligar a nadie a ir a la guerra". En Piauí, se alistó disfrazada de hombre la adolescente Jovita Alves Feitosa, la que luego de haber sido descubierta fue aceptada y destinada a un hospital militar. En Bahía, hubo tantos voluntarios que los cuarteles y otros edificios de Salvador se vieron colmados. El gobierno provincial incluso rechazó la incorporación de nuevos voluntarios, lo cual fue difícil de llevar a la práctica debido a la presión de los que deseaban alistarse. Asimismo, los diferentes sectores de la economía bahiana hicieron generosas donaciones financieras para el esfuerzo bélico, las cuales alcanzaron un monto de 200 mil millones de pesos. Si bien el entusiasmo generado en Bahía parece haber sido el mayor de todo el Imperio, también en otras provincias los ciudadanos se presentaron espontáneamente para formar los batallones de Voluntarios de la Patria. El presidente de Pernambuco se refirió a un "torrente" de voluntarios: fueron 1.300[62].

Sin sospechar que la guerra sería larga y dura, y ante las ventajas financieras que eran ofrecidas por el gobierno, una parte de los voluntarios tal vez veía en el alistamiento la posibilidad de mejorar sus condiciones de vida. Sin embargo, hubo otros que renunciaron a esas ventajas y que fueron a la guerra de forma verdaderamente voluntaria; esto es lo que se ve en los informes del Ministerio de Guerra de 1865 a 1866, en los cuales también se registraron las donaciones financieras que efectuaban los particulares y las instituciones para costear los gastos de los voluntarios. En realidad, la presentación de voluntarios estaba en sintonía con el clima de indignación que generó la agresión paraguaya. Esa indignación quedó sintetizada en el poema "La cólera del Imperio", que Machado de Assis publicó en el *Diário do Rio de Janeiro:*

De pé — Quando o inimigo o solo invade
Ergue-se o povo inteiro; e a espada em punho
É como um raio vingador dos livres!
(...)
Cada palmo do chão vomita um homem!
E do Norte, e do Sul, como esses rios
Que vão, sulcando a terra, encher os mares,
À falange comum os bravos correm![63]

---

* N. del T.: "De pie... Cuando el enemigo el suelo invade/Se yergue el pueblo entero; y la espada en puño/ ¡Es como un rayo vengador de los libres! (...) ¡Cada palmo de suelo vomita un

En 1865, la mayor parte de los soldados brasileños que fueron al teatro de la guerra provenía de las provincias del Norte y del Nordeste del Imperio. Esa tropa sufrió mucho el brusco cambio de temperatura, de un ambiente cálido al frío intenso que caracteriza al invierno en el Río de la Plata. Al no recibir ropas adecuadas, murieron de frío casi todos los cuatrocientos soldados de un batallón que había venido de Pará. Además, las enfermedades de las tropas se vieron agravadas por el excesivo consumo de carne fresca y por la necesidad de beber el agua no siempre pura de los ríos[64].

El alistamiento de los nuevos soldados ya se hacía con la intención de ejecutar un plan de campaña elaborado por el marqués de Caxias a pedido del ministro de Guerra, Beaurepaire Rohan. Caxias —que era el general brasileño de mayor graduación y senador del Partido Conservador— presentó su plan el 20 de enero de 1865. Allí preveía la organización de un ejército de 50 mil hombres: 35 mil de infantería, 10 mil de caballería y 5 mil de artillería. La invasión del Paraguay sería hecha por 45 mil soldados, mientras que otros 5 mil permanecerían como reserva en Río de Janeiro y Santa Catarina. Las columnas invasoras serían tres: la primera, compuesta por 25 mil hombres, actuaría en forma combinada con la Marina imperial entrando al territorio paraguayo por Paso de la Patria, en el río Paraná, casi en la confluencia con el Paraguay; sus objetivos serían anular la fortaleza de Humaitá y luego ocupar Asunción. La segunda columna, de 10 mil soldados, operaría sobre Miranda, en Mato Grosso, protegiendo la caballada y el ganado allí existentes y distrayendo la atención del enemigo para que este transfiriese sus tropas al norte, facilitando de esta manera el ataque a Humaitá. La tercera columna, con otros 10 mil hombres organizados en Rio Grande do Sul, actuaría en el punto más cercano al Paraguay, en São Borja, debiendo impedir la concentración de tropas enemigas en Humaitá y evitar que se cortase la retirada a la fuerza brasileña que debía atacar por Paso de la Patria, en caso de que esta última fuese derrotada[65].

El plan no tomaba en cuenta el hecho de que si bien el territorio entre São Borja y Paraguay era reivindicado por Asunción, se encontraba bajo soberanía de la Argentina, y este país era formalmente neutral. Tal vez Caxias considerase que estaba vigente el acuerdo firmado entre el Imperio y la Confederación Argentina en 1857, el cual garantizaba el libre tránsito de las tropas brasileñas por el territorio argentino en caso de guerra entre el Brasil y el Paraguay. Sin embargo, la situación interna argentina

---

hombre!/ Y del Norte, y del Sur, como esos ríos/ Que van, surcando la tierra, a llenar los mares,/ ¡A la falange común los valientes corren!".

no permitiría que Mitre reconociese la vigencia del acuerdo en aquellas circunstancias. De todos modos, Solano López se había anticipado al plan de una acción contra el Paraguay a partir de Rio Grande do Sul y preparó la reacción adecuada. La misma sería un ataque a las tropas aliadas por la retaguardia, acorralándolas[66].

El consejero Pimenta Bueno, marqués de São Vicente, quien conocía mejor el Paraguay por haber sido el primer representante diplomático brasileño en ese país, propuso algunas alteraciones al plan de Caxias. Para Pimenta Bueno era difícil que Humaitá fuera conquistada por un ataque frontal —opinión que se vería confirmada por los años de guerra—. Proponía entonces que la fortaleza fuese eludida y que las fuerzas brasileñas marchasen directamente sobre Asunción. Una vez ocupada la capital, las tropas brasileñas descenderían por el río para atacar Humaitá, llevando a cabo una operación que se consideraba igualmente difícil[67]. Este plan también era inviable, pues para que las tropas brasileñas pudiesen llegar a Asunción existían dos alternativas: o bien marchando por tierra, a partir de Paso de la Patria, o siendo transportadas por barcos. Si marchasen por tierra, lo harían por un territorio que, además de ser en gran parte pantanoso, era totalmente desconocido, pues no existían mapas del interior del Paraguay debido al aislamiento en que siempre vivió el país. La marcha por tierra dejaría muy expuesta a las emboscadas a la columna brasileña, además de que el plan no se preocupaba en saber si los caminos permitirían el paso de los cañones y del transporte de mantenimientos y municiones. En la remota hipótesis de que Asunción consiguiese ser ocupada, la tropa brasileña correría el serio riesgo de quedar cercada por el enemigo y sin acceso a abastecimientos, pues la escuadra imperial quedaría retenida en el río Paraná. Las naves de guerra brasileñas eran de madera y por lo tanto serían fácilmente hundidas por los cañones de Humaitá, que controlaba el acceso por río a la capital. Esa realidad también hacía imposible el plan donde la escuadra transportaba a los soldados que debían ocupar Asunción. El hecho es que la conquista de la fortaleza de Humaitá era un prerrequisito para cualquier otra acción militar brasileña contra Solano López.

El gobierno imperial se decidió a enviar una columna a Mato Grosso —tal como lo había propuesto Caxias—, y convocó a 12 mil guardias nacionales de Goiás, Minas Gerais y San Pablo. Las tareas para organizar la llamada Columna Expedicionaria de Mato Grosso comenzaron a principios de abril. En el Sur, el general Manuel Luis Osório fue nombrado comandante interino del Ejército, asumiendo esa función el 1º de marzo, cuando los efectivos alcanzaban a 9.465 hombres acampados en las cercanías de Montevideo. La tropa estaba extenuada por las largas marchas y padecía deficientes condiciones sanitarias por la utilización de agua contaminada, la

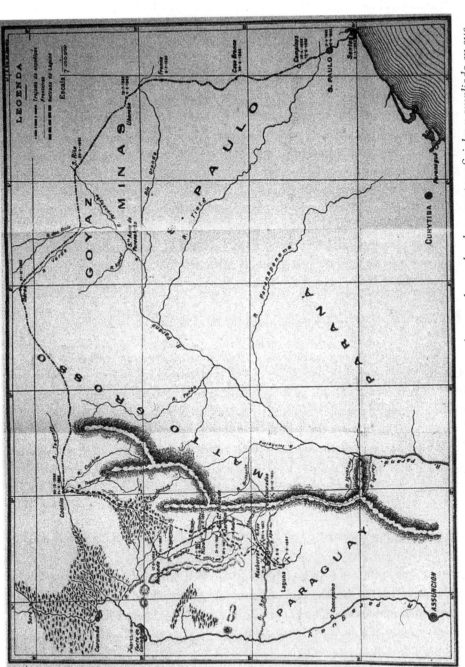

Ayuda a Mato Grosso. Mapa de la Marcha de las Fuerzas, de acuerdo con los documentos oficiales y ampliado en sus pormenores. Dibujo del vizconde de Taunay.

cual causó diarrea en una gran cantidad de soldados; por cierto, la diarrea causó muchas muertes en la guerra. La marcha hasta la capital uruguaya también afectó a las cabalgaduras, dejando la caballería a pie y agotando a los bueyes que servían para transportar la artillería. El aumento del número de efectivos produjo otro serio problema: la falta de uniformes, capas y tiendas de campaña. Esa precaria situación fomentaba el descontento, llevando a que la oficialidad pidiera frecuentes licencias o que simulara invalidez. A Osório le cupo la difícil tarea de organizar un ejército de campaña en plena guerra y que se encontraba desplazado en relación con los centros de apoyo logístico, por lo que se vio obligado a tomar decisiones firmes y enérgicas. Por propia iniciativa, y sin aprobación previa del gobierno imperial, Osório compró en Montevideo todo aquello que le pareció indispensable para aprovisionar a sus tropas. También creó un hospital militar en la capital uruguaya y se puso al día con el pago de los sueldos, que estaba atrasado en dos meses. Debido a su acción decidida, luego de dos meses de haber asumido el mando, Osório contaba con 13.181 hombres y había duplicado la artillería de doce a veinticuatro cañones[68].

Mato Grosso librado a su propia suerte

Si bien las armas y municiones que los invasores capturaron en Mato Grosso reforzaron el poder bélico del Ejército paraguayo, esa provincia brasileña fue un teatro de operaciones secundario y no tuvo influencia sobre el resultado final de la guerra. Con la ocupación de Mato Grosso, Solano López aseguró su retaguardia y pudo dirigirse al Río de la Plata.

El punto de encuentro de las tropas que formarían parte de la columna expedicionaria era la villa de Uberaba, desde donde marcharían hacia Cuiabá para reforzar la defensa y la moral de los habitantes de Mato Grosso. Algunos oficiales que llegaron a San Pablo habían partido de Río de Janeiro. Entre ellos estaba el teniente Alfredo d'Escragnolle de Taunay, futuro vizconde de Taunay, quien sirvió en el Cuerpo de Ingenieros de la columna y que en 1871 publicó *A retirada da Laguna*, un libro épico donde describe el fracaso militar de esa expedición. El 10 de abril de 1865 partió de San Pablo con destino a Uberaba una columna de 568 hombres —135 de los cuales eran paranaenses—, bajo el mando del coronel Manuel Pedro Drago, presidente nombrado de Mato Grosso. Su primera parada fue Campinas, donde el coronel Drago permaneció por dos meses y desperdició un tiempo precioso mientras disfrutaba de la vida social de la ciudad, llena de bailes y otras diversiones. Mientras tanto, el presidente de Mato Grosso, Alexandre Albino de Carvalho, se quejaba de no haber recibido "la más mínima ayuda para la defensa"; para defenderse, la provincia apenas podía contar con sus escasos recursos: alrededor de 3.200 hombres pésimamente armados. En Cuiabá no se tenían noticias del resto del Brasil desde el 20 de marzo, y no se sabía nada de la organización, trayectoria de marcha y objetivos de eventuales refuerzos militares que hubiesen sido enviados. Carvalho obtuvo información sobre el envío de la ayuda militar recién a comienzos de junio, pero sin detalles en cuanto a efectivos y objetivos[69].

En Campinas, la columna fue víctima de la viruela y tuvo seis muertos; además, sufrió 159 deserciones, principalmente de los reclutas del Cuerpo Policial de San Pablo y de la Compañía de Caballería de la Guarnición de San Pablo[70]. El 20 de junio, la columna retomó la marcha en dirección al norte, pasando por Casa Branca y Franca, transitando por un camino bordeado de casas y rancheríos donde se alimentaba la tropa. La fuerza de Drago llegó a Uberaba el 18 de julio, encontrando allí el refuerzo de la brigada mineira* de Ouro Preto, la cual estaba compuesta por 1.212 hombres al mando del coronel José Antonio da Fonseca Galvão. La fuerza expedicionaria permaneció acampada en esa ciudad durante 47 días, esperando que se uniesen a ella nuevos refuerzos locales. En ese período desertaron 96 soldados —veinte de los cuales eran mineiros—, y fallecieron otros trece. Para evitar nuevas deserciones, otros 25 reclutas mineiros convocados para la guerra fueron colocados bajo el régimen de prisión, pero incluso así consiguieron huir al campo. De ese modo se reafirmaba un dictado corriente de la época que hacía referencia a la partida para la guerra: "Dios es grande, pero el bosque [lo es] más todavía". La columna recibió 1.209 hombres de refuerzo y partió hacia Cuiabá el 4 de septiembre con apenas 1.575 soldados, en lugar de los 12 mil previstos en un principio. Contaban con doce cañones y estaban organizados en dos brigadas, una paulista y otra mineira, entre las cuales se distribuían reclutas amazonenses y paranaenses. La columna era seguida por unas doscientas mujeres, amantes o esposas de los soldados, algunas de las cuales tenían niños[71]. La columna fue designada oficialmente como Cuerpo Expedicionario en Operaciones en el Sur de Mato Grosso, un nombre pomposo para una fuerza numéricamente limitada.

El Cuerpo Expedicionario tomó el camino más largo porque temía que los paraguayos de Coxim amenazasen Santana do Paranaíba. Así, marchó rumbo a Goiás y el 29 de septiembre llegó a Santa Rita, a orillas del río Paranaíba, el cual atravesó con su ya habitual lentitud. Luego de recibir refuerzos goianos, la primera fuerza de auxilio que pisaba territorio matogrossense estaba constituida por 2.080 hombres y tenía nuevas órdenes: marchar

---

* *N. del T.:* El término hace referencia a los oriundos de la provincia de Minas Gerais.

hacia el distrito de Miranda y ocuparlo a fin de restablecer la soberanía brasileña en esa región, pues el gobierno imperial tenía noticias de que los paraguayos habían retrocedido hasta el río Apa. Aunque carecía de armamentos y de efectivos suficientes para esa misión, el Cuerpo Expedicionario se dirigió hacia Coxim y marchó durante cuatro difíciles meses atravesando un terreno insalubre, que estaba inundado por el río Paraguay, y haciendo frente a diversos problemas de salud en la tropa. Desde el 20 de octubre el nuevo comandante de esa fuerza era el coronel José Antonio Fonseca Galvão, ya que el coronel Drago había sido destituido luego de ganarse la antipatía de la opinión pública tras su prolongada estadía en Campinas. El Cuerpo Expedicionario llegó a Coxim el 20 de diciembre de 1865, luego de marchar 1.106 kilómetros desde Uberaba. Coxim era el punto de confluencia del río de ese nombre con el Tacuarí, y se afirmaba que esa era la mejor posición para evitar un ataque paraguayo a Cuiabá. Desde ese momento, la columna pasó a denominarse Fuerzas en Operación al Sur de la Provincia de Mato Grosso, y contaba con 2.203 combatientes y otras 1.300 personas entre mujeres, niños y otros agregados, como los carreteros y porteadores[72]. En los ejércitos de la época todavía era una costumbre que las tropas que iban a la guerra fuesen acompañadas por las familias de los soldados, e incluso por comerciantes y aventureros civiles.

Aislada por las inundaciones, la columna permaneció en Coxim hasta junio de 1866, cuando comenzó a sufrir un problema que desde entonces sería constante: la falta de provisiones. El principal componente en la alimentación de esos soldados era la carne bovina —así como de todos los combatientes durante la guerra, fuesen aliados o paraguayos, siendo escasos los vegetales e inexistentes las verduras—. Pero en Coxim la alimentación estaba compuesta exclusivamente por carne de pésima calidad y cuyo único acompañamiento era sal gruesa. El campamento quedó aislado debido al agua estancada proveniente de las abundantes lluvias. Esto impidió un adecuado reabastecimiento de víveres y favoreció el surgimiento de enfermedades entre las tropas, generando abultadas ganancias entre los comerciantes y algunos oficiales que vendían alimentos disponibles a sus colegas y a los soldados. Los padecimientos de la columna llevaron a un sensible aumento de las deserciones[73].

El coronel Fonseca Galvão sintió la necesidad de salir de Coxim y ordenó la marcha hacia la villa de Miranda, distante a unos cuatrocientos kilómetros. La columna recorrió un territorio pestilente, pantanoso, donde los soldados caminaban durante días enteros con el agua hasta la cintura. Algunos de ellos se ahogaron tragados por el fondo del pantano, al igual que las mujeres que los acompañaban. Lo insalubre del terreno causó fiebres que mataron a varios hombres, incluso al propio coronel Galvão. La fuerza brasileña entró en Miranda el 17 de septiembre de 1866, luego de tres meses de marcha. A esa altura habían recorrido 2.112 kilómetros en dos años, considerando la salida de los primeros hombres de Río de Janeiro con destino a San Pablo, y ya había muerto un tercio de sus miembros[74].

La villa de Miranda estaba rodeada por depresiones que se inundaban fácilmente, incluso con lluvias leves, y el agua para consumo era lodosa. Las malas condiciones sanitarias provocaron una epidemia de *beriberi** que afectó a cuatrocientos hombres. Miranda estaba arruinada, sin edificios para alojar a la tropa y no se justificaba militarmente su ocupación por parte del Cuerpo Expedicionario; por el contrario, su geografía facilitaba la aproximación del enemigo. Sin embargo, el desastroso comando del coronel Alexandre Albino de Carvalho, quien había ascendido a esa función con la muerte del coronel Fonseca Galvão, mantuvo la columna en ese lugar. El traslado de los soldados brasileños hacia otro punto solo fue considerado a partir del 1º de enero de 1867, luego de que asumiera el mando el coronel Carlos de Morais Camisão, quien había sido enviado por el presidente de Mato Grosso. Siguiendo el parecer de la comisión de ingenieros y de la junta médica, el nuevo comandante abandonó el terreno insalubre y marchó hacia Nioaque el día 11 de enero. Los 210 kilómetros de distancia entre los dos puntos estaban cubiertos de bosques y riachos de agua potable, lo cual permitió que la tropa, que en ese entonces estaba reducida a cerca de 1.300 hombres, llegara a su destino el día 24 del mismo mes. Al contrario de las localidades anteriores, Nioaque estaba bien localizada y gozaba de un clima agradable, favoreciendo a la columna[75]. Mientras tanto, los paraguayos permanecían más allá del río Aquidauana.

Cuando la villa de Corumbá fue abandonada al invasor paraguayo, según las órdenes del coronel Carlos Augusto de Oliveira, el coronel Morais Camisão se encontraba allí al mando de un batallón de artillería. El nombre de Camisão figuraba junto con otros en un soneto que circulaba en Mato Grosso y donde se criticaba a los militares que habían abandonado la villa en lugar de defenderla. Herido en su honor, Camisão entendió que el comando del Cuerpo Expedicionario era una oportunidad para rehabilitarse frente a la opinión pública. En consecuencia, no se conformó con la ocupación y el mantenimiento del territorio que habían abandonado los invasores. Este militar quería demostrar su valentía y concibió el proyecto de invadir el territorio paraguayo con el objetivo de llegar hasta la villa paraguaya de Concepción, la cual estaba situada en las márgenes del río Paraguay, prác-

---

* *N. del T.:* Enfermedad esporádica o epidémica, que se caracteriza por una gran anemia y un rápido enflaquecimiento, acompañado de palpitaciones.

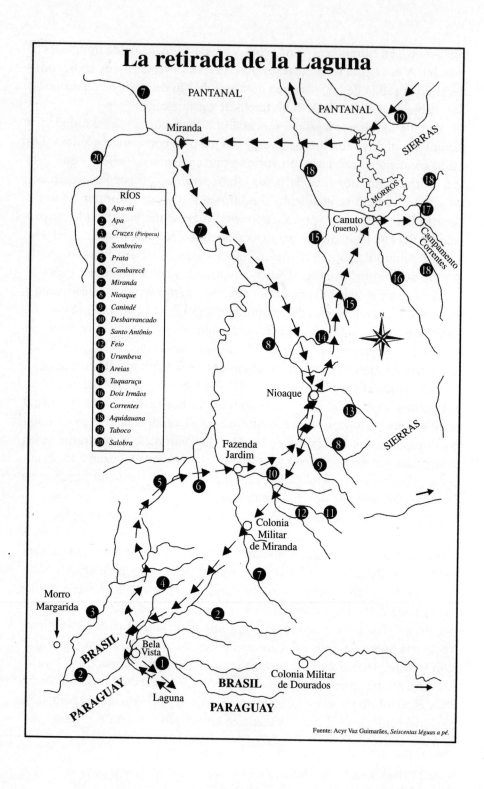

La retirada de la Laguna

PANTANAL

PANTANAL

Miranda

SIERRAS

MORROS

Canuto
(puerto)

Campamento
Corrientes

RÍOS

1. Apa-mi
2. Apa
3. Cruzes (Piripocu)
4. Sombreiro
5. Prata
6. Cambarecê
7. Miranda
8. Nioaque
9. Canindé
10. Desbarrancado
11. Santo Antônio
12. Feio
13. Urumbeva
14. Areias
15. Taquaruçu
16. Dois Irmãos
17. Correntes
18. Aquidauana
19. Taboco
20. Salobra

N

Nioaque

SIERRAS

Fazenda
Jardim

Colonia
Militar
de Miranda

Morro
Margarida

BRASIL

Bela
Vista

PARAGUAY

Laguna

Colonia Militar
de Dourados

BRASIL

PARAGUAY

Fuente: Acyr Vaz Guimarães, *Seiscentas léguas a pé*.

Comisión de ingenieros de la Campaña de Mato Grosso y Retirada de la Laguna. De pie, al centro, el vizconde de Taunay, autor de los clásicos A retirada da Laguna *y* Memórias, *que constituyen importantes fuentes sobre la historia de la guerra.*

ticamente a medio camino entre la frontera y Asunción[76]. Se trataba de una misión suicida, pues la columna no diponía de los recursos bélicos y logísticos necesarios para alcanzar esa localidad.

La tropa brasileña partió el 25 de febrero de 1867, y el 4 de marzo penetró en la antigua colonia militar de Miranda, la cual estaba situada a doce kilómetros del río Apa. Desde ese punto, el coronel Morais Camisão envió patrullas a explorar el terreno; sin embargo, esto permitió que los paraguayos tomaran conocimiento de la presencia de la columna adversaria, anulando el factor sopresa. Los brasileños se vieron inmersos en condiciones de subsistencia precarias, y el hambre se hizo inminente. Parece ser que Camisão tenía dudas en cuanto a su decisión de invadir el Paraguay y le ordenó al coronel Juvêncio Manuel Cabral de Meneses, jefe de la comisión de ingenieros, que convocara a un consejo de guerra para evaluar la situación. Durante el consejo, tres oficiales señalaron que faltaban los recursos necesarios —víveres, municiones y caballería— para invadir el territorio enemigo; mientras que otros dos, luego de reconocer la fragilidad de la tropa y el probable sacrificio de la columna, defendieron la invasión por creer que la operación sería importante para el desarrollo de la guerra. Luego de un acalorado debate, el coronel Juvêncio afirmó que la columna no podría avanzar sin víveres; en ese momento, entró al campamento el guía José Francisco Lópes con un rebaño de ganado. Juvêncio ordenó que en el acta del consejo se reconociese que era posible avanzar, y, teniendo conciencia de que partía hacia el sacrificio personal, exclamó: "Dejo una viuda y seis huérfanos. Tendrán como única herencia un nombre honorable"[77].

La fuerza brasileña, sin caballería y compuesta por 1.680 hombres —además de mujeres, indios y algunos comerciantes—, atravesó el río Apa, penetró en territorio paraguayo y atacó el fuerte de Bella Vista el 21 de abril de 1867. En realidad, la fortificación era más bien un perímetro con estacas de madera bien afirmadas, antes que una posición con defensas sólidas. La columna brasileña cambió su nombre de Fuerzas en Operaciones en el Sur de Mato Grosso por el de Fuerzas en Operaciones en el Norte del Paraguay; sin embargo, llevó ese título por poco tiempo debido a que pronto tuvo que retroceder hacia el territorio nacional. Temiendo comentarios adversos en caso de que se ordenase la retirada que exigía la lógica, Morais Camisão se aferró a la noticia de la existencia de un gran rebaño en la Fazenda Laguna, la cual quedaba a treinta kilómetros y pertenecía a Francisco Solano López. El rebaño proveería comida y animales de tiro, y además permitiría la continuidad de la marcha en dirección a Concepción. Pero en la Laguna no encontró ningún ganado sino enemigos. Alrededor de seiscientos brasileños —entre los cuales había treinta indios— atacaron a una fuerza paraguaya superior compuesta de 780 hombres y armada con dos cañones, causándole ochenta muertos y perdiendo apenas un hombre[78].

Laguna fue ocupada el 1º de mayo de 1867. Tres días después llegó al lugar el comerciante Miguel Arcângelo Saraco con cuatro carretas de provisiones y mercancías. Saraco ya había iniciado sus actividades de proveedor de la columna en Goiás, cuando disponía apenas de un burrito. Al igual que los demás comerciantes, Saraco pudo progresar en la actividad comercial cobrando precios exorbitantes, lo que le permitió llegar a tener esas cuatro carretas repletas de mercaderías y declararse rico[79]. La Guerra del Paraguay constituyó un paraíso de ganancias para aventureros transformados en comerciantes —sobre todo europeos—, y también para los proveedores argentinos, ya fueran los que abastecían de carbón a la escuadra imperial, o los que hacían llegar provisiones y forraje para la caballería del Ejército brasileño, o incluso para aquellos que proveían a la tropa de mercancías en general.

Careciendo de recursos logísticos y de fuerzas militares suficientes, el coronel Camisão tuvo que dar marcha atrás en su decisión de llegar hasta Concepción. El 7 de mayo de 1867 ordenó la retirada hacia Nioaque, la cual pasó a ser conocida como La retirada de la Laguna, incorporándose a ella contingentes de indios guaicurú y terena[80]. La retirada se llevó a cabo bajo constantes ataques de los paraguayos, los cuales le arrebataron el ganado a la columna y la sumieron nuevamente en el hambre. Hambrientos, los soldados brasileños marcharon por terreno pantanoso bajo incesantes tempestades; además de los enemigos, debieron enfrentar los piojos, el cólera[81] y otros problemas de salud derivados del contraste entre el frío glacial nocturno y el sofocante calor diurno. Las fuerzas paraguayas prendían fuego al monte, cuyos pastos eran altos y secos, acorralando y sofocando a los que estaban en retirada para inducirlos a rendirse, cosa que nunca sucedió. Las mujeres que acompañaban a la columna brasileña estaban exhaustas, "tropezaban, algunas (...) en harapos, con los niños a cuestas, escuálidas como cadáveres, ¡mendigando restos de alimentos!"[82].

El día 25 de mayo los paraguayos atacaron el campamento brasileño pero fueron rechazados nuevamente. Sin embargo, la debilidad de los que se retiraban les impedía perseguir a los enemigos, los cuales se dedicaron a abrir las tumbas de los brasileños enterrados en las cercanías para despojar a los cadáveres de sus miserables ropas; por cierto, los indios y los civiles que acompañaban a la columna brasileña también tenían la costumbre de saquear a los enemigos muertos. Los soldados paraguayos se disputaban esas ropas y algunos de ellos las vestían de inmediato, ante la vista de los brasileños, que reaccionaban matando a algunos de los profanadores y poniendo en fuga a los demás con tiros de cañón. La retirada de la columna se veía limitada por la falta de medios de transporte para los enfermos de cólera, quienes eran cargados por sus compañeros agotados por el hambre y el cansancio. Camisão tomó la dramática decisión de abandonar a más de 130 soldados enfermos, los cuales aceptaron resignados su destino. Se los dejó en un claro junto con un cartel, destinado al enemigo, en el que se leía la frase "¡Compasión con los enfermos de cólera!", pero fueron muertos por sus perseguidores. Poco después el cólera alcanzó al propio coronel Camisão e incluso a José Francisco López, guía de la columna, matándolos a los dos y a otros compañeros[83].

Rechazando constantemente los ataques de que era objeto a lo largo del camino, lo que quedó de la fuerza expedicionaria brasileña llegó a Nioaque el 4 de julio. Allí se encontró con la sorpresa de que las tropas que habían sido dejadas en ese lugar lo habían abandonado. Ese hecho le permitió a los paraguayos ocupar por segunda vez la localidad, saquearla, incendiar sus casas y retirarse hacia el cementerio, que estaba ubicado en las cercanías.

Cuando la columna brasileña entró en la villa lo único que encontró intacto fue el edificio de la iglesia, además de algunos cadáveres de brasileños que habían desertado de la marcha en dirección al Paraguay. Al día siguiente, la iglesia explotó debido a una trampa que montaron sus antiguos ocupantes, matando a quince brasileños. A partir de ese momento la fuerza en retirada se vio libre de los paraguayos y el mismo día marchó hacia el puerto de Canuto, en el río Aquidauana, adonde llegó el 11 de junio de 1867 con apenas seiscientos combatientes. En ese lugar se encontraba el coronel Lima e Silva, que había abandonado Nioaque con sus hombres y el archivo de la columna. Desde el momento de la invasión al Paraguay, el cuerpo expedicionario tuvo 908 soldados muertos por el cólera y por el fuego enemigo, además "de un gran número" de indios, mujeres, negociantes y otros hombres que habían acompañado a la columna[84].

El presidente de Mato Grosso, Couto de Magalhães, que había asumido el cargo en febrero de 1867 y estaba decidido a terminar con la inacción frente a la presencia paraguaya, aceptó un plan que le propuso ese mismo mes el capitán Antonio María Coelho. La propuesta era aprovechar la época de la inundación del pantanal para atacar Corumbá por el sur, en lugar de hacerlo por el norte, a través del río, ya que este último era un camino previsto por el enemigo. Haciendo caso omiso de las objeciones planteadas por los oficiales superiores, Couto de Magalhães comisionó a Coelho en el puesto de coronel y comenzó a preparar la acción, que se decidió a ejecutar cuando se enteró de que el coronel Camisão había invadido el territorio paraguayo. El coronel Coelho partió de Cuiabá con mil hombres y cinco pequeñas naves, y descendió por el pantanal hasta ubicarse aguas abajo de Corumbá, adonde desembarcó. De esta forma, pudo atacar la villa por el sudoeste, sorprendiendo al enemigo el 13 de junio de 1867.

Para garantizar su subsistencia, el comandante Hermógenes Cabral había puesto a sus hombres a trabajar en cultivos agrícolas. Debido a ello, la tropa estaba dispersa cuando se efectuó el ataque brasileño. Así, a pesar de haber ofrecido una vigorosa resistencia, los invasores que se encontraban en Corumbá fueron vencidos. Hay autores que afirman que los prisioneros paraguayos fueron degollados, incluso el propio comandante Cabral. De hecho, esto puede haber ocurrido, pues era una práctica común en la época. El sacerdote paraguayo Silvio Gaona habla de cuatrocientos hombres degollados, pero se trata de un número exagerado, puesto que de haber sido así ninguno de los invasores hubiera muerto en combate. El historiador Efraím Cardozo, por su parte, señala que de los 316 hombres que componían la guarnición de Corumbá murieron 160, pero no afirma que las muertes hayan sido causadas por el degollamiento; Cabral y doce hombres que resistieron con las armas en la mano habrían sido muertos "a golpes de arma blanca" (espada o bayoneta). Según Cardozo, circuló la versión de que los enfermos de viruela que se encontraban en el hospital y los prisioneros "fueron masacrados por los vencedores". La fuerza brasileña tuvo ocho muertos en el ataque, pero de inmediato fue víctima de la viruela, que era una enfermedad contra la cual no había sido vacunada[85].

Al llegar a Corumbá, el 23 de junio, Couto de Magalhães se encontró con que más de la mitad de los efectivos brasileños habían sido víctimas de la viruela, y el pronóstico era que la situación se agravaría. Ante la imposibilidad de defender la villa en esas condiciones, el presidente matogrossense ordenó su abandono. La fuerza brasileña llevó consigo la enfermedad a Cuiabá, donde causó la muerte de 5 mil de sus 10 mil habitantes[86]. Dado que en su época de mayor intensidad la epidemia mataba cien personas por día, las mismas no podían ser enterradas y debieron ser cremadas; no era raro que los cadáveres fuesen arrastrados por las calles por perros hambrientos[87].

En febrero de 1868, cuando la escuadra brasileña dejó atrás Humaitá y llegó hasta la capital paraguaya, Solano López ordenó la retirada de Mato Grosso para reforzar al Ejército paraguayo en el Sur. Corumbá fue evacuada por los paraguayos en abril del mismo año, pero el gobierno matogrossense recién confirmó el hecho el 17 de agosto, cuando envió una patrulla de reconocimiento a la villa. Las comunicaciones regulares de Mato Grosso con Río de Janeiro, a través de la cuenca del Plata, solo fueron restablecidas el 4 de febrero de 1869, luego de que las fuerzas brasileñas ocuparan Asunción y de que llegaran a Cuiabá los vapores *Felipe Camarão* y *Fernandes Vieira* de la Marina imperial. Las naves fueron recibidas por 2 mil personas, con bandas de música y salvas de artillería, y se realizó un *tedeum* en Acción de Gracias en la iglesia de São Gonçalo[88].

EL ATAQUE A CORRIENTES

Una vez ocupado el sur de Mato Grosso, el paso siguiente de Solano López era invadir Rio Grande do Sul para atacar al Ejército brasileño en el Uruguay. Para ello contaba con la garantía de Urquiza de que la Argentina se mantendría neutral en el conflicto. Deseoso de "mantener respeto" por el gobierno argentino, Solano López solicitó permiso para que sus tropas atravesaran el territorio de Misiones —que era reclamado por el Paraguay—, para atacar Rio Grande do Sul[89]. Mitre rechazó la autorización respaldándose en la neutralidad de su país, lo que lo convirtió en el próximo blanco de Solano López.

El 5 de marzo de 1865 el Congreso paraguayo se reunió para convalidar, una vez más, una decisión ya tomada por el Ejecutivo: en este caso, la de entrar en guerra con la Argentina. En su mensaje al Congreso, Solano López se refirió duramente al gobierno argentino y, durante los cuatro días de sesiones, se expuso que la Argentina le había declarado tácitamente la guerra al Paraguay al no autorizar el paso de tropas guaraníes por su territorio, mientras que permitía que la escuadra brasileña remontase el río Paraná. El argumento no era pertinente, puesto que ese río tenía carácter internacional. Así, Solano López fue autorizado a entrar con sus tropas en Corrientes cuando lo considerase necesario. Al igual que había sucedido en el caso de la declaración de guerra paraguaya al Brasil, se trataba de invertir la lógica de los acontecimientos, mostrando al agresor como agredido; además, en términos jurídicos, el Paraná era un río de libre navegación, ya fuera para los navíos brasileños o bien para los paraguayos. El Congreso paraguayo también aprobó un empréstito externo de 5 millones de libras esterlinas y autorizó la emisión de papel moneda, sin fijar ningún límite[90]. La declaración de guerra a la Argentina fue aprobada por unanimidad el 19 de marzo de 1865.

Los congresistas paraguayos también decidieron otorgarle a Solano López el título de mariscal y elevar su remuneración de 4 mil a 60 mil duros anuales —cantidad equivalente a unos 15 mil pesos, lo cual era suficiente para comprar unas 180 casas simples en Asunción—. López aceptó el título de mariscal pero rechazó el aumento, lo que llevó a que un diputado propusiera como alternativa que le fuera obsequiada una espada con diamantes incrustados en su empuñadura. Finalmente, Solano López se quedó con la espada y también con el sueldo de 60 mil duros[91].

La invasión

El 9 de marzo de 1865, el cónsul argentino en Asunción, Adolfo Soler, le advirtió a Rufino de Elizalde que en poco tiempo los paraguayos invadirían la Argentina. Sin embargo, el cónsul creía que la invasión tendría como finalidad el tránsito de tropas para atacar el territorio brasileño. Días después, Soler renunció a su cargo argumentando que la situación era peligrosa y que, para borrar la "mala impresión" que tenía el gobierno paraguayo de su par argentino, este debía tener un representante de mayor jerarquía diplomática en el país guaraní y no apenas un cónsul[92].

El 13 de abril de 1865, llegó a la ciudad argentina de Corrientes una flotilla de cinco vapores de guerra paraguayos —entre los cuales se encontraba el *Marquês de Olinda*, que había sido incorporado a la Marina de Guerra guaraní—, y atacó a dos naves de la Marina argentina que se encontraban en el puerto: el *Gualeguay* y el *25 de Mayo*. Los paraguayos hicieron un nutrido fuego de fusiles y dispararon algunos cañonazos, a los que las tripulaciones argentinas respondieron débilmente, pues habían sido tomadas por sorpresa. El *Gualeguay* y el *25 de Mayo* fueron remolcados hasta Humaitá con cerca de cincuenta tripulantes prisioneros, y, después de que se les practicaran algunas reparaciones en sus cascos, se los incorporó a la flotilla paraguaya. Al día siguiente de la captura de los barcos argentinos, el general Wenceslao Robles ocupó Corrientes al frente de 3 mil soldados. Ante la imposibilidad de detener a un enemigo más numeroso y mejor armado[93] —pero que, sin embargo, carecía de ropas de invierno—, la ciudad había sido abandonada por sus autoridades, incluso por el gobernador provincial, Manuel Lagraña. Robles era un jefe incompetente y sin experiencia, quien durante su primera noche en la capital correntina se emborrachó hasta tal punto que un enviado de Solano López no consiguió despertarlo a pesar de haberlo intentado varias veces. Durante los meses siguientes el general continuó emborrachándose con frecuencia, tomando de una a dos botellas de coñac por día[94].

Para algunos sectores políticos de Buenos Aires, la invasión paraguaya no solo no fue una sorpresa sino que incluso era deseada, pues permitiría concretar la ya prevista alianza entre la Argentina y el Imperio. Desde comienzos de 1865, el periódico *El Nacional* venía advirtiendo que la provincia de Corrientes estaba amenazada por una invasión, y defendía una alianza con el Brasil "para emprender una cruzada libertadora contra el Paraguay". A principios de abril, el diario insinuaba que ya había llegado a Buenos Aires la declaración de guerra paraguaya a la Argentina. De hecho, el teniente paraguayo Cipriano Ayala, a quien Solano López le había encargado la entrega de la declaración de guerra al gobierno argentino, llegó a esa capital entre el día 7 y probablemente el 8 de abril, luego de haber pasado el día 6 por Paraná[95]. El mismo día 8, en un decreto por el cual se confiscaban armas con destino a Asunción, el gobierno argentino afirmaba que el Paraguay le había declarado "una guerra de hecho". El 11 de abril, *El Nacional* no solo divulgaba la información sobre la próxima invasión paraguaya, sino también que se concretaría una triple alianza contra Solano López. En un editorial titulado "Triple Alianza", se afirmaba:

> "No sabemos por qué, pero parece que, antes de terminar esta semana, le podremos anunciar a nuestros lectores que se constituyó una triple alianza entre la República Argentina, el Imperio del Brasil y el Estado Oriental, contra López, de Asunción.
> Si eso ocurre, se verán satisfechos nuestros más ardientes deseos (...) de derrocar al tirano que oprime al Paraguay, que habrá tenido la imprudencia de provocarnos. Esperemos un poco más y la luz será hecha"[96].

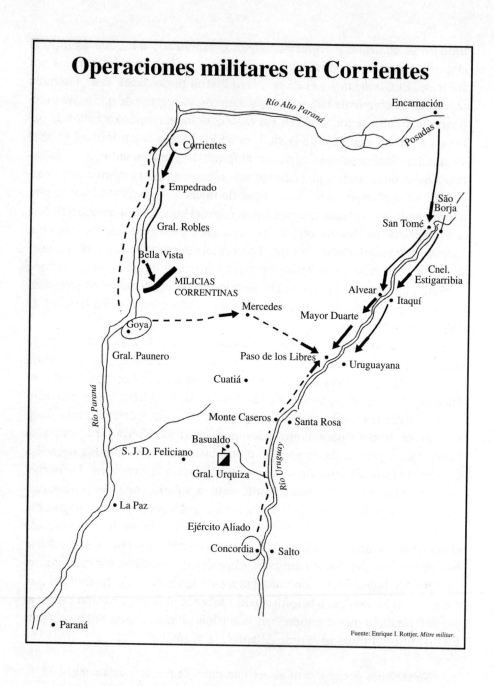

Operaciones militares en Corrientes

Fuente: Enrique I. Rottjer, *Mitre militar*.

La fuerza invasora, llamada División del Sur, llegó a tener 22 mil hombres en los días posteriores a la invasión[97]. Acompañado por sobrevivientes de las dos naves argentinas capturadas, y por algunos pocos hombres de la Guardia Nacional que consiguió reunir, Lagraña se retiró hacia el sur, hasta el arroyo Empedrado. Desde ese lugar, ordenó la movilización de todos los correntinos entre diecisiete y sesenta años de edad, y dispuso la pena de muerte para todo correntino que apoyase a los invasores. Al ser informado sobre la marcha de una columna paraguaya que se dirigía a su campamento, el gobernador se retiró hacia San Roque, que era el punto central de la provincia y el lugar determinado para la reunión de la Guardia Nacional que iba a ser movilizada[98].

En los primeros momentos de la invasión, la población de Corrientes se mantuvo en sus casas, con las puertas cerradas. Luego, algunos habitantes fueron a buscar al general Robles y recibieron de este la garantía de que los vecinos y sus bienes serían respetados. Esa declaración, y el comportamiento ejemplar de las tropas paraguayas crearon las condiciones para que los correntinos volvieran a sus quehaceres y el comercio pudiera reabrir sus puertas[99].

El 16 de abril llegó a Corrientes el ministro de Relaciones Exteriores paraguayo, José Berges. Solano López también tenía planeado ir a la capital correntina, pero finalmente no lo hizo debido a que se enfermó su hijo menor, Leopoldo. Además, su compañera Elisa Lynch, junto con algunos jefes militares y el obispo de Asunción, Manuel Antonio Palacios, le dijeron que si abandonaba Asunción podía ser víctima de una conspiración de sus hermanos para apartarlo del poder[100].

Berges tenía la misión de inducir la adhesión de los correntinos a la causa paraguaya. Dado que paraguayos y correntinos compartían ciertas costumbres y la misma lengua —el guaraní—, Solano López no quería que Corrientes fuera un territorio conquistado sino un aliado contra Buenos Aires. Por esta razón no se nombró un gobernador para la provincia ocupada y Robles convocó a una reunión de los más importantes ciudadanos de la ciudad para elegir a un gobierno provisional. De ese modo, fue elegida una Junta Gubernativa de la Provincia de Corrientes, la cual estaba compuesta por Teodoro Gauna, de edad avanzada e ideas retrógradas; Sinforoso Cáceres, que era "una absoluta nulidad" y amigo de Solano López, y el periodista Víctor Silvero, "el más competente por su cultura", quien cuestionaba la política del Brasil en el Plata y a sus simpatizantes. Amparada por Berges, la Junta proclamó a Mitre traidor a la patria y se declaró aliada del Paraguay, pero no obtuvo el apoyo de los correntinos, incluso porque los soldados paraguayos comenzaron a cometer serios abusos y se sucedieron los ataques. Humaitá comenzó a recibir diferentes tipos de mercaderías e "inmensas" cantidades de bebidas alcohólicas —vino, licores y cervezas—; muchos artículos robados fueron entregados como regalos a Solano López, y Elisa Lynch recibió como obsequio un piano que fue retirado de la casa de un habitante de Corrientes. Con la nueva actitud asumida por los soldados paraguayos, los correntinos comenzaron a ser pésimamente tratados y "muchos asesinados sin ningún motivo"[101]. Esta vez Solano López estaba al tanto de los saqueos; incluso ordenó que todo aquello que fuera tomado en Bella Vista debía ser repartido entre los soldados[102].

La Junta Gubernativa fue la única alianza que obtuvo Solano López en la Argentina. No obstante, el gobierno colaboracionista existía "solamente debido a nuestras bayonetas [paraguayas]" y, según escribiera él mismo, esa era una situación que no podía persistir. La junta tenía que obtener recursos y elementos que la sustentasen, permitiendo que las fuerzas paraguayas ejecutasen el plan de campaña[103]. La mayoría de la población de Corrientes se mantuvo indiferente ante la invasión, o bien adhirió al gobierno central, quedando en minoría los disidentes. Ningún caudillo de la región se sublevó contra el poder central en 1865, frustrando así el plan del gobernante paraguayo de que la opinión pública del interior argentino lo viera como un libertador y no como un invasor. Sin embargo, esa misma opinión pública se mostró fuertemente antibrasileña durante el conflicto.

La falta de adhesión de los correntinos y entrerrianos a Solano López constituyó el primer factor importante para hacer inviable su plan de campaña en el Plata. El líder paraguayo esperaba que sus tropas en Corrientes se vieran reforzadas por las milicias de Entre Ríos y de Corrientes, con el general Urquiza poniéndose del lado paraguayo. Una vez que estuviera consolidada la situación militar, las tropas de Robles marcharían hacia el sur por la margen derecha del río Paraná, hasta encontrar a las fuerzas paraguayas que bajaban por las márgenes del río Uruguay al mando del coronel Estigarribia. Luego de reunirse, las fuerzas de Robles y Estigarribia atacarían al Ejército brasileño que ocupaba el Uruguay[104]. Según el plan de Solano López, la destrucción o captura de la escuadra brasileña en el río Paraná era un paso previo. A continuación, Urquiza comandaría la fuerza que invadiría Rio Grande do Sul, sin darle tiempo al Imperio para efectuar una movilización y defender esa provincia. Urquiza proveería los caballos que serían utilizados en la invasión, y los gastos correrían por cuenta del gobierno paraguayo. Para Solano López, parte de la responsabilidad por no haber obtenido la adhesión de los correntinos a la causa paraguaya residía en Berges, por no haberle enviado suficientes informaciones. El 9 de noviembre, Berges recibió órdenes escritas de Solano López para que volviera a Humaitá a trabajar por la patria y compensara así una actuación que había dejado "penosas impresiones" en Corrientes[105]. Solano López jamás asumió ninguna responsabilidad por los fracasos de la guerra, transfiriéndola a sus auxiliares.

Luego de que recibiera todas las fuerzas que componían la División del Sur, Robles dejó unos 1.500 soldados en Corrientes y marchó río abajo por las márgenes del Paraná con cerca de 20 mil hombres, yendo a acampar en

Riachuelo. El comandante paraguayo continuaba recibiendo diariamente correspondencia y provisiones por el río, ya que hasta ese momento la 3ª División de la Escuadra brasileña se encontraba en Goya, a las órdenes de José Secundino de Gomensoro[106]. Esa división naval, que contaba con ocho cañoneras, podría haber intentado enfrentar a las cinco naves paraguayas que habían atacado Corrientes, y con ello tal vez hubiera neutralizado parcialmente a la Marina adversaria ya en el comienzo de la guerra. Pero el ataque brasileño no se llevó a cabo debido a la falta de un comandante activo, que poseyera una formación militar adecuada[107]. En este caso, como en otros tantos durante la guerra, la Marina imperial fue lenta y evitó el riesgo, pese a su evidente superioridad numérica y de armamentos.

Con la noticia de la invasión de Corrientes, Mitre declaró el estado de sitio, el bloqueo de los puertos del Paraguay y la movilización de la Guardia Nacional. La movilización fue lenta, no solo por las dificultades en las comunicaciones, sino también porque los miembros de aquel cuerpo se resistían a ir a la guerra. El gobierno argentino ordenó que Entre Ríos y Corrientes movilizaran 5 mil jinetes cada una, y nombró para los respectivos comandos a Urquiza y Nicanor Cáceres. A pesar de que las relaciones de Urquiza con los blancos uruguayos y con Solano López eran conocidas, Mitre confiaba en el caudillo entrerriano debido al acercamiento que hubo entre ambos en los meses anteriores a la invasión paraguaya. Las proclamas de Urquiza contra la invasión causaron entusiasmo y lograron la presentación de 8 mil jinetes entrerrianos, sobrepasando así el número que había fijado el gobierno central[108].

La actitud de Urquiza se explica por el temor —que él le comentó a Mitre—, ante los perjuicios que podían tener las actividades económicas de su provincia y de las provincias vecinas, en caso de que fueran teatro de una guerra. La actuación del Brasil en el conflicto, con su poderosa escuadra en el Plata, les traería grandes pérdidas a las provincias que estaban localizadas en las márgenes del río Paraná, dificultando o impidiendo que se mantuviese el comercio por el océano Atlántico. Si bien, en un principio, el caudillo entrerriano había propuesto una acción en conjunto con el Paraguay y el Uruguay contra Buenos Aires, lo había hecho porque en ese momento creía que la lucha se daría apenas contra un enemigo: el gobierno argentino o Flores[109]. La acción militar del Imperio, en creciente sintonía con Buenos Aires, frustró el plan inicial de Urquiza, así como el de Solano López y el de Aguirre, pero solo el primero lo comprendió. De allí que el caudillo le insistiera a Mitre para que la Argentina permaneciera neutral en el conflicto entre el Brasil y el Paraguay, lo cual favorecería a la causa paraguaya. Ello también permite entender por qué el líder entrerriano envió a Asunción en misión confidencial a su secretario particular, Julio Victorica, para que este le demostrase a Solano López que le convenía respetar la neutralidad argentina. Victorica le transmitió a Solano López una sugerencia de Urquiza como alternativa para la acción contra el Brasil: que las tropas del Paraguay atacasen Rio Grande do Sul pasando por el territorio brasileño de Paraná y no por Misiones, a fin de poder mantener la neutralidad argentina. Para el gobierno paraguayo esa operación era imposible, pues su Ejército tendría que marchar trescientas leguas adicionales por florestas vírgenes, para recién llegar a la provincia *gaúcha* meses después, con las tropas agotadas, y así darle tiempo al Imperio para que preparara la defensa[110].

Por lo tanto, la deserción de Urquiza de la causa paraguaya no se explica por los 30 mil caballos que le compró el gobierno imperial en la respetable suma de 390 mil patacones, es decir, muy por encima de su valor. La compra fue realizada por el general Osório, comandante de las fuerzas terrestres brasileñas en el Uruguay y antiguo aliado del caudillo entrerriano cuando este derrotó a Rosas[111]. Como consecuencia de esa transacción, la milicia entrerriana quedó temporariamente desmontada, y por lo tanto estaba potencialmente anulada en caso de que intentase ayudar a Solano López. Ese negocio evidencia el oportunismo de Urquiza, quien consiguió un muy buen precio por una operación que era necesaria para preservar la economía de Entre Ríos, base de su riqueza personal.

La reacción argentina

La invasión de Corrientes llevó a que se firmara el Tratado de la Triple Alianza entre la Argentina, el Brasil y el Uruguay el 1º de mayo de 1865. El mismo día, un consejo de guerra compuesto por los generales Bartolomé Mitre, Justo José de Urquiza, Venancio Flores, Manuel Luis Osório y el contralmirante Tamandaré, elaboró el plan de operaciones militares aliado. El acta labrada en esa ocasión estableció que el objetivo de los aliados era llevar la guerra a territorio paraguayo y hacer que las operaciones militares convergiesen en la fortaleza de Humaitá, la cual controlaba las vías fluvial y terrestre más cortas para alcanzar el punto estratégico de la acción aliada: Asunción. Se estableció que el río Paraná era el camino más fácil, pues permitiría la cooperación entre las fuerzas terrestres aliadas y la escuadra imperial. Esta última sería utilizada hasta la localidad de Paso de la Patria, lugar a partir del cual comenzaría la invasión del territorio paraguayo. Dicho lugar se encontraba ubicado en la confluencia de los ríos Paraná y Paraguay, y, según el acta, las dificultades que podía presentar el terreno para la ofensiva aliada se verían compensadas por el hecho de que era la alternativa de ataque más rápida, ya que permitía golpear al enemigo en su punto más fuerte. La concentración aliada se haría en Corrientes, y la caballería obtendría más caballos en Entre Ríos, luego de atravesar el río Uruguay. También se hablaba de acciones de distracción del enemigo en Mato Grosso y Candelaria, las cuales serían ejecutadas por un "ejército regularmente preparado"[112]. Probablemente se pensó que esas acciones serían realizadas por una poderosa fuerza que partiendo de San Pablo alcanzase la provincia matogrossense. Sin embargo, la citada fuerza no consiguió cumplir esa misión y, en el caso de la Candelaria, la acción distractiva sería llevada a cabo por tropas provenientes de Rio Grande do Sul.

En teoría, el plan de invasión del país guaraní por el sur a través de Corrientes, aprovechando el control de los ríos que ejercía la escuadra imperial, permitiría el reaprovisionamiento y rápido desplazamiento de las tropas. A Solano López solo le quedaría la ventaja defensiva, sobre todo si se consideraba que la topografía del territorio paraguayo era desconocida para los aliados, y las características pantanosas de esa región.

El gobierno argentino esperaba que la guerra contra el Paraguay fuese rápida. Luego de que se conoció la invasión a Corrientes, Mitre prometió ante una multitud: "En veinticuatro horas en los cuarteles, en quince días en Corrientes, en tres meses en Asunción". Pero esta era una promesa difícil de cumplir, pues el Ejército argentino carecía de todo tipo de recursos: hombres, armamento y organización. La dispersión de los efectivos a lo largo del país causaría demoras para reunir los 6.391 soldados profesionales de los que disponía la Argentina —muchos de los cuales eran extranjeros o incluso mercenarios. Además, era lícito desconfiar de la motivación que podrían tener esos soldados, pues, como señala De Marco, gran parte de los efectivos argentinos o bien habían sido reclutados contra su voluntad, como los marginales condenados por la Justicia, o bien se alistaron porque querían que ciertos hechos de su pasado quedaran en el olvido; por otro lado, cosas similares ocurrían en el Ejército imperial, aunque en este no existían mercenarios. A mediados de 1864, el diputado nacional por Sante Fe, Nicasio Oroño, afirmaba en la tribuna:

"Es sabido, señores, cómo se consiguen soldados entre nosotros. Se arranca de sus casas a civiles pobres, cuyo crimen es haber nacido en la humilde condición de gaucho, para llevarlos a servir [en el Ejército] sin sueldo, desnudos, y muchas veces sin la alimentación necesaria, y cuando consiguen escapar de la prisión —porque para ellos el campamento es la prisión— y son detenidos, reciben en azotes la cantidad de horas que estuvieron en libertad"[113].

El Ejército argentino tenía 2.993 soldados de infantería y 2.858 de caballería. La artillería contaba con apenas 540 hombres y sus cañones eran obsoletos, pues la mayoría había sido fabricada a fines del siglo XVIII. No había cuerpos de ingenieros o de apoyo a las fuerzas en combate, existiendo además antiguas y recientes rivalidades entre los jefes y oficiales, las cuales eran producto de un proceso político del cual formaba parte el Ejército[114].

El canciller Elizalde también se dejó llevar por el optimismo irrealista. Pensaba que, gracias a la alianza argentino-brasileña, la guerra no se prolongaría más de tres o cuatro meses. No preveía la falta de recursos humanos, y suponía que el Ejército argentino llegaría a tener 25 mil hombres en junio de 1865[115]. No obstante, el gobierno de Mitre tuvo enormes dificultades durante toda la guerra para lograr que cada provincia enviase su cuota de voluntarios al Ejército. La mayoría de la población se resistía a ir a la guerra, llegando al punto de que, en julio de 1865, los "voluntarios" procedentes de Córdoba fueron enviados amarrados unos a otros para evitar que huyesen. En La Rioja, los hombres que podían ser reclutados se escondían en las sierras, mientras que los "voluntarios" de Salta se sublevaron al llegar a Rosario[116]. Los contingentes convocados para ir a la guerra se sublevaban durante la marcha dando vivas al Paraguay y gritando que no querían luchar junto a los porteños[117].

Tanto en Buenos Aires como en el interior, los miembros de la Guardia Nacional fueron sometidos a un sorteo para definir quiénes irían a la guerra contra el Paraguay. Sin embargo, los más pudientes podían contratar a un "personero", alguien para ir en su lugar; la figura de ese sustituto fue legalizada por un decreto del gobierno argentino del 2 de mayo de 1865. Por ese documento, el guardia nacional que desease enviar a un personero para sustituirlo hasta el final de la guerra, debía presentarse ante una comisión de oficiales y pagar la cantidad de 5 mil pesos. La mayoría de los dispensados eran comerciantes, y algunos de ellos acompañaron más tarde a las tropas aliadas como proveedores, lucrando con las penurias de los combatientes, en cuyas filas se negaban a participar[118].

A mediados de 1865, la falta de fuerzas militares y de medios logísticos frustraba la realización de un ataque al territorio paraguayo, el cual estaba previsto en el plan de campaña aliado. El 24 de mayo, Mitre le escribió a Urquiza exponiéndole sus preparativos de corto plazo referidos al primer combate contra los invasores. No se hablaba de reunir a la tropa aliada en Corrientes, ni de contener a los paraguayos cerca de la frontera. Mitre era más realista, y planeó reunir las fuerzas aliadas en la ciudad de Concordia, sobre las márgenes del río Uruguay. Desde allí se podría marchar contra Robles y vigilar al Estado oriental, cuyo panorama político interno inspiraba desconfianza. Según ese plan, Urquiza se pondría al frente de las tropas del general Paunero y de las milicias correntinas, actuando entre las dos columnas invasoras paraguayas: la que había entrado en Corrientes, y la que invadió Misiones el 10 de mayo[119]. Concordia tenía una posición central —y por lo tanto estratégica— en relación a Entre Ríos, Corrientes, Rio Grande do Sul y Uruguay. La ciudad estaba ubicada sobre las márgenes del río Uruguay, y por ello se beneficiaba del apoyo de la escuadra imperial, haciendo menos problemática su lejanía de los grandes centros de apoyo logístico situados en el sudeste del Brasil[120].

Mitre quería ganar tiempo para organizar un ejército de campaña. A pesar de habérsela designado pomposamente como 1ª División del Ejército, la fuerza de Paunero estaba compuesta por apenas mil hombres. El 24 de abril esa tropa partió de Buenos Aires en tres vapores que remontaron el río Paraná hasta Bella Vista, adonde llegaron el 4 de mayo para reunirse con la 3ª División de la escuadra brasileña. En Bella Vista, la 1ª División argentina recibió adiestramiento, y el 12 de mayo el general Cáceres —quien había reunido 5 mil hombres a caballo— le comunicó a esa fuerza que los paraguayos retrocedían abandonando su campamento sobre las márgenes de Riachuelo. Paunero resolvió perseguir al enemigo, pues estaba convencido de que este se retiraba a la ciudad de Corrientes o incluso hacia su país. Sin embargo, no había ningún motivo militar para creer en la retirada, ya que los paraguayos eran superiores en número y estaban en una posición ventajosa. La fuerza argentina embarcó en la escuadra brasileña rumbo a Corrientes el mismo día 12, pero Paunero percibió su error de evaluación cuando, a la altura de Empedrado, Cáceres le informó que las tropas de Robles marchaban hacia ese punto. El comandante argentino resolvió entonces volver a Bella Vista, pero como esta también se veía amenazada por el rápido avance paraguayo, decidió que la escuadra desembarcase sus soldados en Goya el 16 de mayo. Los paraguayos llegaron a Bella Vista el 22 de mayo y el día 26 ya estaban cerca de Goya[121].

Esas idas y venidas demuestran que Paunero no solo desconocía el terreno donde debía actuar, sino que también ignoraba los métodos de acción y los objetivos del enemigo. Ni siquiera podía contar con las milicias correntinas, las que, según le escribiera Cáceres a Urquiza, habían sido "completamente" desmoralizadas por los "traidores que desgraciadamente abriga este suelo", causando una gran deserción[122].

Careciendo de los recursos necesarios para un enfrentamiento directo que lograse contener el avance paraguayo, Paunero resolvió detenerlo con una operación en la retaguardia enemiga, atacando entonces la ciudad de Corrientes. El plan era que las tropas argentinas fuesen transportadas por naves bajo la protección de la escuadra brasileña, haciéndolas desembarcar en la capital correntina. Simultáneamente, la ciudad recibiría un ataque terrestre de 1.500 jinetes del general Cáceres[123].

Y así fue hecho. Simbolizando la alianza, los transportes argentinos llevaban izada en sus mástiles la bandera brasileña, mientras que las naves de guerra imperiales hacían lo propio con el pabellón argentino; esta era una escena histórica e impensable hasta hacía pocos meses atrás. La escuadra brasileña se había visto reforzada por la llegada de las naves de la 2ª División Naval, la cual estaba bajo el mando del jefe de división Francisco Manuel Barroso da Silva —portugués de nacimiento— y transportaba 1.430 soldados brasileños de infantería y artillería. A las 15.30 del día 25, desembarcaron en Corrientes 3 mil soldados argentinos seguidos por 2 mil brasileños; la caballería de Cáceres no apareció, dejando de cumplir el plan de ataque. El combate fue rápido y se trabó en un violento cuerpo a cuerpo que obligó a los paraguayos a retirarse, mientras eran fustigados por el fuego de la artillería de las naves y de una batería brasileña de tierra, la cual también alcanzó a los soldados aliados. Al no disponer de caballería, las fuerzas argentinas no pudieron perseguir a los paraguayos que se retiraban. Diferentes autores apuntan números divergentes para las pérdidas: entre cuatrocientos y seiscientos paraguayos, y de 166 a 360 aliados, cincuenta de los cuales eran brasileños y los demás argentinos[124].

El general Paunero acampó en la plaza central de Corrientes, pero sin condiciones de mantener la posición tomada. La falta de la caballería de Cáceres no solo frustró la persecución sino también la contención de los probables refuerzos que serían enviados por Solano López desde Humaitá, o incluso los de la tropa del general Robles, en caso de que este regresase. Solano López, por su parte, percibió que las milicias correntinas de Cáceres habían desaparecido del frente del ejército de Robles, e interpretó correctamente que las mismas serían usadas para ocupar Corrientes. En consecuencia, el 26 de mayo ordenó que las fuerzas de Robles retrocediesen a marcha forzada por las márgenes del río Santa Lucía hasta llegar a la capital correntina[125]. Esa retirada constituía una victoria para Paunero porque, independientemente de que consiguiera mantener o no el control de la capital correntina, le había puesto fin al avance paraguayo en dirección al Sur, dándole tiempo a Mitre para movilizar recursos con los que enfrentar a los invasores.

En la noche del día 25, Paunero le pidió al vicealmirante Barroso que enviase por lo menos dos cañoneras a Paso de la Patria, para interceptar un eventual refuerzo paraguayo venido de Humaitá. La respuesta fue negativa, y el argumento del vicealmirante era que no disponía de prácticos que conociesen el río en esa región, lo cual haría que las naves brasileñas corriesen el riesgo de encallar[126]. Ese rechazo y la ausencia de las milicias de Corrientes hicieron insostenible la posición de Paunero, quien en la mañana del día 26 les ordenó a sus hombres que embarcasen. Éstos se retiraron en una verdadera fuga que, por lo precipitada, no dio tiempo para sepultar a los compañeros muertos en el combate del día anterior, e incluso hizo que algunos de los soldados se ahogaran intentando alcanzar los barcos a nado[127]. La fuerza argentina desembarcó el 2 de junio a la altura de Esquina, mientras que la escuadra brasileña, en lugar de fondear en un lugar cercano a las tropas de Paunero, permaneció inmóvil en la desembocadura del arroyo Riachuelo, aproximadamente a diecisiete kilómetros del puerto de Corrientes. Las naves imperiales quedaron en una posición vulnerable, ya que no contaban con un puerto que les sirviese de abrigo. Así, las mismas fueron bloqueadas en el Riachuelo por los cañones que los paraguayos habían instalado en la margen izquierda del río Paraná. A consecuencia de ello, la escuadra brasileña no perturbó las comunicaciones fluviales entre el Ejército invasor paraguayo y su retaguardia en Humaitá[128].

En los primeros días de junio, la caballería de Urquiza había llegado al arroyo Basualdo, en la frontera de Entre Ríos y Corrientes. Urquiza comenzó su marcha hacia el norte el 14 de mayo, y debía asumir el mando de todas las tropas argentinas en Corrientes. La presencia de las fuerzas de Robles en las márgenes del río Santa Lucía hizo que el caudillo entrerriano temiera, no solo por la suerte de las tropas de Paunero sino también por una invasión paraguaya a Entre Ríos. Para anular esos riesgos, Urquiza le solicitó a Mitre un refuerzo de 5 mil a 6 mil soldados, le ordenó a Paunero que marchara hacia Basualdo e hizo concentrar a toda la infantería de la Guardia Nacional de su provincia en Concepción del Uruguay; frente al enemigo solo permanecería la caballería correntina, para observar e informar sobre todos sus movimientos[129].

Las fuerzas de Paunero partieron del campamento de Esquina el 14 de junio, algunos días después de la derrota paraguaya en la batalla naval de Riachuelo. Marcharon entonces por la margen izquierda del río Corrientes, esperando que se les uniese el general Urquiza. Pero eso no sucedió, pues Urquiza interpretaba la retirada de Robles hasta San Roque como una maniobra distractiva, cuyo fin era hacer que las tropas argentinas atravesasen el río Corrientes para emboscarlas. El caudillo entrerriano pensaba que, luego de esa acción, Robles marcharía hacia el río Uruguay para unirse a la columna del coronel Estigarribia, quien había invadido el nordeste argentino tomando Santo Tomé y el 10 de junio había entrado en Rio Grande do Sul. Sin embargo, a mediados de junio las tropas paraguayas estaban en plena retirada, y el día 17 Robles se detuvo al norte del arroyo Empedrado. La victoria naval brasileña en Riachuelo frustró la continuidad de la invasión paraguaya, pues le dio a los aliados el control de la navegación por el río Paraná, que era una camino estratégico para el envío de tropas y subsistencias en la acción contra los invasores de Corrientes. El general Paunero marchaba en la dirección seguida por Robles, mientras que algunas avanzadas de las fuerzas correntinas también seguían al enemigo. Sin embargo, el general Urquiza permaneció en el campamento de Basualdo, desde donde preten-

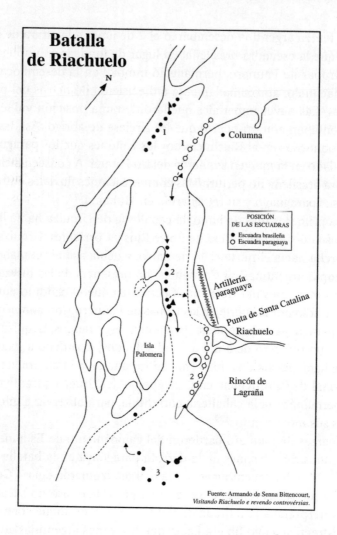

Batalla de Riachuelo

N

1

Columna

1

POSICIÓN
DE LAS ESCUADRAS
● Escuadra brasileña
○ Escuadra paraguaya

2

Artillería
paraguaya

Punta de Santa Catalina

Riachuelo

Isla
Palomera

2

Rincón de
Lagraña

3

Fuente: Armando de Senna Bittencourt,
Visitando Riachuelo e revendo controvérsias.

día dirigir las operaciones de las fuerzas argentinas a pesar de que se encontraba a doscientos kilómetros del teatro de guerra[130].

A pesar de que tenía órdenes en contrario, Paunero atravesó el río Corrientes el 25 de junio. Su intención era marchar sobre San Roque para darle un eventual apoyo a la caballería correntina, pues esta había tenido algunos enfrentamientos con los invasores. El día 24 de junio, Mitre ordenó que la fuerza entrerriana atravesara también el río Corrientes, pero Urquiza no lo hizo argumentando que no se arriesgaría a perder su caballería, lo cual podía ocurrir debido al mal tiempo y a las pésimas pasturas de la otra orilla. El 3 de julio, Urquiza partió de Basualdo rumbo al campamento aliado de Concordia, adonde estaba Mitre, para que ambos analizasen la futura acción aliada contra Solano López. A la mañana siguiente, cuando estaba en camino, recibió la noticia de que durante la noche había ocurrido una deserción en masa de algunas divisiones entrerrianas, la que alcanzaba cerca del 25% de toda la tropa[131].

Urquiza retornó a Basualdo y comenzó a fusilar desertores, pero no consiguió detener la desbandada de cerca de 8 mil jinetes, lo cual obligó a licenciar a las tropas restantes. Con gran dificultad se pudieron reunir otros 6 mil hombres, pero en diciembre del mismo año la División Gualeguaychú inició una deserción en masa que fue seguida por las demás divisiones. A pesar de los fusilamientos de los desertores detenidos, numerosos miembros de aquellas tropas continuaron buscando refugio en territorio uruguayo o uniéndose a los paraguayos. De ese modo, se deshizo el Ejército de Vanguardia comandado por Urquiza; el 8 de noviembre de 1865, se sublevó en Toledo y desertó un nuevo contingente organizado por ese caudillo[132].

El motivo de esa desbandada se encuentra explicado en la respuesta que el caudillo entrerriano López Jordán le enviara a Urquiza ante una convocatoria de este último para enfrentar la invasión paraguaya:

> "Usted nos llama para luchar contra el Paraguay. Nunca, general; él es nuestro amigo. Llámenos para luchar contra los porteños y los brasileños. Estaremos listos. Ésos son nuestros enemigos"[133].

Sin embargo, fueron otros los rumores que corrieron entre las tropas brasileñas como explicación de lo ocurrido. Se decía que en aquel momento Urquiza era más "amigo" de Solano López que del Brasil, y que debido a eso el caudillo entrerriano le había ordenado a las milicias bajo sus órdenes que se sublevasen. Ese rumor se esparció justo cuando Urquiza visitó un campamento brasileño cercano a Concordia. Al día siguiente, en la víspera del retorno de esa tropa a Corrientes, la caballada escapó y se desparramó por el campo, incidente que "los soldados atribuyeron a la influencia maléfica del general" entrerriano[134].

Las autoridades militares paraguayas asumieron una actitud cautelosa en relación con los desertores correntinos. Siguiendo instrucciones del propio Solano López, los desertores tuvieron permiso de volver a sus villas de origen. Sin embargo, se planeaba reunirlos más tarde para que combatieran junto a los paraguayos, cuando estuvieran descansados y más dispuestos[135].

En ese momento, la deserción también fue un problema serio para el resto del Ejército argentino. En su marcha en dirección al Uruguay, el general Wenceslao Paunero implementó un sistema para fusilar por sorteo a uno de cada cinco soldados que intentasen desertar: era la "quintada". El 12 de agosto de 1865, Paunero dio una orden por la cual

"Todo miembro de la tropa que, sin autorización por escrito del Estado Mayor se aleje del campamento o de la columna en marcha de este Cuerpo de Ejército a una distancia mayor de mil pasos de día y doscientos de noche, será breve y sumariamente juzgado por un consejo de guerra verbal y, una vez comprobado el hecho, será, invariablemente, pasado por las armas"[136].

En el campamento de Concordia, Mitre también se enfrentó al problema de las deserciones. Las mismas adquirieron dimensiones preocupantes, motivo por el cual "se multiplicaron los fusilamientos y otros castigos, cuyas ejecuciones se rodeaban de un gran aparato", como una forma de intimidar a eventuales desertores. Mitre intentaba reducir al mínimo los fusilamientos por deserción aprovechando los días festivos para indultar a los condenados. Así, a algunos soldados de infantería que habían sido capturados el 18 de julio en territorio uruguayo se les canceló el fusilamiento porque ese era el día de la jura de la Constitución del Uruguay[137].

Luego de la sublevación en Toledo, Urquiza volvió a su palacio de Entre Ríos y durante el resto de la guerra vio aumentar su ya inmensa riqueza por la venta de provisiones a los ejércitos aliados. Urquiza venía teniendo ganancias con la venta de víveres y animales al Ejército brasileño desde los meses anteriores. El general Osório le había comprado caballos y otros ítem a Mariano Cabral y a Apolinario Benítez, que eran capitalistas de Entre Ríos indicados por Francisco Javier Brabo. Pero Brabo era intermediario y portador de cartas entre el general brasileño y el caudillo entrerriano. Es cierto que "el nombre de Urquiza no figuró en contratos [de aquellas ventas], pero tuvo quien lo representase en la recolección de las ganancias"[138]. En 1869 se comentaba que la fortuna de Urquiza ascendía a 1 millón o 1,2 millones de libras esterlinas, aunque no era un buen pagador, y sus peones podían pasar seis meses sin cobrar; "la mayor parte de esa riqueza fue hecha gracias a la provisión de ganado y de caballos a los aliados, y a los súbditos entrerrianos se les permitió participar en esos beneficios"[139].

La derrota en Riachuelo frustra la estrategia paraguaya

Uno de los muchos errores de Solano López fue conducir la guerra desde Asunción, lejos del teatro de operaciones, adonde solo se aproximó el 9 de junio pero para instalarse en Humaitá. Desde allí ordenó el ataque a la escuadra imperial, a fin de liberar el río Paraná y permitir que su ejército en Corrientes se dirigiera hacia el sur. En ese momento, la fuerza naval brasileña era comandada por Barroso y estaba compuesta por la fragata *Amazonas* y los vapores *Jequitinhonha*, *Beberibei*, *Belmonte*, *Parnaíba*, *Mearim*, *Araguaí*, *Iguatemi* e *Ipiranga*.

La escuadra paraguaya enviada en esa misión de ataque estaba a las órdenes de Pedro Ignacio Meza y también disponía de nueve naves, pero, a excepción del *Tacuarí*, todas las demás eran buques mercantes improvisados como naves de guerra —uno de ellos era el *Marquês de Olinda*—, con sus calderas de vapor por encima del nivel del agua, y por lo tanto expuestas a las balas enemigas. La escuadra llevaba quinientos hombres para ser utilizados en el abordaje de las naves brasileñas, y también disponía del apoyo de la infantería y la artillería que estaban escondidas en las barrancas del arroyo Riachuelo[140].

Las naves paraguayas remolcaban seis chatas, las que hasta entonces eran desconocidas para los aliados pues habían sido construidas en secreto dos o tres años antes del estallido de la guerra. Se trataba de embarcaciones de pequeño tamaño, que variaban entre quince y cuarenta metros y no poseían remos, velas o cualquier otro mecanismo propulsor; por lo tanto, debían ser remolcadas hasta el lugar en donde actuarían y allí debían permanecer ancladas. Las chatas tenían fondo plano y perfil bajo, prácticamente al nivel del agua, quedando visible apenas la boca de su único cañón. Esas embarcaciones solo podían ser hundidas mediante un certero disparo de cañón que hiciera impacto sobre la diminuta superficie visible, pero la poca eficiencia de los cañones de la época obligaba a que las naves brasileñas se acercaran a las chatas lo máximo posible. Se trataba de una aproximación peligrosa, pues las chatas estaban ancladas en las márgenes de los ríos, donde la profundidad del agua era poca y las protegían los cañones de tierra. De ese modo, las naves brasileñas corrían el riesgo de encallar, de ser alcanzadas por la artillería de tierra enemiga o incluso de que un disparo hecho por el cañón de la chata impactara en el casco a la altura del agua, sobre la línea de flotación[141].

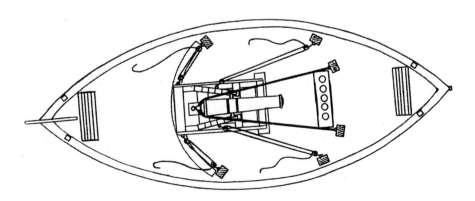

Visión, desde arriba, de una chata paraguaya.

En la noche del 10 al 11 de junio, la escuadra paraguaya bajó por el río para intentar sorprender a las naves brasileñas, a las que debería aproximarse amparada por el manto protector de la noche y luego atacarlas al amanecer. Si bien la inferioridad paraguaya era evidente, el objetivo no era destruir en combate a la escuadra imperial, sino capturarla. Las instrucciones de Solano López eran que sus barcos llegasen al amanecer hasta donde estaban fondeadas las naves de guerra imperiales, y que cada nave paraguaya se ubicase al lado de otra brasileña. La embarcación brasileña tenía que ser objeto de un rápido ataque a tiros para anular a la tripulación que estuviese en cubierta. A continuación, sería abordada de inmediato para entablar una lucha cuerpo a cuerpo donde los paraguayos deberían resultar vencedores, pues los brasileños serían tomados por sorpresa y no tendrían tiempo para armarse u ocupar las mejores posiciones defensivas. Pero los preparativos del ataque fueron improvisados, y los paraguayos se olvidaron de embarcar materiales indispensables para el abordaje, como ganchos y escaleras[142].

La escuadra paraguaya se vio retrasada por una avería en la hélice del vapor *Iberá*, pues el comandante Meza ordenó repararla y perdió así un tiempo precioso, lo que anuló un elemento fundamental del plan de ataque: el factor sorpresa. Además, la partida de Humaitá se había visto retrasada debido al tiempo que demoró el propio Solano López en liberar a la escuadra[143]. Ante el retraso acumulado, la prudencia aconsejaba que Meza postergase el ataque hasta el día siguiente, pues ya no contaba con la oscuridad para aproximarse al enemigo. Sin embargo, las naves paraguayas continuaron río abajo y se aproximaron a la escuadra brasileña a las 9 de la mañana[144]. En la mañana del domingo 11 de junio se dio la alarma, y la fuerza brasileña se preparó para el combate en la medida de lo posible. Una parte de las guarniciones brasileñas se encontraba en tierra buscando leña; de este modo ahorraban carbón, que era el elemento utilizado para alimentar las calderas que generaban el vapor para mover las naves. La escuadra imperial encendió las hornallas a las 9.25, y solo pudo moverse a las 10.50, cuando se inició el combate.

La batalla del Riachuelo se dio principalmente a lo largo de una curva del río Paraná, frente al delta de un pequeño afluente del mismo llamado Riachuelo, en un área de unos seis kilómetros cuadrados de extensión y dos de ancho. Allí, la margen izquierda del Paraná presenta una serie de barrancas más elevadas denominada Santa Catalina, y dos kilómetros más abajo sobre la misma margen se eleva el Rincón de Lagraña. En la margen opuesta se encuentra el territorio plano y pantanoso del Chaco. En esa parte del río existen diversas islas cuyo canal navegable, estrecho y tortuoso, obligaba a las embarcaciones a pasar cerca de la margen izquierda[145]. Para disparar sobre las naves brasileñas, los paraguayos colocaron treinta cañones en las barrancas de Santa Catalina bajo el mando de Brugues y 3 mil soldados en el Rincón de Lagraña[146].

La primera nave brasileña que se puso en movimiento fue el *Belmonte*, seguido por el *Jequitinhonha* y por las otras naves de guerra, que navegaron en columna y maniobraron en un mínimo espacio bajo las descargas enemigas. En un primer momento, la fuerza paraguaya pasó junto a las naves brasileñas, que todavía estaban inmovilizadas, y descendió por la margen izquierda para ubicarse junto al Riachuelo, más allá de los cañones de tierra.

Poco después las naves brasileñas tuvieron una visión completa de la curva del Rincón de Lagraña, donde estaban detenidos los buques y las chatas paraguayas. La vegetación impedía que se pudiera percibir a los cañones paraguayos que estaban en la orilla, y Barroso resolvió detener al *Amazonas* para interceptar un eventual retorno río arriba de las naves enemigas. Esto desorientó a los comandantes de algunos barcos brasileños, que se mantuvieron indecisos por no haber entendido la maniobra. El *Jequitinhonha* sufrió varias averías, encalló en un banco de arena y fue duramente alcanzado por las baterías de Santa Catalina; el *Belmonte* continuó avanzando solo y, debido a los daños que le provocaron los cañones de la barranca, tuvo que encallar intencionalmente para no hundirse. La cañonera *Parnaíba* intentó remolcar al *Jequitinhonha*, pero se le partió el timón y fue rodeada por tres naves paraguayas. Entonces se trabó un violento combate en el *Parnaíba*, cuya cubierta casi llegó a ser controlada por los atacantes, hasta el punto de que uno de ellos intentó arriar la bandera imperial y fue muerto por un soldado brasileño que también perdió la vida[147]. Barroso avanzó con el *Amazonas* y asumió el liderazgo de las naves que estaban atrás del *Belmonte*, completando el paso a lo largo del Rincón bajo el fuego de los cañones enemigos. A las 12.10 bajó por el río Paraná con seis de las nueve embarcaciones que componían la división brasileña, y buscó un lugar desde donde fuese posible realizar la maniobra de retorno al Rincón de Lagraña.

En esa primera parte de la batalla la ventaja era paraguaya: el *Belmonte* y el *Jequitinhonha* se encontraban fuera de combate, mientras que el *Parnaíba* estaba cercado y casi dominado por el enemigo. Pero Barroso, valiéndose del gran porte del *Amazonas* y de su mayor capacidad de maniobra —ya que era la única nave brasileña impulsada por ruedas—, y contando con la pericia del práctico argentino Bernardo Guastavino, usó la proa de su nave, que ni siquiera tenía refuerzo estructural, para golpear los frágiles cascos de madera de las embarcaciones paraguayas.

Posteriormente se desató una polémica en cuanto a quién había tenido la idea de utilizar al *Amazonas* como ariete. Algunos días después de la batalla, la prensa argentina le adjudicó la iniciativa de esa operación a Guastavino, lo que llevó a que Barroso solicitara un Consejo de Justificación donde fueron interrogados varios testigos y que le resultó favorable. Más tarde, en 1877, Delfim de Carvalho, que era jefe de la escuadra y barón de Passagem (título de nobleza recibido por haber dirigido el paso de Humaitá en 1868), y que servía en la fragata *Amazonas* durante la batalla de Riachuelo, también cuestionó el hecho de que la idea hubiese sido de Barroso. Este último, que todavía estaba vivo y llevaba el título nobiliario de barón de Amazonas, reaccionó escribiendo un pequeño libro en el cual reafirmaba que "la iniciativa de la maniobra del *Amazonas* me pertenece exlusivamente a mí"[148]. Según Bittencourt, es posible que otros tuvieran la misma idea, sobre todo porque el *Amazonas* ya había rumbeado para acometer al primer enemigo, pero cree que el mérito de Barroso radica en su decisión de retornar para enfrentar a la flotilla adversaria, lo que le permitió alcanzar la victoria.

Del lado paraguayo, el capitán Meza, comandante de la flotilla durante la batalla de Riachuelo, fue muerto por un disparo de rifle. El buque que lideró a la escuadra paraguaya en su enfrentamiento con la división naval brasileña fue el *Marquês de Olinda*, que estaba al mando del teniente Ezequiel Robles, hermano del general Robles. Fue esta nave la que comenzó la batalla, tirando primero y siendo alcanzada por varios disparos. Luego de que la embarcación fuera averiada, Robles, que estaba borracho, le preguntó al ingeniero inglés George Gibson qué debía hacer[149]. En ese momento, el *Marquês de Olinda* fue embestido por el *Amazonas* y encalló en un banco de arena. Gibson fue herido por dos disparos y Robles tuvo su brazo despedazado por la caída de un mástil. La embarcación paraguaya quedó semihundida y los tripulantes esperaron la ayuda de sus compatriotas, que nunca llegó; sobre el final de la tarde del día 12, arribó al lugar una lancha brasileña y subieron a bordo quince soldados armados[150]. El teniente Robles fue llevado a bordo del *Amazonas*, donde recibió atención médica y le fue amputado el brazo, lo que era una práctica común en la época para ese tipo de heridas. Sin embargo, Robles se arrancó los vendajes diciendo que prefería morir que ser prisionero, y de hecho falleció a causa de la hemorragia[151].

De la batalla del Riachuelo consiguieron escapar cuatro naves paraguayas seriamente averiadas, una de las cuales era el *Tacuarí*; también se perdieron 2 mil hombres. Posteriormente los paraguayos lograron recuperar el *Paraguarí*, que había sido fabricado en Inglaterra y cuyo casco era de hierro, pero su interior se encontraba totalmente destruido por el incendio. Los brasileños no persiguieron a las naves paraguayas que se retiraban pues la escuadra imperial sufrió serias averías, perdiendo el *Jequitinhonha* y a 124 hombres. Bajo la amenaza de los cañones paraguayos que estaban instalados en las márgenes del río, la formación naval brasileña navegó río abajo hasta fondear cerca de Bella Vista[152]. Para Centurión, el resultado de la batalla de Riachuelo hubiera sido adverso al Imperio si el capitán Meza hubiese seguido sus instrucciones, abordando inmediatamente a las naves brasileñas fondeadas y privándolas así de la ventaja de sus excelentes cañones, que les permitían combatir a distancia[153]. Para Bittencourt, el abordaje de las naves brasileñas por parte de los paraguayos era extremadamente difícil, ya que estaban construidas para operar en el mar y sus bordes eran altos. Este autor cree que Meza tuvo en cuenta esa dificultad, así como el hecho de haber perdido el factor sorpresa, y por ello desistió del plan de abordaje.

El resultado de la batalla de Riachuelo no fue decisivo, ya que las fortalezas enemigas sobre el río Paraguay impidieron el control de esa vía fluvial por la escuadra brasileña, situación esta que se mantuvo hasta 1868. Sin embargo, la victoria brasileña permitió que se bloqueara el contacto marítimo del Paraguay con otros países, frustrando así la llegada de armamentos y de mercaderías por el Plata, y frenando el avance de la columna enemiga por Corrientes. La victoria generó un optimismo exagerado en el Brasil, donde Silveira Lobo, ministro de Marina, escribió que la guerra estaba próxima a su fin y que pronto se podría destruir Humaitá, tomar Asunción y rescatar Mato Grosso: "Todo está calculado y previsto"[154].

El factor sorpresa era esencial para el éxito del ataque paraguayo. ¿Por qué, entonces, Meza no postergó la acción para el día siguiente? Después de todo, cuando salió el sol la flotilla paraguaya todavía estaba en la isla de Cerrito, fuera del alcance visual de la escuadra brasileña. Centurión responde que "es posible" que Meza tuviese miedo de la reacción de Solano López por no haber cumplido una orden suya. Es probable. El jefe de Estado paraguayo infundía terror en sus subordinados, no les daba autoridad y les anulaba la iniciativa propia, que hubiera sido de vital importancia para la causa paraguaya en diferentes momentos de la guerra. Fue esto lo que se vio en Riachuelo, y también en los fugaces enfrentamientos entre las fuerzas argentinas y las de Robles, donde el militar paraguayo, antes de actuar, debía esperar las órdenes de Solano López, las cuales tardaban días en llegar[155].

Los subordinados de Solano López tenían pavor de ser castigados por no alcanzar los objetivos de los cuales eran responsables, independientemente de las causas de ese fracaso. En consecuencia, en sus informes al jefe de Estado minimizaban u omitían los reveses sufridos en diferentes momentos de la guerra. Robles, por ejemplo, no informó las deserciones en Corrientes para "no causarle disgustos"[156]. El "egoísmo" de Solano López no le permitía escuchar la verdad cuando ella no era favorable "a su amor propio y orgullo"[157]. Julián N. Godoy, ayudante de órdenes del líder paraguayo, escribió:

"(...) la adulación producida por el terror que López infundía llegaba a tal punto que los informes que recibía eran siempre falsos en relación al número de fuerzas enemigas, haciéndole creer, después de cualquier combate, por malo que hubiese sido el resultado, que la victoria definitiva de nuestras armas estaba próxima, motivo por el cual no se preocupaba por enviarnos ningún refuerzo"[158].

La comunicación que le enviara a Solano López el general Barrios, ministro de Guerra y cuñado suyo, constituye un ejemplo de ese comportamiento. Al comentar el resultado de la batalla de Riachuelo, Barrios escribió:

"(...) aunque hayamos perdido cuatro vapores, lo cual es un acontecimiento normal en la guerra, eso no significa nada cuando enfrentamos al enemigo, con toda su superioridad de combate, y cuando nuestros valientes [soldados], sin considerar ni siquiera el número de enemigos, se portaron como héroes[159]".

En contrapartida, ese comentario refleja la postura típica de los jefes militares paraguayos: valorar más las demostraciones de valentía y de heroísmo que el resultado de las batallas. En ese contexto, reflexión, moderación, sentido de equilibrio, el respeto al enemigo y la economía de vidas no eran características valoradas en los oficiales paraguayos, sino su osadía, sus bravatas, su desprecio por el enemigo, su valentía para atacar a fuerzas muy superiores. Así se explica la facilidad con que esos jefes iniciaban acciones ofensivas irresponsables, arrojando a sus tropas contra un enemigo más poderoso.

La campaña paraguaya se veía perjudicada porque los ayudantes y espías del dictador paraguayo le transmitían a este solo aquellas informaciones que deseaba escuchar y no las que reflejaban la realidad. A ese hecho se le sumaba el carácter voluntarista de Solano López y su desprecio en cuanto a la capacidad militar de los enemigos, los cuales lo indujeron a cometer muchos errores de evaluación durante la guerra. Esos factores hicieron que no considerara la posibilidad de un resultado adverso en la batalla de Riachuelo. Cuando Julián N. Godoy —quien había participado del combate en la infantería paraguaya—, le comunicó la derrota, Solano López le respondió que: "Deseo que Meza vuelva vivo para fusilar por la espalda a ese hijo de puta"[160].

El gobierno paraguayo intentó que la población no percibiera la magnitud de la derrota sufrida en la batalla de Riachuelo, y ni siquiera divulgó una lista con los nombres de los muertos y los heridos. Laurent-Cochelet, que era cónsul francés en Asunción, comentó que a los marineros paraguayos de las naves que llegaban a la capital para buscar más tropas les habían prohibido comunicarse con las familias de los muertos e identificarlos. Sin embargo, a través de señales, expresiones faciales o frases con doble sentido, los marineros encontraron alternativas para darles la noticia de la muerte a las familias de las víctimas. Laurent-Cochelet escribió que, cuando se les comunicaba la muerte,

"(...) como la policía prohibió los lamentos y las lágrimas en público, los familiares se dirigen a sus casas para darle libre curso a su dolor en privado (...) En diferentes ocasiones asistí al embarque de tropas, al igual que el presidente, y allí pude ver despedidas emocionantes, pero siempre estaba presente el mismo sentimiento de opresión, y las mujeres escondían el rostro con sus mantos para que los numerosos espías que estaban esparcidos entre la multitud no las viesen manifestar un sentimiento que era reprobado por el gobierno, ¡cuyo órgano oficial de prensa comparaba a las mujeres paraguayas con las espartanas, las cuales entregaban sus hijos para la defensa de la patria sin derramar lágrimas!
Además de prohibirse las manifestaciones de dolor, se *ordenó alegrarse*: a las familias que se abstienen de asistir a los bailes populares que promueve el gobierno para celebrar los triunfos de su Ejército, la Policía les da la *orden formal* de comparecer"[161].

Casi dos meses después de la batalla de Riachuelo se reforzó la artillería paraguaya del lugar y su comandante recibió órdenes de Solano López de marchar hasta Bella Vista para atacar a la escuadra brasileña. Esta última se desplazó hacia el sur de Empedrado y el 18 de junio fue atacada en Mercedes por la artillería y la infantería paraguayas, las cuales tenían una posición privilegiada pues la barranca del río era más alta que las cubiertas de las naves, sobrepasando así los disparos de los soldados brasileños embarcados y causándole bajas. La fuerza paraguaya se desplazó rápidamente 12 kilómetros hacia el sur, tomando posición en la retaguardia de la escuadra e instalando de 25 a treinta cañones y 3 mil soldados de infantería en Cuevas, donde el canal del río era estrecho, sinuoso y con sus barrancas elevadas. Las naves brasileñas retrocedieron una vez más y, cuando pasaron por Cuevas, el 12 de agosto, se tirotearon con los paraguayos junto al vapor argentino *Guardia Nacional*, resultando de ello diecisiete muertos del lado brasileño y otros cuatro en la embarcación argentina[162].

Luego de sobrepasar Cuevas, la división naval de Barroso fondeó en el Rincón de Soto, un poco encima de Goya. Tamandaré intentó justificar ante el gobierno brasileño su decisión de ordenar ese retroceso. Afirmó entonces que la retirada era necesaria para evitar que las naves brasileñas quedasen con la retaguardia cortada por la fuerza paraguaya de Cuevas, lo cual las aislaría y las haría vulnerables[163].

La presión paraguaya que hizo retroceder a la escuadra atendía a un plan mayor del gobierno. Pese al dominio naval brasileño y al bloqueo que se le impuso al Paraguay, los paraguayos no perdieron del todo las esperanzas de que las fuerzas invasoras llegasen a Buenos Aires. La fuerza paraguaya era muy fuerte en Corrientes y, a fines de julio, Solano López instruyó al general Resquín —nuevo comandante de la División Sur— para que reuniera los recursos necesarios "para comenzar nuestra campaña en pocos días". Para impedirlo, solo había 6 mil soldados argentinos bajo las órdenes de los generales Hornos y Cáceres[164], y el obstáculo mayor que representaba la presencia de la escuadra de Barroso. A comienzos de agosto, Solano López ordenó ocupar posiciones en aquellos lugares de Corrientes donde hubiese caballos que pudieran ser utilizados "por los cuerpos que van conmigo", haciendo referencia a la planeada marcha de esa división al Uruguay. La escuadra imperial debía ser empujada hacia abajo con el objetivo de dar seguridad a los vapores paraguayos que desembarcasen tropas en el arroyo Aoropí[165]. Poco después esas ilusiones se vieron deshechas cuando se rindió la fuerza paraguaya que había invadido Rio Grande do Sul.

Como se vio, la división paraguaya en Corrientes ahora estaba comandada por el general Resquín, pues Robles había sido privado del mando el 23 de junio, acusado de traición. El 26 de mayo, al día siguiente de la reconquista de Corrientes por el general Paunero, Solano López le ordenó al general Robles que volviese a esa ciudad. Robles, que había llegado a Goya, le respondió que esperaba nuevas órdenes pues la situación se veía alterada por la desocupación de Corrientes por Paunero y la posición de la escuadra brasileña, que estaba fondeada e inactiva en Riachuelo. Solano López le replicó que su orden anterior no daba margen para postergar la marcha de las fuerzas, y le recordó haberle informado que la vuelta no era para desalojar al enemigo de la capital correntina, ya que eso podría ser hecho por otras tropas. Solano López agregó que el atraso en el retorno de Robles había hecho fracasar "otros planes" que deberían haberse ejecutado durante su marcha, y que en consecuencia habían sido anulados: "ahora es tarde"[166].

Ínterin, Robles recibió diferentes mensajes de Urquiza donde este le proponía que se levantase contra Solano López y se transformase en la vanguardia de un ejército libertador del Paraguay. Según un relato de Julio Victorica, que era secretario de Urquiza, el caudillo entrerriano negoció con Robles por intermedio de agentes y con la anuencia de Mitre. Sin embargo, el plan fracasó debido a la rebelión de las fuerzas entrerrianas y fue descubierto por el jefe de Estado paraguayo debido a una imprudencia de Robles[167].

No obstante, según Resquín, a medida que Robles recibía cartas proponiéndole que se sublevase, él se las enviaba a Solano López, quien igualmente comenzó a sospechar de su subordinado. Las sospechas aumentaron cuando el general Robles, que estaba acampado en Empedrado, arrojó al suelo la condecoración de la Orden Nacional del Mérito que le fuera otorgada por el jefe de Estado paraguayo. La escena fue testimoniada y relatada por el coronel Paulino Alen, quien era portador de la condecoración y había sido nombrado para asumir el Estado Mayor de la fuerza invasora de Corrientes. El general Robles rechazó la condecoración afirmando que no la merecía, ya que no había vencido en ninguna batalla, y que la misma debería serle otorgada a su hermano, el teniente Robles, quien había muerto por las heridas recibidas en la batalla de Riachuelo. El rechazo fortaleció la acusación de traición de Robles hecha por el propio Alen y por ciudadanos extranjeros residentes en Corrientes[168].

La sospecha de Solano López se hizo mayor porque había cartas de los coroneles Fernando Iturburu y Juan Francisco Decoud, de la Legión Paraguaya, que invitaban a sublevarse al general Robles. La Legión Paraguaya era una pequeña fuerza militar que llegó a tener un poco más de doscientos soldados y que estaba compuesta por exiliados paraguayos que vivían en Buenos Aires. Cuando comenzó la guerra, dos representantes de los exiliados —que estaban nucleados en la Asociación Paraguaya— viajaron a Río de Janeiro y le solicitaron el gobierno imperial que su entidad fuese reconocida como representante de la República del Paraguay. A partir de esa condición, la asociación firmaría una alianza con el Imperio y recibiría de este un empréstito para poder constituir una fuerza paraguaya de exiliados, que acompañaría como auxiliar al Ejército brasileño en su lucha contra Solano López. Sin embargo, las autoridades imperiales rechazaron ese reconocimiento y solo aceptaron la inclusión de voluntarios paraguayos en las filas brasileñas, pero sin que los mismos constituyesen una fuerza militar propia[169].

Luego de que las exigencias del gobierno brasileño les impidieran formar parte del Ejército imperial, el gobierno de Mitre aceptó la propuesta de los exiliados de formar una Legión Paraguaya que lucharía junto al Ejército argentino. Partiendo de consideraciones políticas, Caxias calificó luego como "un error"[170] aquel rechazo brasileño, que solo había considerado el aspecto militar. Del lado argentino hubo una mayor sensibilidad política, viéndose a los legionarios como hombres que podrían "llevar la guerra civil" al Paraguay y constituir la base del gobierno que sustituiría a Solano López en la posguerra[171]. La Legión era la única fuerza paraguaya organizada de oposición al autocratismo lopizta.

Juan Crisóstomo Centurión no confirma la veracidad de la conspiración de Robles, y José María Rosa, un revisionista afecto a Solano López, no cree en ella[172]. Según parece, la traición de Robles fue un rumor inventado por el coronel Paulino Alen, y Solano López tenía el hábito de escuchar denuncias y calumnias pero no la defensa de los acusados[173]. La acción de Robles no se vio comprometida por la traición, sino porque era un jefe militar sin experiencia e incompetente que con frecuencia estaba borracho, lo cual perjudicaba su capacidad de decisión, e incluso se negaba a avanzar porque, evidentemente, le temía a Urquiza. Además de las fallas en el mando, los soldados paraguayos en Corrientes sufrían por las carencias materiales, pues Solano López los había enviado sin ropas ni tiendas, obligándolos a dormir a la intemperie directamente sobre el suelo, lo cual causó muchas muertes; cuando recibieron ropa adecuada era demasiado tarde. Es por ello que la tropa invasora se mostró abatida y desanimada desde el principio, especialmente sus oficiales[174].

El hecho de que Solano López aceptara una acusación contra un subordinado prácticamente significaba la condena del sospechoso, y el juicio constituía una mera formalidad. Esto fue lo que ocurrió con Robles y sus auxiliares. En las declaraciones del proceso contra ese general no se destacó la traición, sino la incompetencia militar, la falta de equilibrio psicológico, así como el hecho de maltratar a sus subordinados; incluso es probable que algunos oficiales resentidos hayan sido los que inventaron la acusación de traición contra su jefe. En su declaración, Robles reconoció el error en su demora para cumplir las órdenes de movilizar a su división, culpando por ello al "vicio" de beber coñac, y admitió que más de una vez dejó de dar órdenes o las dio en forma equivocada por estar borracho[175]. Robles fue condenado pero mantuvo el grado de general. Oficialmente, se lo fusiló por "haber malogrado la ocupación de la provincia de Corrientes, imposibilitando operaciones posteriores"; además de no perseguir al enemigo, de no haber rechazado con el suficiente "vigor" las propuestas de traición e incluso por el trato arbitrario, humillante y opresivo que le dio a la tropa, "desde el primer oficial hasta el último soldado". El 8 de enero de 1866, a las 17.30, Robles y tres de sus ayudantes directos fueron fusilados en el campamento de Paso de la Patria frente a toda la tropa[176].

LA TRIPLE ALIANZA CONTRA EL PARAGUAY

Los ataques paraguayos a Mato Grosso y Corrientes permitieron formalizar la alianza argentino-brasileña, a la cual adhirió el Uruguay gobernado por Venancio Flores. La alianza contra el Paraguay era parte de una alianza mayor que había planeado Mitre antes de los ataques. En virtud de ese plan, la Argentina y el Brasil establecerían en el Plata una política de cooperación, ejerciendo una hegemonía compartida que vendría a sustituir las antiguas rivalidades y disputas que habían marcado las relaciones entre los dos países. El 1º de mayo de 1865 se firmó en Buenos Aires el Tratado de la Triple Alianza contra Solano López. Además de establecerse allí las condiciones de la paz, debía servir de base para "que hagamos [Argentina y Brasil] una alianza perpetua, basada en la justicia y en la razón, que será bendecida por nuestros hijos"[177].

El Tratado de Alianza

En marzo de 1865, el liberal "progresista" Francisco Octaviano de Almeida Rosa sustituyó al ministro Paranhos, quien había sido removido de la misión especial al Plata. El nuevo ministro plenipotenciario recibió instrucciones de colaborar en el fortalecimiento del gobierno de Flores, así como de verificar la validez de los reclamos por perjuicios causados a brasileños en la guerra civil uruguaya; también debía averiguar cuáles eran los recursos disponibles del Estado oriental y evaluar en qué medida podría cooperar dicho Estado en la guerra contra el Paraguay. En relación con la Argentina, el "objetivo principal" de Almeida Rosa era conseguir que el gobierno de ese país no pusiese obstáculos a la acción del Imperio contra Solano López[178].

La cooperación argentino-brasileña sobre la situación uruguaya existía desde el encuentro que habían tenido el año anterior Rufino de Elizalde y Saraiva en Puntas del Rosario. No obstante, el Tratado de la Triple Alianza fue el resultado de la agresión paraguaya a Corrientes. Dicha acción precipitó de tal modo los acontecimientos que Almeida Rosa debió actuar por cuenta propia para establecer el contenido del acuerdo de alianza. Esto fue así no solo porque Río de Janeiro no había enviado instrucciones sobre el tema, sino también porque en esa época no existía enlace telegráfico entre las capitales argentina y brasileña, y ello no le daba tiempo para esperarlas. En vista de lo anterior, el enviado imperial solo tomó en cuenta las instrucciones generales que había recibido cuando comenzó su misión. En ellas se establecía que, una vez finalizado el conflicto, el gobierno paraguayo debería pagar una indemnización por los perjuicios causados a los súbditos brasileños, así como también los gastos de guerra del Imperio. Además, para garantizar la libre navegación, tendrían que destruirse completamente las fortificaciones paraguayas que se encontraban sobre las márgenes del río Paraguay, prohibiéndose la erección de otras nuevas. También se debería firmar un tratado de límites con el Paraguay según la propuesta que en 1853 le había presentado el gobierno imperial al presidente Carlos López, y que luego fue retirada. El gobierno imperial recién envió instrucciones específicas para la firma del tratado de alianza con Buenos Aires y Montevideo el 28 de abril, luego de recibir informaciones de la Cancillería argentina de que Corrientes podría ser invadida. Así, no hubo tiempo para que esas instrucciones llegaran hasta Almeida Rosa antes de la firma de los términos de la alianza[179].

El 1º de mayo de 1865, representantes de la Argentina, el Brasil y el Uruguay —respectivamente, Rufino de Elizalde, Almeida Rosa y Carlos Castro— firmaron el Tratado de la Triple Alianza contra el Paraguay. El texto del acuerdo era secreto y, además de la alianza militar, establecía los prerrequisitos para el establecimiento de la paz. Las fronteras entre el país guaraní y los vecinos argentino y brasileño fueron previamente determinadas[180]. En el plano bélico, la alianza entre Buenos Aires y Río de Janeiro era una forma de superar las respectivas fallas de organización militar y de encauzar las futuras operaciones bélicas contra el Paraguay. Brasil sumaba a su poderío bélico las tropas argentinas, las que, pese a su reducido número, eran combativas debido a su experiencia de lucha. Además, al poder utilizar como base el territorio argentino y sus recursos materiales, el Imperio ampliaba su capacidad operativa y táctica, la cual se veía dificultada por la distancia al teatro de operaciones. La Argentina, por su lado, pasó a contar con la numerosa escuadra imperial; esta era un elemento indispensable para la conducción del conflicto, pues los ríos Paraguay y Uruguay constituían vías de comunicación obligatorias para las operaciones que se llevarían adelante[181]. También fue beneficiada por un aliado que, debido a su superioridad demográfica y mayor unidad política interna, tenía mayor capacidad de movilización de tropas. El gobierno argentino incluso tuvo acceso a los recursos del Tesoro brasileño, del cual recibió un empréstito al comenzar la guerra de alrededor de 400 mil libras esterlinas, correspondiéndole casi 200 mil al Uruguay. De allí en adelante, parte de los gastos que hicieron esas dos repúblicas en la campaña contra el Paraguay fue financiada por empréstitos del barón de Mauá y de los banqueros británicos[182].

La Triple Alianza fue una catástrofe para Solano López. La opción más segura que le quedaba era hacer retroceder a sus tropas de vuelta al territorio paraguayo y, desde atrás de la poderosa fortaleza de Humaitá, negociar una paz en inferioridad de condiciones pero a partir de una fuerte posición defensiva. Sin embargo, esa alternativa no lo pondría a salvo de hacer concesiones. Otra posibilidad, aunque más arriesgada, sería utilizar los recursos acumulados con fines defensivos para desencadenar una operación bélica de gran envergadura contra los aliados. Si la misma tuviera éxito, provocaría un gran impacto psicológico en el enemigo, generando así mejores condiciones para que el gobierno paraguayo pudiera negociar la paz.

En el plano de las relaciones argentino-brasileñas, la firma del tratado de alianza no condujo a la superación de las desconfianzas que tenía el Imperio en cuanto a las intenciones argentinas en el Plata. Almeida Rosa llegó a Buenos Aires convencido de que el gobierno argentino "preparaba todo para incorporar al Paraguay"[183]. El diplomático creía que la intención de ese gobierno era obtener del Brasil toda la ayuda de guerra pero sin asumir

El canciller argentino Rufino de Elizalde y el diplomático brasileño Francisco Octaviano. Elizalde y Octaviano veían al Tratado de la Triple Alianza como el primer momento de la construcción de una alianza estratégica entre la Argentina y el Imperio del Brasil.

El general Paunero comandó las primeras operaciones contra la fuerza paraguaya que invadió Corrientes.

ningún compromiso, de modo que una vez terminado el conflicto "con una vanguardia de exploradores políticos pudiese promover movimientos en Asunción, en el sentido de incorporar al Paraguay a la antigua cabecera del Virreinato". No obstante ello, el enviado imperial afirmaba que la intención de Mitre resultó frustrada "con mi lenguaje enérgico, con la perspectiva de los recursos militares y financieros y con la lealtad de la alianza oriental"[184]. Edward Thornton le informó a su gobierno que la exigencia de Almeida Rosa —de que el Tratado de la Triple Alianza garantizase la independencia del Paraguay— le había valido una fría recepción de parte de los gobernantes argentinos. Según el representante español en Buenos Aires, el rechazo del gobierno argentino a esa exigencia era "por motivos bien notorios"[185].

Existen indicios concretos de que en esa época el gobierno argentino no descartaba la posibilidad de anexar el Paraguay, pero todo indica que no tenía preparado un plan en ese sentido. Durante un almuerzo en Montevideo, Paranhos le escuchó decir a José Mármol que la incorporación del país guaraní era un pensamiento de Mitre, y que eso determinaría una alianza de la Argentina con el Brasil. A su vez, el presidente argentino le comentó al ministro inglés en Buenos Aires que "por ahora" no pensaba anexar al Paraguay, pero que no quería asumir ningún compromiso en ese sentido con el Imperio, pues las circunstancias podrían ser diferentes en el futuro. Rufino de Elizalde fue más explícito con Thornton, y le dijo que "esperaba vivir lo bastante como para ver a Bolivia, el Paraguay y la República Argentina unidas en una confederación, formando una poderosa república en América del Sur"[186].

A pesar de las resistencias del gobierno argentino, se impuso la posición de Almeida Rosa: el artículo 9° del Tratado de Alianza determinó que al finalizar la guerra serían garantizadas la independencia, la soberanía y la integridad territorial paraguayas. Sin embargo, tal integridad solo lo sería de lo que quedase del territorio luego de que se aplicara el artículo 16 del Tratado, por el cual el Paraguay perdía ante los aliados territorios que hasta entonces estaban bajo su soberanía o en litigio. Por ese artículo, a la Argentina le correspondería el Chaco boreal —tierras ubicadas sobre la margen derecha del río Paraguay hasta Bahía Negra, en la frontera con Mato Grosso— y la margen izquierda del Paraná hasta el Iguazú, o sea, el área de Misiones. El Imperio se quedaría con el territorio que disputaba con Asunción desde hacía años, rico en campos de yerba mate, quedando establecido en el documento de la Alianza que la frontera pasaría por la línea del río Igurei, por la sierra de Maracaju y por los ríos Apa y Paraguay.

El Tratado del 1° de mayo establecía que la guerra era contra el gobierno del Paraguay y no contra su pueblo. Los aliados se comprometían a no deponer las armas sino de común acuerdo y después del derrocamiento de

Solano López, quedando prohibida cualquier iniciativa separada de paz por parte de alguno de los países aliados. Para el Imperio, el derrocamiento de Solano López era un prerrequisito para la paz, porque el líder paraguayo era el "guardaespaldas" de los federales argentinos y de los blancos en Montevideo; su deposición era una cuestión de "seguridad" para el gobierno imperial[187].

El Tratado de Alianza establecía que el Paraguay debería pagar indemnizaciones de guerra luego de la finalización del conflicto, lo cual constituía una práctica común en la época, e incluso posteriormente, como en el caso de la Primera Guerra Mundial (1914-1918). El gobierno que sustituyese al de Solano López sería el responsable por el pago de todos los gastos de guerra hechos por los gobiernos aliados, así como de los daños y perjuicios que las tropas paraguayas le causaran durante el conflicto a las propiedades públicas y particulares de los países vecinos. El documento del 1º de mayo establecía que, mientras las operaciones militares se dieran en territorio argentino o paraguayo, el comando en jefe de los Ejércitos aliados le correspondería a Mitre. En caso de que las operaciones se desarrollasen en territorio del Uruguay o del Brasil, se le garantizaba el mando a los líderes de esos países. El vicealmirante Tamandaré comandaría las fuerzas navales de los aliados, que en realidad estaban constituidas por las naves brasileñas. Las fuerzas terrestres brasileñas serían conducidas por el general Luis Osório, y las uruguayas responderían al general Venancio Flores. El nombramiento del presidente argentino para el comando supremo de las fuerzas aliadas fue un acto político del gobierno imperial. Este último temía que, en caso de que un brasileño ocupase aquel lugar, otros países americanos podrían verlo como una amenaza, o con ambiciones territoriales sobre el Paraguay[188]. No obstante, durante el conflicto, el título de comandante en jefe de Mitre fue más nominal que real, pues las decisiones sobre los rumbos de la guerra eran tomadas de común acuerdo con los comandantes brasileño y uruguayo[189].

Por iniciativa de Almeida Rosa, los aliados intercambiaron notas entre sí —las *reversais**—, que aseguraban el derecho de Bolivia a discutir sus prerrogativas sobre el Chaco boreal. El gobierno de La Paz había manifestado tener pretensiones sobre ese territorio por primera vez en 1852, cuando protestó contra la Confederación Argentina por haberlo reconocido como siendo de jurisdicción paraguaya en el tratado que firmó con Asunción el 14 de septiembre de aquel año. También por iniciativa de Almeida Rosa, el mismo

---

* *N. del T.*: El término se refiere a las cartas por las cuales se hace una concesión a cambio de otra.

1° de mayo se firmó un protocolo que establecía la demolición de la fortaleza de Humaitá, así como la prohibición de que el país guaraní volviera a levantar en el futuro otras fortificaciones que pudiesen dificultar la libre navegación del río Paraguay[190].

Las críticas del Consejo de Estado al Tratado

La noticia de la firma del Tratado de la Triple Alianza fue recibida con frialdad en Río de Janeiro. En general, se creía que para vencer al Paraguay lo único que se necesitaba era que Buenos Aires no obstaculizara la acción de las fuerzas brasileñas, no siendo necesaria entonces una alianza entre el Imperio y la Argentina[191]. El representante argentino en Brasil, José Mármol, comentó que el gobierno imperial había aceptado la necesidad de la alianza pero que no estaba entusiasmado con ella, y la veía como un producto de las circunstancias, sin conseguir disimular lo ocurrido. Según el diplomático, eso se debía a que la concreción de la alianza haría inevitable una comparación entre el "poder viril y democrático" de una República, la Argentina, y el poder "oficial y desgastado" de un Imperio, el Brasil. Mármol creía que los gobernantes brasileños temían esa comparación y también las combinaciones de intereses políticos que podrían surgir luego de terminada la guerra entre argentinos, paraguayos y uruguayos, pues eran pueblos que compartían el mismo origen y la misma lengua[192]. José Antonio Saraiva —que en ese momento era ministro de Negocios Extranjeros— recibió una carta de Elizalde donde este le decía que no comprendía cómo podía ser que en Río de Janeiro hubiera personas que no entendiesen las ventajas que traía la alianza para el Imperio. Elizalde argumentó que la alianza acortaría la duración de la guerra, ahorrándole dificultades al Imperio, pues le permitiría el uso del territorio argentino para ejecutar las acciones bélicas contra Solano López; además, en virtud del refuerzo que significaba la entrada en el conflicto de los Ejércitos de la Argentina y del Uruguay, ya no serían necesarias nuevas movilizaciones militares en el Brasil[193].

Como estaba convencido de la brevedad de la guerra, en 1865 el gobierno argentino le presentó un proyecto de paz a la Cancillería brasileña a través de su representante en Río de Janeiro. Ese texto, junto con el Tratado de la Triple Alianza, las notas *reversais* y el protocolo firmado el 1° de mayo, fueron enviados por Don Pedro a la Sección de Negocios Extranjeros del Consejo de Estado para que este emitiese un parecer. El documento de la alianza había sido firmado por Almeida Rosa y aprobado por el gabinete liberal presidido por el marqués de Olinda, pero acabó siendo duramente criticado por la oposición conservadora. De esta forma, gracias a los votos de los consejeros conservadores, la respuesta de la Sección de Negocios Ex-

tranjeros fue una crítica a la propuesta de paz argentina y al propio Tratado de la Triple Alianza[194].

El parecer de la Sección de Negocios Extranjeros calificó a las estipulaciones del Tratado del 1º de mayo referentes al Chaco como contrarias a la
política tradicional del Imperio, que había sido concebida no solo para mantener la independencia del Paraguay, sino también su soberanía sobre la parte del territorio que separaba la frontera de Mato Grosso de un contacto
directo con el territorio argentino. Según el parecer, la independencia paraguaya se veía amenazada porque el tratado reconocía como argentina el área
de Misiones, y de esta forma el país guaraní sufriría un "apretado abrazo"
de la Argentina, con la cual tendría fronteras al Este y al Oeste, además de
la que ya tenía al Sur. Las sospechas de los consejeros aumentaban porque
el Tratado de la Triple Alianza garantizaba la independencia paraguaya por
un plazo de cinco años posteriores a la guerra, pero no a perpetuidad. En el
citado parecer, los consejeros se preguntaban si ese período no correspondería, en realidad, al plazo que necesitaba Buenos Aires para preparar la incorporación del Paraguay. Además se señalaba que, sospechosamente, en el
proyecto argentino faltaba una referencia a la garantía aliada para el nuevo
gobierno que sustituiría al de Solano López, así como también una confirmación de su alejamiento definitivo del Paraguay.

Las islas de Atajo —también conocidas como Cerrito y Apipé—, ubicadas en la confluencia del río Paraná con el Paraguay, no eran mencionadas
en el tratado de alianza pero se volvían argentinas por el citado proyecto de
paz. Sin embargo, para la Sección de Negocios Extranjeros, Apipé era valiosa para el Imperio, pues serviría de base de operaciones navales y de punto de descanso de las tropas brasileñas en caso de un futuro conflicto con el
Paraguay; esas funciones no podrían cumplirse si la isla estuviese bajo el
control de Buenos Aires. También se llamaba la atención sobre el hecho de
que la propuesta de paz del gobierno argentino no contemplaba la demolición de la fortaleza de Humaitá.

Otro punto sobre el que advertía el parecer era que la escuadra imperial
estaría casi imposibilitada de realizar operaciones de bloqueo en el futuro.
El proyecto argentino determinaba que un país solo podría declarar el bloqueo contra otro en un punto en el cual se cerrase la entrada de los ríos cuyas dos márgenes pertenecieran al Estado que era blanco de la acción naval, y cuando no hubiera países ribereños arriba del punto que era objeto de
ese acto. Por el Tratado del 1º de mayo, el río Paraná sería argentino hasta
Corrientes y desde allí hacia arriba sería compartido con el país guaraní,
ocurriendo lo mismo con el río Paraguay. La Sección de Negocios Extranjeros se preguntaba entonces qué tipo de bloqueo le quedaría por hacer al
Imperio, excepto aquel de los puertos enemigos, prácticamente bajo los dis-

paros de los cañones. Además, la navegación de los barcos brasileños, desde Buenos Aires a Mato Grosso o hacia el río Iguazú, quedaría sujeta a la autorización del gobierno argentino.

La Sección de Negocios Extranjeros afirmaba que como el tratado de alianza ya era una realidad irreversible, la mejor forma de salir de esa situación era que la Argentina no obtuviese "ni un palmo de terreno" arriba del río Pilcomayo. El territorio comprendido entre ese punto y Bahía Negra podría quedar bajo el dominio de Bolivia. En caso de que Buenos Aires no estuviese de acuerdo en reducir sus pretensiones territoriales, se sugería que el Imperio ampliase las suyas exigiendo llevar la línea divisoria con el Paraguay no al río Igurei —como establecía el documento del 1º de mayo— sino hasta el río Iparreguazú, o que llegase, como mínimo, al río Aquidabó. De ese modo se dejaría "una presa más limitada a la futura absorción argentina".

El consejero Jequitinhonha, del Partido Conservador, afirmó en voto separado que el Tratado de Alianza solo era definitivo en relación a la guerra y al modo de conducirla. Para él, las demás disposiciones eran transitorias y dependían del éxito de la guerra, admitiendo incluso la posibilidad de que la paz fuera el resultado de medios diferentes a aquellos que habían definido los plenipotenciarios aliados. Dos años más tarde le tocaría al liberal Nabuco de Araújo afirmar que el acuerdo del 1º de mayo de 1865 tenía un carácter preliminar en lo referente a las fronteras, pues no era un texto perfecto y podía ser modificado según la situación, incluso después de la victoria[195].

Almeida Rosa se defendió de las críticas que en el Consejo de Estado le hiciera São Vicente, las cuales "fueron suscriptas por sus dos caducos compañeros", Uruguay y Jequitinhonha. Según aquel negociador, el mantenimiento de la política "tradicional" aconsejada por Pimenta Bueno lo único que había logrado era alimentar discordias oriundas de la época colonial a través de sospechas y del desprecio por la República Argentina, como si el Imperio, para poder prosperar en América, necesitase que todo a su alrededor "descendiera a las proporciones de un pigmeo". Para el enviado especial, la política tradicional le había acarreado al Brasil decepciones y guerras en el Plata, además de un "espantoso" crecimiento de la deuda pública. Mantener esa postura en un momento en que se podía establecer una paz duradera con Buenos Aires solo podía interesar a aquellos que no tomaban en cuenta los sufrimientos de los brasileños en la guerra que se estaba llevando a cabo contra el Paraguay. Por tales motivos, afirmaba Almeida Rosa, "pertenezco a la escuela de los que le aconsejan al Brasil mantener la paz con sus vecinos, desprendiéndose de las pretensiones de los tratados portugueses"[196].

Años después, desde la tribuna parlamentaria, el senador Francisco Octaviano de Almeida Rosa le sumó a esas consideraciones otros argumentos para defender los términos en los que había negociado el Tratado de la Triple Alianza, recordando "el momento crítico" en el cual había sido firmado el documento. Señaló que el Brasil no podía contar con el apoyo de otras naciones, ya que había roto con Gran Bretaña y se encontraba aislado en relación a las repúblicas vecinas por cuestiones de límites, al mismo tiempo que los Estados Unidos mantenían una actitud "inquieta" para con el Imperio. También replicaba las críticas que habían surgido en torno al apoyo financiero que el gobierno imperial le concedió a Buenos Aires en forma de empréstito. El panorama era tan grave en 1865, que si el gobierno argentino hubiese planeado aprovecharse de la situación "le daríamos el doble, el triple, y hasta nos veríamos obligados a prestarle contribuciones gratuitas"[197].

En cuanto a la aceptación de las pretensiones argentinas sobre el Chaco, Almeida Rosa consideró que su actitud constituyó un gesto de "gran arte político brasileño", pues con eso Buenos Aires reconoció los límites del Imperio con el Paraguay y contrajo "la obligación de defenderlos con la fuerza de las armas". En la conferencia que el enviado imperial había tenido con Mármol en Montevideo, el 2 de abril de 1865, escuchó que en caso de que el Brasil pretendiese "decidir con la espada" la cuestión de límites con el Paraguay, el gobierno argentino no acompañaría esa actitud, y que, según sus palabras, "Mitre le dirá a América que no quiere un palmo de terreno conquistado". Parece que esa amenaza influyó al negociador brasileño para que este aceptara los límites que pretendía la Argentina; según analizó en 1866, esos límites no podían ser cuestionados, puesto que Mitre no había planteado nada en relación con las fronteras que disputaba el Imperio. Además, Almeida Rosa argumentó que el territorio chaqueño no era fértil ni estaba poblado, y que tal vez no tuviese condiciones de ser ocupado ni siquiera en el siglo XX. Los límites fueron establecidos de modo tal que en el futuro ninguno de los dos aliados pudiera pedir más territorios, "lo que no quiere decir que no se pueda pedir menos". Almeida Rosa creía que con eso se eliminaba cualquier motivo ulterior que pudiera debilitar la alianza. Asimismo, al aceptar las pretensiones territoriales de Buenos Aires se facilitaba la definición de los límites entre el Imperio y la Argentina, evitando "crear impedimentos para la solución de nuestros intereses o generar en la república la idea de que pretendíamos disminuirla"[198].

La actitud de Almeida Rosa, aceptando las pretensiones territoriales máximas del gobierno argentino en relación al Paraguay, facilitó de hecho la constitución de la alianza entre Río de Janeiro y Buenos Aires. La Argentina no se quedaba con la posesión segura del territorio del Chaco, pues se le reconocía a Bolivia el derecho de reclamarlo. En el caso del Imperio, en cambio, el área que le había sido atribuida no solo no era reclamada por otro país sino que incluso contaba con el respaldo argentino. El diplomático también respondió a las críticas que le hizo el Consejo de Estado porque la demolición de las fortificaciones paraguayas en los ríos donde hubiera otro país ribereño no figuraba en el Tratado de la Triple Alianza, sino en un protocolo anexo. Según Almeida Rosa, eso ocurrió porque la Argentina estaba ubicada en el delta o en las aguas bajas de los ríos brasileños. Siendo así, no podía aceptar, "sin ceremonia", el principio de que las naciones ribereñas no pudiesen tener fortificaciones que sí podría tener el país ribereño de las nacientes, lo cual sería un claro beneficio para el Brasil y una desventaja para su aliado. Almeida Rosa preguntaba entonces si el Imperio "realmente quiere decirle eso a Bolivia y al Perú sobre el Amazonas y sus afluentes", cuyo delta era el que se ubicaba en territorio brasileño, y no la naciente. Recordaba también que el Brasil era el único que tenía una escuadra, y que Tamandaré había recibido órdenes de arrasar las fortificaciones paraguayas, careciendo entonces de importancia que esa determinación constara o no en el Tratado del 1º de mayo, pues la ejecución de la medida dependía únicamente del Imperio[199].

En poco tiempo Almeida Rosa olvidó los temores iniciales en cuanto a las intenciones del gobierno de Mitre en relación con el Paraguay, se convirtió entonces en un admirador de la Argentina y de su gobierno liberal y, a partir de junio de 1865, propulsó una política de cooperación entre Buenos Aires y Río de Janeiro. Calificaba a los porteños como los "yankees del Sur" porque eran dinámicos y emprendedores en las actividades comerciales, y pensaba que ellos querían "verdaderamente la paz con el Imperio y hasta una alianza en gran medida". Veía un futuro promisorio para una Argentina que, si continuase "teniendo jefes como Mitre, pronto será una grande y feliz nación". En febrero de 1866, Almeida Rosa estaba convencido de que la Triple Alianza establecería la base "para la reconciliación y amistad entre las dos razas que tanto se odiaron": los argentinos y los brasileños. La experiencia común de la guerra contra el Paraguay, "ayudada por el buen sentido de los generales Mitre y Flores, y de los verdaderos liberales de las dos repúblicas", evitaría que el Brasil sufriera "nuevos disgustos y nuevos gastos de sangre y dinero"[200].

Francisco Octaviano de Almeida Rosa fue uno de los precursores de la escuela romántica brasileña, y defendió la cooperación argentino-brasileña en los siguientes versos:

O majestoso Prata bem claro nos ensina,
Nesta junção feliz de rios tão distantes,

Que os sul-americanos, por uma lei divina,
Devem viver unidos, se querem ser gigantes.

Descem as águas das duas cordilheiras,
Dos Andes argentinos, das Serras brasileiras,
E, como dois amigos unidos peito a peito,
Abraçam-se no encontro e têm o mesmo leito[201].

El día anterior al dictamen que emitió el Consejo de Estado el 30 de noviembre, el gabinete liberal le envió a Almeida Rosa las instrucciones donde constaban los requisitos para firmar la paz con el Paraguay. Según las mismas, ninguna autoridad brasileña podría tratar con Solano López, con algún representante suyo o incluso con un gobierno paraguayo provisional o permanente, mientras el líder no se retirase del Paraguay. Se establecían diez condiciones para reconocer al gobierno que sustituyese al de Solano López, cuyo significado básico era que las nuevas autoridades aceptaran los términos del Tratado de la Triple Alianza, inclusive el reconocimiento de los límites argentino-paraguayos según lo determinado en ese documento. La novedad en relación con lo que había sido firmado en 1865 era la instrucción para intentar establecer la neutralización del territorio guaraní, "muy necesaria, considerando la posición topográfica [del Paraguay]"[202]. Se trataba de una precaución para evitar que el país se convirtiese en un corredor para que las tropas argentinas atacasen el flanco sudoeste en caso de una guerra entre el Imperio y la Argentina. En mayo de 1866, el canciller José Antonio Saraiva envió al gobierno argentino el contraproyecto de paz brasileño. El texto especificaba la destrucción de las fortificaciones paraguayas en Humaitá y la prohibición de construir cualquier otra que pudiera impedir la libre navegación de los ríos. En cuanto a los bloqueos navales, el contraproyecto afirmaba que los mismos no podían ser apenas una intención, sino que debían ser mantenidos por una fuerza naval que fuera suficientemente importante como para impedir, de hecho, "el acceso al litoral enemigo"[203]. De ese modo, los requisitos que había planteado Buenos Aires como obstáculos para realizar un bloqueo no fueron tomados en consideración. Como la Marina imperial era la más poderosa de América del Sur, no tendría dificultades en movilizar suficientes naves de guerra para bloquear los ríos platinos en caso de necesidad.

---

* *N. del T.:* "El majestuoso Plata bien claro nos enseña/En esta unión feliz de ríos tan distantes/Que los sudamericanos, por una ley divina/Deben vivir unidos, si quieren ser gigantes/ Descienden sus aguas de las dos cordilleras/De los Andes argentinos, de las Sierras brasileñas/Y, como dos amigos unidos pecho a pecho/Se abrazan en el encuentro y tienen el mismo lecho".

El contraproyecto mantenía las fronteras establecidas por el Tratado del 1º de mayo. Sin embargo, le agregaba al texto de Buenos Aires la aclaración de que solo se fijaban los límites de la Argentina con el Paraguay en lo referente al Chaco Boreal, quedando resguardados los eventuales derechos de Bolivia en esa área, reforzándose de esta forma las *reversais*. No se hacía ninguna referencia sobre la posesión argentina de Apipé y Atajo. El contraproyecto traía una novedad: luego de que finalizase la guerra y se firmasen los tratados de paz con Asunción, los aliados estaban autorizados a mantener en territorio paraguayo las fuerzas que considerasen necesarias para garantizar el orden y dar cumplimiento a esos acuerdos. La cantidad de efectivos de esas fuerzas, así como el plazo de ocupación y la forma de solventar los gastos derivados de esa permanencia, serían estipulados por un acuerdo especial. En la propuesta del gobierno imperial también constaba la expulsión perpetua de Solano López del Paraguay, y otra novedad: la inhabilitación de todos los miembros de su familia para ocupar cualquier cargo en el Estado.

La mayor parte de la cúpula política del Imperio pensaba que el texto argentino para el proyecto de paz constituía un intento de Buenos Aires en el sentido de crear las condiciones necesarias para anexarse el Paraguay en la posguerra. A su vez, como el texto brasileño proponía mantener tropas aliadas en el país guaraní incluso después de que se firmase la paz, podía ser interpretado como un intento de establecer un protectorado, cuando en realidad, la presencia de las tropas imperiales pretendía evitar que la influencia argentina llegase a amenazar la independencia paraguaya. Así, durante el primer año de una larga guerra, los dos aliados se daban motivos para desconfianzas mutuas sobre la sinceridad que respaldaba la realización de los objetivos establecidos por el Tratado del 1º de mayo. En el Parlamento brasileño surgieron dos tendencias en cuanto a la posición que se debía tomar frente al aliado argentino. Una de ellas, la de los conservadores, pensaba reconstruir el Paraguay para que este pudiese defenderse del expansionismo de Buenos Aires, y retomar la política brasileña que había sido implementada originariamente para contener a Rosas. La otra tendencia, la de los liberales, aunque simpatizaba con la Argentina, vacilaba ante la convicción que demostraban los conservadores en cuanto a los citados propósitos expansionistas, y no se animaba a elaborar una nueva y consistente política platina para oponerla a la tradicional. Mientras tanto, del lado argentino, los "partidarios de la reconstrucción del Virreinato son amigos del Brasil; [y los] adversarios de la anexión creen en el espíritu dominador del Imperio, y en su intención de dominar el Plata"[204]. A la voluntad individual de colaboración entre Río de Janeiro y Buenos Aires, y a la convergencia ideológica entre los hombres de Es-

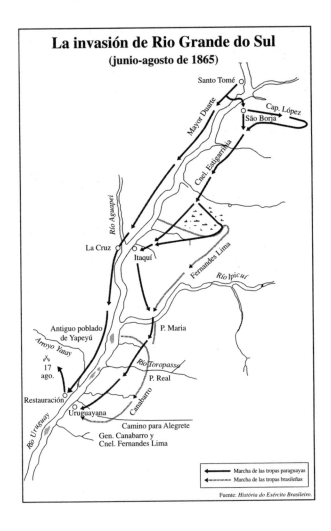

La invasión de Rio Grande do Sul
(junio-agosto de 1865)

Fuente: *História do Exército Brasileiro.*

Marcha de las tropas paraguayas
Marcha de las tropas brasileñas

tado argentinos y brasileños, se contraponía la desconfianza estructural e histórica entre los dos países. Esta era una verdadera "fuerza profunda", colectiva y durable, de las respectivas sociedades.[205]

EL ATAQUE A RIO GRANDE DO SUL

Solano López planeaba invadir Rio Grande do Sul desde antes de la intervención brasileña en el Uruguay. El mayor Pedro Duarte estaba al mando del campamento militar de Cerro Léon desde febrero de 1864, pero en abril de ese año recibió órdenes de reasumir el comando militar de Encar-

161

nación y organizar una fuerza de 10.000 hombres. Obedeciendo esas órdenes, Duarte le entregó el mando al coronel Antonio de la Cruz Estigarribia el 27 de abril, y permaneció como segundo comandante. En tal condición, se le ordenó tomar el poblado argentino de Santo Tomé, ubicado sobre la margen correntina del río Paraná. La operación se realizó en la mañana del 10 de mayo, sin pérdidas para los paraguayos y con la muerte de un argentino; la villa estaba prácticamente desierta en virtud de la fuga de sus habitantes[206]. Luego de esa ocupación, el coronel Estigarribia entró en Santo Tomé con el resto de sus fuerzas; los invasores eran 12 mil hombres[207]. Muchos de esos efectivos carecía de instrucción militar, y recién comenzaron a recibirla cn cl momento de la toma de esa localidad argentina[208].

El plan de Solano López era que el Ejército de Estigarribia marchase hacia el sur dividido en dos columnas, utilizando para ello ambas márgenes del río Uruguay. La mayor parte de la columna descendería por la margen izquierda, que era brasileña, mientras que por la derecha, sobre territorio argentino, iría una pequeña fuerza al mando del mayor Duarte. Cada columna permanecería siempre a la vista de la otra, de modo que se prestaran ayuda en caso de ser necesario. Se esperaba que el avance de la columna invasora por las márgenes del río Uruguay hiciera que el gobierno argentino desviase su acción militar hacia ese lado, favoreciendo así las operaciones del general Robles. Las tropas de Robles y de Estigarribia se unirían al sur, en el río Uruguay, para entonces marchar y enfrentar al Ejército imperial en el Estado oriental[209]. La reunión de los ejércitos invasores tenía como condición previa la aprehensión o la destrucción de la escuadra brasileña, lo que garantizaría el control paraguayo de la navegación de los ríos Paraguay y Paraná.

El paseo paraguayo: de São Borja a Uruguayana

La marcha de los efectivos paraguayos que habían salido de Encarnación hacia la otra margen del río Paraná se supo de inmediato en São Borja, en la frontera de Rio Grande do Sul, y la población *gaúcha* fronteriza estaba convencida de que se daría una invasión. Esos hechos les fueron comunicados a las autoridades de la Guardia Nacional en la región y al presidente de la provincia[210]. Sin embargo, el gobierno imperial no había aprendido la lección luego de la invasión de Mato Grosso, pues Rio Grande do Sul también se encontraba desguarnecido. El general honorario David Canarrabo —veterano de la Revolución *Farroupilha* y comandante militar de la frontera con Misiones— venía solicitando refuerzos desde el mes de febrero; había pedido el envío de algunos batallones de infantería, armamento para la caballería de la Guardia Nacional y que tres cañoneras remontaran el río Uruguay. Cuando se desencadenó la invasión paraguaya, las fuerzas del Ejército brasileño en el Sur, al mando del general Osório, se habían trasladado de Montevideo hacia Concordia, en la margen argentina del río Uruguay, con el objetivo de incorporarse al Ejército aliado. Para hacer frente a la invasión paraguaya —que había sido anunciada con anterioridad por las noticias de la presencia de las tropas de Estigarribia en Santo Tomé—, fueron convocados 2.300 guardias nacionales que debían defender el distrito de São Borja, pero su número nunca pasó de 2 mil[211].

La defensa de Rio Grande do Sul preveía dos sectores distintos: el de la frontera, en la región de las Misiones, que estaba a cargo de la 1ª División al mando del general David Canabarro, y el de la frontera sur, del cual era responsable la 2ª División, comandada por el coronel Francisco Pedro de Abreu, barón de Jacuí. El comando general le correspondió al general João Frederico Caldwell, ayudante general del Ejército, quien en diciembre de 1864 había sido enviado para inspeccionar Rio Grande do Sul, y en febrero del año siguiente fue nombrado comandante militar de esa provincia. Se elaboró entonces un plan de cooperación entre las dos divisiones, donde se trabajaba con dos hipótesis: a) si las fuerzas paraguayas de Humaitá atacasen la Argentina, y las de Encarnación hiciesen lo propio con Rio Grande do Sul, la 1ª División de Canabarro debería atravesar el río Uruguay, vencer al enemigo y ocupar Posadas, sobre el río Paraná; b) si las dos fuerzas paraguayas, la de Humaitá y la de Encarnación, atacasen Rio Grande do Sul, deberían ser contenidas por las dos divisiones brasileñas hasta la llegada de un refuerzo[212].

Los invasores de Santo Tomé atravesaron el río utilizando canoas traídas en carretas y desembarcaron en territorio brasileño el 10 de junio de 1865, en un lugar próximo a São Borja. Entre las tropas invasoras había una compañía que estaba compuesta por correntinos y brasileños, "en su mayor parte reclutados por la fuerza", al mando de un oficial uruguayo blanco que había escapado del cerco de Paysandú. Los paraguayos vencieron el obstáculo que representaban los guardias nacionales ubicados en la margen del río Uruguay y avanzaron hacia São Borja, donde habían infiltrado espías. En ese lugar, se enfrentaron a la guarnición militar local, compuesta por apenas 370 guardias nacionales cuya caballería se encontraba casi en su totalidad sin equipo. Solo una pequeña parte de la infantería de la guarnición había recibido tiendas de campaña, e incluso parte de la poca munición existente no servía para las armas que portaban. Los soldados brasileños entraron en combate en esas condiciones el día 10 de junio y fueron socorridos por el coronel João Manuel Menna Barreto, con 850 hombres que formaban parte de su 1er Batallón de Voluntarios de la Patria, el cual estaba acampado a unos diez kilómetros. Mientras tanto, los habitantes de la villa intentaban huir de cualquier manera sin dirección precisa, estando la mayor parte de ellos descalzos; las familias se separaron y las madres perdieron a sus hijos. Las fuerzas brasileñas estaban en inferioridad de condiciones en cuanto a hombres y armas, y comenzaron a huir ante el primer contacto con el enemigo. Esto obligó a Menna Barreto a disparar tiros al aire y a reconvenir ásperamente a sus soldados, los que entonces se recompusieron y volvieron al combate de inmediato, retrocediendo hacia dentro de la villa para defenderse mejor. Los brasileños se retiraron de São Borja durante la noche, pero los paraguayos entraron en la localidad recién el día 12[213]. De esta forma, Estigarribia desobedeció la orden de Solano López de no entrar en los poblados para evitar que los soldados paraguayos cometieran abusos contra la población, y que fueran respetados los bienes y las propiedades de los habitantes. Durante su marcha invasora por Rio Grande do Sul, Estigarribia permitió la ocupación y el saqueo de los poblados[214].

A pesar de su brevedad, la resistencia de los defensores de São Borja consiguió detener a los paraguayos el tiempo suficiente para permitir la fuga de los habitantes de la villa. Además, Estigarribia también retrasó el ataque a la localidad porque cerca suyo, en la margen argentina del río Uruguay, se encontraba la fuerza del coronel Paiva con una fuerza cercana a los 1.200 hombres de las milicias de Corrientes. Paiva entró en contacto con el coronel brasileño Fernandes Lima, que era comandante de la 1ª Brigada de la 1ª División de Canabarro, pidiéndole ayuda y ofreciéndole caballos para que las fuerzas riograndenses atravesasen el río y se sumasen a un ataque contra los paraguayos. Fernandes concentró quinientos hombres en la margen brasileña del Uruguay, al sur de São Borja, y esperó que apareciesen los caballos del otro lado para dirigirse entonces hacia allí. Los caballos no llegaron porque los paraguayos hicieron un movimiento de retroceso el día 12 de mayo y Paiva lo interpretó como una retirada, pero volvieron de inmediato y cayeron sorpresivamente sobre los correntinos, los cuales se dispersaron[215].

El coronel Fernandes —que había aceptado como cierta la noticia que le transmitió Paiva sobre la retirada de Estigarribia— se encontraba muy lejos y no pudo socorrer São Borja cuando esta fue atacada. Los paraguayos penetraron en la villa el día 12 de junio y la saquearon. La iglesia principal fue ocupada y saqueada, aunque antes de hacerlo los invasores se arrodillaron frente a las imágenes de los santos siguiendo las órdenes del capellán de la columna, el padre Duarte. Todos los extranjeros que permanecieron en São Borja estaban convencidos de que se encontraban a salvo por el hecho de no formar parte de la guerra, pero fueron obligados por Estigarribia a firmar un documento en el cual manifestaban que no habían sufrido perjuicios y que la iglesia no había sido saqueada. El día 22, ante la sospecha de la muerte de dos soldados paraguayos que habían desaparecido durante la noche, los oficiales de la fuerza invasora difundieron la noticia de que si esos subalternos no aparecían con vida, todos los habitantes de la villa, desde los niños hasta los ancianos, serían degollados como represalia. Finalmente, los dos soldados fueron encontrados ebrios durmiendo en un campo cercano a São Borja[216].

No hay dudas en cuanto al saqueo sistemático de propiedades urbanas y rurales realizado por la tropa paraguaya invasora en su trayecto de São Borja hasta Uruguayana; así como también de que los objetos saqueados fueron llevados en carretas al Paraguay. Incluso existen informaciones sobre prácticas de violencia sexual contra las mujeres que no fueron escondidas por sus familias. Sin embargo, no todos los saqueos del período fueron obra de los invasores. Algunos moradores que se quedaron en São Borja se unieron a los invasores en el pillaje. Las casas abandonadas por sus dueños fueron saqueadas en áreas que distaban hasta doscientos kilómetros de donde estaban los paraguayos[217].

En São Borja, Estigarribia recibió nuevas órdenes de Solano López. Las mismas indicaban que la columna invasora acampase en Itaquí y estudiase al enemigo; también reiteraban que no se debía entrar en ningún poblado y, por último, le ordenaban a Estigarribia que permaneciera en ese lugar esperando la llegada del Ejército principal, comandado por el propio Solano López. Cuando llegase este último, decidirían el ataque a las tropas aliadas donde estas estuviesen, o entonces se dirigirían hacia el Uruguay. Pero Estigarribia desobedeció esas instrucciones y, deseoso de repetir la victoria inicial, decidió marchar hacia Uruguayana dejando a Solano López preocupado, luego de que este le enviara más de quinientos hombres para reforzar a la columna invasora[218]. Estigarribia ordenó que la fuerza del mayor Pedro Duarte ocupase la ciudad de Paso de los Libres, situada en la Argentina, del otro lado del río donde estaba la ciudad brasileña de Uruguayana[219].

La parte principal del Ejército de Estigarribia marchó hacia Itaquí el día 19 de junio. El contingente paraguayo era seguido a distancia por las fuerzas brasileñas del coronel Fernandes. A pesar de algunos entreveros con los paraguayos, los brasileños mantenían una prudente distancia pues, sin cañones y en inferioridad numérica —eran entre 2 mil y 2.500 brasileños—, esperaban los refuerzos que le habían solicitado a Canabarro, los cuales nunca llegaron. El 7 de julio Estigarribia ocupó y saqueó Itaquí: el primer día fue reservado a la acción de los oficiales y el siguiente al pillaje de la soldadesca; aunque esta vez el producto final no fue tan provechoso, ya que los habitantes estaban enterados de la marcha de los invasores y tuvieron tiempo de llevarse sus objetos más valiosos en la fuga[220]. Un testimonio de un oficial uruguayo que formaba parte de la columna invasora responsabilizó por alentar el saqueo al capellán y consejero de Estigarribia, el padre Duarte, "que tenía casi todos los vicios sin ninguna de las virtudes"[221].

El 18 de julio Estigarribia reanudó la marcha de sus fuerzas rumbo a Uruguayana. El día 24 los invasores llegaron al río Ibicuí; según la orden de Caldwell, en este lugar debían ser atacados por la 1ª División brasileña. Pero Canabarro no ejecutó la orden, argumentando que esperaba refuerzos del campamento aliado de Concordia, ya que no disponía de tropas suficientes para derrotar al enemigo. Siguiendo un curioso razonamiento, agregó que, aunque saliera vencedor, no conseguiría impedir que el resto del Ejército de Estigarribia retornase al Paraguay. A continuación, el jefe militar riograndense se opuso a otro intento de resistencia: el de atacar a los paraguayos en el caudaloso río Toropasso[222]. A pesar de poseer el título de general, Canabarro carecía de habilidades militares, siendo antes un guerrillero que un jefe militar, como lo demostrara durante la Revolución *Farroupilha*[223].

Uruguayana había sido fundada en 1843 y tenía 6 mil habitantes en 1865. El general Canabarro ordenó que se la preparase para resistir a un cerco, pero no había sido suficientemente fortificada, aunque contaba con paredes de ladrillo y de tablas, así como con varios fosos. En la villa habían sido almacenados una gran cantidad de víveres para permitir la defensa ante un sitio prolongado. Como Canabarro le había dado su palabra a los habitantes de que los paraguayos no entrarían en Uruguayana, las casas de comercio y la aduana estaban abarrotadas de provisiones y de mercaderías. Para su defensa, la localidad contaba apenas con doscientos guardias nacionales, "sin la menor apariencia de soldados". Debido a la mala posición de las trincheras, Canabarro ordenó arrasarlas el día 4 de agosto, pensando que servirían más para apoyar el ataque que para defenderse de una acción ofensiva de Estigarribia. La población de Uruguayana entró en pánico y huyó de inmediato en medio de una gran confusión. Esa misma noche, Caldwell dio la orden de abandonar Uruguayana y los soldados huyeron presa del pánico, dejando tras de sí dos cañones que fueron a aumentar la fuerza del enemigo. El día 5 Caldwell intentó retardar el avance paraguayo sobre esa localidad atacando a la vanguardia de Estigarribia en el Passo do Imbá, pero Canabarro exigió una orden por escrito para enviar sus tropas y argumentó que ese ataque sería una imprudencia. Esto a pesar de que las fuerzas brasileñas de la región alcanzaban a unos 7 mil hombres y contaban con la ventaja de la posición defensiva[224].

Aún así, la fuerza del coronel Bento Martins se colocó entre el arroyo Sauce y Uruguayana para retardar el avance de la vanguardia paraguaya. Al mismo tiempo, Caldwell y el barón de Jacuí ubicaron sus hombres a la izquierda del camino por el cual marchaba el enemigo y, con el objetivo de atacarlo, solicitaron algunos de los ocho cañones que poseía Canabarro. Según João Pedro Gay, les fueron enviados cuatro cañones sin artilleros ni munición; el barón de Rio Branco afirma que los cañones fueron enviados demasiado tarde. De cualquier manera, la acción contra Estigarribia se vio frustrada y este entró en Uruguayana el 5 de agosto luego de un breve tiroteo. La tropa del coronel Bento Martins retrocedió ante el avance paraguayo, entrando por el norte de la villa y saliendo por el sur; pero algunos de los soldados de su retaguardia fueron aprisionados por el enemigo, llevados hasta las cercanías del cementerio y degollados ante la vista del general Canabarro y de todas las fuerzas brasileñas[225]. La falta de resistencia de los brasileños mereció críticas hasta de los propios enemigos, llegando al punto de que Francisco Barreiro, funcionario del Ministerio de Guerra paraguayo, calificó de vergonzoso el abandono de Uruguayana pues los brasileños tenían superioridad numérica y ventaja defensiva[226].

Los invasores encontraron vacía Uruguayana, excepto por la presencia de unas pocas familias de extranjeros que, al igual que había ocurrido en São Borja y en Itaquí, no estuvieron a salvo del saqueo. Los paraguayos reforzaron de inmediato la fortificación de la villa circundándola con un foso y una pared construida en una parte con ladrillos y en otra con maderas, algo que los brasileños no habían hecho a pesar disponer de más tiempo y recursos[227]. Los ocupantes de Uruguayana se apoderaron de una gran cantidad de mercadería que se encontraba en sus depósitos, principalmente de *bolachas**, carne salada y *farinha*; sin embargo, parte de esos alimentos había sido envenenada por los brasileños, lo cual causó la muerte de algunos soldados paraguayos[228]. Mientras tanto, las tropas imperiales estaban acampadas en los campos cercanos a la villa padeciendo hambre y frío, pues no habían recibido uniformes ni sueldo para comprar ropas[229]. Las que más sufrían eran las mujeres, esposas y amantes de los soldados brasileños, ya que al quedar desabrigadas pronto se enfermaron y hubo registros de muertes por frío[230].

Al atrincherarse en Uruguayana, Estigarribia volvió a desobedecer las órdenes de Solano López, que eran "retirarse por el camino de San Miguel (...) por donde yo lo esperaba"[231], para unirse a las tropas del mayor Duarte[232]. Esta última fuerza debía esperar en las cercanías del río Uruguay la llegada de las tropas invasoras venidas de Corrientes; a partir de entonces, y bajo el comando personal de Solano López, ese ejército se enfrentaría con los soldados brasileños en el Uruguay. La escuadra imperial, que luego de la victoria de Riachuelo estaba fondeada en el río Paraná, constituía un obstáculo para la marcha de los paraguayos desde Corrientes hasta el punto ci-

---

* *N. del T.:* Tortas hechas con *farinha*, es decir, con harina de mandioca.

167

tado. Solano López —con su característico voluntarismo y siempre mediante el sacrificio de terceros—, planeaba solucionar ese problema con la captura de "diez o doce" barcos a vela de la escuadra imperial[233]. De esta forma, actuaba en la guerra como un jugador dispuesto a realizar apuestas arriesgadas, antes que como un general osado que usaba las informaciones disponibles para montar estrategias viables. El plan de capturar naves brasileñas no se llevó a cabo por su irrealismo, y porque los paraguayos estaban acorralados en Uruguayana.

La ineptitud de Estigarribia en Uruguayana mereció críticas de diferentes estudiosos. Pueden sintetizarse en la evaluación que hizo de él Justiniano de Salvaniaach, un mayor uruguayo que era miembro de la columna invasora: "carecía de aptitudes militares; era un sargento con las insignias de teniente coronel". Esta opinión se ve confirmada por la de Cecilio Báez, para quien Estigarribia no supo qué hacer luego de entrar en Uruguayana, rindiéndose porque era "demasiado ignorante para adoptar iniciativas por cuenta propia"[234].

Del lado brasileño, todos los que estuvieron implicados en la defensa de Rio Grande do Sul intentaron delegar en otros la responsabilidad por tamaña ineptitud militar, la que permitió que los paraguayos llegaran hasta Uruguayana tan fácilmente. En ese entonces el gobierno imperial estaba a cargo del consejero Furtado. Este se defendió argumentando que bajo su administración se habían logrado las decisivas victorias militares de Riachuelo y de Jataí, y responsabilizó por la invasión de Rio Grande do Sul a su presidente —que garantizó el haber tomado las medidas necesarias para la defensa— y al ministerio anterior —que no tuvo ninguna iniciativa para mejorar las condiciones militares de esa provincia—. A su vez, el presidente *gaúcho*, João Marcelino de Souza Gonzaga, se justificó recordando que, con los pocos recursos de que disponía, había tenido que atender a los pedidos simultáneos de los generales Osório y Canabarro, y resaltó que este último le había garantizado que vencería a los paraguayos. Canabarro, por su parte, recordó que no se había atendido su pedido de refuerzos anterior a la invasión, y que su postura de permitir la penetración del Ejército paraguayo en territorio *gaúcho* había sido una táctica premeditada para aislarlo y destruirlo. Por último, el general Osório sostuvo que no le prestó ayuda a Rio Grande do Sul con sus fuerzas del campamento de Candelaria —cerca de 16 mil hombres—, porque estaba convencido de que la invasión paraguaya estaba derrotada a priori, y también debido a la precaria situación de sus soldados, quienes en su mayoría eran reclutas sin experiencia. Además, Osório le dijo a Francisco Octaviano que su tropa no podía ser debilitada porque constituía la base del Ejército aliado, y debía enfrentarse con la división del general Robles en la marcha de este hacia el sur[235]. La deserción de la caballería de Urquiza en Basualdo, a comienzos de julio, hizo más importante la permanencia de la fuerza de Osório en Concordia, y el gobierno argentino incluso pidió que fuese reforzada, así como la tropa brasileña en Rio Grande do Sul[236].

Las fuerzas aliadas en Concordia eran improvisadas y carecían de coordinación entre objetivos y medios. En esa época, no había estudios sobre hipótesis de guerra —los cuales luego se volvieron algo común para los estados mayores—, que identificaran a los posibles enemigos y el modo de operar militarmente contra ellos. Aquella falta de coordinación es otro factor que explica la facilidad con que las fuerzas invasoras penetraron en territorio *gaúcho*. Todos los implicados del lado brasileño tenían una parte de razón cuando defendían su accionar frente a los invasores, pero también tenían algún grado de responsabilidad. Aunque la defensa más frágil fue la de Canabarro, pues la alegada carencia de recursos no justifica ni su inmovilismo ni la demora en reunir sus fuerzas de la 1ª y la 2ª División bajo el mando de su enemigo personal[237], el barón de Jacuí; fue una acción que se llevó a cabo solo cuando los paraguayos entraron en Uruguayana.

Las actuaciones de los generales Canabarro y Caldwell, caracterizadas por la falta de espíritu de combate, fueron motivo de fuertes críticas en el Brasil y en Buenos Aires, especialmente en relación con el primero de ellos. Los defensores de Canabarro afirmaban que el general había llegado a la conclusión de que no tenía fuerzas suficientes para atacar a los paraguayos, y entonces intentó atraerlos lo más posible hacia el interior de Rio Grande, alejándolos de sus bases de operaciones —que eran Candelaria y Santo Tomé—, para derrotarlos cuando llegasen a Concordia o se internasen en la llanura *gaúcha*. El barón de Rio Branco recuerda la "casi falta de armamento" de la provincia *gaúcha* y la falta de embarcaciones brasileñas en el río Uruguay para defender a Canabarro, afirmando que su "prudencia" hubiera permitido destruir a las fuerzas de Estigarribia en septiembre. Sin embargo, esa opinión es minoritaria: Canabarro no fue prudente sino pasivo. Para Sousa Júnior los invasores encontraron una "fragmentaria y desorganizada resistencia", que el general Tasso Fragoso califica como "débil". Pereira Costa, que es un contemporáneo de los acontecimientos, responsabiliza a Canabarro y a Caldwell por no haber cumplido las órdenes recibidas del gobierno imperial, siendo que el primero "engañó" al presidente *gaúcho* con promesas no cumplidas y análisis irrealistas[238]. La documentación demuestra que las autoridades de Rio Grande do Sul no creían en la invasión paraguaya a la provincia, y que una vez consumado el hecho se resistieron a aceptarlo en un principio. Esa defensa se vio dificultada por la falta de un comando unificado, donde una persona ocupase simultáneamente la presidencia y el mando militar.

El gobierno imperial suspendió al general Canabarro del comando superior de la Guardia Nacional para someterlo a un Consejo de Investigación que determinara si había o no motivo para llevarlo ante un Consejo de Guerra. La instancia de investigación no llegó a instalarse pues Canabarro murió en 1867, a los 74 años de edad; nadie fue responsabilizado por la débil resistencia que se opuso a la invasión paraguaya. La debilidad estructural de las fuerzas imperiales y la negligencia del gobierno brasileño explican parcialmente la falta de preparación de la provincia *gaúcha*. Pero no quedan exentas de esa responsabilidad las autoridades *gaúchas*, quienes no tomaron las necesarias medidas defensivas ni siquiera después de la invasión a Corrientes, cuando ya era bastante probable un ataque al territorio riograndense.

Para Joaquim Nabuco, la falta de tales medidas se explica por el panorama político interno brasileño y su repercusión en el Sur del país. La falta de preparación *gaúcha* se relaciona con el cambio de gabinete en Río de Janeiro en mayo de 1865, que dejó de estar formado por la facción liberal de los "históricos" y pasó a ser constituido por la de los "progresistas". Cada facción política tenía su general en el Sur, y por ello la alteración del ministerio implicaba el cambio del comando militar de Rio Grande, o "por lo menos, una profunda agitación entre los jefes militares"; las cuestiones de guerra eran tratadas bajo la óptica de los intereses políticos internos. Esa provincia estaba dividida en tres corrientes "que no establecieron treguas durante la guerra": los liberales "históricos", con los generales Canabarro y Osório; los liberales "progresistas", con el conde de Porto Alegre; y los conservadores, que se identificaban con Ferraz, el ministro de Guerra y, a partir de fines de 1866, con Caxias, como comandante en jefe de las fuerzas brasileñas en el Paraguay. Allí estaba en juego el enriquecimiento producto de los abastecimientos a las tropas, pues según Nabuco "la guerra era una cornucopia inesperada que se derramaba sobre la provincia" *gaúcha*, con acusasiones mutuas entre los partidos de "falta de moralidad". En torno del político y del general "siempre se formaba una clientela ávida de dinero, que solo pensaba en enriquecerse a costa del Tesoro". Esa situación incluso mereció la atención de un espía paraguayo que estaba instalado en Paso de los Libres, frente a Uruguayana. El espía escribió que la corrupción en Rio Grande do Sul era tan grande que fue motivo para que en diciembre de 1864 todavía no se hubieran comprado los caballos para las pocas fuerzas brasileñas que estaban en la provincia. El informante describía una provincia desguarnecida militarmente y con oficiales superiores sin preparación, a excepción de Osório y Sampaio[239].

El clima de inercia, insubordinación y anarquía en que se encontraba el sur llevó a que don Pedro II se decidiera a ir a la provincia meridional[240].

Ante las objeciones que le presentó el Consejo de Estado para la realización del viaje, el monarca respondió que "si me pueden impedir que vaya como Emperador, no me impedirán que abdique y que vaya como voluntario de la patria"[241]. Si hubiera dependido exclusivamente de los jefes militares de Rio Grande do Sul, los paraguayos hubieran permanecido en la provincia el tiempo que deseasen[242].

El emperador partió el 10 de julio en la nave *Santa María*, con una comitiva compuesta por los yernos Gastão de Orléans, conde d'Eu, y Luis Augusto Maria Eudes de Saxe Coburgo-Gotha, duque de Saxe; los generales marqués de Caxias y Francisco Cabral como ayudantes de campo; el almirante Rodrigo Antônio de Lamare y el ministro de Guerra Ângelo Muniz da Silva Ferraz. La comitiva desembarcó en el puerto de Rio Grande y recorrió el camino rumbo al interior pasando por Porto Alegre, Rio Pardo, Cacheira, Caçapava, São Gabriel y Alegrete. Durante todo el trayecto el emperador fue recibido con fiestas populares espontáneas, con fuegos artificiales y manifestaciones de aprecio de parte de la población[243]. El viaje le dio impulso al esfuerzo de guerra y puso fin a la inercia militar brasileña, pues restableció el orden administrativo y militar en Rio Grande do Sul y además adquirió una dimensión simbólica debido a la presencia del monarca en una provincia con antecedentes republicanos.

La exitosa invasión de Rio Grande do Sul obligó al comando de la Triple Alianza a considerar la necesidad de enviar refuerzos a esa provincia. Desde el campamento de Concordia, Mitre envió una fuerza al mando del general Flores denominada Ejército de Vanguardia. Este contingente remontó la margen correntina del río Uruguay avanzando a lo largo de 289 kilómetros, bajo el rigor del invierno y en una región carente de recursos; su objetivo era llegar a Paso de los Libres y enfrentar a la columna paraguaya del mayor Duarte que había llegado a ese lugar el 31 de agosto de 1865. Ante la posibilidad de que la columna de Estigarribia atravesase el río, Flores recibió el refuerzo de las tropas del general Paunero, provenientes de Corrientes. Esto porque tal travesía no podría ser contenida por la fuerza brasileña que se encontraba frente a Uruguayana, debido a que esta aún estaba poco organizada[244]. El Ejército de Vanguardia quedó entonces compuesto por 4.500 soldados argentinos, 2.440 uruguayos y 1.450 brasileños del coronel Kelly, con un total de 8.390 hombres —4 mil de caballería— y con 24 cañones. Esa fuerza encontró a la columna de Duarte en posición defensiva junto al arroyo Yatay, que era un afluente del Uruguay. Flores aprovechó del error de Estigarribia de mantener divididas a las fuerzas paraguayas y atacó por el flanco a los 3.200 paraguayos, los cuales estaban semidesnudos y no contaban con ninguna artillería[245].

El 9 de septiembre, los batidores paraguayos dieron el alerta sobre la aproximación de la fuerza del general Flores, pero aunque el hecho le fue comunicado al día siguiente a Estigarribia, este lo ignoró[246]. Duarte fue abandonado a su propia suerte y de esta forma se impuso la superioridad aliada, pues los paraguayos fueron derrotados luego de luchar valientemente. Las bajas aliadas alcanzaron a 83 muertos y 257 heridos, mientras que los paraguayos tuvieron 1.700 muertos, trescientos heridos y 1.200 prisioneros. Flores reconoció que los paraguayos "combatieron como bárbaros (...) no existe fuerza humana que los haga rendirse y prefieren la muerte a la rendición"[247]. Solano López escribió —con razón— que los aliados exageraban la fuerza militar de la columna de Duarte y omitían su grado de mayor porque tenían vergüenza de reconocer que, para enfrentarlo, tuvieron que recurrir a una fuerza muy superior y comandada por generales. También comentó, con igual procedencia, que Duarte luchó sin sus dos cuerpos de caballería, pues uno de los comandantes desertó y el otro fue imprudente[248]. Sin embargo, Solano López —voluntarista como de costumbre y sin valorar la vida de sus subordinados— criticó a Duarte por no haber participado directamente de la batalla "hasta el fin", dejándose aprisionar y ser "mostrado como trofeo". El gobernante paraguayo escribió:

> "(...) siento la más viva pena al saber que muchos [paraguayos] fueron hechos prisioneros (...) porque es necesario que el soldado paraguayo muera y no se rinda, vendiendo cara su vida al enemigo, antes de servir de escarnio y [ser] objeto de crueldades e infamias (...) La más imponente arma que tenemos en la guerra debe ser la de vencer o morir, jamás rendirse (...) Así, nos impondremos al enemigo que no sabe morir, porque no tiene fe en Dios y porque la causa que defiende carece de justicia"[249].

Yatay fue la primera victoria aliada en la guerra. Su resultado levantó la moral de los aliados y contribuyó para neutralizar los planes militares de Solano López, pues aisló a la columna de Estigarribia en Uruguayana. De esta forma, se impidió que Duarte funcionase como un eventual instrumento de enlace entre esa fuerza y la del general Robles en Corrientes.

La única alternativa que le quedaba a Estigarribia ante la derrota era salir de Uruguayana. Si bien llegó a dar la orden de retirada, la canceló cuando se encontró con las tropas enemigas en el momento en que comenzaba a evacuar la villa. Esa actitud también pudo haber estado influida por el temor a un castigo de Solano López, en caso de que Estigarribia no llegase a tiempo al punto combinado para la reunión con las fuerzas paraguayas provenientes de Corrientes[250]. Independientemente del motivo, la realidad es que ese coronel "permaneció inútilmente" en Uruguayana[251].

Cuando todavía estaba fuera del territorio brasileño, Flores le intimó la rendición a Estigarribia, pero recibió como respuesta una negativa expresada en lenguaje cauteloso. El 21 de agosto, frente a Uruguayana, el general Porto Alegre asumió el mando de las fuerzas brasileñas en acción en Rio Grande do Sul en reemplazo del general Caldwell. Pronto llegó Tamandaré y se efectuó una conferencia entre los comandantes aliados para definir la acción militar que debía ser tomada contra el enemigo. Los jefes militares brasileños sostenían que se debía esperar la llegada del emperador para tomar una decisión definitiva. El 2 de septiembre, Flores y Paunero insistieron en que se efectuara un ataque de inmediato, lo cual fue rechazado por los comandantes brasileños. En esa oportunidad se dio un desentendimiento entre Flores, por un lado, y Tamandaré y Porto Alegre, por otro, en lo referente a la acción contra los invasores: los brasileños sostenían que debía obtenerse la rendición por el hambre y que se debía esperar la llegada de Pedro II. Flores los acusó de tratarlo como un tonto y amenazó con volver con sus tropas a la otra margen del río Uruguay. Para reforzar su argumento de ataque inmediato, el general uruguayo afirmó que sería posible atacar y destruir la división de Estigarribia solamente con sus 5.557 hombres: 2.971 argentinos antes del refuerzo del Batallón Santa Fe, 1.170 uruguayos y 1.416 brasileños. Los dos jefes brasileños respondieron que la idea era una fanfarronada y que Rio Grande do Sul no necesitaba de la ayuda extranjera para aniquilar a las fuerzas invasoras. Al percibir que se había excedido, Flores terminó por hacer las paces con Tamandaré y Porto Alegre[252].

El 4 de septiembre, Tamandaré le hizo una visita a Osório en el campamento de Concordia procurando refuerzos para el cerco de Uruguayana. Mitre, que se encontraba allí al frente del Ejército aliado, autorizó el envío de dos batallones brasileños y decidió que también iría a Uruguayana, lo cual hizo a bordo del vapor *Onze de Junho* en compañía de Tamandaré; Osório permaneció en el lugar ocupando la función de comandante en jefe aliado. Cuando navegaba por el río Uruguay, Mitre ordenó que el 11º Batallón del Ejército imperial y el Batallón argentino Santa Fe embarcasen para reforzar el cerco a Uruguayana, adonde llegaron el 10 de septiembre. La llegada de Pedro II al día siguiente fue providencial, pues el general conde de Porto Alegre se rehusaba a entregarle a Mitre el mando de la fuerza imperial y argumentaba —con razón— que esa función le correspondía a un general brasileño. Después de todo, el Tratado de la Triple Alianza disponía que el comando en jefe sería brasileño en caso de que las acciones militares se desarrollasen en territorios del Imperio. Sin embargo, Mitre sostenía que las tropas aliadas que estaban bajo su mando —las fuerzas lideradas por Flores— habían entrado en Rio Grande persiguiendo al enemigo, lo cual no era real y, aunque lo fuese, no modificaría lo dispuesto en el tratado. La presencia de don Pedro en Uruguayana distendió la situación, y la discusión llegó a su fin, quedando el comando brasileño a cargo de Porto Alegre y del ministro de Guerra. Mitre comandó otro Ejército compuesto de argentinos, orientales y los miembros de la fuerza brasileña que lo acompañaba. El monarca asistió al sitio impuesto a los paraguayos, pero no desempeñó ninguna función de comando[253].

A esa altura de los acontecimientos los soldados paraguayos que estaban en Uruguayana vivían una miseria extrema. Habían consumido pródigamente e incluso inutilizado gran parte de los víveres que encontraron allí, tal vez porque pensaban que no permanecerían por mucho tiempo en la villa. En consecuencia, para sustentarse debieron recurrir a la carne de caballo, de gatos, de perros, de ratas e incluso a insectos que encontraban dentro de los muros. Muchos de esos soldados caían enfermos por el hambre, la alimentación inadecuada o las malas condiciones higiénicas, pues los restos de los animales devorados quedaban amontonados por la villa, convirtiéndose en un foco de infección[254].

Del lado aliado se hicieron preparativos para efectuar un ataque en la mañana del día 18 de septiembre. El mismo iba a ser ejecutado por el 1er Cuerpo de Ejército al mando de Porto Alegre por los soldados argentinos comandados por el general Paunero y por la fuerza de Flores. Eran 17.346 aliados, 12.393 de los cuales eran brasileños, 3.733 argentinos y 1.220 uruguayos, disponiendo en total de 42 cañones. También estaba la fuerza fluvial comandada por Tamandaré, con cinco vapores, dos chatas y doce cañones. La mayor parte de los soldados aliados tenía experiencia militar, pero los 6.350 hombres de la caballería —6 mil brasileños, trescientos argentinos y cincuenta uruguayos— eran inútiles para atacar una posición fortificada; debido a ello, otros 2.123 jinetes habían sido desmontados e improvisados como infantería. Las fuerzas aliadas se encontraban pésimamente alimentadas, exhaustas, sin ropas ni tiendas apropiadas para protegerse del invierno. Aun así, su ventaja numérica y la posibilidad de recibir refuerzos hacían imposible que 5.200 paraguayos famélicos pudieran resistir de manera prolongada el cerco o enfrentar al enemigo en combate[255].

Del cerco de Uruguayana también participó la 1ª Compañía de zuavos bahianos, compuesta exclusivamente por negros, incluso los oficiales. El conde d'Eu los llamó "la más linda tropa del Ejército brasileño". Algunos meses después, en diciembre de 1865, en el campamento de Laguna Brava cercano a la ciudad de Corrientes, el general Osório disolvió la compañía de zuavos y distribuyó sus soldados entre los otros batallones, enviando a muchos de ellos a trabajar como sirvientes en los hospitales. Era "gente fuerte y valiente", escribió Dionísio Cerqueira lamentando esa disolución[256].

Al mediodía de la jornada prevista para el ataque, Porto Alegre, comandante del Ejército brasileño, le hizo llegar un último pedido de rendición a Estigarribia. La nota terminaba con el saludo "Dios guarde a V.S.", que era

Soldado paraguayo hecho prisionero en Uruguayana. La rendición de la columna paraguaya que invadió Rio Grande do Sul contribuyó a frustrar el plan de Solano López de vencer al Ejército brasileño que había invadido el Uruguay.

una forma de trato habitual en los intercambios de notas entre los aliados y los paraguayos durante el conflicto. Al saberse cercado, Estigarribia aceptó la rendición bajo tres condiciones: sus hombres recibirían el tratamiento establecido para los prisioneros de guerra; los oficiales paraguayos saldrían de Uruguayana con sus armas y equipajes e irían a residir adonde lo deseasen, siempre que no fuera en su país, y serían sustentados por los aliados; y por último, los oficiales uruguayos al servicio del Paraguay quedarían como prisioneros del Imperio, gozando de los mismos derechos de los paraguayos. Las condiciones fueron aceptadas, excepto la salida de los oficiales paraguayos con sus armas, aunque a los mismos se les permitió elegir el lugar de "residencia" en territorio aliado, ya que no quedaron encarcelados. El coronel uruguayo Palleja fue un testigo ocular, y afirma que la tropa paraguaya estaba borracha y quería rendirse. Mientras se realizaban las negociaciones para la rendición, algunos soldados paraguayos salieron espontáneamente de las fortificaciones y se subieron en la grupa de la caballería aliada, básicamente la riograndense. Palleja escribió que debido a lo confuso de la situación esos soldados no fueron registrados oficialmente; así, el verdadero número de los que se rindieron sería de 5.545 y no de

5.131, como los citados oficialmente. Los paraguayos salieron de Uruguayana desarmados y desfilaron durante dos horas frente a don Pedro y en medio del Ejército aliado. Todos iban descalzos, excepto los 59 oficiales que poseía la columna invasora[257].

El coronel Estigarribia y otros oficiales prisioneros tenían libre movimiento en el campamento brasileño y en el uruguayo; incluso portaban pistolas y espadas y eran tratados "como hermanos en desgracia". Los soldados prisioneros en Yatay y en Uruguayana fueron distribuidos entre los tres Ejércitos aliados. Del lado argentino y especialmente del uruguayo, se incorporaron prisioneros a los respectivos ejércitos para que luchasen contra sus compatriotas; pero esto resultó contraproducente, pues en la marcha hacia Corrientes huyeron a la primera oportunidad y volvieron al Paraguay. Flores incorporó unos setecientos prisioneros a su tropa, formando con ellos un batallón entero, y envió otros setecientos para que trabajaran en Montevideo[258].

Mitre no estaba de acuerdo con esa práctica de Flores y era proclive a que solo se aceptasen prisioneros voluntarios hasta un límite de 15% del total de las tropas. A pesar de ello, los prisioneros paraguayos se presentaron voluntariamente y en gran cantidad para ingresar en el Ejército argentino, el cual incorporó 1.030 de una cuota de 1.400 que le correspondían[259]. Al igual que los soldados argentinos, cada uno de los incorporados recibía un sueldo mensual de siete pesos, el que normalmente era pagado con atraso[260]. Los demás prisioneros tuvieron que procurarse sus propios medios de subsistencia y la mayor parte de ellos fue a servir en la frontera de la Patagonia, incorporándose allí a las tropas argentinas. Los comentaristas de la primera edición del libro de George Thompson en la Argentina escribieron que llegaron a Buenos Aires "unos trescientos [prisioneros] y fueron a trabajar como peones y sirvientes, por su propia cuenta". El mayor Duarte, por ejemplo, residió durante dieciséis meses en el departamento de Dolores, al sur, haciendo trabajos domésticos; posteriormente recibió una propuesta comercial del exiliado paraguayo Fernando Saguier y se mudó a la localidad de Rojas. Ambos fueron socios en el comercio de ganado hasta diciembre de 1869, cuando Duarte retornó a Asunción, que ya estaba ocupada por las fuerzas brasileñas[261].

En el Brasil, los prisioneros paraguayos trabajaron en un primer momento para particulares de Rio Grande do Sul. Al poco tiempo el gobierno de la provincia ordenó recogerlos y recibió órdenes de enviar a los oficiales a Santa Catarina y a los soldados a Río de Janeiro. A lo largo de toda la guerra, tanto los oficiales como los soldados prisioneros recibieron un sueldo idéntico al pago de su rango en el Ejército brasileño, además de vestuario, alimentación y alojamiento por cuenta del gobierno imperial. Los prisioneros

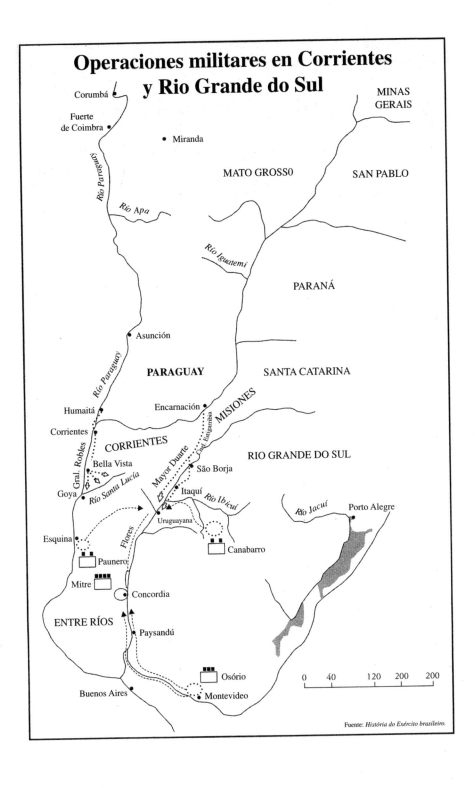

Operaciones militares en Corrientes y Rio Grande do Sul

Corumbá

MINAS GERAIS

Fuerte de Coimbra

Miranda

MATO GROSSO

SAN PABLO

Río Paraguay

Río Apa

Río Iguatemi

PARANÁ

Asunción

Río Paraguay

PARAGUAY

SANTA CATARINA

Humaitá

Encarnación

MISIONES

Corrientes

CORRIENTES

RIO GRANDE DO SUL

Gral. Robles

Bella Vista

Coel. Estigarribia

Río Santa Lucía

Mayor Duarte

São Borja

Goya

Itaquí

Río Ibicuí

Río Jacuí

Porto Alegre

Uruguayana

Esquina

Flores

Canabarro

Paunero

Mitre

Concordia

ENTRE RÍOS

Paysandú

Osório

0   40   120   200   200

Buenos Aires

Montevideo

Fuente: *História do Exército brasileiro.*

fueron distribuidos por diversas provincias, siendo designados en cuarteles o reparticiones públicas, con la finalidad administrativa de que tuvieran lugar donde recibir sus pagos. Los prisioneros ocupaban su tiempo en dormir y en "vagar" por las calles, gastando el sueldo recibido de la forma que mejor les parecía[262]. Uno de los protagonistas paraguayos de la guerra que fue apresado hacia el final del conflicto, el general Bernardino Caballero, aunque fue enviado a Río de Janeiro, constituía una excepción, porque en vez de recibir un sueldo de acuerdo a su grado recibía el que correspondía a un coronel, que era de 120 *réis*, casi quince libras esterlinas. Caballero vivía en una pensión y se hizo amigo de José Maria da Silva Paranhos Júnior —hijo del vizconde de Rio Branco y futuro barón de Rio Branco—, y ambos se divertían juntos en la noche carioca. El propio coronel Estigarribia optó por vivir en el Brasil y fue transferido a la Corte, donde era objeto de la curiosidad de la población, pues gozaba de libertad de movimientos e incluso frecuentaba el teatro[263].

En abril de 1869 había en el Brasil 2.458 prisioneros de guerra paraguayos, 2.183 de los cuales estaban en Río de Janeiro[264]. En junio de ese año fue creado un curso primario destinado a los prisioneros de guerra paraguayos en la Escuela Militar de Praia Vermelha, en Río de Janeiro. El curso funcionó hasta 1870 y se matricularon 180 prisioneros, incluso niños, pues con el desarrollo de la guerra Solano López comenzó a utilizarlos como soldados. El curso tenía clases diarias de tres horas de duración y ofrecía las materias de lectura ("impresa y manuscrita"), caligrafía, aritmética, doctrina cristiana y rudimentos de gramática portuguesa y civilidad (comportamiento). En 1870 se realizó un examen en la escuela y fueron aprobados 129 alumnos. Don Pedro II asistió a las pruebas y repartió medallas entre los que aprobaron con mejor desempeño[265].

En el Paraguay, los prisioneros brasileños del *Marquês de Olinda* recibieron un trato similar al que el Brasil les concedió a los paraguayos. Los oficiales militares y funcionarios públicos brasileños que se encontraban en la nave fueron enviados a vivir a Capilla de San Joaquín, y se les proveía de una casa y de la mitad de su sueldo si daban su palabra de honor de no huir. El total de los sueldos de esos prisioneros era de 242 patacones y comenzaron a recibir 121 pesos[266], cantidad a la que se llegó por la conversión paritaria entre las dos monedas, cuando en realidad el dinero brasileño valía más. Sin embargo, con el paso del tiempo los prisioneros de guerra brasileños dejaron de recibir cualquier tipo de sueldo de parte del gobierno paraguayo, y durante la guerra fueron objeto de malos tratos.

Don Pedro obtuvo otra victoria frente a Uruguayana cuando el ministro inglés Thornton le presentó sus credenciales, el 23 de septiembre de 1865, luego de haber sido trasladado de la Argentina al Brasil. Este hecho fue el resultado de la solución de la Cuestión Christie, que había llevado al rompimiento diplomático entre el Brasil e Inglaterra: el laudo del rey belga Leopoldo I había sido favorable al Imperio brasileño. Cuando se presentó ante el emperador, Thornton hizo un discurso expresando "el sentimiento con que Su Majestad la Reina percibió las circunstancias que acompañaron la suspensión de las relaciones de amistad entre las cortes del Brasil y de Inglaterra, y declarar que el gobierno de Su Majestad [británica] niega de la manera más solemne toda intención de ofender la dignidad del Imperio del Brasil"[267]. Por provenir de la mayor potencia de la época, el pedido de disculpas constituía una significativa victoria diplomática del Brasil y por ello fue aceptado por Pedro II, restableciéndose entonces las relaciones diplomáticas entre los dos países.

El 24 de septiembre, los jefes aliados deliberaron en Uruguayana y se decidió que para enfrentar a los invasores las fuerzas aliadas debían marchar hacia Corrientes. Al día siguiente Pedro II partió a bordo de la cañonera *Onze de Junho*, y luego de visitar Itaquí y São Borja, volvió a Rio Grande para retornar desde allí a Río de Janeiro[268]. En cuanto a Solano López, a pesar de que era "frío (e) impasible" cuando recibía noticias importantes, lloró cuando se enteró de la derrota paraguaya en Uruguayana[269].

Retirada paraguaya; avance aliado

Con la rendición de Uruguayana los aliados disponían de dos fuerzas: una en ese lugar y otra en Concordia. Para atacar a los paraguayos era necesario reunirlas y recorrer más de doscientos kilómetros hasta alcanzar Corrientes. El 19 de septiembre, las tropas aliadas de Uruguayana comenzaron a atravesar el río Uruguay y a marchar en dirección a la villa de Mercedes, que era el punto de reunión aliado y hacia donde también se dirigían los generales Osório y Gelly y Obes, provenientes de Concordia. Esta última estaba muy lejos de Corrientes, que era el futuro teatro de operaciones, mientras que Mercedes se encontraba más cerca y a poco más de doscientos kilómetros de Uruguayana, desde donde vendrían marchando las tropas brasileñas que habían participado del cerco a los invasores del coronel Estigarribia.

El paso de las tropas brasileñas por Paso de los Libres fue relatado por Augusto Parmentier, que era el vicecónsul francés de esa localidad. Este funcionario escribió que a pesar de que los oficiales brasileños estaban bien preparados, debían enfrentar la falta de disciplina y de cohesión de los soldados, que se robaban unos a otros y a sus superiores, vendiendo lo que obtenían a los comerciantes locales. No obstante, observó que las fuerzas brasileñas llevaban "mucho oro", hasta el punto de que las libras esterlinas eran usadas para el cambio de valores pequeños. Los comerciantes de Paso de los Libres se aprovechaban de la situación y cobraban precios exorbitantes por cualquier mercadería. Los soldados compraban sobre todo bebidas alcohólicas, y preferían el aguardiente, que llegaba a costar cuatro libras esterlinas el litro[270].

Las tropas llegaban del Brasil con mucho equipaje y la marcha se hacía más difícil, además de verse retardada por las mujeres que las acompañaban. En territorio brasileño, el número de mujeres llegaba a sobrepasar algunas veces al de los soldados, y fue reducido durante la marcha rumbo a Corrientes debido a las privaciones que ellas tenían que enfrentar[271]. Del lado argentino las mujeres también quedaron "ocultas en la penumbra de la historia", y es imposible calcular el número de mujeres que seguían a los maridos y compañeros alistados en el Ejército. En 1866, el argentino Francisco Seeber escribió sobre ellas con admiración desde el campo de batalla:

> "(...) esas infelices siguen nuestros movimientos [del Ejército aliado], se visten pobremente, se alimentan con lo que sobra, viven bajo las ramas de los árboles, lavan y cocinan para los soldados y les dedican los mayores cuidados cuando se enferman o son heridos. Sus maridos o amigos muchas veces las tratan mal y ellas morirán en el olvido. Nadie las recordará, excepto para menospreciarlas"[272].

El brasileño José Luis Rodrigues da Silva ratifica lo que escribió Seeber. Rodrigues da Silva recuerda que en Paso de la Patria había mujeres "de vida alegre" que socorrían a los heridos en los puntos más peligrosos del campo de batalla, rasgando sus ropas para confeccionar vendajes y permaneciendo con ellos hasta el final de la batalla. Azevedo Pimentel cita a una tal Florisbela que acompañaba al 29° Cuerpo de Voluntarios de la Patria y participaba de los combates usando la carabina del primer hombre que caía herido, para luego ayudar en el hospital cuando terminaba la lucha.

> "Y, sin embargo ...¿quién se acuerda hoy de Florisbela, ignorada, desconocida, cuando merecía una epopeya? (...)
> Todo el 2° Cuerpo de Ejército a las órdenes de Porto Alegre la vio, la admiró y la envidió. La Patria la olvidó"[273].

De las mujeres brasileñas que estuvieron en la guerra, apenas Ana Justina Ferreira Nery fue debidamente recordada. Sin embargo, se trató de una excepción, pues no era solo una compañera sino la viuda del capitán de fragata Antonio Nery. Ella fue al Paraguay con tres hijos combatientes para cuidarlos, y en 1865 acompañó al 40° Batallón de Voluntarios de la Patria, comandado por su hermano Joaquim Mauricio Ferreira. Durante la guerra,

Mapa esquemático
del teatro de operaciones
(1866-1868)

↑
HACIA
ASUNCIÓN

Timbó

Laguna Verá
Chaco

Puerto Elizário

Puerto Palmar

Atajo

Camino
Alfonso Celso

Tagy

Establecimiento   **PARAGUAY**
HUMAITÁ

Curupaytí

Curuzú

Itapirú

Itatí
Santana
Cerrito
Paso de la Patria

Río Paraná

ARGENTINA

CORRIENTES

Riachuelo   Mercedes   **ARGENTINA**

Cuevas

HACIA
EL RÍO DE
LA PLATA
↓

Goya

Esquina

Fuente: Helio Leôncio Martins, *A estratégia
naval brasileira na Guerra do Paraguai.*

Ana Nery residió en Corrientes, Humaitá y Asunción, cuidó de los enfermos en los hospitales y hasta convirtió su propia casa en un hospital. Más tarde, el gobierno imperial le concedió una pensión y la medalla de plata por los servicios prestados[274]. Su gran dedicación llevó a que la tropa le pusiera el sobrenombre de "madre de los brasileños"[275].

Contrastaba con Florisbela, quien, según escribió Azevedo Pimentel, "tenía la desgracia de ser una *perdida*, sin nombre ni familia". Ana Nery tenía una imagen de madre antes que de mujer —esposa, compañera o aventurera—, y eso hizo que la sociedad de la época la eligiera como una heroína emblemática, incluso porque sus hijos eran oficiales y, como tales, miembros de la elite brasileña. Ella "era la viuda honrada", mientras que Florisbela "no tenía la virtud de Ana Nery", pero "como la Magdalena de la Biblia, merecía encontrar un Cristo que, cautivado, (...) ¡la amase y la venerase!"[276].

Las fuerzas aliadas de Concordia no tenían capacidad operativa para efectuar una larga marcha en un corto espacio de tiempo. Para alcanzar Mercedes tuvieron que atravesar una región poco poblada, pobre en vías de comunicación, cortada por caudalosos riachos y con falta de una adecuada provisión de mantenimientos. A esas dificultades se les sumó el rigor del clima, el invierno platense —para el cual no estaban preparadas las fuerzas brasileñas provenientes del norte del Imperio—, prontamente sustituido por el calor sofocante y las lluvias, los cuales retardaron la marcha y facilitaron la propagación de enfermedades. Para evitar la muerte por fatiga de las cabalgaduras, muchos soldados cargaban sobre sí las sillas de montar e incluso tenían que ayudar a desencajar a las pesadas carretas que transportaban armamento y alimentos, pues los agotados bueyes no conseguían tirar de ellas. Como resultado de todo esto, la fuerza aliada llegó a Mercedes recién a fines de octubre; de los 3 mil hombres de la tropa de Flores, seiscientos estaban enfermos, mientras que Osório, desde su partida del campamento cercano a Montevideo, había perdido 5 mil soldados, entre muertos en los hospitales militares y enfermos enviados a la capital argentina o uruguaya. Las precarias condiciones higiénicas de ese campamento llevaban a la muerte de entre sesenta y cien soldados por día, principalmente debido al sarampión, al tifus y a la disentería[277].

En Mercedes había cerca de 35.411 soldados exhaustos —16.173 argentinos, 13.828 brasileños y 5.583 uruguayos—[278], que no habían tenido tiempo de enfrentar al Ejército invasor de Corrientes, como lo planeara Mitre. La desastrosa derrota de Rio Grande do Sul y el bloqueo del río Paraná de parte de la escuadra brasileña, llevaron a que Solano López le ordenara a Resquín que retornase con sus tropas hacia el territorio paraguayo por Paso de la Patria. Entre el 31 de octubre y el 3 noviembre los paraguayos atravesaron la confluencia de los ríos Paraná y Paraguay —conocida como Tres Bocas—, sin que fueran molestados por la escuadra imperial. No fue un pasaje fácil, pues llevaban consigo cerca de 100 mil cabezas de ganado y caballos, algunas centenas de carretas con el saqueo de las estancias y poblaciones correntinas e incluso la artillería que utilizaron en Corrientes. Los que se retiraban iban acompañados por el triunvirato títere correntino y otros habitantes de la provincia que aceptaron la hospitalidad que había ofrecido el gobierno paraguayo en la nota oficial donde se comunicaba la retirada de las tropas. Uno de ellos, Silvero, fue apresado por los aliados el 1º de marzo de 1870 en Cerro Corá, y continuó viviendo en el Paraguay[279].

La inactividad de las naves de Barroso fue objeto de críticas en la época, al igual que la ausencia de Tamandaré, quien permanecía en Buenos Ai-

El cadete Dionísio Cerqueira en 1866. Luchó en la guerra desde el comienzo y escribió uno de los mejores libros brasileños de memorias sobre el conflicto. El general Dionísio Cerqueira fue ministro de Relaciones Exteriores entre 1896 y 1898, durante la presidencia de Prudente de Moraes.

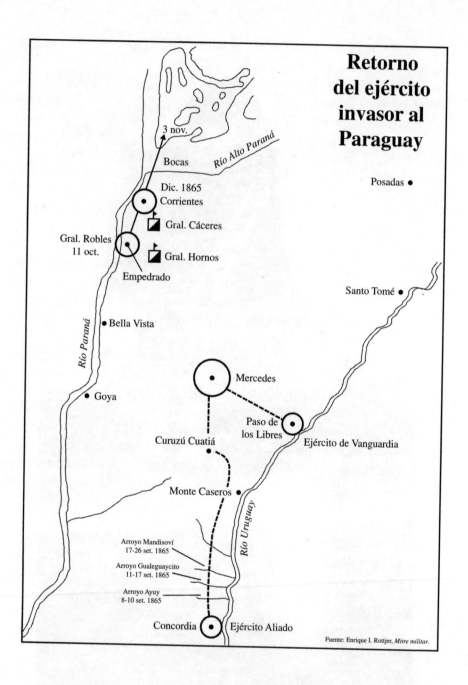

Retorno del ejército invasor al Paraguay

3 nov.

Río Alto Paraná

Bocas

Posadas ●

Dic. 1865
Corrientes

Gral. Cáceres

Gral. Robles
11 oct.

Gral. Hornos

Empedrado

Santo Tomé ●

Río Paraná

● Bella Vista

Mercedes

● Goya

Paso de
los Libres

Curuzú Cuatiá

Ejército de Vanguardia

Monte Caseros ●

Río Uruguay

Arroyo Mandisoví
17-26 set. 1865

Arroyo Gualeguaycito
11-17 set. 1865

Arroyo Ayuy
8-10 set. 1865

Concordia ● Ejército Aliado

Fuente: Enrique I. Rottjer, *Mitre militar*.

res. La falta de prácticos sobre esa parte del Paraná y el pequeño caudal del río a causa de la bajante "fueron los obstáculos, o más bien las disculpas para justificar la inacción de nuestros navíos"[280]. Sin embargo, Barroso de hecho no conocía la cala fluvial del río Paraná, no disponía de ninguna carta hidrográfica y no había conseguido en Corrientes ningún práctico que la conociese, lo que ponía en riesgo de encallar a las embarcaciones brasileñas que se aventurasen en esas aguas y convertirlas en blanco de la artillería paraguaya. De los diez navíos que componían la división de Barroso solo seis cañoneras de la escuadra eran verdaderamente operacionales; y los paraguayos podían atravesar el Paraná no solo en Paso de la Patria sino también en otros puntos a lo largo de cuarenta kilómetros llenos de islas y de bancos de arena[281]. Para poder vigilar esa extensión e intentar impedir la retirada paraguaya, las seis cañoneras tenían que separarse, consumiendo así el poco carbón disponible, y por lo tanto quedando vulnerables a los cañones de tierra y ante la propia escuadra paraguaya, que solo había perdido cuatro vapores en la batalla de Riachuelo. Ante esas circunstancias resulta comprensible la cautela de Barroso, pero tampoco se puede dejar de señalar que ella le dio menos libertad de movimiento que el que le permitía el poder militar del enemigo, en caso de que la Marina imperial se atreviese a más. Los jefes navales brasileños deberían haber considerado que el Paraguay se encontraba a la defensiva, y que a ellos les correspondía efectuar operaciones ofensivas en lugar de privilegiar la preservación de la escuadra.

Las campañas del Uruguay y de Corrientes fueron un desastre estratégico y político para Solano López. Se perdieron tropas bien entrenadas y las que se retiraron de Corrientes lo hicieron desmoralizadas o enfermas[282]. El plan original de Solano López era osado, pero hubiera podido realizarse si no fuese por el hecho de que sus premisas demostraron ser falsas —el apoyo de los blancos y, fundamentalmente, el de Corrientes y Entre Ríos—, además de contar con dos comandantes incompetentes y desobedientes, como Estigarribia y Robles. Sin embargo, la responsabilidad del fracaso le cabe a Solano López "en grado máximo" por no haber comandado directamente las operaciones en el campo de batalla. El líder paraguayo dejó la ejecución de sus planes en manos de subordinados que eran ineptos para esa tarea, y él más que nadie "estaba obligado a saberlo"[283].

3. La guerra de posiciones
(1866-1867)

Desde el desembarco en Paso de la Patria hasta la ocupación aliada de Humaitá, que estaba ubicada a unos veinte kilómetros del lugar, la guerra fue básicamente de posiciones y se desarrolló entre los límites de la confluencia de los ríos Paraná y Paraguay y la línea de defensa construida por Solano López. Esta era una nueva realidad, ya que hasta ese momento los conflictos en Europa y en el Río de la Plata se caracterizaban por ser guerras rápidas, de movimiento, con predominio del uso de la caballería y de la artillería, así como de batallas campales decisivas. La Guerra de Secesión norteamericana (1860-1865) inició el cambio en la forma de hacer la guerra pues fue larga, exigió la movilización de enormes recursos de toda la sociedad y por lo tanto se convirtió en una "guerra total". Este nuevo concepto encontraba correspondencia con una nueva realidad en la tecnología de armamentos. En la lucha norteamericana se utilizaron trincheras y nuevas armas, como los rifles de repetición, los acorazados, los globos de observación y hasta un submarino rudimentario; todas estas características implicaban una mayor mortandad y duración de los conflictos. La Guerra del Paraguay fue la segunda "guerra total" de la época contemporánea, y a los jefes militares aliados les fue dificultoso adaptarse a ella porque habían hecho carrera combatiendo en conflictos rápidos, donde el factor decisivo era la caballería, y el armamento principal, espadas y lanzas. Esos comandantes —que en su gran mayoría tampoco tenían condiciones intelectuales— no tuvieron tiempo de asimilar las lecciones de la Guerra de Secesión norteamericana, la cual terminó cuando comenzaba la lucha contra el Paraguay.

En un principio, el Ejército brasileño en el Paraguay operó a partir de tácticas derivadas de la doctrina militar implementada por Caxias en 1855, quien entonces era ministro de Guerra. Esa doctrina había sido elaborada a partir de la experiencia en las luchas internas brasileñas, y también bajo la influencia portuguesa, inglesa y francesa. La infantería adoptó el sistema de instrucción propuesto por el coronel del Ejército portugués Bernardo Antonio Zagalo. Este postulaba el predominio del orden y unidad en el campo de batalla, con el objetivo principal de disparar en las mejores condiciones, sea avanzando o retrocediendo, y que podía ser realizado a pie firme en conjunto o por el tirador. La bayoneta era utilizada como arma ofensiva en el asalto y defensiva contra el ataque de la caballería, mientras que los infantes se concentraban bajo la forma geométrica de cuadrados. La caballería adoptó el reglamento de táctica del general inglés Beresford, en que el objetivo era el ataque, pues esa arma tenía velocidad y potencia de choque. La artillería montada usaba el reglamento francés, eligiendo como sus principales blancos a la infantería y la caballería enemigas[1]. Además de esas tres armas —artillería, caballería e infantería—, estaban los llamados cuerpos especiales, a los cuales se encontraba agregado el Batallón de Ingenieros, que debía organizar el terreno y asegurar la travesía de los pequeños cursos de agua. A pesar de haber sido poco valorado por generales sin formación en academia militar, ese batallón resultó fundamental en una guerra que transcurrió en gran parte sobre terreno pantanoso o cortado por ríos y riachos, e incluso en trincheras que tenían que ser rápidamente construidas.

Entre 1866 y mediados de 1867 la Guerra del Paraguay fue una guerra de posiciones. Se trató de un período en el que el Ejército que estuvo a la defensiva contó con una gran ventaja sobre la ofensiva en todos los combates que se realizaron.

La invasión del Paraguay

Con la retirada paraguaya de suelo argentino se invertía el sentido de la guerra. Ahora, el Paraguay pasaría a ser el invadido y los aliados tenían que elegir el lugar de la invasión, debiendo hacerlo con cautela pues no disponían de mapas del país. Como consecuencia de las décadas de aislamiento, el interior paraguayo era una inmensidad desconocida por los extranjeros, y hasta el final de la guerra ese factor constituyó un serio obstáculo para las acciones militares aliadas. La falta de dinamismo del comandante de la escuadra brasileña, Tamandaré, fue una dificultad adicional para la acción del Ejército aliado. Los aliados solo pudieron invadir el territorio guaraní en abril de 1866, obligando entonces a que Solano López hiciese retroceder a sus tropas para instalarlas en sólidas posiciones defensivas, por detrás de terrenos inundados que dificultarían el avance enemigo.

La larga espera

El Ejército paraguayo que volvió a su país desde Corrientes estaba compuesto por 14 mil hombres sanos y otros 5 mil enfermos y parecía estar extremadamente fatigado. Habían muerto 8.500 paraguayos en territorio argentino, a los cuales se les deben agregar los 12 mil hombres de la columna de Estigarribia, muertos o prisioneros. Thompson asegura que a esa altura de los acontecimientos en el Paraguay ya habían muerto otros 30 mil soldados, y que 10 mil cayeron enfermos, principalmente debido a la diarrea. Según esos cálculos, la mortandad paraguaya ya era de 52 mil hombres a fines de 1865. Thompson induce a la conclusión de que buena parte de los muertos de ambos bandos en la Guerra del Paraguay no se debió a los combates, sino a las enfermedades causadas por la mala alimentación y las pésimas condiciones de higiene en los campamentos. Esa conclusión se ve corroborada por la declaración de Henrique d'Ávilla, un brasileño que participó de la guerra y que luego llegaría a ser senador del Imperio, quien afirma que "dos tercios de los soldados murieron en los hospitales y en marcha hacia el teatro de operaciones de la guerra, sin haber disparado un tiro y sin llegar a ver al enemigo"[2].

Además de estar desmoralizada, la tropa paraguaya retornó al país hambrienta y prácticamente desnuda. Pocos de esos soldados se atrevieron a quejarse en voz alta, ya que en caso de ser denunciados serían duramente castigados. El descontento se vio agravado porque eran conscientes de que el retorno al Paraguay significaría la pérdida del acceso a ciertos bienes de consumo que desconocían anteriormente debido a las décadas de aislamiento en que vivió el país. Cuando los invasores de Corrientes encontraron esos bienes, se deslumbraron y los tomaron. El descontento está registrado en los procesos contra militares que fueron acusados de traición por hacer comentarios críticos a la conducción de la guerra por Solano López y a las condiciones de vida de las tropas.

Así, el capitán José María Rodriguez fue condenado a muerte y fusilado por criticar a Solano López[3]. También fue procesado el mayor José Martínez, quien había recibido la Orden del Mérito Nacional de Solano López por su actuación durante la invasión del territorio argentino. En diferentes ocasiones se quejó de la desnutrición y del estado de semidesnudez de sus tropas, cuestionando incluso la necesidad de recurrir a la guerra para "la salvación de la Patria". Al retornar al Paraguay y no conseguir mantenimientos para su tropa, el mayor afirmó "que ya estaban de nuevo en esa nación 'endemoniada', donde no se podía encontrar qué comprar". El teniente Ramón Silvero, que era un subordinado de Martínez, comentó que cuando los soldados paraguayos volvían a su país rechazaban la miseria, y esto los llevaba a la deserción, que por cierto se había iniciado ya en territorio argentino. Silvero, así como otros militares que habían escuchado las críticas sin comunicárselo a Solano López, fueron denunciados y llevados a juicio por "traición y atentado contra la disciplina y el buen orden". Martínez, Silvero y otro oficial fueron condenados a muerte y fusilados el 15 de enero de 1866, mientras que otros diez compañeros recibieron diversas penas[4].

En Asunción, el cónsul francés Laurent-Cochelet también registró un cambio en la opinión pública. Escribió que la popularidad de Solano López había disminuido considerablemente entre las clases inferiores, porque los resultados de la guerra los habían "despertado cruelmente de los sueños dorados en los cuales se habían enredado, como consecuencia de la fácil captura de Coimbra y el lucrativo pillaje de las localidades de Mato Grosso". Especialmente las mujeres, "que forman casi exclusivamente" la población que no fue a la guerra, comenzaron a responsabilizar a Solano López por lo que entendían como una especie de castigo divino contra el Paraguay. Lo cierto era que, según Laurent-Cochelet, la miseria y las enfermedades aumentaban día a día en el país y "la desgraciada población paraguaya, mal vestida, mal alimentada, privada de sus medios normales de sustento, está, por así decirlo, arrojada a la desesperación"[5].

Con la retirada paraguaya de suelo argentino la iniciativa de la guerra le correspondería a los aliados. En los primeros días de noviembre sus fuerzas recorrieron doscientos kilómetros desde Mercedes hasta Corrientes, atravesando caminos que estaban casi intransitables debido a la estación lluviosa, y cruzando ríos y arroyos que habían desbordado de su lecho. En los últimos días de diciembre, los aliados llegaron a la región desde la cual partirían para invadir el Paraguay. El campamento argentino se instaló en Ensenada, treinta kilómetros al nordeste de la ciudad de Corrientes; el campamento del general Osório quedó en Laguna Brava, que se hallaba ubicada al este de esa capital, mientras que las tropas de Flores se instalaron en San Cosme. Los brasileños debieron enfrentar el calor y las moscas: el sudor recorría abundantemente el cuerpo en cualquier momento del día y las moscas no daban tregua, ya que estaban presentes hasta en la precaria comida, que siempre se basaba en carne. Alguna que otra vez las refecciones variaban incorporando *pirão** de *farinha* húmeda, con *bolachas*** "duras como tablas", o alguna lata de sardinas que los comerciantes vendían a "precios fabulosos". Fuera cual fuese la comida, las moscas eran tantas que era muy difícil ingerirla "sin una docena de ellas". Si algún cocinero dejaba

---

* *N. del T.:* Panecillo de harina de mandioca cocida.
** *N. del T.:* Galletas.

la carne sin protección, pronto estaba repleta de larvas de moscardones. Dionísio Cerqueira relata el caso de un compañero que, cansado de combatir las moscas y desanimado ante su número, resolvió aplastar a las que se posaban en el *pirão* o en el arroz —que servían algunas veces— y las ingirió. Ese compañero tomó una taza de metal llena de vino que había sido comprado en una carreta cercana, y bebió "colando entre los dientes la masa de moscas que llenaban su boca, escupiéndolas después"[6].

En marzo de 1866, las fuerzas aliadas se encontraban sobre las márgenes del Paraná y tenían ante su vista el fuerte de Itapirú, que se encontraba en la margen opuesta sobre territorio paraguayo. En realidad, se trataba de una construcción antigua que desde el 17 de marzo, cuando la escuadra brasileña tomó posición cerca de Corrales, apenas disponía de cinco cañones con base en las rocas, y cuya protección era un muro de tierra revestido de ladrillos que se había derrumbado en uno de sus lados[7]. Sin embargo, la invasión aliada constituía un desafío, no tanto por el sistema de fortificaciones enemigo sino por las condiciones desfavorables del terreno y el desconocimiento del campo de operaciones.

El sistema defensivo paraguayo se localizaba en un espacio de sesenta kilómetros de largo por unos veinte de ancho situado entre la confluencia de los ríos Paraná y Paraguay, al sur, y hasta el Tebicuarí, al norte. La primera posición paraguaya era Itapirú; más hacia el norte, y sobre la margen izquierda del río Paraguay, se encontraban sucesivamente las fortificaciones de Curuzú, Curupaytí y Humaitá. Todas ellas dominaban el río con una numerosa artillería y eran de difícil acceso por tierra, ya que estaban rodeadas de una vegetación muy densa. Entre Humaitá y Asunción se levantaron otras dos posiciones fortificadas: Timbó, que estaba a la derecha del río, y Tahí, a la izquierda. La secuencia de posiciones fortificadas con centro en Humaitá protegía la capital paraguaya contra una acción fluvial enemiga, mientras que la mayor defensa terrestre de la ciudad era la naturaleza. El territorio situado entre Asunción y Paso de la Patria era salvaje, cubierto por una densa vegetación, cortado por un verdadero laberinto de riachos, charcos, pantanos y lagunas, infestado de víboras, arañas e insectos; estos últimos en especial atormentaban a los soldados aliados, a sus cabalgaduras y a los animales de tracción.

Los aliados permanecieron en sus campamentos en territorio argentino hasta comienzos de abril de 1866, debiendo soportar una verdadera guerrilla. Decenas o centenas de soldados paraguayos cruzaban el río en canoas para realizar pequeños ataques y capturar ganado; las constantes escaramuzas deprimieron el ánimo de los aliados. La más importante de ellas fue el ataque a Corrales del 31 de enero de 1866, donde cerca de seiscientos paraguayos se enfrentaron dentro de un bosque con 2.500 soldados argentinos de la 2ª División del coronel Conesa (llamada Buenos Aires). Luego de cinco horas de combate en que los argentinos lucharon a pecho descubierto, los paraguayos se retiraron y ambas partes se atribuyeron la victoria en la lucha. Los autores paraguayos citan la pérdida de 170 atacantes, entre muertos y heridos, luego de causarle grandes bajas a las tropas de Conesa —tal vez novecientas—; los autores argentinos declaran pérdidas cercanas a los cuatrocientos soldados. Lo cierto es que los dos lados lucharon valerosamente, y que cuando los atacantes retornaron a su territorio no fueron molestados, ni por las naves brasileñas que estaban fondeadas algunos kilómetros más abajo, ni por la caballería argentina del general Hornos, que podría haberles cortado la retirada[8].

Según las memorias de Dionísio Cerqueira, la larga espera por la invasión al Paraguay llevó a que los soldados brasileños se indignaran con la inmovilidad de la escuadra imperial. Furiosos, los hombres se preguntaban qué estaba haciendo aquella fuerza naval mientras las flotillas de canoas paraguayas atravesaban el río Paraná para atacar a las avanzadas de las tropas aliadas[9]. De manera general, esas críticas eran pertinentes, pero deben ser relativizadas puesto que, como declara el mismo Cerqueira, parte de las tropas brasileñas se componían de jóvenes que tenían alrededor de veinte años, impacientes por entrar en batalla y alcanzar la gloria. Ignoraban los problemas que debía enfrentar el comando aliado y la cautela que debía poner en juego para agilizar las operaciones. Lo cierto es que la inercia de Barroso, comandante de la escuadra en Corrientes, derivaba de la falta de instrucciones para la acción. De esta forma, no podía salir del puerto ni aunque intentase ir apenas hasta la desembocadura del río Paraguay. Descontento con esta situación, Mitre le envió un mensaje a una persona cercana a Tamandaré —quien continuaba en Buenos Aires—, para que le hiciera comprender al almirante "la imperiosa necesidad de que se ponga al frente de la Escuadra", para planear operaciones contra los paraguayos[10].

André Rebouças era teniente ingeniero del 1er Cuerpo de Ejército imperial y estaba cansado de "soportar la inercia", según le comentó a Francisco Octaviano de Almeida Rosa, quien había llegado a Corrientes a mediados de marzo de 1866. El diplomático respondió: "Es verdad, ya cansan; ¿¿¿y Tamandaré que aún hoy no subió??! No sé a qué atribuir esto, solo encuentro explicación en una decrepitud precoz". Según Rebouças, el descontento por la lentitud con que se llevaba la guerra no se daba solo en el Ejército sino también en la propia escuadra: "Hay una irresolución, una timidez, un exceso de precauciones, que a veces hace suponer cobardía y que casi siempre es ridícula"[11]. Incluso Pedro II se mostraba "impaciente y disgustado" con la parálisis de la escuadra y del Ejército; en Río de Janeiro se cuestionaba en general a Tamandaré porque permanecía en Buenos Aires, y se comentaba que Osório tenía "poca o ninguna armonía" con el almirante[12].

José Ignacio Garmendia, que era un argentino que participó en la guerra, fue más tolerante. Justificó la demora de la invasión aliada del Paraguay por el tiempo que se necesitaba para entrenar a la mitad de las fuerzas argentinas y brasileñas —compuestas mayormente por reclutas—, así como también por la espera de refuerzos, pues los aliados eran numéricamente insuficientes para efectuar un ataque. En cuanto a la inercia de la Marina brasileña, Garmendia la atribuyó al bajo nivel de agua que tenía el río hasta fines de mayo de 1866[13]. El hecho es que esa situación beneficiaba a Solano López, pues le daba tiempo para reforzar sus posiciones defensivas; además, les proporcionaba beneficios a los comerciantes, que se aprovechaban de la relativa calma para venderle bebidas alcohólicas y otros productos a los soldados a precios muy altos.

Las incursiones enemigas al campamento aliado se hicieron frecuentes a lo largo de tres meses. Los paraguayos atravesaban el río Paraná en canoas, ante la vista de los aliados, penetraban algunos kilómetros en el interior y, luego de alguna escaramuza, volvían al campamento casi siempre con algún trofeo. En cierta ocasión, un sargento paraguayo negro —en el Paraguay había negros y esclavos— volvió de una incursión con nueve cabezas de soldados aliados en una bolsa, se presentó ante Solano López y las apiló una sobre otra. Fue ascendido y se convirtió en el único oficial negro del Ejército paraguayo. Solano López "lo envió a todos los combates", exponiéndolo, hasta que fue muerto[14].

Mientras que los soldados aliados se impacientaban y sufrían disgustos con la inactividad, los paraguayos llevaban una vida "agradable" en el campamento de Paso de la Patria. Las guerrillas con las que fustigaban al enemigo y los combates entre las chatas y las naves de guerra brasileñas —en los cuales siempre se veían favorecidos— los mantenían entretenidos y les infundían confianza, creando en ellos la esperanza de que obtendrían la victoria en una grande y definitiva batalla. Los domingos había baile en el campamento, y aunque todos iban en busca de diversión, también lo hacían para no demostrarse indiferentes a las manifestaciones de entusiasmo y alegría del Ejército, y con ello volverse sospechosos ante los ojos de Solano López[15].

La inmovilidad de la escuadra imperial y la permanencia de Tamandaré en Buenos Aires —quien se rehusaba a remontar el río Paraná mientras no llegasen más tropas y vapores— irritaron a Guillermo Rawson, ministro del Interior argentino. Este funcionario estaba convencido de que el objetivo deliberado de Tamandaré era hacer una demostración de fuerza dirigida a los aliados, y no para el enemigo. Sospechaba que hubiera un plan de "algunos estadistas" del Imperio para retardar la acción contra Solano López, ya que el Brasil estaba en condiciones financieras de esperar "dos años antes de intentar algo serio contra el Paraguay", mientras que sabía que "no podemos soportar esfuerzos tan grandes sin arruinarnos financiera y políticamente". Rawson escribió que parecía que los brasileños estaban determinados a "hacer una espléndida ostentación de poder, no contra el enemigo, sino (...) contra sus aliados"[16].

Pero el motivo de la demora de Tamandaré era otro. El almirante esperaba la llegada de más naves porque suponía que un imponente aparato de fuerzas aliadas, navales y terrestres, impresionaría a los soldados enemigos y los llevaría a abandonar a Solano López. Al mismo tiempo, Tamandaré hacía responsable a Mitre por la demora en la invasión al Paraguay, pues creía que el procedimiento implementado por el comandante en jefe aliado escondía aspiraciones de mantener la influencia argentina en las deliberaciones militares y en los ajustes de paz. El almirante brasileño también temía que Mitre postergase la invasión por cuestiones de política interna argentina. A pesar de que hasta ese momento el único que podía ser acusado de falta de iniciativa era el propio Tamandaré, solicitó que se le confiase la dirección de la guerra y que se le ordenase al Ejército imperial invadir el Paraguay. Al igual que otros hombres públicos brasileños, Tamandaré no confiaba en el aliado argentino, y un elemento adicional de antipatía hacia Mitre se remontaba a la guerra entre el Imperio y Buenos Aires entre 1825 y 1828. El ministro de Negocios Extranjeros, José Antonio Saraiva, no veía motivos para esas desconfianzas, pero se comprometió a hacerle "sentir" al presidente argentino que los generales brasileños tenían órdenes de atravesar el río Paraná y continuar la lucha[17].

La alianza argentino-brasileña no había puesto fin a las desconfianzas entre los hombres públicos de los dos países. Esta desconfianza era una herencia de la época colonial y se profundizó con la Guerra de 1825-1828, así como también en los años siguientes, perdurando durante el conflicto contra el Paraguay, incluso entre los jefes militares. Cuando ocurrían fracasos o demoras en las acciones bélicas, un aliado creía que el otro estaba poniendo en práctica una política deliberada para promover su debilitamiento. Para Nelson Werneck Sodré, los errores militares del comienzo de la campaña "no tienen cuenta ni medida". Según el análisis de Paranhos, esos errores servían para que se reavivaran resentimientos y desconfianzas entre la Argentina y el Imperio, los cuales se profundizaron con el prolongamiento del conflicto[18].

A pesar de las especulaciones de Tamandaré, este aún no había cumplido con la parte que le correspondía para hacer posible la invasión del Paraguay. En lugar de mantenerse inmóvil, la Marina imperial debía dominar el río Paraná, eliminar las incursiones guerrilleras paraguayas, reconocer la cala del río e incluso localizar las fortificaciones ubicadas en la margen paraguaya, así como los puntos donde pudiese desembarcar el Ejército aliado.

Pero nada de ello había sido hecho hasta comienzos de 1866. Esto llevaba al gobierno argentino a la desesperación pues, como sus cofres estaban agotados por los enormes gastos de guerra, los constantes fracasos lo obligaron a contraer empréstitos en Londres y uno de 500 mil "pesos fuertes" de argentinos ricos. Se recurrió entonces a un nuevo empréstito de 1 millón de "pesos fuertes" otorgado por el gobierno imperial, quien advirtió que también estaba pasando por dificultades y que ese dinero solo debería ser utilizado por el Tesoro argentino en caso de extrema necesidad[19].

Mientras la invasión al Paraguay continuaba sin definirse, el general Osório no permanecía inactivo. Creó un taller para la fabricación de cartuchos en la ciudad de Corrientes, que produjo, hasta enero de 1866, cerca de dos millones de unidades para diferentes tipos de armas. A Corrientes también llegaron los refuerzos provenientes del Brasil, que desembarcaron en un puerto especial que era utilizado exclusivamente para el movimiento de armamentos y de tropas brasileñas. La ciudad contaba incluso con un hospital militar brasileño[20].

Tamandaré llegó a Corrientes al frente de la 3ª División Naval el 21 de febrero de 1866, es decir, nueve meses después de la firma del Tratado de la Triple Alianza y ocho meses después de la batalla de Riachuelo. Al mes siguiente, también llegó al teatro de operaciones Francisco Octaviano de Almeida Rosa, con el objetivo de seguir de cerca la situación. A esa altura de los acontecimientos, la escuadra brasileña en el teatro de guerra había recibido refuerzos y contaba con dieciocho naves de guerra movidas a hélice y cuatro acorazados (*Brasil, Tamandaré, Barroso* y *Bahia*). El *Tamandaré* y el *Barroso* fueron construidos en el Arsenal de la Marina en Río de Janeiro, mientras que el *Brasil* había sido encomendado a un astillero francés en 1864 por cuenta del dinero obtenido con una suscripción nacional abierta como consecuencia de la Cuestión Christie[21]. El *Brasil* recién pudo ser incorporado a la Marina imperial en diciembre de 1865 pues, ante gestiones de la diplomacia paraguaya, su partida había sido embargada por el gobierno de Napoleón III, a pesar de que este era neutral en la guerra entre el Imperio y el Paraguay. El representante brasileño en Londres, barón de Penedo, tuvo que realizar una misión especial para que la nave de guerra fuese entregada y partiese rápidamente, ya que se temía una contraorden del gobierno francés[22].

El acorazado *Bahia* se compró en Liverpool y formaba parte de una flotilla del mismo tipo cuya construcción había sido encomendada por Solano López en Europa. Con la guerra, el gobierno paraguayo dejó de pagar las prestaciones de la construcción de la flotilla y los agentes brasileños aprovecharon la oportunidad para comprarla. Esos acorazados fueron bautizados con los nombres *Bahia, Lima Barros, Colombo* y *Cabral*[23]. Gracias a que Solano López había encargado esos acorazados, el Imperio pudo contar rápidamente con una flotilla que permitió el bloqueo del Paraguay, cuando en condiciones normales hubiera demorado mucho más tiempo para conseguirla.

Los paraguayos, por su lado, utilizaban chatas armadas como baterías flotantes, las cuales eran remanentes de la batalla de Riachuelo. Como ya se ha visto, esas embarcaciones eran peligrosas para la escuadra brasileña y difíciles de avistar, no solo porque permanecían casi totalmente sumergidas sino también porque quedaban camufladas por grandes montones de tierra y vegetación; en épocas de lluvias, esos terrones se desprendían de las barrancas paraguayas y eran transportados por la corriente del río y depositados sobre las embarcaciones, las que debido a su perfil bajo y torre con un único cañón, apenas emergían de la superficie del río.

Para financiar las compras de armamentos en el exterior —entre las cuales se destacan las naves de guerra—, el Imperio había recurrido en 1865 a un empréstito externo por 5 millones de libras, el cual tomó en la plaza de Londres. Las condiciones de esa operación financiera causaron un "griterío generalizado" en Río de Janeiro, pues el país debería pagar por ese empréstito 6.963 millones de libras, de las cuales 2 millones eran a título de comisiones, intereses y amortización. La cantidad debería ser saldada en treinta y siete años, con altos intereses para la época de 5% anual. Así, el Tesoro Real recibió un total de 44.444:000$308 *réis* y terminó pagando 116.354:655$308, o sea, un 160% más del valor inicial[24].

En marzo de 1866, las naves brasileñas fondeadas en Tres Bocas comenzaron a buscar el mejor punto de desembarco para el Ejército aliado en la margen paraguaya del río Paraná. El 17 de abril, más de 65 mil soldados que componían las fuerzas aliadas comenzaron a cruzar el río Paraná por Paso de la Patria, frente al fuerte de Itapirú, con el objetivo de enfrentar a los 30 mil hombres del Ejército que había reorganizado Solano López[25]. En esa época, una fuerza atacante debía ser dos o tres veces superior para vencer la ventaja defensiva. Durante toda la Guerra del Paraguay, las fuerzas aliadas nunca llegaron a tener en operaciones más que el doble de hombres del Ejército de Solano López, lo que explica en parte la larga duración del conflicto.

La forma de invadir al Paraguay fue decidida en una conferencia entre los jefes aliados que se realizó el 25 de febrero. En ella estaba presentes Mitre, Tamandaré —que había llegado al teatro de guerra tres días antes, proveniente de Buenos Aires—, Osório y Flores. Mitre abrió la conferencia declarando que, dado que la escuadra era el principal apoyo de las próximas operaciones de guerra, le correspondía a Tamandaré proponer un plan de campaña. Tamandaré respondió de forma irreal o arrogante —dependiendo del ángulo desde el que se vea su declaración—, diciendo que disponía de todos los medios para destruir con sus naves las fortificaciones enemigas, desde Paso de la Patria hasta Asunción. Sin embargo, creía conveniente establecer un plan por el que la escuadra y las fuerzas terrestres aliadas actuasen en forma conjunta. Quedó establecido entonces que la escuadra transportaría al Ejército hacia la margen paraguaya —tal vez sin perder un soldado, dijo Tamandaré—, llegando a un número de entre 8 mil y 10 mil hombres en un solo día. Eran 26 naves, de las cuales dieciséis eran de combate, con 110 cañones y 3.510 marineros. En Corrientes había cinco pequeños vapores argentinos, pero Tamandaré no los utilizó porque no servían para la lucha[26]. Durante el mes de marzo se hizo un reconocimiento del territorio paraguayo buscando un punto que permitiese el desembarco de miles de aliados, junto con cañones, carrozas, caballería, mantenimientos y diversos equipajes. Por todo ello, el lugar debería ser razonablemente seco y no tener trincheras paraguayas cercanas a las márgenes, pues era necesario un mínimo de espacio para poder desembarcar los hombres y todo ese material. En distintos momentos a lo largo de ese reconocimiento, las naves brasileñas fueron atacadas por chatas paraguayas. En una de esas ocasiones la bala entró por una lumbrera de la casamata del acorazado *Tamandaré*, causando la muerte de diecinueve tripulantes e hiriendo a otros quince. Un ejemplo de la psicología del oficial de la época (y no solo brasileño), de probar su coraje a costa de riesgos y sacrificios innecesarios, fue el del teniente Maris e Barros, hijo del futuro comandante de la escuadra, almirante Joaquim José Ignacio Maris e Barros, que fue alcanzado en sus dos piernas por esquirlas de la bala que penetró por la ventana de la casamata de su nave y llevado a la nave-hospital *Onze de Junho*. Los médicos decidieron que era necesario amputarle las piernas, pero cuando le fueron a aplicar cloroformo, Mariz e Barros dijo que eso era para mujeres y pidió que le dieran nada más que un cigarro encendido y que hiciesen la cirugía. De esta forma, sus piernas le fueron amputadas sin anestesia, pero murió horas después[27].

Luego de que se elaborara una carta hidrográfica de la región, se decidió que el mejor punto para la invasión aliada del Paraguay era un trecho del río Paraná ubicado a 2 mil metros del fuerte de Itapirú. La región tenía un terreno anegado, con un ancho de cerca de 21 kilómetros y que se extendía desde la confluencia de los ríos Paraná y Paraguay hasta el fuerte de Curupaytí. Entre la margen del río e Itapirú solo había un camino seco que pasaba por la pequeña aldea de Paso de la Patria, donde Solano López había instalado su cuartel al llegar de Humaitá. Entre esa aldea e Itapirú había 4 mil soldados paraguayos camuflados entre la vegetación, listos para atacar a los aliados que intentasen desembarcar[28].

La decisión de comenzar la invasión llevó a que la artillería brasileña y la uruguaya, que estaban instaladas en Corrales, bombardeasen Itapirú. Esa artillería poseía potentes cañones estriados, que tenían un gran alcance de tiro, mientras que las balas paraguayas no alcanzaban a las baterías aliadas y caían en el río. Al solitario cañón de Itapirú se le sumó el de una chata —otra había sido destruida a tiros de cañón— y, a pesar de la evidente desproporción de fuerzas, ambos trabaron combates diarios con la escuadra brasileña durante tres semanas[29]. Otro preparativo para la invasión fue la ocupación de una pequeña isla al sur de Itapirú, el 30 de marzo, por cuenta de novecientos soldados al mando del coronel Vilagran Cabrita. Las fuerzas paraguayas intentaron tomar la isla el 10 de abril, pero fracasaron en el intento y dejaron allí 640 muertos, mientras que los brasileños tuvieron 52 hombres muertos[30]. La delgadez y desnudez de los soldados paraguayos causaban impresión; los heridos comían con voracidad la *farinha* y la carne que se les ofrecían, incluso los que estaban graves[31]. Una vez que terminó la lucha, Cabrita se retiró a una chata y, cuando estaba allí con algunos oficiales a su lado, una bala lanzada desde Itapirú cayó en medio del grupo matándolo en forma instantánea. En su homenaje, la isla pasó a ser llamada Cabrita.

Durante los días siguientes continuó el cañoneo entre la isla Cabrita e Itapirú, mientras las tropas aliadas, que ya estaban concentradas sobre la margen del río, continuaban con los preparativos para atravesarlo, construyendo rampas y puentes para embarque y desembarque de hombres, animales y material bélico. Los jefes aliados decidieron que el desembarco sería en la barranca de la margen izquierda de la desembocadura del río Paraguay, un poco abajo de Cabrita y de Itapirú. Como los brasileños habían ocupado la citada isla y bombardeado el fuerte, el enemigo pensaba que el desembarco podría producirse en esta zona. En ese momento, los efectivos nominales del Ejército aliado eran de 65.370 hombres, siendo 37.870 brasileños, 25 mil argentinos y 2.860 uruguayos. No obstante, si se descuentan los enfermos que estaban en los hospitales y los hombres embarcados en las naves, la fuerza real aliada que invadió el Paraguay se componía de 42.200 soldados —con 15 mil a 20 mil jinetes— y 87 cañones; los brasileños eran 29 mil, los argentinos 11 mil y los uruguayos 2.200[32]. Por su parte, Solano López contaba con 30 mil hombres en el campamento fortificado de Paso de la Patria[33].

El 16 de abril de 1866, las tropas aliadas atravesaron el río Paraná para invadir el Paraguay en embarcaciones de transporte —entre las que incluso había algunas particulares alquiladas—, las cuales fueron protegidas por las naves de la escuadra imperial. Se efectuó un fuerte bombardeo en la playa de Itapirú, mientras que la 3ª División Naval realizaba el desembarco bastante más abajo. Osório exigió que el Ejército brasileño fuese el primero en pisar territorio paraguayo, y así se hizo. Nueve navíos de transporte, dos avisos a vapor, cuatro grandes chatas y doce canoas, protegidos por cuatro cañoneras, hicieron desembarcar a 9.465 soldados de infantería y 1.380 toneladas de material en el delta del río Atajo. Los oficiales brasileños usaban uniformes de gala, con sus medallas e insignias, al igual que los de las fuerzas argentinas y uruguayas; esa práctica, que hacía que los jefes militares se convirtieran en blancos visibles para los tiradores, fue abolida posteriormente. Poco antes de iniciar la travesía del caudaloso río, y en medio de una tensa expectativa, Osório exhortó a las tropas brasileñas diciendo:

> "¡Soldados! Es fácil la misión de comandar hombres libres; basta con mostrarles el camino del deber. Nuestro camino está allí enfrente.
> No tengo necesidad de recordaros que el enemigo vencido y el paraguayo desarmado o pacífico deben ser sagrados para un ejército compuesto por hombres de honor y de corazón. Mostremos al mundo una vez más que las legiones brasileñas en el Plata solo combaten el despotismo y fraternizan con los pueblos.
> ¡Adelante soldados!
> ¡Viva el Brasil! ¡Viva el Emperador! ¡Vivan los Ejércitos aliados!"[34]

Osório fue el primero que puso un pie sobre territorio paraguayo, a las nueve de la mañana, a unos 2,5 kilómetros del río Paraguay, seguido por seis ayudantes de órdenes y otros doce hombres que formaban su grupo de protección, y avanzó a caballo para reconocer el terreno cercano sin esperar el desembarco del 1er Cuerpo de Ejército[35]. El coraje de Osório se volvió legendario durante la guerra, cuando lideraba cargas de caballería, poniéndose al alcance de las balas enemigas y participando en los combates cuerpo a cuerpo. Sin duda, fue el oficial brasileño más admirado por las tropas aliadas, cultivando excelentes relaciones con sus colegas argentinos, y siendo respetado también por el enemigo.

El transporte de miles de soldados aliados del territorio argentino hacia el territorio paraguayo se realizó sin que el enemigo opusiese ninguna resistencia. Después de todo, la flotilla paraguaya había sido prácticamente destruida en el combate de Riachuelo y la poderosa artillería naval brasileña intimidaba al enemigo. Además de ello, Solano López no supo utilizar los casi 30 mil hombres que tenía en el campamento de Paso de la Patria y los 15 mil que estaban en Humaitá, distribuyéndolos en puntos desde donde pudiesen cubrir los posibles lugares de desembarco.

Para atravesar el Paraná, Tamandaré no utilizó ninguno de los cinco pequeños vapores argentinos que estaban fondeados en Corrientes —*Guardia Nacional, Chacabuco, Buenos Aires, Pavón* y *Libertad*—, que estaban al mando del jefe de división Muratori. Esa ausencia generó críticas contra Tamandaré en los diarios del Plata; pero él le había ofrecido a Muratori y a los oficiales argentinos que, ante la inminencia de un combate, los recibiría en la escuadra imperial ocupando los mismos puestos. El almirante brasileño no utilizó las embarcaciones argentinas en aquel cruce porque no servían para el combate, y solo fueron empleadas en tres ocasiones. El 27 de marzo fue la primera de ellas, cuando el *Chacabuco* y el *Buenos Aires*, junto con la cañonera brasileña *Henrique Martins*, llevaron al general Flores para reconocer las márgenes del Paraná. El día 5 de abril, esas mismas naves argentinas remontaron el río junto con otras tres naves de guerra brasileñas en una misión de reconocimiento. Por último, el 16 de abril, los cinco vapores argentinos realizaron un transporte hasta el lugar en el que habían desembarcado las tropas de Osório, de Flores y de Paunero, sobre territorio paraguayo. Después de eso, las naves argentinas se retiraron[36].

Con el desembarco aliado en el Paraguay terminó la primera fase de la guerra. Solano López fracasó en sus planes y perdió la capacidad de orientar el futuro del conflicto; solo le restaba adoptar posiciones defensivas. A partir de entonces, le correspondería a los aliados tomar las iniciativas militares.

La invasión

Las tropas brasileñas que desembarcaron abajo de Itapirú sorprendieron a las fuerzas paraguayas —cerca de 2 mil hombres—, pues Solano López no esperaba la invasión en ese punto. La vanguardia brasileña avanzó hacia Itapirú por el único camino que había, que era arenoso y además cruzaba un terreno inundado. A las diez de la mañana esos efectivos se enfrentaron en un breve combate con la fuerza paraguaya, que se retiró. Solano López envió un refuerzo, pero desde la escuadra se podía ver la nube de polvo que levantaba la tropa en su acelerada marcha por terreno seco, lo que permitió que la artillería de las naves hiciera blanco en ella[37]. Las fuerzas de Osório llegaron a las proximidades del fuerte de Itapirú alrededor de las dos de la tarde, en un momento en que se desató un fuerte temporal. Los atacantes se detuvieron y soportaron una lluvia de granizo que caía directamente sobre sus espaldas, pues para tener mayor libertad de movimientos no llevaban mochilas. Los soldados brasileños carecían de tiendas de campaña o de cualquier otra protección, y pasaron la noche a la intemperie soportando el frío. Durante el día 16, el segundo grupo invasor —que estaba compuesto por cerca de 10 mil soldados brasileños— desembarcó en el mismo lugar en que lo había hecho Osório. A las 20 comenzó a desembarcar el tercer grupo, con la división del general Paunero y la tropa de Flores, en una operación que terminó al día siguiente. En la mañana del día 17, casi 4 mil paraguayos atacaron a las fuerzas de Osório pero fueron rechazados. De esta forma se consolidó la cabeza de puente aliada con 17 mil hombres; esto garantizó la travesía del resto de las fuerzas invasoras. Al verse en la imposibilidad de contener el avance aliado, y como su campamento había sufrido un fuerte bombardeo de las naves brasileñas, Solano López ordenó abandonar el campamento de Paso de la Patria. Esto se concretó los días 22 y 23 de abril, mientras que simultáneamente se hundía el *Gualeguay* para que no fuera capturado por la escuadra brasileña, y también se destruía el puente que unía Itapirú con Paso de la Patria. Posteriormente, Tamandaré consiguió retirar el *Gualeguay* del lecho del río y se lo devolvió al gobierno argentino[38].

El general Osório fue criticado porque se arriesgó demasiado cuando se anticipó a la acción ofensiva del 1er Cuerpo de Ejército brasileño que desembarcaba en Paso de la Patria. Después de todo, no era tarea de un comandante en jefe ir al frente de sus fuerzas y menos todavía de un piquete de doce jinetes, un blanco fácil. Al preguntársele sobre el motivo de esa iniciativa y sobre los recursos de los cuales disponía, Osório respondió que contaba con el miedo del enemigo en reaccionar, y también que para la guerra había recibido civiles y no soldados: "Necesitaba probarle a mis camaradas que su general era capaz de ir hasta donde los mandaba"[39].

La evacuación de Paso de la Patria les ahorró muchas vidas a los aliados, quienes se preparaban para atacarlo al amparo de los bombardeos que efectuaban los cañones de la escuadra. Ese campamento estaba bien fortificado y, según Thompson, si Solano López hubiese defendido las trincheras de Paso de la Patria en lugar de sacrificar hombres inútilmente enviándolos a combatir a las márgenes del río, habrían caído de 8 mil a 10 mil soldados aliados sin provocar grandes pérdidas del lado paraguayo. Para ese autor, enviar a los soldados guaraníes a la margen del río para combatir en inferioridad numérica fue un gran error. Sin embargo, durante toda la guerra Solano López envió pequeñas columnas de soldados, extremadamente valientes, para que lucharan en campo abierto contra las tropas aliadas, que eran disciplinadas, superiores en número y dirigidas por oficiales experimentados[40].

La evacuación paraguaya de Paso de la Patria hacia una posición más segura, fuera del alcance de los cañones de la escuadra y con mejores condiciones de defensa —el brazo septentrional del estero Bellaco—, donde los paraguayos se atrincherarían, parecería estar justificada a pesar del argumento de Thompson. Los esteros eran regiones inundadas con algunos caminos en medio de la vegetación, llamados pasos y, al contrario del pantano, tenían agua clara, potable, y fondo de lodo. Allí crecían juncos de hasta tres metros de altura, tan densos que era casi imposible atravesarlos e incluso arrancarlos, pues sus raíces penetraban más de un metro en el lodo, y este se tragaba con facilidad a un hombre a caballo. Los esteros se podían atravesar por algunos pocos caminos preexistentes, desconocidos por los aliados, pero familiares para los soldados paraguayos[41].

La posición paraguaya en el estero Bellaco formaba parte del sistema defensivo de Humaitá, conocido como "cuadrilátero". La fortaleza de Humaitá se encontraba ubicada a unos veinte kilómetros de Paso de la Patria, y no solo estaba protegida por las armas sino también por dos esteros, el Bellaco y el Rojas, los cuales constituían obstáculos formidables para el avance de las fuerzas terrestres aliadas. La fortaleza estaba a unos diez metros por arriba del nivel del río Paraguay y su artillería controlaba varios kilómetros de esa vía fluvial; también poseía una trinchera de casi trece kilómetros, que se extendía desde la margen del río Paraguay hasta la planicie. A su alrededor se extendía un enorme terreno con profundas lagunas y juncales, compuestos de montes de caña salvaje —que eran muy difíciles de atravesar—, alternados por bosques impenetrables y espesas malezas: era el potrero Obella, cuyos escasos caminos solo conocían los paraguayos. Al este de Humaitá había una selva muy densa que tenía un único camino, utilizado por Solano López para traer ganado a la fortaleza. Durante la sequía, cuando los pantanos bajaban y las lagunas y arenas movedizas se hacían visibles, aparecía un pequeño fragmento de terreno sólido que se extendía hacia el norte de esa posición y terminaba en Tahí, una pequeña posición guaraní fortificada que estaba ubicada sobre la margen del río Paraguay y arriba de Humaitá. Del otro lado del río estaba el Chaco, que era una región pantanosa y con vegetación densa[42].

Hasta comienzos de 1868, la guerra se realizó en ese terreno inhóspito y desconocido para los aliados. La falta de recursos locales obligaba a que el abastecimiento de víveres viniese de Corrientes. El alimento principal de las tropas aliadas era la carne de ganado correntino que era traído y abatido en el campamento. La región de Paso de la Patria no tenía pasturas formadas sino una vegetación escasa, y el forraje proveniente de la Argentina para alimentar a los animales de tiro y a los caballos era insuficiente, lo cual provocaba una gran mortandad[43].

En un principio, los aliados no tuvieron problemas e invadieron fácilmente el territorio enemigo: entre el 21 de marzo y el 30 de abril las tropas brasileñas tuvieron 157 muertos y 483 heridos; los uruguayos, dos hombres heridos, y los argentinos no sufrieron ninguna baja pues no participaron de las acciones de vanguardia[44]. El 27 de abril los aliados ocuparon Paso de la Patria, pero no avanzaron más debido a la topografía de la región y a la falta de caballos, pues la mayoría de los jinetes estaba a pie debido a la muerte o agotamiento de las cabalgaduras. Se sabía que las posiciones del Ejército paraguayo estaban cerca, pero se desconocían sus características. Esa proximidad hizo que Mitre ordenara medidas de seguridad, y en la mañana

Esquema del sistema defensivo de Humaitá. En la parte inferior, el cañón (6 y 7) y el pañol (2) se ubicaban bajo tierra (1 y 5). La conquista de esa fortaleza, ubicada sobre las márgenes del río Paraguay, era esencial para que los aliados penetraran en el Paraguay y llegaran hasta su capital, Asunción.

del 2 de mayo se estaba preparando para enviar a la tropa del general Flores a un reconocimiento hacia el interior del territorio enemigo. Justo ese día Solano López ordenó efectuar un ataque a la vanguardia del Ejército aliado, que debían realizar 4 mil paraguayos y una batería de artillería comandados por el coronel José Eduviges Díaz[45]. Las columnas paraguayas pasaron por el estero Bellaco a las dos de la tarde, se ocultaron en la vegetación y atacaron por sorpresa a la vanguardia aliada. Esta estaba compuesta por 3.580 hombres al mando de Flores —1.860 uruguayos y 1.900 brasileños—, que se preparaban para partir en misión de reconocimiento. El ataque fue posible porque en el campamento no se tomaron las debidas medidas de seguridad, especialmente en la vanguardia, que era responsabilidad de Flores; en esta última, la artillería incluso estaba demasiado cerca de un espeso bosque, que podía ser utilizado por el enemigo para esconderse[46]. Debido a ello, apenas comenzó el ataque fue capturada una batería de cañones Lahitte, abandonada por la guarnición brasileña, que se retiró en virtud de la confusión provocada por el repentino ataque paraguayo[47].

En el momento del ataque, muchos altos oficiales estaban en Itapirú, principalmente los de la primera línea de defensa del campamento de Paso de la

Patria. Algunos de ellos almorzaban a bordo de las naves, inclusive Mitre y Osório, y otros realizaban compras en el variado comercio local. La ausencia de esos oficiales agravó el efecto del ataque sorpresa, pues las tropas aliadas sintieron la falta de orientación[48]. Al comienzo de la batalla, el resto de las tropas aliadas descansaba tranquilamente y atribuía el lejano ruido de los tiros al reconocimiento que debían estar haciendo las tropas de Flores. Solo cuando los paraguayos penetraron más profundamente en el campamento, los aliados se percataron asombrados del ataque. Flores, que en un primer momento perdió hasta su equipaje personal, pudo rechazar el avance gracias a la ayuda que le prestaron las fuerzas de la retaguardia al mando del general Osório. Como resultado del encuentro hubo entre 2.300 y 2.500 bajas del lado paraguayo, entre muertos y heridos, y 1.551 entre los aliados, siendo 1.102 brasileños, 400 uruguayos y 49 argentinos. Según un relato del coronel Emilio Conesa, en el combate Osório conquistó "la mayor gloria de esta jornada y el aprecio de todo nuestro Ejército [argentino]"[49].

El ataque no alcanzó el éxito esperado porque, como los aliados estaban dispersos, los atacantes necesitaban más hombres para empujarlos hacia las márgenes del río Paraná, y ese refuerzo no llegó[50]. Si en vez de utilizar apenas una división, Solano López hubiera enviado a la mayor parte de su Ejército dejando al resto como reserva, las posibilidades de que se diera una victoria paraguaya hubieran sido grandes. Sin embargo, Solano López "ignoraba la utilización de reservas, no empleándolas en los combates", lo que causó algunas de sus principales derrotas en la guerra. Además de no utilizar las reservas, lanzaba sus tropas a la lucha sin tener una base de operaciones y sin articulación con otras fuerzas; "Solano López no era militar, ni lo eran [sus] jefes"[51].

Una vez que finalizó la batalla del estero Bellaco, Dionísio Cerqueira recorrió el campo de batalla. Posteriormente, Cerqueira recordó que el campo

> "Era un extensísimo tendal de cadáveres, horriblemente mutilados y amontonados desordenadamente. Había cabezas cortadas, con los ojos bien abiertos; algunas todavía estaban unidas al tronco por músculos ensangrentados; otras, estaban tajeadas de lado a lado y mostraban los sesos desbordando; narices cortadas, brazos mutilados, mandíbulas partidas, pechos agujereados. ¡Qué golpes aquellos! ¡Qué tajos y estocadas! Era el camino de la muerte para el enemigo y de la gloria para nosotros... ¡Qué muerte gloriosa y qué gloria llena de lágrimas!"[52]

La batalla del estero Bellaco no modificó la situación militar anterior. Solano López no logró nada con el ataque; al contrario, perdió una tropa aguerrida y tuvo más bajas que el enemigo. No existe una explicación militar para esa acción, pues como no era una operación de reconocimiento sino una acción ofensiva, era improbable que se diera una victoria paraguaya ante tamaña desproporción de fuerzas. Sin embargo, la combatividad de los soldados guaraníes impuso respeto a los aliados, tanto que el coronel Emilio Conesa llegó a escribir: "Está claro, los paraguayos defienden su tierra palmo a palmo, no quieren la libertad que se les ofrece [no hay] ninguna deserción"[53].

Del lado aliado, cuatro batallones persiguieron al enemigo que se retiraba por el paso de Sidra, pero tuvieron que retroceder luego de un duro combate con las fuerzas paraguayas[54]. Luego de la batalla y durante los días siguientes, los aliados no avanzaron porque les faltaron condiciones de movilidad —caballos y animales de tiro— así como las provisiones indispensables. El avance del 14 de mayo, que había sido decidido tres días antes, también tuvo que ser postergado porque las tropas argentinas no disponían de medios de transporte y de víveres que les permitieran acompañar a las fuerzas brasileñas. Los aliados solo volvieron a avanzar el día 20 del mismo mes, recorriendo el camino que ligaba Paso de la Patria a Humaitá, con las tropas de Flores a la vanguardia. Este contingente estaba compuesto por un regimiento de caballería argentino, el San Martín, y la 6ª División de Infantería brasileña, los cuales, luego de un breve combate, hicieron que se alejara la tropa paraguaya que estaba atrincherada en las cercanías de ese paso, permitiendo así que el Ejército aliado instalara un nuevo campamento en Tuyutí. Ese mismo día, el Batallón de Ingenieros brasileño comenzó a construir las instalaciones de una gran batería de artillería que bloqueaba el camino que unía Paso de la Patria con Humaitá. Era el comienzo de la guerra de posiciones, que se extendería a lo largo de los dos años siguientes[55].

El campo de Tuyutí era el menos apropiado para operaciones ofensivas porque era arenoso y estaba rodeado por terrenos inundados, lo que dificultaba la acción ofensiva; además, tenía juncos con más de dos metros de altura, donde podía esconderse el enemigo. La parte seca donde estaba ubicado el campamento aliado era un pequeño espacio de cuatro kilómetros de largo por 2,4 de ancho; por lo tanto, no había lugar para una maniobra de parte de las tropas aliadas. Al sur de Tuyutí estaba el estero Bellaco, y al oeste la laguna Piris —unida al río Paraguay inmediatamente abajo de Curupaytí—; dentro de ella había un camino seco de 1,5 kilómetro de extensión al que se le llamaba potrero. Al norte del campamento aliado se ubicaba el estero de Rojas y una laguna llamada Tuyutí, mientras que al este había una región pantanosa. Como los aliados desconocían la geografía de la región, no sabían dónde estaban los pasos que permitían atravesar el estero de Rojas o el pantano del este, lo que los condujo a un verdadero callejón sin salida. No sabían que frente a ellos se encontraba una fuerte posición defensiva del enemigo: la trinchera de Sauce. Esta obra fue mejorándose a lo largo

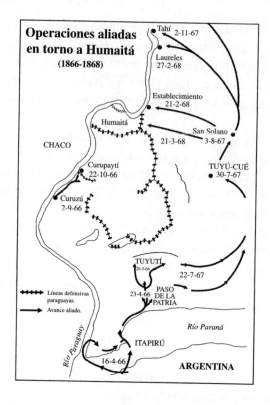

Operaciones aliadas en torno a Humaitá (1866-1868)

del tiempo, y llegó a tener 1.580 metros de largo, 26 promontorios para cañones, alojamiento para 3 mil hombres y varias "bocas de lobo", como eran llamados los fosos camuflados con estacas de madera preparados para detener los eventuales ataques de la infantería o de la caballería[56].

Los aliados quedaron inmovilizados en Tuyutí durante dos años, emboscados por los paraguayos, tanteando en medio de matorrales y pantanos en su búsqueda de un camino alternativo para llegar hasta Humaitá. Las tropas sufrían una gran mortandad por el lugar insalubre en donde había sido instalado el campamento, así como la desmoralización derivada de su inmovilidad. En la guerra, se reconocía oficialmente como héroes a los que se habían destacado por su valentía en los combates, por la que recibían medallas y elogios. Pero en realidad fueron héroes todos aquellos que vivieron en esas condiciones durante dos años, sin desertar y sin alegar enfermedades para ser dispensados del frente de combate.

Observados desde la posición paraguaya ubicada atrás del estero de Rojas, el número de hombres y los recursos logísticos del campamento aliado eran impresionantes. Sin embargo, durante toda la guerra, los paraguayos eran punidos si hacían cualquier referencia positiva en relación a los aliados o una

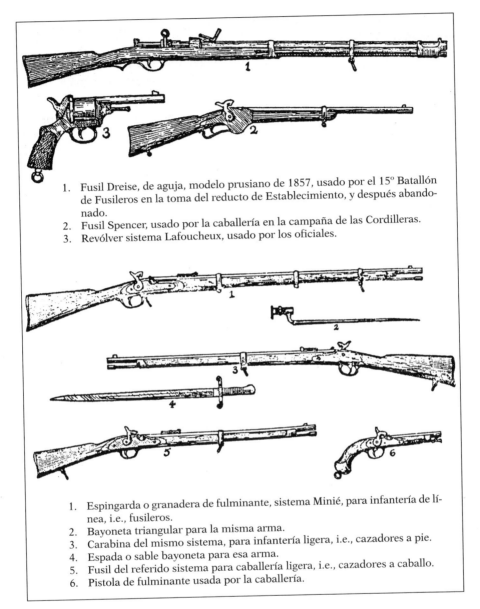

1. Fusil Dreise, de aguja, modelo prusiano de 1857, usado por el 15º Batallón de Fusileros en la toma del reducto de Establecimiento, y después abandonado.
2. Fusil Spencer, usado por la caballería en la campaña de las Cordilleras.
3. Revólver sistema Lafoucheux, usado por los oficiales.

1. Espingarda o granadera de fulminante, sistema Minié, para infantería de línea, i.e., fusileros.
2. Bayoneta triangular para la misma arma.
3. Carabina del mismo sistema, para infantería ligera, i.e., cazadores a pie.
4. Espada o sable bayoneta para esa arma.
5. Fusil del referido sistema para caballería ligera, i.e., cazadores a caballo.
6. Pistola de fulminante usada por la caballería.

Armas del Ejército brasileño que fueron usadas hasta 1870.

crítica en cuanto a la situación de su Ejército. Desde Rojas, el médico militar Torrens avistó a la fuerza aliada que se instalaba en Tuyutí y le comentó a Juan Crisóstomo Centurión que era numerosa y que estaba bien equipada; es posible que también le haya hecho otras observaciones. El hecho fue denunciado a Solano López y Torrens fue fusilado sin ningún juicio[57].

El mismo día en que los aliados se instalaron en Tuyutí, Solano López trasladó su cuartel general de Rojas —que ahora estaba al alcance de los cañones enemigos— para Paso Pucú; este lugar, que se encontraba localizado a seis kilómetros de Sauce, fue la sede del cuartel general paraguayo durante los dos años siguientes. Desde Paso Pucú era posible observar los movimientos del campamento enemigo, y desde allí Solano López mantenía comunicaciones telegráficas con los puntos de defensa en la región y también con Asunción[58].

El 23 de mayo, los jefes militares aliados resolvieron que a las 14 del día siguiente realizarían una operación de reconocimiento a la derecha de los paraguayos; su objetivo era examinar la localización y la fuerza de las posiciones defensivas enemigas[59]. Luego del toque de retreta, a las 8 horas de la noche, los brasileños entraron en formación antes de dirigirse a sus tiendas. Después de la llamada, las compañías rezaron el tercio, y los que tenían la voz más fuerte eran responsables por entonar la oración:

"Oh, Virgen de la Concepción, María Inmaculada, vos sois la abogada de los pecadores y a todos llenáis de gracia con vuestra feliz grandeza. Vos sois la princesa de los cielos y la esposa del Espíritu Santo. María, madre de gracia, madre de misericordia, líbranos del enemigo y protégenos en la hora de la muerte. Amén"[60].

Durante el día 23, la infantería y la caballería aliadas hicieron pequeñas incursiones de reconocimiento a la izquierda y a la derecha de las posiciones paraguayas. Esto provocó que, en el mismo día, Solano López elaborase un plan de ataque al campamento de Tuyutí, el que sería ejecutado en veinticuatro horas[61]. La vanguardia del campamento aliado estaba compuesta por las fuerzas uruguayas, por Batallones de Infantería brasileños y por el 1er Regimiento de Artillería a Caballo, con 28 cañones estriados, bajo el mando del coronel Emilio Luis Mallet. Más atrás estaban acampadas otras fuerzas brasileñas, inclusive la caballería, mientras que en el centro del campamento se ubicaba el puesto de comando del general Osório. En el flanco derecho estaban las fuerzas argentinas, y la retaguardia estaba protegida por la caballería brasileña. Sin embargo, esta última había quedado casi toda a pie y solo disponía de seiscientos caballos en mal estado; la caballería argentina tenía el mismo número, mientras que la uruguaya llegaba a las quinientas cabalgaduras[62].

Al amanecer del 24 de mayo, la niebla que se extendía por el campamento aliado en Tuyutí pronto fue sustituida por el humo negro y asfixiante de los disparos de cañón, de las bombas incendiarias y de los cohetes. El sorpresivo ataque paraguayo daba comienzo a la batalla de Tuyutí, la más grande que se había librado hasta entonces en América del Sur. En ella participaron alrededor de 24 mil paraguayos, los cuales se enfrentaron a 32 mil aliados: 21 mil brasileños, 9.700 argentinos y 1.300 uruguayos. La caballería de los atacantes estaba compuesta por 8.500 jinetes, y era muy superior a las pocas centenas de aliados montados. En compensación, la artillería aliada tenía una superioridad aplastante, lo cual sería vital para obtener una victoria sobre los atacantes[63].

Los atacantes pudieron sorprender a los aliados debido a un descuido de Osório, que era comandante del 1er Cuerpo de Ejército brasileño. El general ubicó centinelas en el potrero Piris, no organizó posiciones defensivas frente a los montes de Sauce y dejó sin vigilancia otras picadas y caminos que podrían permitir que el enemigo se aproximara al flanco y a la retaguardia brasileñas. Los argentinos también descuidaron la seguridad en su flanco derecho, donde había un extenso palmar. La única excepción fue el 1er Regimiento de Artillería brasileño comandado por Mallet, el cual se localizaba en una posición avanzada a escasos 1.600 metros de las trincheras paraguayas. Debido a esa cercanía, Mallet mantenía al regimiento en guardia permanente y había construido dos sólidos reductos defensivos con un foso camuflado, ancho y profundo, lo que salvó a su artillería y sirvió de base para la resistencia aliada[64].

El plan de ataque de Solano López se basaba en el factor sorpresa. La fuerza atacante se dividió en cuatro columnas, dos de las cuales debían atacar el centro del campamento aliado bajo el mando de los coroneles José Díaz e Hilario Marcó; estas contaban respectivamente con 5.030 y 4.200 soldados, además de caballería e infantería. La columna del general Barrios debía efectuar un ataque relámpago a la retaguardia aliada a través del potrero Piris, y estaba compuesta por 8.700 hombres, con artillería, caballería e infantería. Por último, la columna del general Resquín, con 6.300 hombres, marchaba protegida por la vegetación de los palmares que alcanzaban diez metros de altura, y debía realizar un ataque sorpresivo por el este. De esta forma, habría un movimiento de pinzas de los generales Barrios y Resquín que bloquearía la única alternativa para una eventual retirada aliada: el estero Bellaco. Mientras tanto, las fuerzas de Díaz y de Marcó destruirían a los aliados en un ataque frontal. Era un plan "brillante", que innovaba incluso con el pensamiento militar de la época, para el cual la caballería debía usarse para terminar las batallas, mientras que Solano López planeó utilizarla en la fase inicial[65].

Sin embargo, Solano López no supo ejecutar un proyecto tan bien planeado. Se equivocó al desencadenar el ataque sin un comando unificado que coordinase las columnas durante el combate, dejándolas libradas a sí mismas. Se equivocó al elegir la fuerza necesaria para que cada columna concretara su objetivo. Así, en el flanco de Resquín había una gran masa de caballería, pero apenas dos batallones de infantería con reducidos efectivos, los cuales eran insuficientes para el ataque. En el otro flanco, el general Barrios disponía de una gran masa de infantería, pero sus movimientos se vieron perjudicados por un matorral que hizo que su marcha fuese lenta, además de tener que enfrentar sucesivos combates. Cometiendo un error primario, Solano López no había ordenado que se realizara un reconocimiento del terreno[66]. Esos factores atrasaron cinco horas la marcha de la columna de Barrios, la que ya no tenía capacidad de entablar una gran batalla cuando llegó a su objetivo. Pese a ello, dio la señal de ataque en la claridad del día, cuando el plan era que lo hiciese de madrugada. No obstante, el avance no fue postergado porque los jefes militares paraguayos, incluyendo los generales, no tenían autorización para alterar las órdenes de Solano López aunque las premisas hubiesen sido alteradas, como en ese caso. Barrios se aferró "a la obediencia, letra por letra, de la orden recibida, y al hacerlo hizo fracasar" el ataque[67].

En el centro del ataque, Marcó y Díaz no pudieron anular los cañones de Mallet debido a la falta de un apoyo suficiente de la artillería. Otro error de López fue que, a pesar de los pedidos de refuerzo de Díaz, mantuvo 6.000 hombres comandados por Brugues en la reserva, en Paso Pucú. Si Solano López admitía la posibilidad de tener éxito, no había necesidad de una fuerza de reserva para cubrir la retirada de la tropa principal del campo de batalla. Por el contrario, si admitía la posibilidad del fracaso, se equivocó al haber atacado en inferioridad numérica, pues podría haber mantenido una posición defensiva a partir de la cual hubiera podido desencadenar una agresiva actividad de guerrillas para desgastar a los aliados. De ese modo, ganaría tiempo para que se generasen circunstancias favorables para un ataque de envergadura sobre Tuyutí. Por último, al ataque le faltó un objetivo geográfico sobre el cual convergiesen los soldados paraguayos; en lugar de eso, los hombres se dispersaron en el campo de batalla en su afán de exterminar indiscriminadamente a los aliados[68].

Solano López había sido hábil para elegir el terreno sobre el cual instalar el sistema defensivo paraguayo, pues las condiciones del suelo, los pantanos y la alta vegetación dificultaban el ataque de los aliados. Sin embargo, al cambiar la posición defensiva por la ofensiva invirtió la situación, transfiriendo la ventaja del terreno a los aliados, que además eran superiores en número y armamento. Al igual que en el combate de estero Bellaco, en Tuyutí había obstáculos en el terreno que se interponían entre el atacante y el defensor. Esto obligaba a Solano López a ejecutar la maniobra de ataque en varias columnas, para que sus tropas esquivasen el obstáculo y pudiesen avanzar rápidamente para obtener ventajas con la confusión que generaría la acción sorpresiva en el enemigo. Sin embargo, para eso era necesario que hubiera una perfecta coordinación entre las columnas, y los inexpertos jefes paraguayos no sabían maniobrar en el campo de batalla, ni para evitar un golpe no previsto ni para corregir alguna falla[69].

Por su parte, los aliados subestimaron al enemigo, atribuyéndole la intención de permanecer en una posición defensiva. La resistencia a la acción paraguaya fue paulatina, comenzando por los soldados de la vanguardia, que querían preservar sus vidas, hasta llegar a los comandantes, que consiguieron organizar sus tropas para enfrentar a los atacantes. Buena parte de los soldados brasileños eran civiles improvisados como militares, y vivían por primera vez una situación de combate, justamente en la mayor batalla campal que se había visto en América del Sur. Osório —que almorzaba con Tamandaré cuando comenzó la acción—, percibiendo que el ataque era más severo, maniobró con seguridad y valentía, y recorrió todo el campamento. El general se dirigió a la vanguardia y gritando "Viva la Nación brasileña" y "Viva el Emperador" hizo detener a los batallones que retrocedían y avanzar a aquellos que traía consigo; además, envió a sus reservas para que reforzaran al sector argentino, donde Mitre comandaba la acción y su infantería flaqueaba[70]. Osório sacrificó batallones brasileños enteros para impedir que los paraguayos provenientes del potrero Piris penetrasen por el flanco. En caso de que eso sucediese, los atacantes hubieran ocupado Itapirú y aislado al Ejército aliado en Tuyutí de su retaguardia, amenazando destruirlo[71].

La batalla de Tuyutí duró cinco horas y media, y tuvo su final cuando terminaba la tarde. Cerqueira participó de la lucha y describe algunas de sus escenas:

> "La distancia entre la columna enemiga y nuestros voluntarios [6° batallón] iba disminuyendo a las claras. El comandante Valente [de los voluntarios] se afirmó en los estribos irguiéndose sobre la silla, encaró al enemigo y le habló al cornetero: el toque de avanzar sonó vibrante y alegre. Las bayonetas ya estaban armadas. Los valientes hijos del Brasil dieron un entusiasta viva a la Patria y marcharon intrépidos sobre la columna [paraguaya], que avanzaba lenta, majestuosa y solemne.
> Vibró el sonido festivo del toque acelerado e inmediatamente después los aires se sacudieron con el más grandioso de todos: el toque de carga, que fue repetido por toda la banda. Nuestros muchachos cruzaron la bayoneta y corrieron impetuosos y vivos sobre el enemigo, que se detuvo.
> ¿¡Paró!?… Estaba perdido.
> Chocaron las dos líneas. Nuestras bayonetas penetraron en los pechos de los más valientes de aquellos héroes y en las espaldas de otros que, aunque valientes, se retiraban en desbandada. Aplaudimos, orgullosos de nuestros compañeros. Y de las líneas de los veteranos del 4° de Infantería surgió un viva delirante al 6° de Voluntarios, el cual seguía como loco hiriendo y matando, y cubriendo de cadáveres la tierra paraguaya, que ese día quedó impregnada con la sangre de sus valerosos hijos (…).

Cuando volvimos al campamento era de noche. Cerca de mi barraca, se hallaba extendido con los sesos afuera un amigo de la infancia, el teniente de voluntarios Emídio de Azevedo Monteiro. Me arrodillé a su lado, le apreté la helada mano y le di un beso de adiós en la ancha frente ensangrentada"[72].

El terreno quedó repleto de cadáveres paraguayos en una superficie superior a los tres kilómetros. Había tantos muertos que no todos pudieron ser sepultados: los soldados brasileños habían pasado cuarenta y ocho horas enterrándolos y, exhaustos, estaban lejos de terminar su tarea. Para evitar enfermedades derivadas de la putrefacción, los cadáveres enemigos fueron apilados en montones de cincuenta a cien cuerpos e incinerados durante la noche[73]. Un testigo describió que el fuego comenzó a arder por las capas inferiores de esas pilas, y que las llamaradas alimentadas por la grasa de los cuerpos crecían y envolvían toda la pirámide de cadáveres. Los cartuchos de munición que todavía estaban en la ropa de los cadáveres explotaban, y a medida que aumentaba la intensidad del fuego, se movían los miembros y los cráneos de los cuerpos.

"A veces un brazo se levantaba rígido por la distensión nerviosa de los músculos; después otro se contraía del mismo modo; a veces una pierna se encogía y, como si fuera impelida por un resorte de acero, se estiraba rápidamente arrojando fuera de la pila al compañero que estaba cerca.
Unos abrían desmesuradamente la boca con una terrible expresión de odio y de rabia; otros amenazaban al cielo con el puño cerrado y el brazo tieso; aquel se doblaba formando un arco con la unión de los pies a la cabeza; otro invertía la figura quebrándose sobre sus espaldas (…)"[74].

Muchos heridos paraguayos estaban demasiado cerca de las trincheras aliadas y no pudieron ser recogidos por sus compañeros. Luego de pasar seis días sin comer ni beber, esos heridos fueron encontrados y recogidos el 30 de mayo por los aliados, quienes los trataron bien[75]. Thompson relata que durante la batalla de Tuyutí, los aliados les quitaron a los paraguayos cuatro obuses, 5 mil fusiles y cinco banderas. Una de las banderas estaba en manos de un sargento paraguayo herido a quien se tuvo que matar para poder quitársela, puesto que, cuando se le intimó la rendición, "gastó sus últimos momentos [de vida] despedazando la bandera con los dientes, para impedir que cayese en poder del enemigo". Según un relato brasileño, el portador de la bandera enfrentó con arma blanca a un soldado brasileño, y a pesar de haberlo alcanzado en dos lugares, fue gravemente herido por la reacción del otro. Cuando el paraguayo cayó, "el brasileño lo intimó a rendirse, pero en vez de responder, se puso a romper con los dientes la bandera que le había sido confiada", y fue muerto para poder arrancársela de las manos. El general Osório puso un papel en esa bandera donde explicaba las circunstancias de lo ocurrido[76].

Como resultado de la batalla de Tuyutí, se dieron las siguientes pérdidas de ambos lados[77]:

	MUERTOS	HERIDOS	PÉRDIDAS TOTALES
Paraguayos	6.000	7.000	13.000
Aliados	996	2.935	3.931
Argentinos	126	480	606
Brasileños	737	2.292	3.029
Uruguayos	133	480	613

Sin embargo, no hay consenso en torno a esos números. Para Centurión, los muertos paraguayos fueron alrededor de 5 mil, tal vez un poco más, y los heridos 7 mil, mientras que los aliados habrían tenido 8 mil bajas, entre muertos y heridos. Thompson concuerda con el número de heridos paraguayos, pero afirma que los muertos fueron 6 mil. Otros autores dan números diferentes. Según Barreto, los muertos paraguayos alcanzarían a 6.500, mientras que los aliados habrían tenido 3.647 bajas, 3.011 de las cuales corresponderían a brasileños; para Silva Pimentel, los muertos guaraníes fueron 7 mil. Rawson y Beverina afirmaron que los muertos paraguayos fueron 7 mil y que tuvieron "otros tantos heridos", mientras que las bajas aliadas llegaron a 4 mil hombres, entre muertos y heridos. Por su parte, la orden del día del general Osório afirma que los muertos paraguayos fueron "más" de 3 mil, con doscientos heridos y apenas 21 soldados prisioneros. Según ese documento, del lado brasileño hubo 413 muertos y 2.003 heridos[78].

Lo cierto es que los paraguayos no tenían estructura médica para atender a sus millares de heridos, carencia que habría causado más muertos que el propio combate[79]. Del lado aliado, hasta el 26 de mayo, los hospitales brasileños en Corrientes y la nave *Isabel* —improvisada para ofrecer los primeros auxilios— recibieron 1.500 heridos, que junto con los enfermos totalizaron 4.500 hombres para apenas doce médicos[80]. Esos hospitales estaban ubicados en edificios impropios e insalubres, contaban con pocos médicos y farmacéuticos y carecían de comida adecuada para los pacientes, que morían en gran cantidad[81]. En ese momento comenzaron a salir a la luz las deficiencias del apoyo médico y religioso a las tropas brasileñas en combate. Durante la guerra, el servicio de salud del Ejército brasileño fue "escandalosamente deficiente"; la falta de asepsia hacía que no pudiesen escapar de la muerte aquellos a quien se tuviese que amputar un brazo o una pierna[82]. De hecho, aunque la cirugía que se practicaba en el Brasil hacia 1864 fuese "muy satisfactoria", en el teatro de guerra se realizaba con falta de asepsia, causando infecciones posoperatorias. Tampoco era posible aplicar con precisión el cloroformo —que era el anestésico más usado—, improvisándose esponjas y almohadillas de algodón para su aplicación, lo que derivaba en un exceso o insuficiencia de anestesia, crisis de vómito del paciente durante la cirugía y, muchas veces, la muerte. Como consecuencia de la falta de seguridad en la aplicación de la anestesia, los cirujanos brasileños tenían que realizar amputaciones rápidas, siendo más importante la "precisión del golpe"[83] que la aplicación calculada de técnicas de cirugía.

En cuanto al servicio espiritual para las tropas, según un testigo la situación también era precaria. El cuerpo eclesiástico del Ejército "nunca se destacó por su idoneidad; más bien representaba una excrecencia". Los capellanes dejaban que los moribundos muriesen sin recibir los sacramentos o, cuando se decidían a ayudarlos, su comportamiento dejaba mucho que desear. Los buenos sacerdotes eran una excepción, y "su número era muy pequeño"[84].

Existe consenso en torno a las escenas de heroísmo, sacrificio y capacidad de lucha que protagonizaron los aliados y los paraguayos en Tuyutí, así como sobre el hecho de que los combatientes de la Triple Alianza reconocieron y admiraron en los atacantes las virtudes citadas, a pesar de su derrota. También hay acuerdo sobre el carácter injustificado del ataque paraguayo, pues su tropa era visiblemente inferior en número y armamento en relación al enemigo. En una operación de ese tipo, la situación debe ser inversa, y los atacantes deben tener la superioridad para compensar la ventaja natural de la posición defensiva. El Ejército paraguayo perdió sus mejores hombres en Tuyutí, y no consiguió sustituirlos por otros con igual preparación. Tanto en esa ocasión como en otras durante el conflicto, el comportamiento de Solano López se caracterizó por la osadía, que solo fue posible debido a la fe ciega que le tenían los soldados, quienes luchaban "sin observar ninguno de los principios de la guerra". Nadie se atrevió a recordarle a Solano López que los aliados tenían una superioridad aplastante en hombres y artillería, que disponían de la ventaja de la defensa y que, además, el armamento de los soldados guaraníes era inferior[85]. La falta de ese aviso no sorprende, pues hacía décadas que el Paraguay vivía bajo dictaduras y, al contrario de los países aliados, allí no existía una sociedad civil mínimamente organizada; por esta razón, aquel que no estuviese de acuerdo con la actitud del gobernante, ciertamente caería en desgracia.

El diario paraguayo *El Semanario* intentó ocultarle a la población el desastre de la batalla de Tuyutí, e informó que las armas guaraníes habían conseguido una "esplendorosa victoria". Esa versión de una derrota aliada también llegó a Entre Ríos, donde la mayoría de la población deseaba el triunfo del Paraguay; las personas festejaron "vivamente (...) y sin ningún recato" la batalla del 24 de mayo, pues la victoria paraguaya era vista como la garantía de la autonomía entrerriana[86].

Los paraguayos batidos en Tuyutí no fueron perseguidos en su retirada por los aliados. Se suele afirmar que ninguna victoria militar es completa si no se explota el éxito, aprovechándose del fracaso del enemigo para contraatacarlo, pero los aliados no hicieron eso. Algunos aseguran que si Mitre hubiese ordenado la persecución podría haber aniquilado al resto de la fuerza principal del Ejército paraguayo; de esta forma, hubiera tenido libertad para avanzar sobre Humaitá en una operación combinada con la escuadra imperial, pues las defensas paraguayas eran débiles[87]. Pero para poder emprender esa persecución era necesario disponer de medios de movilidad, especialmente de la caballería, de la que los aliados carecían, así como también de fuerzas de reserva. Dado que se aproximaba la noche, perseguir al enemigo del otro lado del estero de Rojas exigía la sincronización de las fuerzas terrestres y navales y una rápida toma de decisión, pero esta solo era posible en caso de existir unidad de comando. Sin embargo, el lado aliado no reunía esas condiciones debido a la falta de organización, a las desconfianzas entre el comando brasileño y el argentino, a las rivalidades personales entre los jefes militares y, por último, por tratarse de un concepto militar nuevo que todavía no había sido incorporado al pensamiento de los ejércitos en lucha.

Días después de la batalla de Tuyutí, Flores le solicitó a Mitre la realización de un consejo de guerra. Sugirió que participasen del mismo todos los generales aliados, quienes debían estudiar los medios para superar la "crítica situación" en que se encontraba el Ejército debido a la falta de medios de movilidad. Mitre estuvo de acuerdo, siempre que el consejo estuviera restringido solamente a los tres comandantes de los ejércitos: él mismo, Flores y Osório, quien había recibido el título de barón de Herval. Los tres generales se reunieron el 30 de mayo, y Mitre expuso que aunque el Tratado de la Triple Alianza lo reconociese como comandante en jefe aliado, en el momento de su firma quedó establecido *verbalmente* que los tres comandantes aliados deberían combinar entre sí las operaciones importantes de la guerra que pudiesen generar dudas. También recordó que ese tratado no había puesto bajo su mando inmediato a la escuadra imperial, aunque en su calidad de comandante en jefe él pudiese combinar operaciones en las cuales las naves brasileñas le estarían subordinadas. Por lo tanto, concluyó que sería conveniente comunicarle a Tamandaré el resultado del consejo de guerra para que el almirante pudiese dar sus sugerencias. Mitre adoptó una postura pragmática y leal con los aliados brasileños y uruguayos, manifestando un comportamiento que mantuvo inalterable durante toda la guerra. Sin embargo, esa postura no siempre fue reconocida por la historiografía brasileña; incluso Tasso Fragoso, que es autor de un trabajo fundamental para la comprensión de la guerra, evidencia sus prejuicios cuando escribe que "por estas declaraciones de Mitre, se puede ver que él resignó las funciones supremas que le había conferido el tratado como 'comandante en jefe y director de los ejércitos aliados'"[88]. Esa afirmación no corresponde a la realidad.

En ese consejo de guerra, los tres generales evaluaron que disponían de 30.300 hombres en condiciones de combate —25 mil de los cuales estaban en Tuyutí—, siendo 12.600 argentinos, 17 mil brasileños (la mitad de los efectivos nominales) y setecientos uruguayos. Constataron que faltaban medios de transporte para la artillería y equipos bélicos que les permitiesen a los aliados iniciar una marcha hacia el interior. A pesar de la inferioridad numérica, concluyeron que sería posible realizar operaciones contra el enemigo utilizando la infantería, pero que no podrían efectuarse ataques de gran envergadura[89]. Estos últimos serían viables solo cuando estuviese montada de nuevo la caballería; los caballos eran un importante instrumento de guerra, y los aliados habían perdido 100 mil de esos animales desde el principio del conflicto[90].

Mitre argumentó que no era de extrañar que el Ejército aliado permaneciese paralizado, recordando que en la Guerra de Secesión norteamericana 500 mil hombres permanecieron inmovilizados durante dos meses frente a las fortificaciones de Richmond, cuyos defensores eran 90 mil. Osório estuvo de acuerdo con la exposición, mientras que Flores expuso que para avanzar sobre Humaitá, el 2º Cuerpo de Ejército imperial, liderado por el barón de Porto Alegre —que se encontraba en el territorio argentino de Misiones—, debería reforzar a los efectivos aliados en Paso de la Patria, especialmente con la caballería. Pero Mitre se opuso, destacando que los aliados no carecían de superioridad numérica, ya que disponían de 30 mil hombres contra 20 mil paraguayos. En realidad, para poder atacar una posición tan bien fortificada como Humaitá se necesitaba una superioridad mayor que esa, además de que faltaban los medios logísticos para tal fin. Sin embargo, el comandante en jefe prefería que las fuerzas de Porto Alegre actuasen lejos del teatro principal de la guerra, defendiendo las fronteras de Rio Grande y de Corrientes en el Alto Paraná; esto podría inducir a Solano López a disminuir sus fuerzas defensivas en Paso de la Patria y a enviar una parte de ellas a Misiones. Los otros dos generales estuvieron de acuerdo con esa argumentación[91].

Mitre le escribió a Rufino de Elizalde y le manifestó con sinceridad su punto de vista de que la guerra tenía que entrar "en una especie de pausa",

Bartolomé Mitre, comandante en jefe aliado, en una foto de 1901. A pesar de la fuerte oposición en la Argentina, e incluso de los prejuicios de parte de los jefes militares brasileños, Mitre se mantuvo fiel a la alianza con el Brasil. Después de todo, la oposición federal argentina tenía vínculos con Solano López, cuya derrota contribuiría a la consolidación de la República Argentina.

exponiendo una serie de elementos para justificar esa posición. A las tropas aliadas les faltaban medios de movilidad, que eran prácticamente inexistentes para los brasileños. La caballería no era suficiente para dominar una amplia extensión del territorio paraguayo; asimismo, las tropas aliadas casi no podían alejarse de su base de operaciones para reabastecerse de víveres y de municiones, pues la caballería no tenía fuerza suficiente para garantizar las líneas de abastecimiento. Además, la escuadra se negaba a avanzar o incluso a acompañar las operaciones del Ejército aliado, y ni siquiera atacaba a Curupaytí, ya que las operaciones fluviales "son las que deben abrir el camino"[92].

Dos meses atrás, Mitre le había dado instrucciones a Porto Alegre para que atravesase el río Paraná unos cuatrocientos kilómetros arriba de Paso de la Patria con su Ejército "de observación". La misión de las fuerzas de Porto Alegre era la de apoyar el flanco derecho del Ejército aliado en Tuyutí, y al mismo tiempo asegurar la frontera brasileña y la argentina en los ríos Uruguay y Paraná, y en este último desde Encarnación hasta la isla Apipé; la escuadra imperial cumpliría la misma tarea abajo de Apipé. Una vez que estuvieran garantizadas las fronteras, el ejército de Porto Alegre dejaría de ser un cuerpo de observación para convertirse en ejército de operación, penetrando por el interior paraguayo hasta el río Tebicuarí. En su trayecto, intentaría mantener comunicaciones por tierra con el cuartel general aliado en Tuyutí mediante divisiones ligeras de caballería. Atravesando el río Paraná por encima de Apipé, asumiría la función de auxiliar de las fuerzas aliadas al sur, intentando llegar por el interior hasta Humaitá. Siendo así, el centro del sistema defensivo paraguayo quedaría aislado y estaría abierto el camino para un avance aliado sobre Asunción[93].

Porto Alegre no se opuso al plan de Mitre, pero le demostró al ministro de Guerra brasileño las dificultades para su implementación. Señaló entonces que no disponía de medios suficientes para que los hombres y el equipo militar pudiesen atravesar el río Paraná; además, la mayor dificultad era cómo obtener alimentos en el interior del Paraguay para abastecer a un Ejército de 10 mil hombres, "teniendo que atravesar un territorio totalmente desierto" a través de unos trescientos kilómetros, si se avanzase en dirección a Villa Rica, o un poco más en caso de hacerlo hacia Asunción[94].

El resultado de las decisiones que se tomaron en la reunión de Mitre, Osório y Flores se oficializó en un acta. En ella se puede leer que, para llevar adelante la guerra metódicamente y conquistar posiciones en forma gradual, el Ejército aliado debía contar con una base de operaciones segura en el río Paraná o en el Paraguay. Todo movimiento de avance de las tropas tendría que ser seguro y contar con los medios para mantener ventajosamente la posición conquistada. El artículo 1º del acta señalaba:

"Siendo el objetivo del plan de campaña la posición de Humaitá, sobre la cual solo se podrá operar con ventaja de combinación con la escuadra y dominando la navegación del río Paraguay por lo menos hasta esa altura, a ese objetivo principal se le deberán subordinar todos los movimientos, tanto del Ejército como de la Marina"[95].

El 31 de mayo Osório se reunió con Tamandaré para comunicarle lo que se había decidido y para escuchar su opinión. El almirante estuvo de acuerdo y aseguró que enviaría cuatro vapores para transportar las fuerzas de una margen a la otra del río Paraná, y agregó que podría traer las tropas de Porto Alegre a Paso de la Patria en caso de que los generales aliados lo creyesen necesario. En cuanto a las operaciones en el río Paraguay que habían decidido aquellos generales, Tamandaré afirmó que para concretarlas con mayor eficacia era necesario esperar la llegada de dos nuevos acorazados, lo que debería ocurrir en ocho días[96].

Sin tener ninguna orden superior al respecto, Tamandaré le escribió a Porto Alegre proponiéndole el traslado del 2º Cuerpo de Ejército a Tuyutí. El general aceptó la idea y le escribió a Mitre, quien, sorprendido, el 25 de junio reunió una nueva junta de guerra que desaprobó esa operación. Para evitar problemas en la Alianza, Mitre terminó aceptando[97] y desechó el plan de utilizar al Ejército de Porto Alegre en un amplio movimiento estratégico. El primer contingente de esas tropas, que estaba compuesto por una brigada de caballería (1.750 hombres), llegó el 10 de julio a la región de Itapirú en naves de la escuadra; la totalidad del 2° Cuerpo de Ejército —10.160 combatientes— estaba en Paso de la Patria hacia mediados de agosto[98].

De esta forma se profundizaba el abismo que separaba a Tamandaré de Mitre. Debido a su prolongada permanencia en Buenos Aires, el almirante ya había disgustado anteriormente al comandante en jefe —y, en realidad, a casi todo el Ejército aliado—, manteniendo la escuadra inmovilizada en Corrientes. El descontento de Mitre aumentó en la batalla del 24 de mayo, y le escribió a Marcos Paz diciéndole que Tamandaré no estaba a la altura de las circunstancias, y que él no comprendía qué papel debía desempeñar aquel con las "poderosas" naves de guerra que tenía a su disposición. Mitre escribió que el almirante brasileño no tenía inteligencia ni voluntad para desempeñar ese papel, y que, por eso, "nada espero de la escuadra, ni cuento con ella para nada". Su opinión no se modificó dos meses después, cuando Elizalde le escribió diciéndole que no entendía qué pasaba con Tamandaré, pues en el consejo de guerra del 31 de junio el almirante se había comprometido a atacar Curupaytí siempre que recibiese acorazados, y si bien estos habían sido incorporados a la escuadra el 24 de junio, el marino brasileño no ordenó el ataque. La respuesta de Mitre fue una síntesis de sus quejas y de la opinión que tenía sobre Tamandaré:

> "No se empeñe en buscar razones en lo que no tiene razón de ser. Tamandaré no ataca Curupaytí por el mismo motivo que no atacó Itapirú, que estaba armado con un cañón y defendido por una chata, que estaba dispuesto a rendirse [Itapirú] si se aproximaba una sola nave de la escuadra, lo que no se atrevió a hacer, pero que había prometido varias [veces], olvidándose después de hacer lo que había sido decidido en la Junta de Generales. Allí [Tamandaré] falta juicio"[99].

Mientras tanto, las operaciones militares contra el enemigo quedaron paralizadas. Las dos partes en guerra aprovecharon para aumentar y consolidar las obras de fortificación. El conflicto comenzaba a adquirir las características de una guerra de posiciones: tropas atrincheradas, duelos de artillería e incursiones relámpago de patrullas de un lado contra el otro. Era un nuevo tipo de guerra al cual se tuvieron que adaptar los jefes militares de ambos lados.

La inercia en el frente de batalla le permitió a Solano López reorganizar su Ejército. Para rehacer su caballería, le envió una circular a los jefes policiales donde les ordenaba que requisasen todos los caballos útiles que estaban en poder de la población. Esta obtuvo recibos que no especificaban el plazo o el valor de la indemnización[100]; por lo tanto, fue duramente afectada, sea en cuanto al transporte individual, sea en relación a la actividad agrícola. De Asunción y del interior del país llegaron nuevos reclutas, mientras que los hospitales liberaban apresuradamente a los heridos de las batallas de mayo; a las filas guaraníes se les incorporaron viejos, adolescentes —a partir de los doce años de edad— y esclavos liberados con ese fin. En cuanto a los esclavos, el Estado paraguayo se había propuesto comprárselos a sus propietarios por un precio razonable ya desde antes de la guerra. A comienzos de 1866 se ordenó la emancipación en masa de los esclavos con el fin de engrosar las filas del Ejército paraguayo, lo que provocó que en una sola ocasión llegasen 6 mil hombres de las "estancias de la patria"[101]. Es posible que en el Ejército paraguayo hayan muerto proporcionalmente más soldados negros que otros, pues existen indicios de que Solano López los enviaba a cumplir las misiones más peligrosas[102].

A fines de junio, o sea, un mes después de la batalla de Tuyutí, Solano López había conseguido reunir un Ejército de 20 mil hombres; si bien era una tropa inferior a la que se había perdido en Tuyutí, tenía el mismo coraje y determinación para la lucha[103]. En junio también se entablaron duelos de artillería y escaramuzas entre los soldados paraguayos y los aliados, pues se encontraban muy cerca unos de otros en los puestos avanzados. Ambos bandos se observaban a partir de "mangrullos", que eran estructuras de observación inventadas por los aliados, con 25 a treinta metros altura, formadas por cuatro troncos de árboles clavados en el piso en forma de cuadrado y que tenían un puesto de observación en la cima[104].

En los primeros días de julio, Solano López planeó un ataque sorpresa contra la vanguardia aliada en el sector argentino, frente al estero Rojas, en Yataytí-Corá. Protegidos por la vegetación del estero, los paraguayos iniciaron el ataque a media tarde del día 11, terminando recién a las nueve de la noche. Durante toda la batalla, los argentinos estuvieron bajo la supervisión directa de Mitre, quien incluso avanzó con dos batallones y ocupó el campo de batalla a la noche. De acuerdo con Thompson, las pérdidas fueron de quinientos argentinos y cuatrocientos paraguayos, mientras que para Tasso Fragoso y Juan E. Beverina, se trataría de 250 y de cuatrocientas a seiscientas bajas respectivamente[105]. De todos modos, estaba claro que los paraguayos continuaban teniendo capacidad y voluntad de lucha a pesar del desastre de la batalla de Tuyutí, aun cuando Solano López repitiese el error de entablar pequeños combates que no le reportaban ninguna ventaja militar.

De inmediato, Solano López resolvió ubicar la artillería en el extremo del monte Ñaró, que se encontraba cerca del campamento aliado, amenazando de esta forma el flanco izquierdo brasileño y la retaguardia uruguaya. Para alcanzar ese objetivo, luego de ordenar un reconocimiento del terreno, decidió abrir una trinchera en la selva entre Sauce y el potrero Piris, en un área desocupada y cubierta de cadáveres momificados pertenecientes a aquellos que habían caído en la batalla del 24 de mayo. En la madrugada del día 14, dos batallones paraguayos protegidos por la oscuridad y munidos de azadas, palas y picos, comenzaron a abrir la trinchera bajo la supervisión de George Thompson. Trabajaban con mucho cuidado para no alertar a los soldados brasileños, tan cercanos a sus posiciones que era posible escucharlos reír y toser[106].

Los brasileños descubrieron la nueva trinchera en la mañana del día 15, cuando la obra tenía unos 2.500 metros de extensión y ya les ofrecía suficiente protección a los paraguayos, a pesar de que todavía no estaba fortificada. La nueva trinchera fue bombardeada a lo largo del día, pero como no sufrió ningún ataque de la infantería, pudo ser debidamente fortificada. Se dividía en dos segmentos: el menor de ellos controlaba el acceso al potrero Piris, mientras que el otro permitía tener el dominio sobre el camino que conducía al potrero de Sauce[107].

Los aliados decidieron tomar esas nuevas y amenazadoras fortificaciones. En la madrugada del 16 de julio, 3 mil brasileños atacaron la trinchera menor. El combate fue tan violento, que hacia el final de la tarde se recibió el refuerzo de cuatro batallones argentinos, y la lucha terminó recién hacia las 23. El nuevo comandante del 1er Cuerpo de Ejército brasileño, general Polidoro da Quintanilha Jordão, se mostró indeciso durante los combates y hasta le consultó a Mitre si debía retroceder; como respuesta, se le dijo que eso obligaría a los aliados a volver a atravesar el río Paraná hacia territorio argentino[108]. La trinchera pudo ser ocupada, pero no sucedió lo mismo con el potrero Piris, que fue atacado por el general Menna Barreto a un costo de 1.746 bajas brasileñas y 71 argentinas[109]. Los aliados lucharon intrépidamente, y los paraguayos, que hasta ese momento no respetaban a las tropas brasileñas, comenzaron a tener "el más alto concepto" de ellas[110].

En esa batalla, que se llamó Boquerón, fue gravemente herido el coronel Aquino, siendo ascendido a general antes de morir, tres días después, el 19 de julio. Durante el combate, este coronel daba gritos para entusiasmar a las tropas y decía que quería matar con sus propias manos a algunos "negros". Luego de decir eso, Aquino clavó las espuelas en su caballo y, con aire alegre y una sonrisa en los labios, se lanzó sobre los brasileños que se retiraban, matando a un soldado "africano retinto" que encontró en su camino. En ese momento, otro soldado brasileño lo hirió mortalmente en el vientre[111].

Las operaciones militares fueron retomadas el día 18. Parece que el general Flores, quien se encontraba en la vanguardia del campamento aliado, fue el responsable de lanzar el ataque sin consultar previamente a Mitre o al general Polidoro da Fonseca Quintanilha Jordão, que en ese momento comandaba el ejército brasileño. Cuando se iniciaron las operaciones, recibió la ayuda del coronel Vitorino, con dos brigadas brasileñas y una división argentina que estaban ocupando la trinchera que había sido tomada el día 16. En los informes posteriores, Flores afirma que el movimiento de ataque fue iniciado por Vitorino, quien, a su vez, responsabiliza al general uruguayo. Una vez ocupada la trinchera, los aliados penetraron por un camino en el bosque con los brasileños al frente; se trataba de un desfiladero de cuarenta metros de ancho en su comienzo y cuatrocientos metros de largo, que llegaba hasta otra trinchera avanzada paraguaya llamada Sauce. El avance aliado fue difícil porque los atacantes sufrían pesados ataques de artillería e infantería durante su marcha por el desfiladero. Centurión describe el primer intento de ataque:

> "(...) Los compactos batallones brasileños que avanzaban por el boquerón y que venían en la vanguardia, al recibir el horroroso fuego de nuestra artillería, se daban vuelta y quedaban cara a cara con los que venían atrás (...) haciendo trabajar bastante a los jefes y oficiales que, en esas circunstancias, se veían obligados a usar sus espadas para recordarles a las tropas el terrible deber de avanzar en dirección a la trinchera, que como un infierno vomitaba fuego lanzando balas y metrallas"[112].

Cuando se frustró el primer intento, Flores ordenó un nuevo ataque por parte de una división argentina y otra uruguaya. Para evitar las pérdidas que les había ocasionado anteriormente la artillería paraguaya, esta vez los atacantes no marcharon ocupando todo el desfiladero sino que dejaron el centro libre y avanzaron por los márgenes, ahorrando así muchas vidas. Los batallones argentinos atacaron la trinchera y sufrieron grandes pérdidas; los que caían eran sustituidos por otros que venían inmediatamente atrás y que

> "(...) marchaban en medio de una confusión, tropezando unos con otros sobre los cadáveres mutilados de los muertos y de los [cuerpos] de los heridos que daban gritos de dolor; pero avanzaban siempre con denuedo y brío hasta llegar a la trinchera".

Las armas de fuego pronto se callaron y comenzó la lucha cuerpo a cuerpo con bayonetas, donde los paraguayos lucharon "como leones". Sin tener tiempo para recargar sus fusiles, los soldados guaraníes luchaban con golpes de bayoneta, de sable, con culatazos "y hasta con piedras y tierra arrojada en los ojos de sus encarnizados y valientes adversarios"[113].

Finalmente, los aliados consiguieron entrar en la trinchera de Sauce e izar sus banderas, matando al resto de los defensores. Embriagados por la

Arriba, oficial, sargento y soldados de la Guardia Nacional de Buenos Aires. Abajo, el general Emilio Mitre, hermano del presidente Bartolomé Mitre.

victoria, y pese a los intentos que hacían los oficiales para reagruparlos, los soldados argentinos se esparcieron por los ranchos en busca de botín. Los paraguayos realizaron un rápido contraataque y recuperaron la trinchera. Flores recurrió entonces a las fuerzas de reserva y lanzó contra Sauce a la 7ª Brigada argentina. Esta se encontraba bajo el mando de Emilio Mitre, hermano del comandante en jefe aliado, quien llegó hasta el pie de la trinchera enemiga pero tuvo que retroceder debido a las graves pérdidas que sufrió. En la batalla de Sauce, los brasileños sufrieron 1.712 bajas, con 338 muertos; los argentinos tuvieron 974 hombres fuera de combate, 201 de los cuales fueron muertos y las pérdidas alcanzaron a 250[114]. O sea, durante los tres días de las batallas de Boquerón y Sauce, los aliados tuvieron casi 5 mil hombres fuera de combate y los paraguayos cerca de 2.500. Uno de los muertos uruguayos fue el coronel Palleja, autor del *Diario de la campaña de las fuerzas aliadas contra el Paraguay*, que es una fuente importante para el estudio de la guerra.

Cuando ocurrió la batalla de Boquerón, el general Osório ya no era comandante del 1er Cuerpo de Ejército brasileño. Debido a problemas de salud, le había solicitado al gobierno imperial que nombrase a un general para que lo sustituyera en sus tareas. Para ello se escogió al general Polidoro da Fonseca Quintanilha Jordão, quien fue designado el 14 de mayo y llegó a Corrientes el día 28 del mes siguiente. Osório le escribió el 3 de julio solicitándole su arribo a Tuyutí, pues estaba tan enfermo que no podía caminar ni andar a caballo. Sin embargo, Polidoro no evidenciaba ninguna prisa para asumir su nueva función. Osório recién pudo transferirle el comando del 1er Cuerpo el 15 de julio, partiendo el día 18 en medio del profundo pesar del Ejército aliado[115].

Al contrario de Osório, Polidoro carecía de experiencia de combate y era visto con antipatía por la tropa debido a su intolerancia. El rigor "feroz" del nuevo comandante era tan intenso que muchos oficiales abandonaron el teatro de operaciones. Con Polidoro en el comando, el 1er Cuerpo cayó en un significativo desánimo, que se vio profundizado por el abatimiento y el disgusto que ya corrían entre las tropas[116].

El 18 de agosto, un nuevo consejo de guerra aliado decidió hacer embarcar en la escuadra al 2º Cuerpo de Ejército brasileño y bombardear las posiciones paraguayas de Curuzú y Curupaytí. Luego del bombardeo habría un desembarco de tropas para atacar por la retaguardia el flanco derecho de las líneas fortificadas paraguayas. En ese momento, el Ejército aliado en el Paraguay estaba compuesto por 42.212 hombres, de ellos 13.142 argentinos, 28.150 brasileños y 920 uruguayos; esas cifras incluyen a los soldados enfermos en los campamentos, pero no a los que se encontraban en hospitales militares en otros lugares[117].

Solano López, Venancio Flores, Juan Andrés Gelly y Obes y Bartolomé Mitre.

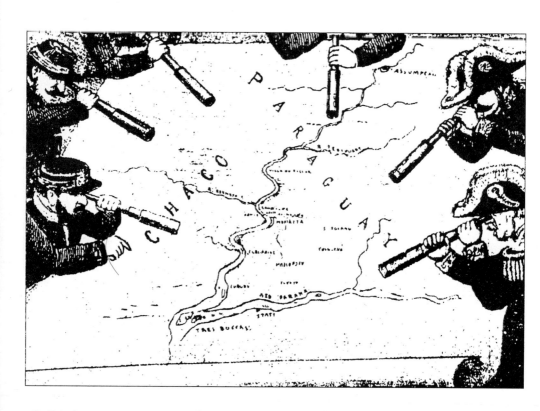

"¡¿Dónde estará López?! ¡¿Dónde estará López?! ¡¿Dónde estará López?!" A partir de 1868 los aliados comenzaron a perseguir a Solano López, quien se retiró hacia el interior del país.

*La invasión paraguaya de Río Grande do Sul llevó
a que don Pedro II vistiera uniforme militar.*

En el siglo XX, Caxias y Tamandaré se convirtieron en comandantes del Ejército y de la Marina. Anteriormente gozaban del mismo prestigio que otros jefes militares brasileños que lucharon en el Paraguay.

Batería brasileña comandada por el coronel Mallet, 1866.

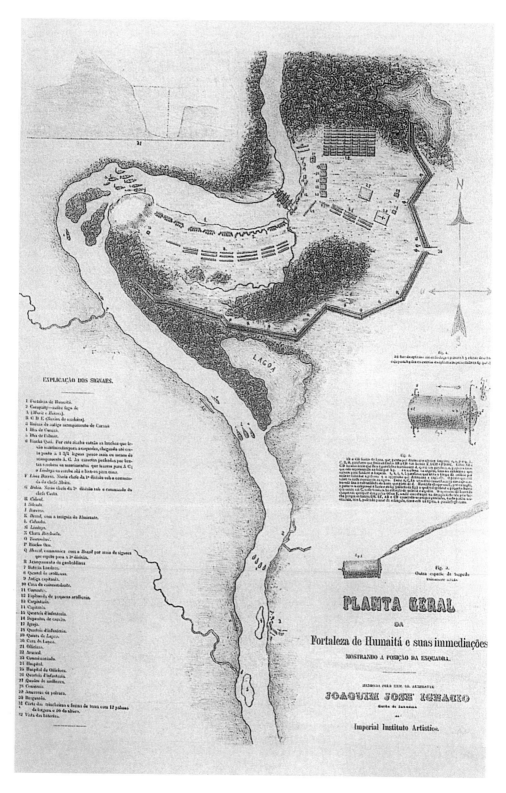

Plano general de la fortaleza de Humaitá y sus inmediaciones.

Trincheras de Tuyutí, batalla del 24 de abril de 1866.

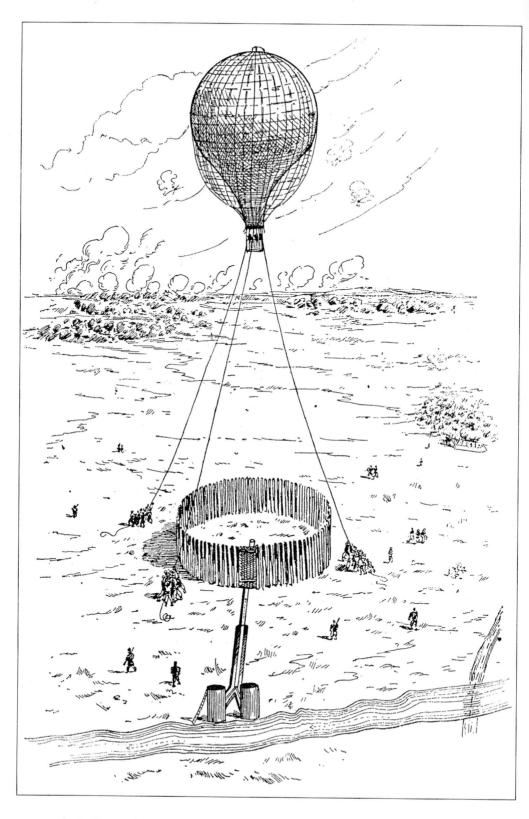

En la Guerra del Paraguay se utilizó la observación aérea por medio de globos.

En un oficio con fecha del 18 de agosto, Mitre le dio instrucciones a Porto Alegre recomendándole actuar bajo la dirección de Tamandaré. La respuesta del general brasileño desató una crisis entre los jefes militares de la Triple Alianza, pues Porto Alegre no aceptó subordinarse a Tamandaré, argumentando que ambos tenían la misma antigüedad como generales. Porto Alegre le escribió a Mitre diciéndole que durante el desembarco en Curuzú le cabría a él la competencia y la responsabilidad de tomar decisiones, y que luego de "concluida la operación, inmediatamente pondré a Va. Excia. en conocimiento del resultado". Frente a esa declaración, incluso quedaba la duda de si el general se subordinaba a Mitre o si actuaría en forma autónoma[118].

Para tratar esa delicada situación, Mitre convocó un nuevo consejo de guerra que se llevó a cabo el 28 de agosto. En su comunicación al gobierno imperial, Porto Alegre afirmó que en esa oportunidad Mitre quiso confirmar su situación de comandante en jefe, y que se dio por satisfecho con la respuesta de que el 2º Cuerpo de Ejército siempre actuaría de acuerdo con los aliados. Por su lado, el general Polidoro informó que Mitre había resaltado su condición de comandante de guerra aliado, a pesar de que Porto Alegre operaba a bordo de la escuadra. Según la descripción que hizo Tamandaré, Mitre dijo que deseaba saber si aquel cuerpo de ejército imperial podía actuar en forma autónoma. El almirante le respondió que, cuando esa tropa estuviera en el campamento aliado, debería ser equiparada al 1er Cuerpo del general Polidoro, y si actuaba en conjunto con la escuadra, debería ejecutar lo que hubieran decidido las juntas de guerra. No obstante, los relatos coinciden en el hecho de que Mitre amenazó con dejar la función de comandante en jefe en caso de que la fuerza de Porto Alegre actuase en forma autónoma sin responder al comando superior, pero que continuaría al frente del Ejército argentino en perfecto acuerdo con los otros comandantes aliados. En fin, la cuestión del comando único y del reconocimiento de Mitre como responsable por la guerra terrestre, que había sido establecida por el Tratado de la Triple Alianza, sufría la evidente resistencia de Porto Alegre[119].

Se dio comienzo a la operación aliada sorteando ese contratiempo. En caso de ocupar Curupaytí, los aliados se ubicarían en la retaguardia paraguaya, del lado del río Paraguay. Aquella posición estaba situada a unos 5,5 kilómetros al sur de Humaitá y tenía su lado derecho sobre el río Paraguay; sobre las márgenes de este río había una densa vegetación que cubría el terreno inundado —eran los juncales—, que impedía el desembarco de la infantería brasileña. La artillería paraguaya tenía capacidad para causar una gran cantidad de muertos entre las tropas que viniesen en las naves, especialmente en aquellas que intentasen navegar arriba de la fortificación para hacer desembarcar a los atacantes. La alternativa era que los aliados desembarcasen al sur de Curupaytí y marchasen para atacar Humaitá, pero esta posibilidad había sido prevista por Solano López, quien ordenó que se construyese una fortificación en Curuzú, un poco más abajo. Allí se abrió una trinchera que tenía el río a su derecha y a la izquierda, una laguna defendida por 2.500 hombres bajo el mando del general Díaz, con tres cañones. Entre Curuzú y la margen del río solo había un estrecho camino, en medio de una densa vegetación de la altura de un hombre, y que terminaba en un descampado de unos cuatrocientos metros frente a la trinchera. El camino estaba bajo la mira de los tres cañones[120].

La escuadra imperial bombardeó Curuzú y Curupaytí en los días 1º y 2 de septiembre. Los 8.385 hombres que trajo Porto Alegre a bordo de las naves de la escuadra desembarcaron durante la tarde del día 2, a unos cuatro kilómetros de Curuzú, y avanzaron hasta el lugar elegido fijando sus posiciones y tiroteándose con los paraguayos. El día 3, la escuadra bombardeó intensamente la trinchera paraguaya y de inmediato las tropas de Porto Alegre iniciaron el ataque, que se efectuó por el frente y también por el extremo izquierdo. Thompson cuenta que los brasileños, "avanzando valientemente bajo el fuego constante de la artillería, y marchando con el agua [de la laguna] casi hasta el cuello", flanquearon el extremo de la trinchera y atacaron por la retaguardia. Los setecientos soldados del 10º Batallón de Infantería paraguayo que había sido traído de Corumbá, y que debían defender ese extremo, huyeron de los atacantes. Según el autor, las pérdidas paraguayas alcanzaron a setecientos muertos y 1.700 heridos, mientras que los brasileños tuvieron unas 2.000 bajas. Sin embargo, Tasso Fragoso afirma que los brasileños tuvieron 159 muertos y 629 heridos, mientras que las bajas paraguayas habrían sido 2.632: ochocientos muertos, 1.800 heridos y 32 prisioneros[121]. No obstante, los números de las pérdidas paraguayas deben haber sido exagerados, ya que la defensa de la trinchera estaba a cargo de 2.500 hombres.

Los paraguayos en retirada fueron perseguidos desordenadamente hasta las baterías de Curupaytí por un grupo de brasileños conducidos por el coronel Astrogildo Pereira, quien pertenecía a la Guardia Nacional *gaúcha* y había dirigido el ataque a la retaguardia de la trinchera de Curuzú. Los brasileños advirtieron que Curupaytí no tenía trincheras en su lado izquierdo y que podía ser fácilmente tomada. Si Porto Alegre hubiese avanzado sobre esa posición, como mínimo podría haber destruido su parapeto y arrojado sus cañones al río, facilitando así un ataque posterior, o incluso la podría haber ocupado. El avance era lógico, pues Porto Alegre y Tamandaré ya habían decidido atacar la posición y pedido refuerzos de infantería para emprender tal acción. Permaneciendo en Curuzú, Porto Alegre permitió que los paraguayos ocupasen los bosques y se hicieran fuertes. El general se defendió diciendo que había renunciado al plan de atacar el segundo objetivo —Curupaytí—, sobre todo porque no tenía informaciones de las condiciones de defensa de esa posición, y también debido "a la naturaleza del terreno" y a la distancia a ser recorrida[122]. Mitre comprendió el error y lamentó que la operación no hubiera continuado hasta que los brasileños ocupasen Curupaytí[123]. Los aliados pagaron un precio muy alto, militar y político, por el error de Porto Alegre.

Solano López castigó al batallón paraguayo que había huido en vez de defender Curuzú. Se hizo formar a los soldados, se contaba hasta diez, y el décimo soldado era retirado de la formación. La cuenta se repitió hasta el final del batallón y los soldados que habían sido seleccionados fueron fusilados inmediatamente. Entre los oficiales se efectuó un sorteo de pequeñas ramitas: los que recibieron las más cortas fueron fusilados en seguida, mientras que los que se quedaron con las más largas fueron degradados a soldados rasos[124].

En el momento en que Porto Alegre desembarcó en Curuzú, una mina sumergida que era arrastrada por la corriente del río alcanzó al acorazado *Rio de Janeiro* debajo de la popa, y como la nave no tenía compartimientos estancos, se hundió en apenas diez minutos. La mitad de la tripulación murió al ser atrapada por el remolino causado por el naufragio, o ametrallada por el enemigo; entre los muertos estaban el comandante de la nave, teniente Silvado, y sus oficiales, de los cuales solo sobrevivió el teniente Custódio José de Melo. Esas minas flotantes eran llamadas "torpedos", y se lanzaban río abajo para alcanzar a las naves de la escuadra brasileña que estaban fondeadas cerca de la desembocadura del río Paraguay; sin embargo, el *Rio de Janeiro* fue la única embarcación de gran porte que fue alcanzada y hundida. Esas minas se construían con tres cajas, colocadas una dentro de la otra, la última de las cuales era de zinc y estaba cargada con pólvora. La espoleta era una cápsula de vidrio que contenía ácido sulfúrico con una mezcla de potasio y azúcar blanca, recubierta con lana y algodón[125].

Desinteligencias entre los aliados y derrota de Curupaytí

Luego de la toma de Curuzú, se hicieron exploraciones en los flancos izquierdo y derecho de las fuerzas paraguayas, concluyendo que sería imposible efectuar un ataque aliado sobre esas posiciones desde Tuyutí. Mitre, Polidoro y Flores se reunieron el 8 de septiembre y oficializaron el plan de ataque, que se les había comunicado con anterioridad a Porto Alegre y a Tamandaré, quienes lo aprobaron. Según ese plan, la ocupación de Curupaytí era una operación preliminar necesaria para que se pudieran concretar otras acciones militares. El ataque sería realizado por las tropas reforzadas de Porto Alegre en cooperación con la escuadra; a la vez, la caballería aliada, al mando del general Flores, avanzaría a la derecha y por la retaguardia del enemigo hasta donde fuese posible, para apoyar a las fuerzas aliadas que estarían operando en el territorio cercano al río Paraguay. El 1er Cuerpo de Ejército del general Polidoro, que contaba entre 18 mil y 20 mil hombres, permanecería en posición defensiva en Tuyutí, pudiendo lanzarse a la lucha por la derecha o por el frente de las líneas fortificadas paraguayas en caso de ser avisado. Mitre se trasladaría a Curuzú con 9 mil argentinos y doce cañones, a reforzar al ejército de Porto Alegre[126].

La acción ofensiva aliada sobre Curupaytí estaba programada para el día 16, pero como llovía Tamandaré informó que el mal tiempo era un inconveniente para el bombardeo de esa posición. Llovió durante días sin parar, lo que transformó el terreno del campamento aliado en un verdadero lodazal, borrando los senderos por donde deberían desplazarse las tropas. Para el historiador José María Rosa, exponente del revisionismo "antimitrista", cuando Mitre ordenó el ataque de la infantería sobre Curupaytí lo hizo sin verificar la posición; esto alarmó a Porto Alegre, quien debía emprender el ataque, pues el terreno estaba convertido en un pantano. Sin embargo, esa negligencia no ocurrió, ya que el comandante en jefe había hecho dos reconocimientos de la línea enemiga en forma personal y creía conocerla; además, era consciente de que se trataba de una posición fuertemente armada pero pasible de ser tomada con "algunas" pérdidas, siempre que fuera sometida a un eficiente bombardeo de parte de la escuadra brasileña[127].

En realidad, ninguno de los generales aliados dudaba de la conveniencia del ataque, y solo Porto Alegre tenía divergencias, pero se debían a su vanidad personal. Este general sintió su autoridad menoscabada por el hecho de que Mitre, que era su superior, participara del ataque junto con el 2º Cuerpo de Ejército brasileño, y protestó contra ello con el apoyo de Tamandaré, pero señaló que podría tomar Curupaytí con la ayuda de la escuadra. El mismo Porto Alegre defendió un cambio en el plan original del ataque, proponiendo que la acción fuera iniciada, no por él sino por el general Polidoro a partir de Tuyutí, pues así podría alcanzar el punto más débil de la fortaleza. Para hacer esa propuesta se basó en la información proporcionada por un desertor paraguayo, quien aseguraba que el punto donde pensaban atacar los aliados era el más fuerte en términos defensivos. Sin embargo, Mitre se mantuvo firme en su defensa del plan ofensivo y Flores dijo que era hora de ponerlo en práctica y no de discutirlo. Porto Alegre y Tamandaré terminaron por estar de acuerdo en que la operación militar se desarrollase según el plan original[128].

Mitre estaba irritadísimo con las constantes resistencias que Tamandaré y Porto Alegre le oponían a su comando, y esta irritación se extendía también a Francisco Octaviano, quien permanecía en el teatro de guerra. Esto lo evidencia una carta que le escribió a Rufino de Elizalde, en la cual Mitre afirma que en diversas ocasiones tuvo que advertirles a los dos jefes militares —especialmente a Tamandaré— quién tenía la responsabilidad de comandar la guerra según el Tratado de la Triple Alianza.

"(…) a pesar de la tranquila firmeza con la que observo estas niñerías, puede haber una ocasión en que las cosas no sucedan tan tranquilamente. (…) Porto Alegre es un tonto (…) Octaviano es otro niño, a quien le hice algunas advertencias, que atiza la vanidad y, según parece, conspira de acuerdo con Tamandaré para concentrar en Porto Alegre el mando del Ejército [brasileño], eliminando a Polidoro. (…) Cada día es más necesaria la victoria, que es el camino para la paz entre los pueblos y los espíritus"[129].

Si el ataque a Curupaytí hubiese comenzado con las tropas de Polidoro, las pérdidas aliadas tal vez hubieran sido mayores. Ese es el análisis de Centurión, con la autoridad que le da el haber formado parte del Estado mayor paraguayo. Si el 1er Cuerpo de Ejército brasileño hubiera hecho el ataque por el Paso Gómez, el mismo se hubiera desarrollado en un terreno mucho peor que aquel donde lucharon los atacantes para tomar la posición guaraní. Además, en Paso Gómez las tropas aliadas tendrían cañones no solo en su frente sino también en sus flancos[130].

Antes de que los aliados atacasen Curupaytí, Solano López le solicitó un encuentro al general Mitre, que se realizó el 12 de septiembre en Yataytí-Corá. El general Polidoro rechazó la invitación para participar de este, pues obedeció una instrucción permanente que el gobierno imperial le había dado a sus autoridades militares en el sentido de no negociar con el jefe de Estado paraguayo. El general Flores se retiró rápidamente de la conferencia luego de entablar una disputa verbal con el líder paraguayo, donde este lo hizo responsable de la guerra por abrirle las puertas del territorio uruguayo al Brasil. Solano López le aseguró a Mitre que había ido a la guerra contra el Imperio porque suponía que este dominaría al Uruguay y que luego amenazaría a "todos"; también agregó que no tenía nada en contra del pueblo argentino. Durante la entrevista entre los dos jefes de Estado, el general Barrios le dijo a un ayudante del comandante en jefe aliado que los paraguayos solo deseaban que los argentinos "nos dejen solos con los brasileños, aunque ellos dupliquen su Ejército", y agregó riendo que de esa forma serían fácilmente vencidos[131].

Solano López asistió al encuentro con espuelas de plata, botas altas y uniforme con hilos de oro, mientras que Mitre se vistió sencillamente, con su uniforme normal, excepto por un gran sombrero de fieltro. Luego de cinco horas de reunión, Solano López redactó un protocolo de la conferencia, con una copia para Mitre, donde afirmaba que su objetivo había sido encontrar una solución conciliadora y honorable para todas las partes envueltas en el conflicto. En el documento se afirma que el presidente argentino se limitó a escuchar la propuesta, sugiriendo que la decisión le correspondía a su gobierno y al de los otros aliados, y que no podía ofrecer otras condiciones de paz que aquellas que estaban establecidas en el tratado del 1º de mayo. Este último se hizo público cuando el gobierno británico lo transcribió íntegramente —luego de haberlo obtenido del canciller uruguayo—, en un informe sobre la situación en el Plata que fue presentado al Parlamento el 2 de marzo de 1866. El documento fue reproducido por los diarios ingleses, y casi de inmediato en el Paraguay por *El Semanario*, el 11 de agosto de 1866, y en el Brasil por el *Jornal do Commercio* en Río de Janeiro[132].

Mitre le informó a Marcos Paz que el protocolo de la conferencia de Yataytí-Corá no contenía todo lo que se había discutido en el encuentro. Sin embargo, no aclaró lo que faltaba pues no disponía de tiempo para escribir, aunque señaló que había quedado bien impresionado con Solano López. Este defendió sus posiciones de forma "digna y conveniente", mostrándose arrepentido de haber comenzado la guerra y deseando la paz, pero temeroso sobre el futuro en relación al Brasil. El líder paraguayo no demostraba tener una gran fuerza de voluntad para continuar la guerra, pero lo haría "hasta el fin" antes de aceptar las condiciones de paz del Tratado de la Triple Alianza. Mitre le dijo que la paz era imposible si no fuese en los términos de la Triple Alianza, y escuchó como respuesta que ello no tenía que ser así, siempre que el presidente argentino desease el fin de la guerra. Astutamente, Solano López halagó a Mitre con una serie de elogios, entre los cuales destacó el hecho de que su interlocutor era gobernante y ciudadano argentino. Sin embargo, Mitre no se dejó engañar y respondió que no solo era representante de la Argentina, sino también de los intereses de los tres aliados[133].

Según el general Resquín, que en esa época era comandante del Ejército paraguayo, Solano López habría propuesto su renuncia a la jefatura del Estado, siempre que el Tratado de la Triple Alianza no se aplicara a su país. El presidente argentino habría respondido que la anulación del documento era imposible, aunque tal vez podría ser modificado en parte si su colega paraguayo se retirase del país, términos estos que habrían sido rechazados por López. Por su parte, el representante español en Buenos Aires, luego de una conversación que mantuvo con el canciller Elizalde, dedujo que Solano López le habría manifestado a Mitre su disposición para ceder en todo ante los aliados, siempre que pudiese permanecer al frente de la jefatura del Estado paraguayo. Sin embargo, no hizo una propuesta concreta en ese sentido, limitándose a mostrar su aprecio por el presidente argentino y el deseo de retomar la amistad con la Argentina[134].

Posteriormente, en 1891, Mitre le dio a Estanislao Zeballos nuevos de-

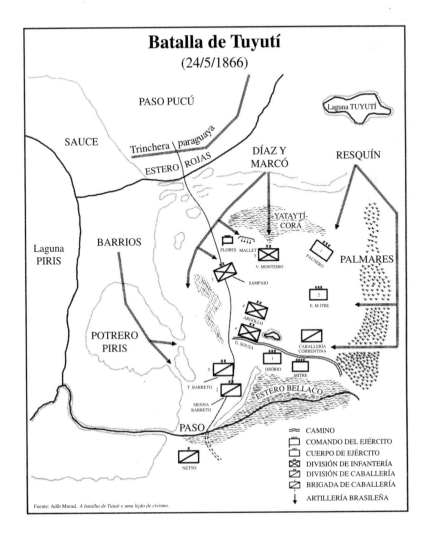

Batalla de Tuyutí
(24/5/1866)

PASO PUCÚ

Laguna TUYUTÍ

SAUCE

Trinchera paraguaya

DÍAZ Y MARCÓ

RESQUÍN

ESTERO ROJAS

YATAYTÍ-CORÁ

Laguna PIRIS

BARRIOS

FLORES MALLET

V. MONTEIRO

PAUNERO

PALMARES

SAMPAIO

E. MITRE

ARGOLLO

POTRERO PIRIS

G. SOUSA

CABALLERÍA CORRENTINA

T. BARRETO

OSÓRIO

MITRE

MENNA BARRETO

ESTERO BELLACO

PASO

NETTO

≈ CAMINO
COMANDO DEL EJÉRCITO
CUERPO DE EJÉRCITO
DIVISIÓN DE INFANTERÍA
DIVISIÓN DE CABALLERÍA
BRIGADA DE CABALLERÍA
↓ ARTILLERÍA BRASILEÑA

Fuente: Adib Murad, *A batalha de Tuiuti e uma lição de civismo.*

talles sobre el encuentro con Solano López. Ratificó que el líder paraguayo lo había invitado a abandonar la alianza con el Brasil, pues afirmaba que no tenía motivos para guerrear con los argentinos, siendo interrumpido por su interlocutor con la objeción "permítame observarle que está hablando con el general en jefe de los aliados". Mitre le dijo a Solano López que no se hiciera ilusiones sobre la marcha de la guerra, pues las turbulencias políticas en la Argentina no paralizarían las operaciones militares aliadas. El líder paraguayo respondió que por eso mismo había propuesto el encuentro, agregando que "el Imperio se engrandece y la República [Argentina] se debilita", y preguntó sobre las condiciones para negociar la paz. Se entabló entonces el siguiente diálogo:

"—Negociaríamos —respondió el general Mitre— teniendo como base la renuncia de Va. Excia., porque no le hacemos la guerra al pueblo del Paraguay sino a su gobierno.

—¡Ah, no! Esas condiciones me las impondrá Va. Excia. después de matarme en mis últimas trincheras… ("¡Y cumplió su palabra!", agregó Mitre en su exposición).

López llamó de inmediato a un ayudante que, arrodillándose, escribió sobre la otra rodilla alguna cosa que le dictó López. Eran unas condiciones de acuerdo que tenían como base la ruptura de la alianza [de la Argentina con el Brasil].

El general Mitre las leyó y dijo:

—Me limito a tomar conocimiento de ellas. Quedan reabiertas las operaciones de guerra[135]."

La situación militar paraguaya y el conocimiento del contenido del Tratado de la Triple Alianza frustraron los objetivos que se había propuesto Solano López cuando comenzó la guerra. Como alternativa, buscó una solución política para el conflicto que no lo disgustase. Algunos interpretan que para el líder paraguayo, el encuentro de Yataytí-Corá fue una manera de ganar tiempo mientras terminaba las trincheras de Curupaytí, que había empezado a construir el día 8 de septiembre porque esperaba un ataque enemigo en ese punto. De hecho, esas trincheras le costaron caro a los aliados, y solo pudieron ser terminadas por el tiempo que se ganó con la conferencia. Pero esto no fue la causa principal del encuentro sino una consecuencia del mismo. Si el objetivo hubiese sido el de ganar tiempo, Solano López habría disimulado su respuesta, pidiendo algunos días para estudiar las condiciones de paz en vez de rechazarlas[136].

La noticia del encuentro de los dos jefes de Estado tuvo repercusiones en Buenos Aires, y la prensa creía que la lucha llegaba a su fin. Sin embargo, este no era el caso. El 22 de septiembre Mitre ordenó el ataque a Curupaytí. La trinchera de defensa tenía dos kilómetros de extensión, con un foso de cuatro metros de ancho por dos de profundidad, además de un muro de dos metros de altura. En su interior había entre 4 mil y 5 mil soldados y cerca de noventa cañones, una parte de los cuales apuntaba hacia el río y la otra hacia la tierra[137].

El día 22 de septiembre el ataque a Curupaytí comenzó sin que fuera alterado el plan original de los aliados. La escuadra bombardeó esa posición y Tamandaré intentó cumplir su promesa de "desbaratar en dos horas" la artillería enemiga. El ataque de las naves fue ineficaz debido a la altura de la fortificación; esta superaba los nueve metros, y obligaba a que los cañones brasileños utilizasen un ángulo de tiro que hacía que las bombas cayesen más allá de las posiciones enemigas, sin que lo supiese Tamandaré. Creyendo que había preparado suficientemente el terreno, la escuadra dio la señal para que las fuerzas terrestres atacasen las posiciones paraguayas. Tal como había sido planeado, poco después de las 12 avanzaron cuatro columnas paralelas: dos argentinas, a la derecha, y dos brasileñas. El ataque central correría por cuenta de las dos columnas centrales, una de cada nacionalidad y bajo el mando de los generales Paunero y Albino Carvalho, mientras que las laterales eran lideradas por el general Emilio Mitre y por el coronel Augusto Caldas. Eran casi 20 mil aliados, y los efectivos argentinos y brasileños eran prácticamente equivalentes. Según un testigo paraguayo, los aliados avanzaron con vistosos uniformes y bandas de música para acompasar el avance de la infantería; los oficiales montaban caballos y, por sus "relucientes uniformes de gala", se convirtieron en blancos fáciles de los tiradores paraguayos. "Era impresionante verlos avanzar con tanta gallardía, como si fuesen a una fiesta o a un desfile militar", dando la impresión de que estaban seguros de la victoria[138].

El Ejército del general Porto Alegre comenzó a atacar por la izquierda, pero se retrasó a causa del barro y debió enfrentarse a la artillería paraguaya, que Tamandaré dijo que había destruido. Luego de algún tiempo, Mitre envió a dos ayudantes para conocer la verdadera situación de la tropa brasileña, que luchaba valerosamente, y ellos volvieron diciendo que Porto Alegre había tomado la trinchera. La información no era verdadera, pues los ayudantes habían confundido el primer foso —que fue sobrepasado por los atacantes—, con la trinchera principal. Basándose en esa información equivocada, Mitre ordenó el segundo ataque a las fuerzas argentinas, las cuales debían apoyar la supuesta ventaja que había obtenido Porto Alegre, quien debía estar necesitando refuerzos[139]. Las columnas atacantes llevaron a cabo sucesivas embestidas, en las cuales soldados y oficiales actuaron valientemente. Las tropas de asalto se vieron sorprendidas por la violencia inesperada del fuego enemigo —que diezmaba sus filas—, así como por innumerables trampas, pero a pesar de ello continuaron avanzando entre los cuerpos de los compañeros caídos y llegaron a alcanzar el foso de la trinchera principal. Luego de horas de combate, los soldados aliados le dieron la espalda a Curupaytí y comenzaron a huir. Esto obligó a que Mitre recurriera a las fuerzas de reserva, que salieron de los montes donde estaban escondidas y retomaron el ataque[140].

Mitre dirigió el ataque al alcance de las bombas enemigas y tuvo que cambiar de caballo porque el primer animal fue herido por una esquirla. En otro momento, el comandante en jefe fue salpicado por el barro que provocó la cercana explosión de una bomba[141]. Al contrario de Solano López, que evitaba estar al alcance de los tiros, los demás altos jefes aliados, Flores, Osório, Porto Alegre, Caxias, Paunero, Emilio Mitre y el conde d'Eu, también se expusieron al fuego enemigo en otros momentos de la guerra. Lo que impresiona en Curupaytí —y esto fue destacado por testigos paraguayos del combate— es la sangre fría de los soldados aliados, que avanzaron durante horas para llenar los huecos que dejaban los compañeros muertos, teniendo conciencia de que probablemente también ellos morirían. En Curupaytí cayeron ilustres figuras argentinas y brasileñas, cuya pérdida sería sensible para el Ejército aliado; allí perecieron jóvenes de la elite porteña, como Domingo Fidel Sarmiento —"Dominguito"—, hijo del futuro presidente Domingo Faustino Sarmiento, y Francisco Paz, que era hijo del vicepresidente Marcos Paz. La dramaticidad del combate queda reflejada en el relato de José Ignacio Garmendia, quien al final de la acción encontró ensangrentado a Martín Viñales, del 1er Batallón de Santa Fe, y al preguntarle si estaba herido recibió como respuesta: "No es nada, apenas un brazo menos; la patria merece más"[142].

Cuando el sol ya se ponía en Curupaytí y casi no había más reservas aliadas para ser utilizadas, Mitre ordenó el toque de clarín de retirada. La orden apenas ratificaba una situación de hecho, pues había una desbandada de los atacantes que Porto Alegre, "transfigurado de rabia", intentaba contener en pleno campo de batalla con la intención de emprender un nuevo asalto. Cuando se retiraba, Porto Alegre le dijo a Arthur Silveira da Motta: "he aquí el resultado de la falta de confianza del gobierno brasileño en sus generales y de haber entregado sus ejércitos a los generales extranjeros", e hizo una serie de imputaciones contra Mitre, responsabilizándolo por el desastre[143].

En realidad, si el ataque hubiera ocurrido el día 17, como estaba planeado, es probable que el resultado hubiese sido favorable a los aliados. En ese momento, la construcción de las nuevas trincheras estaba lejos de ser terminada y el terreno por donde marcharían los atacantes no estaba tan embarrado; esto es, los aliados no hubieran encontrado obstáculos infranqueables. Es verdad que el día 17 la escuadra no hubiera podido actuar contra Curupaytí, pues para Tamandaré la lluvia crearía dificultades insuperables, pero de todos modos el bombardeo no tuvo ningún efecto sobre el fuerte, aun con buen tiempo. Lo que comprometía la acción de la escuadra no eran las condiciones meteorológicas sino el desconocimiento de las posiciones paraguayas y, sobre todo, la falta de un comando que estuviera a la altura de los nuevos desafíos militares.

Las estadísticas oficiales que suelen citar los historiadores de la Argentina y del Brasil indican que el ataque a Curupaytí produjo 2.011 hombres fuera de combate entre los brasileños, 411 de los cuales resultaron muertos, y 1.537 bajas entre los argentinos, con 587 muertos. Sin embargo, escribiendo en 1982, el coronel brasileño Claudio Moreira Bento afirma que hubo 4 mil soldados imperiales muertos, siendo este un número que reitera un observador neutral, como el representante español que estaba en Buenos Aires en 1866. Azevedo Pimentel participó del combate, y dice que hubo 2 mil muertos brasileños y otros 2 mil argentinos. Según Thompson, los paraguayos perdieron 54 hombres y los aliados 9 mil, mientras que para Centurión los muertos aliados solo alcanzaron a 5 mil. José María Rosa y Arturo Bray llegan al extremo opuesto de los números oficiales argentinos y brasileños, afirmando que los atacantes muertos fueron 10 mil. Los cadáveres aliados se arrojaron en fosas que habían sido abiertas para armar trampas contra los atacantes; una vez que esas fosas estuvieron llenas, los cuerpos fueron arrojados al río Paraguay. Según Centurión, uno de los batallones encargados de ese trabajo, el número 36, enterró y arrojó al río más de 2 mil cadáveres[144].

Cuando terminó la batalla, de las trincheras de Curupaytí salió un batallón para recoger las armas y despojos que habían dejado los aliados en el terreno, así como también para apresar a los heridos. Los soldados paraguayos les preguntaban a los argentinos y brasileños heridos si podían caminar, y mataban a quienes respondían en forma negativa. Eran pocos los que conseguían caminar, pues de lo contrario hubieran retrocedido para encontrarse con sus compañeros; de esta forma, apenas hubo "una media docena" de prisioneros. Los soldados del batallón paraguayo volvieron a la trinchera vestidos con los uniformes argentinos, con relojes de los muertos y con libras esterlinas, pues hacía poco que los aliados habían recibido el sueldo. Posteriormente, esas libras fueron "compradas" por Elisa Lynch con papel moneda paraguayo. Varios batallones paraguayos se vistieron con los uniformes de los aliados muertos y se armaron con los 3 mil fusiles capturados[145].

Los soldados paraguayos andaban semidesnudos y descalzos desde el comienzo de la guerra, así que para ellos los uniformes aliados manchados de sangre eran un verdadero premio. La falta de vestuario era tan grave que en febrero de 1866 el gobierno paraguayo emitió un decreto por el cual se reclamaba "una contribución de uniformes para el servicio del Ejército", utilizando como justificación de esta acción el hecho de que el bloqueo naval brasileño impedía la importación de tejidos. De hecho, se trataba de una confiscación, ya que los jefes policiales y los jueces estaban encargados de determinar la cantidad de uniformes que debía aportar cada familia en la región bajo su jurisdicción[146].

Los atacantes de Curupaytí no recibieron refuerzos de las tropas de los generales Polidoro y Flores. Este último tenía órdenes de concretar un movimiento de flanco distractivo con su caballería de cerca de 3 mil hombres, pero se alejó tanto de las trincheras paraguayas que no llegó a tener contacto con el enemigo[147]. Polidoro había recibido órdenes de Mitre para que realizara un reconocimiento —"lo más enérgico posible"— en forma paralela a la acción principal contra la fortaleza; su objetivo no solo era distraer al enemigo sino también realizar un ataque frontal en el momento oportuno[148]. Sin embargo, el general brasileño se mantuvo pasivo y justificó su inactividad afirmando que la escuadra, o más precisamente la nave *Iguaçu*, no había izado una bandera roja con una cruz blanca en el centro, que según lo combinado era la señal para el ataque. Pero Arthur Silveira da Motta aseguró que dio la señal siguiendo órdenes de Tamandaré, y que fue "transmitida por mí: la vi desplegada en el patacho *Iguaçu*". La inacción de Polidoro fue "inexplicable", y en la orden del día de Tamandaré se lo hizo responsable por la derrota. No obstante, el ministro de Marina de aquella época, Afonso Celso, escribió que la señal combinada para que Polidoro iniciase la ofensiva no había sido dada[149].

Al verse acusado por haber malogrado el ataque a Curupaytí —incluso por la prensa—, Polidoro le solicitó a Mitre que hiciera una declaración estipulando cuáles eran los deberes que debía haber cumplido en aquella acción como comandante del 1er Cuerpo de Ejército, y que se emitiera un juicio sobre su forma de proceder. La respuesta fue ambigua, porque si bien no lo hizo responsable por la derrota, señaló considerables errores en su actuación. Mitre dijo que el resultado del ataque no había sido consecuencia "de lo que V.E. hizo o dejó de hacer en esa ocasión, aun cuando eso pudiese haber influido en el panorama general". Según el comandante en jefe, su respuesta era la misma que diera en la junta de generales y en una conversación amistosa con Polidoro, o sea, que el reconocimiento que realizó el general brasileño sobre el flanco enemigo no fue tan "enérgico" como podría haber sido para posibilitar un decisivo movimiento de ataque en el momento oportuno. No obstante, declaró que comprendía que el comandante del 1er Cuerpo de Ejército tenía intención de preservar sus esfuerzos para un ataque a la posición paraguaya, pues "un reconocimiento más profundo que el practicado no podría darle un resultado mejor para tal efecto"[150].

El desastre aliado en Curupaytí tuvo grandes repercusiones. En el plano militar, hizo evidente la división que existía dentro del comando aliado: por un lado estaban Tamandaré y Porto Alegre, que pertenecían al Partido Liberal en el Brasil y hostilizaban a Mitre, y por otro lado se encontraban Polidoro, miembro del Partido Conservador, y Flores, que eran solidarios con el comandante en jefe. Mitre le escribió a Rufino de Elizalde que ya no contaba con la escuadra imperial para nada y que además vendría a remolque de los acontecimientos. La relación entre Tamandaré y el comandante en jefe argentino había quedado irremediablemente perjudicada, poniendo en riesgo la propia conducción de la guerra. Mitre afirmaba que "no puedo, no quiero, ni debo entenderme con el almirante Tamandaré, al cual considero inadecuado para el puesto que ocupa en todos los aspectos y enemigo de la alianza por motivos personales, para cuyo sentimiento arrastra a su primo Porto Alegre"[151]. Para Mitre:

"El mariscal Polidoro es viejo (64 años), está enfermo y me parece fatigado, sobre todo de la hostilidad que le dirigen Porto Alegre y Tamandaré, que son primos, y primos hasta en la falta de juicio, e hicieron un pacto de familia para monopolizar, de hecho, el comando de la guerra, tomando el primero el mando de todo el Ejército de tierra para subordinarlo a las operaciones de la escuadra. Tengo razones para creer que si Polidoro renuncia o se enferma, tiene instrucciones para transferirle el comando de los Ejércitos a Porto Alegre. Es imposible imaginar una nulidad mayor que este general, a lo que se agrega la mala influencia, dominante sobre él, de Tamandaré y el espíritu negativo de ambos en relación a los aliados, debido a pasiones e intereses mezquinos. Con el conocimiento profundo que tengo de esa situación, puedo asegurar que tal comando [único de Porto Alegre] será funesto no solo para las armas del Brasil, sino para la continuación práctica y eficaz de los objetivos de la alianza (...)"[152].

Alarmado por la repercusión del desastre militar, el ministerio argentino autorizó a Mitre para negociar una tregua o la paz definitiva con el Paraguay, previo entendimiento con el Brasil y el Uruguay. También fue autorizado para no cumplir el tratado del 1º de mayo de 1865 en aquellos puntos que no fuesen de importancia primordial para la Argentina. El representante argentino en Río de Janeiro, Juan E. Torrent, era partidario de negociar con Solano López, no para hacer la paz y permitir su permanencia en el poder, sino porque creía que el dictador, "salvando su fortuna particular", no tendría reparos en renunciar a la presidencia. Con esa finalidad, el gobierno argentino creía posible concederle la paz a Solano López para facilitar su retirada del Paraguay. El gobierno imperial rechazó la propuesta argentina y, además, no hizo lugar al pedido de Torrent para que los aliados hiciesen modificaciones en el Tratado de la Triple Alianza. El representante argentino citó como ejemplo de las eventuales modificaciones que podrían hacerse la exigencia de un pago de indemnización por los perjuicios de guerra de parte del Paraguay[153].

Según le relató Elizalde a Mitre, ante la posibilidad de semejante tentativa de paz de parte del gobierno argentino, Francisco Octaviano de Almeida Rosa amenazó con retirarse del país. En Río de Janeiro, el encuentro de Yataytí-Corá había levantado sospechas en cuanto al real contenido de la conversación entre el presidente argentino y Solano López. Esas sospechas se ampliaron debido a la autorización para negociar la paz que le dio el gabinete argentino. La inseguridad brasileña llevó a don Pedro II a escribir "Tengo mucho miedo de la diplomacia de Mitre"[154], y que este último pretendía arrastrar al Imperio para establecer con Solano López "una paz que nuestro honor no nos permite"[155].

En realidad, las sospechas en Río de Janeiro no tenían fundamento, pues el presidente argentino continuaba siendo fiel al tratado de 1865. Esto lo prueba la respuesta que Mitre le dio a una carta de José Mármol donde este señalaba que no había unidad de comando en las fuerzas navales y terrestres aliadas, y argumentaba que la alianza había dejado de existir con la retirada de Flores. Después de todo —escribió Mármol—, "cada uno [de los aliados] se asoció a dos, y no a uno", y a partir de esa premisa bregó por la retirada de la Argentina de la guerra. Mitre rechazó esa idea afirmando que había dos motivos para ello. Por un lado, debido a una cuestión de principios, pues no cumplir con un acuerdo internacional sería un deshonor para el país, y por otro lado, por un aspecto pragmático, ya que esa retirada iría contra los intereses de la República. Mitre argumentaba que si la Argentina rompiese la alianza tendría como alternativas mantenerse neutral —esperando que el Imperio llevase adelante la guerra para obtener así ventajas "mezquinas"— o aliarse con Solano López. Cualquiera de esas posibilidades comprometería el futuro argentino, pues "si el Paraguay triunfase sobre el Brasil, nos aislaría y nos volvería débiles, y si el Brasil triunfase sobre el Paraguay, obtendría ventajas y nos haría pagar justamente las consecuencias de nuestra flaqueza"[156].

Frente a una situación interna argentina que era favorable a la paz, y ante los rumores sobre la existencia de alguna iniciativa de parte de otras repúblicas sudamericanas en favor del Paraguay, Almeida Rosa intentó tranquilizar a Mitre. El diplomático le escribió al presidente argentino reconociendo la gravedad de la situación en la que este se encontraba, pero lo tranquilizó. Almeida Rosa le aseguró a Mitre que eran "tan grandes los intereses confiados a Va. Excia.", que él no debía dudar del gobierno imperial, "que es su amigo leal y sincero". También le informó que el Perú ya se había convencido de la "buena fe" aliada y que, al contrario de los rumores, la Argentina no debía temer una invasión boliviana por el Norte[157].

La permanencia de la Argentina en la alianza a fines de 1866 fue el resultado de la convicción de que esa era la mejor alternativa para el país; este era un sentimiento compartido tanto por Mitre y el pequeño círculo de políticos que lo rodeaba, como también por los comerciantes que se enriquecían con el conflicto. La guerra era impopular en la Argentina y el cansancio con ella llegó a adquirir tonos de sublevación. A fines de 1866 surgieron las montoneras, que eran rebeliones en las provincias contra el gobierno central, que se prolongaron por todo el año siguiente. Las tropas argentinas tuvieron que ser retiradas del Paraguay para luchar en las provincias de su país. De esta forma, el Ejército argentino comenzó a tener una participación más modesta en la lucha contra Solano López que las fuerzas brasileñas[158].

Del lado uruguayo, luego de la derrota de Curupaytí, el general Flores se retiró a Montevideo. Aunque debería haber partido el día 5, antes del ataque a esa posición, retrasó el viaje para participar del combate. No es correcto, entonces, interpretar la retirada de Flores del teatro de operaciones como una consecuencia de la derrota, pero es verdad que tal acontecimiento erosionó su convicción en cuanto a la posibilidad de una victoria aliada. Esto lo demuestra la correspondencia enviada al general Polidoro, en la cual le comunicaba que había recibido una copia de la nota del gobierno argentino donde se autorizaba a Mitre a negociar la paz. Flores aseguró que la pequeña fuerza uruguaya en el teatro de guerra continuaría actuando junto a los soldados brasileños, y reafirmó su lealtad personal en un tono ambiguo, escribiendo que "siempre estaré al lado del gobierno imperial, sin que eso signifique no considerar las ventajas que se pueden obtener con una paz digna para los aliados"[159].

En el Paraguay, la victoria en Curupaytí fue vista como un prenuncio de la paz y fortaleció a Solano López frente a las tropas. Pese a ello, se tomaron medidas adicionales para garantizar la disciplina y contener las deserciones. Estas últimas se venían dando desde la invasión de Mato Grosso, y su persistencia en las siguientes operaciones bélicas paraguayas llevó a que Solano López adoptase medidas muy duras contra los desertores. Se publicó una orden que determinaba el fusilamiento de los padres, esposa, hijos y hermanos de cada soldado desertor. Además, todo soldado se convirtió en una víctima potencial de la pena de muerte, pues se lo declaraba responsable por la deserción de su compañero de trinchera o de alojamiento. De ese modo, "todos los soldados se transformaron en espías y delatores", y esta medida explica parcialmente la baja deserción entre las tropas paraguayas[160].

En octubre de 1866, el cónsul francés en Asunción, Laurent-Cochelet, envió a su gobierno un informe sobre las deserciones paraguayas. Allí señaló que "muchas nuevas deserciones provocaron un profundo sinsabor", contándose entre ellas el caso de dos sobrinos del ministro de Hacienda y de otro sobrino del tesorero general. Esos desertores fueron detenidos y no tenían más de "once o doce años"; eran ayudantes de un "oficial polaco" que supervisaba la colocación de minas en el río, e intentaron escapar en una canoa cargada con esas armas. Los niños habrían querido desertar debido "al miedo" que tenían de ser punidos por la deserción de los hermanos mayores de dos de ellos[161]. Como se puede ver, Solano López utilizaba niños en la guerra desde antes de diciembre de 1868, cuando movilizó los últimos recursos humanos del país en una resistencia imposible desde el punto de vista militar e indefendible en cuanto a la supervivencia de la población pa-

Extenuado, sin fuerzas, siempre envuelto en la lucha de partidos —que intenta atenuar—, esa es la posición del Brasil en la Guerra de la Triple Alianza.

Luego de la derrota en la batalla de Curupaytí, en septiembre de 1866, el Ejército aliado permaneció inmóvil frente a la fortaleza de Humaitá hasta mediados de 1867. Caxias, que era el nuevo comandante brasileño, precisaba entrenar a los soldados. Durante toda la guerra, las disputas internas brasileñas influyeron las acciones militares, y a veces las retardaron.

raguaya. El informe del cónsul francés también corrobora las informaciones de otros testimonios utilizados en este libro, como el de George Thompson y Juan Crisóstomo Centurión, en cuanto a la presencia de mercenarios europeos en las filas del Ejército paraguayo.

Las madres y hermanas de aquellos niños desertores fueron deportadas a lejanos lugares del interior paraguayo y se les confiscaron sus bienes. A pesar de su probada inocencia, el oficial "polaco" llevó cadenas por mucho tiempo y luego de ser degradado a soldado fue enviado a las trincheras, donde murió por una bomba en Curupaytí. Las puniciones podían alcanzar formas impresionantes de crueldad, como en el caso del "mulato" Bernardo Pelaes, quien al ser sorprendido en un intento de deserción fue "molido lentamente" en una prensa de tabaco. Laurente-Cochelet escribió que el "espíritu humano" se negaría a creer en tales atrocidades "si ese hecho no fuese aquí de conocimiento público"[162].

Natalicio Talavera escribió en el diario oficial paraguayo *El Semanario* que, después de la derrota, los gobiernos aliados habían cambiado radicalmente de idea en cuanto a un tratado conciliatorio para establecer la paz. El corresponsal analizó el resultado de la batalla desde el ángulo de la falta de unidad del comando aliado; "ocurre que aquí hay un Ejército sin cabeza, o mejor, con muchas, haciendo imposible cualquier operación". También interpretó los desentendimientos entre los generales aliados y el contexto en que se daban como indicios en el sentido de que la Triple Alianza buscaría la paz. Solano López creía en esa posibilidad y, en un encuentro que tuvo en noviembre con Charles Washburn —el representante norteamericano que estaba de regreso en Asunción— le aseguró que esperaba el quiebre de la Alianza y le manifestó su creencia en que el Imperio agotaría sus recursos materiales antes de que pudiera conquistar el Paraguay[163]. Washburn le entregó a la Cancillería paraguaya informes escritos sobre el número de las fuerzas aliadas, diciendo que provenían de una "fuente muy segura"[164].

La derrota aliada en Curupaytí también tuvo un efecto muy negativo en el Brasil, y en algunos círculos políticos de Río de Janeiro se llegó a plantear la idea de establecer la paz con Solano López. La iniciativa no prosperó debido a la oposición de don Pedro II, quien según los representantes británico y portugués en Río de Janeiro, se mostró dispuesto a abdicar del trono si los diputados no atendiesen a su deseo de continuar la guerra[165]. El emperador estaba dispuesto a llevar el conflicto hasta el último extremo, y a partir de 1866 el Brasil corrió con la mayor responsabilidad en la lucha del lado aliado, pues hubo una participación menor de efectivos argentinos y una presencia simbólica de tropas uruguayas.

Para ponerle fin a las intrigas y discordias que había entre los generales brasileños y unificar el comando, un decreto imperial del 10 de octubre de 1866 nombró al marqués de Caxias para el cargo de comandante en jefe del Ejército brasileño en el Paraguay. A nadie se le podía confiar tanta autoridad como a Caxias, pues era el militar brasileño más importante, "tanto en lo que respecta al grado militar como al prestigio de que goza"[166].

Senador por el Partido Conservador, hijo y nieto de militares y políticos, Caxias tuvo una meteórica carrera y alcanzó el generalato con 30 años de edad. Esa rapidez fue consecuencia de su activa actuación para ponerle fin a las rebeliones contra el poder central e incluso de sus acciones contra Rosas en 1852. El generalato precoz también se explica porque antes de la década de 1850 no existía un criterio de antigüedad y de tiempo de permanencia en los diferentes grados antes de ser ascendido, y también porque Caxias formaba parte del núcleo de la elite burocrática que asumió como tarea la construcción del Estado centralizado[167].

Durante el cerco de Uruguayana, Caxias había rechazado la invitación que le hiciera el entonces presidente del Gabinete, consejero Furtado, para comandar las tropas brasileñas en la guerra. Según le relató Caxias al futuro barón de Jaceguay, rechazó la invitación porque el ministro de Guerra —Ângelo Muniz da Silva Ferraz, barón de Uruguayana— era el único enemigo que tenía en el Ejército. En función de ese rechazo, e influido por la opinión de algunos políticos amigos, Furtado terminó optando por el general Osório para que ejerciera el comando de la fuerza terrestre[168].

El reconocimiento de la necesidad de unificación del comando de las fuerzas brasileñas en el Paraguay, así como la elección de Caxias para dirigirlas, solo fueron posibles debido a la postura de Zacarías. Este era un liberal progresista que había sustituido en la presidencia del Gabinete al marqués de Olinda —un liberal histórico— y que puso las necesidades de guerra por encima de la cuestión partidaria. Así, Zacarías invitó a Caxias a comandar las fuerzas brasileñas en el conflicto, y para que la invitación fuese aceptada apartó del Ministerio de Guerra a Silva Ferraz, sustituyéndolo por João Lustosa de Cunha, marqués de Paranaguá. También fue despedido el presidente de Rio Grande do Sul, Pereira da Cunha, quien era adversario de Caxias y de Osório. Aunque este último fuera liberal, gozaba de la simpatía del futuro comandante en jefe, quien le encargó la formación del 3er Cuerpo de Ejército que debía ser enviado al Paraguay. Sin embargo, la salida más significativa fue la de Silva Ferraz, y según Joaquim Nabuco, esto hizo evidente que el gabinete estaba en manos de Caxias[169].

Caxias llegó a Itapirú en la noche del 17 de noviembre de 1866. El día anterior, Tamandaré había ido a Corrientes para encontrarse con él, y según su secretario Arthur Silveira da Motta, lo hizo pensando que sería mantenido en su puesto al frente de la escuadra. En esa ocasión, Tamandaré se puso a las órdenes de Caxias y escuchó como respuesta que el nuevo comandante de la fuerza naval brasileña ya había sido elegido, recayendo esa responsabilidad en el vicealmirante Joaquim José Ignacio, vizconde de Inhaúma[170]. Tamandaré se resistió a retirarse del Paraguay, y para que aceptara renunciar fue necesario que el gobierno imperial le hiciera llegar enérgicas instrucciones[171]. Finalmente se retiró con el pretexto de cuidar de su salud, siendo esta una explicación que luego fue repetida por biógrafos generosos. Pocos meses después, en mayo de 1867, le tocó el turno de retirarse a Río de Janeiro al general Polidoro, el cual también lo hizo mediante la justificación de estar enfermo.

Desde 1864, cuando actuó en las costas uruguayas, hasta su retirada del Paraguay, Tamandaré tuvo un desempeño militar opaco. En el Uruguay pudo demostrar poco, pues aquel país ni siquiera poseía una fuerza naval con la que enfrentar la acción de la escuadra imperial. Cuando la cuestión oriental quedó solucionada con el ascenso de Flores al poder, Tamandaré permaneció en Buenos Aires y no llegó al teatro de operaciones navales hasta febrero de 1866. A esa altura de los acontecimientos, el Paraguay ya no contaba con una fuerza naval debido al resultado de la batalla de Riachuelo, en la cual las naves brasileñas estuvieron bajo el mando de Barroso. Hasta su retirada de la guerra, Tamandaré no participó de una acción militar de mayor envergadura, excepto Curupaytí. El paso de esa posición así como de la temible fortaleza de Humaitá y de la fortificación de Angostura —todas ellas importantes acciones de la escuadra brasileña en el conflicto— se hicieron bajo el comando de Joaquim José Ignacio.

Según el análisis de Arthur Silveira da Motta, el magro desempeño de Tamandaré se debió a su resentimiento y a la desconfianza que tenía en relación con los argentinos, con los cuales se había enfrentado en la Guerra de la Cisplatina (1825-1828), y también a su avanzada edad. Tamandaré presentaba "visibles síntomas de vejez precoz", con ataques de reumatismo seguidos de alteraciones del razonamiento, los cuales le impedían considerar cualquier tema, incluso los de mayor urgencia. Aun en los momentos en que no se encontraba bajo el efecto de esas frecuentes crisis, su temperamento "nervioso-sanguíneo" lo llevaba a debatirse en la indecisión antes de tomar cualquier iniciativa, siendo esta una descripción que se ve corroborada por Mitre. Silveira da Motta escribe que el testimonio que desea dejarle a la historia sobre Tamandaré es el de un oficial valeroso hasta el final de su carrera, pero que debido a su edad y a la "deficiente instrucción profesional", el gobierno imperial no debería haberle concedido una "autoridad ilimitada" sobre las operaciones navales en el Paraguay[172].

El sobredimensionamiento de la acción de Tamandaré en el Plata durante aquellos años se explica por la necesidad de reforzar el ánimo popular para la guerra y también el propio cuadro político interno. El almirante era miembro del Partido Liberal, y hasta poco antes de Curupaytí estaban en el poder los históricos, a quienes ciertamente les interesaba fortalecer a aquellas figuras militares que se identificaban con ellos. El gabinete liberal sacrificó a su correligionario para unificar el comando brasileño de la guerra en Caxias —quien era miembro del Partido Conservador—, y con el objetivo principal de contar con un liderazgo militar experimentado en el Paraguay; aunque también sumaron la consecuencia nada despreciable de hacer que los conservadores fueran corresponsables en la política de la guerra, reduciendo así la oposición política al conflicto.

*Foto de Barroso, vencedor
de la batalla de Riachuelo.*

*Retrato de Inhaúma,
sucesor de Tamandaré en el
comando de la escuadra.*

*Retrato de Tamandaré,
comandante de la escuadra
en el Paraguay (1865-1866).*

*La resistencia de Tamandaré y de Inhaúma para ordenarle a la escuadra brasileña
que sobrepasase Humaitá fue motivo de críticas en la época y también de
desentendimientos con Mitre.*

El repudio a la guerra

La prolongada duración del conflicto entre la Triple Alianza y el Paraguay hizo que los países neutrales buscasen una solución negociada para la lucha. En el Brasil, la continuidad de la guerra provocó desánimo y cada vez fueron mayores las dificultades para reclutar nuevos soldados. Las propuestas de paz no se aceptaron, y la dificultad para enlistar a ciudadanos brasileños fue parcialmente superada por la liberación de esclavos para que fueran a combatir al país guaraní. A pesar de los diversos obstáculos, el gobierno imperial continuó con la guerra.

Los países neutrales

Cuando comenzó la guerra en el Plata, las dos grandes potencias europeas, Inglaterra y Francia, mantuvieron una posición de neutralidad. En un principio, el interés oficial y privado británico consistió en evitar la guerra, o por lo menos en impedir que ella afectase de forma considerable el comercio en la región platina. El gobierno de Londres se mantuvo neutral durante el conflicto, aunque algunas veces sus diplomáticos en el Plata —Thornton, Gould y Mathew— llevaron a cabo actos que perjudicaron al Paraguay. Sin embargo, por lo general esos representantes siguieron las órdenes de su gobierno[173].

El gobierno francés también se mantuvo neutral en el conflicto. Laurent-Cochelet, el cónsul francés en Asunción, y Solano López, se profesaban una mutua antipatía, lo que llevó a la transferencia de ese agente consular en octubre de 1867, siendo sustituido por M. de Cuverville. Al contrario de su antecesor, De Cuverville simpatizaba con el jefe de Estado paraguayo, y la simpatía era recíproca. Esas relaciones amistosas permitieron que, en noviembre de 1868, el gobierno paraguayo utilizase el correo diplomático francés para remitirle cajas con 20 mil pesos fuertes a su encargado de negocios en París, Gregorio Benítez, así como también para enviar correspondencia oficial al exterior. A consecuencia de ello, Cuverville recibió una severa reprimenda de la Cancillería francesa. La neutralidad del gobierno francés dificultó la recepción por parte del Imperio del acorazado *Brasil*, que había sido encomendado a astilleros franceses antes de la guerra[174].

En el caso de Gran Bretaña, el gobierno imperial había interrumpido las relaciones desde 1863, pero al año siguiente intentó establecer negociaciones para normalizarlas. En mayo de 1864, el conde de Lavradio, que era el representante del gobierno portugués en Londres, le entregó a la Cancillería británica una nota con las reivindicaciones brasileñas. Preocupado con la guerra, y considerándose satisfecho con las disculpas británicas que le presentó Edward Thompson a don Pedro II en Uruguayana, el gobierno brasileño restableció las relaciones diplomáticas con Gran Bretaña[175].

La organización diplomática del Imperio evidenció su importancia a lo largo de la guerra: garantizó la obtención de armas en Europa, anuló la hostilidad que sentían los gobiernos por la causa aliada y aisló políticamente al Paraguay casi por completo. Sin embargo, no consiguió la adhesión de la opinión pública internacional a la causa aliada. En las Repúblicas sudamericanas de la costa del Pacífico, las simpatías de la población se volcaban hacia Solano López, y lo mismo ocurría en los Estados Unidos, donde incluso el propio gobierno compartía ese sentimiento[176]. Se trataba de una simpatía comprensible y normal a favor del lado más débil; el Paraguay era visto como una especie de David que enfrentaba al Goliat representado por la Triple Alianza.

Aunque reivindicase la libre navegación en la cuenca del Plata, el Imperio había mantenido cerrado a la navegación internacional el río Amazonas y sus afluentes. A consecuencia de ello, el Brasil tuvo que enfrentar serias presiones de otras potencias que tenían ambiciones en relación a la región amazónica —especialmente de los Estados Unidos— y que intentaban movilizar al Perú y a Bolivia en favor de la apertura de la navegación, pues estos países estaban interesados en acceder a ese río. Al verse comprometido en la guerra con el Paraguay, y para evitar cualquier motivo de conflicto que envolviese directa o indirectamente a los Estados Unidos y Gran Bretaña, así como también para neutralizar a las repúblicas americanas del Pacífico, el gobierno imperial abrió la cuenca amazónica a la navegación internacional en diciembre de 1866[177].

En diciembre de 1866, cuando ya transcurría el segundo año de la guerra, el Congreso norteamericano aprobó una resolución en la cual le recomendaba al Departamento de Estado ofrecer su mediación para ponerle fin al conflicto. La justificación de la resolución era que la continuidad de la guerra perjudicaba al comercio y a las instituciones republicanas en la región platina. El secretario de Estado le envió una propuesta de armisticio a los países en guerra según la cual enviarían representantes a Washington, cada uno con derecho a un voto, aunque los aliados pudiesen enviar tres ministros plenipotenciarios. Si los representantes no llegasen a un acuerdo, el presidente norteamericano designaría a un árbitro para dirimir la cuestión. Con esa iniciativa, los Estados Unidos pretendían presentarse ante los ojos de los latinoamericanos como protectores y consejeros, asumiendo una posición que antes había sido defendida por el ministro norteamericano en Río de Janeiro, el general Webb. Este último sospechaba que Gran Bretaña y Francia intervendrían en la guerra, y sostenía que era necesario desestimular tales acciones. Los conflictos latinoamericanos se veían acompañados de disputas entre aquellos países que intentaban consolidar su dominio en América latina: Gran Bretaña estaba interesada en limitar la expansión norteamericana en el Caribe, mientras que los Estados Unidos querían ampliar su área de influencia[178].

Los representantes del gobierno estadounidense presentaron su propuesta a los países envueltos en el conflicto entre enero y marzo de 1867. El general Ashboth, ministro norteamericano, informó desde Buenos Aires que, excepto por aquellos que se enriquecían con la guerra, los argentinos eran favorables a la propuesta, pues veían en ella una forma de contener la dominación brasileña en los asuntos del Plata. El diplomático agregó que, pese a que el gobierno argentino había cerrado periódicos y detenido ciudadanos masivamente, los que defendían la mediación no se habían intimidado. En Asunción, Washburn no tuvo dificultades para obtener la aprobación de Solano López a la propuesta. El diplomático se dirigió entonces a Caxias, quien le respondió que los únicos términos que considerarían los aliados para ponerle fin a las hostilidades serían la renuncia del jefe de Estado paraguayo y su salida del país. El representante estadounidense se comportó en forma curiosa para alguien que supuestamente pretendía crear condiciones para una negociación de paz y, según Caxias, dio "a entender, o incluso me dijo, que López no podía continuar la guerra ni por dos meses", y que acariciaba la idea de retirarse a Europa. Sin embargo, Washburn agregó que López dudaba en efectuar esa retirada por Bolivia a causa de la dificultad que imponía la distancia, y en seguida le preguntó al marqués de Caxias si tenía muchas ganas de capturar al líder paraguayo. "Le respondí que no había ido hasta allí para dejarlo escapar; y que por lo tanto, si tratase de huir, lo hiciese de manera que yo no pudiese agarrarlo"[179].

El comportamiento de Washburn en el Paraguay fue contradictorio: tanto por su mediocridad y falta de preparación para la función —que lo llevó a transformar pequeños problemas en grandes cuestiones[180]— como también por la probable búsqueda de ventajas personales. Este diplomático había alentado a Solano López para que hiciera la guerra desde 1862[181], y durante la lucha le facilitó a los paraguayos informes sobre la situación militar de los aliados. En noviembre de 1866, cuando se encontraba de vuelta en el Paraguay luego de un año de ausencia, Washburn se encontró con el canciller José Berges y le dio informaciones sobre la cantidad de naves de guerra brasileñas y los efectivos aliados. El diplomático le dijo a Berges que la paz era deseada en "todas" las provincias argentinas, que las repúblicas sudamericanas simpatizaban con el Paraguay —aunque no creía que Perú y Chile rompiesen con el Brasil—, y agregó que había escuchado decir que las tropas bolivianas invadirían el norte argentino. Washburn también informó que los aliados pretendían abrir un camino en el Chaco para traer la artillería a la margen opuesta de la fortaleza de Humaitá y así poder bombardearla. Además, le entregó a Berges un oficio del representante paraguayo en París, correspondencia particular y ejemplares del *Jornal do Commercio* de Río de Janeiro, y de la *Tribuna* de Montevideo[182]. Algunos meses después, en julio de 1867, Washburn se había convencido de que los aliados ganarían la guerra debido a su superioridad numérica, y que de inmediato se desencadenaría entre ellos un conflicto armado donde el Brasil intentaría destruir a la República Argentina y al Uruguay para consolidar en la región el poder de la casa real de los Borbones-Bragança[183].

Con el rechazo del Imperio a la propuesta norteamericana mediante una nota del 26 de abril de 1867, los otros aliados adoptaron la misma postura. Las relaciones brasileño-norteamericanas eran tensas porque los representantes diplomáticos de los Estados Unidos en el Plata simpatizaban con la causa paraguaya[184]. En 1868, Washburn cayó en desgracia ante Solano López y fue sustituido por el general M. T. MacMahon. Este se dirigió al Paraguay a bordo de una flotilla naval, siendo también su objetivo obtener la liberación de Masterman y Bliss de parte de las autoridades paraguayas. El primero de ellos era un médico británico de la legación norteamericana, y el segundo un funcionario burocrático de la misma misión. La flotilla estaba al mando del almirante Davis, comandante de la escuadra norteamericana en el Río de la Plata, y en noviembre de 1868 intentó forzar el bloqueo que había impuesto la escuadra brasileña. No se produjo un incidente armado entre las embarcaciones de los dos países porque Caxias dio autorización para que las naves norteamericanas remontasen los ríos Paraná y Paraguay[185].

Una vez que el almirante Davis obtuvo la liberación de los dos funcionarios, el 12 de diciembre de 1868, el general M. T. MacMahon se presentó en el cuartel general de Solano López. El representante norteamericano y el líder paraguayo entablaron de inmediato relaciones de mutua simpatía, hasta el punto de que fue el único agente diplomático que siguió a Solano López por el interior del país durante su fuga de las tropas aliadas. Según la opinión del representante de los Estados Unidos en Río de Janeiro, tanto MacMahon cuanto Davis apoyaban a Solano López. En 1870, MacMahon escribió en el *New York Times* que el líder paraguayo era un "verdadero caballero, un académico" y un "valiente"[186]. Solano López carecía de relieves intelectuales, su caballerosidad tal vez solo se puso de manifiesto con el representante de los Estados Unidos, que era el único país que simpatizaba con la causa paraguaya, y de la valentía del dictador apenas hay algunos rastros en su decisión de morir en lugar de rendirse, pues había evitado implicarse en los combates.

Al comentar el hecho de que MacMahon seguía a Solano López en su fuga, el barón de Cotegipe señaló que el diplomático contribuyó para animar la resistencia guaraní y prolongar el conflicto. El presidente Grant, por su parte, en un encuentro con el enviado paraguayo, Gregorio Benítez, le pidió que le transmitiera a Solano López la amistad y la simpatía que sentía el gobierno norteamericano por el Paraguay; mientras que Fish, que era el nuevo secretario de Estado, se mostró convencido de las intenciones del Imperio en dominar los Estados platinos[187].

En 1867 hubo otro intento de ponerle fin a la guerra de parte del secretario de la legación británica en Buenos Aires, G. F. Gould. El funcionario había sido enviado al Paraguay para tratar la situación de los súbditos británicos en el país, a los cuales debería retirar si ellos lo deseasen. La misión fracasó, pues prácticamente no consiguió hablar con sus compatriotas, y apenas logró que el gobierno paraguayo liberase a cuatro señoras inglesas de entre las ochenta personas de la misma nacionalidad que vivían en el Paraguay. Sin embargo, el viaje del diplomático terminó en la oferta de una propuesta de paz a los aliados[188].

Cuando Gould se presentó ante Solano López, escuchó de este su queja por la poco cortés acogida que había tenido su intento de paz un año atrás. El diplomático británico le respondió que el Paraguay había conquistado el respeto mundial y la satisfacción del honor nacional por el valor demostrado al enfrentar a un enemigo "tres veces más fuerte". Agregó que la "razón aconsejaba" el fin de la guerra, pues su continuación podría ser considerada como poco humanitaria, ya que llevaría a la destrucción material de una parte y a la bancarrota de la otra. Solano López no le respondió nada, y dos días después, en una entrevista con el canciller paraguayo Luis Caminos, el diplomático británico reiteró la necesidad de encontrar la paz; presentó entonces, por su propia iniciativa, un proyecto que sirviese de punto de partida para las negociaciones. Caminos afirmó que las bases eran aceptables y se las presentó a Solano López, quien las ratificó[189].

Gould volvió a las líneas aliadas y presentó la propuesta de paz. En ella se explicitaban las bases que había aceptado Solano López y sobre las cuales serían establecidas las negociaciones directas y formales para la firma del tratado de paz. Esas bases eran: el gobierno paraguayo aceptaría, mediante un acuerdo preliminar y secreto, las condiciones que los aliados estuviesen dispuestos a ofrecer; serían reconocidas formalmente la independencia y la integridad territorial guaraníes; las cuestiones de límites serían resueltas en un acuerdo posterior o serían sometidas al arbitraje de un gobierno neutral; las tropas paraguayas y aliadas se retirarían de los territorios enemigos que ocupaban; no se exigirían indemnizaciones de guerra. Además, la mayoría de las tropas paraguayas serían licenciadas, excepto aquellas que fueran necesarias para el mantenimiento del orden interno de la república, y Solano López se retiraría a Europa luego de la conclusión de la paz o de sus preliminares, asumiendo en su lugar el vicepresidente[190].

Las propuestas tuvieron una mejor acogida de parte de Mitre que de Caxias, y a Gould le parecía que las mismas eran aceptables para el primero y rechazadas por el segundo. De todos modos, ambos manifestaron que no podían recibir las propuestas porque tenían prohibido negociar con Solano López, pero que se las enviarían a sus respectivos gobiernos; mientras tanto continuarían con la guerra. Sin embargo, cuando Gould volvió al campamento paraguayo encontró que Solano López había cambiado de opinión, diciendo que él no se hacía responsable por la propuesta de paz[191]. A su vez, Caminos le envió una carta a Gould donde desautorizaba el plan propuesto porque afirmaba que había sido hecho por los aliados, señalando que el diplomático se había reunido con Mitre y con Caxias antes de proponerlo. El canciller afirmó que la propuesta inicial era en el sentido de que Solano López dejara la jefatura del Estado en manos del vicepresidente y se retirara a Europa solo para descansar. Según ese plan, el gobierno paraguayo haría una declaración diciendo que se había equivocado al creer que el Imperio tenía proyectos ambiciosos en el Plata, y lamentando las medidas hostiles que había tomado contra el Brasil y la Argentina bajo esa falsa impresión. Al mismo tiempo, el gobierno imperial respondería garantizando que no tenía ambiciones sobre las repúblicas platinas. Según Caminos, los otros ítem que Gould había presentado como si fueran una iniciativa paraguaya solo serían puntos para una discusión. El diplomático británico le envió una nota a Fortunato Britto, ministro brasileño en Buenos Aires, donde desmentía al canciller paraguayo y declaraba que la iniciativa de paz no había partido de las potencias aliadas. En su correspondencia con Elizalde, el propio Mitre garantizó que la iniciativa había partido de Solano López[192].

Luego de esos acontecimientos, Gould retornó a Buenos Aires con sus simpatías "totalmente" a favor del Brasil y con la convicción de que la guerra terminaría pronto debido a que el Paraguay carecía de recursos[193]. Cuando todavía estaba en el campamento paraguayo de Paso Pucú, Gould escribió un informe confidencial en el cual afirmaba que Solano López ejercía el poder de la manera más despótica y que la población obedecía pasivamente porque estaba acostumbrada a ser tratada como esclava y no como personas libres. El diplomático escribió que en el Paraguay existía el "más abominable" sistema de espionaje, donde los niños delataban a sus padres y las familias importantes eran eliminadas. El país estaba arruinado, los uniformes escaseaban tanto que varios soldados estaban prácticamente desnudos y faltaban la comida y la sal[194].

Si bien Gould fue el autor de la propuesta con las bases preliminares para la paz, no hay dudas de que Solano López la aceptó y después cambió de idea. Según Juan Crisóstomo Centurión, el motivo de ese cambio fue que mientras el diplomático inglés se dirigía al campamento aliado, Solano López recibió varias comunicaciones del exterior entre las que se contaba la de un amigo de confianza en Buenos Aires que era miembro de la oposición. Esta carta daba noticias de una nueva revolución contra Mitre y le aconsejaba al líder paraguayo que no entrara en negociaciones para ponerle fin al conflicto pues las condiciones para eso mejorarían posteriormente. En efecto, dos días después la nota de Caminos rechazó la retirada de Solano López del Paraguay. Thompson y Stewart dan el mismo motivo para explicar el fracaso del intento de intermediación de Gould. Según Stewart, Gould trajo en su equipaje cartas con falsos destinatarios —algunos ingleses y otros como el vicecónsul portugués Vasconcellos—, pero que habían sido enviadas a López por amigos argentinos y uruguayos. En esas cartas se le decía al líder paraguayo que no negociase la paz pues el gobierno argentino no tenía condiciones financieras para continuar la guerra y estaba lista una "tremenda" revuelta contra Mitre, quien se vería obligado a retirar sus tropas del Paraguay para enfrentar a los sublevados. Agregaban que, en este último caso, los paraguayos vencerían fácilmente la guerra pues solo deberían enfrentarse con los brasileños[195].

Poco después llegaban a Asunción, provenientes de Corumbá vía Bolivia, el coronel Ulises Martínez y otros dos oficiales argentinos. Traían una carta para Solano López del caudillo Juan Sáa, de la provincia de San Luis, donde se informaba que se preparaba una rebelión contra Mitre. A fines de diciembre, Martínez todavía esperaba la respuesta sobre cuáles eran los planes de guerra de Solano López, a los cuales Saá quería sumar su rebelión. El líder paraguayo creía que con esa nueva circunstancia "la guerra se va aproximando a su fin"[196].

Las repúblicas sudamericanas de la costa del Pacífico también se ofrecieron como mediadoras para entablar negociaciones que pusieran fin a la guerra. La oferta fue rechazada por el Imperio, quien recibió enérgicas protestas de esos países contra el contenido del Tratado de la Triple Alianza que había hecho público el gobierno británico. En 1867, Río de Janeiro llegó a romper relaciones con Perú y a retirar a su representante en Lima, Francisco Adolpho de Varnhagen, debido a un mensaje favorable al Paraguay que leyó en el Congreso peruano el coronel Prado, presidente de la república. En su mensaje al Congreso Constituyente peruano, el 15 de febrero de 1867, Prado afirmó que:

"[el] Paraguay sostiene contra el Imperio del Brasil y sus aliados una lucha donde la justicia de la causa rivaliza con el heroísmo de la defensa. En bien de los beligerantes y por el honor y conveniencia de América, protestamos contra tal escándalo, ofreciendo al mismo tiempo nuestra amigable interposición"[197].

No obstante, con el derrocamiento de Prado y su sustitución por el vicepresidente, general Canseco —quien declaró nulos todos los actos de su antecesor—, se restablecieron las relaciones brasileño-peruanas[198].

En julio de 1866, el gobierno de Bolivia protestó contra lo que estipulaba el artículo XI del Tratado de la Triple Alianza, el cual comprometía los derechos del país en los territorios sobre el río Paraguay y la Bahía Negra. En agosto del mes siguiente, el general Melgarejo, jefe de Estado boliviano, le envió una carta a Solano López ofreciéndole 12 mil soldados —en 1868 prometería 100 mil—, los cuales ayudarían a los paraguayos en su enfrentamiento con las fuerzas aliadas. La Cancillería imperial intentó satisfacer a las autoridades de La Paz ofreciendo explicaciones, pero se abstuvo de declarar si el tratado publicado en 1866 era verdadero o no, pues deseaba mantener la reserva sobre su contenido. En septiembre de 1866, Río de Janeiro le encomendó al consejero y diputado Lópes Neto una difícil misión especial ante el gobierno de Bolivia. Y a pesar de las dificultades que intentaron crearle los representantes chileno y peruano, el enviado imperial tuvo éxito y firmó un Tratado de Límites, Comercio y Navegación con el gobierno boliviano. Melgarejo no concretó su apoyo a Solano López. Sin embargo, hubo comercio entre los dos países a través de Corumbá, y en mayo de 1867 el gobierno boliviano creó un consulado en Asunción. En ese mismo mes, el canciller peruano, Felipe Osoriol, le comunicó a Berges que los sobres recibidos del gobierno paraguayo con destino a sus legaciones en París y Berlín serían enviados a la legación peruana en la capital francesa, la cual los encaminaría a sus destinatarios[199]. En mayo de 1867, el ministro argentino en Río de Janeiro informaba que el cónsul chileno en Bolivia le remitía armas y otros artículos a Solano López. En 1870, las autoridades bolivianas permitieron que pasasen por su territorio armas y municiones destinadas al Paraguay[200].

Como América era un continente republicano, la opinión pública apoyaba a la República del Paraguay en su lucha con una monarquía, siendo "vano luchar contra la corriente"[201]. Pero esa simpatía no se tradujo en significativos actos de apoyo al Paraguay. El *Cabichuí*, un diario paraguayo que se imprimía en el frente de batalla, interpretó la falta de apoyo efectivo de parte de los países vecinos como una "glacial indiferencia" ante la suerte de un Paraguay que cumplía el papel de "reducto avanzado" de América contra el expansionismo de la corona de los Braganza. Sin embargo, la legación imperial en Santiago señaló que a pesar de que tanto la opinión pública como los gobiernos de las repúblicas del Pacífico rechazaban la causa aliada, esos Estados carecían de medios para ayudar a Solano López. Bolivia y Chile no tenían Marina, y solo la primera contaba con un pequeño Ejército. Además, el presidente boliviano se mostraba dispuesto a mantener buenas relaciones con Río de Janeiro debido a la firma del Tratado de Límites, Comercio y Navegación. En el caso del Perú, que era "más hostil al Brasil", no podía oponerse al Imperio porque se encontraba sumido en disputas internas[202].

En el Brasil: "Dios es grande, pero el monte lo es todavía más"[203]

En un principio, la guerra contra el Paraguay despertó el entusiasmo de la población brasileña, la cual estaba deseosa de vengar un ataque que era percibido como traicionero e injustificado. Se esperaba una guerra corta y rápida, tal como lo habían sido las intervenciones brasileñas en el Plata desde la década de 1850. En 1866, cuando el conflicto se transformó en una lucha de posiciones, surgieron importantes voces que criticaban su duración. Según el senador Pompeu, la guerra consumía recursos y causaba la posible ruina del país. Esta era una opinión con la cual concordaba el barón de Cotegipe, para quien la "¡maldita guerra nos atrasa medio siglo!". Al año siguiente, el senador Silveira da Motta llegó a solicitar la formación de una Comisión de Investigación para que tratara las causas de la duración del conflicto —aunque la misma nunca se llegó a constituir[204].

Luego de que el *Marquês de Olinda* fuera capturado y el Paraguay diera comienzo a las hostilidades, el gobierno brasileño se vio en la necesidad de completar los modestos efectivos del Ejército y consideró la posibilidad de movilizar a la Guardia Nacional. Como se analizó en el capítulo 2, los guardias nacionales se resistieron a cumplir la tarea que se les pedía, y para atender a las exigencias bélicas del Imperio se crearon los cuerpos de Voluntarios de la Patria.

Luego de que finalizara la ocupación paraguaya en los territorios del Sur, prácticamente dejaron de presentarse nuevos voluntarios para la guerra. En consecuencia, el gabinete Zacarias se vio obligado a establecer el reclutamiento, y para ello recomendaba la liberación de esclavos. En todas las provincias se repetían las resistencias al reclutamiento y, según Cotegipe, la impopularidad de la guerra obligó al gobierno a establecer "una especie de cacería" que permitiese alistar a los ciudadanos que debían ir al frente de lucha. Para poder escapar al alistamiento, muchos hombres declararon su adhesión al Partido Liberal, y de esta manera pasaban a ser protegidos por los jefes políticos locales; hubo otros que se refugiaron en los bosques y florestas, despoblando los campos, principalmente en el norte del país. Más tarde, el ministro de Guerra Junqueira afirmó que muchos jóvenes se casaban con mujeres que tenían el doble de su edad para —de esta forma— no ser enviados al Paraguay. Según admitió el titular de la cartera de Guerra en

1870, ese panorama provocó que muchos miembros de los cuerpos de Voluntarios de la Patria fueran reclutados de manera forzada. Sin embargo, esa no era solo una característica brasileña, pues en la época era común el reclutamiento violento, incluso en los países europeos[205]. En noviembre de 1866, Osório le comunicó al presidente del gabinete liberal que gobernaba el Brasil, João Lustosa Paranaguá, que existían dificultades para obtener nuevos soldados en Rio Grande do Sul, a pesar de que esta era una provincia que tradicionalmente había provisto recursos humanos y materiales para las acciones militares en el Plata. Osório escribió que la demora en la organización de las tropas se debía a que muchos se escondían en los montes, mientras que otros se refugiaban en el Uruguay[206]. Poco después de que comenzara la guerra, todos los habitantes de São José do Rio Preto, una minúscula villa paulista, huyeron hacia los bosques para evitar el reclutamiento; en la localidad solo quedó el subcomisario, que desempeñaba la función de alistador[207].

En San Pablo, 168 de los 1.615 que fueron convocados para ir a la guerra en 1865, pagaron 600$000 *réis* por persona para escapar del servicio militar[208]. Al año siguiente, el presidente de esa provincia envió oficios a los jueces donde les proponía que les sugirieran a los hacendados y a otros ciudadanos ricos la liberación de los esclavos para que estos fueran enviados como soldados al Paraguay. Había tanta necesidad de tropas que el gobierno paulista se tomó el trabajo de exigirle al subcomisario de policía de Caraguatatuba el alistamiento, "sin pérdida de tiempo", de dos hombres: Mateus y Antonio Pedro, los cuales eran "ideales" para ir a la guerra pues no tenían familia. En São Sebastião se escondieron "muchos reclutados y guardias nacionales" que habían sido convocados para la guerra. Para escapar a ese destino, otros guardias nacionales se alistaban en las guardias municipales, lo cual no estaba permitido y fue ratificado por una circular del gobierno paulista el 3 de enero de 1867. Tres meses después, otra circular ordenaba que cada inspector de manzana en las comarcas presentase un recluta apto para ir al Paraguay "en el plazo improrrogable de quince días". Los comisarios de policía informaban sobre las dificultades que tenían para cumplir esa orden, que tuvo que ser reiterada. En 1867, y en función de las repetidas órdenes que había recibido del gobierno imperial, el presidente paulista J. T. Bastos dio instrucciones para que se actuase "con energía", tanto en el reclutamiento para el Ejército y la Marina como en el envío de guardias nacionales sorteados para la guerra. Sin embargo, las dificultades para obtener nuevos combatientes continuaron, y en enero de 1868, el gobierno provincial le ordenó a las autoridades locales que "actúen con todo rigor en el reclutamiento, [en la] prisión del designado y [en la] adquisición de voluntarios"[209]. Entre noviembre de 1866

Subdelegado: Estamos necesitando gente, amigo mío. Si los solteros huyen hacia el monte, no hay otro remedio que meternos en la cama de los casados. ¡Las órdenes que tenemos son estrictas!

Inspector de Cuartel: Si no quiere ir a San Pablo a enrolarse, se deberá casar con mi tía.
Recluta: Sólo si usted me diera un mes para pensarlo.

En el Brasil, los hombres solteros que no fuesen sostén de familia eran los primeros en ser convocados para ir a la guerra. Para evitar ese destino, algunos se escondían en los bosques, mientras que otros se casaban con mujeres más viejas.

y mayo de 1867, de los 1.331 paulistas enviados al teatro de guerra solo 87 eran voluntarios[210].

La guerra también fue utilizada como pretexto para perseguir mediante el reclutamiento a los simpatizantes del partido político contrario al que formaba el gabinete de gobierno. Pedro II opinaba que hubiera sido más fácil enviar gente a la guerra de no existir la utilización partidaria del alistamiento[211]. Un ejemplo de lo anterior fue lo que ocurrió en San Pablo, donde Cándido Borges Monteiro, barón de Itaúna, fue nombrado presidente de provincia luego del ascenso al gobierno imperial de los conservadores, en 1868. En las elecciones del 7 de septiembre, que cubrirían cargos en las cámaras municipales y para jueces de paz, el nuevo presidente trató de apoyar a sus compañeros locales. En Capivarí, el líder conservador Francisco Fernando de Barros fue nombrado jefe de policía y asumió el cargo el 31 de agosto. Para anular el prestigio electoral del padre Fabiano José Pereira de Camargo, que era el líder liberal, Barros salía de madrugada acompañado por el destacamento policial y "corría atropelladamente por la ciudad, registrando domicilios y deteniendo a los liberales que encontraba, para remitirlos a la capital de la Provincia como 'Voluntarios de la Patria'". Viéndose amenazado, el electorado liberal se refugió en el monte a fin de evitar ese destino. Fueron tantas las arbitrariedades en relación al reclutamiento de parte del barón de Itaúna, que la oposición se abstuvo de participar en la elección provincial de enero de 1869[212]. Mientras que en el Brasil los adversarios del gobierno eran reclutados por la fuerza, en el teatro de guerra se los destituía de los puestos de comando. En una carta del 31 de diciembre de 1866, Severino Ribeiro de Almeida se quejó ante Paranaguá porque podía perder su comando por motivos políticos, y "lejos de preparar un nuevo Ejército, solo se trata de la mezquina política personal, de preparar el terreno para victorias electorales inutilizando a los supuestos adversarios". El gobierno imperial era consciente de la necesidad militar de ponerle fin a esa situación, pero no tuvo un gran éxito en esa tarea[213].

Algunas canciones folclóricas que surgieron en el Brasil en esa época muestran la imagen de la guerra que tenía la población. En lugar de la exaltación de la lucha, lo que predominaba en ellas eran los sentimientos de pérdida causados por el conflicto. Así, en la canción de cuna *Morreu no Paraguai*, los versos decían:

> *Na, na, na, na, na,*
> *Que é feito do papai?*
> *Na, na, na, na, na,*
> *Morreu no Paraguai,*
> *Na, na, na, na, na,*

—Entao, estás com medo de marchar para a guerra? Deixa-te de sustos! Lá nem todos morrem... não estás vendo que estou eu de volta?...

—Tem paciencia, mulher; em tempo de guerra é preciso fazer-se sacrificios, deixar a familia... e andar fugido pelo matto...
—Vamos! vamos! que a escolta não tarda!...

Anda em commissão de arranjar voluntarios para a guerra! ...

La indignación con la invasión paraguaya de Mato Grosso hizo que a principios de 1865 hubiese un gran número de voluntarios dispuestos a ir a la guerra. Pero la larga duración del conflicto y las penosas condiciones en que luchaban los aliados contribuyeron para que disminuyera el número de voluntarios. Las autoridades del interior del Brasil prendían a los hombres por la fuerza y muchos de ellos se refugiaban en los bosques para no ser enviados al Paraguay.

Na tropa se alistou,
Na, na, na, na, na,
*E nunca mais voltou...**

En Atibaia, provincia de San Pablo, las mujeres crearon la Marcha de los Voluntarios en 1867, en la cual cantaban:

Aos vinte e cinco de agosto
às cinco prás seis da tarde
Embarcavam os voluntários
Ai meu Deus, que crueldade,
As mães choram prôs seus filhos,
As mulheres prôs seus maridos,
As irmãs prôs seus irmãos,
As jovens prôs seus queridos[214]**.

Los intentos de obligar a la Guardia Nacional a cumplir su misión para suplir la necesidad de tropas en el frente de batalla provocaron reacciones. En 1866 aparecieron una serie de artículos en el periódico liberal *Correio Mercantil* donde se criticaba semejante iniciativa. En uno de ellos se afirmaba que los guardias nacionales "que consigan escapar de la carnicería del Paraguay van a volver mutilados a fin de dar el edificante espectáculo de mendigar el pan cotidiano de la caridad pública, y obtendrán de la generosidad del gobierno brasileño la pensión de 40 *rs*". En noviembre de ese año, la legación portuguesa en Río de Janeiro relataba que, a pesar de las exortaciones de las autoridades e incluso del clero —el cual apelaba al patriotismo de los ciudadanos—, el reclutamiento para el Ejército obtenía pocos resultados[215]. Se huía del alistamiento.

Por un decreto del 13 de marzo de 1867, el gobierno imperial resolvió convocar por sorteo a 8 mil guardias nacionales que le permitieran atender el pedido de refuerzos de Caxias. Aunque los diarios cariocas hayan intentado negarlo, la medida sufrió "alguna oposición de parte de los movilizados"[216]. Según el representante argentino en la corte, esa milicia tenía poco entusiasmo para ir a la guerra, y la medida causó "vivas" reacciones negativas en el Brasil. El 6 de junio hubo un motín de guardias nacionales en Río

---

* *N. del T.:* "Na, na, na, na, na,/ ¿Qué se hizo de papá?/ Na, na.../ Murió en el Paraguay/ Na, na.../ En la tropa se alistó/ Na, na.../ Y nunca más volvió".
** *N. del T.:* "El veinticinco de agosto/ a la seis menos cinco de la tarde/ Embarcaban los voluntarios/ Ay mi Dios, qué crueldad/ Las madres lloran por sus hijos/ Las mujeres por sus maridos/ Las hermanas por sus hermanos/ Las jóvenes por sus queridos".

de Janeiro, pero fue controlado de inmediato y no tuvo mayores consecuencias. Diego de la Quadra, el representante español en la corte, relató una conversación que tuvo Pedro II con el comandante de la escuadra francesa fondeada en la bahía de Guanabara. El almirante De la Quadra contó que en esa charla el monarca brasileño afirmó que la situación del Imperio era grave, con un enorme déficit financiero, y que incluso esperaba que en julio se desarrollara una importante batalla en el Paraguay. Pedro II habría dicho que si los aliados fuesen derrotados, las consecuencias serían muy graves e incluso que podría haber una revolución en el Brasil, lo cual lo llevaría a abdicar para evitar males mayores[217].

La situación no llegó a ese extremo, pero como no hubo ninguna derrota aliada o una victoria militar decisiva, en el Brasil continuó la tensión. El *Diário do Povo*, un periódico liberal opositor, informó sobre las constantes violencias que se cometían en el reclutamiento y en las designaciones para la guerra. Esa práctica causaba amargas quejas y protestas, lo que llamó la atención del periódico en el sentido de que esas reacciones "propagan un disgusto general y en poco tiempo pueden adquirir proporciones alarmantes". Esa previsión estuvo cerca de concretarse, pues algunos meses después, durante el carnaval de 1868, el gobierno acuarteló a la Guardia Nacional temiendo que ocurrieran disturbios y desórdenes en virtud del descontento con la guerra[218].

Dificultades en el reclutamiento: el recurso de los esclavos

Las dificultades que se presentaron para completar las tropas llevaron a que el Imperio comenzase a liberar esclavos para luchar en el Paraguay. A través de un decreto del 6 de noviembre de 1866, ganaban su libertad los "esclavos de la Nación", que sirviesen en el Ejército durante la guerra, mientras que los dueños de esclavos que liberasen a los suyos para el mismo fin serían recompensados con títulos de nobleza. El gobierno imperial también expropió esclavos pagando generosas indemnizaciones, pero eso no dejaba de causarles inconvenientes a los *fazendeiros*, ya que era difícil sustituir esa mano de obra en la agricultura[219]. El aumento de la demanda de esclavos elevó su precio, y a comienzos de 1868 cada individuo era vendido por dos *contos de réis*, mientras que unos meses antes el valor de la venta no superaba los 900 mil *réis*[220]. En el informe que presentó a la Asamblea Provincial en 1868, el presidente de San Pablo afirmó que la continuación de la guerra traería consecuencias desastrosas para la economía, y que ya se sentía la falta de mano de obra en la agricultura y en la industria, además de que la moneda nacional se desvalorizaba y tendía progresivamente a disminuir[221].

CABICHUÍ

Lúnes 22 de Junio de 1868.   SAN FERNANDO.   Año 2 N. 91.

SOL EN CÁNCER.

ALMANAQUE.

Dia 22 L. Ss. Paulino ob. y Acasio mrs.
" 23 M. S. Juan presbitero.   *Vijilia.*
" 24 M. †† NATIVIDAD DE S. J. BAUTISTA.
" 25 J. Ss. Guillermo abad y Eloy ob.
" 26 V. Ss. Juan y Pablo mrs.
" 27 S. Zoilo mr.   *Vij. y abstinencia.*
    ·(C. C. á las 3 y 54 m. de la mañana.)
" 28 D. S. Leon papa y mr.

¡Atras el imperio macacuno!

¡Atras los negros y anegrados!

DEBEMOS repetir ahora mas alto que nunca, con toda la fuerza de nuestra resolucion y entusiasmo.

Por que por todos lados y en todas partes, vemos que los negros y anegrados están sufriendo la expiacion de sus horrendos crimenes de less-libertad ; están ardiendo en el inestinguible fuego de la maldicion y venganza de los pueblos á que han amenazado amarrar con la ignominiosa y detestable cadena de la esclavitud.

Ya aquellos que al principio se han manifestado tan ciegos al respecto de los infernales propósitos del Monarca esclavizador, comienzan hoy á abrir los ojos y de lleno reconocen la justicia de nuestra causa, merced al heroismo con que le hemos rechazado, y anonadado esa infena triple-desalianza que en medio de la oscuridad ha decretado la muerte del Paraguay y consiguientemente la de todos sus hermanos del Plata.

Ya aquellos mismos que ayer, con escándalo del honor y de la razon, se han dejado arrastrar por las fantasmagóricas ideas de ese vil, infame y escandaloso *Pacto*, y que han creido posible hasta el fanatismo el triunfo de la esclavitud contra la libertad, de la iniquidad contra la justicia ; se han desengañado, y se ponen á trabajar no solo con la pluma, para hacer aparecer la monstruosidad y barbarie de las pretensiones de la destriplicada Alianza; sino recurren á las armas, y con la voz de ¡atras los macacos imperiales! rechazan de sus territorios, á tan depravados y perversos visitantes que con engaños, astucia y ardides luciferinos, han conseguido embaucar á todos y anidarse en medio mismo de ellos.

Ahí teneis, lectores, la correspondencia del Ejército publicada en el veterano cólega « El Semanario », que revela la verdad de nuestro aserto y confirma el hecho de que la voz de ¡ atras los negros y anegrados ! ha repercutido en todos los ámbitos de las regiones del Plata.

Los Correntinos dicen ¡atras los negros del Monarca esclavizador ! y hacen correr en justa venganza la sangre de los traidores satélites del Rabicorto, de aquellos que les ayudaban á sostener sus cadenas sobre el pueblo correntino, para sacrificar al son de la trompeta de Satanas la sangre de sus hijos en la inicua guerra que nos ha traido.

Los pueblos argentinos todos dicen ¡atras el imperio esclavizador y sus negros ! y hacen comparecer al traidor Mitre, al Galgui Manchego argentino, al anóstata de la democracia ante el jurado de la Patria, para responderle por los caros intereses que ha sacrificado sin rubor en favor de las miras del Brasil.

Los orientales dicen ¡atras la dominacion esclavócrata del infame Macacon del Brasil ! y hacen rodar por las calles de Montevideo la ensangrentada cabeza del mas estúpido malvado y zonzo traidor el General Flores.

Y hasta los mismos pernambucanos encabezados por el dicho poderoso Pedro das Layes, con la voz de ¡abajo el tirano Pedro 2.º y viva el Presidente Lopez! recorren las calles que llenan de las caricaturas de Sus Magestades masculina y femenina, proclamando la República y la libertad.

¡Bravo !

El «Cabichuí» hace una media vuelta y saluda á todos ellos, complaciéndose desde el fondo de su conciencia, por que vé que sus buenos consejos consignados en

---

Cabichuí, diario satírico paraguayo, publicado en el frente de batalla entre mayo de 1867 y julio de 1868.

La utilización de esclavos por parte del Ejército brasileño se convirtió en un tema de los redactores de los periódicos paraguayos y del propio Solano López. El periódico *Cabichuí* se refirió siempre a las fuerzas imperiales como los *macacos*, asociando a los soldados negros con la pretendida cobardía de los brasileños. Para el *Cabichuí*, don Pedro II era "el gran *macaco* que ostenta la autoridad de Rey", y en una caricatura publicada tres días después se veía a un soldado paraguayo que azotaba a "los cobardes esclavos", o sea, negros dibujados con rasgos de monos[222].

La propaganda lopizta calificaba al Ejército imperial de *macacuno*, y afirmaba que su objetivo era reducir a la esclavitud al pueblo paraguayo. En realidad, como bien lo señala André Amaral de Toral, hubo soldados negros —ex esclavos o no— que lucharon por lo menos en tres de los cuatro Ejércitos implicados en los combates: el brasileño, el paraguayo y el uruguayo. Los esclavos propiamente dichos lucharon en el Ejército paraguayo y en el brasileño[223].

En el caso paraguayo, el reclutamiento de esclavos comenzó en septiembre de 1865, mientras que en el Brasil, una vez superada la fase de euforia patriótica donde se presentaron muchos verdaderos voluntarios, los convocados a la guerra buscaban enviar a sustitutos en su lugar. En esa época, el envío de sustitutos para cumplir el servicio militar era una práctica común en otros países y no constituía una característica específicamente brasileña. En el Brasil, los particulares eran contratados para reemplazar a los convocados y los esclavos eran enviados para luchar en nombre de sus propietarios. Las sociedades patrióticas, los conventos y el propio gobierno nacional también se encargaban de comprar esclavos para enviarlos al Paraguay. Las autoridades imperiales prometían la liberación para los esclavos que se presentasen para ir a la guerra, "haciendo la vista gorda" con aquellos que huían de las *fazendas*[224].

Roberto Salles cree que el número de esclavos combatientes —los libertos— no habría sobrepasado el 10% del conjunto de las tropas. Las afirmaciones de que el Ejército imperial era un Ejército de esclavos resultan de confundir blanco con libre y todo negro con esclavo. El autor señala que el hecho de que la mayoría de la población fuera negra o mestiza no significaba que fuese esclava, pues esta última ya era minoritaria en 1864. En 1872, fecha del primer censo oficial, en el Brasil había 8 millones de hombres libres, siendo 3,8 millones de blancos y 4,2 millones de negros o mulatos, mientras que los esclavos alcanzaban a 1,5 millón[225].

André do Amaral Toral hizo la siguiente reflexión sobre la participación del negro en la Guerra del Paraguay:

"La suerte de los esclavos negros que lucharon en la Guerra del Paraguay se iiga más al carácter cuestionable de la ciudadanía en el Brasil y en el Para-

Caxias--Venhaó os melhores filarmónicos do exercito imperial para
festejar a chegada de meo afilhado.
Mitre--Agradezco a mi padrino estas muestras de bondad y cariño.

Sátira del Cabichuí, *donde el comandante de las tropas brasileñas, marqués
de Caxias, está al frente de una banda compuesta por monos y le da la
recepción a Bartolomé Mitre, comandante en jefe aliado. Debido a la
presencia de negros en el Ejército imperial, Solano López se refería a los
soldados brasileños como "negros" o "macacos".*

guay que a la cuestión de la discriminación racial. El reclutamiento forzado
alcanzaba por igual al esclavo, a la población paraguaya y a los pobres brasileños. Los derechos individuales no tenían existencia ni en la *monarquía
constitucional* esclavista brasileña, ni en la pretendida *república* paraguaya.
Buscar alguna especificidad en la condición negra como característica principal en la formación de los ejércitos y, por lo tanto, en las víctimas de la
guerra, corresponde a una demanda contemporánea sobre un contexto histórico que no responde a esas preocupaciones"[226].

La presencia de esclavos combatientes en el Ejército tuvo como resultado la incorporación al proyecto hegemónico de la Corona y de la clase dominante de algunos de sus intereses, como la liberación. A su vez, la liberación pretendía encubrir el hecho de que el Estado monárquico brasileño
fundaba parte de su fuerza en los campos de batalla "en un segmento de la
población que no era reconocido como portador de sus modelos culturales
y morales". La participación de negros libres y de esclavos en la guerra también contribuyó para que la institución de la esclavitud fuese cuestionada
luego de 1870, cuando el tema se convirtió en un debate nacional. Al fin y
al cabo, la presencia de libertos en el Ejército en el momento en que este se

convirtió en un importante actor político "tuvo profundas consecuencias sobre el proceso de crisis y derrocamiento del Imperio"[227].

Durante la guerra, los jefes militares brasileños vieron con reservas la presencia de esclavos libertos en el Ejército, acusándolos de mal desempeño militar. Para Caxias, por ejemplo, el comportamiento de los esclavos causaba indisciplina en las tropas porque eran "hombres que no comprenden lo que es patria, sociedad y familia, que todavía se consideran esclavos, que solo cambiaron de señor"[228]. Y no podía ser de otra manera, pues al ser esclavizado, el negro había sido tratado como mercancía y privado de ciudadanía y de vida familiar.

Pero estas reflexiones no preocupaban a los jefes militares brasileños en la guerra, quienes sí manifestaban un descontento con el desempeño militar de los esclavos libertos. Un ejemplo de ello es el del coronel José Antonio Correa da Câmara, que fue el responsable de la persecución final a Solano López. En una carta que le escribió a su esposa en diciembre de 1868, el militar responsabilizó a los libertos por el hecho de que no se hubieran podido tomar las posiciones defensivas paraguayas, incluso reconociendo que esos hombres eran fuertes. Para Correa da Câmara, las posiciones hubieran sido ocupadas,

"si nuestros soldados de infantería no fuesen los negros más infames de este mundo, que llegan a tener miedo hasta del enemigo que huye, como pude observar en la batalla del 11 de diciembre [de 1868]"[229].

La utilización de esclavos y la propia continuidad del conflicto fueron cuestionados por el periódico *Opinião Liberal*, el cual clamaba: "¡Paz, Paz! Es el grito íntimo de un pueblo oprimido". El diario argumentaba que la guerra era el resultado del capricho de Pedro II, pues la población había abandonado totalmente la causa de la lucha. El periódico cuestionaba el discurso del gobierno imperial en cuanto a la necesidad de limpiar el honor nacional, manchado por el ataque de Solano López, y afirmaba que "el honor que se entrega al cuidado de galeotes y negros *minás** no es honor, ¡es una mentira!" A comienzos de 1868 la situación era tan grave que el *Jornal do Commercio* señalaba el deterioro de las finanzas del Imperio con la continuidad de la guerra, y concluía que el fin de la lucha era urgente, sugiriendo para ello la contratación de mercenarios[230].

El clima de descontento popular de comienzos de aquel año fue registrado por diplomáticos extranjeros que estaban en Río de Janeiro. La lega-

---

* *N. del T.:* Relativo a una tribu de negros del grupo sudanés.

Los macacos mangrulleros—Meu Almirante, o que se ve é¡ muita gente, e mul-
tos canhoés.

Sátira paraguaya sobre la escuadra brasileña en operaciones en el río Paraguay.
Los vigías brasileños son presentados como monos.

ción argentina informó sobre el cansancio en cuanto a la continuación de
la guerra, y lo mismo hizo la legación de España. En febrero de 1868, el jefe de la legación española, Diego R. de la Quadra, escribió que el Brasil estaba angustiado con los nuevos sacrificios que debía realizar para continuar
con una lucha cuya falta de popularidad era cada vez mayor, y que este hecho no solo era conocido por el gobierno brasileño sino que también había
aumentado considerablemente el número de los partidarios de la paz en la
propia corte. El representante portugués en el Brasil escribió que el reclutamiento forzado provocaba desórdenes más o menos graves, pues "¡nadie
quiere ser soldado!" En ese momento, la resistencia al reclutamiento era mayor en Alagoas y en Piauí. En este último lugar, hubo más de una ocasión
en que las "escoltas" fueron atacadas por "bandas de hombres armados [que
querían] arrancar de sus manos los reclutas (…) han ido a soltarlos en los
propios depósitos [alojamientos], golpeando a los guardias ¡y matándolos
en caso de ser necesario!" Sin embargo, las revueltas no llegaron a constituir una amenaza pues las autoridades contaban con fuerzas para sofocar-

las; aunque todo ello igualmente volvía "más espinosa" la posición del gobierno brasileño[231].

En un discurso de junio de 1868 pronunciado en la tribuna del Senado, el barón de Cotegipe, del Partido Conservador, afirmó que el ánimo popular estaba caldeado con la guerra, lo cual había obligado al gobierno a utilizar "medios mucho más vigorosos" para el reclutamiento de tropas, las cuales antes podían obtenerse por "medios mucho más blandos y suaves". Cotegipe señaló que el reclutamiento despoblaba los campos, principalmente en las provincias del norte, y que los que no eran llevados por el Ejército se encontraban bajo la protección de los políticos locales, o entonces estaban "escondidos en los bosques, huyendo de una persecución, de una especie de cacería a la cual recurre hoy el gobierno para obtener tropas". Zacarías, el presidente del Consejo de Ministros, reconoció la pertinencia de esas afirmaciones, pero objetó que esas situaciones eran anteriores a la guerra, o sea, que también habían sido practicadas por los conservadores, y que con el conflicto "el mal crónico naturalmente debía agravarse"[232].

CAXIAS EN LA GUERRA

Caxias asumió el puesto de comandante en jefe de las fuerzas brasileñas el 19 de noviembre de 1866. El momento era difícil, pues el Ejército aliado se encontraba desarticulado, sin ánimo, y el comandante brasileño debía sustituir el clima de malestar que habían creado Porto Alegre y Tamandaré por uno de cordialidad con Mitre. Además, Caxias tenía que reorganizar el Ejército brasileño y ponerle fin a las disputas políticas entre sus jefes, de modo de crear las condiciones para vencer el conflicto. Para ello, hizo más eficientes a las tropas brasileñas que estaban en la guerra, fortaleció la posición del Ejército y amplió su autonomía en relación al gobierno imperial, a fin de tener agilidad en la acción. Esa autonomía le permitió al Ejército construirse una identidad propia, disociándola paulatinamente del Estado monárquico luego de la Guerra del Paraguay para asociarla a la Nación[233].

La reorganización del Ejército brasileño

Tres días después del fracaso del ataque a Curupaytí, el 25 de septiembre, los jefes militares aliados se reunieron en consejo de guerra a bordo del vapor *Apa*. Allí decidieron mantener la posición de Curuzú con las tropas de Porto Alegre, pues promover una retirada frente al enemigo empeoraría la moral de los aliados. El 2 de octubre, Mitre volvió con su Ejército al campamento aliado en Tuyutí y retomó su plan original, el que hasta entonces

El comandante argentino Manuel J. Olascoaga y su asistente. Todos los ejércitos envueltos en la guerra contaron con la presencia de soldados negros, aunque el mayor número estuvo del lado brasileño.

había sido rechazado por los jefes militares brasileños: bordear el lado izquierdo del enemigo por algún punto débil en su línea de defensa[234].

Caxias llegó al Paraguay con una actitud cautelosa en relación al aliado argentino. Antes de partir de Río de Janeiro le pidió al nuevo ministro de Guerra, marqués de Paranaguá, que le diera instrucciones sobre cómo debería actuar en caso de que Mitre "contemporizase" el conflicto. Existía el temor de que el gobernante argentino suspendiese las operaciones como consecuencia de una eventual paz con el Paraguay, o que entonces se retirase con el Ejército argentino en virtud de alguna revuelta contra Buenos Aires, pues en la República aliada continuaban las dificultades internas. La respuesta del marqués de Paranaguá fue que Caxias debería "proseguir por sí solo", si fuese posible, o entonces "mantenerse en la posición que más le convenga". Para don Pedro II, en caso de que las operaciones militares pudieran continuar sin Mitre, Caxias debería hacerlo "para que consigamos lo que exige nuestro honor: o la derrota de Solano López en una batalla, o su rendición incondicional"[235]. El decreto del gobierno imperial que nombró a Caxias para el comando de las fuerzas terrestres no mencionaba si la escuadra también estaría bajo sus órdenes, aunque eso llegase a ocurrir de hecho. Al omitir esa cuestión, el gobierno imperial intentó evitar que la fuerza naval brasileña quedase bajo el control de Mitre, al cual estaría subordinado Caxias[236]. El nuevo jefe de la escuadra, Joaquim José Ignacio, asumió esa función el 22 de diciembre de 1866.

Por su parte, Mitre no tenía reservas en cuanto a Caxias. El comandante en jefe argentino quedó satisfecho con la retirada de Tamandaré y, provisionalmente, la de Porto Alegre, y escribió que:

> "(...) Caxias era mi candidato para el comando y lo era en el modo y en la forma en que fue nombrado: así se lo dije al mariscal Polidoro, que es un gran amigo de Caxias, y tal vez haya escrito eso a Río de Janeiro"[237].

En la Argentina, el año 1867 fue el más crítico debido a que la oposición interna al gobierno central se vio potenciada por la continuidad de la guerra. Las tropas argentinas en el Paraguay estaban desmoralizadas después de la derrota de Curupaytí[238], y en noviembre de 1866 se sublevaron 280 "voluntarios" que estaban acuartelados en Mendoza esperando ir a la guerra. Las tropas enviadas para controlar la situación se plegaron a los sublevados, e incluso liberaron de la prisión a los líderes de la oposición federal. El gobernador Melitón Arroyo huyó de la capital debido al clima de rebelión que se instaló en ese lugar, y las cosas llegaron a un punto en que la ciudad se convirtió en un polo de atracción para los exiliados federales que se encontraban en Chile. La rebelión se extendió rápidamente por las provincias de Cuyo y del noroeste argentino. Los federales batieron a las tropas del gobierno central, entraron en otras dos capitales provinciales —San Luis y San Juan— y controlaron gran parte de la provincia de Catamarca. En su proclama del 10 de diciembre de 1866, el caudillo catamarqueño Felipe Varela escribió: "Nuestro programa es la irrestricta aplicación de la Constitución jurada, del orden común, de la paz y la amistad con el Paraguay y la unión con las demás repúblicas americanas"[239]. El Imperio del Brasil, que había colaborado en la caída de Rosas, se había convertido en un enemigo para los federales.

La situación era tan dramática que el representante argentino en Río de Janeiro le preguntó al gobierno imperial con qué elementos contaba el Brasil, en hombres y recursos, para enviar inmediatamente al Plata y aumentar los efectivos del Ejército aliado, y si fuese necesario también ayudar a Mitre a reprimir las rebeliones en su país. El gabinete brasileño se reunió para tratar el pedido y, reconociendo la gravedad de la situación, respondió que emplearía todos los medios —incluso la liberación de esclavos— para que en un mes pudiera contarse con 10 mil hombres adicionales en el teatro de lucha. Sin embargo, la respuesta agregaba que el Imperio no podía ofrecer dinero porque no disponía de recursos financieros. La postura de la población argentina en relación a la guerra fue sintetizada por el comandante de las fuerzas argentinas en el Paraguay, general Gelly y Obes, en una carta que le envió al ministro de Guerra de su país a fines de 1868: "Con un pueblo como el nuestro, que por lo menos durante dos años intentó desmoralizar y enervar los espíritus, es más que un milagro que todavía tengamos una representación de tropas [en la lucha]". Gelly y Obes hacía responsable a la política por ese panorama[240].

El envío de tropas imperiales para combatir las rebeliones internas en la Argentina no fue necesario, incluso porque podría haber sido contraproducente y tal vez terminase reforzando el apoyo popular a los revoltosos. Mitre en persona tuvo que encargarse de resolver la situación, y volvió a Buenos Aires luego de la confesión que le hizo Marcos Paz en una carta que le escribió el 16 de enero de 1867: "Yo no gobierno, es preciso que venga usted para hacerlo", y también por los pedidos que en ese sentido le hicieron llegar Elizalde y Rawson[241]. Mitre se retiró del Paraguay en febrero de 1867 acompañado por 4 mil de sus soldados, y Caxias asumió provisionalmente el comando en jefe aliado. En el Paraguay quedaron cerca de 6 mil soldados argentinos, de modo que ahora el poder militar dependía fundamentalmente de las fuerzas brasileñas. De esta forma, fracasó el "ataque decisivo" que Mitre y Caxias habían planeado realizar en el mes de marzo[242].

Pese a los refuerzos recibidos, las fuerzas brasileñas que encontró Caxias estaban reducidas a un tercio de los efectivos que tenían cuando atra-

Al asumir el comando en el Paraguay, en octubre de 1866, Caxias encontró a las tropas brasileñas desorganizadas, con falta de soldados y con la moral baja debido a la derrota en el ataque a Curupaytí. Caxias pasó meses reorganizando a las tropas y entrenando a los refuerzos que había recibido, pero en el Brasil todos estos preparativos generaban impaciencia.

vesaron el río Paraná, como consecuencia de los combates y de las enfermedades. Para cuidar de tantos soldados enfermos había once hospitales brasileños en la región: dos en el Uruguay, dos en Buenos Aires (estos cuatro fueron unificados por Caxias en Montevideo), tres en Corrientes, uno en Cerrito, uno en Itapirú, otro en Paso de la Patria y uno en Tuyutí[243]. Caxias quedó impresionado con la cantidad de militares enfermos, y nombró una comisión de salud para que inspeccionara a todos los que estaban internados en los hospitales del teatro de guerra y en Corrientes. Esta estaba a cargo del Dr. Francisco Pinheiro Guimarães —médico y coronel de los Voluntarios de la Patria—, y su objetivo era retirar de los hospitales a los oficiales y soldados que ya estaban curados y que no obstante permanecían allí con la complicidad de los médicos. En quince días fueron despachados para el campamento de Tuyutí 2 mil falsos enfermos que estaban aptos para el servicio militar[244]. En enero de 1867, la fuerza brasileña en el Paraguay llegaba a 51.107 hombres[245].

Las condiciones de las tropas brasileñas en territorio paraguayo eran precarias. La mayor parte de la caballería quedó a pie, pues en la época del comando de Osório los animales debieron comer una vegetación inapropiada arrancada de los campos inundados, que los debilitó y los llevó a la muerte. Recién bajo el comando de Caxias se comenzaron a reponer los animales perdidos y a alimentarlos con alfalfa y maíz, con un alto costo. Los dos cuerpos de Ejército eran totalmente diferentes uno del otro y parecía que pertenecían a dos países distintos, pues tenían su contabilidad, y criterios de promoción y de pagos propios. Fue necesario reorganizar todo, a fin de poder economizar dinero y de ordenar y disciplinar a la tropa, haciéndola más combativa; según Caxias, en todas esas actividades se fueron catorce meses[246].

La tarea de reforzar el ánimo de combate de las tropas brasileñas no resultó nada fácil. Esto está sintetizado en la carta que le escribió a su hermano el voluntario de la patria João Manoel da Silva, de Paraná, donde señalaba lo difícil que sería terminar con la guerra pues el enemigo estaba bien fortificado. El voluntario afirmaba que para tomar las posiciones paraguayas eran necesarios buenos generales y buenos planes: "Siendo así, ¿quién va a tener esperanzas de volver a casa?" João Manoel no volvió, ya que murió en el combate de Surubi-í[247].

La disciplina quedó muy comprometida luego del desastre de Curupaytí, y para evitar que se agravara el problema, el gobierno imperial intentó acelerar la punición de los crímenes militares transfiriendo al teatro de operaciones a la Junta de Justicia Militar, que estaba en Rio Grande do Sul[248]. La Junta decidía las sentencias de los consejos de guerra en segunda y en última instancia, excepto en los casos de pena de muerte. Cualquier sentencia que la Junta le impusiese a un condenado, fuese por un crimen militar o no, tenía que ser confirmada por el emperador, a quien asistía el derecho constitucional de perdonar la pena.

Según una decisión del gobierno de 1843, la pena de muerte en el Imperio se dictaba contra los militares en acuerdo con las determinaciones de los Reglamentos de Infantería y Artillería, de 1763, y de Caballería, de 1764. Una serie de transgresiones de los oficiales y los soldados eran punidas con la pena capital por ahorcamiento o fusilamiento, entre ellas se contaban la deserción en tiempo de guerra, la cobardía frente al enemigo, atacar a centinelas, dormir o emborracharse estando de guardia en tiempo de guerra, encabezar un motín o traición, hurtar o dejar hurtar material bélico (incluso caballos), desobedecer las órdenes de los superiores usando armas o amenazar, herir a traición o matar camaradas. En 1851 el emperador sancionó la ley 631, que reforzaba la pena de muerte en caso de "guerra externa", y que pasaba a ser aplicada a espías y al militar que incitase a un colega a desertar o levantarse contra el gobierno.

Además de disciplinar a las tropas brasileñas en el Paraguay, también era necesario ofrecerles mejores condiciones de higiene, reduciendo la mortalidad que causaban las enfermedades. Solo a partir de la llegada de Caxias comenzó a cuidarse seriamente de la hospitalización, las ambulancias, el vestuario apropiado, la higiene en la alimentación y el aseo en el campamento. En este último, el agua para beber se obtenía cavando pozos en el arenal, pero la misma estaba contaminada y era de color amarillo, debido a los cadáveres sepultados en las cercanías; se comentaba que Caxias "bebía agua de la [fuente] Carioca que le enviaban en toneles desde Río". El agua que los soldados conseguían en el arenal salía caliente, y para refrescarla se la enterraba en botellones en las tiendas o bajo los arbustos. Dionísio Cerqueira hace un relato sobre el pozo que mandó cavar en su tienda:

> "Cuando el camarada apenas había alcanzado un palmo de profundidad, sentimos el olor característico de la muerte. Otra palada más y apareció un cráneo carcomido. El pozo fue tapado y se cavó otro más adelante"[249].

Hubo personas que intentaron crear un ambiente menos rudo en medio de esa confusión. El coronel Oliveira Neri cavó un pozo en medio de un jardín de flores silvestres que cultivaba él mismo. El general Jacinto Machado, por su parte, criaba gallinas y disponía de huevos frescos para su alimentación. Pero por lo general el estado de espíritu de las tropas brasileñas era de apatía, pues caían víctimas del fuego enemigo en los puestos avanzados, o eran diezmadas por el cólera en el campamento. Ya no se tenía "más la dorada quimera de volver a ver la bendita tierra de la patria"[250].

Sin embargo, esa situación no implicó el desprestigio de Caxias entre las tropas. Por el contrario,

> "tenía tanto prestigio que nadie podía verlo si no era a través de una aureola de gloria. ¿Quién no creía en su omnipotencia? Cuando pasaba en su uniforme de mariscal del ejército, erguido y elegante a pesar de la edad, todos nosotros nos cuadrábamos reverentes y llenos de fe. No era solo el respeto debido a su alta posición jerárquica; había veneración religiosa y una admiración sin límites"[251].

En marzo de 1867 el cólera comenzó a hacer estragos en Itapirú y en Corrientes, esparciéndose por todo el Ejército aliado. El vapor *Teixeira de Freitas*, que había zarpado de Río de Janeiro a fines de febrero con doscientos nuevos soldados para el Ejército imperial, llevó la enfermedad a Corrientes, desde donde se propagó a los hospitales aliados y seguidamente a las tropas en el frente de batalla. La epidemia llegó a Buenos Aires, donde la población, abatida y enferma, dejaba a veces cadáveres sin enterrar; esto agravaba la propagación de la enfermedad, y en enero de 1868 terminó matando al propio vicepresidente Marcos Paz[252].

En el frente de batalla, la epidemia de cólera cegó "montones" de vidas en Curuzú, donde se encontraba el 2° Cuerpo de Ejército al mando del conde de Porto Alegre. En Tuyutí, algunos galpones de madera mandados a construir apresuradamente se llenaban y vaciaban a diario; los cementerios estaban saturados. Dioníso Cerqueira cuenta:

"Un día entré en una enfermería cercana al batallón. Había un montón de cadáveres apilados en tarimas. Tenían la piel arrugada y los ojos hundidos. Estaban azulados, enflaquecidos, como si hubieran muerto de hambre. Algunos se movían, otros no tenían el frío de la muerte, eran cadáveres calientes. Los músculos del pecho y de los brazos se contraían, como si aquellos muertos todavía viviesen. Vi que un brazo encogido se distendía y la mano daba de lleno en la cara del camarada que estaba acostado a su lado (...)"[253].

Hasta fines de mayo de 1867 murieron por la epidemia de cólera 4 mil soldados brasileños, 130 de los cuales eran oficiales; luego de eso la enfermedad desapareció rápidamente. De ese modo, el Ejército imperial sufrió pérdidas equivalentes a las de una batalla decisiva sin salir de su lugar[254].

Del lado paraguayo, el cólera apareció en mayo de 1867 en Paso Gómez, se esparció por todo el campamento y alcanzó al propio Solano López, quien al sentirse completamente impotente "casi enloqueció del susto, acusando a sus médicos de haber intentado envenenarlo". La epidemia provocaba la muerte de más de cincuenta soldados por día; a los médicos se les prohibió decir el nombre de la enfermedad, que terminó esparciéndose por el país y causando "miles de muertes"[255]. La difusión del cólera se vio facilitada por la miseria en que vivían las familias paraguayas, las cuales tuvieron que abandonar sus casas y migrar de un punto al otro del país formando grandes caravanas ambulantes, donde era imposible dar cuenta de las exigencias básicas de higiene[256].

Entre octubre de 1866 y julio de 1867, ni los aliados ni los paraguayos fueron capaces de tomar iniciativas que pudieran decidir la suerte de la guerra; apenas hubo escaramuzas y emboscadas entre las vanguardias de las dos partes. Las mismas ocurrían principalmente en la llamada *línea negra*, donde, al contrario del nombre, había mucha claridad de día y de noche. Se trataba de una picada de unos ocho metros de ancho y no muy superior a los seiscientos metros de largo, que había sido abierta en el bosque del potrero

El Cólera morbus da una reprimenda a Caxias y a Solano López por estar "molestando a medio mundo desde hace tanto tiempo", y amenaza con terminar la guerra a su manera. En 1867, el cólera alcanzó a los ejércitos aliado y paraguayo; la epidemia mató 4 mil soldados solo entre los brasileños. Lo que causó el mayor número de muertos en los dos bandos no fueron los combates sino las enfermedades.

Piris, frente a la trinchera paraguaya de Sauce. En ese lugar, grupos de tres soldados brasileños se metían en cuevas de 1,5 metros de profundidad para espiar al enemigo, que a su vez también estaba fortificado en medio de la vegetación y con francotiradores camuflados en las ramas de los árboles. Estaban tan cerca unos de los otros que los soldados brasileños escuchaban cómo conversaban en voz baja los paraguayos en guaraní. Durante la noche, un paraguayo más audaz que se arrastrara en silencio por el suelo podía sorprender a un soldado brasileño medio adormecido que estuviera de centinela avanzado, matándolo con un golpe de espada o de bayoneta. Algunas veces, cuando el centinela era un *sertanejo** habituado a preparar

* *N. del T.:* Habitante del interior, rústico.

273

trampas para cazar, el atacante se convertía en víctima: "se escuchaba la detonación, un grito, un ay de agonía y el retorcerse de un cuerpo"[257].

La proximidad entre las fuerzas brasileñas y paraguayas en la *línea negra* les permitía a los soldados de los dos lados conversar a los gritos. Dionísio Cerqueira fue más lejos, e izando una bandera blanca les preguntó a los paraguayos escondidos en el monte si podía ir hasta ellos. El comandante enemigo, que ya era un hombre de cierta edad, lo autorizó, y Dionísio Cerqueira allá fue:

"Entré en el terraplén por una abertura a la derecha.

El viejo me pasó la mano por el hombro y echándome una mirada compasiva me preguntó:

—¿Qué viniste a hacer aquí?...

—Nada —respondí—, vine a visitarte...

—Siéntate, pues.

Me senté en un tronco de *urundaí*, nuestro palo de hierro, y pronto me vi rodeado por muchos hombres que me miraban con curiosidad hostil. Además de ésos, había otros ocultos atrás de los árboles.

La trinchera se parecía a la nuestra, pero no tenía bolsas de arena. El parapeto estaba hecho de troncos y de tierra.

El viejo me abrazó y me invitó a quedarme con él.

—¡Qué esperanza! —le dije sonriendo—. Eres tú el que debe venir conmigo. Nosotros tratamos muy bien a los *pasados*. Ellos dicen que ustedes son muy maltratados, que López es terrible... Ven conmigo; trae a tu gente y serás bien recibido...

El viejo soldado me clavó una mirada de sorpresa y de bondad que no olvidé nunca más. Tal vez tuviese un hijo de mi edad, al cual yo le recordaba. Retiró su mano grande y callosa de mi hombro y me dijo con voz grave, llena de melancolía:

—Nosotros somos soldados como tú, y nuestro honor nos manda morir por la patria. Eres muy joven, retírate...

—Tienes razón, amigo —le respondí.

Como recuerdo, le dejé un gran pañuelo amarillo de seda y una pequeña pipa de espuma de mar con boquilla de ámbar, muy preciada. Era lo que poseía de más valor. El me dio un *porquinho** de cuero crudo lleno de yerba mate y el cuchillo con vaina de cuero y cabo de hueso guarnecido de plata que tenía en la cintura. Le apreté la mano y volví pensativo hacia mi piquete"[258].

La inmovilidad militar del lado paraguayo se debía a que Solano López tenía recursos para sostener posiciones defensivas, pero no podía emprender operaciones ofensivas. La inactividad bélica fue aprovechada para construir nuevas trincheras que casi llegarían a unir Curupaytí y Sauce, y que hacían imposible los intentos de las tropas brasileñas en Curuzú para buscar

---

* *N. del T.:* Pequeño recipiente de cuero.

un camino firme por entre los pantanos que permitiera penetrar en las posiciones paraguayas. Durante ese período, ingenieros ingleses supervisaron la fabricación de muchos cañones en la fundición de Ibicuí, algunos de los cuales eran de grueso calibre. La fundición de Ibicuí había sido creada en 1850 con el objetivo de producir hierro fundido, que era la materia prima para las obras estatales. Desde esa época se utilizó el trabajo de los presos comunes, y su primer director fue el inglés Godwin. A fines de 1866, veinte prisioneros de guerra fueron obligados a trabajar en la fundición[259].

De todos los cañones que se produjeron en Ibicuí durante esa época los tres mayores fueron el Cristiano, el General Díaz y el Acá-berá. El primero pesaba doce toneladas, y se llamaba así porque había sido construido con el metal de las campanas que fueron recogidas en todas las iglesias del Paraguay. El General Díaz pesaba diez toneladas, se lo construyó con el metal de campanas y de ollas, y utilizaba como municiones las balas que permanecían intactas en el suelo luego de haber sido disparadas por los cañones brasileños Whitworth. Este tipo de proyectil no podía ser fabricado en el arsenal de Asunción por la falta de metales: los soldados paraguayos recibían un jarro de maíz por cada granada intacta de Whitworth que recogiesen y entregasen en el cuartel general. El Acá-berá era un cañón de bronce, de siete toneladas, que había sido fabricado con el objeto de volver a utilizar la enorme cantidad de balas de cañón de 32 pulgadas que arrojaban los aliados y que cubrían los campos[260].

La inmovilidad del lado aliado encuentra explicación en la retirada de los soldados argentinos, la epidemia de cólera, el hecho de que Caxias tuvo que recibir y entrenar a un gran número de soldados —gran parte de los cuales eran esclavos libertos—, e incluso recomponer el cuadro de oficiales. En los comienzos de la guerra había un gran número de estos, llegando a casos de batallones de cien hombres que contaban con cuarenta oficiales. Sin embargo, ese número se redujo poco a poco a lo largo del conflicto por las muertes en combate, o bien porque algunos se habían enfermado y regresado al Brasil, pero "muchos, muchísimos" simplemente encontraron una forma de retirarse de la guerra "cuando percibieron *in loco* el peligro de esta guerra". Otro elemento que contribuyó para reducir más todavía el número de oficiales fue que Caxias, al asumir su comando, dispensó a "todos aquellos que juzgaba incapaces de prestar un servicio eficiente"[261].

La difícil penetración en el Paraguay era otro factor que contribuía a la inmovilidad aliada. El problema no solo derivaba de la valiente resistencia que oponían los soldados enemigos, sino también del poco conocimiento que se tenía del territorio paraguayo, del cual no había mapas: Caxias señaló posteriormente que la guerra se hizo "a tientas desde el comienzo"[262]. En un contexto caracterizado por la falta de tropas entrenadas, el gran número de enfermos y el desconocimiento del terreno, el comandante brasileño no estaba en condiciones de iniciar las operaciones ofensivas. Fue por eso que Caxias tuvo que esperar hasta julio de 1867, cuando llegaron los refuerzos del 3er Cuerpo de Ejército que había organizado Osório en Rio Grande do Sul.

Osório tuvo dificultades para disciplinar a los 6 mil soldados que le había solicitado Caxias. En mayo de 1867 se quejó ante el amigo que lo ayudó en la reorganización del 3er Cuerpo, general Vitorino Monteiro, diciendo que la deserción se había vuelto algo común y aceptado, mientras que "aquellos que han vertido su sangre por la Patria se ven abandonados a sus propios esfuerzos y reducidos a luchar sin recursos". Según J. B. Magalhães ocurría algo extraño, pues "en la heroica tierra de Rio Grande no había pudor en demostrar cobardía", con desertores que se iban al extranjero, protección de los jueces políticos locales y de la Guardia Nacional para los que evadían el reclutamiento huyendo a los bosques, y donde los propios oficiales de esa milicia creaban problemas y facilitaban las deserciones para no tener ellos mismos que combatir. Osório se quejó de la situación ante del Ministerio de Guerra, destacando que había motivos políticos tras la falta de colaboración de las autoridades gaúchas, especialmente de la Guardia Nacional, cuyo comandante superior era el general de la reserva Luis Manuel de Lima e Silva, tío de Caxias. El gobierno brasileño finalmente tomó medidas: suspendió al general Lima e Silva "por no haber cumplido las órdenes", y en febrero de 1867 nombró como nuevo presidente gaúcho a Inácio Marcondes Homem de Melo. Solo entonces Osório pudo conformar el 3er Cuerpo con 5.451 hombres —y no con los 6 mil que se habían planeado en un principio—, cuya primera caballería llegó frente a Paso de la Patria el 13 de julio de 1867. Entre los días 17 y 19 llegaron todas las fuerzas de Osório, las cuales fueron trasladadas al territorio paraguayo[263]. Desde mayo de 1866 hasta mayo de 1867, llegaron al teatro de guerra procedentes de Río de Janeiro otros 14.139 hombres. La suma de estos hombres a los del 3er Cuerpo significó para Caxias un refuerzo de alrededor de 20 mil soldados[264], buena parte de los cuales eran civiles enganchados que carecían de experiencia militar.

Mientras el Ejército permanecía inactivo, el campamento de Paso de la Patria —rebautizado ahora como Itapirú— se transformó en una ciudad donde pululaban comerciantes y aventureros. Había un comercio de todo tipo que atendía a las necesidades de las tropas, así como peluqueros, dentistas, casas de baño, burdeles, billares, un teatro, una iglesia y hasta una agencia del Banco Mauá. Como Itapirú era una parada obligatoria para los militares que iban o volvían del frente de batalla, allí se daba una gran concentración de actividades. Cada tienda de comercio "era un bazar" donde se podía comprar de todo: espuelas, perfumes, bombachas, vestidos, riendas, ponchos, espejos, pantalones, puñales, enaguas, quesos, salames, vinos, sardinas, cigarros, etc. Los comerciantes eran vascos, alemanes, italianos, franceses, españoles y portugueses; había muy pocos brasileños, argentinos y uruguayos. Los bailes eran comunes y no se destacaban por la etiqueta y la compostura, "mucho menos por la excelencia de las damas". Entre los oficiales aliados el ambiente era de camaradería[265].

La referencia a la falta de excelencia de las "damas" era un eufemismo. El capuchino Salvador María de Nápoles, que acompañaba al Ejército brasileño, las calificó de "perdidas". Ellas "no eran pocas", y fray Salvador entablaba una "lucha" para hacerlas cambiar de vida, intentando convencerlas de volver a su tierra de origen, de casarse o, al menos, de ganarse "el pan cotidiano con sus propias fuerzas y con trabajo". El sacerdote le "hacía una guerra continua" a las "perdidas": les impedía entrar en los hospitales y consiguió que el comando brasileño no las autorizase a armar sus tiendas dentro de los límites del campamento. Según el religioso, esas mujeres eran la causa de que los soldados faltasen a sus deberes, robasen y matasen, mientras que él intentaba "arrancar de ellas todo el bien que se pueda" con la "esperanza de la conversión de esta miserable gente". En su correspondencia con el internuncio apostólico en Río de Janeiro, fray Salvador demostraba que estaba empeñado en dos luchas particulares, paralelas a la guerra: salvar a las mujeres "perdidas" y convertir al catolicismo a los inmigrantes alemanes protestantes y sus descendientes —los cuales se habían alistado en el Ejército brasileño, provenientes de Rio Grande do Sul—, así como a otros extranjeros presentes en las filas aliadas[266].

Los aliados tenían una abundante oferta de mercaderías, pero del lado paraguayo había una escasez "espantosa"; allí faltaba de todo: víveres, medicamentos, telas para los uniformes, papel y tinta para escribir, sal, etc. Esas necesidades fueron parcialmente cubiertas gracias a soluciones ingeniosas, como el reciclaje de tejidos y de restos de papel, la confección de pergaminos de piel de carnero, la sustitución de remedios por plantas medicinales, o el reemplazo de la sal con una sustancia medio amarga extraída de la flora del Chaco[267].

A pesar de que se vivía esa situación, en las filas paraguayas casi no se registraban deserciones; aunque esto se debía al clima de terror impuesto por Solano López, quien extendía la punición a los familiares y compañeros del desertor. Además, se prohibió que los soldados y oficiales se quedaran solos en la vanguardia por temor a las deserciones. Ese fue el motivo por el cual los que eran elegidos para las misiones de espionaje no iban solos, sino en grupos de dos o de tres, recibiendo también un trato especial, con doble ración de comida y de bebida. Sin embargo, esos espías no prestaron grandes servicios, pues advirtieron que Solano López se enfurecía cuando le llevaban noticias desagradables, y entonces solo le relataban hechos que fuesen de su agrado[268].

Mientras esperaba que terminara la epidemia de cólera y que llegaran los refuerzos del 3er Cuerpo de Ejército, Caxias hacía planes. En abril de 1867 le escribió a Osório exponiéndole los próximos pasos que pensaba dar para terminar con la *impasse* en la que había caído el Ejército aliado luego de la derrota de Tuyutí, frente a las líneas paraguayas de Rojas. El plan de Caxias —basado en una idea que había sido concebida originariamente por Mitre— establecía que en Tuyutí permanecieran fuerzas suficientes como para defender la posición, mientras que el resto del Ejército, en vez de intentar la toma de Humaitá por el frente, debía efectuar una marcha de flanco para bordearla; esta era una idea que había sido concebida originariamente por Mitre. Caxias analizó las cuatro posibles respuestas paraguayas al movimiento de flanco aliado. La primera era que Solano López se decidiera a entablar una batalla campal con el Ejército aliado en movimiento: esto permitiría que las fuerzas estacionadas en Tuyutí tomaran las trincheras paraguayas, y "después sería facilísimo acabar con él". La segunda posibilidad era un ataque paraguayo a Tuyutí, lo cual haría posible que los aliados avanzasen por el flanco izquierdo del enemigo y ocuparan su retaguardia antes de que este pudiera retirarse. La tercera posibilidad era que Solano López se encerrase en Humaitá, pero Caxias no creía que "sea tan burro" para tomar tal decisión, pues en ese caso la escuadra recibiría órdenes de remontar el río —a pesar de las minas e incluso soportando la pérdida de dos o tres naves—, sitiando la fortificación por el lado de arriba. Por último, si el líder paraguayo reconocía su debilidad, podía retirarse y construir una nueva línea de defensa en el río Tebicuarí, desde donde podría asegurar sus comunicaciones con Asunción[269]. Solano López optó por permanecer en Humaitá, y Caxias no consiguió que la escuadra se arriesgara a perder naves para ganar la guerra; fue solo a principios de 1868 que las naves de guerra brasileñas remontaron el río para aislar la fortaleza enemiga.

De todos modos, para la opinión pública brasileña la guerra se presentaba como interminable, y para Joaquim Nabuco "Caxias parecía querer vencer por la paciencia, por la vejez". El diario satírico paulista *O Cabrião*, por ejemplo, publicó en esa época una caricatura en la cual el marqués aparecía sentado en una tienda de campaña, absorto, estudiando obras militares: A su lado dialogaban dos figuras que representaban la guerra y su final victorioso, Marte y Victoria, donde esta última afirmaba: "Si la causa va así, señor Marte, me parece que cuando terminemos la campaña tendremos ya los cabellos blancos"[270].

Las críticas de la prensa —así como la impaciencia que la opinión pública brasileña tenía en cuanto a la falta de operaciones militares decisivas

En la caricatura, Caxias intenta comprar la paz de Solano López, mientras que Mitre y Flores comentan la suerte de no tener que dar una contribución financiera. En el Brasil, la idea de que el Imperio soportaba prácticamente solo los gastos de la guerra era una opinión corriente.

de parte de los aliados— hicieron impacto en Caxias. Al escribirle a su hermana, en marzo de 1867, el marqués delineó un panorama de las dificultades que le habían impedido avanzar. Allí decía que estaba "cercado por las dificultades", con los paraguayos al frente, "en la retaguardia los traidores correntinos, capitaneados por Urquiza" y "en el centro" la epidemia de cólera que había matado 4.000 hombres —120 oficiales—, gran parte de los cuales eran los mejores soldados del Ejército brasileño. También agregaba que carecía de caballos "porque Urquiza no los deja venir" y preveía la posibilidad de la falta de ganado, lo que dejaría a la tropa sin comida excepto por el charqui. En medio de todo ello, "esa gente todavía me censura por no haber terminado la guerra"[271].

Pese a esa situación, la correspondencia de los diplomáticos extranjeros que estaban en Río de Janeiro demuestra que en el primer semestre de 1867 el gobierno imperial esperaba el fin de la guerra. En febrero de ese año, el representante portugués le informó a su Cancillería que el gobierno imperial creía que habría una batalla decisiva por la guerra. A comienzos de mayo, ese mismo diplomático escuchó de Pedro II y del ministro de Negocios Extranjeros brasileño, Sá e Albuquerque, que tenían la "firme esperanza" de recibir en pocos días la noticia de una gran victoria aliada en el teatro de guerra[272]. La "esperanza" del gobierno imperial era tan grande que se enviaron instrucciones a Caxias para la firma de un tratado preliminar de paz, donde se afirmaba que se mantenían las indicaciones que se le habían dado a Almeida Rosa en noviembre de 1865. Caxias debía firmar la paz en su condición de comandante en jefe de los Ejércitos aliados —Mitre estaba en Buenos Aires—, y como representante brasileño. Solano López debería salir del Paraguay y el tratado de paz sería firmado por el gobierno provisional que se instalase en Asunción, cuyos miembros "sean hombres de las más vivas simpatías por el Imperio". Esos hombres no deberían oponer "resistencias calculadas y hostiles" a los "legítimos intereses del Brasil". Los límites del Paraguay con la Argentina y el Brasil deberían ser los establecidos en el Tratado de la Triple Alianza, incluyendo la reserva de los eventuales derechos de Bolivia sobre el Chaco[273].

Sin embargo, Caxias estaba lejos de poder entablar una batalla decisiva contra Solano López. Y no la concretaba porque el Ejército brasileño no estaba listo para ello por diferentes circunstancias. Mucho peor que la inactividad hubiera sido que Caxias desencadenara una acción militar de envergadura, atendiendo a una opinión pública que deseaba el fin de la guerra pero sin contar con los medios adecuados para ello, lo cual podría tener como resultado un nuevo revés de los aliados. El marqués quería llevar adelante operaciones que pusiesen fin a la guerra, y le escribió a Osório:

"Mi amigo, vamos a ver si concluimos con esta maldita guerra que ha arruinado a nuestro país, y que ya nos causa vergüenza por su duración"[274].

El 29 de mayo de 1867 el marqués se dirigió al campamento de Curuzú para examinar la situación. Los 6 mil brasileños que sostenían esa posición vivían bajo el constante fuego de los cañones de Curupaytí, y su campamento era insalubre debido a que casi todo el terreno estaba inundado. A fin de reorganizar a las tropas brasileñas concentrándolas en Tuyutí, y tal vez tomando en consideración la cantidad de muertes que causaba entre los defensores la epidemia de cólera, Caxias ordenó la retirada del 2º Cuerpo de Ejército de Curuzú. En ese punto solo quedó una pequeña guarnición de seguridad compuesta por alrededor de 1.500 hombres y trece cañones, que también fue retirada el 4 de julio de 1867[275].

Caxias desarrollaba una intensa actividad para reorganizar el Ejército:

La opinión pública se impacientaba con la demora de Caxias en tomar iniciativas que le pusiesen fin a la guerra.

compraba caballos y mulas —que eran vitales para las operaciones militares—, y además mejoraba la alimentación de esos animales. Se realizaron obras de defensa adicionales que transformaron el campamento de Tuyutí en una verdadera posición defensiva[276]. El marqués entrenaba a sus tropas e intentaba darles una mejor organización. Mientras esperaba la llegada de los refuerzos del 3er Cuerpo de Ejército, trató de hacer mapas de la región que rodeaba a Tuyutí y de identificar las posiciones enemigas. Con esa finalidad, tomó una iniciativa de carácter pionero, como era la utilización de globos aerostáticos para observación, que solo había sido puesta en práctica durante la Guerra de Secesión norteamericana.

En marzo de 1867 el gobierno brasileño compró dos globos en Nueva York, uno grande y otro pequeño, y contrató a dos hermanos aeronautas para que los manejaran: James y E. S. Allen. Con la compra de los globos y de los equipos para llenarlos de hidrógeno se gastaron 10 mil dólares. El 31

JUEVES   Asuncion, Mayo 30 de 1867.   AÑO 1. N. 6.

EL CENTINELA.

PERIODICO SERIO-JOCOSO.

EL CENTINELA.

Valor, obediencia y union.

Hé aquí las virtudes que distinguen á los hijos del Paraguay, estas son las poderosas prendas que caracterizan á los ciudadanos todos, y las fuerzas salvadoras que han constreñido y humillado las criminosas pretensiones de un sobervio y orgulloso Monarca.

Oh! cuantos prodijios ha causado el valor paraguayo en los campos de batalla. En la magna campaña de dos años, el brazo paraguayo ha hecho temblar y ha aniquilado al invasor — La historia de la guerra ofrece los mas heróicos episodios, y la bravura, el coraje, la pujanza y el valor del soldado, no tienen rival en el mundo. Hombres que con paso firme marchan al combate, y que jamas tambalean en los encuentros, ni palidecen en medio de las baterias del enemigo, merecen por cierto el primer renombre de valientes.

Si es admirable la indómita bravura del paraguayo, no menos dignas de recomendacion son su obediencia y union. Aquí todos ejecutan y obedecen la marcial voz de su Gefe! la Patria los electriza, y el dulce nombre de su magnánimo Mariscal los inspira y los conduce hasta el heroismo.

La República del Paraguay es un cuerpo compacto—Un solo pecho y un solo brazo forman los impertérritos Ejércitos—Una sola cabeza y una voluntad dirijen sus destinos venturosos.

Gloria á la gran República !

¡ Loor al conspicuo y esforzado Mariscal Lopez, que ha sabido encárnar en un pueblo virtuoso EL VALOR, LA OBEDIENCIA Y LA UNION ! ! !

—o—

Mateo en su mangrullo.

El Centinela tiene ratos muy alegres con los negros—Desde la distancia lo bailan, le muestran los dientes y le hacen mil fayangas. Don Mateo se pasea en su mangrullo con mucha gravedad: de vez en cuando saca el chicote, lo sobaje, y de súbito lo muestra á los macacos, quienes se tienden sobre el suelo, como si una bomba los derribase.

En esta diversion pasaba un dia el Centinela, cuando se le acerca un Cabichui trayéndole de obsequio un poco de miel, y le dice : ¿ cómo vá, mi buen Mateo ?—¿ Los negros andan por acá ?—El Centinela le contesta y le dice : cerca de un mes que no parece uno solo, y ya estraño su presencia, pues sin esa diversion me rinde el sueño, y la otra noche casi me quedo dormido.

Pero eso es malo, le replica el Cabichui ; por que el Centinela en campaña, y en no campaña, debe estar en vela, pues el refran dice: el que tiene enemigos no duerme. Y para que veas cuanto te estimo, quiero enseñarte la cantinela que te he dedicado como á mi mejor amigo. Héla aquí:

Pasa las noches en vela,
Valeroso y buen vigia;
No te duermas, centinela,
Que el enemigo te espia.

—o—

Si te rindes, un puñal
Habrá tu pecho rasgado ;
Firme en tu puesto marcial,
Alerta ! alerta ! soldado.

Atrás ! al negro trompeta,
Atrás ! dirás al betun ;
Ceba bien tu cazoleta,
Y al negro bozal un ¡ prun ! !

—o—

Si no responde al ¿ quién vive ?
El alevoso enemigo,
Que tu bala lo derribe
Traspasandole el ombligo,

Estoy exorcizando negros desde este púlpito paraguayo, y el aspergee tiene á los muleques con el rabo gaicando....

El Centinela, *seminario satírico paraguayo de cuatro páginas, publicado en 1867. En la sátira, un centinela paraguayo amedrenta a los soldados enemigos.*

de mayo de 1867 llegaron a Tuyutí los aeronautas y los globos[277]. El primer ascenso se realizó el 24 de junio, cuando uno de los globos subió 330 metros sujeto por cuerdas que aseguraban en tierra los soldados. Hubo varios ascensos hasta fines de 1867, pero las observaciones se vieron perjudicadas por neblinas, o también por las innumerables hogueras que hacían los paraguayos para dificultar la visión de sus posiciones[278].

El globo llevaba dos observadores en su cesta y a fin de evitar las oscilaciones por el viento quedaba amarrado con tres cuerdas. En tierra, entre tres y cinco decenas de hombres tiraban de las cuerdas para efectuar las maniobras de ascenso y descenso del globo. El hidrógeno se producía lentamente mediante la reacción de ácido sulfúrico con virutas de hierro, pero el llenado del globo se veía dificultado por la permeabilidad de su envoltura, que perdía gas. A su vez, las operaciones de llenado se vieron limitadas por los problemas para obtener hidrógeno, pues la falta de limaduras de metal hizo que fueran sustituidas por hierro viejo. El globo más grande tenía un diámetro de poco más de doce metros y requería 37 mil pies cúbicos de hidrógeno, aunque nunca se consiguió llenarlo totalmente. Solo se utilizó el globo pequeño, de 8,5 metros de diámetro y que usaba 17 mil pies cúbicos de gas. En este último caso se hicieron veinte ascensos, doce de ellos en junio de 1867, para preparar la marcha aliada en torno a Humaitá. El decimoquinto ascenso se hizo en Tuyú-Cué, cerca de Humaitá, y el vigésimo a cinco kilómetros de ese punto y cerca de la fortaleza. En diciembre de 1867, los hermanos Allen recibieron la orden del gobierno brasileño de embarcar de vuelta hacia Río de Janeiro, para continuar desde allí hacia los Estados Unidos[279].

Contando ya con el refuerzo del 3er Cuerpo de Ejército de Osório y con el fin de la epidemia de cólera, Caxias inició el movimiento de flanco para bordear Humaitá en la madrugada del 22 de julio de 1867. Tres meses antes le había escrito a José Maria da Silva Paranhos Júnior que sería "un loco" si atacase de frente a las posiciones enemigas, donde había 20 mil hombres "excelentemente ubicados y fortificados", y sobre los cuales no surtían efecto los bombardeos de la escuadra[280]. El marqués tenía razón por partida doble porque, por un lado, un ataque frontal a las fortificaciones enemigas le costaría 20 mil muertos, y las tropas restantes no serían suficientes para perseguir y derrotar a Solano López de forma definitiva[281]. Por otro lado, los diez acorazados que estaban fondeados entre Curupaytí y Humaitá disponían de cincuenta cañones con los que bombardeaban las posiciones enemigas cada cuarto de hora a razón de 960 tiros por día[282]; pero los bombardeos casi nunca causaban daños en las posiciones enemigas, y eran ridiculizados por los paraguayos, quienes para irritar a los jefes aliados tocaban una "música infernal" a lo largo de todas las posiciones defensivas con rústicas cornetas hechas con cuernos de buey[283].

Sátira sobre el empleo de globos para observación de parte de Caxias:
"Cara fea al enemigo".

Las divergencias con Mitre

Luego de hacer que el Ejército brasileño estuviera en razonables condiciones de lucha, Caxias puso en movimiento a las tropas aliadas con el objetivo de alcanzar la retaguardia enemiga y allí encontrar una brecha que permitiese atacar Humaitá. Para garantizar la base de operaciones, quedaron en Tuyutí 11.031 hombres —10.331 brasileños y setecientos argentinos—, quienes estaban bajo el mando de Porto Alegre. Las tropas marcharon por el flanco paraguayo con 69 cañones y 28 mil soldados aliados: 21.521 brasileños divididos en dos cuerpos de Ejército comandados por Osório y Argolo, 6.016 argentinos al mando del general Gelly y Obes, y seiscientos uruguayos del general Castro. La caballería estaba compuesta por 7 mil hombres, setecientos de los cuales eran argentinos y los demás brasileños. En ese momento, los efectivos totales del Ejército brasileño en el Paraguay llegaban a 50.526 hombres: 35.831 listos para el combate, 21.521 de ellos haciendo la marcha de flanco, 1.098 acampando en el Chaco, 2.500 ubicados en Aguapei y 381 en Corrientes. Había 4.118 soldados que estaban siendo utilizados en funciones oficiales o de apoyo, mientras que otros 10.557 estaban enfermos en hospitales[284].

Al contrario de lo planeado por Caxias, la marcha aliada no condujo a la retaguardia del enemigo, pues se descubrió que en el extremo izquierdo de las trincheras de Rojas y Humaitá los paraguayos estaban defendidos por una línea continua de fortificaciones. Estas formaban un gran campo atrincherado que por su forma geométrica era llamado cuadrilátero, siendo sus puntos salientes Curupaytí, Sauce, Ángulo y Humaitá. El día 29 de julio la vanguardia aliada ocupó la pequeña población de Tuyú-Cué, que había sido abandonada por los paraguayos y quedaba a la vista de Humaitá. Aunque Tuyú-Cué estaba ubicado a solo trece kilómetros en línea recta del campamento de Tuyutí, los aliados tuvieron que recorrer sesenta kilómetros para sortear los obstáculos[285].

Durante la marcha de flanco, los aliados no sufrieron ningún ataque de los paraguayos ni tampoco encontraron resistencia. No obstante, en la tarde del 29 de julio la vanguardia aliada al mando del general Castro fue bombardeada; pero el día 31 Osório avanzó sobre las posiciones enemigas desde las cuales provenían los disparos e hizo que los paraguayos retrocedieran a su campo fortificado.

El mismo día 31 de julio, mientras Caxias llegaba a Tuyu-Cué con el resto de las tropas, Mitre retornaba al frente de batalla acompañado de su estado mayor y doscientos soldados de artillería, reasumiendo el comando aliado el 1º de agosto. A principios del mes anterior, el general Gelly y Obes le había informado a Caxias sobre ese retorno. Cuando Caxias recibió el comunicado le escribió al marqués de Paranaguá, ministro de Guerra brasileño, que siempre había creído que el presidente argentino reasumiría el comando en jefe, ya fuera en caso de una derrota aliada, como también ante una victoria del general brasileño, aunque en este último caso lo haría para asistir a las negociaciones de paz[286]. En el momento de escribir esas líneas Caxias estaba al frente de una operación ofensiva exitosa, por lo tanto, se puede pensar que consideraba cercana la posibilidad de crear una situación militar que fuera tan favorable a la causa aliada que acabara por imponerle la paz a Solano López. El comandante general brasileño se lamentaba por no poder entablar una batalla decisiva que pusiese fin a la guerra porque el dictador paraguayo evitaba los grandes combates y permanecía detrás de las trincheras; las tropas imperiales no tenían ningín interés en luchar en ese ámbito, ya que

> "la mayor parte de nuestros soldados son reclutas llegados hace tres o cuatro meses, y fueron tomados de los esclavos de mala conducta de los cuales se querían librar los señores, su número no es suficiente para batir a los soldados de López, que son disciplinados y están bien fortificados. (...) Allí [Río de Janeiro], piensan una cosa muy diferente de lo que pasa aquí, donde son muchas las dificultades; no hay caballos, no hay bueyes, y el terreno está lleno de pantanos, lagunas y bosques que ayudan mucho a quien lo defiende..."[287]

Además de ser disciplinado y de contar con sólidas posiciones defensivas, el soldado paraguayo demostró poseer tan grandes cualidades de resistencia y valentía que lo llevaron a "destruirse a sí mismo". La mayoría de los extranjeros que estuvieron en el teatro de operaciones "son de la opinión de que dos paraguayos valen más que tres brasileños"[288]. Desde el teatro de guerra, Benjamin Constant escribió que los paraguayos "mueren pero no se rinden". Esto fue lo que ocurrió al día siguiente de la batalla de Tuyú-Cué, cuando un piquete de cerca de diez paraguayos se vio cercado por una fuerza de caballería del general Osório, la cual los intimó a la rendición para no ser muertos. El círculo se apretó cada vez más pero el comandante paraguayo "agitando la lanza y haciéndola girar", les gritaba a sus subordinados que no se rindiesen y que fuesen paraguayos "hasta el fin". Entonces se dio una "escena de horrores, con cabezas arrancadas del tronco con un solo golpe de espada; otras partidas a espada, otros atravesados por las lanzas"[289].

En Tuyú-Cué, Mitre tuvo la impresión de que Caxias estaba debilitado y de que luego de haber llegado a esa posición no disponía de un plan de acción ni de un propósito claro[290]. Gracias a los reconocimientos que había ordenado hacer, el comandante en jefe pudo confirmar que la extensa trinchera enemiga que partía de Tuyutí se unía con la de Humaitá; entonces advirtió que las tropas aliadas, en su intento de encontrar una brecha en las posiciones enemigas que les permitiese atacar la retaguardia de la fortaleza, en realidad habían realizado una impresionante maniobra de cerco. Al percibir la importancia de ese hecho, Mitre le ordenó a la caballería aliada que actuase a la derecha de Tuyú-Cué, en dirección a la margen del río Paraguay. El 3 de agosto, 3 mil jinetes al mando del general uruguayo Enrique Castro —2.600 de los cuales eran brasileños y cuatrocientos argentinos— batieron al enemigo en la estancia San Solano, perteneciente al gobierno paraguayo, causándole poco más de 150 muertos además de la captura de seiscientas cabezas de ganado, 360 caballos, dos carretas con municiones y cuatrocientas armas, entre lanzas y carabinas. Cuando volvía, Castro cortó en una decena de lugares la línea telegráfica que unía Humaitá y Asunción, interrumpiendo así el contacto entre la capital y el cuartel general de Solano López, e incluso batió a las tropas paraguayas que se aventuraban fuera de las trincheras del cuadrilátero. El 2 de noviembre, cuando los brasileños tomaron la posición paraguaya de Tahí sobre las márgenes del río Paraguay, Humaitá quedó aislada por tierra del resto del país[291].

La autoría de la maniobra de flanco se le acredita a veces a Caxias y otras a Mitre. Ambos reivindicaron la paternidad de la idea: Mitre, en el documento *Sobre el plan de operaciones*, fechado el 9 de septiembre de 1867, y Caxias en un oficio confidencial al ministro de Guerra, escrito el día 11 del mismo mes. En 1903, cuando se conmemoraba el centenario del natalicio de Caxias, el *Jornal do Commercio* publicó una serie de artículos donde se elogiaba su personalidad, mientras que se criticaba el desempeño de Mitre en la guerra. Como el ex presidente argentino todavía estaba vivo, respondió a las críticas en su diario *La Nación*, donde afirmó que se veía obligado a traer a la luz documentos de guerra que había mantenido en secreto "en homenaje a mis compañeros de armas del Brasil y del Uruguay, con quienes compartí peligros y fatigas". Mitre reveló entonces que el plan de circundar Humaitá era de su autoría, y que lo había discutido con los generales aliados antes de que el marqués asumiera el comando de las fuerzas brasileñas. Como se pudo ver, ya en 1865 Pimenta Bueno había propuesto que las tropas brasileñas circundasen Humaitá, pero para marchar directamente rumbo a Asunción. No obstante, cuando Caxias asumió el comando aliado en forma provisional, en 1867, recibió instrucciones de Mitre para realizar esa operación. Las mismas llegaron en una carta que había sido enviada desde Buenos Aires el 17 de abril de ese año, y que el general brasileño respondió el 30 del mismo mes. Una parte de la historiografía militar brasileña todavía se resiste a reconocer que el "movimiento napoleónico" de Caxias no fue de inspiración propia. Mientras que el general Rinaldo Pereira da Câmara le otorga a Caxias todo el crédito por la maniobra de circundar Humaitá, J.

B. Magalhães reconoce que la idea ya había sido concebida por Mitre, y Tasso Fragoso afirma "no corresponderle a Caxias la prioridad de la idea inspiradora de la maniobra que él va a ejecutar". En 1868, Francisco Octaviano decidió hacer un discurso donde demostraba que el verdadero creador de la estrategia aliada en la guerra no era Caxias sino Mitre. Para comprobarlo, recurrió a la intermediación del representante diplomático argentino en Río de Janeiro y le solicitó al antiguo comandante en jefe que enviara los planes de campaña. A pesar de que la iniciativa era una forma que encontraba el liberal Octaviano de atacar a su adversario político —el conservador Caxias—, la acusación era verdadera[292].

El 5 de agosto, Mitre le envió a Caxias un estudio de la situación militar donde le exponía las opciones que se le presentaban a los aliados. De todas ellas, el comandante en jefe se inclinaba por un movimiento combinado entre el Ejército y la Marina, donde la infantería y la caballería apretarían el cerco terrestre sobre Humaitá, mientras que la escuadra aislaba a la fortaleza por el río. Las naves de guerra deberían remontar el río, forzando el paso de Humaitá, mientras que en tierra los soldados aliados avanzarían hasta la margen del río Paraguay para entablar contacto con la escuadra; esto permitiría aislar a la fortaleza e imponer el dominio fluvial brasileño. Mitre escribió que cuando los aliados fueran "dueños del río", estarían en condiciones de realizar las operaciones militares de mayor aliento dentro del Paraguay, fuera en tierra o en los ríos. El paso de la escuadra por Humaitá debería "ser breve y sin pérdida de tiempo"[293].

Caxias le respondió a Mitre al día siguiente, 6 de agosto, defendiendo un punto de vista opuesto: el paso de la escuadra por Humaitá debería ser precedido por el movimiento de las fuerzas terrestres. Ambos se encontraron para discutir el tema y las decisiones a las que arribaron se resumieron en un documento que Mitre le envió a Caxias. En él se decidió que los acorazados de la escuadra deberían forzar el paso por Humaitá, mientras que las naves de madera quedarían río abajo de la fortaleza. Los acorazados llevarían víveres suficientes como para atender a las necesidades de las tripulaciones por dos meses, municiones para las fuerzas terrestres y los medios necesarios para la provisión de leña cuando faltase carbón. Mientras la escuadra no realizase el paso de Humaitá, el Ejército mantendría sus posiciones y cuidaría de aprovisionarse para, en caso de entrar en acción, poder actuar por ocho días sin recibir abastecimiento de la base de operaciones. Luego de destacar el acuerdo que ambos tenían sobre el plan de aislamiento de Humaitá, Mitre le escribió a Caxias al final del documento: "Le reitero a V. Excia. la orden para que la escuadra acorazada fuerce el paso de Humaitá"[294].

El almirante José Ignacio, futuro vizconde de Inhaúma, pensaba de modo distinto. Entendía que mientras el Ejército no estuviese en condiciones de apoyar a la escuadra y de asegurar su reabastecimiento, el paso de esta por Humaitá era arriesgado y un sacrificio inútil. Temía que las naves quedasen bloqueadas arriba de Humaitá[295]. José Ignacio le escribió al ministro de Marina, Afonso Celso, manifestándole su desconfianza ante la insistencia de Mitre para que las naves forzasen ese paso. Para el vicealmirante, la acción podría terminar con el aniquilamiento de la escuadra justo en el momento en que Buenos Aires armaba a la isla de Martín García en el estuario del Plata, que era la llave para el acceso a los ríos interiores platinos. El 15 de agosto, y con esa desconfianza a cuestas, José Ignacio sobrepasó la posición paraguaya de Curupaytí con diez acorazados que sufrieron ligeras averías. El acorazado *Barroso* fue enviado para hacer el reconocimiento de Humaitá, constatando que había tres cadenas que se extendían de una margen a otra del río. En lugar de proseguir y forzar el paso de esa fortaleza, José Ignacio hizo que las naves de guerra anclasen en una ensenada que estaba ubicada sobre la margen izquierda del río, fuera del alcance de los cañones de la posición enemiga, conocida como Puerto Elisario. Según el militar prusiano Von Versen —un aventurero que fue prisionero de Solano López durante el conflicto—, los cañones de Humaitá habían sido trasladados a Curupaytí, de modo que en ese momento la escuadra hubiera conseguido sobrepasar Humaitá sin problemas. Pero los cañones fueron traídos de vuelta a la fortaleza de inmediato[296].

Los acorazados brasileños permanecieron seis meses entre Curupaytí y Humaitá bombardeándolas sin mayores consecuencias. Para poder abastecerlos, los transportes fluviales tenían que enfrentarse con los cañones de la primera fortaleza. Para intentar solucionar ese problema, se utilizó el trabajo de los fusileros y de los prisioneros paraguayos para construir un ferrocarril en el Chaco, el cual partía de Palmar y llegaba a Puerto Elisario. Los durmientes prácticamente flotaban sobre el terreno anegadizo y los vagones eran tirados por animales, aunque posteriormente se los sustituyó por una locomotora improvisada con la caldera de un barco a vapor inutilizado. Esa vía férrea, con cerca de 25 kilómetros de extensión, fue fundamental para poder abastecer a las naves que estaban arriba de Curupaytí, transportando para ellas alrededor de 65 toneladas diarias de munición, comida para los 1.500 tripulantes y combustible[297].

Mitre le insistió a Caxias para que la escuadra intentase pasar por Humaitá, argumentando que ese era el principal objetivo militar a ser alcanzado para hacer posible la ocupación de la capital enemiga. Escribió que la escuadra se detuvo o retrocedió justo cuando se necesitaba más de ella. Caxias le respondió que el Tratado de la Triple Alianza no le otorgaba el comando de la fuerza naval al general argentino, y que el paso de Humaitá ya hubiera sido hecho si fuese humanamente posible. La afirmación sobre el comando de la escuadra dio margen para que hubiera un intercambio de notas entre los gobiernos argentino y brasileño a fin de aclarar la cuestión. En diciembre de 1867, el representante imperial en Buenos Aires le comunicó formalmente a la Cancillería argentina que las naves brasileñas en el teatro de operaciones no estaban bajo el mando de Mitre[298]. Este último quedó sorprendido, pues según el Tratado de la Triple Alianza se lo hacía responsable por la dirección de la guerra en territorio enemigo, y por lo tanto entendía que la escuadra estaba bajo su mando en cuanto a las operaciones que debían realizarse para ponerle fin a la guerra[299].

Caxias también desconfiaba de la insistencia del presidente argentino para que la escuadra forzase el paso de Humaitá. Estaba convencido de que Mitre "tiene un pensamiento oculto y maléfico contra el Imperio". El marqués creía que la Argentina veía a la fuerza naval brasileña como un poderoso elemento de la preponderancia del Imperio en el Plata, y que su destrucción durante la guerra o al final de ella constituiría un motivo de alegría en Buenos Aires. Equivocadamente, pensaba que Mitre deseaba prolongar la duración de la guerra, lo cual sería "atroz calamidad" para el Brasil y "un poderoso elemento de grandeza y prosperidad" para los países aliados. Al destacar que el Imperio del Brasil no estaba interesado en terminar con el tratado del 1° de mayo, Caxias afirmaba que había indicios de que el jefe de Estado argentino buscaba un pretexto para justificar su retirada de la Triple Alianza[300]. Se trataba de una evaluación equivocada, pero que se veía reforzada por la insistencia —no siempre política— de Mitre, como en la ocasión en que le escribió a Caxias que:

"(…) si la escuadra me perteneciese exclusivamente, no vacilaría un momento en reiterarle la orden imperativa de forzar el paso a toda costa, hasta perder por lo menos dos tercios de los acorazados, que si la perdiese toda, bien perdida estaría (…) considerándose, por otro lado, que si la escuadra acorazada no sirve para forzar la posición de Humaitá, motivo por el cual fue creada, no tiene sentido alguno en esta guerra"[301].

Esa era una argumentación lógica en el plano militar, pero que se volvía contraproducente y reforzaba los temores que habían manifestado Inhaúma y Caxias. Esos recelos se explican por el hecho de que la defensa de los intereses del Imperio en el Plata estaban ligados umbilicalmente a una Marina de Guerra fuerte. Era ella la que hacía posibles las intervenciones en el área, transportando y desembarcando tropas y promoviendo bloqueos. Por lo tanto, un eventual debilitamiento naval brasileño comprometería la política del gobierno imperial para la región en la posguerra. En 1865, el presidente del Consejo de Ministros afirmó que la Marina debía garantizar que el Imperio no fuera "burlado" en la paz[302].

En el Brasil, el comando de Mitre había sido mal aceptado desde el comienzo de la guerra. El representante portugués en Río de Janeiro comentó que los documentos oficiales brasileños exaltaban la alianza con la Argentina, pero que "en todos los grupos políticos" siempre se percibió la falta de confianza en la lealtad de ese aliado. Sin embargo, a fines de 1867 "el velo se rasgó", pues "la prensa y todos" pedían el fin de la Alianza porque ella era contraria a la política, los intereses y las tradiciones del Brasil y de la Argentina[303]. Un final que desde el lado argentino intentaba evitar Rufino de Elizalde, quien en contra de la opinión pública de su país, el 11 de agosto de 1867 le escribió una carta a Sinimbu donde proponía que "la Alianza se hiciese eterna"[304]. Sin embargo, Caxias le dijo al diplomático británico G. F. Gould que consideraba a Mitre su peor enemigo, porque este deseaba continuar una guerra que enriquecía a la Argentina. Esa antipatía era "recíproca por parte de los argentinos"[305].

El gobierno imperial parecía compartir solo parcialmente la opinión de sus jefes militares en el Paraguay. La escuadra se mantenía fuera del comando del presidente argentino, pero al mismo tiempo el joven y dinámico ministro de Marina, Afonso Celso, estimulaba a Inhaúma para que pasase por Humaitá, aun cuando para ello fuera necesario sacrificar algunos acorazados considerados inútiles. A su vez, Pedro II también creía que primero convenía intentar que la escuadra remontara el río hasta arriba de la fortaleza, pues por un ataque por tierra sería "casi imposible" aislarla totalmente, incluso porque la mayor parte de las tropas brasileñas no tenían experiencia de combate[306]. La opinión pública de Río de Janeiro también cuestionaba tal operación. Alguien con el seudónimo de "Néstor" escribió en el periódico carioca *Diário do Povo* que no comprendía por qué el Imperio no tomaba la iniciativa en la lucha si poseía "un poderoso ejército" y "una brillante armada"[307]. Hasta el propio emperador se impacientaba con la situación, si bien dejaba claro que confiaba "plenamente" en sus generales y que si pensaba "en la demora también recuerdo que no tenemos reservas". No obstante, no perdía el optimismo, y en octubre de 1867 escribió que según las informaciones recibidas del Paraguay, la guerra estaría terminada hacia el final del año[308].

Las preocupaciones políticas explican en parte la resistencia de Inhaúma a que las naves brasileñas se expusieran a los cañones de Humaitá. Otro motivo era que creía realmente que las naves disponibles no eran adecuadas para efectuar el paso. Según informó algunos meses después el diario argentino *La República*, era una creencia generalizada que el primer acorazado que intentase pasar por Humaitá sería hundido por la artillería de la fortaleza, cuyos proyectiles tenían capacidad para perforar corazas de 4,5 pulgadas[309]. Cuando Mitre insistió en el paso, todavía estaban en el río los flotadores y los aparejos que mantenían en la superficie las gruesas correas colocadas para impedir el paso de las naves. Se creía que las mismas formaban parte de una estructura defensiva ligada a minas. Además, los cañones de la fortaleza podían hacer converger los tiros sobre una sola nave; este factor, sumado a las correas y a lo estrecho que era el canal navegable, aumentaba las dudas sobre la factibilidad del intento de cortar las correas[310].

Para los oficiales de la escuadra, los paraguayos sobreestimaban el grado de resistencia a los tiros que tenían los acorazados enemigos y el poderío de las embarcaciones de ese tipo con que contaba la Marina brasileña en 1867. Esa percepción derivaba del hecho de que los acorazados no habían sufrido grandes daños en los combates de Curuzú y Curupaytí. Pero según el barón de Jaceguay, eso ocurrió porque los artilleros paraguayos se habían equivocado al disparar sobre las casamatas y las torres, que eran los puntos más blindados de las naves. Sin embargo, los oficiales de las naves conocían los puntos débiles en los flancos y, sobre todo, en los conveses, los cuales podrían ser alcanzados por tiros "sumergidos", de arriba hacia abajo, que provenían de las barrancas; estas superficies podían ser penetradas incluso por proyectiles de calibre medio. El *Brasil*, el *Lima Barros*, el *Silvado* y el *Bahia* eran las únicas naves totalmente acorazadas, con chapas de un ancho creciente desde el centro hacia los extremos. No obstante, debido a sus grandes dimensiones, su extensión y su calado, los dos primeros corrían el riesgo de quedar desgobernados y encallar, especialmente en las bruscas curvas del canal de navegación del río Paraguay. Los prácticos afirmaban que preferían pasar por el río con naves de madera antes que con esos acorazados, que así quedaban descartados para ese tipo de operación. El *Silvado* también era excesivamente largo, y su mayor defecto consistía en la fragilidad y en el mal funcionamiento de su máquina de vapor. El *Bahia* —un monitor de una sola torre— era el más apropiado de la escuadra para las operaciones en el Paraguay, pero estaba "muy maltratado" por el gran número de impactos de bala que había recibido en Paso de la Patria, en Curuzú y en Curupaytí. El *Colombo* y el *Cabral* también eran muy voluminosos y difíciles de controlar, pero además gran parte de sus calderas estaban ubicadas por encima de la línea de flotación, siendo vulnerables a la artillería enemiga. El *Herval* y el *Maris e Barros* solo estaban bien acorazados en sus casamatas centrales, pues la "cinta de coraza" que debía proteger la línea de flotación había quedado expuesta debido a un error de cálculo de los constructores. Podían ser utilizados como baterías flotantes para el cañoneo a grandes distancias, pero "nunca" para formar parte de una línea de combate en movimiento[311].

Quedaban el *Barroso* y el *Tamandaré*, los cuales eran inferiores a los demás acorazados por haber sido construidos en madera. Las chapas de hie-

La prolongación de la guerra hizo que en el Brasil se sospechase que Mitre tenía interés en extender el conflicto. De ese modo, continuarían las ganancias de los comerciantes argentinos que proveían mantenimientos y animales para el Ejército imperial en el Paraguay. También se sospechaba que Mitre quería desgastar el poder militar brasileño creando las condiciones para el dominio argentino de posguerra en el Plata. Esas sospechas eran infundadas, pero la cúpula militar brasileña en el Paraguay a veces le temía más a Mitre que a Solano López.

rro que los protegían tenían un espesor adecuado solo en su parte central —en la línea de flotación y en la estrecha franja que emergía de costado—, mientras que en las dos extremidades la coraza decrecía de cuatro a dos pulgadas. La popa de estas naves era de madera maciza, sin revestimiento metálico, y el timón quedaba expuesto. Ambas desarrollaban poca velocidad debido a la baja potencia de las máquinas, las que fueron reutilizadas de otras naves que estaban fuera de servicio. No contaban con compartimientos estancos, podían naufragar rápidamente y ya tenían algunas chapas de la coraza perforadas o abiertas, lo cual provocaba la rotura de su empalme con las paredes de madera y las hacía vulnerables. La gran ventaja del *Barroso* y del *Tamandaré* era su fácil manejo[312].

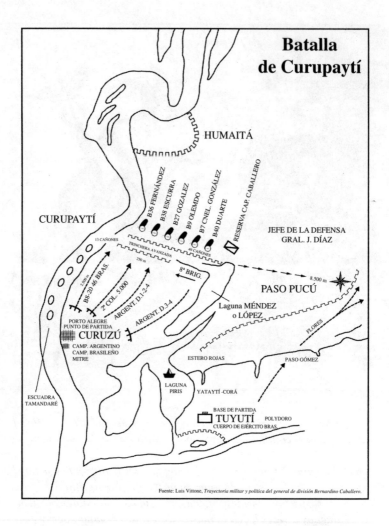

Batalla
de Curupaytí

HUMAITÁ

CURUPAYTÍ

B36 FERNÁNDEZ
B38 ESCURRA
B27 GOZALEZ
B9 OLEMDO
B7 CNEL. GONZÁLEZ
B40 DUARTE
RESERVA CAP. CABALLERO

JEFE DE LA DEFENSA
GRAL. J. DÍAZ

13 CAÑONES
TRINCHERA AVANZADA
46 CAÑONES
250 m
8ª BRIG.
8.500 m
PASO PUCÚ

2.500 m
B8-20-46 BRAS.
2º COL. 5.000
ARGENT. D.1-2-4
ARGENT. D.3-4

Laguna MÉNDEZ
o LÓPEZ

PORTO ALEGRE
PUNTO DE PARTIDA
CURUZÚ
CAMP. ARGENTINO
CAMP. BRASILEÑO
MITRE

FLORES

ESTERO ROJAS
PASO GÓMEZ

ESCUADRA
TAMANDARÉ

LAGUNA
PIRIS
YATAYTÍ-CORÁ

BASE DE PARTIDA
TUYUTÍ
POLYDORO
CUERPO DE EJÉRCITO BRAS.

Fuente: Luis Vittone, *Trayectoria militar y política del general de división Bernardino Caballero.*

Debido a las cualidades demostradas por el *Bahia*, los oficiales de la escuadra depositaban sus esperanzas de pasar por Humaitá en los seis monitores que estaban siendo construidos en Río de Janeiro. En función de todo lo anterior, en el segundo semestre de 1866 todo aconsejaba que la escuadra evitase forzar el paso de Humaitá con naves inadecuadas para tal operación, salvo en caso de emergencia. Según el razonamiento de los oficiales de la escuadra, el papel estratégico de la escuadra en ese momento era el de cortar las comunicaciones fluviales del enemigo, manteniendo el bloqueo de los ríos. Si la escuadra poseía la fuerza suficiente para mantener a los paraguayos dentro de las trincheras, entonces la fuerza terrestre aliada podría colocar un fuerte destacamento en cualquier punto por encima de Humaitá y aislarla, evitándole a aquella el peligro del paso. En contrapartida, los

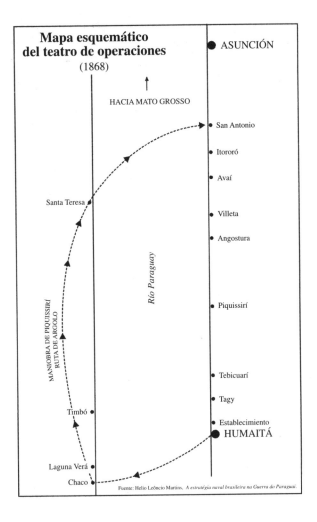

**Mapa esquemático
del teatro de operaciones**
(1868)

HACIA MATO GROSSO

● ASUNCIÓN

● San Antonio

● Itororó

● Avaí

● Villeta

● Angostura

Santa Teresa

Río Paraguay

● Piquissirí

MANIOBRA DE PIQUISSIRÍ
RUTA DE ARGOLO

● Tebicuarí

● Tagy

Timbó ●

● Establecimiento
● HUMAITÁ

Laguna Verá ●

Chaco ●

Fuente: Helio Leôncio Martins, *A estratégia naval brasileira na Guerra do Paraguai.*

oficiales pensaban que si el Ejército no podía aislar la posición enemiga, menos todavía podría hacerlo la escuadra, incluso en el caso de que consiguiese pasar por Humaitá. Esto porque quedaría aislada, sin recibir víveres, municiones y carbón para hacer funcionar sus calderas. Ante ese panorama, toda la oficialidad de la escuadra apoyó a José Ignacio en cuanto a la inconveniencia y a los riesgos de comprometer las naves brasileñas en el paso de Humaitá[313].

4. 1868: El año decisivo

El año de 1868 fue decisivo para la evolución de la guerra. Bartolomé Mitre volvió definitivamente a Buenos Aires y Caxias asumió el comando en jefe aliado, el cual dejaría de existir pocos meses después. Contando ahora con recursos bélicos suficientes, viéndose libre de cualquier otra jerarquía superior a no ser el propio gobierno brasileño y sufriendo los reclamos de la opinión pública brasileña para implementar acciones bélicas que terminasen la guerra, Caxias comandó el aislamiento total de Humaitá —incluso fluvial—, que provocó su evacuación y les permitió a los aliados ocupar la fortaleza. Caxias partió de inmediato en persecución de Solano López, elaborando una eficiente estrategia que permitió ahorrar vidas aliadas, pues atacó al enemigo por la retaguardia en Lomas Valentinas, donde este se había atrincherado. Cuando terminó 1868, el Ejército aliado había destruido el poder militar paraguayo y se preparaba para entrar en la capital enemiga. Sin embargo, no había capturado a Solano López, quien en su huida por el interior del país prolongó la guerra un año más.

LA CAÍDA DE HUMAITÁ

A comienzos de 1868 Humaitá estaba sitiada por tierra. Pero aún faltaba imponer la superioridad naval brasileña sobre el río Paraguay entre esa fortaleza y Asunción, creando condiciones para que el Ejército aliado pudiese utilizar esa vía fluvial para desplazarse y obtener apoyo logístico. Ante las presiones del gobierno imperial, el comando de la escuadra brasileña ordenó con disgusto que una división naval sobrepasara la fortaleza, lo que se hizo en febrero de ese año. Humaitá fue evacuada por la mayoría de sus defensores, excepto por una pequeña guarnición que al quedar totalmente aislada también se retiró en julio de 1868, cuando los aliados ocuparon la posición.

Los aliados estrechan el cerco

Desde la llegada de Mitre hasta su retorno definitivo a Buenos Aires, a comienzos de 1868, y pese a la inmovilidad de las naves brasileñas, las fuerzas aliadas continuaron su avance rumbo al norte para aislar completamente a Humaitá. El 29 de octubre de 1867 se apoderaron de Villa del Pilar, empujando al enemigo hacia el llamado potrero Obella, ubicado junto al río Paraguay, que era un gran espejo de agua cubierto por una espesa vegetación y tenía 24 kilómetros de extensión. En esa área los paraguayos ocultaban algún ganado y utilizaban dos picadas para abastecer al sistema defensivo de Humaitá; a través de esos caminos conseguían utilizar el pequeño puerto de Tahí, manteniendo el contacto con Asunción. Cuando los aliados tomaron conocimiento de la existencia de esos caminos y de las cabezas de ganado, resolvieron apoderarse de Tahí para cortar el abastecimiento de Humaitá. Una tropa de 4.400 hombres y cuatro cañones al mando del general João Manuel Menna Barreto marchó en dirección a San Solano para atacar frontalmente a los paraguayos en la picada sur del potrero. Se entabló entonces un duro combate que finalizó con la victoria brasileña, pero como los atacantes debían avanzar por una estrecha picada bordeada de charcos intransitables, no tenían posibilidad de ocultarse del fuego enemigo y se convirtieron en blancos fáciles, sufriendo 395 bajas —entre ellas, 85 muertos—[1].

Enseguida, una fuerza brasileña avanzó hasta Tahí, que había sido abandonada por los paraguayos. Ubicada sobre la margen izquierda del río Paraguay, Tahí era un claro ubicado sobre barrancos elevados que dominaban una "vuelta rápida" del río. Solano López envió por barco dos batallones de Humaitá, los cuales ocuparon Tahí el 1º de noviembre, luego de que se retirara una fuerza brasileña que estaba allí como observación. A las 2 de la madrugada del día 2, las fuerzas comandadas por el general João Manuel Menna Barreto desalojaron a los paraguayos del lugar mediante un combate cuerpo a cuerpo donde los brasileños tuvieron más bajas que el enemigo: 46, entre muertos y heridos. Una vez que esa posición fue ocupada de manera definitiva, se completó el cerco aliado del cuadrilátero y Humaitá quedó aislada por tierra[2]. Esa conquista aliada tenía un importante significado militar, pues acorralaba a Solano López y le dejaba pocas alternativas de acción.

Solano López intentó buscar una salida para la peligrosa situación en la que se encontraba ordenando un nuevo ataque a Tuyutí. Allí había 3 mil brasileños al mando de Porto Alegre —de los cuales apenas 2 mil estaban preparados para el combate inmediato—, y 712 de un contingente argentino al que estaba incorporada la Legión Paraguaya[3]. El objetivo del ataque no era ocupar esa base de operaciones sino tomar sus cañones, obligando a las fuerzas aliadas a tener que retroceder para defenderla, lo cual evitaría que se consolidase el cerco de Humaitá. Cuando los soldados participaban de combates más al norte, en el campamento aliado no patrullaban los alrededores y los centinelas se mantenían cerca unos de otros. La mayor parte de las fortificaciones de Tuyutí se podían ver desde los puestos de observación paraguayos, desde donde el ingeniero británico George Thompson hizo un relevamiento de las posiciones brasileñas. El 3 de noviembre de 1867, poco antes del amanecer, entre 8 mil y 9 mil paraguayos atacaron el campamento aliado en el punto de unión de la línea brasileña con la argentina. Allí sorprendieron a civiles y militares, que todavía estaban en ropas de dormir, matándolos con armas blancas. La columna más grande de los atacantes se dirigió hacia la fuerza argentina, a cuya vanguardia estaba la Legión Paraguaya, compuesta por exiliados. Esta inició una fuga, que fue seguida por los argentinos, y que condujo a los atacantes al centro del campamento brasileño. Gran parte de las tropas brasileñas y argentinas que estaban en Tuyutí, así como también los comerciantes, se desbandaron buscando refugio en Itapirú. Como había una gran cantidad de fugitivos espantados que querían cruzar a toda costa hacia el territorio argentino, el precio del pasaje de los barcos civiles que realizaban la travesía del río Paraná saltó hasta las cien libras esterlinas. Llegó a haber quien pagase diez libras para ocupar canoas que permanecieron apenas a unas pocas decenas de metros de la margen paraguaya[4].

Comandados por el general Vicente Barrios, los atacantes se dividieron en dos columnas y atravesaron la parte del campamento donde estaban los comerciantes. Los soldados de la infantería paraguaya se dedicaron entonces a un frenético saqueo, especialmente de comida, la cual consumían en el mismo momento; llevaban a su boca puñados de azúcar, "que eran un manjar para ellos", y también se emborrachaban. La caballería atacante, bajo el mando del coronel Caballero —futuro general y presidente (1880-1886)—, tuvo un mejor desempeño, pues consiguió entrar en uno de los reductos aliados; estos se resistieron a rendirse y solo lo hicieron luego de que los paraguayos comenzaran la matanza con armas blancas. Cayeron prisioneros unos 250 aliados, inclusive todo el 4° Batallón de Artillería brasileño, el cual era comandado por el mayor Augusto Ernesto da Cunha Mattos y estaba compuesto por 203 soldados y once oficiales; también fueron aprisionados el mayor Aranda, de las fuerzas argentinas, y seis mujeres[5].

El comerciante brasileño Otto Stieher relató lo ocurrido en correspondencia publicada por el periódico *Deutsche Zeitung*, que estaba dirigido a los inmigrantes alemanes y sus descendientes en Rio Grande do Sul:

"(...) hacia las 5 de la mañana, los paraguayos hicieron una embestida contra el flanco derecho de nuestro ejército, arriba del campamento del comercio, con una fuerza de 8 a 9 mil hombres y tan inesperadamente que los argentinos abandonaron de inmediato sus baterías, huyendo antes que nuestro pequeño ejército pudiese reunirse (...) me dirigí a casa al galope, pero ya era tarde; dada la penosa situación, nuestras fuerzas se habían retirado hacia el gran reducto fortificado. Los paraguayos ya habían alcanzado el campamento del comercio, matando, quemando y robando todo lo que encontraban en el camino"[6].

El general Porto Alegre dirigió la retirada hacia el reducto central, donde resistió hasta las 10.30, cuando los paraguayos flaquearon luego de varios intentos de penetrar en la fortificación. Porto Alegre pasó entonces al contraataque a bayoneta, uniéndose a las fuerzas de caballería que había enviado Caxias desde Tuyú-Cué. En el área de comercio, los paraguayos "se iban dejando inmolar por centenas", junto a los sacos de azúcar y los barriles de bebidas[7]. Porto Alegre participó directamente en la lucha, donde le mataron dos caballos y le arrancaron dos gorros a tiros de fusil. Los paraguayos fueron repelidos, pero antes prácticamente destruyeron el campamento, incendiando los cuarteles y los pañoles de pólvora, además de llevarse fusiles, municiones, pólvora, doce cañones —incluyendo un Krupp nuevo calibre 12, así como un moderno Withworth calibre 32—, víveres y gran cantidad de bienes superfluos que habían saqueado[8]. Sin embargo, tuvieron grandes pérdidas: un testigo ocular afirmó, con alguna exageración, que habían muerto 3.400 paraguayos y que los brasileños recogieron cerca de 5.480 fusiles en los tres kilómetros cuadrados donde se desarrolló la batalla[9]. Los paraguayos tuvieron 2.734 muertos y 155 prisioneros, mientras que los aliados contaron 294 muertos —35 argentinos y la Legión Paraguaya de exiliados—[10]. La desproporción de muertos entre las dos partes muestra la magnitud de la derrota paraguaya.

Los prisioneros aliados de la batalla fueron ubicados en una "prisión" especialmente construida para ellos: un corral con algunas chozas. Al contrario de la costumbre de dispensar buen trato a los oficiales, todos los prisioneros permanecieron juntos, sufriendo con el hambre, con el lodo del lugar donde estaban instalados y con el clima, pues las chozas no les brindaban protección[11]. Pocos días después de la batalla de Tuyutí, algunos prisioneros del batallón de Cunha Mattos integraron el grupo de 37 brasileños fusilados por intentar huir de la prisión de Paso Pucú, o por conocer el plan de fuga y no denunciarlo a sus captores. Maria França da Conceição y Silvéria María Ramíres —dos brasileñas prisioneras que vivían en las casas del campamento y que apoyaron el intento de fuga— fueron condenadas por el general Resquín a cincuenta azotes y posterior traslado al interior del Paraguay, "entregándolas a personas que les hagan comprender los deberes para con la Patria en que residen y su gobierno". Solano López alivió la pena cancelando los cincuenta azotes y ordenando que fuesen enviadas a Asunción, donde el jefe de policía decidiría su destino. En otra ocasión un capitán brasileño fue descubierto cuando intentaba huir, siendo fusilado; según los rumores, para desestimular nuevos intentos de fuga se fusiló a otros cincuenta prisioneros, pese a que no habían intentado huir. La mayor parte del resto de los cautivos murió de hambre o por malos tratos; fueron pocos los que consiguieron sobrevivir, entre ellos el mayor Cunha Mattos[12].

La derrota de Tuyutí puso fin a la posibilidad que tenía Solano López de romper el cerco aliado. Sin embargo —y como de costumbre—, sus jefes militares no le transmitieron fielmente la magnitud de la derrota debido al temor y la adulación que sentían por el líder paraguayo. José Bargas era un teniente del 13º Regimiento de Caballería que hizo un comentario en ese sentido, motivo por el cual fue denunciado y se abrió en contra suyo un proceso militar sumario. Bargas declaró, por ejemplo, que la infantería aliada "había acobardado a nuestra gente y eso fue muy malo", y que Solano López no había sido informado de ello. Bargas fue fusilado el mismo día de su declaración, el 13 de noviembre[13].

A la población paraguaya se le dijo que el resultado de la acción militar había sido la victoria de sus soldados. El diario *El Centinela* afirmó que la Triple Alianza estaba derrotada y que "el fin de nuestros sacrificios ya aparece en el horizonte". Como siempre, la "victoria" le fue atribuida al "heroico" e "invicto" mariscal Solano López, cuyos "invencibles ejércitos (…) despedazaron a los negros imbéciles", haciendo que el resto de las tropas aliadas se refugiase "en el espeso monte, para esconder su vergüenza". En ese número, *El Centinela* publicaba una oda donde Solano López era calificado como "gran genio" y "gran guerrero", siendo sus versos finales:

Salve, oh vós conspícuo Cidadão
Portento de valor e heroísmo
Que tua figura altiva
*Pelos séculos para sempre eterna viva**[14].

En la siguiente edición, *El Centinela* continuó con su culto a Solano López. El diario escribió que el líder paraguayo había percibido que era una "brillante" ocasión para un ataque al campamento aliado de Tuyutí

---

* *N. del T.:* "Salve, oh ilustre Ciudadano/ Portento de valor y heroísmo/ Que tu figura altiva/ Por los siglos para siempre eterna viva".

"y la mirada atenta y estratégica de nuestro gran Mariscal concentró su ardiente pupila sobre esas trincheras y como el rayo planeó un golpe [sobre los aliados] por asalto. El cálculo de su genio previsor no se vio desmentido en ningún momento"[15].

La mirada de Solano López fue motivo de un nuevo artículo del 21 de noviembre. Allí se afirmaba que era imposible retratar al líder paraguayo en una pintura o en una fotografía, porque tenía una mirada diferente para cada uno de sus pensamientos; como era "penetrante y magnífico", el arte era impotente para reproducirlo. En conclusión, el artículo afirmaba: "¡La mirada de López es un poema cuyos cantos son infinitos!"[16]. Ese era el único tipo de información escrita a la cual tenía acceso la población paraguaya, mientras que en los países aliados se discutía la guerra en la prensa y en el Parlamento con razonable franqueza.

Cuanto más precaria se volvía la situación paraguaya más intenso se volvió el culto a la personalidad de Solano López. Además, aumentaba la represión para prevenir el surgimiento de un eventual movimiento de oposición. Solano López siempre intentó identificar a su persona con el Estado, y su figura era presentada con aspectos sobrehumanos. En un país donde lo que se escribía en los diarios era apenas lo que deseaba su jefe de Estado, en 1867 el *Cabichuí* comparó al líder paraguayo con Moisés, y así como este había tenido la misión de liberar al pueblo judío del yugo egipcio, el mariscal era "el caudillo destinado por Dios a liberar al Pueblo Paraguayo de la prepotencia de sus enemigos". Al año siguiente, el mismo diario afirmó que Solano López era la mayor y más portentosa "centella de Divinidad representada en el hombre", y que "su notable personalidad" era el mayor astro que había emitido luz sobre la tierra. Y concluía:

"No es posible, entonces, encontrar palabras que expresen ni siquiera parcialmente su significado, ya que su grandeza no tiene grados de comparación, porque en la vida de la humanidad no existe un punto sobre el cual establecerla"[17].

Desde 1866, cuando la guerra se volvió desfavorable para los paraguayos, el gobierno promovió asambleas populares, reuniones donde las mujeres eran inducidas a donar sus joyas para el esfuerzo bélico. A pesar de que eran presentadas por las autoridades paraguayas como iniciativas espontáneas, no lo eran en absoluto, pero esta fue una versión que propagaron décadas más tarde los simpatizantes de Solano López, y que terminó por ser repetida por algunos historiadores[18]. El culto al dictador no solo era impuesto en las asambleas o reuniones sino también en las misas, como lo demuestra la justificación para un proceso abierto contra Carolina Valenzuela por haber reprendido a dos sirvientas que fueron a la iglesia sin su permiso. Al ser interpeladas por la patrona, las dos mujeres se justificaron afirmando que habían ido a ver los retratos de Solano López, que habían sido llevados al interior del templo al compás de la música. Carolina Valenzuela respondió que no se justificaba la intención de verlos pues esos retratos no eran de santos o de la Virgen, lo que le costó una investigación policial[19].

La utilización de la propaganda y de la policía era eficiente para someter a la población paraguaya, pero el cerco al que estaba sometido Solano López en el cuadrilátero era una realidad que no podía ser modificada. Al no poder romper el cerco, Solano López creó una nueva línea de comunicación con el resto del Paraguay, la que también podía ser usada para escapar en caso de que aumentase la presión aliada. Al lado de Humaitá, el bosque cubría una posición fortificada denominada Establecimiento, ubicada sobre la margen de la laguna Cierva, un poco encima de la fortaleza. El control de ese bosque les facilitaba a los paraguayos sus comunicaciones con el Chaco, en el lado opuesto de Humaitá, que se hacían principalmente por medio de los vapores de guerra *Tacuarí* e *Igurei*. En la margen del Chaco, el primer barranco elevado que se encontraba desde la desembocadura del río Paraguay se llamaba Timbó. Este fue el punto inicial del camino de cincuenta kilómetros de extensión que Solano López mandó abrir por el Chaco, atravesando bosques, pantanos y numerosos cursos de agua, hasta alcanzar la confluencia del río Paraguay y de su afluente, el Tebicuarí; el camino permitía el tránsito de caballos, cañones y carruajes. En tanto, en Timbó se construyó una nueva fortificación con 4 mil hombres y seis cañones, que solo llegó a ser conocida por los aliados cuando las naves de guerra brasileñas consiguieron sobrepasar Humaitá. Simultáneamente, Solano López redujo la extensión de su línea defensiva y concentró el grueso de sus tropas más hacia la retaguardia, donde también llevó casi todos los cañones de las fortificaciones avanzadas[20].

Mientras tanto, en noviembre y diciembre de 1867, los aliados hicieron el reconocimiento del territorio enemigo hasta el río Tebicuarí, que era uno de los principales afluentes de la margen izquierda del río Paraguay. Esas expediciones arrearon cerca de 4 mil cabezas de ganado, las cuales se transformaron en los primeros recursos que los aliados habían conseguido tomar del país invadido[21]. La falta de recursos y la escasez de hombres limitaban la penetración aliada en el interior del país. Las naves brasileñas bombardeaban continuamente el pontón de sustentación y el túnel del barranco por donde pasaban las tres cadenas extendidas sobre el río Paraguay, frente a Humaitá. El 22 de noviembre, un disparo del *Silvado* mandó a pique uno de los pontones, y el día 19 del mes siguiente se desligó otro pontón de las cadenas, probablemente al ser alcanzado por una esquirla. Las cadenas se hundieron, y a pesar de los esfuerzos que realizaron los paraguayos, nunca más consiguieron estirarlas sobre la superficie del río[22].

Según Mitre, en noviembre de 1867 el total de los efectivos de todo el Ejército aliado era de 29.292 hombres —incluyendo los enfermos—, 8.616 de los cuales eran argentinos. Pero Tasso Fragoso, basándose en material documental, afirma que a fines de ese año las fuerzas brasileñas en el Paraguay sumaban 11.013 hombres y que había otros 4.778 en Corrientes. El Ejército argentino contaba con unos 6 mil hombres y el uruguayo con no más de seiscientos soldados[23]. Estas eran cifras muy superiores a aquellas con las que contaban los paraguayos, que en ese momento tenían cerca de 24 mil hombres, pero bien ubicados en ventajosas posiciones defensivas. En realidad, los aliados no contaban con el número necesario de fuerzas como para efectuar un ataque frontal, que implicaría enormes pérdidas militares. Siendo así, en tierra no les quedaba otra alternativa que mantener el cerco del cuadrilátero defensivo enemigo.

El paso de Humaitá; las naves brasileñas en Asunción

A fines de 1867, Solano López tenía esperanzas de que se produjera una revuelta en la Argentina y creía que con esa nueva circunstancia "la guerra se va aproximando a su terminación"[24]. Esa convicción se hizo más firme el 11 de enero de 1868, cuando el campamento aliado amaneció de luto por la muerte del vicepresidente argentino Marcos Paz, con las banderas a media asta y con salvas de artillería cada media hora. Como esa mañana todas las tropas argentinas formaron con trajes de desfile, aparentemente para asistir a una misa, Solano López sospechó que Mitre había muerto. A fin de confirmar sus sospechas, esa misma noche envió una patrulla para capturar a algunos soldados argentinos que montaban guardia en posiciones avanzadas. La tarea se cumplió y los prisioneros interrogados dijeron que no sabían nada de la muerte de Mitre; en consecuencia, fueron azotados hasta que confirmaron lo que quería escuchar Solano López: que el comandante en jefe aliado estaba muerto. Esa creencia fue corroborada por el representante norteamericano, Charles Washburn, quien envió un comunicado en ese sentido al Departamento de Estado, entregando una copia del mismo al gobierno paraguayo[25].

En marzo de 1868 todavía continuaban los contactos entre la oposición argentina antimitrista y el gobierno paraguayo. A mediados de ese mes llegó a Asunción por el camino de Bolivia y Corumbá el argentino Juan Padilla, quien portaba mensajes del caudillo catamarqueño Felipe Varela y del presidente boliviano, Melgarejo. Ambos querían el apoyo económico de So-

El Galgui-Mancnego argentino, ensayando la vida pastoril.

Cabichuí *satiriza a Mitre, calificándolo de "camaleón", pues: "Ayer fue argentino,*
hoy es brasileño,/ Ayer fue blanco, hoy es negro,/ Ayer parecía ser grande, hoy se
pierde en medio de lo pequeño".

lano López para financiar la revolución en la Argentina. Fue en esa ocasión que Melgarejo, luego de comentar que el representante brasileño en La Paz gastaba mucho oro para revertir las simpatías bolivianas en favor del Paraguay, prometió enviar hasta 100 mil soldados "con buen armamento" para apoyar a Solano López en la guerra contra los aliados[26]. Esa promesa y la esperanza del derrocamiento de Mitre en la Argentina explican parcialmente que Solano López continuara con la guerra a pesar de que su posición militar era cada vez más precaria. El representante portugués en Río de Janeiro planteó otra hipótesis —que probablemente reflejaba el pensamiento de la elite política brasileña—, según la cual Solano López resistía para que todos pensaran que la guerra no tendría fin, excepto con la intervención de un tercer país: "tal vez" los Estados Unidos, aunque no era imposible que se tratase de Inglaterra, "por los intereses y necesidades del comercio"[27].

Con la muerte de Marcos Paz, Mitre tuvo que reasumir la presidencia argentina. El 14 de enero de 1868 se retiró del Paraguay y le transfirió el comando en jefe de las fuerzas aliadas al marqués de Caxias. En los meses siguientes fue posible concretar el plan que Mitre había defendido desde el principio de la campaña: sitiar Humaitá y avanzar sobre la capital enemiga. El movimiento terrestre para bordear la fortaleza ya había sido realizado, y en breve la escuadra brasileña también forzaría el paso de Humaitá. Sin embargo, algunos autores brasileños posteriores intentaron asociar la partida de Mitre y el ascenso de Caxias al cargo de comandante en jefe aliado con la dinamización de las acciones militares aliadas, lo cual inducía a que se viera al presidente argentino como el responsable por la falta de esas operaciones. Véase el siguiente párrafo de Tasso Fragoso:

"El ascenso de Caxias al puesto de generalísimo fue uno de los acontecimientos más felices de la guerra contra López, pues tuvo beneficios extraordinarios sobre las operaciones; suprimió rivalidades y permitió que la actividad infatigable y el tino militar de ese ilustre general se desarrollasen con absoluta independencia en provecho de la causa común.
Su primera preocupación será la de activar las operaciones de la escuadra"[28].

El texto no es del todo inexacto, pero tampoco es del todo verdadero. Bajo el comando de Caxias, los aliados destruyeron el poder militar paraguayo en 1868, y el marqués consiguió controlar, de hecho, las rivalidades entre los jefes militares brasileños. Sin embargo, la verdad queda opacada cuando no se definen las responsabilidades por las "rivalidades" y por no "activar" las operaciones de la escuadra antes de 1868. En las páginas anteriores se demostró que las rivalidades entre los jefes militares brasileños y Mitre tenían origen más que nada en la posición de los primeros. Cuando interpretaron que el objetivo de las órdenes de Mitre era hacer vulnerable a la escuadra para que esta fuera destruida, Tamandaré y José Ignacio optaron por el inmovilismo; el general Porto Alegre siempre se resistió a las órdenes del comandante en jefe.

En forma paralela a la partida de Mitre llegó al Paraguay el refuerzo adecuado para la Marina brasileña; el 21 de diciembre de 1867 la escuadra recibió al monitor *Pará* junto al *Alagoas* y al *Rio Grande do Norte*. Estas naves, que habían sido construidas para la acción fluvial, eran adecuadas para sobrepasar Humaitá porque sus cascos eran de pequeño calado y apenas emergían un pie sobre la línea de flotación, constituyendo blancos difíciles para los cañones de la fortaleza. Ese tipo de embarcación también contaba con una excelente maniobrabilidad, porque tenía un motor con doble hélice. Además, estaba armada con un cañón central montado de forma tal que reducía al mínimo el orificio abierto en la batería, de modo de evitar que los proyectiles penetrasen por la hendidura durante la batalla. En los primeros días de febrero de 1868, el *Alagoas* y el *Rio Grande do Norte* fueron incorporados a la escuadra en Curuzú, en un momento que coincidía con una extraordinaria crecida del Paraguay, que cubría las cadenas que atravesaban el río frente a Humaitá. Prácticamente estaban dadas las condiciones para que la escuadra imperial pudiese pasar por Humaitá: los monitores ya habían llegado, y desde la toma de Tahí las naves brasileñas contaban con apoyo estratégico por encima de esa fortaleza —apoyo este que el almirante José Ignacio había reivindicado para justificar su inmovilidad en Puerto Elisario—. Al mismo tiempo, casi todos los días se presentaban desertores paraguayos en las filas aliadas, los cuales informaban que la posición de Humaitá era insostenible, que estaba casi sin víveres y que Solano López se había retirado de la fortaleza. Pero aunque Caxias necesitaba el dominio del río, no presionó a José Ignacio para que efectuara el paso. Por el contario, el ministro de Marina Afonso Celso, en su correspondencia con el almirante, lo exhortaba constantemente para que concretara la maniobra[29].

De esta forma, en febrero de 1868 al almirante José Ignacio no le quedaban más argumentos para justificar su inacción frente a Humaitá. Como Mitre ya no era más el comandante en jefe, ni siquiera podía argumentar que había un interés argentino para que la escuadra fuese destruida. Había alrededor de 40 mil soldados aliados detenidos frente a las trincheras paraguayas —que se sabía que estaban mal defendidas— que esperaban que José Ignacio moviese la escuadra, forzase el paso de Humaitá para aislarla también por vía fluvial, e hiciese posible con ello la realización de nuevas operaciones ofensivas aliadas en la parte del río que estaba encima de la fortaleza. Debido a la conjunción del elevado nivel de las aguas y el bajo calado de los monitores, la mayoría de los oficiales de la escuadra pensaba que el paso era viable, incluso si los paraguayos intentaban estirar las cadenas[30].

Para impedir que el grueso del Ejército paraguayo se retirara de Humaitá, Caxias resolvió tomar por asalto la posición del Establecimiento, que era una obra exterior de defensa de aquella fortaleza. El marqués suponía que el Establecimiento estaba ubicado sobre los barrancos de la margen del río y que estos servían de punto de apoyo para la comunicación entre Timbó y Humaitá. El plan de Caxias era que las naves imperiales pasaran por esta fortaleza para alcanzar el Establecimiento, desde donde rápidamente transportarían a las fuerzas brasileñas hacia el Chaco. Como se trataba de una misión auxiliar al Ejército, Inhaúma no podía negarse a cumplir con la tarea, ya que siempre había sostenido que esa era la misión que le correspondía a la escuadra en la guerra[31].

No obstante, Arthur Silveira da Motta apunta que, tras permanecer un año en el inhóspito Paraguay, José Ignacio no tenía disposición para la acción porque había "agotado toda la energía que le quedaba", y porque su salud estaba afectada por antiguas enfermedades crónicas. A los 61 años, José Ignacio no era sino el fantasma de un almirante, lo que explica su creciente obstinación con la idea de que la misión de la escuadra solo era apoyar los movimientos del Ejército aliado que se efectuasen en sus cercanías. Según ese razonamiento, como las dos armas estaban separadas geográficamente, el deber de José Ignacio era ahorrarle a la escuadra en forma sistemática las tareas arriesgadas[32].

Sin embargo, la nueva realidad de febrero de 1868 obligó a forzar el paso de Humaitá. La escuadra se encontraba en el apogeo de su poder de fuego, pues se había constituido una división de seis monitores para que pudiera cumplir con su misión. Inhaúma, al igual que otro oficial general que servía en la escuadra y el capitán de mar y guerra Costa —comandante de una de las divisiones de acorazados—, declinó la posibilidad de comandar la división porque estaban convencidos de que el paso era imposible. Fue por ello que se eligió para el comando de la división al capitán de mar y guerra Delfim Carlos de Carvalho, yerno de Inhaúma[33]. Aquel rechazo fortalece la afirmación de Arthur Silveira da Motta en el sentido de que la mayor parte de los oficiales navales superiores "se había mostrado inepta para el servicio de la guerra", ya fuera por su avanzada edad, o por no estar acostumbrados a servir a bordo "luego de una prolongada permanencia en puestos sedentarios"[34]. La iniciativa del paso de Humaitá no partió del almirante José Ignacio sino que fue "resultado de la gran insistencia" del gobierno imperial[35].

Pocos meses después, en una carta dirigida a su correligionario José María da Silva Paranhos, ministro de Negocios Extranjeros, Caxias le informó que debido a las enfermedades y a otras razones, José Ignacio ya no tenía la energía necesaria y que estaba abatido psicológicamente. El almirante no ejercía "la fuerza moral que demanda imperativamente la alta posición que ocupa". Si no fuese por el celo y la intrepidez de Delfim de Carvalho, la escuadra brasileña no habría podido corresponder a lo que de ella "con tanto derecho esperaba la Nación"[36].

El paso de Humaitá comenzó poco después de las 3 de la madrugada, mientras que todo el frente aliado, así como el resto de la escuadra, hacían fuego sobre las posiciones paraguayas como si se estuviera preparando un gran ataque. El primer acorazado que sobrepasó Humaitá fue el *Barroso*, seguido por el *Bahia*, al que un tiro de cañón le rompió los cabos que lo unían al *Alagoas*. Debido a ello, este último quedó sin control y fue arrastrado río abajo hasta el lugar donde estaba el resto de la escuadra. En lugar de fondear al *Alagoas*, el comandante Mauriti avanzó a toda máquina contra la corriente y sobrepasó la fortaleza a cincuenta metros de distancia, intercambiando tiros con los cañones enemigos cuando rayaba el alba, tres horas después de que la última nave hubiera completado el paso[37]. Este acontecimiento no solo llama la atención por el heroísmo de Mauriti, sino también porque demuestra la impotencia de los cañones de Humaitá para hundir a la nave, aunque más tarde el *Tamandaré*, el *Pará* y el *Alagoas* sufrieron tantas averías que tuvieron que ser encallados para no naufragar. A pesar de eso, a la división de Delfim de Carvalho le resultó fácil pasar por la fortaleza, pues tuvo apenas un herido grave y nueve heridos leves[38]. Es probable que el paso hubiera sido posible incluso antes, cuando la escuadra brasileña no tenía monitores y solo contaba con los acorazados, aunque tal vez con alguna pérdida mayor. Esa posibilidad se ve confirmada por el hecho de que las naves *Beberibe* y *Majé*, que eran de madera, también consiguieron forzar el paso unos días después de que lo hiciera Delfim de Carvalho. Es verdad que en ese momento ya se había retirado de Humaitá una parte de la artillería, pero a pesar de que las dos naves carecían de coraza no sufrieron ningún daño.

Cuando navegaban río arriba, las naves brasileñas se encontraron con Timbó, que era una posición fortificada desconocida. Como las aguas habían crecido y las baterías de Timbó eran muy bajas, quedaban casi al nivel del agua, lo que causó daños más serios en las naves que los cañones de Humaitá. Las naves llegaron a Tahí a las 7 de la mañana, casi cuatro horas después de pasar Humaitá; debido a las graves averías que habían sufrido, el *Tamandaré* y el *Alagoas* tuvieron que ser encallados para evitar su naufragio[39].

Mientras tanto, el 19 de febrero Caxias ordenó el ataque al Establecimiento creyendo que se trataba de una posición fortificada que los paraguayos denominaban Cierva y que se suponía que estaba localizada en las márgenes del río. El plan era tomar primero ese punto, para que desde allí la escuadra pudiera embarcar a las tropas aliadas y transportarlas hacia la otra margen, en el Chaco. Si los aliados ocupaban las dos márgenes, Humaitá quedaría totalmente sitiada. Sin embargo, durante la toma del Establecimiento se descubrió que la posición no estaba sobre las márgenes del Paraguay. Los aliados habían pensado lo contrario debido a un error que cometieron los ingenieros brasileños durante el reconocimiento, cuando avistaron a lo lejos una capa de agua que en realidad era la laguna Cierva, ubicada a dos kilómetros del río y otros seis de Humaitá. Una vez que se tomó el Establecimiento, Caxias se dirigió a esa posición para felicitar a sus tropas. Dionísio Cerqueira, que participó del asalto a la fortificación, relata que el oficial responsable por la tarea de enterrar a los muertos le habría dicho al marqués que todavía se podían escuchar gemidos entre los montones de cadáveres. A su vez, Caxias le habría replicado: "Si usted presta oídos a las quejas de esos difuntos no entierra a ninguno". A continuación, el general recorrió al galope la distancia que lo separaba del río para felicitar a los marineros de los acorazados por el éxito del paso de Humaitá[40].

La toma del Establecimiento fue seguida por la ocupación de Laureles el día 27 de febrero, luego del bombardeo que realizaron los tres acorazados de Delfim de Carvalho. Como no pudo pasar con las tropas de una margen a la otra del río Paraguay, tal como lo había planeado, Caxias intentó producir un efecto psicológico en el enemigo por medio de una demostración naval frente a Asunción. Para realizar esa demostración, desistió de cualquier otro intento inmediato de impedir la retirada del enemigo por el Chaco, pensando quizá que Solano López capitularía al ver amenazada su capital. Delfim de Carvalho remontó el río hasta Asunción con tres naves en buen estado para mostrarse ante los poblados paraguayos que estaban sobre las márgenes de los ríos, de modo que el gobierno paraguayo no pudiese mantener desinformada a su población negando que Humaitá había sido superada. De esta forma, el poco carbón de las naves se gastó en una acción de impacto moral y no de finalidad bélica[41].

Desde Tahí hasta Asunción, las naves fondeaban frente a los poblados y buscaban infructuosamente establecer contacto con sus habitantes, que invariablemente abandonaban sus hogares y se escondían en el bosque. Esos lugareños habían recibido órdenes de retirarse de las márgenes del río, y un mensaje telegráfico enviado desde Humaitá por Solano López ordenó la evacuación de Asunción[42]. Cuando el *Barroso* y el *Rio Grande* se aproximaban a la capital, a las 8 de la mañana, quedaron al alcance del cañón llamado El Criollo, que efectuó dos disparos que cayeron al agua. El *Barroso* respondió con veinte tiros, el primero de los cuales alcanzó uno de los pabellones del palacio de López, mientras que los demás cayeron en varios puntos de la ciudad, principalmente en el arsenal. El plan original que Delfim de Carvalho había combinado con otros dos comandantes era que las naves se ubicasen frente al arsenal, bombardeándolo con algunos disparos para intimidar a las autoridades y a los habitantes de la ciudad. Se esperaba que a continuación subieran a bordo los diplomáticos extranjeros para pedir garantías para las familias de sus países, ocasión en que les sería entregada una intimación dirigida a la máxima autoridad local para que entregara la capital a la fuerza naval brasileña. Sin embargo, Delfim cambió de idea durante la acción: no ejecutó el plan y luego de efectuar los disparos ordenó la retirada río abajo[43]. Según Masterman, que fue testigo ocular de los hechos, cuando se leen los partes oficiales brasileños sobre la acción de las naves se piensa que hubo un encarnizado combate, cuando en realidad eso no sucedió. Para Efraím Cardozo, la capital paraguaya podría haber sido tomada porque estaba desguarnecida[44].

La retirada de las naves brasileñas dejó la imagen de que El Criollo las había obligado a retroceder, y también de que era cierto el contenido del telegrama que Solano López había enviado a la capital diciendo que tras el paso de Humaitá las naves habían sido seriamente averiadas, muriendo muchos brasileños. Delfim perdió la oportunidad de someter a la capital enemiga, aunque más no fuera temporariamente, y "no causó mayor daño que el de hacer caer algunos ladrillos de su palacio [de López]". Las naves retornaron a Tahí casi sin carbón, y no podían actuar para impedir el traslado del material bélico de Humaitá hacia Timbó. Para poder volver a navegar tuvieron que esperar la llegada de pequeñas cantidades de carbón que fueron transportadas por carretas desde Paso de la Patria, a más de setenta kilómetros de distancia[45].

La noticia de que la escuadra había conseguido pasar por Humaitá causó un verdadero delirio en el Brasil, donde se produjeron festejos que en Río de Janeiro incluyeron a "toda la población" desde el 1º al 3 de marzo[46]. Fueron tres días de fiesta, con bandas recorriendo las calles, seguidas por miles de personas que daban vivas al emperador, a Caxias, a José Ignacio y a los oficiales superiores de la escuadra. En San Pablo, la Cámara Municipal ordenó que el 3 de marzo se oficiara un *Tedeum* en la catedral para agradecer el paso de Humaitá. Durante tres días varias casas tuvieron sus frentes iluminados con linternas[47]. Influido por los últimos acontecimientos en el Paraguay, el propio emperador creía que la guerra se aproximaba a su fin[48].

La ocupación aliada

En un intento por revertir su precaria situación militar, Solano López elaboró un plan fantasioso para apoderarse de la escuadra brasileña. Creía que con uno o dos acorazados brasileños en su poder podría volcar la situación a su favor. Aprovechándose de la oscuridad y de la tempestad que se desató en la noche del 2 de marzo, ocho canoas con cerca de doscientos hombres armados con sables y puñales se acercaron a la escuadra brasileña. Esto solo pudo suceder porque las canoas fueron confundidas con los grandes bloques de tierra con vegetación que eran arrancados de las barrancas y que bajaban por el río como si fuesen pequeñas islas errantes. Cuando los paraguayos fueron avistados se dio la voz de alerta en las naves brasileñas, pero a pesar de ello los atacantes llegaron a subir en el *Lima Barros* y en el *Cabral*, dominando las cubiertas de las embarcaciones; a la vez, los tripulantes cerraban las escotillas y controlaban el resto de las naves disparando sobre los agresores. Cuando amaneció, se aproximaron otras unidades de la escuadra y barrieron a tiros las cubiertas de las dos embarcaciones abordadas. Los paraguayos fueron rechazados dejando cien muertos, aunque también murió el comandante del *Lima Barros*. Solano López abandonó Humaitá en barco durante la madrugada del día 3; tras desembarcar en Timbó, se retiró por el camino que había mandado construir en el Chaco para instalar su nuevo cuartel general en San Fernando, a unos diez kilómetros al norte de la desembocadura del río Tebicuarí[49].

Las naves pudieron bajar desde Tahí recién el día 23, forzando el paso de Timbó y yendo aguas abajo para cortar las comunicaciones del enemigo entre ese punto y Humaitá, ocasión en que destruyeron los vapores *Igurei* y *Tacuarí*. Sin embargo ya era tarde, pues Solano López se había fortificado en San Fernando utilizando la artillería del cuadrilátero. Los cañones calibre 68 llegaban a pesar 3.900 kilogramos, siendo transportados, a través de arroyos y de terreno firme, por hombres, barcos y carretas. El día 22 del mismo mes, alrededor de 10 mil paraguayos al mando del general Resquín abandonaron las trincheras exteriores del cuadrilátero, mientras que al día siguiente los defensores de Curupaytí se retiraron hacia Humaitá. La fuga de Solano López y la certeza de que el cerco a la fortaleza no llevaría al fin de la guerra "produjeron una lamentable impresión en el Río de la Plata y en el Brasil". La Marina debería haber remontado el río e impedido la fuga, pero Inhaúma continuaba inactivo, siendo sometido a una "dolorosa" cirugía el día 29 de marzo. Recién cuatro meses más tarde, en las vísperas del abandono de Humaitá por su guarnición, y debido a una deliberación de Caxias, otros tres acorazados pasaron esa posición para ir a reforzar a la división naval avanzada[50].

Los aliados estrecharon el cerco a Humaitá. El 2º Cuerpo de Ejército, bajo el mando del general Argolo, rompió la línea de Rojas y se constituyó en la primera fuerza aliada que penetró en el cuadrilátero. Mientras tanto, durante la noche del 23 de marzo gran parte de los defensores de Humaitá pasaron al Chaco y siguieron para San Fernando. En la fortaleza quedaron cerca de 3 mil hombres, los cuales disponían de doscientas piezas de artillería de diferentes calibres, así como de grandes depósitos de alimentos. Pese a las grandes dificultades que implicaba el abastecimiento de Humaitá, desde Timbó se enviaban cabezas de ganado que eran desembarcadas en Andaí, sobre la margen del río, un poco encima de esa posición[51]. Del lado aliado, el general Argolo —que había asumido el comando del 2º Cuerpo porque Porto Alegre se había retirado por problemas de salud— ubicó a su Ejército entre Curupaytí y Hermosa, las tropas argentinas al mando de Gelly y Obes se encargaron de Paso Pucú, y Osório se desplazó junto con el 3er Cuerpo hasta Pare-Cué, al oeste de San Solano. De esta forma, Humaitá estaba sometida a un riguroso cerco. La última comunicación terrestre con el exterior dejó de existir cuando las tropas argentinas y brasileñas tomaron Andaí, a comienzos de mayo[52]. Aunque las fuerzas argentinas participaban de

312

esas operaciones, la correspondencia entre Gelly y Obes y Mitre demuestra que Caxias mantenía al comandante argentino al margen de las informaciones sobre la guerra y la elaboración del plan de campaña[53].

A pesar de que Humaitá estaba cercada por tierra y por agua, Solano López no pensaba que la guerra estuviera perdida. Creía que el enemigo podía estar cansado del conflicto y que eso le permitiría revertir la derrota paraguaya e incluso negociar una paz que no implicase una rendición incondicional ni su salida del poder. En mayo de 1868, el líder paraguayo sabía que en el Brasil había un clima adverso a la continuación del conflicto, pues eso reflejaban los diarios de Río de Janeiro; también creía que el pueblo brasileño no era atendido en su pedido de paz, "a pesar del completo agotamiento de los recursos del Imperio". Para el mariscal presidente, el estado de espíritu que embargaba al Brasil, e incluso al Uruguay —pues Flores había sido asesinado en una calle de Montevideo en febrero de 1868—, hacía que "todo sea favorable a nosotros". Y en la Argentina "Mitre está perdido", con temor de ser asesinado al igual que Flores, el líder uruguayo[54].

El 9 de julio, Solano López volvió a intentar tomar los acorazados utilizando canoas. Fueron atacados entonces el *Barroso* y el *Rio Grande*, que estaban fondeados arriba de Tahí. Los paraguayos llegaron a abordar el *Rio Grande*, en cuyo combés entablaron un combate donde murieron el capitán y varios marineros, mientras que los demás se protegieron entrando en el monitor. En ese momento se aproximó el *Barroso*, que ametralló la cubierta del *Rio Grande*, matando a los atacantes y hundiendo las canoas que habían utilizado[55].

En un comentario sobre el hecho, el presidente Mitre sintetizó el ánimo de la opinión pública argentina en relación con la guerra, al mismo tiempo que señalaba lo absurdo de ese ataque:

> "Si nosotros, argentinos, hubiésemos cometido tal absurdo, se hubiera dicho que sacrificábamos la sangre de nuestros soldados o que éramos unos burros, y que nuestros soldados eran como bueyes que se dejaban llevar al matadero. Pero como lo hicieron los paraguayos, siguiendo órdenes de López, los argentinos no tienen palabras para demostrar admiración por el heroísmo de los paraguayos y por la energía de López; a ese estado de cobardía moral llegó nuestro gran pueblo"[56].

En la madrugada del 16 de julio, Caxias fue informado por el general Rivas de que los paraguayos se estaban trasladando de Humaitá hacia el Chaco. El comandante en jefe creyó que los defensores de la posición la estaban abandonando completamente. Contra la opinión de sus colaboradores, resolvió dar un golpe decisivo mediante un asalto frontal a Humaitá, en lugar de estrechar el cerco sobre ella. Así, puso en guardia a las tropas que mantenían el cerco y les ordenó a los generales Osório, Argolo, Gelly y Obes y Enrique Castro que mantuvieran en alerta a sus fuerzas y que, al mismo tiempo, las respectivas artillerías abrieran fuego contra la fortaleza. Luego de dos horas de bombardeo aliado, la falta de reacción paraguaya llevó a que Caxias fortaleciera su convicción de que el enemigo estaba en retirada. Cuando amanecía, Osório recibió la orden de avanzar con el 3er Cuerpo lo más cerca posible de las trincheras enemigas para reconocerlas, y en caso de que lo creyera posible iniciar el ataque para tomar Humaitá[57].

Osório avanzó sobre las trincheras de la cara norte de la fortaleza con cerca de 6 mil soldados, pero solo entraron en acción 1.700 jinetes divididos en columnas bajo el mando del propio general. Avanzaron al trote y cuando llegaron a la primera trinchera fueron detenidos por las bocas de lobo, que eran trampas para hacer caer a los caballos, justo en el momento en que abrían fuego 46 cañones paraguayos. A pesar de la gran cantidad de muertos, Osório no desistió e incluso reorganizó sus fuerzas, manteniendo la sangre fría de un militar acostumbrado a los combates. El general no solo continuó con el ataque sino que, como siempre, participó activamente en la lucha, en la que perdió su caballo y donde varios disparos atravesaron su poncho. Luego de una hora de combate, Osório informó que había sufrido grandes pérdidas sin haber conseguido sobrepasar "los primeros obstáculos"; de acuerdo con su versión, primero recibió órdenes de Caxias para actuar como mejor lo considerase en cuanto a la continuación o no de la lucha, pero luego recibió instrucciones para retirarse. Sin embargo, la Orden del Día N° 237 del 28 de julio de 1868 afirma que el marqués dejó a criterio del comandante del ataque la decisión de retirada o avance[58].

Mientras que los atacantes tuvieron 1.019 bajas, entre muertos y heridos —incluyendo muchos oficiales—, los defensores de Humaitá perdieron 194 hombres[59]. La duración del combate y el número de pérdidas demuestran que la acción de Osório fue propiamente un ataque, pero que se trató de una operación inexplicable —pues no recibió refuerzos— e inútil, ya que no se obtuvo nada de ella, más que un alto número de bajas. El general Gelly y Obes criticó la operación argumentando que Caxias había ordenado realizar un enérgico reconocimiento de Humaitá simulando un ataque, en una acción distractiva que le permitiese a él mismo atacar Curupaytí, pero que al final no se hizo[60].

Por todo ello, en esa ocasión a Caxias se lo hizo responsable de haber realizado un ataque sin sentido. Posteriormente, el marqués rechazó esa imputación cuando describió los acontecimientos desde la tribuna del Senado. Caxias relató que estaba observando el ataque a Humaitá desde un mangrullo, cuando un ayudante de órdenes de Osório le informó a los gritos que el general le "mandaba decir que tenía grandes pérdidas, que el enemigo oponía una tenaz resistencia", y que esperaba una orden para avanzar o retroceder. Desde lo alto del mangrullo, Caxias le gritó:

> "Diga a S. Excia. que dejo librado a su decisión que avance o retroceda; pero que tenga en cuenta que después de haber llegado a la ladera de una batería, si intenta retroceder perderá más gente que avanzando"[61].

Caxias resaltó que los hechos sucedieron frente a dos centenas de testigos, muchos de los cuales todavía estaban vivos. Según parece, ni Osório ni Caxias decidieron la retirada; esta solo fue resultado de una equivocación. Pudo haber ocurrido porque Osório no escuchó bien las instrucciones del comandante en jefe debido al fragor de la batalla en la que estaba participando. También pudo suceder que el ayudante de órdenes no escuchara la respuesta de Caxias justamente por el ruido, o por su estado de ánimo en función de la urgencia, o que no transmitiera fielmente la orden.

A los defensores de Humaitá se les hacía cada vez más difícil mantener la posición, ya que además del estrecho cerco al que los sometían los aliados, en julio comenzaron a escasear los recursos. Solano López ordenó evacuar Humaitá, lo que comenzó a efectuarse en la noche del día 24 del mismo mes. Los paraguayos se dirigían al único lugar posible: una pequeña península del Chaco ubicada en la margen del río opuesta a la fortaleza. Esta era un área que había en una laguna llamada Berá, que se extendía casi hasta la posición de Timbó. Los evacuados de Humaitá eran 3 mil hombres y trescientas mujeres, los que fueron transportados en solo diecisiete canoas, y su punto de desembarco era una pequeña porción de tierra con muchos árboles que penetraba en la laguna conocida como Islapoí. El paso comenzó cerca de la medianoche del 24 de julio, y aunque concluyó durante la tarde del mismo día, ni la escuadra ni las tropas aliadas en tierra advirtieron lo que ocurría[62]. Los centinelas aliados percibieron que pasaba algo raro en Humaitá recién al día siguiente, el 25 de julio, cuando vieron que en la posición enemiga había un solo soldado. Osório y el coronel Correa da Câmara hicieron un nuevo reconocimiento y penetraron en la fortaleza, poniendo en fuga a los últimos paraguayos que estaban allí, quienes huyeron en canoas rumbo al Chaco. Casi en forma simultánea entraron en Humaitá las tropas de los generales Argolo y Gelly y Obes, quienes arriaron las banderas paraguayas e izaron las de los aliados[63].

Azevedo Pimentel, que era oficial del 2° Cuerpo de Ejército brasileño, describió así su entrada en Humaitá:

> "Nunca se vio una formación más rápida, ni que avanzara con mayor ligereza y garbo.
> Volamos contra las almenas de la ciudadela.

¡Ni un tiro de parte a parte!
¡De sorpresa en sorpresa nos encontramos dentro del vasto recinto!
Corrimos hasta las baterías al lado del río.
¡Nadie!"[64]

La retirada de los paraguayos de Humaitá constituyó una brillante operación, producto de un excelente planeamiento y ejecución. La misma se realizó con medios escasos —canoas—, mientras que la escuadra, que disponía de acorazados, tenía el dominio absoluto del río.

Al escribirle a su padre, yerno de Pedro II, el conde d'Eu le comentó que la opinión general en el Brasil era que Humaitá podría haber sido tomada hacía tiempo, si se lo hubiera intentado. El conde resaltó que durante quince meses la única "táctica aliada" había sido una inacción inexplicable[65]. En realidad, la "táctica" y la inacción fueron responsabilidad exclusiva del Brasil y no de los aliados. Dionísio Cerqueira escribió que los informes sobre la capacidad defensiva de Humaitá habían sido exagerados. En realidad, su mejor elemento de defensa era la posición topográfica: una extensa curva del río en forma de herradura[66]. El comandante de la nave de guerra portuguesa *Zarco*, que durante los meses de agosto y septiembre de 1868 hizo un viaje de reconocimiento por los ríos Paraná y Paraguay, también señala la "exageración" de todo lo que se había hablado de Humaitá:

> "cuesta pensar cómo [fue que] meras barreras guarnecidas de artillería, en gran parte inapropiada y de calibre insuficiente para batir naves acorazadas, pudieron detener por tan largo espacio de tiempo a la Escuadra Brasileña, compuesta de naves abundantes, óptimas y apropiadas para tal fin; hasta hoy mismo algunos brasileños con los que he conversado se muestran reservados, y como avergonzados de su triunfo"[67].

Richard Francis Burton, que visitó Humaitá en 1868, mostró su decepción por lo que vio, ya que estaba muy lejos de las descripciones que la definían como un baluarte, una Sebastopol americana, una fortaleza única. Llegó entonces a la conclusión de que, al igual que el resto de la opinión pública, había sido víctima de "un monstruoso engaño", pues se lo indujo a pensar que el punto más débil de la campaña paraguaya era el más fuerte[68].

Poco después de entrar en Humaitá, y en acuerdo con lo que estipulaba el Tratado de la Triple Alianza, Caxias ordenó que se destruyeran las fortificaciones de la plaza ocupada, lo cual le costó quince días de trabajo a un batallón de Voluntarios de la Patria[69]. Humaitá se convirtió entonces en la nueva base de operaciones en la retaguardia aliada, adonde Caxias trasladó los depósitos, reparticiones y tribunales del Ejército brasileño que hasta entonces eran mantenidos en Corrientes. En palabras del general, esa decisión "además de estratégica, es indudablemente económica y política"[70].

Luego de la evacuación de Humaitá, los aliados ubicaron tropas y varios botes —cuatro de ellos armados con cañones— en la margen opuesta, en el Chaco, para que cortaran la retirada de los antiguos defensores de la fortaleza comandados por el coronel Martínez. Los acorazados bombardeaban Islapoí, que también era blanco de los disparos de la infantería aliada que estaba sobre las márgenes de la laguna. Pero a pesar de ello, las canoas paraguayas continuaron evacuando gente por la noche durante una semana, mientras entablaban combates directos con las embarcaciones aliadas —24 brasileñas y cinco argentinas—, que estaban dispuestas en una doble línea para impedir esa retirada. Las canoas intercambiaban tiros, pero cuando se aproximaban la lucha se efectuaba con espadas y bayonetas. La noche del 30 de julio fue la última evacuación de mujeres y niños, y las canoas entablaron un duro combate. La mayor parte de las embarcaciones paraguayas fue destruida o aprisionada; los que se salvaron volvieron al punto de partida y le comunicaron lo ocurrido a su comandante, el coronel Martínez[71].

De los 3 mil hombres que evacuaron Humaitá, 1.800 quedaron sitiados en Islapoí; otros mil consiguieron escapar y llegar a la margen opuesta de la laguna, aunque muchos de ellos estaban heridos. Los sitiados en Islapoí bajo las órdenes del coronel Martínez no tenían comida, por lo que se vieron obligados a matar a los pocos caballos de que disponían para alimentarse con su carne; los soldados comenzaron a morir de hambre. Pese a ello resistieron dos ataques aliados, y el general Rivas, que comandaba el cerco a los paraguayos, recibió disparos como respuesta las dos veces que los intimó a la rendición. La tercera intimación la presentó el padre Esmerat, que estaba al servicio de la escuadra brasileña. Luego de una conferencia entre el comandante argentino y el paraguayo, la intimación fue aceptada. Martínez obtuvo de Rivas la promesa de que los soldados que se rindiesen no serían obligados a servir en el ejército aliado. Se rindieron 1.324 hombres, los cuales fueron llevados de vuelta a Humaitá. A los oficiales prisioneros se les permitió mantener sus espadas como símbolo de reconocimiento a su valentía[72]. En los combates entre el 26 de julio y el 5 de agosto murieron 157 brasileños[73].

Dionísio Cerqueira vio a los paraguayos de Martínez en Humaitá. Así los describe:

"Los tratamos lo mejor posible. Conversábamos con ellos como camaradas. (...) Nos conmovíamos con la desgracia de aquellos centenares de valientes. ¿Para qué negarlo? Los miraba con simpatía porque conocía su valor. Al defender a su patria invadida, cumplían con el más sagrado de los deberes (...)

Hombres y mujeres, viejos y niños en pedazos, con los ojos vaciados, los labios arrancados, con piernas y brazos lacerados, cráneos agujereados con los sesos hacia afuera, las heridas más horribles y la gangrena ennegreciendo los bordes ulcerados y purulentos. Algunos yacían en el húmedo suelo sin tener ni siquiera una rama; otros, menos mutilados, estaban recostados en troncos de árboles. El valiente coronel Martínez, que había resistido dos semanas y capitulado con honor, estaba exhausto"[74].

Uno de los oficiales que había conseguido escapar de Islapoí le dijo a Solano López que Martínez y los demás oficiales habían tenido la oportunidad de escapar, pero que no lo quisieron hacer. Ignorando la heroica resistencia de Martínez y sus hombres, Solano López los hizo responsables de la pérdida de Humaitá, pues allí había alimentos para resistir hasta octubre, y también los acusó de traición por rendirse en Islapoí. La esposa de Martínez, Juliana Insfrán, fue detenida por su supuesta participación en la conspiración que Solano López creyó haber descubierto en San Fernando; como ella se rehusó a abjurar de su marido, fue fusilada luego de haber sido azotada y torturada[75].

Según Rio Branco, en el período comprendido entre el 23 de septiembre de 1866, posterior a la derrota aliada en Curupaytí, y el 5 de agosto de 1868, los brasileños tuvieron 1.479 muertos, 5.498 heridos y 672 desaparecidos; los números argentinos para las mismas categorías serían 163, 243 y 106, mientras que los uruguayos habrían tenido un muerto y tres heridos. En total, la tropa aliada tuvo 1.643 muertos, 5.744 heridos y 778 desaparecidos. Para cercar Humaitá se construyeron más de 51.375 metros de trinchera[76]. Para citar tan pocas pérdidas, Rio Branco probablemente haya considerado solo a los muertos en combate, no incluyendo a los que murieron en los hospitales víctimas del cólera.

La nueva situación

La caída de Humaitá abrió una nueva fase de la guerra. A pesar de estar mal informado y de haber subestimado al enemigo, Solano López no podía dejar de percibir que le era imposible conseguir una paz honorable. Pese a ello continuó resistiendo, y con eso causó más víctimas no solo entre los aliados sino también entre los propios paraguayos. Para los aliados, la ocupación de Humaitá no significaba el fin de la guerra. Es por ello que Caxias, pragmáticamente, pensaba que había llegado el momento de hacer la paz, ahorrando así vidas aliadas y recursos financieros al Brasil. Sin embargo, Pedro II persistió en su posición de que lo único que garantizaría verdaderamente la paz futura sería la derrota de Solano López, además de su prisión y expulsión del Paraguay. Es por eso que la guerra continuó, iniciándose una nueva fase que le puso fin a casi dos años de intentos de quiebre del sistema defensivo enemigo, cuyo epicentro era Humaitá.

La situación aliada. Caxias quiere la paz

Cuando Richard Francis Burton visitó Humaitá, en agosto de 1868, hizo una evaluación de cada uno de los Ejércitos aliados. En lo que respecta a las fuerzas brasileñas, señaló que la caballería no había tenido mucho trabajo pues se estaba desarrollando una guerra de fortificaciones. La tarea principal de esa arma era realizar incursiones, reconocimientos y ataques a puestos avanzados. Salvo por unas pocas excepciones, el desempeño de la caballería había resultado bueno, "siendo dirigida por sus oficiales de manera correcta y valiente". El campamento brasileño era "sumamente limpio" porque Caxias había dado severas órdenes en ese sentido, pues sabía que se podía evitar el cólera por medio del drenaje del agua contaminada de los sumideros. Esa precaución se hallaba "en la mentalidad de los brasileños desde hace algún tiempo, pero los argentinos nunca lo intentaron". Los hombres estaban en "excelentes condiciones", bien vestidos, bien alimentados y bien armados. Además, se encontraban "confortablemente" instalados en tiendas de campaña que solo albergaban a un oficial y dos soldados, ocupando un gran terreno. Esa dispersión resultaba benéfica para evitar la propagación de enfermedades contagiosas[77].

En el campamento brasileño había carne para todos y la alimentación era buena, hasta el punto de que incluso los perros y los caballos estaban gordos. Allí todo era de mejor calidad. Además de la carne, la alimentación semanal solía incorporar mandioca, mate, sal, charque, bacalao, tocino, porotos negros, arroz y legumbres. Los hombres también recibían café negro —a la mañana y a la noche—, tabaco y una botella de *cachaça* por cada grupo de seis. Burton escribió que los brasileños eran en eso como los irlandeses, "para quienes si el pan es la base de la vida, el whisky [o la *cachaça*] es la propia vida"[78].

Del lado argentino el panorama no era tan bueno. Su caballería solía estar mal montada pues estaba compuesta mayoritariamente por mediocres jinetes extranjeros. El Ejército había comenzado la guerra con 15 mil hombres y ahora no pasaba de 5 mil, pero "todos están de acuerdo" en que en caso de que se desatara una guerra con el Brasil, la Argentina podía movilizar fácilmente 50 mil hombres. El contingente era heterogéneo, con soldados de diferentes nacionalidades que llevaban diferentes uniformes, siendo su mejor cuerpo el Santa Fe. La tropa se desplazaba con facilidad porque su servicio de intendencia era pequeño. El campamento cambiaba siempre de lugar a fin de evitar la suciedad, ya que no había ninguna intención de mantenerlo limpio. Al contrario de las "bellas tiendas brasileñas, la tropa argentina se guarecía de la intemperie con rústicos cueros. Había mujeres que acompañaban a los soldados, a caballo o a pie, además de carretas donde transportaban "montones de 'apropiaciones' domésticas". Como la paga era poca, o a veces inexistente, los soldados se veían obligados a robar para sobrevivir. A consecuencia de ello, faltaba espíritu de cuerpo, y la disciplina se mantenía por medio de la amenaza de corte marcial y del pelotón de fusilamiento, que siempre estaba listo para actuar. Más tarde, en abril de 1869, cuando Burton visitó nuevamente el campamento argentino en los alrededores de Asunción, las cosas habían mejorado sensiblemente: "Los hombres estaban más limpios; los uniformes parecían más uniformes; nadie estaba descontento y hasta las feas tiendas de cuero habían sido sustituidas por otras de lona". En cuanto al Ejército uruguayo, Burton afirmó que "simplemente no conseguí encontrarlo", pues de los 5 mil hombres con los cuales había comenzado la campaña, solo restaban trescientos o cuatrocientos en agosto de 1868, en su mayoría oficiales; además, a su comandante, el general Enrique Castro, se lo consideraba un "gaucho ordinario"[79].

Para Burton, la alianza entre argentinos y brasileños era igual a la que podía haber entre perro y gato. Las autoridades de los dos países evitaban el disenso, pues el vínculo que las unía era político y no de simpatía. En el Paraguay, los brasileños mantenían "un excesivo sentido de nacionalidad" porque eran superiores en número en relación con los argentinos, quienes estaban disgustados por desempeñar un papel secundario. En consecuencia, "la guerra no es popular en ninguna parte del Plata y se espera que su finalización se vea acompañada de dificultades"[80] entre los antiguos aliados. ¡Y así fue!

Las novedades que trajo el año 1868 no se limitaron al campo de batalla. Al verse criticado por los diarios liberales de Río de Janeiro, y teniendo la impresión, por la correspondencia particular que recibía, de que el gabinete liberal le había perdido la confianza, Caxias pidió su retiro del comando en el Paraguay. El marqués expuso esos motivos en una carta anexa al pedido oficial, en el que fundamentaba su solicitud aduciendo problemas de salud[81].

El periódico *Anglo-Brazilian Times*, que se publicaba en inglés en Río de Janeiro y estaba ligado a la corriente de los liberales progresistas que gobernaba el Brasil, constituye un ejemplo de las citadas críticas. El periódico publicó un violento editorial contra Caxias firmado por William Scully, quien criticó con duras palabras la conducción de la guerra:

"Ya pasaron doce meses desde que el marqués de Caxias asumió el comando de las fuerzas brasileñas en el Paraguay. En aquel momento dijo: 'Denme 10 mil hombres más y terminaré con la guerra en mayo'. La nación respondió a su pedido generosamente. Le dio 17 mil hombres junto con ayuda económica y mantenimientos ilimitados, y se preparó para entonar peanes por las victorias prometidas (...) La impaciencia del país por fin rasgó el velo de la lisonja y el Ejército finalmente se movilizó en Tuyú-Cué. El movimiento no encontró oposición. El enemigo fue tomado por sorpresa. El flanco estaba mal fortificado y las tropas brasileñas esperaban ansiosas la orden de ataque. La orden no apareció (...)"[82].

Para el *Anglo-Brazilian Times*, a Caxias le faltaban energía y decisión para poner acción en el Ejército brasileño, cuya inmovilidad ya había costado el aniquilamiento de divisiones enteras de hombres y de caballos, "hasta transformar el campo de batalla en una vasta sepultura". Así, "Osório atrajo rápidamente a centenares de voluntarios, mientras que la acción dilatoria de Caxias no le permite conseguir un solo recluta"[83].

En Río de Janeiro, la oposición liberal exageraba las dificultades de la guerra como una forma de atacar el comando de Caxias, que era un oponente conservador. La prensa liberal lo atacaba con dureza y "llegaba al extremo del desvarío, negándole incluso capacidad profesional y poniéndole apodos degradantes"[84]. Frente a la opinión pública, esa crítica fue también la manera que encontraron los liberales progresistas del gabinete Zacarías de compartir las responsabilidades por la larga duración de la guerra.

En respuesta al pedido de dimisión del comandante en jefe en el Paraguay, el gabinete liberal se propuso renunciar al gobierno en caso de que ello fuese necesario para mantener a Caxias en su puesto. Cuando el emperador le consultó al Consejo de Estado si debía aceptarle la renuncia al general o al gabinete, la respuesta fue el rechazo de las dos alternativas. Disconforme, don Pedro preguntó cuál de las dos renuncias era el mal menor, y el Consejo entonces señaló que era más conveniente la salida del gabinete[85].

Así, en un oficio del 21 de febrero, el ministro de Guerra le comunicó a Caxias que no era posible aceptarle la renuncia porque continuaba mereciendo la confianza del gobierno. En una carta escrita por Paranhos, y que fue firmada por prominentes líderes conservadores, se le pedía al marqués que no renunciase. En parte, ese pedido se explica por el daño que podía hacerle al Partido Conservador el hecho de que Caxias —que era senador por esa agrupación partidaria— volviera sin haber obtenido una gran victoria militar sobre el enemigo, pues la noticia del paso de Humaitá todavía no era conocida. Además, Paranhos le escribió al barón de Cotegipe que a los conservadores no les interesaba sustituir a los liberales en el gobierno en ese momento. Si ello ocurriese como consecuencia de una crisis causada "por nuestro amigo, el general", el ánimo popular se levantaría contra el Partido Conservador. Paranhos agregaba, maquiavélicamente, que a su partido no le convenía cargar con "el incierto desenlace de una guerra desastrosa". Al promover la convivencia entre los liberales y Caxias, "toda la fuerza que nos da hoy la opinión pública la guardamos para el nuevo período de paz, o para concluir la guerra, si el Ministerio cae por su propia debilidad"[86].

Cinco meses después, el 16 de julio, caía el gabinete Zacarías. Bajo su gobierno se dio el período más difícil de la guerra, donde el paso de Humaitá por parte de la escuadra constituyó el mayor hecho militar. Este acontecimiento no tuvo un impacto positivo en la opinión pública porque se esperaba la toma de la fortaleza, lo que recién vendría a ocurrir algunos días despues de la caída del gabinete liberal. El ministerio liderado por Zacarías estaba débil, sufriendo una fuerte oposición en la Cámara y en el Senado, tanto de los conservadores como de la facción "histórica" del Partido Liberal. Estos últimos, junto con la prensa, utilizaron el incidente con Caxias para desprestigiar al gabinete[87].

Según Joaquim Nabuco, el emperador estaba "ansiosamente identificado con la situación militar de Caxias", y haría lo necesario para mantenerlo en el Paraguay. Don Pedro estaba preocupado por las complicaciones externas que podrían derivar de la polémica que había generado la oposición en el Legislativo en torno de la relación entre el marqués y el gabinete. La discusión sobre Caxias podría desdoblarse en un cuestionamiento de la propia guerra. A su vez, el presidente del Consejo de Ministros, viéndose inmerso en crecientes dificultades políticas, calificó de "desacertada" la elección que había hecho el emperador en una lista triple de candidatos para que Torres Salles Homem ocupara el cargo de senador por Rio Grande do Norte. Según la Constitución, el emperador podía elegir a partir de una lista triple resultante de los tres candidatos más votados en la elección para el cargo. En 1862, Salles Homem había liderado el derrocamiento del efímero gabinete presidido por el propio Zacarías. Su nominación como senador fue utilizada como pretexto por partida doble: por un lado, le sirvió a don Pedro para forzar la caída del gabinete, y por otro, le permitió al propio Zacarías retirarse altivamente[88]. De esta forma, los conservadores retornaron al poder convocados para formar un nuevo ministerio presidido por el vizconde de Itaboraí.

El cambio de gabinete tuvo inmensas repercusiones en la vida política brasileña. Entre los años de 1862 y 1868, la idea de una liga o partido progresista que uniese a liberales y conservadores moderados se revelaba inviable. En ese período, las dos partes se vieron envueltas en frecuentes luchas que, en palabras de Iglesias, "desgastan el país y hacen odiosa a la facción ante los ojos imperiales". La caída del gabinete en 1868 cohesionó a las dos facciones liberales permitiendo la revitalización del Partido Liberal, cuya ala más radical asumió la postura republicana. Aquellos que dejaron el ministerio fundaron el Centro Liberal, de donde surgió el Club de la Reforma, cuyo lema sería: "O la reforma o la revolución". El Club defendía los siguientes puntos: el rey reinaba, pero no gobernaba; los ministros serían responsables por los actos del Poder Moderador (cuya liquidación era propugnada por los más radicales); descentralización; enseñanza libre; Senado electivo y temporario; sufragio directo para la elección de los gobernantes de las capitales de provincias y de las ciudades más grandes; sustitución del trabajo esclavo por el trabajo libre; prohibición de que los parlamentarios hiciesen nombramientos para cargos públicos y establecimiento de una magistratura independiente[89].

A pesar de que los conservadores se habían opuesto a continuar con la guerra cuando estaban en la oposición, cambiaron de postura con su ascenso al poder y continuaron con el conflicto hasta la muerte de Solano López. Caxias tuvo una actitud distinta, pues estaba inmerso en la terrible realidad de la guerra, y como el gobierno estaba formado por sus compañeros de partido y amigos personales, comenzó a exponer francamente sus opiniones en los oficios que dirigía al nuevo ministro de Guerra, el barón de Muritiba. Así, en agosto de 1868 el marqués escribió que al enemigo no le quedaba otro recurso que entablar una "guerra pequeña", mucho menos mortífera que la que se había desarrollado hasta entonces. Según su punto de vista, la nueva etapa del conflicto obligaría al Ejército imperial a tener que penetrar en un "país devastado y privado de los mínimos recursos" para mantener a una fuerza invasora, lo cual haría que el Brasil tuviese más gastos con los proveedores. Una vez planteado eso, Caxias declaraba que "como Brasileño y Senador del Imperio, y con la conciencia de general, tengo para mí que las injurias impuestas por el tirano del Paraguay a las Potencias aliadas están más que suficientemente vengadas", y señalaba las grandes pérdidas paraguayas como prueba de su afirmación. El marqués afirmaba que "esa irritante cláusula que exigía la retirada de López del país, incluida en el Tratado con la más imperdonable imprevisión", era lo único que impedía que el jefe de Estado paraguayo, en "su orgullo descomunal", solicitase la paz[90]. Para Caxias, "ya conseguimos un buen desagravio de López, pues el Paraguay quedó arrasado por lo menos por 50 años"[91].

La propuesta de Caxias para dar fin a la lucha estaba de acuerdo con el sentimiento militar del Brasil, donde la guerra era cada vez más impopular. Los brasileños aspiraban a la paz, y "nuevamente" se hablaba de ella como algo cuyo único requisito sería la garantía paraguaya de libre navegación del río Paraguay y la evacuación de Mato Grosso[92]. La opinión pública estaba muy ansiosa y desanimada en relación con la guerra, y "en el propio Parlamento se clama y declama contra la prolongación de la guerra"[93].

En el oficio con la propuesta de paz, Caxias concluía afirmando disciplinadamente que el gobierno imperial podía contar con él, tanto para continuar como para acabar con la guerra. La idea de paz planteada por el mar-

Manuel Vieira Tosta, barón de Muritiba (1807-1896)

Luis Alves de Lima e Silva, duque de Caxias (1803-1880)

En agosto de 1868, Caxias defendió, en una carta enviada al barón de Muritiba, ministro de Guerra, que se hiciese la paz con Solano López. El emperador, sin embargo, ordenó que la guerra continuase hasta apartar a López del poder.

qués coincidía con la de la opinión pública brasileña, y cuando la propuso tenía motivos para creer que el nuevo gabinete buscaba una solución diplomática y no militar para la guerra. Después de todo, el nuevo presidente del Consejo de Ministros, vizconde de Itaboarí, antes de subir al poder había lamentado que el Imperio no hubiese sabido aprovechar las ofertas de mediación que le hicieron llegar "naciones amigas y poderosas". Sin embargo, don Pedro II le mandó decir a Caxias que la guerra debía seguir, y el ministro de Guerra le informó que la lucha solo podía terminar con la expulsión de Solano López del Paraguay[94]. Caxias acató la orden recibida porque era fiel a la monarquía, siendo más bien su representante en el Ejército y no el de este frente al sistema político, pero aclaró que "voy siguiendo hasta donde me lo permiten mis fuerzas y el gobierno imperial lo juzgue conveniente"[95].

Hasta el fin del conflicto, el emperador mantuvo la convicción de que era preciso destruir toda la influencia "lopizta" en el Paraguay, y por ello rechazaba una paz que no atendía a ese objetivo. En el Tratado de la Triple Alianza constaba que la guerra no se hacía contra la nación paraguaya sino contra Solano López; esto era repetido constantemente por los aliados. Según el discurso imperial que movilizaba a la población para el conflicto, era Solano López quien había mancillado el honor brasileño y solo la derrota personal del jefe de Estado paraguayo podría limpiar la afrenta. La guerra era lejana y difícil, y durante ese quinquenio hizo que don Pedro II se mantuviese pensativo y preocupado, hasta el punto de que con apenas cuarenta años sus cabellos se volvieron blancos[96]. El pacífico monarca amigo de las artes —imagen que Pedro II mantuvo hasta la invasión paraguaya del territorio brasileño— se había transformado en el señor de la guerra, en el gobernante inflexible[97].

La situación paraguaya: la paranoia de Solano López

Luego de que finalizaron los trabajos de fortificación en el río Tebicuarí, Solano López lo cruzó e instaló su cuartel general a un kilómetro de distancia, en San Fernando, una estancia de la patria donde había ganado para alimentar a las tropas. San Fernando se encontraba ubicada sobre un terreno seco, donde se construyeron ranchos, galpones y un pequeño taller para reparar el armamento. También se instaló una red telegráfica que unía ese cuartel general con las posiciones defensivas de las cercanías, aunque no contaba con una comunicación directa con Asunción[98]. En febrero de 1868, cuando las embarcaciones brasileñas forzaron el paso de Humaitá, el tesorero general del Estado paraguayo y cuñado de Solano López, Saturnino Bedoya, estaba en el cuartel general del campamento de Ceibo, todavía en el Chaco, e hizo un comentario en tono de broma. Allí se encontraban presentes los generales Barrios y Brugues y el obispo Palacios, y Bedoya dijo que cuando las personas importantes de Asunción pensaran que el enemigo había tomado Humaitá, no verían con disgusto la instalación de un nuevo gobierno, al "que tendremos que ir a sacar, tirándole de las orejas". Bedoya estaba en el cuartel general desde el 25 de diciembre de 1867, cuando en su calidad de presidente de una comisión popular le regaló a Solano López en su cumpleaños una espada de oro incrustada de brillantes y otros objetos de valor, todo ello en nombre de los habitantes de Asunción[99]. Uno de los que escuchó aquel comentario jocoso —probablemente el obispo Palacios— informó a Solano López sobre dicha conversación. Mientras tanto, en Asunción, el paso de las naves brasileñas llevó a que el comandante de armas, coronel Venancio López, le solicitara al vicepresidente Francisco Sánchez la reunión de un consejo consultivo del cual formaban parte Benigno López —hermano del jefe de Estado paraguayo—, Francisco Fernández —comandante militar de la capital—, el juez Bernardo Ortellado y cuatro representantes locales, a fin de decidir qué hacer ante la aparición de naves enemigas en la bahía[100]. Se discutió la posibilidad de hostilizar o no a las naves enemigas en caso de que apareciesen en la bahía de la ciudad, pues según el comandante Francisco Fernández, el poco armamento disponible no permitiría mantener el tiroteo por demasiado tiempo. Finalmente se decidió que se abriría fuego contra las naves de guerra brasileñas y que la capital sería trasladada hacia Luque, una ciudad cercana a Asunción que estaba a salvo de los cañones de las naves[101].

No satisfecho con esa decisión, Venancio López instigó al vicepresidente para que convocara una nueva reunión del Consejo Consultivo, donde se volvió a discutir la cuestión de la resistencia o no a las naves brasileñas, y nuevamente se optó por un ataque con disparos de cañón. Esas dos reuniones, junto con otras que se realizaron en la misma época —como una donde se reunieron los jefes policiales en Paraguarí—, hicieron que Solano López sospechase que tramaban derrocarlo y sustituirlo en el poder por su hermano Benigno. El 16 de marzo de 1868, el jefe de Estado paraguayo le envió una enérgica nota al vicepresidente en la cual le pedía explicaciones sobre su comportamiento, acusándolo de estar bajo la influencia de Benigno y Venancio López. Debido a su originalidad y simplicidad, la respuesta de Sánchez consiguió convencer al líder paraguayo de que no estaba envuelto en ninguna actividad conspirativa[102].

Según José María Rosa, luego de tres años de guerra, Solano López era "un jaguar en la selva acosado sin tregua por sus perseguidores". Cuando las naves brasileñas sobrepasaron Humaitá y comenzaron a navegar río arriba, el mariscal presidente comenzó a vivir —según la definición de Williams— un "carnaval de paranoia", volviéndose más taciturno y desconfiado, y solo dando crédito a quien le hablase de traición. A medida que avanzaba la guerra había menos posibilidades de que el Paraguay pudiera evitar una derrota, pero la propaganda oficial —sobre todo el periódico *Cabichuí*— cada vez más presentaba a Solano López casi como un superhombre, cuando no como una semidivinidad, capaz de superar por sí solo la situación objetiva. Ese paso del mundo real hacia el imaginario contribuyó a que el lado guaraní no detuviese la guerra. Al mismo tiempo, todos aquellos que rodeaban al mariscal presidente mitificado comenzaron a ser sospechosos de una potencial traición, pues esta era la única manera de explicar por qué la semidivinidad estaba siendo derrotada por los aliados.

Solano López ordenó que fueran a su campamento José Berges, ministro de Relaciones Exteriores, el coronel Venancio López, el mayor Francisco Fernández y otras figuras públicas. También fue convocado Benigno López, pero como estaba en su hacienda de Concepción demoró un poco más en llegar al cuartel general. Solano López ya había escuchado a Saturnino Bedoya, quien, "aterrado con su situación", hizo declaraciones contradictorias. A los recién llegados se les hicieron preguntas con doble sentido, y a medida que ellos se percataban de lo que ocurría "se contradecían, en especial los de espíritu débil"[103].

Cuando llegó Benigno López, el ambiente le era totalmente desfavorable. Según Fidel Maíz, que estaba profundamente implicado en esos acontecimientos, los hermanos Benigno y Francisco no se llevaban bien, al igual que todos los miembros de la familia López, quienes tenían un carácter "tétrico" y estaban distanciados unos de otros; "no se visitaban jamás" y entre ellos existía "un antagonismo irreconciliable"[104]. Sin embargo, la correspondencia entre Solano López y su hermano Venancio muestra lo contrario: un cariño constante por su madre y la preocupación por los hermanos[105]. Pero el hecho es que cuando Benigno se presentó ante Solano López fue interpelado con la pregunta: "¿Qué pensaban hacer ustedes en la capital?". Benigno respondió calmadamente que, como en Asunción no habían recibido noticias de Humaitá desde que la fortaleza había sido sitiada, "creímos que había llegado el momento de pensar y de tomar alguna resolución tendiente a salvar nuestras personas y nuestros intereses". El líder paraguayo le dijo entonces al coronel Bernardino Caballero, testigo de la escena, que los que habían participado de la reunión en la capital "son más negros que los propios negros", mayores enemigos que los propios brasileños. Cuando llegó a San Fernando, Solano López ordenó la prisión de Benigno bajo la acusación de conspiración, prohibiendo que recibiera visitas o que conversara con cualquier persona, a excepción de un ayudante de órdenes[106].

De la supuesta conspiración, en la cual estarían envueltos los nombres más importantes del gobierno paraguayo, solo se supo por medio de Solano López. Nadie conoció, registró o comentó antes la conspiración. Cecilio Báez sostiene que Solano López inventó la conspiración para justificar su fracaso. Báez escribe, con cierta ironía, que esa conspiración inventada permitía justificar la retirada del Ejército paraguayo del cuadrilátero, aduciendo que si los traidores no le hubiesen revelado los planes de batalla a los aliados, estos estarían aterrados y postrados a los pies de Solano López.

> "El mariscal justificaba sus grandes y funestos fracasos con el supuesto conocimiento que tenían los enemigos de sus trascendentes planes, pues habían sido prevenidos por desleales hijos de la patria"[107].

Cierta noche, uno de los ayudantes de Solano López fue visto cuando iba a visitar a Benigno. Luego de ser sometido a un "riguroso" interrogatorio, el ayudante afirmó que Benigno planeaba el asesinato de su hermano con la ayuda del mayor Fernández, ayudante de campo del mariscal. También dio una serie de nombres de altas personalidades que estarían envueltas en la supuesta conspiración, como el hermano Venancio, el cuñado y tesorero general Saturnino Bedoya y José Berges, entre otros. Benigno afirmó que el objetivo del movimiento era matar a Solano López, y dijo que el representante de los Estados Unidos, Charles Washburn, era el intermediario entre Caxias y los conspiradores. Al mismo tiempo, una de las personas detenidas en Asunción confesó la existencia de la conspiración, de la que formarían parte unas doscientas personas. Ante tal cantidad de implicados, Solano López ordenó instalar seis tribunales para juzgar a los supuestos conspiradores. Los reos más importantes eran José Berges, Benigno López, los uruguayos Antonio de las Carreras (ex representante diplomático que había estimulado el involucramiento paraguayo en la situación platina en 1864) y Rodríguez Larreta, el general Brugues y muchos otros[108]. Era imposible que bajo la violenta dictadura lopizta, que controlaba toda la población, y donde hasta los sacerdotes confesores funcionaban como espías, doscientas personas hubiesen conseguido articular una conspiración. La misma hubiera sido descubierta en sus comienzos, antes de adquirir tales dimensiones.

Los mayores Aveiro y Serrano acompañaban el funcionamiento de los tribunales. Los dos militares le acercaban a Solano López el contenido de las declaraciones de los reos, y a su vez eran el canal por medio del cual el jefe de Estado mandaba hacer preguntas o repetir aquellas cuyas respuestas no le satisfacían. De esa forma, la realidad era que "aquel que verdaderamente procesaba era el propio mariscal". Según Fidel Maíz, antes de los juicios López marcaba con un lápiz una "x" sobre los nombres de los acusados que debían morir[109]. Los tribunales eran una farsa, tanto que los acusados nunca tuvieron abogados ni pudieron defenderse. Todas las confesiones fueron obtenidas bajo tortura, así que ni ellas ni los procesos merecían el mínimo crédito[110]. Para hacer "confesar" a los acusados se les destrozaban las manos a martillazos, se los amarraba en el cepo, eran azotados o golpeados, y muchos murieron durante las sesiones de tortura. Los que supuestamente murieron en la cárcel en realidad fallecieron a causa de las torturas[111]. Como puede verse, el trato que se les dio a los opositores en las dictaduras de esta parte del continente tiene características comunes a lo largo del tiempo.

Leite Pereira, el antiguo gerente del consulado portugués, fue torturado y confesó la conspiración en medio de "atroces dolores". Al ser interrogado, acusó a Dolores Recalde de servir como correo entre los principales jefes de la conspiración. Sin embargo, al ver que se acercaba el momento de su muerte, Pereira pidió perdón públicamente a esa señora por el mal que le había hecho y suplicó que no se considerase lo que él había dicho[112].

La "prisión" de San Fernando era en realidad un gran terreno con una cerca de estacas sin ningún tipo de construcción para albergar a los detenidos. Los centinelas utilizaban cualquier pretexto para patear y golpear a los prisioneros, que eran expuestos al sol ardiente, las lluvias, las tempestades y el ataque de los insectos. Esa situación casi los llevaba a la locura, y su infortunio se veía agravado porque su único alimento eran las entrañas de los animales muertos. Cierto día, un prisionero argentino fue retirado del cerco y al retornar volvió con el cuerpo en un estado lastimoso, escribió "100" en la arena, para indicar el número de azotes que había recibido. Al día siguiente se lo retiró nuevamente, fue sometido a doscientos azotes, y por fin se lo fusiló el tercer día[113].

Cuando Solano López se trasladó de San Fernando a la nueva línea defensiva de Piquissirí, en septiembre de 1868, los prisioneros tuvieron que recorrer doscientos kilómetros en siete días con grilletes sujetos en los pies. Incluso fueron obligados a atravesar un pantano en cinco horas con el agua hasta la cintura, y a los que estaban exhaustos y no podían caminar más se los mataba a bayoneta. Como se señaló anteriormente, la esposa del coronel Martínez —el cual se había rendido en Islapoí— fue fusilada, pero antes había sido obligada a participar de esa marcha: estaba desfigurada, con la cara renegrida, el cuerpo cubierto de heridas y las costillas en carne viva debido a que había sido colocada en el cepo en seis ocasiones[114]. Julián N. Godoy, que era ayudante de órdenes de Solano López, en una declaración efectuada en 1888 afirmó que como muchas mujeres no resistían el rigor de la marcha, "teníamos órdenes superiores de matar a las que no podían continuar, siendo lanceadas o degolladas", para impedir que las que se quedaban atrás le brindaran información al enemigo[115].

El 21 de diciembre de 1868, en Lomas Valentinas, se leyó y ejecutó la sentencia de fusilamiento del tribunal contra el obispo Palacios y otros "reos del Estado". Palacios había sido uno de los aduladores de Solano López hasta pocas semanas atrás, pero terminó por ser acusado de traición. Antes de quedar de espaldas ante el pelotón de fusilamiento, el obispo hizo una oración donde ratificaba su inocencia e hizo responsable al padre Fidel Maíz, que era uno de los jueces, por haberlo perseguido. A continuación fue fusilado por la espalda junto con otros, como el general Barrios, el ex canciller José Berges y Benigno López. Antes de morir, este último fue azotado por Fidel Maíz para que revelara dónde guardaba su tesoro, a lo que respondía que no tenía nada pues se había gastado todo. En marzo de 1870 Maíz cayó prisionero de las tropas brasileñas, y en una carta dirigida al conde d'Eu del 21 de abril de ese año, afirmó que Benigno López y José Berges eran vistos como rivales de Solano López debido a su mejor formación intelectual, lo cual explicaría la acusación de traición pese a que luego de que se revisaron los bienes personales de ambos no se encontró ningún documento incriminatorio[116]. Aunque este sacerdote haya escrito la carta siendo prisionero, esto es, por lo menos bajo la coacción moral de sus captores, el hecho es que no existió ni siquiera una prueba sobre la supuesta conspiración, excepto las confesiones que se obtuvieron bajo tortura.

A finales del siglo XIX, el padre Fidel Maíz afirmó sobre la conspiración: "Yo creo que no existió". Según Maíz, cuando Solano López quedó cercado por el enemigo, en Asunción se pensó que estaba perdido y que no iba a poder escapar por el Chaco. Pocos años después, a comienzos del siglo XX, Maíz ya estaba envuelto en la campaña revisionista lopizta y cambió de posición al escribir en su libro de memorias que había habido una conspiración. Julián N. Godoy, el ayudante de órdenes de Solano López, creía que la conspiración era verdadera y que su objetivo era ponerle fin a la guerra; sin embargo, como este militar comandó pelotones de ejecución, podría tener algún interés, conscientemente o no, en respaldar esa versión. Varios sacerdotes que acompañaron al Ejército paraguayo y que sobrevivieron a la guerra afirman que la conspiración no existió[117].

Washburn, el representante norteamericano, se retiró del país debido a las acusaciones del gobierno paraguayo contra su persona. Sin embargo, antes de hacerlo planteó su defensa en un documento de 28 páginas que le envió al ministro paraguayo interino de Relaciones Exteriores. Allí, Washburn argumenta sólidamente y muestra las incongruencias de las acusaciones incluidas en las declaraciones de José Berges, donde este último afirma que entre ambos existieron vínculos conspiratorios[118].

Cuando Washburn se retiró del Paraguay los que estaban refugiados en la legación de los Estados Unidos debieron entregarse a la policía y quedaron detenidos. Entre ellos estaban el inglés Jorge Federico Masterman y el norteamericano Porter Cornelio Bliss, quien fue contratado para escribir un libro sobre la historia paraguaya. El primero de ellos había sido farmacéutico jefe del Hospital de Asunción, y en la prisión escribió su *Historia secreta de la misión del ciudadano norteamericano Charles A. Washburn*, donde confirmaba la conspiración y la actuación de ese diplomático como elemento de contacto entre los disidentes paraguayos y Caxias. Masterman fue liberado junto con Bliss, y en *Siete años de aventuras en el Paraguay* dio testimonio de lo que vio y vivió en el país guaraní. En ese relato desmiente la existencia de la citada conspiración, describe las torturas que sufrió en la prisión y afirma que él y Bliss fueron autorizados por Washburn para decir cualquier cosa en contra del diplomático que pudiese servir para salvar sus vidas. Según Thompson, la acusación contra Masterman y Bliss fue "una horrible farsa"[119].

Caxias negó su participación en la supuesta conspiración y dijo que esa acusación era una calumnia. El hecho de que Solano López haya utilizado la tortura para arrancarle a los prisioneros la confirmación de las sospechas de conspiración invalida su valor. Williams entiende que la acusación era fantasiosa; Thompson y Von Versen —un militar prusiano prisionero de los paraguayos— desmienten que el comandante brasileño hubiese recibido informaciones de alguien cercano a Solano López, pues este poseía un eficiente sistema de espionaje que lo hubiera impedido. Luis Vittone afirma que la conspiración existió, y para ello se basa en documentos escritos a lo largo del siglo XIX por sobrevivientes de la guerra y por actores de esos acontecimientos[120]. Si bien estos últimos escribieron sin la amenaza de tortura —al contrario de aquellos que en 1868 fueron obligados a confesar—, ya participaban del movimiento lopizta para mitificar la figura de Solano López, reescribir la historia, crear versiones, oscurecer algunos hechos y reinterpretar otros. El lopizmo fue más eficiente que el stalinismo en la adulteración de la historia, pues el último hace años que no encuentra defensores, mientras que la tiranía de Solano López todavía cuenta con incautos intelectuales que la defienden.

La documentación disponible y la lógica de los hechos inducen a concluir que no hubo una articulación contra López. Si la conspiración fuese verdadera, las tres naves de la escuadra brasileña que se presentaron frente a Asunción deberían haber desembarcado tropas. También escapa a la lógica el hecho de que los supuestos conspiradores no pusiesen en marcha su plan cuando avistaron las naves frente a la capital, ya que, como afirma Maíz, las fuerzas imperiales eran el respaldo que necesitaban para actuar.

De todos modos, del 31 de mayo al 14 de diciembre de 1868, de las personas que murieron en las prisiones paraguayas, cuyo número varía entre

Cuando la escuadra brasileña sobrepasó la fortaleza de Humaitá, Solano López se retiró de esa posición hacia el interior. En el Brasil se tenía la esperanza de que el dictador paraguayo huyese del país. En la sátira, Solano López aparece como un ave de rapiña, refugiado en Bolivia.

cuatrocientas y 2 mil, según el autor que se consulte, tres cuartas partes fueron acusadas de traición. Se eliminó a casi todos los hombres relevantes de Asunción o del interior, y se continuó con los generales. Uno de estos, el general Barrios, era cuñado de Solano López, e intentó suicidarse cortándose el cuello frente a su esposa mientras guardaba prisión domiciliaria, pero fue salvado y medicado para luego ser fusilado. Después de la confesión bajo tortura, los presos eran condenados a muerte y llevados en grupos de entre treinta y cuarenta personas hacia las márgenes del Tebicuarí, donde eran ejecutados. Solano López indultó a sus hermanos Venancio, Inocencia y Rafaela, que también habían sido condenados a muerte, pero no a Benigno, quien fue ejecutado luego de ser azotado. Las ejecuciones no terminaron allí, pues durante los últimos meses de la guerra Solano López ordenó nuevas masacres, especialmente en Horqueta y Concepción, donde decenas de personas que habían sido acusadas de traición fueron muertas con lanzas[121].

Los condenados eran lanceados con un arma de punta de acero. El verdugo miraba y clavaba la lanza en el corazón de la víctima, atravesando el tórax; en el esfuerzo para retirar el arma, se arrancaban pedazos del cuerpo. A veces el verdugo erraba el golpe y cortaba un pedazo del rostro, rajaba el cráneo o, si alcanzaba el vientre, extraía los intestinos de la víctima[122].

Para George Thompson, Solano López perseguía dos objetivos con esos fusilamientos. Uno de ellos era eliminar a todas las personas a quienes "no quería bien", expresión que hace referencia a aquellos que podrían llegar a formar parte de una nueva estructura de poder. Otro objetivo era el de apoderarse de todo el dinero que existía en el Paraguay, tanto público como de particulares. Casi todo ese dinero habría sido retirado del país por naves de países neutrales que estuvieron en la fortificación paraguaya de Angostura a fines de 1868. En Buenos Aries, el periódico *The Standard* ratificó que la acusación de conspiración fue utilizada para detener y matar a comerciantes extranjeros y confiscar sus bienes[123].

La apropiación de dinero del Tesoro paraguayo por parte de Solano López les fue relatada a los aliados a fines de 1869 por el alférez de la Marina paraguaya Ángel Benítez, quien había desertado junto con el capitán Ramón Vera y el ayudante de órdenes del dictador, Elías Luján. Benítez contó que cuando Solano López huía por las Cordilleras, ordenó hacer un balance de todas las carretas que transportaban dinero. El resultado fue que todavía había 10 mil patacones de plata y algunas centenas de onzas de oro que fueron embarcadas en cargueros, mientras que una gran cantidad de papel moneda ya sin valor había sido abandonada. Benítez aseguró que en Ascurra vio cómo el canciller Caminos le entregaba 28 mil patacones en plata y seiscientas onzas de oro al ministro norteamericano MacMahon, en la víspera de la salida de este último del Paraguay. Anteriormente, Solano López le había enviado más de 20 mil patacones a Gregorio Benítez, representante paraguayo en París[124]. MacMahon se habría ido del Paraguay con el oro y la plata del Tesoro nacional[125], distribuidos en "treinta y tantos cajones pesadísimos", para los cuales se pidió y se obtuvo la custodia de la fuerza brasileña que ocupaba Asunción[126]. Esos baúles no podían ser revisados pues formaban parte del equipaje de un representante diplomático.

Sin embargo, el militar paraguayo Arturo Bray presenta una interesante explicación para lo que ocurrió en San Fernando. Según este autor, la conspiración contra Solano López no podría haberse originado ni en el Ejército ni entre la población. La fuerza militar estaba plenamente sometida al líder paraguayo, y ambos —pueblo y Ejército— eran objeto de un espionaje constante, con delaciones estimuladas "a precio de oro", donde "infames intrigas [eran] elaboradas a costa de la vida del prójimo". En tal ambiente era imposible elaborar e implementar una conspiración aunque se lo desease, excepto si la misma era palaciega, es decir, originada entre los miembros de la familia de López[127]. Para Bray, la llegada de las naves brasileñas a Asunción hizo que la familia López creyese que la guerra estaba perdida y, peor aún, que sus intereses estaban en peligro. De hecho, la citada reunión de las autoridades presentes en la ciudad habría sido convocada por Juana Carrillo, la madre de Solano López. En esa ocasión, y cuando argumentaba que Francisco no tenía derecho a usurpar la presidencia del país, la mujer reveló que Solano López no era hijo de Carlos Antonio López. Con esa sensacional revelación ella esperaba obtener el apoyo de los presentes para poder llegar a una paz con los aliados que preservase al Paraguay de la aniquilación, y que principalmente pusiese a salvo "las vastas riquezas de los López". En realidad, Solano López ocupaba la presidencia de forma legal, a través de una decisión del Congreso, aunque este se hubiera visto obligado a elegirlo. Pero la verdadera base de legitimidad para que Solano López hubiera asumido la presidencia paraguaya era el hecho de ser hijo de Carlos Antonio López. La confesión de Juana Carrillo le quitaba esa base[128].

Cuando visitó Asunción en 1888, el político e intelectual argentino Estanislao Zeballos escuchó también de diferentes fuentes la información de que Solano López no era hijo de Carlos Antonio López. Todas las personas que hablaron con Zeballos en la capital paraguaya sobre el fallecido dictador destacaron la diferencia de fisonomía entre Solano López y Carlos Antonio López. Esas personas

> "concuerdan en que [Solano López] no es hijo de este [Carlos Antonio López], sino de un señor Rojas. De ese modo, López sería medio hermano del actual coronel Mesa, que es hijo de Rojas, siendo ambos parecidos. Esto es voz pública en Asunción..."[129].

En su época, Rojas había sido uno de los hombres más ricos del Paraguay, al mismo tiempo que jefe de la policía política de Carlos Antonio López. Según una versión corriente entre los estudiosos paraguayos —no necesariamente aceptada por ellos, pero que el autor de este libro considera que tiene grandes probabilidades de ser verdadera—, Rojas era padrastro de Juana Carrillo y la dejó embarazada. Para resolver la situación, buscó a alguien que estuviese dispuesto a casarse con ella y a asumir la paternidad del bebé a cambio de una recompensa financiera. El joven abogado Carlos Antonio López aceptó ese papel y luego no discriminó al hijo de Rojas, tratándolo de igual modo que a sus propios hijos. Además del parecido físico, Francisco Solano López recibió de Rojas una herencia con la cual construyó un palacio que hoy es la sede del gobierno paraguayo.

Cuando las tropas brasileñas llegaron a San Fernando, luego de la retirada de Solano López, encontraron allí una escena impresionante. Los cuerpos de las víctimas ejecutadas habían sido arrojados en fosas descubiertas y eran sobrevolados por buitres que se disputaban trozos de los cadáveres. En cada fosa había un letrero colocado en una vara "clavada en una garganta o en una boca", con la leyenda "Traidores a la Patria". Todos los cadáveres estaban "inmensamente hinchados", tenían heridas de lanza, de bala o de cuchillo, con "las gargantas cortadas, cubiertas de gusaneras, los pechos abiertos a lo largo y con restos de los intestinos que ya habían arrancado los buitres"[130].

Caxias le relató al ministro de Guerra lo que había visto cuando ocupó San Fernando. Quedó impresionado cuando en un foso vio cadáveres semienterrados, con cabezas, brazos y partes del tronco fuera de la tierra. En otra fosa, los cadáveres permanecían insepultos y se podía ver que algunos habían sido degollados o decapitados. Reaccionando ante un espectáculo tan tétrico, Caxias escribió un párrafo que sintetiza la visión que los gobernantes brasileños tenían de la guerra y del papel civilizador del Imperio del Brasil en relación con el Paraguay.

"Los que hubiesen observado conmigo lo que acabo de describir, no solo en una República que se dice regida por instituciones libres, sino en un país que se proclama católico, habrían [de] convencerse de que el más resuelto enemigo que ha tenido y tiene el pueblo paraguayo es su actual dictador, Francisco Solano López. Ellos serían los primeros en declarar que las potencias aliadas, al tratar de liberar al Paraguay de López, e independientemente de la venganza por las injurias que se les hicieron a sus banderas, cumplen la más santa y justa causa que el catolicismo, la humanidad y la civilización les podían confiar"[131].

AVANCE Y VICTORIAS ALIADAS

Con la caída de Humaitá en manos de los aliados, Solano López ordenó la evacuación de San Fernando y retrocedió hacia Piquissirí, donde se instaló a mediados de septiembre de 1868. Allí ordenó erigir la fortaleza de Angostura sobre la barranca de la desembocadura del río Piquissirí en el río Paraguay, que estaba rodeada de terreno húmedo y de bosques. Esas fortificaciones podían llegar a convertirse en un instrumento para inmovilizar a los aliados, tal como lo había sido el cuadrilátero defensivo de Humaitá, pero Caxias implementó una estrategia para rodearlas y atacar a Solano López por la retaguardia.

De Humaitá a Lomas Valentinas

Mientras esperaba que el nuevo gobierno brasileño respondiera a su sugerencia de paz, Caxias se mantuvo activo en el plano militar, y en agosto preparó un ataque al enemigo en Tebicuarí. El día 13 de ese mes reunió a los jefes militares aliados en su cuartel general en Pare-Cué, presentándoles allí un plan de operaciones que fue aprobado por todos[132].El marqués creía que podía terminar con la guerra en dos meses, "para salir pronto de aquí, mientras Dios me conserva la salud". También creía que "ya conseguimos un buen desagravio de López, pues el Paraguay quedó arrasado por lo menos por 50 años"[133].

El día 15, el general Gelly y Obes informó que los 6 mil soldados argentinos no marcharían con las fuerzas brasileñas pues había recibido órdenes de su gobierno en ese sentido, dado que "la situación está impregnada de ideas de paz". En el mismo oficio donde se informaba sobre el hecho a Río de Janeiro, el marqués señalaba que Gelly y Obes se había deshecho en gentilezas con el grupo de oficiales paraguayos prisioneros que debían custodiar los militares argentinos según el reparto establecido entre las fuerzas aliadas. A esos oficiales se los liberó y se los envió inmediatamente a Buenos Aires, tratando de persuadirlos de que ello era producto de la generosidad argentina[134].

La postura de Gelly y Obes reafirmó en Caxias la sospecha —expuesta el día anterior, 14 de agosto— de que la Argentina estaba interesada en prolongar el conflicto. El motivo sería la ganancia en libras que el Brasil "volcaba en los cofres de Buenos Aires", en referencia al dinero que gastaba el Imperio en el Plata con la compra de provisiones para las fuerzas terrestres y navales que estaban en operaciones en el Paraguay[135]. De hecho, en todas las plazas comerciales del Plata se hacían fortunas gracias "a la reconocida tolerancia de la administración brasileña" con las intendencias militares, por el alto precio en que se les vendían los mantenimientos[136]. Solo con la alfalfa que se compraba en Buenos Aires los gastos ascenderían a la enormidad de dos millones de libras esterlinas por año. Parece una suma excesiva, y el representante español en la capital argentina, de quien procede la información, utiliza el condicional. Sin embargo, afirma taxativamente que había "abusos" con los gastos de guerra brasileños, indicando la existencia de corrupción con la provisión a las tropas brasileñas, aunque sin identificar a los responsables[137].

Es obvio que a los comerciantes y especuladores argentinos y de otras nacionalidades no les interesaba el fin de la guerra. Sin embargo, Caxias se equivocaba en cuanto al supuesto interés oficial argentino en la continua-

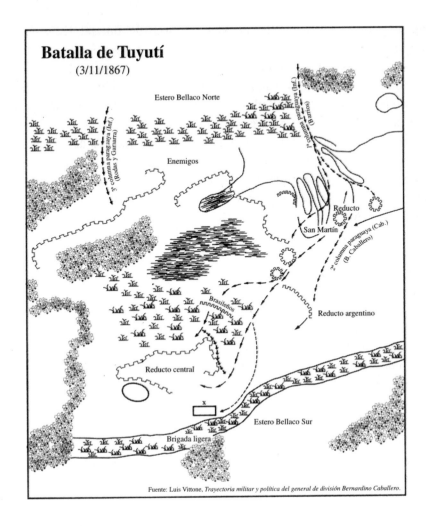

Batalla de Tuyutí
(3/11/1867)

Estero Bellaco Norte

1ª columna paraguaya (Inf.) (Barrios)

3ª columna paraguaya (Inf.) (Rodas y Garrarra)

Enemigos

Reducto

San Martín

2ª columna paraguaya (Cab.) (B. Caballero)

Reducto argentino

Brasileños

Reducto central

x

Estero Bellaco Sur

Brigada ligera

Fuente: Luis Vittone, *Trayectoria militar y política del general de división Bernardino Caballero.*

ción de la guerra. De todos modos, frente a la negativa de Gelly y Obes a marchar con sus tropas, el gobierno imperial aprobó que el marqués continuase con el ataque planeado sin contar con la fuerza argentina, y consideró que la alianza con Buenos Aires estaba rota. El presidente Mitre le pidió al enviado brasileño en misión especial al Plata, consejero Joaquim Thomaz do Amaral —futuro vizconde de Cabo Frío—, que el Imperio suspendiese la ruptura, en lo que fue atendido[138].

No obstante, Caxias no estaba en contra de la Triple Alianza. Creía que en el plano militar "no precisamos de las fuerzas argentinas y orientales", incluso cuando no fuesen, como en aquel momento, "tan insignificantes" numéricamente. Pero era consciente de la necesidad de sostener la alianza por motivos políticos, pues el retiro de las tropas argentinas y uruguayas del Paraguay podría causar un "terrible efecto moral" del que tal vez se aprovecharía Solano López[139].

Las circunstancias políticas y militares desaconsejaban el fin de la Triple Alianza, de modo que aquella declaración de ruptura de parte del gobierno imperial fue el resultado de una calculada forma de presión para lograr un cambio de posición argentino. Y, de hecho, el 6 de septiembre Gelly y Obes le comunicó a Caxias que había recibido órdenes del gobierno argentino para volver a participar en las operaciones de guerra junto al Ejército brasileño[140]. El marqués tenía una percepción equivocada de ese acontecimiento, puesto que entendía que se debía a la influencia positiva del presidente electo de la Argentina, Domingo Faustino Sarmiento, quien asumiría el cargo en octubre de 1868 y con el que saldrían beneficiados los intereses del Imperio. Pero el gobierno brasileño, acertadamente, no pensaba de ese modo, y Río de Janeiro deseaba que la guerra finalizase antes de que asumiera el nuevo jefe de Estado. Después de todo, con el cambio de presidente se generaba un margen de incertidumbre en cuanto a la posibilidad de que Buenos Aires continuase con su política en relación con el conflicto, o a que el fin del gobierno de Mitre era también la muerte de la Triple Alianza, como pensaba el ex representante de la Confederación Argentina en París, Juan Bautista Alberdi[141]. Al mismo tiempo, el gabinete conservador se veía presionado por la opinión pública brasileña que era desfavorable a la continuidad de la lucha, por lo que terminar con ella era una prioridad.

Caxias pensaba terminar la guerra pronto. Cuando el ex representante de los Estados Unidos, Charles Washburn, partió del Paraguay luego de su ruptura con Solano López, les pasó informes sobre la situación de este último a los aliados. Al almirante José Ignacio le dijo que el dictador paraguayo había declarado que en caso de ser derrotado en Villeta se retiraría hacia las Cordilleras, una región montañosa del interior del país desde donde podría resistir durante un año, obligando a los aliados a realizar mayores sacrificios. José Ignacio le transmitió esta información a Caxias, quien se sirvió de ella, y el 13 de septiembre relató en un boletín los últimos acontecimientos, sintetizando su análisis de los hechos en el último parágrafo:

"¿Qué hará López? ¿Nos esperará en Villeta, hacia donde marchamos, o a esta hora habrá huido al igual que lo hizo en su legendario Tebicuarí? En todo caso, los Ejércitos aliados ocuparán la capital del Paraguay dentro de pocos días (...)"[142].

El día 14 de septiembre, el Ejército aliado retomó la marcha en dirección a Palmas, cerca del fortín Angostura, cuyos cañones dominaban un angosto trecho del río Paraguay y dificultaban la acción de la escuadra brasileña. Angostura era la primera fortificación del nuevo complejo defensivo de Solano López. El día 23 del mismo mes, la vanguardia brasileña recibió la orden de tomar el único puente que existía sobre el arroyo Surubi-í para garantizar de esa forma el paso del Ejército aliado. Una vez que atravesó el puente, la vanguardia fue sorprendida por una tropa paraguaya mayor de la que se esperaba, pues una parte de ella estaba escondida en el monte que rodeaba la cabecera. Se entabló entonces una reñida lucha donde cayeron muertos muchos brasileños, mientras que el resto de la tropa se vio obligado a retroceder. Posteriormente se efectuó un nuevo ataque que permitió tomar el puente tras un duro enfrentamiento, y los paraguayos se batieron en retirada. En ese combate, el 5º Batallón de Infantería perteneciente a la 2ª División al mando del coronel Pedra le dio la espalda al enemigo y huyó desordenadamente. Caxias entonces ordenó disolver ese batallón, repartiendo a sus miembros entre otras unidades del 3er Cuerpo de Ejército. Una investigación militar no consideró culpable de cobardía al comandante del extinto batallón, mayor Joaquim José de Magalhães, quien fue incorporado a otra unidad de infantería "hasta que por su forma de proceder en el futuro pueda dar pruebas inequívocas de la necesaria firmeza que le faltó en la ocasión en que sus comandados retrocedían sobre el puente"[143].

El 24 de septiembre la vanguardia aliada llegó al puerto de Palmas, sobre las márgenes del estero Poí. Desde su partida de Pare-Cué el 19 de agosto, en las cercanías de Humaitá, hasta llegar a Palmas, Caxias había dirigido durante 36 días una marcha de cerca de doscientos kilómetros por terreno pantanoso y desconocido, bajo abundantes lluvias. En Palmas el marqués observó la posición de Villeta, que estaba ubicada a cerca de doce kilómetros, y mandó que el general Gelly y Obes trajese sus tropas hasta ese puerto para utilizarlo como base de operaciones. Entre Palmas y la región donde se refugió Solano López había un terreno desconocido —como siempre—, con ríos transversales que obstaculizaban el avance de las tropas aliadas, y que impedían que la caballería pudiese efectuar un rápido reconocimiento para localizar anticipadamente el lugar donde se encontraba el grueso de las tropas enemigas e identificar sus fortificaciones. La mayoría de las tropas argentinas llegó a Palmas los días 28 y 29, mientras que el 30 lo hizo el resto, cuando Gelly y Obes se presentó ante Caxias.

El 28 de septiembre la caballería brasileña efectuó un reconocimiento superficial de las posiciones enemigas, y al día siguiente Caxias remontó el río hasta Angostura junto con el almirante José Ignacio. Pudieron observar entonces una represa que había sido construida por los paraguayos para inundar el terreno cercano a la fortificación a fin de dificultar un ataque del Ejército aliado. El día 1º de octubre, Osório realizó un nuevo reconocimiento en el que pudo constatar que el arroyo Piquissirí no podía ser atravesado debido a la represa y a sus empinadas barrancas. La única manera de hacerlo sería por medio de un puente, el que debería ser construido bajo el fuego enemigo[144].

Caxias estaba convencido de que tenía frente a sí una fuerte posición defensiva, difícil de ser tomada en un ataque frontal y que contaba con cerca de nueve kilómetros de trincheras protegidas en su retaguardia por la laguna Ypoá, que no les dejaba ningún lugar de tránsito a los aliados. De esta forma, había tres opciones: sostener las posiciones prolongando la guerra sin prever un final, como se había hecho en Humaitá; bordear Angostura por su lado derecho, aunque el terreno inundado constituía una barrera insuperable, y por último, utilizar el territorio del Chaco, ubicado en el lado izquierdo. Las naves de la Marina podrían transportar hacia allí a los soldados brasileños, quienes marcharían arriba de Angostura por la margen opuesta del río Paraguay y serían traídos de vuelta por esas naves de guerra hasta un punto ubicado atrás de esa posición[145]. Pero las naves de la Marina imperial eran de guerra y no de transporte, por lo que se revelaban incapaces de transportar a miles de hombres directa y rápidamente encima de Angostura, sin darle tiempo al enemigo para que las descubriera y preparara una emboscada para matar a los que desembarcaban.

Para sorprender a los paraguayos por la retaguardia, el comandante brasileño tomó una audaz medida que ya había sido ensayada por el propio Solano López: utilizar el Chaco. Ordenó entonces la construcción de un camino que atravesaba el inundado terreno chaqueño por el cual pudiese pasar el grueso del Ejército brasileño. Luego de que 3.554 hombres trabajaran duramente durante 23 días, quedó listo un camino de once kilómetros de extensión —tres de los cuales estaban cubiertos con troncos de palmeras derribadas para tal fin— con cinco puentes. En ese momento los aliados contaban con 31 mil soldados —25 mil brasileños, 5 mil argentinos y mil uruguayos—, mientras que los paraguayos no eran más de 18 mil[146].

Gelly y Obes quería que las tropas argentinas participaran en la marcha por el Chaco, pero Caxias no aceptó la oferta argumentando que el Chaco carecía de importancia estratégica[147]. A esa altura de los acontecimientos Caxias ya estaba cansado del comandante argentino, sobre todo porque luego del incidente en que las tropas argentinas se negaron a marchar junto con las fuerzas brasileñas, se había producido una redefinición del comando aliado. El 3 de octubre, el representante brasileño en Buenos Aires, Thomaz do Amaral, firmó en esa ciudad un protocolo sobre la conducción de la guerra con el canciller argentino Rufino de Elizalde. Según ese documento, mientras el conflicto se desarrollase en territorio paraguayo no habría comando en jefe aliado. Así, los jefes militares argentino, brasileño y uruguayo realizarían operaciones militares en conjunto "en tanto lo permitan las circunstancias", hasta que sus gobiernos llegaran a un acuerdo sobre el comando aliado[148]. Si bien esta función nunca volvió a ejercerse, la acción contra Solano López no se vio comprometida debido a que fue encarada básicamente por las fuerzas brasileñas, que continuaron bajo un comando unificado, al contrario de lo que había sucedido al comienzo de la guerra.

Caxias no imaginaba que perdería el comando en jefe aliado, y le había prevenido al gobierno brasileño que "no estoy dispuesto a sujetarme otra vez ni a Mitre, ni a cualquier otro". Recordaba que, después de todo, la guerra se estaba librando a costa del Brasil, y antes de dejar su conducción en otras manos prefería pedir el retiro alegando enfermedad[149]. Caxias recibió con reservas la noticia de la pérdida del comando de todas las fuerzas aliadas. Pensaba que como la guerra se acercaba a su fin, el "nombramiento" de un gobierno provisional paraguayo con el cual su homólogo brasileño debía tratar la cuestión "tan vital" de los límites, podría encontrar objeciones en "nuestros antagonistas platinos". A pesar de que estaba seguro de contar siempre con el voto del general uruguayo Enrique Castro en las reuniones del comando aliado, el marqués temía que en el futuro pudiese ser vencido por dos votos a uno. El general brasileño le escribió a Paranhos que la relación armónica que mantenía con su colega uruguayo le permitía contener a Gelly y Obes, quien "va mostrando su juego"*[150].

El comandante de las fuerzas imperiales tenía un pésimo concepto de su colega argentino, y afirmó que Gelly y Obes no era reconocido como militar ni siquiera por sus propios soldados, a los cuales les vendía mercaderías y comestibles, descontando su pago del sueldo "con notable y reprobable usura". Caxias relató que como había ordenado instalar una capitanía en Palmas a cargo de un oficial brasileño, el general argentino entró en conflicto con el militar. Gelly y Obes practicaba el comercio en una tienda que había sido armada para ese fin, "despreciando sus funciones", lo que hacía que los propios militares argentinos no lo reconociesen como un militar[151].

En la correspondencia que mantuvo con el ministro de Guerra, barón de Muritiba, Caxias le comentó que Gelly y Obes era "cero como militar y general". Esa aversión de Caxias llevó a que Gelly y Obes fuera marginado de las decisiones sobre las operaciones militares por lo menos hasta mediados de 1868[152]. La posición de Caxias tal vez derivase de su queja en cuanto a que, luego de haber asumido el comando en jefe, cualquier movimiento en el que participaron las fuerzas argentinas "no se hizo en el mismo día

---

* *N. del T.*: Expresión del habla popular cuya traducción literal sería "va poniendo las mangas afuera".

Mientras su caballo pisotea las banderas de los países aliados, Solano López aterroriza con su espada a Pedro II, quien cae de rodillas. Al contrario de lo que muestra el grabado, a esa altura de la guerra la situación paraguaya era precaria y Solano López retrocedía.

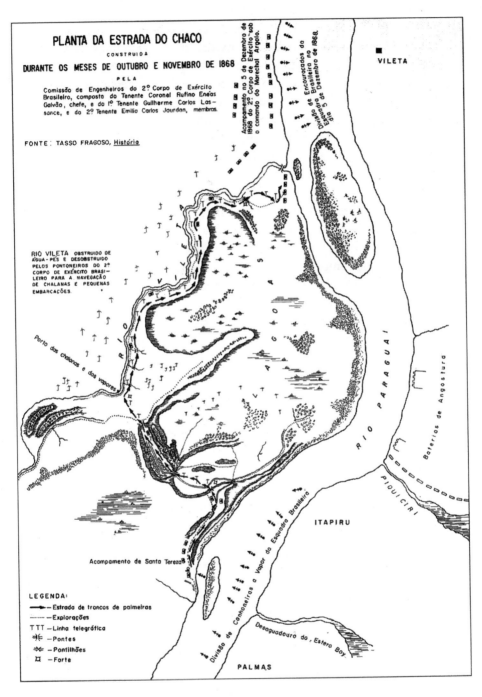

La ruta del Chaco, construida durante los meses de octubre y noviembre de 1868.

y hora que yo había marcado", mientras que Gelly y Obes presentaba excusas para contrariar las órdenes recibidas[153].

En lo que respecta al lado paraguayo, es razonable suponer que Solano López mantenía la esperanza de que los aliados no pudieran continuar con la guerra debido a la situación interna de sus países. Sin embargo, que esa esperanza ya no era la misma de antes lo evidencia el hecho de que el dictador paraguayo tomó precauciones enviando al exterior dinero y joyas. Entre los meses de octubre y noviembre de 1868, un vapor francés y otro italiano iban y venían diariamente entre Palmas —ocupada por los aliados— y la fortificación paraguaya de Angostura, y sus comandantes visitaban a Solano López en su cuartel general. Las naves querían retirar a los ciudadanos de sus países que todavía permanecían en el Paraguay. Según Thompson, Solano López utilizó esos vapores para fletar pesadas cajas, que exigían ser cargadas por entre 6 y 8 hombres cada una. "Probablemente" en ellas había una parte de las joyas que les habían sido "robadas" a las damas de Asunción en 1868, así como "un número inmenso de patacones"[154].

El día 3 de diciembre llegó a Angostura el nuevo representante norteamericano en el Paraguay, general MacMahon. El funcionario venía a sustituir a Charles Washburn, que se había visto obligado a retirarse del país al ser acusado de conspiración, y a quien el gobierno paraguayo le había faltado el respeto forzándolo a la entrega de Masterman y Bliss, que estaban refugiados en la legación. Para exigir la libertad de esos dos prisioneros, MacMahon venía acompañado por la cañonera norteamericana *Wasp*, al mando del almirante Davis. Solano López recibió con tanta amabilidad al nuevo representante norteamericano que este quedó convencido de que los dos prisioneros formaban parte de la conspiración. De todos modos, Davis tenía órdenes de llevarse a los cautivos, y aunque el líder paraguayo intentó tergiversar los hechos afirmando que quería entregarlos pero se lo impedían los tribunales paraguayos, se vio obligado a dejar partir a Masterman y Bliss por la amenaza que representaban los cañones de la *Wasp*[155].

Mientras tanto, Solano López mantenía la esperanza de que Domingo Faustino Sarmiento, nuevo presidente electo de la Argentina en agosto de 1868, retirara a su país de la guerra. Si ello ocurría, se podían crear las condiciones necesarias para una paz negociada, especialmente si intervenía una potencia extrarregional, como los Estados Unidos, cuyos objetivos en el Plata eran mirados con desconfianza por los gobernantes brasileños. Y realmente había motivos para ese sentimiento, pues los agentes diplomáticos de ese país en esta parte del continente, así como los oficiales superiores de la escuadra norteamericana en la región platina, tenían crecientes actitudes perjudiciales hacia el Brasil y sus aliados en la guerra[156].

Pero los acontecimientos se precipitaron y defraudaron las expectativas que tenía Solano López. Las tropas brasileñas cruzaron de Palmas hasta el Chaco en acorazados, desembarcando el día 3 en medio del lodo, los charcos y los matorrales. A continuación, marcharon bajo la lluvia durante cuarenta y ocho horas, prácticamente sin descansar, hasta que en la mañana temprano se embarcaron de nuevo y cruzaron el río Paraguay para hacer pie en San Antonio, un poco arriba de Villeta[157]. Este lugar había sido escogido luego de que la exploración de los acorazados demostrara que allí no había fortificaciones enemigas. El plan era marchar en dirección al reducto de Solano López, completando el cerco impuesto por la escuadra brasileña en el río Paraguay y por las fuerzas argentinas y brasileñas que se habían quedado en Palmas, al sur del Piquissirí. En este punto quedaron 10.130 soldados: 6.500 argentinos, ochocientos uruguayos y 2.830 brasileños[158].

En la madrugada del 5 de diciembre, la Marina imperial trasladó al Ejército brasileño desde el Chaco hasta San Antonio; cuando se ponía el sol de ese día ya habían sido transportados 17 mil soldados, mil de los cuales eran de caballería. Del 6 al 9 de diciembre, las naves habían transportado más tropas del territorio chaqueño para San Antonio, mientras que en el Chaco permanecían cuatro divisiones de la caballería brasileña[159]. Caxias ahora podía intentar su inteligente estrategia de atacar la retaguardia de Solano López.

La "decembrada": Itororó, Avaí y Lomas Valentinas

El grueso del Ejército brasileño, compuesto por 18.600 hombres, se puso en marcha rumbo al Sur el día 6 de diciembre para atacar por la retaguardia a la línea enemiga de Piquissirí. Luego de recorrer seis kilómetros por un estrecho camino, los brasileños llegaron a lo alto de una colina desde la que se descendía por un sendero angosto, con vegetación en ambos lados, y se llegaba al puente sobre el arroyo Itororó, punto de pasaje obligatorio para marchar en dirección a la retaguardia de Solano López en Lomas Valentinas. Itororó estaba ubicado en medio de un espeso bosque, medía entre tres y cuatro metros de ancho por 4,5 metros de profundidad y tenía muy poca agua. Los 12 mil brasileños que debían superarlo lo encontraron ocupado por los paraguayos, con 5 mil hombres al mando del general Caballero que defendían el tosco y estrecho puente que permitía su travesía. Como Solano López pensaba que el desembarco brasileño sería en Villeta y no en San Antonio, ordenó cavar trincheras en torno de esa primera ciudad y dejó en alerta una fuerte columna móvil al mando de Caballero, que era su mejor jefe militar. La columna de Caballero debía enfrentar a los brasileños en donde estos desembarcasen, y fue ella la que combatió en Itororó y Avaí. Los combates en Itororó comenzaron a las 8 y cesaron a las 13. Allí, los paraguayos perdieron 1.200 hombres —seiscientos de los cuales fueron muertos—, mientras que los brasileños, a pesar de salir victoriosos, perdieron 1.806 combatientes entre muertos y heridos; incluso murieron dos generales: Argolo y Gurjão[160]. El terreno era favorable para la defensa, pues no había espacio para las maniobras aliadas, y en un momento en que la caballería brasileña retrocedía ante un ataque, atropelló a su propia infantería, que estaba atrás de ella[161].

Según Maracaju, el combate de Itororó se precipitó por iniciativa de Caxias, quien no esperó a que Osório terminara de bordear el arroyo con el 3er Cuerpo de Ejército para atacar las posiciones enemigas por la retaguardia. En un discurso del senador Silveira da Motta del 9 de septiembre de 1870, se dice que la orden del día de Caxias se refiere a ese acontecimiento insinuando la culpa del general Osório, quien hubiera podido llegar fácilmente para atacar a la retaguardia enemiga si no hubiese "ocupado su tiempo" en vencer a una "pequeña partida paraguaya". El senador leyó entonces una carta de Osório fechada el 1º de agosto de ese año, en la cual explicaba que había recibido la orden de marchar por la retaguardia enemiga luego de que comenzó el primer ataque a Itororó. Escribió Osório:

> "Ya ve V. Excia. [senador Silveira da Motta] que cuando me separé del Ejército, comenzó el fuego en el puente, y recorrí la mitad del camino cuando el combate había terminado"[162].

Caxias reconoció que Osório se separó del Ejército después que comenzó el combate por el puente de Itororó. Sin embargo, el marqués afirmó que el mayor Céspedes —un paraguayo que guió a Osório en la marcha para alcanzar la retaguardia paraguaya— le había dicho que el recorrido era de diez kilómetros, cuando en realidad resultó ser el doble. Según el relato de la citada carta, Caxias lanzó la vanguardia de la fuerza brasileña contra los paraguayos del puente de Itororó cuando Osório comenzaba su marcha. Pero la vanguardia fue rechazada en tres ocasiones y el comandante en jefe —según se lo explicó posteriormente al general *gaúcho*— comenzó el ataque con la fuerza principal sin esperar a que este llegara a la retaguardia enemiga, pues temía ser derrotado debido al desánimo que mostraban las tropas brasileñas. Caxias también confirmó ese aspecto en el debate del Senado, agregando que había esperado el "tiempo suficiente" como para que Osório recorriese los casi diez kilómetros previstos y que "si yo no atacaba de inmediato, la tropa se desmoralizaba". En esas circunstancias —se defendió el marqués—, "¿qué hacer? Fui al frente y cargué sobre la posición enemiga, la cual fue tomada". La tropa de Osório llegó al puente media hora después[163].

Por lo tanto, en la orden del día sobre el combate de Itororó se puede ver que Caxias evitó asumir la responsabilidad de haber ordenado el sangriento ataque frontal al puente. Al efectuar un registro ambiguo de la batalla, tal vez sin querer, dejó dudas sobre el comportamiento militar de Osório, lo que hizo que este militar se defendiera y revelara la verdad. Así, se sabe que Caxias subestimó las dificultades que presentaba un ataque frontal, iniciándolo cuando no había motivos para hacerlo, en lugar de explorar el flanco enemigo y eventualmente alcanzar su retaguardia. En caso de realizarse, el movimiento de cerco podría haber hecho que se ahorraran muchas vidas entre las tropas brasileñas. Sin embargo, durante casi toda la guerra ambos lados organizaban los ataques a partir de la tradición militar de grandes batallas frontales. Los movimientos de flanco, con la preocupación por el ahorro de vidas, eran una realidad reciente.

De hecho, Caxias no fue responsable por precipitar la batalla, pero prefirió callarse para preservar la memoria de un compañero muerto. Según el artículo "Breve resumen de las operaciones militares dirigidas por el metódico general marqués de Caxias en la campaña del Paraguay", publicado en el *Diário do Rio de Janeiro* el 23 de febrero de 1870, el día 4 de diciembre Caxias le ordenó al general Argolo que enviase soldados al puente de Itororó para un reconocimiento, porque este era el paso obligado para llegar a la retaguardia enemiga. La orden de Caxias establecía que si el reconocimiento no encontraba fuerzas enemigas importantes, el puente debía ser ocupado por los soldados brasileños. Argolo envió al coronel Niederauer para hacer el reconocimiento, pero no le dio la orden ni las fuerzas de infantería necesarias para ocupar el puente, olvidando las instrucciones del general en jefe. Niederauer efectuó el reconocimiento en la tarde del 5 de diciembre, cuando el puente estaba siendo custodiado por una pequeña fuerza paraguaya. Esto permitía la ocupación, pero como el coronel no tenía órdenes en ese sentido volvió al campamento brasileño. El general Argolo iba a la vanguardia de los brasileños que marchaban desde San Antonio, y cuando llegó a lo alto de una colina desde la cual se divisaba el puente, al ver a los soldados paraguayos le ordenó al coronel Machado que efectuara el ataque. Posteriormente, Osório le envió una carta al senador Silveira da Motta —un liberal que estaba interesado en desprestigiar a Caxias por cuestiones partidarias—; allí le contaba que en 1870, cuando Caxias se retiró de la guerra, se encontró con él en Montevideo y que el marqués le habría dicho:

> "Le debo una explicación: continué el ataque de Itororó, que había comenzado el general Argolo, sin esperar por V., temiendo ser derrotado a causa del desánimo que noté en las tropas..."[164].

Tiene razón Francisco Félix Pereira Costa, quien participó de la guerra, cuando afirma que aquellos que critican a Caxias por el ataque a Itororó intentan hacerlo responsable "¡por las faltas y errores de algunos de sus lugar-tenientes!". Otro protagonista de esa acción militar, el capitán Pedro Wer-lang, también refleja en su diario esas informaciones, aunque aclara que Nie-derauer, en su acción de reconocimiento, consiguió cruzar el puente hasta llegar a un "lindo campo", donde fue atacado por fuerzas enemigas que pro-vocaron la retirada brasileña. Al amanecer del día 6, Osório partió con la caballería para efectuar un reconocimiento y siguió por la izquierda y enci-ma del puente de Itororó, mientras que la 3ª Brigada de Caballería, junto con una división de infantería y una batería, marcharon directamente hacia el puente. La caballería iba en la vanguardia y, apenas entró en la picada descendente que llegaba hasta Itororó, fue atacada por cañones que los pa-raguayos habían colocado durante la noche. En ese momento, Argolo dio la orden de avance para tomar la batería sin percatarse de que había muchos más paraguayos camuflados alrededor de los cañones, quienes se lanzaron a la lucha[165].

Sin embargo, lo cierto es que en Itororó se "perdió inútilmente mucha gente"[166], y las repercusiones de la batalla extrapolaron el aspecto militar. Ese combate pasó a formar parte del folklore brasileño por medio de la conocida canción *Tororó* o *Itororó*. La versión de la misma de Santa Cata-rina dice:

Eu fui lá no Tororó
beber água e não achei,
Ver Moreno e Caballero,
*Já fui, já vi, já cheguei.**

El verso *"Beber água e não achei"* haría alusión a las aguas del riacho llenas de sangre, pues el lecho del río quedó tan lleno de muertos y heridos que sus aguas se tiñeron de rojo. Moreno y Caballero fueron los dos coman-dantes paraguayos de la batalla, y, por último, *"Já fui, já vi, já cheguei"* se-ría una reminiscencia de la frase de Julio César *Veni, vidi, vinci*[167].

Luego de ser derrotados en Itororó, Caballero y el resto de sus fuerzas se retiraron a Villeta, ubicada más o menos a seis kilómetros de distancia. Caxias estaba exhausto física y psicológicamente, y no les ordenó a las tro-pas de Osório —más de 5 mil hombres descansados— que persiguieran al enemigo. En la mañana del día siguiente, 7 de diciembre, Caxias marchó has-ta la capilla de Ipané con dos Cuerpos de Ejército bajo un sol calcinante,

---

* *N. del T.:* "Fui allá a Itororó/ a beber agua y no encontré,/ A ver a Moreno y Caballero,/ Ya fui, ya vi, ya llegué".

que mató por insolación a diecinueve soldados. En Itororó permaneció el 2º Cuerpo al mando del general José Luis Menna Barreto, quien estaba sustituyendo al fallecido general Argolo. En esa pequeña villa no se proveyó de comida a los miles de soldados ni al propio Caxias y su estado mayor; las tropas no recibían alimentos desde el día 4, y mitigaron el hambre comiendo las espigas de un vasto maizal cercano. Más tarde llegaron los empleados de la empresa argentina proveedora de víveres, Lezica & Lanús, restableciendo la provisión de la *bóia**[168].

Las tropas brasileñas partieron de San Antonio con provisiones apenas para tres días, además de uniformes y capas livianos, pues Caxias suponía una pronta llegada a Villeta. Esta localidad era el objetivo que debían alcanzar las tropas, ocupándola por la retaguardia, evitando las fronteras defensivas y permitiendo así el desembarco de las fuerzas brasileñas que todavía se encontraban en el Chaco: las divisiones de caballería de los generales João Manuel Menna Barreto y Andrade Neves. El plan establecía que, luego de concentrarse en Villeta y reconocer el terreno, las fuerzas brasileñas atacarían de inmediato las fortificaciones paraguayas en Lomas Valentinas, Piquissirí y Angostura[169].

El general Caballero recibió órdenes de Solano López para salir de Villeta e interceptar la marcha de Caxias. Así, el día 11 se trabó otro combate de cinco horas de duración un poco más abajo de Ipané, en un terreno levemente ondulado por el que cruza el arroyo Avaí. Solano López envió a ese punto entre 5 mil y 5.600 paraguayos, y además instaló dieciocho cañones abajo de Ipané. La opción de Solano López para entablar esa batalla fue un error, pues era un lugar sin importancia militar que podía ser fácilmente bordeado y cercado por un enemigo de mayor número[170].

Caxias dio instrucciones para el ataque desde lo alto de la elevación que le permitía una vista panorámica de las posiciones enemigas. El general Osório comenzó su marcha a las 8 de la mañana, descendiendo la elevación para atravesar el arroyo y alcanzar las baterías paraguayas. Osório se ubicó al frente de las tropas atacantes, cruzó el arroyo bajo un intenso fuego, y cuando había alcanzado el frente enemigo se desató una lluvia torrencial que inutilizó los viejos fusiles paraguayos de chispa. La lucha fue feroz y también confusa, debido a la lluvia; al igual que en Itororó, los soldados brasileños flaquearon y comenzaron a retroceder, obligando al propio Caxias a descender al terreno de combate para contenerlos. Mientras Osório se desplazaba de un punto a otro para evitar la desbandada de sus fuerzas, una bala le arrancó el maxilar inferior. El general escondió la herida con un poncho y

---

* *N. del T.:* El término hace referencia a la ración de comida de cada soldado.

continuó alentando a sus hombres hasta que la hemorragia lo obligó a detenerse. De pronto, los batallones paraguayos que hasta entonces solo se enfrentaban a la infantería y la artillería brasileñas formaron cuadros para hacer frente también a la caballería que se aproximaba. Dionísio Cerqueira fue testigo ocular, y describe así la escena:

> "surgieron (...) nuestros bellos regimientos riograndenses con las lanzas erguidas y las ondeantes banderolas rojas y blancas, como señalando el camino de la victoria. Escuchamos el rojo sonido de los clarines y todas aquellas hojas rutilantes se bajaron y desaparecieron las banderolas. Era la carga. Las inmensas columnas [de la caballería brasileña] se aproximaban cerradas y rápidas.
> Podría decirse que una cargaba sobre la otra. Se encontraron, enredándose y confundiéndose, y cuando cesó aquella épica refriega y los escuadrones se alinearon, no quedaba en pie un solo cuadro [paraguayo]. Todos habían sido aplastados por esa fatídica avalancha"[171].

Caballero consiguió salvar menos de doscientos hombres de los 5 mil que comandaba. Los brasileños sepultaron 3 mil cadáveres paraguayos, mientras que las fuerzas imperiales perdieron 2 mil soldados, entre muertos y heridos. Fueron aprisionados 1.200 paraguayos[172], junto con trescientas mujeres que los acompañaban. Según Garmendia, las mujeres fueron víctimas de abusos sexuales de parte de la soldadesca, y "sufrieron los ultrajes de la lujuria en la noche más negra de sus penas"; en tanto que a los adolescentes que formaban parte de las tropas paraguayas no se les perdonó la vida. Garmendia entiende que esos actos se debían al hecho de que "las atrocidades del tirano paraguayo [contra los prisioneros aliados] habían endurecido el corazón de sus enemigos"; era la venganza[173].

Al comentar los combates de diciembre, Centurión critica la "manía" que tenía Solano López de dividir su ejército en batallas secundarias, lo cual lo debilitaba. Afirma que con las tropas disponibles y otras venidas de Asunción y del interior, el Ejército paraguayo podía llegar a reunir 18 mil soldados. De esta forma, aunque fuese inferior en número a las fuerzas brasileñas, contaría con la ventaja defensiva; además, podía elegir el terreno para una batalla campal decisiva, que sería suficiente para vencer al enemigo. Otra alternativa hubiera sido hacer retroceder al Ejército paraguayo hacia el interior, para la región de la Cordillera, constituyendo una fuerte posición defensiva[174]. De hecho, la victoria paraguaya en una batalla campal en la región de Lomas Valentinas era una posibilidad, sobre todo si se consideran las ventajas defensivas del plan y la gran capacidad de combate que había demostrado tener el soldado paraguayo.

Caxias le contó al ministro de Guerra que en Itororó y Avaí había sido testigo de "muchos actos vergonzosos", siendo necesario "que yo abandonase mi posición de General en Jefe para conducir al fuego y a la carga a batallones enteros y cuerpos de caballería, que aun así no llegaron todos hasta las filas enemigas". Caxias también escribió que muchos oficiales brasileños perdían la vida a consecuencia de la "indisciplina, [y] flaqueza de los Cuerpos que comandaban"[175]. El general Hilário Maximiano Antunes, por ejemplo, viendo que la división que comandaba se resistía a avanzar sobre el enemigo, se lanzó en dirección al puente sobre el Itororó exclamando "camaradas, vean cómo va a morir vuestro general". Algunos días después falleció como consecuencia de las heridas recibidas en esa acción. En el momento en que Caxias pasaba frente a las tropas que se negaban a combatir, dio la voz de "firmes" y, con la espada desenvainada, se arrojó sobre aquella posición mientras gritaba "síganme los que sean brasileños"[176].

Centurión describe en forma pormenorizada la batalla de Itororó, incluso el retroceso de las tropas brasileñas y el esfuerzo que hicieron sus oficiales para llevarlas adelante, pagando con su propia vida tal iniciativa. Las fuerzas imperiales avanzaron y retrocedieron tres veces, al igual que los paraguayos, que siempre mantuvieron el control del puente sobre el arroyo. Luego de cuatro horas de combate, y en un nuevo ataque comandado por el general Bittencourt, los batallones brasileños comenzaron a retroceder en desorden. En ese momento, Caxias descendió de la colina desde la cual dirigía la lucha, desenvainó la espada y se lanzó sobre el puente "dando 'vivas' al Emperador y al Brasil". Allí, las balas del enemigo mataron a su caballo y a varios hombres que lo acompañaban. "Entusiasmada por ese acto de heroica intrepidez", la tropa atravesó el puente y batió a los defensores paraguayos[177], quienes prácticamente estaban sin municiones y combatían con bayonetas[178]. Si Caxias hubiese sido alcanzado cuando cruzaba el puente, tal como ocurrió con otros oficiales, es casi seguro que las tropas se hubieran desbandado huyendo en desorden, con consecuencias imprevisibles para el desarrollo de la guerra.

Dionísio Cerqueira, participante brasileño de la batalla, describe la escena:

> "El viejo general en jefe, que parecía haber recuperado la energía y el fuego de los veinte años, pasó frente a nosotros animado, erguido en el caballo, el gorro de tapanuca blanca con la visera levantada y sujeto a la mandíbula por la yugular, la espada curva desenvainada empuñada con vigor y sujeta por el tirador de oro"[179].

El comandante en jefe planteó tres hipótesis para explicar la baja combatividad de las tropas. La primera era la presencia de esclavos en las filas imperiales, quienes, según Caxias, eran un ejemplo de indisciplina por ser

351

"hombres que no comprenden lo que es patria, sociedad y familia, que todavía se consideran esclavos que apenas cambiaron de señor". El segundo factor señalado era la larga duración de la guerra, "que ahora comienza a entibiar el ardor de nuestros soldados haciéndoles olvidar sus deberes más sagrados". Por fin, el marqués planteaba como tercera hipótesis el hecho de que "la mayoría de los oficiales de cualquier rango" no ejercía sobre sus subordinados "aquella influencia moral, germen de excelentes resultados"[180]. En realidad, todos esos elementos estaban combinados, pues los esclavos libertos no tenían motivos para identificarse con el Imperio, que los había privado de la condición de hombres libres, y al mismo tiempo, la larga duración del conflicto, en un ambiente físico hostil, desanimaba a la tropa en todos los niveles de la jerarquía.

El día 21 de diciembre los aliados partieron de Villeta —localidad en la que habían acampado y donde quedaron los servicios de salud y de reabastecimiento—, para dirigirse a Lomas Valentinas, más precisamente a la colina de Itá-Ivaté, ubicada a nueve kilómetros de distancia y donde se encontraba el cuartel general de Solano López. Caxias resolvió luchar solo con las fuerzas brasileñas que estaban bajo su mando, sin recurrir al contingente aliado que estaba en Palmas. El marqués solicitó que las tropas aliadas iniciaran una acción de distracción en las trincheras de Piquissirí —que fueron atacadas por el general Gelly y Obes—, a fin de evitar que los paraguayos que las defendían fuesen a reforzar a Solano López en Itá-Ivaté[181].

La superioridad brasileña era aplastante, pues los atacantes contaban con 19.415 soldados, mientras que Solano López apenas tenía entre 9.300 y 9.800 hombres en Itá-Vaté, buena parte ancianos, inválidos y niños, además de setecientos en Angostura y de 2.500 a 3.000 en la línea defensiva del Piquissirí. A pesar de haber hecho el reconocimiento de Itá Vaté, Caxias no pudo descubrir que la posición era accesible por diversos puntos y que si la rodeaba podía atacarla en lugares donde no había ninguna fortificación; no obstante, prefirió atacar la posición enemiga justamente por los dos desfiladeros del frente, que eran los más fortificados[182]. Los paraguayos perdieron 8 mil hombres en el combate[183], y en el auge de la lucha se desató un violento temporal que obligó a los brasileños a suspender el ataque cuando apenas estaban a algunos metros de las posiciones defensivas enemigas; la victoria de ese día le correspondió a Solano López. Entre el 23 y el 25 de diciembre ambos bandos recibieron refuerzos; las fuerzas paraguayas se vieron aumentadas por hombres provenientes de Cerro León y de Caacupé, y "hubo churrasco a voluntad y caña"[184].

El desempeño que tuvieron las tropas brasileñas en el combate del día 21 provocó una fuerte desilusión en Caxias. Durante el combate por la posesión del puente de Itororó el general ya había sido testigo de la huida de la infantería brasileña, viéndose obligado a liderarla en el asalto con un gesto suicida del cual sorprendentemente salió vivo. Amargado, desilusionado y con una dura sinceridad, el día 26 le escribió un oficio al ministro de Guerra. El marqués comenzaba diciendo que "era deplorable" verse "forzado por las conveniencias" a escribir oficios para el conocimiento público hablando de "hechos heroicos", pero que "obligado por la lealtad y la franqueza que debo a V. Excia. y al gobierno imperial, tengo que insistir [relatando] vergüenzas y miserias". El comandante brasileño escribió que no le fue posible continuar con el ataque contra la posición paraguaya que había comenzado el día 21 debido "[a la] flaqueza y cobardía con que, indignado, vi que avanzaban muchos Cuerpos de nuestra infantería resistiendo incluso alguno [sic] de ellos las órdenes de sus comandantes, e intentando retroceder antes que avanzar". Caxias escribió que la acción que se efectuaba por el flanco derecho también había fallado por esas razones, y al referirse a José Luiz Menna Barreto apuntó: "debiéndose agregar la nula fuerza moral que aquel general ejerce en las tropas que comanda, pues lo acompaña la conciencia de su mediocridad e incapacidad". Sin embargo, este oficial recibió varios elogios de sus contemporáneos, así como de José María da Silva Paranhos, quien arribó a Asunción en febrero de 1869, cuando estaba ocupada por las tropas imperiales. El diplomático escribe entonces que "el procedimiento del brigadier José Luiz Menna Barreto no merece de sus camaradas, generales y no generales, el juicio que manifestó el marqués en una carta particular"[185].

Caxias tuvo que arriesgarse demasiado para mantener el espíritu de lucha de las tropas. Contó que en la noche del 21 de diciembre se vio obligado a mantenerse en el caballo "soportando constantes aguaceros" y recorriendo las líneas para que las tropas pudiesen verlo y mantuviesen sus posiciones. El marqués escribió que el segundo en el mando, general Osório (vizconde de Herval), así como también el general Argolo y muchos otros de los "excelentes jefes en quienes deposito amplia confianza" estaban heridos, y que debido a las acciones que debía realizar personalmente, "de un instante a otro puedo estar muerto o gravemente herido". A consecuencia de ello, reiteraba el pedido de que se enviara al Paraguay como segundo al mando al general Guilherme Xavier de Souza, quien se encontraba en Rio Grande do Sul, y agregaba que no deseaba recibir a ningún oficial de Río de Janeiro que no tuviera experiencia para el puesto[186].

La queja de Caxias sobre la necesidad de su presencia para mantener las tropas disciplinadas y evitar las deserciones era producto de un resentimiento especial. Es que en los meses anteriores se le había impedido que utilizara todo el rigor de la ley para mantener la disciplina. El marqués llegó a reclamarle al ministro de Guerra por las sucesivas conmutaciones de la pena de muerte que Pedro II les concedía a los militares que habían recibido esa condena del Consejo de Guerra y de la Junta Militar de Justicia.

"Deploro", escribió Caxias, la conmutación de la pena de muerte para "el mayor de los crímenes", la deserción, así como la ampliación de ese perdón "a reos convictos de haber asesinado cobarde y traicioneramente a sus oficiales superiores, y algunas veces sus benefactores"[187].

Entre octubre de 1867 y julio de 1870, el emperador conmutó treinta de las 35 condenas a muerte pronunciadas en el teatro de guerra. Pedro II estaba contra la pena de muerte, y no solo conmutó gran parte de aquellas que eran emitidas contra militares sino también de aquellos contra los esclavos.

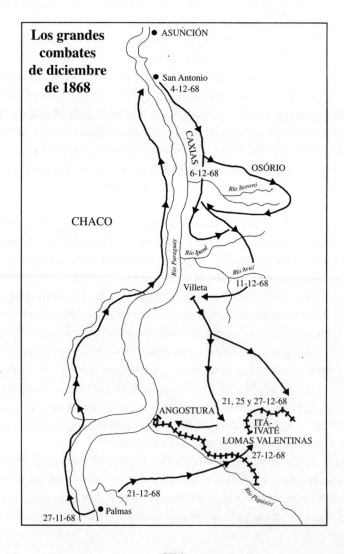

Esa posición del emperador quedó registrada en los *Conselhos à regente**, del 3 de mayo de 1871, cuando se preparaba para su primer viaje al exterior, y en Europa en sus conversaciones con Adolphe Frank[188].

Las constantes conmutaciones de las penas de muerte impuestas por la justicia militar en el Paraguay redujeron la eficacia de un instrumento con el que esperaba contar Caxias para imponerles disciplina a las tropas en situaciones de combate. La inmediata ejecución de la pena tendría una función disciplinatoria para los soldados, intimidándolos para que no imitaran el comportamiento del condenado. Para pasar por encima de la prohibición de ejecutar a los condenados a muerte sin una sanción del emperador, los comandantes recurrieron en tres ocasiones a las "planchadas": castigos con golpes de "espadas de plancha", sin punta ni filo, para los cuales no había reglamento que estableciese un límite máximo. Dionísio Cerqueira afirma que, al verse impedidos de aplicar la pena de muerte, los generales comandantes de cuerpos de Ejército burlaban la prohibición ejecutando a los condenados por medio de un excesivo número de "planchadas". Aunque afirma que solo fueron aplicadas en tres ocasiones, es probable que el número haya sido mayor[189].

Cuando el Ejército brasileño todavía marchaba por territorio argentino con destino al Paraguay, Cerqueira fue testigo de una aplicación de "planchadas" cuya finalidad era causar la muerte de los condenados. En Cuencas, sufrieron ese castigo hasta su muerte aparente dos soldados brasileños que habían atacado a un oficial extranjero, crimen para el que estaba prevista la pena capital. Mientras toda la tropa formaba en cuadro, en el centro de la formación los dos acusados recibieron centenares de golpes de las espadas sin filo. El condenado quedaba de pie, con la cabeza colgando hacia el suelo, los brazos caídos, mientras que a cada lado se turnaban soldados para golpearlo con las espadas:

> "Las dos espadas relucieron al mismo tiempo y cayeron sobre los anchos hombros de aquel atlético mancebo. Los golpes, que se sucedían a un ritmo fatal, hicieron que en pocos instantes la camisa volara en tiras coloradas y que las blancas espaldas se tiñeran de roja sangre chorreante. El hombre cruzó las manos y apretó los dedos de dolor.
> Los corneteros iban sustituyéndose por pares y las espadas continuaban cayendo, sordas y pesadas, sobre la masa sanguinolenta de las carnes laceradas. Contamos cincuenta planchadas.
> ¡El castigo no se detuvo! ¡El querido general se excedía! Cada uno de aquellos millares de hombres que presenciaban el luctuoso espectáculo sabían que nadie podía castigar con más de cincuenta golpes de espada de plancha y que la ley estaba siendo violada, pero no osaba decírselo al camarada, quien sentía un toque en su codo.

---

* N. del T.: *Consejos a la regente.*

El infeliz resistía sin un ay, sin un gemido. Cruzaba los brazos apretando el ancho pecho y comprimiendo el corazón, de cuyas ansias solo él sabía si eran por el dolor o por la deshonra. El médico se mantenía triste, cabizbajo y mudo. Todavía era estudiante y se había ofrecido para la guerra sin imaginar que la disciplina le reservaba aquel amargo trance.

Los golpes ya eran más de cien, cuando surgió un gemido de aflicción de los resecos labios del condenado. A ese le siguieron otros y otros más al ritmo del golpe de las espadas en el cuerpo flagelado. Después... no pudo más... y cayó de bruces. Avanzaron tres hombres. Dos de ellos ubicaron una carabina en posición horizontal sobre sus hombros derechos y la mantuvieron aferrada con la mano derecha, uno mirando al otro. Dos corneteros irguieron el cuerpo torturado y le pasaron los brazos por encima del arma; el tercer hombre le aferró las muñecas por el frente. A eso se le llamaba ¡castigar en las armas!

El suplicio continuó. Los gemidos iban apagándose poco a poco, hasta extinguirse del todo. De vez en cuando se oía un estertor del agonizante, cuyas piernas se bamboleaban. Y las espadas continuaban golpeando, movidas por brazos sin voluntad pero con mucha fuerza. El pobre desfallecía; la cabeza se le caía como desarticulada y el cuerpo estaba sostenido apenas por los brazos presos a la carabina.

El médico se aproximó, le tomó el pulso e hizo una señal. Todavía vivía. Las planchadas ya habían pasado de un millar... El pulso y el corazón del desgraciado todavía latían. ¡El castigo debía proseguir! Las espadas continuaron golpeando, implacables y pesadas.

El miserable se desmayó y rodó en la hierba, roja de tanta sangre. El camarada que le aferraba las muñecas no lo pudo aguantar. Sin embargo, era un Hércules. La compasión le relajó los músculos de acero y dejó caer al compañero casi exánime. Comparada con la mía —que era indescriptible—, la pena de ese hombre debía de ser grande. Levantaron al reo nuevamente, lo pusieron semimuerto sobre las armas y continuaron los golpes sordos y pesados.

Luego de mil quinientos golpes el médico le tomó el pulso otra vez y no lo sintió; auscultó el corazón y no oyó nada. ¿Estaba muerto? Lo llevaron en una camilla".

El médico los declaró muertos, pero, dos meses más tarde, Cerqueira los encontró de nuevo entre las tropas "delgados y pálidos"[190]. ¿Se habrá equivocado el médico, o mintió a propósito declarándolos muertos por compasión?

Las "planchadas" eran un instrumento de dominio sobre la tropa, y el no cumplimiento del límite de cincuenta golpes debe de haber ocurrido en otras ocasiones. Se trataba de un castigo temido, no solo por el dolor que provocaba sino también por la humillación que pasaba el castigado frente a sus compañeros. La "infamia" que representaba la posibilidad de recibir esa punición llevó a que el soldado Manuel Luis Pereira, del 41° Cuerpo de Voluntarios de la Patria, detenido por presentarse a la formación de la tropa con dos gorros, disparase con su carabina contra un teniente, quien luego falleció. Targino José de Lima, del 34° Cuerpo de Voluntarios, recibió cinco "planchadas" por haber empujado a un camarada, y "alucinado con la afrenta", mató a un capitán[191].

Ante la difícil situación que vivían sus tropas, en la noche del 21 de diciembre de 1868 Caxias le envió un oficio a Gelly y Obes donde le solicitaba el refuerzo de las fuerzas de Palmas para atacar Itá-Ivaté. Los soldados brasileños estaban abatidos y desorganizados, y no sin razón, pues:

> "a cualquier otro ejército, en iguales condiciones, le hubiera ocurrido lo mismo. Esa campaña de quince días, en medio del barro y la lluvia, soportando a veces los rigores de un sol ardiente y el calor sofocante en las marchas y contramarchas, mal alimentados, peor asistidos [en cuanto a atención médica] y combatiendo valerosamente, como lo testimonian 8 mil hombres [brasileños] fuera de combate, caídos en sus puestos de honor, era para acobardar hasta a un soldado de hierro"[192].

Dado que contaban con 24 mil soldados, Caxias y Gelly y Obes estaban convencidos de que la desproporción de fuerzas les daría la victoria. Debido a ello, y para evitar una carnicería, el día 24 intimaron a Solano López a que se rindiera en doce horas, a partir del recibimiento de la nota. En la intimación se afirmaba que el dictador paraguayo era responsable por la sangre derramada hasta entonces en la guerra, así como por la que se derramase en adelante, "si V. Excia. juzga que su capricho debe ser superior a la salvación de lo que resta del pueblo de la República del Paraguay". La respuesta de Solano López fue altiva. Les recordó a los aliados que hacía dos años que había intentado lograr la paz, en Yataytí-Corá, sin conseguir nada; les dijo también que persistiría en la lucha, pero que estaba dispuesto a tratar el fin de la guerra siempre que hubiese bases honorables para todos los beligerantes, resaltando que no aceptaba deponer las armas[193].

Los comandantes aliados se reunieron el 26 de diciembre para trazar el plan de ataque. Gelly y Obes le propuso a Caxias que trajese al Regimiento San Martín, que participaba en el cerco de Angostura, para fortalecer a las fuerzas del coronel Vasco Alves. Este último se encontraba en el potrero de Mármol, considerado el único punto por donde podía retirarse Solano López. El lugar tenía una gran importancia estratégica, pues por allí pasaban caminos que conducían a Cerro León, Itá, Itaquá y Pirajú. Si se ocupaba el potrero de Mármol los paraguayos estarían totalmente sitiados, por lo que el día 21 Caxias ordenó su ocupación por parte de la fuerza de caballería del barón de Triunfo, quien efectuó la ocupación luego de un enfrentamiento con una fuerza paraguaya. En el potrero, Triunfo apresó 3 mil cabezas de ganado, 500 ovejas y 400 caballos, y siguiendo órdenes de Caxias retiró de allí su división, no sin antes dejar en el lugar una brigada de caballería al mando de Vasco Alves para mantener ocupado el punto. El día 25, Alves derrotó a un piquete paraguayo matando a 200 enemigos y apresando a 35. Los prisioneros declararon que su misión era explorar y liberar el camino por donde pretendía huir Solano López, agregando que para eso ya estaba organizada la tropa que lo escoltaría[194].

Sin embargo, el mismo día 26, ante la propuesta de fortalecer la vigilancia del potrero Mármol con tropas argentinas, Caxias respondió que en ese punto ya había fuerzas suficientes y que el Regimiento San Martín era necesario para el bloqueo de Angostura. Para José Ignacio Garmendia —combatiente argentino e historiador de la guerra—, Caxias sobrecargó al Ejército brasileño con combates continuos y lo fatigó, pero no quería incorporar argentinos y uruguayos al combate principal para intentar monopolizar la gloria de la esperada victoria final[195].

El día 27 a las 6 de la mañana comenzó el asalto al cuartel general de Solano López. Participaron, además de los brasileños, los argentinos provenientes de Palmas que habían conquistado las trincheras enemigas de Piquissirí, así como también una pequeña fuerza uruguaya, los cuales atacaron la retaguardia de Itá-Ivaté. Al verse atacados por el frente, por los flancos y por la retaguardia, los paraguayos resistieron con mucha valentía, pero eso no impidió que los aniquilaran. Tres días después —el 30 de diciembre—, se rindieron los 1.300 soldados que estaban al mando de George Thompson en Angostura, último reducto del complejo defensivo de Piquissirí; las mujeres apresadas fueron violadas. El Ejército paraguayo había perdido casi 20 mil combatientes desde el día 6 de diciembre, o sea que estaba destruido. En el bando aliado fueron puestos fuera de combate casi la mitad de los efectivos brasileños, totalizando 10.079 hombres, con 2.099 muertos y 7.980 heridos. Los argentinos tuvieron 99 muertos y 464 heridos. Los muertos quedaron esparcidos en un área de cuatro kilómetros cuadrados, y gran parte de los cadáveres paraguayos eran de niños y ancianos; algunos niños tenían barbas postizas[196].

La fuga de Solano López: ¿un accidente?

Durante el combate, Caxias llamó como refuerzo a la tropa de caballería del coronel Vasco, que estaba en el potrero Mármol, dejando ese lugar desguarnecido. En los últimos momentos de la batalla, el general Rivas le comunicó a Gelly y Obes que la caballería brasileña había abandonado el potrero poco antes del comienzo del ataque al reducto de Solano López. Gelly y Obes reaccionó con incredulidad, respondiendo que eso no podía ocurrir pues todos sabían que el potrero Mármol era el único punto por donde podía escapar Solano López. Posteriormente, el comandante argentino se encontró con Caxias y le transmitió la información de Rivas, escuchando como respuesta que, efectivamente, la caballería de Vasco Alves había sido retirada porque era necesaria para atacar el reducto. Gelly y Obes le preguntó a Caxias cómo había podido cometer tal error, y se envió al 1er Cuerpo de Ejército argentino y a la caballería del coronel Vasco para perseguir al enemigo hasta el arroyo Juquerí, generándose un intercambio de disparos con la retaguardia de los que huían. Pero ya era demasiado tarde, pues Solano López se había retirado de Itá-Ivaté a las 9 de la mañana[197], dejando tras de sí bienes personales que "se componían de las más finas ropas, oro, platería y dinero". El campo de batalla estaba cubierto de cadáveres de hombres, caballos, vacas, perros y otros animales[198].

El coronel Centurión cuenta que en Itá-Ivaté la infantería aliada avanzaba destruyendo los pocos batallones de reclutas enemigos que encontraba a su paso, y que Solano López se retiró solo cuando aquella llegó a "una cuadra" del cuartel general paraguayo. La retirada se hizo lentamente por el potrero de Mármol, "a la vista de todos los enemigos [aliados], sin que estos o sus jefes enviasen ninguna fuerza en persecución". El capitán del Ejército brasileño Pedro Werlang participó del combate y anotó en su diario:

> "(...) pudimos ver a Lópes [isic!], su mujer, sus generales y su estado mayor emprendiendo la retirada hacia la Cordillera, sin que le obstruyésemos el camino. Eso hubiera sido fácil; ciertamente, al marqués de Caxias no le convenía detenerlo"[199].

Y dicha interpretación era aceptada en ese momento como una verdad por las tropas aliadas: Caxias dejó huir a Solano López. Los motivos y las circunstancias varían según la fuente. Así, el capitán del Ejército brasileño Jacob Franzen escribió que "el 26 de diciembre hubo una conferencia entre Caxias y López" donde el general brasileño solicitó la liberación del mayor Cunha Mattos —quien había sido aprisionado el 3 de noviembre en el ataque paraguayo a Tuyutí—, y el dictador paraguayo puso como condición para atender tal pedido que lo dejasen salir de Itá-Ivaté. Según Franzen, al día siguiente Solano López envió a Cunha Mattos y entonces se le permitió la salida. Cuando el conde d'Eu asumió el comando del Ejército brasileño en el Paraguay tres meses después, le "envió un parlamentario a López solicitándole el cumplimiento de la promesa que le había hecho a Caxias de terminar la guerra". Franzen no aclara cuál sería esa supuesta promesa, pero dice que la respuesta del dictador fue "que bien sabía lo que estaba haciendo". A su vez, el soldado brasileño Jakob Dick registró en su diario un comentario que corría por la tropa, en el sentido de que Caxias permitió la fuga luego de una conversación que tuvo con Solano López donde este le habría prometido no continuar con la lucha si lo dejaba escapar. En ese caso, Caxias podría proclamar el fin de la guerra, y "esa interpretación, entonces, era corriente en todo el Ejército"[200].

La fuga de Solano López causó una gran polémica en la época, y Caxias fue acusado de connivencia. En un libro publicado en 1907 y que se basa exclusivamente en la declaración del último sobreviviente de los prisioneros del vapor *Marquês de Olinda* —apresado por los paraguayos al comienzo de la guerra—, Lemos Britto hizo un relato muy interesante sobre aquel acontecimiento. El sobreviviente era Clião de Arouca, quien a principios del siglo xx tenía el puesto de vicealmirante, y el texto que resultó de su declaración fue calificado como "un bello trabajo" por el general Mario Barreto. Según la citada declaración, en la noche del 26 de diciembre Solano López recibió de vuelta a un emisario que había sido enviado por Caxias y ya "¡estaba combinado el plan de fuga del dictador!". Esta versión "se comentó hasta el cansancio entre las filas del Ejército"[201].

En el libro de Lemos Britto se cuenta que detrás de las fortificaciones de Lomas Valentinas había un extenso bañado que parecía una laguna. Solano López, que estaba acorralado en las trincheras, solo podía escapar atravesando el área inundada, en cuyos extremos se habían ubicado dos batallones por orden de Caxias. Durante un reconocimiento efectuado al atardecer del día 26, el general Manuel Menna Barreto le ordenó a un soldado que midiese la profundidad del espejo de agua con una lanza. Al explorarlo, se encontró un punto donde apenas quedaba sumergida la lámina de la lanza. Según el relato, de esta forma se habría descubierto un pasaje artificial construido por los paraguayos a un palmo bajo la superficie, y que se extendía en tangente hasta el talud de los fosos de la retaguardia. Luego de realizar este descubrimiento, el citado general —que más tarde moriría por una granada intentando salvarle la vida al conde d'Eu— le habría informado del hecho a Caxias. El marqués —siempre según el relato de Arouca— ordenó que se protegiesen las márgenes sospechosas con algunos batallones extendidos en línea, quedando así completamente sitiado el cuartel general paraguayo. El día 27, Solano López estaba acorralado por las tropas brasileñas, cuando estas se estancaron. Entonces Caxias envió al frente de batalla a dos de los batallones que vigilaban la laguna, "pero (...) ¡antes de esos batallones podía disponer de otros diez que esperaban órdenes!"[202].

Sin embargo, en la segunda edición del citado libro, en 1927, Lemos Britto cambió de idea. Se justificó señalando que en ocasión de la primera edición tenía apenas dieciocho años, y que como posteriormente había estudiado a fondo la vida de Caxias, tomando conocimiento de su gran patriotismo, "hoy no puedo admitir que hubiese de su parte ningún pensamiento deshonesto luego de la reñida lucha". Pero al concluir su razonamiento Britto reavivaba la duda sobre el acontecimiento al afirmar que "si

[Caxias] de hecho, permitió la fuga de López, fue porque creyó que estaba completamente aniquilado y sin capacidad de oponer ningún tipo de resistencia"[203]. A pesar de que no quería admitir que Caxias hubiese dejado huir a Solano López, Britto no desmiente la declaración de Clião de Arouca.

Un serio y bien informado autor paraguayo como Cecilio Báez, que fue contemporáneo de los veteranos de guerra, corrobora la explicación de la fuga consentida de Solano López. Para intentar negociar su salvación, el dictador habría utilizado los servicios de MacMahon, el representante diplomático norteamericano. MacMahon le habría enviado una carta a Caxias donde le suplicaba que dejase escapar a Solano López, comprometiéndose a embarcarlo y sacarlo del Paraguay. Caxias concordó debido a una "excesiva cortesía" con el diplomático americano, y Solano López salió por el potrero de Mármol sin ser molestado por la caballería brasileña, que lo vio escapar a una distancia de medio disparo de fusil. Sin embargo, MacMahon no cumplió su palabra[204].

Para Tasso Fragoso, un examen "meditado y sereno" de la situación, del terreno y de la forma en que se evadió Solano López, demostraría que las críticas que se le hacen a Caxias "no son justas". El autor afirma que en aquella época no había mapas de la región que pudieran orientar a las tropas con seguridad, lo que impidió una persecución. También está la versión según la cual MacMahon, el representante norteamericano en el Paraguay, se aprovechó del hecho de que Caxias era masón, al igual que él, para solicitarle al marqués que le permitiese a Solano López retirarse de Lomas Valentinas. MacMahon habría garantizado con la palabra oficial de los Estados Unidos que el dictador paraguayo abandonaría su país para ir a Europa. Sin embargo, incluso aquellos que presentan esta versión lo hacen en forma especulativa, sin ratificarla[205].

El propio diplomático norteamericano hizo un relato de los acontecimientos que no confirma el asentimiento de Caxias para la fuga de Solano López. Lo único que le informó MacMahon al Departamento de Estado fue que el líder paraguayo había evitado la captura galopando casi en soledad. Recién el 29 de diciembre, en Cerro León, y luego de decirle a Solano López que llegaría un momento en que sería imposible la resistencia, el diplomático le sugirió que podría mediar para que los comandantes aliados autorizasen su salida del país, pudiendo fijar su residencia en los Estados Unidos. El jefe de Estado paraguayo le respondió que estaba dispuesto a cualquier sacrificio personal, insinuando que aceptaría un acuerdo, pero agregó que eso no sería oportuno en aquel momento, pues luego de la victoria del día 27 los comandantes aliados estaban orgullosos y confiados, sin disposición para negociar[206]. Al igual que en otros momentos de la guerra, el dictador paraguayo adoptaba una postura irrealista, creyendo que un golpe de suerte frente al enemigo podría proporcionarle mejores condiciones de negociar la paz.

El vizconde de Maracaju fue testigo ocular de la fuga de Solano López, y afirma que la noticia de lo ocurrido causó "admiración y mala impresión". El hecho de que Solano López no fuera perseguido por una fuerza de caballería provocó "los juicios más disparatados". Al no ordenar la persecución, Caxias "hizo creer que había habido una promesa del ministro americano, general MacMahon, de que el dictador saldría del Paraguay inmediatamente"[207]. Y Maracaju no aclara nada más, evitando emitir una opinión sobre el rumor. Pero al no desmentir la versión, parece concordar con ella.

Una hipótesis explicativa para ese confuso evento sería la de considerar el estado psicológico de Caxias. Hacía mucho tiempo que el marqués estaba cansado de la guerra, cuya continuación consideraba inútil porque creía que el honor brasileño ya estaba vengado. Los combates de diciembre aumentaron su amargura, pues se había desilusionado con las acciones de las tropas y perdido la confianza en los oficiales superiores de su Ejército. Además, es probable que sufriera un fuerte impacto por la masacre que representaban las pérdidas hasta el 21 de diciembre[208]. A ese estado psicológico se le debe agregar el hecho de que Caxias ya era casi un septuagenario, que, en vez de gozar del confort de la vida en la Corte y ocupar su prestigiosa posición de senador, llevaba adelante la guerra y enfrentaba, además, los rigores del clima y la hostilidad del ambiente físico paraguayo. En ese contexto, se puede plantear la hipótesis de que, al no creer en la necesidad de la continuidad de la guerra, por cuyo resultado tal vez temiese en función de la pérdida de combatividad de las tropas brasileñas, Caxias haya dejado huir a Solano López como una forma de alcanzar la paz. Con la supuesta promesa de la salida de Solano López del Paraguay también estaría satisfecha la exigencia del Tratado de la Triple Alianza, mantenida por la orden de Pedro II, de que la guerra terminara solo con esa retirada.

Sin embargo, esa hipótesis parece frágil. El 27 de diciembre Solano López estaba acorralado por las fuerzas aliadas. En esa situación podía ser apresado —siendo seguro su exilio— o muerto, en caso de que no se rindiese. Es por ello que Caxias no tenía motivos para temer por la suerte de la guerra; y más aún, cerrar el conflicto victoriosamente, con la prisión o la muerte del líder enemigo, le granjearía grandes méritos. Por lo tanto, la lógica lleva a la conclusión de que no existían motivos para que el marqués permitiera la fuga de Solano López como una forma de ponerle fin a la guerra, excepto si se considera la posibilidad de que el general brasileño creyese que la fuga del jefe de Estado paraguayo evitaría que fuese visto como un mártir —siendo esta una imagen que podría adquirir en caso de ser apresado o muerto. Tal imagen podría transformarse en un factor de exaltación de la opinión pública de las repúblicas vecinas en contra del Imperio. No obstante, esa hipótesis se desvirtúa ante el hecho de que la opinión pública de esos países ya era desfavorable al Imperio, así como también porque es muy improbable que Caxias tuviera preocupaciones tan elaboradas de política internacional en un momento en que su atención estaba concentrada por entero en el desgastante conflicto.

Pocos días después de la fuga del dictador paraguayo, Caxias le escribió a su amigo Paranhos diciéndole que había sometido a Solano López a "un círculo de hierro" y que "nunca pensé que pudiese escapar, y ya tenía un cuarto para él en mi campamento"[209]. Pero en realidad estas palabras no explican nada; ya su discurso en el Senado, el 15 de julio de 1870, es un poco más esclarecedor. En esa ocasión, Caxias afirmó que no persiguió a Solano López "por muchas razones". He aquí algunos fragmentos de su justificación:

> "(...) yo no podía saber por dónde había huido López. El Ejército enemigo se deshizo frente a nosotros (...) López se había escapado por la picada del potrero Mármol con sesenta jinetes. ¿Cómo había de perseguirlo en una circunferencia de tres leguas [veinte kilómetros], que era lo que comprendía el área de operaciones?
>
> Yo estaba en un punto; López huyó por el otro, internándose en el bosque. ¿Cómo perseguirlo? No obstante, yo había ordenado ubicar a la caballería en esos lugares; pero él podía pasar por el bosque sin que lo notase la caballería. En un gran combate, un grupo de sesenta hombres pasa inadvertido. Además, este grupo se internó en un bosque que nadie sabía hacia dónde conducía.
>
> Hacia mi retaguardia se encontraba Angostura (...) ¿cómo habría de internarme en esos caminos desconocidos con el Ejército? No era posible, sobre todo con el enemigo ocupando Angostura en nuestra retaguardia. Sin embargo, se le ordenó a una partida que explorara el bosque y trajeron [sic] muchos fugitivos. En aquella ocasión nadie sabía por dónde se había escapado López (...)
>
> Hoy en día no hay nada más fácil que discurrir sobre la manera de haber atrapado a López [gritos de] (apoyo); pero allá, ¿quién sabía dónde estaba, en tan considerable extensión de terreno ocupado por las fuerzas combatientes?"[210].

Si se parte de la premisa de que Caxias fue sincero en esa exposición, su incapacidad para ordenar la persecución de Solano López evidencia el grado de abatimiento psicológico que sufría el marqués, faltándole la agilidad mental para organizar sus fuerzas con la rapidez necesaria para aprisionar al jefe enemigo. Después de todo, Solano López no podía marchar hacia Asunción, pues el camino estaba ocupado por tropas brasileñas; tampoco podía dirigirse a Angostura, debido a la presencia de tropas aliadas entre esa localidad e Itá-Ivaté; entonces tendría que retirarse rumbo al interior, a la cordillera de Ascurra. Y la dirección que tomó fue vista por centenas de soldados aliados.

Caxias tiene a su favor el silencio del comandante de las fuerzas argentinas, general Gelly y Obes. Dado que este era su desafecto, no hubiera perdido la oportunidad de informar a Buenos Aires en caso de que se hubiera facilitado la fuga de Solano López, pero no dijo nada en ese sentido. Apenas señaló que el dictador paraguayo y Elisa Lynch huyeron a caballo, mientras que sus hijos los acompañaron en carruaje. Manuel Carazar, otro militar argentino que asistió a los acontecimientos, relató lo ocurrido como algo fortuito[211].

En el plano lógico no habría motivos para que Caxias dejara escapar a Solano López, incluso bajo la promesa de retirarse del Paraguay y ponerle fin a la guerra. La única posibilidad lógica que se puede considerar es que, siendo tanto Caxias como MacMahon masones, el diplomático, apelando al hecho de que ambos eran "hermanos" masónicos, haya conseguido que el general brasileño concordara en la retirada de Solano López de Lomas Valentinas. MacMahon le habría prometido a Caxias que Solano López partiría hacia Europa, acuerdo que no cumplió. Sin embargo, aunque esta versión sea comentada en libros y en algunos círculos masones, no existe evidencia documental que la respalde. Tasso Fragoso califica de "confusa" la versión de que MacMahon le habría escrito una carta a Caxias diciéndole que Solano López se embarcaría inmediatamente para Europa en caso de que fuese derrotado en Itá-Ivaté y no lo persiguiesen[212].

Por el contrario, la Orden del Día Nº 272 del 14 de enero, firmada por Caxias, puede ser utilizada para fortalecer la explicación de que se permitió la fuga de Solano López. En ese documento, luego de un breve relato de los acontecimientos del mes de diciembre de 1868, Caxias concluye: "La guerra llegó a su término, y el Ejército y la Escuadra brasileña pueden enorgullecerse de haber combatido por la más justa y santa de todas las causas"[213]. No obstante, la guerra continuó por más de un año y esa declaración de Caxias apenas contribuyó para la desmovilización de las tropas brasileñas, siendo objeto de fuertes críticas en el Brasil. Pero las palabras del comandante en jefe también fomentaron las dudas en cuanto a la fuga de Solano López. ¿Caxias declaró el fin de la guerra porque había destruido al Ejército enemigo y tomado su capital el 1º de enero de 1869 o, entonces, porque consideraba que Solano López cumpliría la promesa del supuesto acuerdo para salir del Paraguay?

Tiempo más tarde, Caxias se defendió en el Senado:

"Señores, nunca di por terminada la guerra. Apenas manifesté mi opinión. Después de lo que vi, después de lo que pasó, yo no podía suponer que López pudiese continuar con ella del modo que lo venía haciendo hasta entonces"[214].

De hecho, la ocupación de la capital paraguaya y la destrucción de su Ejército eran motivos para creer que la guerra había llegado a su fin. El propio Osório pensaba eso cuando, el 1º de enero de 1869, le escribió a su esposa que "nuestras pérdidas son sensibles, pero considero que la guerra terminó"[215]. Y como comentó posteriormente Paranhos, seguramente podría haber acabado "si nuestro amigo el Sr. Duque de Caxias" hubiese explorado todo el territorio cercano a la vía del ferrocarril, y perseguido a Solano López en esa región[216].

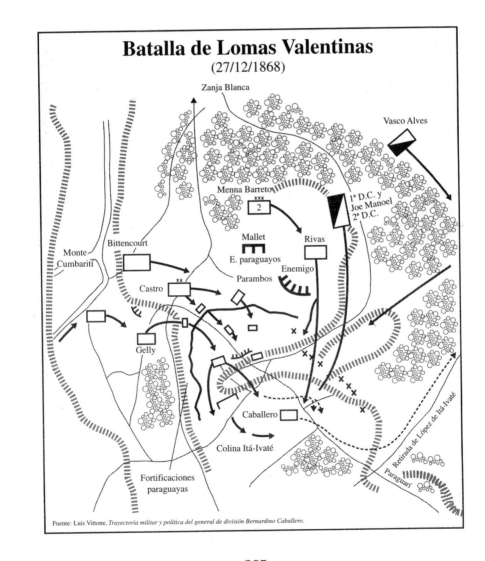

Batalla de Lomas Valentinas
(27/12/1868)

Fuente: Luis Vittone, *Trayectoria militar y política del general de división Bernardino Caballero.*

El intento de explicar la fuga de Solano López de Lomas Valentinas valiéndose de una eventual anuencia del comandante en jefe brasileño es un ejercicio especulativo que carece de una razonable base documental. Los que niegan esa versión, por su parte, aclaran poco el acontecimiento. A la afirmación de Senna Madureira de que la caballería brasileña se encontraba agotada luego de meses de lucha y no estaba en condiciones de perseguir al dictador[217], debe contraponérsele el hecho de que el enemigo también había participado en esas luchas y debía de estar más cansado todavía, pues venía de una secuencia de derrotas. Además, resulta poco creíble que de los miles de jinetes que formaban parte de las filas imperiales, no hubiera algunas pocas decenas en condiciones de perseguir al fugitivo. Sin embargo, no existen documentos razonablemente confiables que permitan afirmar seriamente la posibilidad de que Caxias dejara huir a Solano López; todos los relatos de ese tipo dan como fuente un rumor que corría entre la tropa. En contrapartida, la existencia de varios relatos en ese sentido —uno de los cuales pertenece a un jefe militar como el vizconde de Maracaju— no permite que el historiador rechace la hipótesis de la fuga facilitada. Lo cierto es que la fuga de Solano López hizo que la guerra se extendiera quince meses más, al precio de algunos miles de muertos adicionales.

Solano López huyó de Itá-Ivaté a Cerro León, y después a la cordillera de Ascurra. Parecía difícil que pudiera recuperarse militarmente y reorganizar una tropa que le permitiese algún tipo de resistencia frente a los aliados. En los primeros días de enero las noticias sobre el dictador fueron vagas, pero gracias al interrogatorio de los prisioneros paraguayos, poco a poco los aliados percibieron que tendrían que retomar las operaciones militares.

5. La cacería de Solano López

El 1º de enero de 1869, cuando fue ocupada por las tropas brasileñas, Asunción estaba desierta. Caxias se retiró del Paraguay el mismo mes sin esperar órdenes superiores. En febrero tomaron la misma actitud las cúpulas del Ejército y de la Marina. Esa retirada, sumada al cansancio de la guerra por parte de las fuerzas brasileñas y la profundización de dicho sentimiento luego de los duros combates de diciembre del año anterior, llevó a una inmovilidad militar que se prolongó hasta mediados de 1869. A partir de entonces —y ya con las fuerzas imperiales bajo el mando del conde d'Eu— se reiniciaron las acciones bélicas contra Solano López. Sin contar con recursos humanos y materiales para derrotar al enemigo, el jefe de Estado paraguayo mantuvo una resistencia suicida y continuó sacrificando inútilmente a aquellos que lo seguían, hasta que finalmente fue alcanzado y muerto en marzo de 1870.

¿LA GUERRA CONTINÚA?

Las batallas de diciembre dejaron el camino libre para que los aliados marchasen sobre Asunción. La ciudad había sido evacuada por Solano López y ocupada por las tropas brasileñas, que la saquearon el 1º de enero. Caxias entró en Asunción algunos días después, pero como el 17 de enero sufrió un desmayo, resolvió retirarse del Paraguay, poniendo fin a su comando en la guerra. Su retirada y la de otros altos oficiales hizo que el Ejército brasileño cayera en el desánimo hasta la llegada del nuevo comandante en jefe, el conde d'Eu, quien fue a la guerra contra su voluntad.

Las tropas brasileñas saquean Asunción

El Ejército paraguayo había sido destruido en Lomas Valentinas, mientras que Angostura, su última posición fortificada en la retaguardia aliada, se rindió el 30 de diciembre de 1868. Caxias ordenó la ocupación de la capital enemiga para confirmar simbólicamente la victoria aliada y permitir el descanso de las exhaustas tropas, que desde hacía años luchaban en terrenos insalubres y bajo un clima adverso. En la noche del 1º de enero de 1869, desembarcaron en Asunción 1.700 hombres bajo el mando del coronel Hermes da Fonseca, provocando la retirada de cien a doscientos soldados paraguayos que estaban allí. El *Jornal do Commercio* informó que las tropas imperiales habían sido seguidas por un gran número de comerciantes, como era habitual. El Ejército aliado partió de Villeta el día 3 de enero, mientras que el grueso de las tropas brasileñas entró en Asunción el día 5; la infantería se instaló en edificios públicos y la caballería permaneció en los alrededores de la ciudad, donde había buenos pastos[1].

Si bien la ocupación de la capital era defendible desde el punto de vista simbólico, no constituía el verdadero objetivo de la guerra. El Tratado de la Triple Alianza había establecido que el objetivo principal era derrocar a Solano López y expulsarlo del Paraguay. Por cierto, el Ejército aliado pagó un alto precio por las victoriosas batallas de diciembre de 1868, donde murieron muchos hombres, otros más quedaron agotados, y se perdió armamento, creando la necesidad de reponerlo junto con la munición. De esta forma, la reorganización de las fuerzas puede explicar la concentración aliada en Asunción; pero al hacerlo sin haber enviado una fuerte vanguardia a la búsqueda de Solano López, le dio tiempo a este último para retomar aliento. El dictador se pudo refugiar en la cordillera del interior, que era una región de difícil acceso para las tropas aliadas porque estaba ubicada lejos de las vías fluviales que se utilizaban para la provisión de alimentos, caballos y armamento.

Los diplomáticos extranjeros que residían en Asunción se quejaron porque los soldados brasileños habían saqueado la ciudad luego de ocuparla. El cónsul de Francia le escribió a Caxias: "Vi saquear el Consulado de Portugal y la legación norteamericana; mi propio Consulado fue robado dos veces". Chapperon, el cónsul italiano, también se quejó del saqueo de los consulados de su país en Asunción y en Luque —una localidad próxima a la capital que había sido ocupada por la caballería del coronel Vasco Alves—. Incluso hubo un reclamo por el saqueo de la legación de los Estados Unidos que presentó el comandante del vapor *WASP* de la Marina norteamericana, fondeado en el puerto de la ciudad para buscar al general MacMahon. Las autoridades militares brasileñas negaron los saqueos, atribuyéndoselos a los soldados paraguayos que se retiraban, a los bandidos, o incluso a los civiles que acompañaban a las fuerzas aliadas. Para el diario *La Nación Argentina*, al igual que para el vizconde de Taunay, Asunción habría sido saqueada por órdenes de Solano López[2].

Según *La República*, otro diario argentino, en el saqueo de Asunción habrían participado comerciantes extranjeros que vivían antes en la ciudad, y también algunos paraguayos. Si bien es posible que algunos aventureros civiles hayan participado en el saqueo, la mayor parte de este fue realizada por tropas brasileñas sin control de sus superiores, como lo comprueba la noticia dada en ese periódico del fusilamiento de cinco soldados que fueron sorprendidos cuando consumaban el pillaje. Julián Molino Torres, un comerciante que luego se convirtió en cónsul argentino en Asunción, fue uno de los primeros civiles que entró en la ciudad y presenció el saqueo de las tropas brasileñas. El consejero Paranhos, ministro de Negocios Extranjeros en misión en el Paraguay, le escribió al ministro de Guerra en febrero de 1869: "Debo decirle a V. Excia. que nuestra gente también tomó parte en el saqueo de esta ciudad. Las fatigas, peligros y pérdidas del mes de diciembre explican la indulgencia y el descuido que dieron margen a estos abusos". El senador Francisco Ignacio Silveira da Motta, quien había visitado Asunción en febrero de 1865, fue más preciso: el saqueo de Asunción fue realizado, y les era atribuido, a las tropas del coronel Hermes da Fonseca, que habían desembarcado en la ciudad el día 1º de enero. La falta de disciplina militar de las tropas brasileñas que eufemísticamente señala Paranho llegó al conocimiento del comandante de las fuerzas argentinas, general Emilio Mitre. Este general quedó doblemente impresionado por la falta de disciplina de los saqueadores y porque el saqueo se realizó en una ciudad desprovista de valores que pudieran despertar codicia. Pero esta era una opinión equivocada de alguien que no había entrado en Asunción y que, sabiamente, mantuvo sus tropas fuera de la capital mientras veía que la saqueaban los aliados brasileños. Según los recuerdos de Rodrigues da Silva, la capital paraguaya tenía "casas abiertas, amobladas lujosamente, armarios llenos de ropas finas de hombre, mujer y niño, lozas, cristales y cubiertos de valor, instrumentos y objetos de arte". El diario *La República* asegura que, en abril de 1869, los muebles del palacio de Solano López se hallaban en la Casa de Gobierno argentina. Y, de hecho, allí los vio el conde d'Eu cuando fue recibido por el presidente Sarmiento a comienzos de abril de 1869[3].

Los soldados brasileños hicieron algo más que saquear Asunción. También cobraban dinero para devolver niños extraviados a sus familias. Uno de estos niños fue Manuel Domecq García, sobrino de Concepción Domecq Decoud, quien se perdió de su familia cuando el padre murió en Humaitá. El niño fue devuelto por soldados mediante el pago de ocho libras[4] esterlinas, y siendo adolescente ingresó en la Marina de Guerra argentina, donde llegó a ser almirante —Manuel Domecq García ocupó el cargo de ministro de Marina durante el gobierno del presidente Marcelo T. de Alvear (1922-1928)—. La situación se agravó luego, en Peribebuy, cuando los soldados argentinos comenzaron a robar niños, tomándolos como cautivos o trofeos de guerra. El robo de niños se transformó en un negocio, pues las familias paraguayas conseguían recuperarlos mediante el pago de un rescate[5].

El 6 de enero Caxias hizo alteraciones en la organización militar brasileña en el Paraguay, reduciendo a dos los tres cuerpos de Ejército, el 1er Cuerpo bajo el mando de Osório, y el 2° a cargo del general Argolo. Sin embargo, como estos dos jefes estaban enfermos, quedaron al mando en forma interina los generales José Luis Menna Barreto y Jacinto Machado Bittencourt, respectivamente; el día 14 llegó a Asunción el general Guilherme Xavier de Souza, asumiendo el comando del 1er Cuerpo. En la Orden del Día N° 272, del 14 de enero, Caxias dio por terminada la guerra[6].

Caxias se retira

Según el relato que le envió Caxias al ministro de Guerra, en la mañana del 17 de enero sufrió un desmayo mientras asistía a una misa en la catedral, permaneciendo sin sentido por media hora. Siguiendo los consejos de su médico, el doctor Bonifacio de Abreu, sobre la conveniencia de un alejamiento debido al clima paraguayo, Caxias partió hacia Montevideo el día 19 para esperar la respuesta del gobierno imperial "respecto al retiro que pedí", y le traspasó el comando al general Guilherme Xavier de Souza mediante la Orden del Día N° 273. Al emperador le costó creer esas noticias, y en una carta que le envió a Cotegipe le comentó que le había escrito a Paranhos y al barón de Muritiba, ministro de Guerra, "sobre la licencia pedida por Caxias, cuya presencia en el teatro de guerra todavía es indispensable. No creo que haya declarado la terminación de la guerra en una orden del día"[7].

El desmayo y la retirada de Caxias del Paraguay eran consecuencia de un largo proceso de desgaste físico y psicológico. El marqués estaba cansado de la guerra y no creía que existieran motivos para continuar con ella. Además, tenía las limitaciones físicas de un hombre casi septuagenario que, estoicamente, enfrentaba los rigores del clima paraguayo. Estaba abatido psicológicamente por la carnicería de los combates de diciembre, y la mala actuación de las tropas brasileñas lo había impresionado profundamente. Paranhos afirmó que, después de los combates de fines de 1868, Caxias quedó postrado "moral y materialmente" —es decir, psicológica y físicamente—, y "desde entonces estaba resuelto a regresar". El deseo de Caxias de abandonar el Paraguay se remontaba, como mínimo, a agosto de 1867, cuando en una carta a su esposa le dijo que solo esperaba el paso de la escuadra por Humaitá —o la definición de su imposibilidad— para pedir el retiro del comando, "pues ya estoy y soy enfermo". Sin embargo, permaneció al mando de las fuerzas imperiales porque el ministro de Guerra, marqués de Paranaguá, apeló a su patriotismo luego de lamentar sus problemas de salud. El ministro argumentó que la salida del comandante en jefe empeoraría la situación de las tropas y que su retirada solo debía ocurrir en última instancia, cuando no le restasen fuerzas físicas, y comunicando el hecho con la suficiente antelación como para que el gobierno imperial se preparase de modo conveniente[8].

Caxias permaneció en el Paraguay por deber militar, escribiendo que "estoy dispuesto a sufrir de todo, desde el momento en que cometí la burrada de salir de mi casa ya siendo viejo, con la misión de deshacer las burradas que se hicieron por acá"[9]. Su correspondencia demuestra que a partir de 1868 ya no creía en la necesidad de la continuación de la guerra, ni se había entusiasmado con los resultados de las batallas de diciembre de aquel año. En una carta de enero de 1869 que le envió a Paranhos, el marqués advertía que "no se confundan con las espléndidas victorias que alcanzamos", sugiriendo que, a no ser que el gobierno imperial tuviese mucho dinero para gastar, debía aprovechar la ocasión para concluir la guerra, o entonces la misma se prolongaría "por siete u ocho meses más". Al ministro de Negocios Extranjeros le pedía "hacerse cargo de este tema, que yo estoy cansado y lo que dependía de mi oxidada espada ya está hecho". Terminaba la carta con una advertencia para el gobierno brasileño: "Vean también que aquí tienen a un viejo de 65 años que ya está muy cansado y que es consciente de haber hecho más de lo que se podría esperar de él"[10].

A comienzos de 1869, Caxias estaba decidido a dejar el Paraguay. El general argentino Emilio Mitre escribía que "el marqués cree, o finge creer, que la guerra está de hecho terminada", y que Solano López no tendría más de 2 mil hombres. Un corresponsal del *Diário do Povo* en el teatro de guerra escribió en forma anónima que Caxias le garantizaba "a todo el mundo que al llegar a Asunción establecerá un gobierno provisorio, dando por finalizada su misión; pues no es un *capitão-do-mato** para andar cazando a López". La retirada de aquel jefe militar era una cuestión de tiempo y de oportunidad, aunque algunos días antes de su desmayo le escribía al ministro de Guerra diciéndole que si bien Solano López ya no disponía de fuerzas para presentar batalla, "sin embargo, supongo que aun así nos obligará a mantener aquí un costoso Ejército por muchos meses". En otra carta, del 13 de enero, el comandante brasileño señalaba que "si no fuera consciente" de que el general José Luis Menna Barreto —quien lo sustituiría en el mando de las fuerzas imperiales—, "era incapaz de comandar el Ejército, seguramente ya habría dado parte de enfermo, retirándome de aquí para tratarme". En virtud

---

* *N. del T.:* El que se dedicaba a capturar negros fugitivos (igual que *capitão-do-campo*).

de sus reservas para con José Luis Menna Barreto, a quien juzgaba inepto para "comandar a los soldados en campaña", el marqués lo nominó para la Junta de Justicia Militar, con sede en Humaitá, y le entregó el comando interino de las fuerzas imperiales al general Guilherme Xavier de Souza[11].

José Luis Menna Barreto se incorporó a las fuerzas brasileñas en el Paraguay el 22 de mayo de 1866, asumiendo el comando de la 2ª División de Caballería, y más tarde el del 2° Cuerpo de Ejército. Desde esta posición de comando participó en la batalla de Avaí, formando en el centro de las fuerzas atacantes, y también participó del ataque a Itá-Ivaté. En la Orden del Día N° 272, del 14 de enero de 1869, Caxias guardó silencio sobre la actuación de Menna Barreto; en este caso, la falta de elogios a su participación en el combate significaba una crítica. Al saberse bajo sospecha, el 20 de enero de 1869 el citado general les solicitó por escrito a los diferentes jefes militares brasileños que dieran testimonio de su desempeño. Si bien la respuesta colectiva contenía elogios, no fue taxativa en cuanto a los combates de diciembre de 1868, afirmando que "nosotros, vuestros compañeros y comandados, os consideramos y respetamos, deseando teneros a nuestro frente en los momentos arriesgados"[12]. Taunay, por su parte, fue testigo ocular de las acciones en combate del general, y en 1869 elogió su actuación en la batalla de Campo Grande, calificándolo como "buen general táctico, digno de confianza, atendiendo a tiempo (…) todas las peripecias de la acción"[13].

Según le relató Paranhos al barón de Cotegipe —su sustituto interino en el Ministerio de Negocios Extranjeros—, el 24 de enero Caxias llegó a Montevideo en un estado tal de debilidad, que en el corto lapso entre el desembarco y el hotel más cercano se desplomó en los brazos del senador Silveira da Motta y del barón de Mauá, quienes se encontraban allí. El relato agrega que, al notar la mala impresión que había causado su retirada del Ejército, Caxias habría asegurado que si con su muerte se asegurase la captura y expulsión de Solano López, volvería a Asunción para morir. Paranhos consideró que ya era demasiado tarde para ese retorno, pues el retiro era de conocimiento público y se había producido la consecuente repercusión negativa. Desde la capital uruguaya, el marqués emitió otras dos órdenes del día como comandante en jefe en el Paraguay —números 274 y 275—, pese a que ya había nombrado a un comandante interino para cumplir esa función. Caxias le hizo entrega del comando al general Xavier de Souza en la Orden del Día N° 275, luego de informar que había obtenido una licencia para tratarse en el Brasil porque estaba gravemente enfermo. El marqués terminaba la orden del día con la promesa de que, en caso de que se restableciera su salud, volvería "para continuar ayudándolos [a sus compañeros de armas en el Paraguay] en la ardua campaña en que estamos empeñados"[14].

372

Caxias partió de Montevideo rumbo a Río de Janeiro el 9 de febrero de 1869. Nadie lo esperaba en el puerto, pues desembarcó por sorpresa sin avisarle ni siquiera a su familia, permaneciendo durante un mes en su casa de Tijuca sin salir[15]. Según el príncipe consorte, conde d'Eu, el marqués recibió a sus correligionarios del Partido Conservador, pero el público no le demostraba su calidez, y tampoco parecía estar tan enfermo como se había anunciado; la emperatriz dijo que solo lo aquejaba un problema de hígado. Caxias se manifestaba enfermo para no tener que visitar a don Pedro II, el cual a su vez no deseaba encontrarse con el ex comandante. Cinco días después de la llegada de Caxias a Río de Janeiro, se publicó un decreto que le concedía la medalla al mérito militar. El conde d'Eu le escribió al general francés Dumas que en el Brasil el sentimiento general era que la guerra estaba lejos de terminar, y que Caxias había abandonado "vergonzosamente" su tarea en el momento en que la lucha se volvía más difícil, dejando a su sucesor en una posición embarazosa, de la más grave responsabilidad[16].

El retorno de Caxias a Río de Janeiro, en las circunstancias en que ocurrió, causó una gran decepción, particularmente en el emperador. Caxias esperaba que don Pedro fuese a visitarlo a su casa, pero este se rehusó porque pensaba que el militar se había retirado de Asunción en forma prematura, dejando incompleta su misión. La opinión pública siguió con gran interés un acontecimiento "en el cual el emperador procedía con obstinación e implacable coherencia". Don Pedro acostumbraba a recibir de mal humor a los militares que volvían del Paraguay antes de haber concluido la guerra, hasta el punto de que se negó a visitar al comandante de la escuadra, vizconde de Inhaúma, quien había retornado moribundo a la Corte, y que falleció poco después[17].

Sin embargo, don Pedro II le concedió a Caxias honores que no había recibido ningún otro brasileño desde la fundación del Imperio: el título de duque y el "Gran Collar de la Orden de D. Pedro I". Además de constituir un homenaje personal hacia aquel militar —que después de todo era el "hombre que más había peleado por la integridad del Brasil" y que gozaba de "inmenso reconocimiento" en el Ejército[18]—, tales honores eran una forma de valorizar la lucha en el Paraguay de cara al país, por medio de la participación del ex comandante brasileño en la guerra. Como el duque no solo era un militar sino también un político, senador por el Partido Conservador, fue blanco de las críticas de la oposición liberal, que utilizó las circunstancias en medio de las cuales se había retirado del teatro de guerra como una forma de extender su crítica al oficialismo. En la Asamblea de San Pablo los liberales criticaron duramente aquella retirada, cuestionando el tratamiento privilegiado que había recibido Caxias del gobierno imperial, el cual no dispensó honores equivalentes al general Osório, del Partido Liberal. En el Senado, las críticas más violentas vinieron de parte de Teófilo Ottoni y de Zacarías. Se le criticaba a Caxias la declaración de finalización de la guerra, y Zacarías afirmó que el duque "abandonó el puesto", señalando como prueba su oficio del 24 de enero desde Montevideo, donde afirmaba "esperar la resolución del gobierno imperial al respecto de la dimisión que pedí del comando en jefe del Ejército". Teófilo Ottoni —que había sido derrotado por Caxias en la Revolución Liberal de 1842— cuestionó también su actuación militar anterior[19]. Incluso el amigo y colega político del duque, barón de Cotegipe, le hacía críticas en su correspondencia particular, como cuando le escribió al representante brasileño en Londres, barón de Penedo:

"Caxias está aquí de vuelta, y no tan enfermo como se decía. No vuelve [a la guerra] porque ya no tiene más gloria por ganar, y teme perder la adquirida. Su vuelta fue perjudicial. Que nadie nos oiga —el hombre está muy satisfecho de sí—".

Y poco después, en una nueva carta, Cotegipe agregó:

"Caxias (...) dio por finalizada la guerra, dejando atrás lo peor, porque es la parte sin gloria. El Ejército se iba desilusionando y nos quedábamos sin paz y sin guerra, después de tantos sacrificios y luchas heroicas"[20].

Como se vio en el capítulo anterior, Caxias se defendió diciendo que no había dado por acabada la guerra, sino que solamente expresó una opinión. Para responder a la acusación de que había abandonado el puesto sin autorización, utilizó un sofisma, recordando que Montevideo era un distrito del Ejército brasileño en operaciones en el Paraguay[21].

El 20 de marzo de 1869 llegó una carta de José María da Silva Paranhos en la cual este señalaba la necesidad de que el conde d'Eu fuera al Paraguay. Entonces, el 22 de marzo se publicó por fin el acto oficial que le concedía a Caxias el retiro del comando del Paraguay, mientras que el 24 fue publicado el nombramiento del conde d'Eu como nuevo comandante en jefe de las fuerzas brasileñas en la guerra[22].

Caxias continuó recibiendo críticas a pesar de los honores otorgados por Pedro II, y al sentirse acusado injustamente, en agosto de 1869 le escribió al general Osório con amargura:

"Cuando era joven, mi amigo, no podía explicar por qué razón todos los viejos son egoístas, pero ahora que soy viejo puedo ver que ellos son así debido a las decepciones e ingratitudes que sufren a lo largo de su vida. Al menos a mí me sucede eso (...)"[23].

Las críticas al comando de Caxias en el Paraguay se inscribían antes en el contexto de la lucha política entre liberales y conservadores que en una apreciación equilibrada de su desempeño militar. Incluso no faltaron mezquindades. Así, por ejemplo, Caxias tuvo que defenderse en el Senado de la acusación de haber traído de vuelta al Brasil a sus animales de montar. Explicó entonces que cuando los oficiales montados estaban en misión recibían un adelanto en dinero de la tesorería del Ejército para comprar caballos y bestias de carga. Según el reglamento, tenía derecho a traer seis caballos y doce bestias de carga para el equipaje, pero solo había traído tres caballos y cuatro bestias, cuyo valor le estaba siendo descontado de su sueldo. Y concluía Caxias:

> "Y esto que hice, lo hicieron todos mis antecesores y mi sucesor, y nadie les puso a ellos el mismo reparo; todos los juzgaron en su pleno derecho. ¡Lo que para ellos era lícito y permitido expresamente por la ley, al ser practicado por mí fue reputado como un crimen!"[24].

Los ataques a Caxias fueron exagerados. En el Paraguay fue un comandante competente, exitoso, que aunque cometió errores jamás perdió una campaña. Sus críticos le atribuyeron ese éxito al hecho de que disponía de más recursos financieros que los otros generales. Sin embargo, la ventaja económica por sí sola no alcanza para explicar todas las victorias que obtuvo Caxias poniendo en riesgo su propia vida, como en Itororó. Si bien algunas de las críticas tenían origen en aspectos estrictamente militares del desempeño de este general, la mayor parte de ellas tenía motivaciones políticas, siendo hechas por los liberales, o simplemente se debían a envidia personal[25].

Caxias cometió varios errores en la conducción de la guerra, los cuales fueron señalados en este libro. No obstante, resulta pertinente la reflexión de un participante de la guerra, como Dionísio Cerqueira:

> "Pero la crítica a los grandes maestros siempre es fácil. El arte de la guerra es aquel en que se cometen más errores. Hasta los mayores capitanes se descuidaron, como el divino Homero. Según un ilustre oficial francés, la guerra es una serie de errores donde vence el que menos se equivoca"[26].

Dionísio Cerqueira escribió estas líneas para describir la batalla de Itororó, pero ellas se pueden aplicar a todo el período del comando de Caxias. El general jamás perdió una campaña y sus errores fueron menores que los de Solano López, además de mostrarse más digno del puesto de comandante brasileño que su sucesor, el conde d'Eu. La historiografía militar oficial evitó las referencias críticas al comando de Caxias en el Paraguay, o incluso a otros momentos de su carrera. Así, se intentó construir un ícono histórico puro, sin fallas, muchas veces disminuyendo a sus contemporáneos (por ejemplo Mitre y Osório), como si fuese necesario soslayar a otros jefes militares para engrandecer la figura del duque, hasta transformarlo en el comandante del Ejército. La artificialidad de tal creación tiene como resultado la poca identificación del ciudadano común con el ícono. En el Paraguay, Caxias tuvo dudas, orgullos, resentimientos, y cometió errores; en fin, fue un personaje real, al igual que el autor o el lector de este libro. Sin embargo, Caxias consiguió superar sus limitaciones, se impuso grandes sacrificios personales y asumió la responsabilidad de cumplir el objetivo del Estado monárquico de destruir a Solano López, eliminando definitivamente al agresor a fin de que este no volviera a ser una amenaza en el futuro. Esa eliminación también era un alerta para los enemigos externos del Imperio, mostrando cuál sería el precio a pagar por una agresión al territorio brasileño. En ese contexto, Caxias sí fue un héroe; es verdad que era portador de los prejuicios sociales y políticos de su época, pero no se puede requerir del pasado la defensa de los valores del presente.

Desánimo en el Ejército brasileño

Cuando Caxias se retiró del Paraguay lo hizo acompañado de su estado mayor, el cirujano mayor del Ejército y el responsable de la tesorería. El *Diário do Povo* resaltó que los acompañantes gozaban de buena salud. El marqués autorizó el retiro por enfermedad del comandante de la escuadra, José Ignacio, quien le transfirió la jefatura a Delfim de Carvalho, ya con el título de barón de Passagem. El día 5 de febrero, cuando Inhaúma se encontraba en la capital uruguaya, se hizo presente Elisário Antonio dos Santos con un oficio del Ministerio de Marina. El oficio respondía positivamente al pedido de retiro de José Ignacio del comando que ejercía, y nombraba al propio Elisário dos Santos para sustituirlo. El jefe naval relevado llegó a Río de Janeiro el 18 de marzo, falleciendo enseguida, hecho que llevó a Caxias a escribir "y a mí me hubiera sucedido lo mismo, si no tomo la resolución de retirarme de aquel infierno"[27].

En forma simultánea a la retirada del Paraguay de la cúpula militar brasileña partía para tal destino el ministro de Negocios Extranjeros, consejero José María da Silva Paranhos, en misión especial para negociar los tratados de paz. El gobierno imperial suponía que en el país guaraní habría un gobierno provisional, o que el mismo sería creado en pocos días. Como Caxias tenía instrucciones para establecer un acuerdo de paz con las autoridades que sustituyesen a Solano López, el gobierno brasileño creía que cuando Paranhos llegase a Asunción sería posible que los tratados de paz "estén consumados, y en este caso no le corresponderán sino los trabajos ulteriores, esto es, los ajustes definitivos"[28]. Las instrucciones fueron establecidas antes de que se conociera la noticia de la salida de Caxias del Paraguay; este acontecimiento obligó a que el gobierno imperial las sustituyera por otras, fechadas el 1º de febrero de 1869.

Ante la nueva situación, Paranhos debería desempeñar en el Paraguay funciones diplomáticas e incluso oficiar de jefe militar. En Montevideo, quedó impresionado con el estado de abatimiento en el que encontró a Caxias y con "la retirada de tantos oficiales, por el efecto que puede tener en el ánimo de los que quedaron allá". De hecho, la retirada de la cúpula del Ejército y de la Marina tuvo un impacto enorme entre las tropas que se encontraban en el Paraguay. Desde Asunción, adonde había llegado el 20 de febrero, Paranhos escribió que la orden del día de Caxias había generado la creencia de que las tropas brasileñas habían completado su misión, y que este sentimiento se había profundizado con la retirada de los respectivos jefes y estados mayores, de modo que "¡yo era esperado para celebrar la paz!". El diplomático se vio "cercado de pedidos de licencia" de militares deseosos de volver al Brasil, aunque ninguno provenía de un general. Con la retirada de sus jefes, el Ejército "cayó en desbandada, todos se creían con derecho a retirarse"[29].

Según el vizconde de Taunay, en febrero de 1869 en el Ejército imperial había "no poca desmoralización", con "bastantes oficiales" defendiendo la suspensión de las hostilidades y la negociación de paz con Solano López. En el banquete de homenaje que le fue ofrecido a su llegada, Paranhos saludó al Ejército y expresó la conveniencia de llevar adelante la guerra. Cuando terminó la exposición, se levantó el mayor Anfrísio Fialho y le contestó con argumentos que fueron descriptos por el diplomático, poniéndose "a predicar abiertamente las ventajas de una paz cercana", y ciertas partes de su discurso merecieron señales de aprobación de los presentes. El consejero lo refutó, recibiendo al final una "entusiasta y calurosa ovación". El propio comandante interino, general Guilherme Xavier de Souza, se mostraba "aterrado con el peso de la responsabilidad que le cupo", y en un principio expresó la opinión de que las armas ya no tenían nada más que hacer en el Paraguay. Según Quintinho Bocaiúva, Xavier de Souza era un hombre gravemente enfermo, cuyos padecimientos físicos le impedían hacer cualquier tipo de ejercicio y lo obligaban a desplazarse en una especie de carrito, equivalente a una silla de ruedas, pero que por lo general tenía un "excelente carácter", según apunta Paranhos[30].

En febrero de 1869, Xavier de Souza describió la situación de las fuerzas que estaban bajo su mando. Como consecuencia de la "idea de que la guerra estaba terminada", oficiales de Voluntarios de la Patria hacían requerimientos diarios donde solicitaban su relevo. El comandante interino temía que esos oficiales no aceptasen órdenes para enviar las tropas a nuevas operaciones, "pero en ese caso estoy dispuesto a proceder con todo el rigor de la ley". Xavier de Souza explicó esa situación en un nuevo oficio que le dirigió al Ministerio de Guerra en el mes de marzo, diciendo que como Caxias había dado por terminada la guerra, y el Ejército había sido testigo de la partida de sus principales jefes y oficiales, "todos se creían con el mismo derecho", y que aunque no se hubiese manifestado ningún acto de insubordinación, "se nota que no hay ningún entusiasmo, sino frialdad y un cierto grado de descontento". Debido a ello, agregaba, "tengo poca confianza en nuestra gente", y para reforzar esa afirmación recordaba que como Caxias había tenido que luchar muchas veces "por así decirlo, en la fila", podría "informarle cabalmente a V. Excia. lo que son nuestros soldados, a pesar de que siempre han combatido en número superior al enemigo"[31].

Quintinho Bocaiúva señaló la misma causa que el general Xavier de Souza para explicar la falta de ánimo de las tropas imperiales. Para Bocaiúva, la orden del día de Caxias del 14 de enero, donde declaraba la finalización de la guerra, hizo que se *ensarilhassem** las armas y los ánimos para la lucha de los soldados, y que se aflojasen "los lazos de cohesión patriótica y disciplina militar". Paranhos, por su parte, atribuyó el clima de descontento del Ejército al cansancio por el conflicto y a cuestiones políticas alentadas por la oposición liberal en Río de Janeiro, cuyos periódicos llegaban al Paraguay[32]. De hecho, la retirada de la cúpula militar del Paraguay después de que se había declarado en una orden del día la finalización de la guerra, prácticamente anuló la ya pequeña disposición para la lucha que existía en las fuerzas brasileñas. No obstante, esta situación se vio agravada por la disputa política en Río de Janeiro, así como por el hecho de que la guerra era impopular en el Brasil, como lo reflejaba la prensa de la oposición.

El desorden administrativo del Ejército completaba y explicaba su crítico panorama. La tropa estaba mal alimentada debido al precario servicio de aprovisionamiento de víveres, monopolizado por la firma argentina Lezica & Lanús, que cobraba altos precios por sus provisiones. El precario estado de salud de las fuerzas imperiales "era alarmante", y la falta de ambulancias hacía que los soldados permaneciesen hasta ocho días en los campos de batalla sin que se les practicasen curaciones[33]. A pesar de que faltaban fusiles y mil soldados permanecían desarmados, Caxias le había informado al Ministerio de Guerra que no había necesidad de armamentos[34]. La desorganización de las tropas brasileñas "era grande", mientras Solano López organi-

---

* *N. del T.:* Se refiere a la acción de colocar los fusiles de pie en el piso, apoyándolos unos en otros por las bayonetas. En los campamentos militares, las armas quedan así apiladas cuando no se combate.

zaba sus medios de defensa en el interior y enviaba patrullas hasta Luque, una localidad cercana a Asunción[35]. Sus espías penetraban en la capital, robaban caballos y asesinaban a personas que molestaban al dictador, como ocurrió con el hermano del ministro de Hacienda de Solano López, que, "conocedor de sus secretos", fue degollado en su chacra cercana a la ciudad[36].

En fin, la situación en el Paraguay era muy difícil para el Imperio, pero no porque el enemigo constituyese todavía una amenaza seria, ya que con pocas armas y hombres lo máximo que podría hacer Solano López era continuar en una posición defensiva sin perspectiva de victoria. El mayor desafío para el gobierno imperial era la desorganización de su ejército y el estado de ánimo de las tropas brasileñas, cercano a la desobediencia, los cuales podrían impedir que se concretara cualquier acción de envergadura contra el enemigo, que de esta forma estaría en condiciones de consolidar su posición en el interior del país. Si llegase a ocurrir eso, y en el Brasil se agravase más todavía el descontento popular con la guerra —el peor de los escenarios para Río de Janeiro—, la salida sería una paz negociada que terminara con el conflicto. Así, el Imperio sería como un náufrago, que después de mucho nadar para salvarse muere ahogado casi al llegar a la playa; no podía haber otro significado si luego de cuatro años de guerra, habiendo destruido militarmente al enemigo, se terminase negociando con este en vez de imponerle el amargo precio de la derrota. El consejero Paranhos desempeñó un papel vital en tal estado de emergencia, hasta que fue elegido y asumió su función el conde d'Eu, sustituto de Caxias. Con su presencia y acción decidida, Paranhos les hizo sentir la autoridad del gobierno imperial a las tropas brasileñas, movilizándolas para que retomaran las operaciones militares. El general Xavier de Souza, por su parte, se había mantenido inactivo hasta ese momento, no solo por la falta de ánimo de sus soldados, sino también porque carecía de instrucciones sobre cómo actuar[37].

El conde d'Eu se resiste a ir a la guerra

Luego de la ocupación de Asunción, se instalaron allí la mayor parte de los soldados brasileños, los uruguayos y algunos argentinos. Los demás argentinos acamparon en Campo Grande, entre la capital y la villa de Luque. En esta última quedó la vanguardia brasileña, compuesta por la División de Caballería del coronel Vasco Alves. Se trataba de una situación provisional, pues el Ejército aliado tendría que ingresar en el interior del país alejándose del río Paraguay, por el cual había recibido apoyo logístico durante los últimos tres años y por donde se desplazaba libremente gracias al dominio que había establecido sobre él la Marina brasileña. Debido a la crónica falta de mapas del Paraguay, prácticamente se desconocía el interior del país, mien-

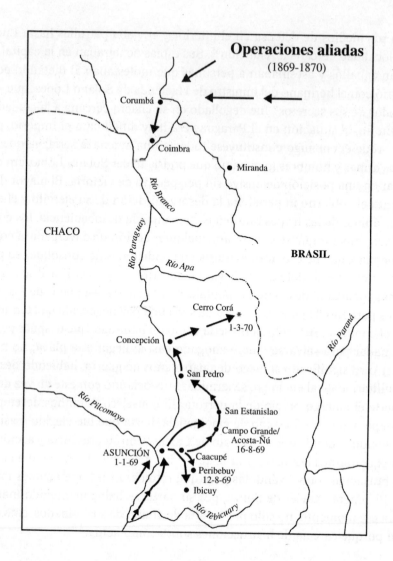

Operaciones aliadas
(1869-1870)

Corumbá

Coimbra

Miranda

Río Branco

Río Paraguay

CHACO

Río Apa

BRASIL

Cerro Corá
*
1-3-70

Concepción

Río Paraná

San Pedro

San Estanislao

Río Pilcomayo

Campo Grande/
Acosta-Ñú
16-8-69

ASUNCIÓN
1-1-69

Caacupé

Peribebuy
12-8-69

Ibicuy

Río Tebicuary

tras que Solano López contaba con la ventaja de estar familiarizado con el terreno, lo que le permitía esconderse y transformar la persecución de que era objeto por parte de las tropas aliadas en algo equivalente a la búsqueda de una aguja en un pajar. Además, faltaba un comandante en jefe que restableciese el ánimo de lucha del Ejército brasileño.

La elección del comandante en jefe en Río de Janeiro sufrió la influencia de las luchas políticas. El militar indicado para cumplir con esa difícil función necesitaba ser respaldado no solo por el Partido Conservador, que estaba en el poder, sino que también debía contar con cierta aceptación de parte de los opositores del Partido Liberal. Según el representante argentino en Río de Janeiro, Wenceslao Paunero, el general que era verdaderamente popular en medio de las facciones políticas brasileñas era Osório, cuyas heridas de guerra le habían impedido retornar a la actividad militar durante casi un año. Otros candidatos en función de su experiencia de combate eran el marqués de Porto Alegre —"el jefe más indicado", según Paunero— y el general Polidoro. Sin embargo, como ambos estaban ligados a los liberales, sufrieron el veto del gabinete conservador[38].

El 22 de marzo de 1869, el gobierno imperial acabó por nombrar al conde d'Eu para el comando en el Paraguay. Luis Felipe Gastón de Orleans, el conde d'Eu, era nieto de Luis Felipe de Francia (1830-1846) y había luchado en el Ejército español en la guerra de Marruecos, obteniendo el grado de capitán en la Escuela Militar de Segovia, en España. Llegó al Brasil en 1864 y en 1869, contando sólo veintisiete años, fue bien aceptado por todas las facciones políticas brasileñas, hasta el punto de que su nombramiento registró pocas críticas[39]. Además, el nombramiento de un miembro de la familia real también era una forma de levantar la moral de las tropas que estaban en la república paraguaya, demostrando que Río de Janeiro estaba dispuesto a concluir con la guerra por medio de una victoria militar.

Anteriormente, el conde d'Eu había solicitado en dos ocasiones que lo enviaran a combatir al Paraguay, pero su pedido fue rechazado por el gobierno brasileño en las dos oportunidades. Según Zacarías, la primera vez se temía que el envío de un príncipe al teatro de guerra fuera interpretado por otros países como un indicio de aspiración de conquista, o de un plan para llevar la forma monárquica de gobierno al país guaraní. En el momento de la segunda solicitud, al motivo anterior se le agregaba el hecho de que Caxias ya había sido nombrado para ser comandante en jefe, no siendo aceptable que el marido de la heredera del trono quedase subordinado al general. Pero en 1869 el príncipe consorte había cambiado de idea, tal vez porque percibió que el conflicto no solo no permitía glorias fáciles, sino que además exigía grandes sacrificios. Wencesalo Paunero relató que el conde d'Eu hizo todo lo posible para no ir a la guerra, argumentando que no consideraba honorable liderar al Ejército cuando la lucha ya estaba por concluir, pero que ante la insistencia de Pedro II, "el pobre se vio forzado a aceptar" la jefatura de las fuerzas brasileñas en el Paraguay[40]. Esa resistencia del conde d'Eu para ir a la guerra está registrada incluso en una carta a su padre. La propia princesa Isabel se dirigió a don Pedro para intentar evitar que el marido partiese hacia el Paraguay, y amenazó con acompañarlo[41].

Pedro Calmon se equivoca cuando afirma que "los ardores militares del conde d'Eu se enfriaron en el inhóspito clima de Asunción"[42]. Los ardores militares del conde d'Eu estaban orientados a las glorias militares, que antes había imaginado fáciles, y no a dirigir la difícil reorganización de un ejército que debía ser conducido nuevamente a la lucha. Si d'Eu ya salió de Río de Janeiro con los ardores militares fríos, en el Paraguay se congelaron. Mientras se decidía el problema del comando, las fuerzas brasileñas en Paraguay no dieron comienzo a ninguna campaña de envergadura. Solano López se encontraba al Este, en el corazón de la Cordillera, y proclamaba a Peribebuy como la tercera sede de su gobierno, pues Luque, que había sido la segunda, ya estaba en poder de las fuerzas imperiales. La falta de dirección en las tropas aliadas llevó a la paralización de las operaciones militares, lo que dio lugar a que Solano López pudiera improvisar un ejército compuesto por soldados sobrevivientes de las guarniciones del norte del país, así como por niños y viejos de las aldeas de esa región. A comienzos de la campaña de la Cordillera, ese Ejército paraguayo improvisado tenía en Ascurra de 12 mil a 14 mil personas, sin contar con las fuerzas del norte[43]. La maquinaria de guerra del arsenal de Asunción, que había sido retirada por los paraguayos antes de abandonar la ciudad, fue remontada hasta Caacupé, donde se montó una rudimentaria fundición. Allí se fabricaron centenares de fusiles, sables y lanzas, y en el mes de febrero de 1869 se incorporaron nuevos cañones a la modesta artillería guaraní. Al mismo tiempo, continuaba en manos paraguayas el único segmento del ferrocarril que ligaba Asunción a Paraguarí, por donde circulaban varias formaciones, mientras que el segmento que iba desde la capital hasta Luque, en poder de los aliados, solo disponía de una locomotora y dos vagones[44].

La primera operación de esa nueva fase de la guerra en el lado aliado se dio a fines de enero. En esa ocasión, el Regimiento Argentino San Martín y la Legión Paraguaya marcharon hacia el interior para batir a las unidades de reconocimiento enemigas que encontrasen y llevar a la capital a las familias dispersas. Las tropas aliadas pasaron por seis localidades sin encontrar fuerzas paraguayas, pero llevaron a Asunción más de mil personas, la mayor parte familias en estado de absoluta miseria[45].

El nombramiento del conde d'Eu para el comando en el Paraguay reanimó a la opinión pública brasileña, la cual creyó cercano el fin de una guerra "que tenía tan cansado al Brasil"[46]. El 14 de abril llegaron a Asunción el príncipe consorte y su comitiva, en la que figuraban el futuro vizconde de Taunay, como secretario particular del conde, y el general Polidoro da Fonseca Quintanilha Jordão, que volvía a la guerra. Taunay relató que, vista de lejos, la ciudad era "bonita", y luego de desembarcar le gustaron los "verdes montecillos" y algunos edificios públicos de construcción reciente. La comitiva permaneció dos días en la ciudad, recibiendo una "enorme afluencia de mujeres y de gente" que iba a pedir limosna, o de familias de brasileños aprisionadas en Mato Grosso que solicitaban transporte gratuito para volver a esa provincia. La desorganización administrativa de las fuerzas brasileñas era tan grande que ni siquiera se prestaba auxilio a los antiguos prisioneros brasileños que deambulaban por las calles de Asunción. Durante los dos días, Taunay asumió la tarea de registrar a esas personas, que recibieron transporte gratuito hasta Corumbá o Cuiabá[47].

Junto con el conde d'Eu —y por su insistencia— volvía al Paraguay el general Osório, quien ya llevaba el título de vizconde de Herval. Este jefe militar todavía no se había recuperado de la herida de la batalla de Avaí, y su salud hacía aconsejable que no retornase a los campos de batalla. Como era disciplinado, Osório atendió al pedido del conde d'Eu, que también era el deseo del gobierno imperial y del propio Pedro II. En una carta que le envió al ministro de Guerra, barón de Muritiba, el general ponía como condición para retornar al Paraguay que lo acompañara un médico, justificando el pedido con una referencia a la herida de bala que tenía en la boca:

"Tengo la mandíbula inferior sin movimiento, no uso los dientes, la masticación me resulta imposible, la boca continúa supurando abundantemente por las fístulas que están abajo de la mandíbula, de ambos lados"[48].

Esa descripción que hace Osório de su estado de salud nos lleva a preguntarnos el motivo por el cual el gobierno imperial le impondría el sacrificio adicional de volver al Paraguay. La respuesta se encuentra en una carta confidencial que Muritiba le escribió a Antônio da Costa Pinto: Osório levantaría la moral de las tropas y sería una garantía para la reanudación de las operaciones militares. Escribió el ministro de Guerra:

"V. Excia. comprende el empeño que puede haber en la presencia del Sr. vizconde en el Ejército; ha de influir mucho en el rigor de las operaciones que se emprendan y en el ánimo de los oficiales y soldados"[49].

El 16 de abril de 1869, el conde d'Eu asumió en Luque el comando de las fuerzas brasileñas. El general Correa da Câmara escribió que el príncipe consorte era un "pobre muchacho [que] tiene tanto de soldado como yo de sacerdote", y que "viene como barbero nuevo a aprender a rasurar en la cara de los tontos (...), trajo un equipaje tan extrarodinario, que cuando tengamos que marchar ocupará unas treinta carretas o más"[50].

En ese momento, el Ejército brasileño en el Paraguay contaba con 26.620 soldados, 14.793 de los cuales formaban los dos cuerpos de Ejército, siendo el 1er Cuerpo comandado por el general Osório y el 2º por el general Quintanilha Jordão. Otros 2.748 soldados brasileños permanecían en Asunción, 1.588 en Humaitá, 2.044 en Rosario, 1.300 en Aguapú, y los demás estaban distribuidos en la frontera de Mato Grosso, en la isla de Cerrito y en

El conde d'Eu, c. 1870.

algunos otros puntos. Los argentinos eran 4 mil y estaban liderados por el general Emilio Mitre, hermano del ex presidente, mientras que los uruguayos contaban con seiscientos hombres al mando del general Enrique Castro[51].

LA CAMPAÑA DE LA CORDILLERA

La campaña de la Cordillera duró un año. Luego de las derrotas de 1868, Solano López se refugió en la cordillera de Altos y se instaló en la pequeña ciudad de Peribebuy, a la cual declaró nueva capital paraguaya. Los paraguayos tenían varios destacamentos de distinta capacidad militar fuera de la Cordillera, y su finalidad era conseguir recursos, principalmente ganado.

Los aliados intentaron privar al enemigo de puntos de apoyo y de recursos como el ganado, que era un elemento fundamental para el transporte y la alimentación de las tropas paraguayas. Se enviaron destacamentos aliados a las villas de Rosario, San Pedro y Villa Rica; se recogió ganado en re-

384

baños por todas partes; se ocupó la fundición de Ibicuí; se puso en funcionamiento hasta Luque la única vía férrea paraguaya, que iba de Asunción a Paraguarí; y se exploró el interior del país para determinar el contorno de la cordillera y sus caminos de acceso.

Las batallas importantes, que precisaban decisiones tácticas del comando aliado, solo se dieron hasta agosto de 1869. Pero a partir de allí la guerra se volvió irregular, transformada en una verdadera cacería a Solano López y perjudicada por el absoluto desconocimiento que tenían los aliados de la geografía de la región, que también era de difícil acceso. En ese mes, la retaguardia del dictador en fuga fue destrozada en Caraguataí, y el triunfo en la guerra ahora dependía más de la paciencia, coraje y resistencia de las fuerzas brasileñas que del genio militar de sus comandantes. Desde agosto ya no se desplazaron más grandes fuerzas militares, sino que la lucha se redujo a combates entre pequeñas fracciones de tropa[52].

Las últimas grandes batallas

La Orden del Día N° 1 del conde d'Eu no debe haber entusiasmado a las tropas brasileñas. Lejos de vanagloriarse, el príncipe declaraba allí que "asumo en este día tan difícil cargo", y agregaba que al verse "obligado cuando menos lo esperaba" a venir a la guerra, contaba con la colaboración de todos. Luego de referirse al heroísmo y al espíritu de sacrificio de los soldados brasileños en la guerra, d'Eu afirmaba sin entusiasmo que "el Dios de los Ejércitos no ha de permitir que se pierda el fruto de tantos sacrificios y de tanta perseverancia"[53].

Las fuerzas aliadas no contaban con un plan de acción contra el enemigo desde la retirada de Caxias, limitándose a controlar el valle del río Paraguay desde Corrientes hasta Mato Grosso. Luego de la llegada del nuevo comandante brasileño se resolvió atacar las posiciones paraguayas partiendo del Sur, con lo cual se pretendía dominar toda la vía férrea para utilizarla como línea de reabastecimiento. El Ejército aliado inició la marcha hacia el sudeste rumbo a la Cordillera el 1° de mayo, y el día 5 fue destruida la fundición de Ibicuí, desde donde salían los cañones para las fuerzas paraguayas. El ferrocarril caía en manos de los brasileños algunos días después. Para acelerar las operaciones, el conde d'Eu trasladó su cuartel general de Luque hacia la localidad de Pirajú. Las fuerzas del general Polidoro estaban acampadas a unos trece kilómetros de allí, en Tacuaral, mientras que el contingente argentino de "novecientos hombres perfectamente disciplinados", a las órdenes del coronel Luis María Campos, permaneció a unos siete kilómetros de la posición del conde d'Eu[54]. El coronel Campos era "uno de los más valientes oficiales del Ejército aliado"[55].

Mientras tanto, el comandante de la Marina brasileña, Elisário, no se conformaba con dirigir una escuadra de operaciones sin llevar a cabo ninguna acción militar. Resolvió entonces encargarle a una flotilla de monitores "la más estrambótica expedición": penetrar hasta las nacientes de un pequeño río para destruir los últimos vapores paraguayos que estaban internados allí desde el mes de enero. El 18 de abril, tres monitores penetraron en el estrecho y tortuoso río, lo cual fue posible gracias a las abundantes lluvias que habían hecho desbordar el curso de agua. Las naves avanzaron hasta encontrar a los barcos paraguayos encallados en seco, y entonces tuvieron que realizar verdaderas peripecias para retirarse, en un dramático episodio que podría haber resultado un desastre para la Marina brasileña[56].

A fines de mayo, las tropas brasileñas avanzaron en dirección a las cordilleras y ejecutaron una serie de acciones entre las que se destacan la ocupación de Cerro León y Paraguarí y el envío al interior del general Câmara. De esta forma, el 25 de mayo se atacó y ocupó San Pedro, y el 30 de mayo Câmara entabló un combate en la ribera del Tupí-hú con las fuerzas del mayor Galeano. La batalla, que duró dos horas, se libró bajo la lluvia. Ochocientos paraguayos fueron hechos prisioneros, mientras que los demás murieron y unos pocos consiguieron huir. Fueron botín de guerra dieciocho cañones, oro, plata y miles de reses, y el general Câmara ordenó degollar a la mayoría de los prisioneros. Hubo saqueos, los cuales fueron practicados por la caballería riograndense, que había llegado luego de que la infantería brasileña ocupase San Pedro[57]. Según Centurión, las "miles" de mujeres que se encontraban en la región fueron objeto de abusos sexuales, y luego se las embarcó para Asunción junto con los niños. Antes de partir, las tropas brasileñas sacrificaron reses, gran cantidad de caballos, cabras y ovejas, pues no había medios de transporte para llevarlos; también se incendiaron carretas y pequeñas carrozas. Câmara se embarcó de inmediato de regreso a Asunción con un mínimo de bajas[58].

En Pirajú, "miles y miles" de mujeres y niños hambrientos se presentaron a los aliados y quedaron "amontonados" en la iglesia del poblado; "¡qué espectáculo el de aquellos cadáveres ambulantes!". Se los envió a Asunción en tren "sin demora"[59]. Desde el comienzo de la guerra, Solano López había implementado la táctica de evacuar territorios que estuvieran amenazados por los aliados para que estos no pudieran obtener alimentos u otros recursos. El objetivo fue alcanzado, pues durante las operaciones militares los aliados tuvieron serios problemas logísticos, aunque probablemente haya sido la población paraguaya la que más sufrió, ya que estaba privada de recursos y no recibía ayuda del gobierno. A fin de atender a las nuevas necesidades, las mujeres paraguayas sustituyeron a los hombres —enrolados en el Ejército— en las tareas de siembra, co-

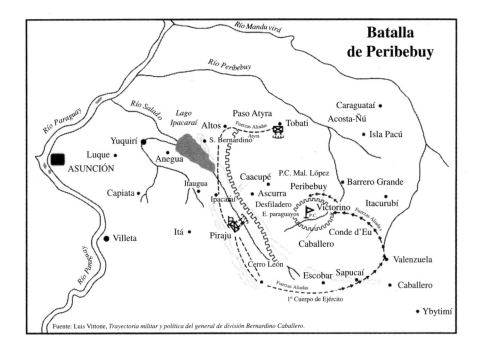

Fuente: Luis Vittone, *Trayectoria militar y política del general de división Bernardino Caballero.*

secha y cuidado de animales, además de dedicarse a tejer y confeccionar ropas para los soldados.

En 1869, las familias de personas acusadas de traición fueron *destinadas* a Yhú, mientras que el resto de las familias, las *residentas*, habían sido obligadas por Solano López a retirarse de las áreas sobre las que avanzaban los aliados y forzadas a marchar con las tropas paraguayas. Las familias *destinadas* y *residentas* estaban compuestas casi exclusivamente por mujeres y niños. Como las *destinadas* tenían residencia fija podían cultivar el suelo; las *residentas* no recibían comida del Ejército y estaban condenadas a vivir de las sobras de los soldados, a comprar comida en el mercado negro o a buscarla en los bosques. Las *destinadas* fueron transferidas en condiciones inhumanas desde Yhú a Curuguatí, Igatimí y Espadín, sucesivamente. En Espadín, algunas *destinadas* fueron liberadas por los brasileños[60].

Las fuerzas aliadas se encontraban frente a Ascurra, que era un estrecho camino para penetrar en la sierra de la Cordillera y seguir hacia el interior del país. El conde d'Eu accionó de manera de hacerle creer a Solano López que las fuerzas aliadas atacarían de frente. Para ello, los aliados efectuaron repetidas incursiones de reconocimiento hasta la base de la sierra. Según Taunay, en esas ocasiones el príncipe consorte mostró una "gran habilidad estratégica, paciencia de experimentado capitán, indiscutible coraje y sangre fría"[61].

El 7 de julio hubo un consejo de guerra de los jefes aliados para discutir los planes de continuación de las operaciones militares. Participaron de ese encuentro Emilio Mitre, los generales Osório y Polidoro, el jefe de la escuadra, Elisário Antonio dos Santos, y el consejero Paranhos. Aunque el general argentino planteó que se debía realizar un ataque frontal contra Peribebuy, se impuso el plan propuesto por el conde d'Eu y apoyado por Paranhos: proteger la línea férrea y los depósitos adyacentes, llevando el grueso de las fuerzas aliadas hacia el sur de la posición de Solano López para alcanzar su retaguardia y cortarle la retirada hacia el norte, en dirección a la frontera del Brasil. Como Solano López se encontraba en lo alto de la cordillera, la acción aliada pretendía cercarlo en ese lugar, cortándole las alternativas de fuga hacia el norte, el este y el sur. En esos momentos, los efectivos aliados en el Paraguay alcanzaban a 33.507 hombres: 28.507 brasileños, 4 mil argentinos y mil uruguayos[62].

Los aliados emplearon el mes de julio para preparar esa operación y presionar a los proveedores, que fallaban en la entrega de víveres y forraje, lo cual se veía agravado por la falta de transporte ferroviario. Cuando las fuerzas aliadas estuvieron listas para la acción, se les encagó a las tropas argentinas y brasileñas que mantuvieran funcionando el ferrocarril, a salvo de los ataques de la guerrilla paraguaya. Mientras tanto, las columnas del Ejército imperial y la fuerza argentina del coronel Campos convergían sobre Paraguarí y ocupaban el campamento de Cerro León, donde en 1864 Solano López había entrenado al Ejército que invadiría la Argentina y el Brasil. A esa altura de los acontecimientos se enfermó el general Polidoro Guimarães, retirándose definitivamente del Paraguay[63].

El primer día de agosto, el 1er Cuerpo de Ejército, al mando de Osório marchó desde Pirajú hasta Paraguarí, donde recibió el refuerzo de una tropa uruguaya. El día 2 se puso en movimiento el 2º Cuerpo al mando de João Manuel Menna Barreto, avanzando desde Tacuaral hasta Pirajú, donde se vio reforzado con novecientos hombres de la división argentina del coronel Luis María Campos. La tropa al mando de Menna Barreto se dirigió de Pirajú a Paraguarí, mientras que el 1er Cuerpo había partido desde allí hacia Valenzuela, en la cordillera, cuando en una picada rodeada por un alto bosque se encontró con una trinchera enemiga llamada Sapucai[64]. El general Osório quería efectuar un ataque frontal a la posición enemiga, pues afirmaba que sería fácilmente tomada, pero el conde d'Eu —más cuidadoso— decía que no había motivos para perder soldados inútilmente. Taunay asistió al siguiente diálogo entre ambos:

—Es un instante (...) Vuestra Alteza verá.

—Pero (...) ¡esto es lo que se llama atacar al toro por los cuernos! —replicó el conde.

—¿Qué toro? (...), esto no pasa de una vaca vieja —contestó Osório.

Se impuso el criterio del príncipe, quien ordenó que se abrieran picadas que llegaran hasta los extremos de la trinchera, evitando un ataque frontal. En la lucha, que se desarrolló el 4 de agosto, los brasileños tuvieron cinco heridos, mientras que los paraguayos se retiraron pasando por Valenzuela y continuando hacia Peribebuy[65].

El 6 de agosto retomó su marcha el 1er Cuerpo de Ejército y tomó el camino que subía a la sierra rumbo a Valenzuela, seguido por el 2º Cuerpo. Dicho camino no estaba protegido por las fuerzas paraguayas porque las acciones distractivas del conde d'Eu le habían hecho creer a Solano López que el ataque provendría de Ascurra. La mayor parte de las tropas argentinas, lideradas por el general Emilio Mitre, junto con las unidades brasileñas del general José Auto Guimarães, permanecieron en el valle del Pirajú para proteger la línea férrea y la base de operaciones. El 9 de agosto, Mitre atravesó el río Pirajú con sus tropas y los batallones brasileños como parte de la operación distractiva del conde d'Eu, acampando frente a las posiciones enemigas de Pedrosa y de Ascurra. En la noche del día 11 Mitre partió hacia la cordillera, tomando el rumbo de la localidad de Altos, la cual fue conquistada el día 12 luego de un frustrado intento paraguayo por recuperarla. Los aliados tuvieron 62 pérdidas: 17 argentinos y 45 brasileños. Desde Altos fueron llevados al valle del Pirajú más de 2 mil civiles, entre mujeres, niños y lisiados, inclusive los 38 prisioneros brasileños de Mato Grosso, 17 de los cuales eran esclavos. El día 15, la caballería de Auto Guimarães sube más la cordillera y ocupa Tobatí[66].

Al ser engañado por esa acción distractiva, Solano López perdió la oportunidad de valerse del terreno que ascendía hasta Valenzuela, que permitía una defensa bien preparada porque los aliados eran vulnerables marchando hacia arriba. Valenzuela fue ocupada el día 7, y de nuevo se presentaron ante los aliados mujeres y niños paraguayos "reducidos al último grado de miseria". También se presentaron muchos brasileños que habían sido aprisionados durante la invasión de Mato Grosso[67].

Las tropas aliadas marcharon de Valenzuela sierra abajo hasta Peribebuy, sin encontrar resistencia debido al exitoso plan distractivo que había implementado el conde d'Eu. Solano López había tomado una decisión equivocada, pues en lugar de disponer a sus tropas en la subida de la sierra —desde donde podría emboscar a los aliados con buenos resultados— prefirió concentrarlas en una localidad que era vulnerable a un ataque. Peribebuy estaba rodeada por una línea de trincheras de 2.422 metros de extensión y contaba con dieciocho cañones de varios calibres y un mortero. La guarnición que defendía la villa estaba compuesta casi por 1.800 hombres de infantería y artillería. Los atacantes eran cerca de 21 mil soldados, la mayoría brasileños, pues el 1º y 2º Cuerpo brasileños sumaban 19 mil hombres, mientras que había novecientos argentinos y mil uruguayos[68]. En principio, la toma de Peribebuy no era una operación militar difícil, pues debido a su situación geográfica carecía de un relieve que facilitase la defensa. El día 11, el conde d'Eu ultimó los preparativos del ataque a la villa e intimó la rendición al comandante paraguayo, coronel Pablo Caballero, quien respondió: "Estoy aquí para luchar y si es necesario morir, pero no para rendirme". Al amanecer del día 12 se le envió otra intimación a Caballero para que evacuase a las mujeres y los niños que se encontraban en el centro fortificado de la villa, salvándolos de la muerte. Caballero respondió otra vez enérgicamente, afirmando que las mujeres y los niños estaban seguros y que el conde d'Eu mandaría en territorio paraguayo cuando ya no hubiese nadie para defenderlo[69].

La artillería aliada comenzó el bombardeo a las 6.30 de la mañana del 12 de agosto, el cual se mantuvo a lo largo de dos horas. En ese momento, las columnas atacantes avanzaron sobre la villa y entraron en las trincheras paraguayas en quince minutos, pero el combate se prolongó por dos horas más. El general Osório comenzó el ataque al descender calmadamente con su caballo blanco por el declive del terreno hacia las trincheras, en medio de la niebla que causaban los disparos de los cañones[70]. Los paraguayos "se batieron con su coraje habitual"[71], pues pese a que la superioridad aliada era de 18 a 1, el combate se extendió todo ese tiempo. Se defendían en sus trincheras de todos los modos posibles, y el coronel Campos, que comandaba el ataque de la fuerza argentina, escribió que "tierra, piedras, huesos, tablas, espadas, de todo llovía sobre nuestras cabezas"[72]. De hecho, como los defensores de Peribebuy carecían de armamento, arrojaron "proyectiles de todo género" sobre los atacantes: ladrillos, pedazos de vidrio, piedras, etcétera[73].

El general Menna Barreto efectuó dos ataques al frente de sus tropas montado a caballo, los cuales fueron rechazados por los defensores de la villa. En el tercer ataque –una carga que se llevó a cabo "con mucho coraje"—, Menna Barreto cayó herido por un disparo de fusil, muriendo pocos minutos después en una casa de paja, sin decir una palabra y echando espuma por la boca[74]. La tropa argentina, del coronel Campos, sufrió 21 muertos y 97 heridos, lo cual es "una proporción muy alta y significativa" si se la compara con las 312 bajas del 2º Cuerpo de Ejército brasileño, que era muchísimo más numeroso. Por ese motivo, al final del día el coronel Campos recibió la Medalla al Valor de manos del conde d'Eu[75]. En las dos horas de lucha, los paraguayos tuvieron setecientos muertos y 1.100 hombres prisioneros; las fuerzas brasileñas también tomaron el Archivo Público del Paraguay con toda la documentación hasta el año 1868, incluso la correspondencia secreta del Ministerio de Relaciones Exteriores de la República[76]. En la batalla de Peribebuy, al igual que en otras de la guerra, participaron niños paraguayos. El vizconde de Taunay escribió sobre ellos:

> "¡Oh! la guerra, ¡sobre todo la guerra del Paraguay! ¡Cuánto niño de diez años, y menos todavía, muerto por bala, o lanceado junto a la trinchera que recorrí a caballo, conteniendo apenas las lágrimas!".

En ese momento ya no había ninguna justificación militar para que Solano López pusiese a luchar a niños contra soldados profesionales. En los combates hasta la batalla de Itá-Ivaté, el dictador paraguayo todavía podía esgrimir la necesidad de impedir el avance aliado como una forma de obtener algún final de la guerra que fuera favorable al Paraguay, o incluso la esperanza de que algún acontecimiento imponderable eventualmente cambiase el curso del conflicto. Pero desde el 27 de diciembre de 1868 la guerra estaba claramente perdida para Solano López, quien a pesar de su voluntarismo arrogante no podía dejar de saberlo. En esas circunstancias, la insistencia en enfrentar a los aliados con tropas improvisadas, compuestas en su mayoría por viejos y niños, solo puede ser catalogada de indefendible. Algunos trabajos populistas, que implícita o explícitamente le rinden culto a la tiranía, se limitan a destacar el coraje de niños y viejos, y pretenden avivar la indignación del lector contra los aliados porque estos lucharon contra un enemigo más débil, al que terminaron exterminando. Esos trabajos inducen a que el lector admire a Solano López en lugar de hacerlo responsable por la muerte de niños y viejos, al arrastrarlos a luchar en una guerra que ya estaba perdida. Según esa lógica miope, se debería admirar a Hitler porque le opuso resistencia al avance aliado sin rendirse, al precio de la destrucción final de Alemania, y —como otra muestra de identidad entre los dos dictadores— porque también utilizó a adolescentes y viejos para enfrentar el avance soviético sobre Berlín.

Taunay participó en la batalla de Peribebuy integrando la tropa argentina, y cabalgó por las trincheras cuando todavía se tomaban prisioneros. El vizconde testimonió que los soldados paraguayos eran asesinados fríamente, incluso cuando ya no estaban en condiciones de combatir o resistirse; eran muertos "inútilmente". Taunay salvó a uno de los adolescentes que iba a ser degollado, y el niño lo acompañó en los días siguientes[77].

La descripción que hace Dionísio Cerqueira, quien participó del combate, corrobora la de Taunay:

"En pocos instantes nuestras fuerzas trepaban por las trincheras, invadían el terraplén y embestían en grupos contra los paraguayos, que se retiraban en desbandada pero todavía peleando. Me hizo frente con una lanza un muchachito que parecía fuerte; paré el golpe, respondí y seguí adelante. Después, un soldadito paraguayo que no podía tener más de doce años corría todo ensangrentado hacia mi lado, siendo acosado por un soldado nuestro que lo perseguía y ya lo iba a alcanzar, cuando se abrazó a mí implorando que lo salvase. Apenas tuve tiempo de contener a su perseguidor. En ese momento, pasaba por allí al trote largo el distinguido camarada capitán Pedra, quien gritó:
—Mátalo.
—No —dije yo—. Es un prisionero, un pobre niño, y he de defenderlo.
—¿Quieres pelear por un paraguayo?
—¿Por qué no? Es mi deber y tú harías lo mismo.
(...)
Conduje al pobrecito hasta la guardia de prisioneros. En la plaza principal, junto a la puerta de la Iglesia, había una joven y hermosa mujer, a pesar de su palidez cadavérica, con un hijito muerto a su lado. Ambos habían sido atravesados por la misma bala"[78].

El degüello comenzó hacia el final del combate, cuando las tropas brasileñas ya habían entrado por el lado sur de Peribebuy y aprisionado, entre otros, al coronel Caballero y al jefe político de la villa, Patricio Marecos. En esa ocasión, el conde d'Eu le preguntó a un ayudante de órdenes que volvía del noroeste de la villa si los aliados habían perdido mucha gente, y la respuesta fue que no, pero que habían muerto unos pocos que valían por muchos. Según Juan Crisóstomo Centurión, la escena habría continuado de la siguiente manera:

"—¿Quién? —volvió a preguntar el conde.
—El general Menna Barreto, señor —respondió el oficial.
—¡El general Menna Barreto! —repitió el conde con gran sorpresa, mientras su semblante adquiría rápidamente una expresión de cólera.
Señalando a Caballero y a Marecos [el conde d'Eu] dijo sin vacilar:
—Degüéllenlos, pues ellos son los culpables.
La orden se cumplió en un abrir y cerrar de ojos.
Con ese acto bárbaro y cruel, el conde manchó su nombre y deshonró las armas brasileñas, que habían alcanzado tanto brillo bajo el mando de ilustres y valientes generales como Caxias, Osório, Porto Alegre y el barón de Triunfo"[79].

Sin embargo, existe una versión más cruel sobre la muerte del coronel Caballero. El conde d'Eu habría dado la orden de que Caballero fuera atado de pies y manos a las ruedas de dos cañones frente a la Iglesia y delante de su esposa, que también era prisionera, haciéndolo estirar hasta quedar en el aire. En esa posición, se lo intimó a que se declarara rendido, y al no

392

aceptar, fue azotado y luego degollado[80]. Lo cierto es que fue degollado luego de haber sido hecho prisionero.

El secretario particular del conde d'Eu, vizconde de Taunay, confirma la responsabilidad del jefe en los degüellos[81]. Estos habrían terminado gracias a que el general Mallet intercedió ante d'Eu. No obstante, parece que no es verdadera la versión que presentan distintos autores de que el príncipe había mandado incendiar el hospital, dentro del cual murieron carbonizados más de cien heridos[82]. Es probable que el incendio se haya producido a consecuencia del bombardeo de la villa por los cañones brasileños, al comienzo del ataque[83].

Además de la matanza, la toma de Peribebuy "tuvo su saqueo, a pesar de los esfuerzos por reprimirlo". Los soldados entraban en las residencias y tomaban por la fuerza los objetos que encontraban. En las casas que habían ocupado Solano López y Elisa Lynch los soldados encontraron una "no pequeña cantidad de plata en monedas", monedas de la época colonial por valor de 2$000, que todavía tenían grabadas las armas del reino de Castilla y de Aragón. En una de las casas de la pareja, Taunay y un colega encontraron un depósito con gran cantidad de vino "sobre todo cajas de champagne (…), y de las mejores marcas"; también había varios libros que pertenecían a Solano López[84]. Durante toda la guerra, mientras las tropas y la población paraguayas carecían de alimentos, Solano López cultivó su gusto por las bebidas finas, en especial por el coñac y el vino.

El consejero José María da Silva Paranhos determinó que las joyas de oro y plata que había en la villa le fueran entregadas al gobierno provisional paraguayo. Este había sido instalado en Asunción el 15 de agosto de 1869 bajos los auspicios de la diplomacia imperial y con la aceptación renuente del gobierno argentino, presidido por Domingo Faustino Sarmiento. De esta forma, Paranhos procuraba garantizarle una fuente de financiamiento a aquel gobierno, compuesto por tres miembros y creado para desvincular a la población paraguaya de Solano López, reafirmando la independencia del Paraguay frente a un eventual intento de anexión por parte de la Argentina[85]. José Díaz Bedoya, que era uno de los miembros del gobierno provisional, fue enviado a Buenos Aires para vender esas joyas, pero luego de hacerlo no retornó a Asunción. Bedoya renunció a su cargo argumentando que no quería continuar formando parte de un gobierno que estaba subordinado a los intereses de la Triple Alianza, pero se quedó con el dinero de esa venta.

Cuando los aliados tomaron Peribebuy no consiguieron encontrar a Solano López —quien no participó del combate y logró evadirse—, ni destruir al grueso de las tropas que lo acompañaban. Como no se sabía a ciencia cierta dónde se encontraba el líder paraguayo, los aliados no podían hacer pla-

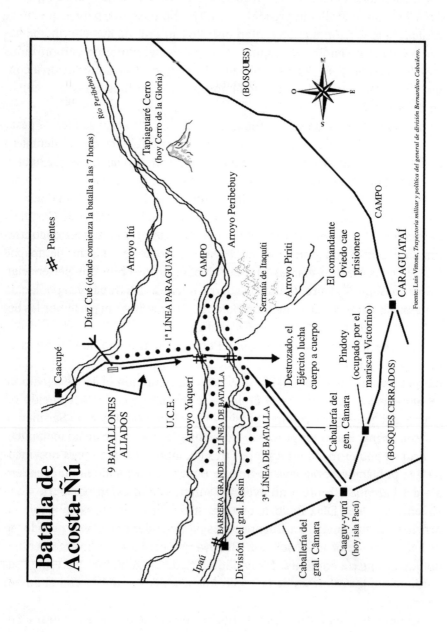

Batalla de Acosta-Ñú

Caacupé

Díaz Cué (donde comienza la batalla a las 7 horas)

Puentes

Arroyo Itú

Río Peribebuy

Tapiaguaré Cerro (hoy Cerro de la Gloria)

(BOSQUES)

9 BATALLONES ALIADOS

U.C.E.

1ª LÍNEA PARAGUAYA

CAMPO

Arroyo Peribebuy

Arroyo Yuquerí

2ª LÍNEA DE BATALLA

BARRERA GRANDE

Serranía de Itaquiti

Arroyo Piriti

Destrozado, el Ejército lucha cuerpo a cuerpo

El comandante Oviedo cae prisionero

División del gral. Resin

3ª LÍNEA DE BATALLA

Pindoty (ocupado por el mariscal Victorino)

Caballería del gen. Cámara

Ipaú

Caaguy-yurú (hoy isla Pacú)

(BOSQUES CERRADOS)

CAMPO

CARAGUATAÍ

Caballería del gral. Cámara

Fuente: Luis Vittone, *Trayectoria militar y política del general de división Bernardino Caballero.*

nes para impedir su fuga. Basándose en informaciones insuficientes, el conde d'Eu decidió que el grueso de las tropas se dirigiera a Caacupé en una marcha ligeramente envolvente, y envió una división de caballería a Campo Grande para que vigilara cualquier intento de escape de Solano López hacia Caraguataí. El dictador paraguayo intentó evitar el movimiento aliado en dirección a Caacupé y se retiró de esa localidad para dirigirse a Caraguataí, lo que pagaría caro[86].

Las tropas aliadas ocuparon Caacupé el 15 de agosto, encontrando allí una precaria fundición que funcionaba con los equipos que se habían traído de Ibicuí —los cuales eran operados por veinte técnicos ingleses, además de soldados, mujeres y prisioneros[87]—, y un "inmundo" hospital donde se amontonaban enfermos y heridos que estaban "en la mayor miseria"[88]. Cuando las tropas que acompañaban al conde d'Eu se aproximaron a la villa, contemplaron una escena horrenda: mujeres escuálidas vestidas con restos de tejidos que apenas cubrían su desnudez se esforzaban para matar a una vaca flaca, casi sin pelo, que mugía con la lengua amoratada colgando hacia afuera. Las mujeres utilizaban calabazas de mate para recoger la sangre que salía de las heridas del animal y luego de beberla se la ofrecían a sus esqueléticos hijos, quienes además la succionaban directamente de las heridas[89].

En Caacupé fueron encontrados y liberados muchos brasileños que habían sido aprisionados durante la invasión de Mato Grosso. Estaban "esqueléticos, pálidos, con su cuerpo lleno de cicatrices, y muchos de ellos parecían no recordar lo que era una sonrisa". Los propios caacupecanos mostraban su estado de miseria pues tenían "bocios de distintas formas y dimensiones", excepto los que pertenecían a la elite local, cuyas mujeres estaban correctamente vestidas, "peinadas, eran amables, [y] educadas"[90].

En Caacupé, el general Osório se retiró definitivamente de la guerra, pues su herida en la mandíbula inferior no cicatrizaba y se había agravado. No obstante, permaneció algún tiempo en Asunción a pedido del conde d'Eu, quien argumentó que no podía verse privado del general ni para los consejos ni para la acción. El 16 de septiembre, Osório le escribió a su esposa:

"Ya no tenía intención de continuar con la campaña, pero el Príncipe vino a pedirme que lo acompañara y hoy volvió aquí para hacerme un segundo pedido. No tengo más remedio que continuar un poco más"[91].

Osório solo pudo dejar el Ejército en el Paraguay el 30 de noviembre de 1869. Seguramente fue el jefe militar más popular entre las tropas brasileñas y también entre los aliados, distinguiéndose por su coraje, buen humor y lealtad, pero careció de visión estratégica[92]. Tampoco se preocupó por ahorrar vidas en las acciones ofensivas, incluyendo la suya, por lo que resulta sorprendente que haya sobrevivido. Fue sustituido en el comando del 1er Cuerpo de Ejército por el general José Luis Menna Barreto, el mismo que había sido descalificado por Caxias.

Osório partió del Paraguay el 1° de diciembre en el vapor *Alice* con destino al puerto de Rio Grande, en su provincia natal. Cuando estaba de paso por Montevideo recibió la noticia del fallecimiento de su esposa. J. B. Magalhães es el biógrafo de Osório, y le atribuye al general la autoría de la siguiente poesía, la cual habría escrito al tomar conocimiento de la muerte de la esposa:

COMO VIVEREI SEM TI?

Desde esse fatal momento,
Que a tua vista peri
Abismado na tristeza
Como viverei sem ti?

Cuidados consumidores,
Só no meu peito senti
Se só com o ver-te me alegro
Como viverei sem ti?

Quanta ausência custaria
Certamente não previ
Hoje por ti suspirando
Como viverei sem ti?

Como esposa amante e terna
Sempre teus passos segui!
Hoje a longa distância
Como viverei sem ti?[93]*

Cuando el conde d'Eu tomó conocimiento de que Solano López había partido de Caacupé, reforzó la división de caballería que había sido envia-

---

* N. del T.: ¿CÓMO VIVIRÉ SIN TI?/ Desde ese fatal momento, en que tu imagen perdí, sumergido en la tristeza, ¿cómo viviré sin ti?/ Cuidados abrasadores, solo en mi pecho sentí, si solo con verte me alegro, ¿cómo viviré sin ti?/ Cuánta ausencia costaría, ciertamente no previ, hoy me haces suspirar, ¿cómo viviré sin ti?/ Como esposa amante y tierna, ¡siempre tus pasos seguí!, hoy es larga la distancia, ¿cómo viviré sin ti?

da a Campo Grande con el 2º Cuerpo de Ejército y junto a la cual habían marchado los argentinos al mando del coronel Luis María Campos[94]. El día 16 de agosto, en momentos en que esta fuerza aliada se dirigía a Caraguataí, se encontró con la retaguardia enemiga que defendía el camino hacia esa posición. Se desarrolló entonces la batalla de Campo Grande —que en el Paraguay es conocida como batalla de Acosta-Ñú—, participando de ella un gran número de jóvenes paraguayos que contaban entre 14 y 15 años de edad. La batalla comenzó a las 8.30 y en ella se enfrentaron 20 mil aliados contra unos 6 mil paraguayos al mando de Bernardino Caballero[95].

Como lo indica su nombre —Campo Grande—, el lugar de la batalla era una extensa planicie de unos doce kilómetros cuadrados, propicia para la acción de la caballería brasileña. En caso de que esta hubiera sido utilizada en un comienzo, podría haber envuelto y destrozado el flanco de las posiciones paraguayas. Sin embargo, la caballería se encontraba en la retaguardia de todas las fuerzas brasileñas y no podía avanzar por la estrecha picada pues tenía por delante a miles de soldados de infantería y artillería, además de las carretas con municiones y equipos militares. En consecuencia, el ataque brasileño comenzó con la infantería, uno de cuyos batallones estaba al mando del entonces coronel Manoel Deodoro da Fonseca, que luego llegaría a ser el primer jefe de Estado del Brasil republicano[96].

El vizconde de Taunay, que estaba presente en la batalla de Campo Grande/Acosta Ñú, confirma la valentía del general Caballero, quien les daba a sus soldados "ejemplos de intrepidez, pero entendía poco del arte de la guerra". La falta de preparación militar de Caballero lo llevó a no efectuar ninguna acción para impedir que las fuerzas brasileñas salieran de la picada por la cual marchaban en medio del bosque, permitiéndoles ocupar tranquilamente sus posiciones de ataque. Los paraguayos se limitaron a disparar desde lejos, con poca intensidad, utilizando rifles y un poco la artillería, lo cual no causó mayores problemas a los brasileños[97].

Entre los paraguayos había niños con barbas postizas para parecer adultos. La capacidad de resistencia paraguaya quedó demostrada una vez más pues, a pesar de que la relación de fuerzas era ampliamente favorable a los brasileños, el combate se prolongó por ocho horas. Durante todo ese tiempo Caballero hizo que sus fuerzas retrocediesen en forma ordenada, "dejando bien claro" que su tropa mantenía la disciplina. Con ese movimiento los paraguayos atravesaron el arroyo Juquerí y se instalaron en la otra margen, disponiendo de ocho cañones y protegidos por los montes de tierra. La infantería brasileña intentó atravesar el arroyo, desatándose un intenso combate; en el terreno se mezclaban cadáveres, carretas, "mujeres y niños daban gritos lacerantes que se escuchaban en medio del violento fuego de fusilería y el tronar de la artillería". Cuando fracasó el primer intento brasileño de cruzar el arroyo, el conde d'Eu ordenó traer la artillería, la ubicó frente a los cañones enemigos, abrió fuego y causó una gran mortandad del lado paraguayo[98].

La infantería brasileña asaltó la retaguardia enemiga a las 13.45, al mismo tiempo que la caballería imperial consiguió salir de la picada, atravesó el arroyo y atacó violentamente a los batallones paraguayos. El vizconde de Taunay asistió a los hechos, describiéndolos de la siguiente forma:

> "Me parece que todavía estoy viendo cómo se bajaban las lanzas, fulgurantes y vertiginosas, despidiendo por el aire, cual si fueran simples copos de algodón, los cuerpos de aquellos que iban hiriendo y que por lo general caían agachados, flexionados, y más que esto, enrollados sobre sí mismos. No pocos de los infantes [paraguayos] trataban de defenderse con la espingarda, pero esa resistencia era momentánea; algunos arrojaban el arma, ocultaban el rostro entre los brazos, bajaban la cabeza y estiraban el cuello esperando el golpe de las pesadas espadas, apresurados por terminar con todo y buscando en la muerte la solución para tantas desgracias y tantos sufrimientos"[99].

Dionísio Cerqueira describe el galope de la caballería en dirección a las líneas paraguayas, y de qué manera estas se unieron formando un cuadrado, que era la formación clásica de la infantería para defenderse de ese tipo de ataque. El cuadrado contó con el apoyo de una columna que surgió de un trozo aislado de bosque y que no adoptó esa formación. Cerqueira cuenta que del piquete que acompañaba al conde d'Eu se adelantó un jinete, un cabo, que

> "iba firme en los estribos, revoleando la lanza (...) ¡Qué valiente! Lo vi clavar las espuelas en el caballo y con un salto enorme penetrar en aquella masa erizada de bayonetas [el cuadrado paraguayo]. Alcanzó a dar dos lanzazos y desapareció (...) Después del combate fui a ver el lugar donde cayó el cabo que formaba parte del piquete del príncipe. Lo encontré con los ojos abiertos y el brazo extendido, como buscando la lanza. Durante algunos momentos contemplé en respetuoso silencio los restos mutilados de ese hombre, cuyo nombre me era desconocido y de cuyas proezas tal vez solo yo haya sido testigo en la tremenda refriega. Era uno más de los miles de héroes anónimos que cayeron allá defendiendo el honor nacional, dejando que sus esqueletos blanquearan los campos o enterrados en fosas apenas cubiertas (...)"[100].

A la carga de caballería le siguió el ataque de la infantería brasileña, que tomó los ocho cañones enemigos a bayoneta. Pedro Américo pintó el cuadro Batalla de Campo Grande, "inverosímil, sin duda" al representar posiciones imposibles de asumir por parte de la caballería. Al contrario de lo que aparece en el cuadro, el conde d'Eu no hizo parar en dos patas a su caballo, ni había ningún sacerdote en el lugar de la batalla. Pero no deja de ser verdad que el conde d'Eu corrió un riesgo muy grande al mantenerse en el terreno de combate, exponiéndose a las balas enemigas, al igual que todos los que lo acompañaban[101].

La derrota paraguaya fue completa:

> "El campo quedó lleno de muertos y heridos del enemigo, entre los cuales nos daban gran pena, debido a su gran número, los soldaditos cubiertos de sangre y con las piernitas quebradas, muchos de los cuales todavía no habían llegado a la pubertad.
>
> (…) ¡Qué valientes que eran para el combate esos pobres niños!
>
> ¡Qué terrible lucha aquella entre la piedad cristiana y el deber militar! Nuestros soldados decían que *no daba gusto tener que pelear con tantos niños*"[102].

Esa fue la última gran batalla de la guerra. Los paraguayos tuvieron 1.200 prisioneros —la mayor parte de los cuales se había refugiado en el bosque pero luego se entregó— y 2 mil muertos, lo que testimonia su tenacidad a pesar de la inferioridad numérica y de un armamento que era "casi rudimentario". Se capturaron muchas espingardas de pedernal (cañones de piedra de cuarzo), de un tipo tan antiguo que era desconocido para los aliados. Del lado paraguayo había todo tipo de armas obsoletas, "de mecha, trabuco y otras especies que solo se ven en los museos". La pésima calidad de ese armamento y la mala puntería de la tropa paraguaya —"casi toda" compuesta por gente sin experiencia— explican la desproporción de las pérdidas: los aliados tuvieron 26 muertos y 259 heridos[103]. La mortalidad en las filas paraguayas podría haber sido menor, pero los vencedores no tuvieron piedad:

> "El enemigo [paraguayo] perdió miles de soldados, pues no se concedía perdón; se mataba a los heridos apenas se los encontraba. Tres días después de la lucha todavía se encontraban heridos entre los pastos altos, quejándose por sus heridas y pidiendo misericordia. Pero eso no les sirvió de nada"[104].

La diferencia entre el número de muertos paraguayos y aliados muestra que Campo Grande/Acosta-Ñú fue un baño de sangre. Si bien el que lo comenzó fue Solano López —enviando al combate a adolescentes disfrazados de adultos, sin preparación y con armas obsoletas—, lo continuaron los brasileños, que estaban embrutecidos por tantos años de guerra y cansados de un enemigo que no se rendía, no retrocedía y se mantenía en combate incluso cuando la muerte era segura.

Durante su retirada hacia el arroyo Juquerí, los paraguayos le prendieron fuego al pastizal alto y seco para ocultar sus movimientos con el humo. El coronel Conrado Bittencourt le ordenó al batallón comandado por Dionísio Cerqueira que apagase el campo en llamas, orden que este último le retransmitió a un sargento designado para desbastar una porción de terreno para contener el fuego. Atraído por el combate, Dionísio Cerqueira no permaneció en el lugar para supervisar el cumplimiento de la tarea; "hoy entiendo que no procedí bien, pero en aquel tiempo no podía sufrir aquel servicio mientras la fusilería me llamaba, cada vez más ardiente"[105]. El incendio no se pudo controlar, y al final de los combates el fuego del pastizal comenzó a hacer explotar cajas de municiones que habían sido dejadas en el terreno durante los movimientos de tropas. El fuego se propagó y alcanzó a los heridos caídos, quienes ya sufrían la sed, sofocándolos o quemándolos hasta la muerte.

> "Cuántos dolores inenarrables (...) Pude ver —nadie me lo contó— a un paraguayito que le gritaba a un compañero herido pero que estaba en pie: '¡Amigo, mátame por favor!'. Y el otro, respondiendo a la cruel imploración, le disparó un tiro a quemarropa"[106].

El general Caballero consiguió escapar. Caballero había llegado hasta esa jerarquía debido a sus actos de valentía en diferentes batallas de la guerra, y era el oficial preferido de Solano López. Cuando este último murió, en marzo de 1870, Caballero —que no había participado de la batalla final en Cerro Corá porque estaba buscando ganado en el sur de Mato Grosso— fue llevado prisionero a Río de Janeiro. Hizo el viaje hacia la Corte en una nave que transportaba tropas brasileñas que retornaban a casa, entre las que se encontraba el teniente Dionísio Cerqueira. El brasileño cuenta que en la misma embarcación iban el coronel Centurión, "bien educado, instruido y que hablaba inglés", el coronel Agüero, "mestizo y con fama de cruel", y el padre Maíz; los cuatro prisioneros eran grandes amantes del juego de cartas y pasaban las noches jugando con los brasileños "al son estridente de las carcajadas, provocadas por pillerías que a veces eran demasiado pesadas"[107].

En Río de Janeiro, Caballero recibía un sueldo del gobierno imperial, al igual que todos los oficiales paraguayos prisioneros, pero en su caso el sueldo correspondía al grado de coronel. Caballero vivía en una residencia particular —probablemente en un cuarto alquilado en una casa de familia—, y se hizo amigo de José María da Silva Paranhos, futuro barón de Rio Branco, junto a quien frecuentaba la noche carioca. Cuando retornó a Asunción, Caballero se dedicó a la política, llegando a ocupar la presidencia de la República (1880-1886); también fundó el Partido Colorado, y durante su vida pública sostuvo cordiales relaciones con el Brasil, manteniéndose alejado de la Argentina. Murió en 1912[108].

A fines de agosto, la orden del día del conde d'Eu parecía más una justificación que un relato de los acontecimientos. Como Solano López había conseguido escapar, el conde escribió que "nuestros esfuerzos no fueron suficientes para conseguir todo lo que la Nación esperaba de nosotros". El príncipe afirmó allí que si había habido algún error la responsabilidad era suya, y elogió el desempeño de sus subordinados. También informó, no sin razón, que sus decisiones para el ataque a Peribebuy habían ahorrado muchas vidas de sus subordinados, mientras que en el mes de agosto los paraguayos perdieron no menos de 8 mil hombres, entre muertos, heridos y prisioneros. De todos modos, las esperanzas que tenía el conde d'Eu de ponerle fin a la guerra se vieron frustradas. El conde y sus ayudantes se fueron "de paseo" a Asunción a fines de septiembre, y a continuación recorrieron los lugares donde se habían desarrollado las batallas de 1869; de hecho, esa fue la última iniciativa que tomó el príncipe durante la guerra[109], pues pronto cayó en un estado depresivo.

El gobierno provisional paraguayo

Cuando el Partido Conservador volvió al poder en el Brasil, en julio de 1868, intentó poner en práctica su política tradicional en el Plata: fortalecimiento de las independencias del Uruguay y del Paraguay, y contención de la influencia argentina sobre esos dos países. Los gobernantes conservadores deseaban terminar la alianza con la Argentina de forma natural, pues ya habían desaparecido los motivos que la justificaban. La derrota de Solano López y la instalación de un nuevo gobierno en el Paraguay eran una forma de ratificar la independencia del país; además, la firma de los tratados de paz entre los aliados y las nuevas autoridades paraguayas significaría la realización de los objetivos y el fin de la Triple Alianza[110].

En la Argentina, Mitre había concluido su mandato en octubre de 1868, siendo sustituido por Domingo Faustino Sarmiento. El nuevo presidente se resistía a mantener una alianza con el Brasil, y desconfiaba de eventuales planes del Imperio para convertirse en una potencia continental en la posguerra a costa de sus vecinos. Sarmiento esperaba contar con el apoyo de los Estados Unidos para evitar la expansión de la influencia brasileña[111]. Con el ascenso de Sarmiento a la presidencia llegó al gobierno la facción política antimitrista, lo cual implicó una profunda alteración de la política argentina en relación con la guerra. Tanto el nuevo ministro de Relaciones Exteriores, Mariano Varela, como el propio vicepresidente, Adolfo Alsina, consideraban que la guerra era un error histórico[112].

En febrero de 1869, el canciller brasileño José María da Silva Paranhos partió rumbo al Paraguay con la misión de establecer allí un gobierno provisional con el que se pudiese firmar la paz, ya que se pensaba que con la ocupación de Asunción la guerra estaba por terminar. Para ser reconocido por el Imperio, el gobierno provisional debería comprometer su apoyo a los aliados en la lucha contra López, adhiriendo también al Tratado de la Triple Alianza. Según las instrucciones que recibió Paranhos, el Tratado debería ser cumplido íntegramente, excepto por "cualquier modificación que, en el propio interés del Paraguay, se estipule en el Tratado de Paz por mutuo consentimiento de los aliados y del mismo gobierno paraguayo"[113] Con esa excepción, el gabinete conservador brasileño daba los primeros pasos para reducir las concesiones territoriales paraguayas a la Argentina, evitando que este último país tuviese una frontera con Brasil en Mato Grosso, y también que el territorio argentino limitase con Asunción. Según Cotegipe, si el enviado imperial no conseguía tener éxito en ese sentido, el tratado de paz que se firmase con el Paraguay apenas significaría una tregua "más o menos larga", a la cual le seguiría una eventual guerra con la Argentina[114].

El gobierno imperial estaba convencido de que el presidente Sarmiento quería anexar el Paraguay a la Argentina[115]. Aunque Solano López continuase combatiendo, la instalación de un gobierno provisional paraguayo era una forma de reafirmar la continuidad de la existencia del Paraguay como Estado independiente. Estimulados por Paranhos, los ciudadanos paraguayos de Asunción les solicitaron a los aliados la constitución de ese gobierno. Pero al enviado brasileño le costó mucho conseguir la aprobación del canciller argentino Mariano Varela[116]. La postura de Mariano Varela indicaba que el gobierno de Sarmiento temía que el Imperio se valiese del Tratado de 1865 y de las autoridades interinas para establecer un protectorado sobre el país guaraní.

El Tratado de la Triple Alianza no había establecido ninguna norma sobre la instalación de un gobierno provisional en el Paraguay. Esa omisión se puede explicar porque se esperaba que luego de iniciada la guerra surgiese en el país un movimiento de oposición para deponer a Solano López, lo cual no ocurrió. Desde los primeros días de la guerra, el Imperio se mostró preocupado por instalar en el Paraguay un gobierno que sustituyese al de Solano López luego de la victoria aliada, y que al mismo tiempo fuese inmune a la influencia de Buenos Aires. En 1865, el Ministerio de Negocios Extranjeros le envió un despacho a Francisco Octaviano de Almeida Rosa donde le advertía que en caso de que se organizase un nuevo gobierno paraguayo no debía haber allí predominio argentino. La posibilidad de instalar un gobierno provisional en Asunción —aun cuando Solano López continuase combatiendo— fue planteada por primera vez por el Consejo de Estado brasileño en 1867[117].

En su viaje al Paraguay, Paranhos pasó antes por Buenos Aires a fin de convencer al aliado argentino de la necesidad del establecimiento de un gobierno provisional en el país guaraní. El presidente Sarmiento no estuvo de acuerdo, y argumentó que en Asunción solo estaban los paraguayos que servían a los aliados, los cuales ni siquiera ocupaban todo el país, y que Solano López aún no había sido depuesto[118].

Cuando Paranhos llegó a Asunción, el 20 de febrero de 1869, se encontró con un campamento militar antes que con una ciudad propiamente dicha. Sus calles eran todas de tierra, de apariencia desagradable, y como no estaban niveladas, quedaban cubiertas de barro luego de las lluvias. En el área urbana había muchos terrenos por edificar, las construcciones estaban desalineadas unas en relación con las otras y muchas de ellas eran precarias o incluso construidas con paja. No había ninguna canalización del agua de la ciudad y la iluminación se limitaba a algunos pocos faroles de aceite. La presencia de los soldados en Asunción hizo que se generara un gran comercio, con cerca de 2 mil casas de negocios, e incluso 4 mil mujeres que acompañaban al Ejército[119].

A partir de febrero de 1869, Asunción comenzó a recibir un gran número de refugiados del interior del país, que hambrientos y enfermos huían de los combates, pero no se contaba con la mínima infraestructura para recibirlos, lo cual empeoraba el panorama de caos. Las funciones administrativas de la ciudad, tales como el funcionamiento del puerto, la seguridad pública y otras tareas, eran ejercidas por miembros del Ejército brasileño. En el mes de marzo, ante los reiterados pedidos de civiles paraguayos o de aventureros extranjeros, los jefes militares aliados decidieron crear un Tribunal Militar Mixto que estaba compuesto por tres brasileños, tres argentinos y un uruguayo, y que debía cumplir funciones judiciales. Las decisiones de dicho tribunal eran sumarias, sin apelación, salvo en casos muy especiales[120].

Debido a motivos políticos y funcionales, la administración militar de la ciudad tenía un carácter transitorio. En cuanto al segundo aspecto, los aliados encontraban dificultades para atender las necesidades de los refugiados pues su número aumentaba constantemente, llegando a 4 mil personas en el mes de mayo[121]. Ya fuera porque no conseguía atender a esas necesidades, o bien porque tenía que concentrar sus esfuerzos en la persecución de Solano López, lo cierto es que la administración de Asunción era desgastante para el Ejército brasileño. Así, el Imperio estaba interesado en que la responsabilidad administrativa de la capital guaraní pasase a manos de los ciudadanos paraguayos antilopiztas. Pero el Brasil no quería meras autoridades municipales, sino que esos paraguayos formasen un gobierno provisional para reafirmar la independencia paraguaya.

La diplomacia del gabinete conservador tenía como prioridad la reconstrucción del Estado paraguayo, aun cuando Solano López continuase vivo y combatiendo. El gobierno brasileño tuvo que enfrentar dos obstáculos para realizar ese objetivo: la Legión Paraguaya y Buenos Aires. Cuando los exiliados paraguayos que formaban parte de la Legión regresaron a Asunción, intentaron llenar el vacío de poder derivado de la precaria situación militar de Solano López. El comandante de la Legión, Fernando Iturburu, solicitó en enero que se nombrase presidente del país al comandante de las fuerzas argentinas, general Gelly y Obes —quien era hijo del paraguayo Andrés Gelly y Obes—, a lo que se opuso el comandante de las tropas brasileñas, general Xavier de Souza. La iniciativa del comandante de la Legión no habría sido un acto sincero, sino una forma de presionar para que los aliados se decidieran a establecer un gobierno de paraguayos que sustituyera al de López[122]. De todos modos, Paranhos tuvo motivos para sospechar que los legionarios estaban bajo influencia argentina, y por ello contra los intereses del Imperio.

Los días 24 y 25 de enero de 1869 se reunieron 32 ciudadanos paraguayos siguiendo una iniciativa de Serapio Machaín, y el día 30 del mismo mes enviaron un petitorio a los gobiernos aliados donde les solicitaban la instalación de un gobierno provisional[123]. En la disputa por la constitución de ese futuro gobierno transitorio se formaron dos grupos políticos. Uno de ellos estaba liderado por Juan Francisco Decoud y el otro por Cándido Bareiro. Este último —que era primo de Solano López y había representado a su gobierno en Europa— retornó a Asunción en el mes de febrero, aglutinando a las tendencias conservadoras del pasado, a las cuales también se sumaron el coronel Iturburu y algunos legionarios adversarios de Decoud. Bareiro e Iturburu se convirtieron en un polo de atracción para elementos supervivientes del régimen de Solano López, como ex oficiales, antiguos funcionarios graduados, estudiantes que habían sido enviados al exterior y legionarios descontentos con la hegemonía del otro grupo. El círculo que lideraba Juan Francisco Decoud tenía un carácter innovador y reformista, con ideas liberales, y formaban parte de él aquellos legionarios que compartían tales ideales. Los dos grupos políticos eran conocidos como bareiristas y decouistas[124].

En Asunción, Paranhos intentó conversar con todos los ciudadanos paraguayos que estaban allí y que habían firmado el petitorio para los gobiernos aliados. El diplomático los reunió y les hizo saber que Río de Janeiro deseaba que se instalase un gobierno provisional, pero siempre que se aceptasen los términos del tratado del 1º de mayo de 1865. En esa reunión se cristalizó la fractura entre dos visiones distintas de la problemática paraguaya de parte de los dos círculos políticos. Mientras que los barciristas concordaron con la propuesta del diplomático brasileño, los decouistas se resistían a ella. Juan Francisco Decoud solicitó tiempo para consultar a sus seguidores, y argumentó que la cuestión de la pérdida de territorios por parte del Estado paraguayo necesitaba un examen "maduro"[125].

Los dos grupos políticos paraguayos no se pusieron de acuerdo sobre la formación del gobierno interino. Paranhos les dijo que para constituir un gobierno de coalición y negociar con los gobiernos aliados era necesario que se formara una comisión de cuatro ciudadanos paraguayos —dos por cada facción—, o que la alternativa sería la instalación de un gobierno militar en Asunción[126]. En realidad se trataba de una falsa amenaza para apresurar la constitución de un gobierno paraguayo, pues el enviado imperial no tenía la intención de facilitarle a la Argentina el aumento de su influencia en el Paraguay, dado que sería imposible la formación de un gobierno militar que fuese exclusivamente brasileño. Paranhos designó para la comisión a los bareiristas Félix Egusquiza —ex representante de Solano López en Buenos Aires— y Bernardo Valiente, y a los decouistas Carlos Loizaga y el propio coronel Juan Francisco Decoud. Este último no quiso formar parte de la comisión, pero indicó en su lugar a José Díaz Bedoya, que era un hombre con tránsito en los dos grupos, lo cual agradó al Imperio. Loizaga se rehusó a participar porque era enemigo de Egusquiza, y por ello la comisión quedó reducida a tres miembros[127].

Paranhos dio instrucciones para que los miembros de la comisión ubicaran en Buenos Aires al ministro de Relaciones Exteriores argentino, Mariano Varela, y le aseguraran que tenían la más completa confianza en su gobierno. Luego se les envió un documento a los representantes aliados que estaban reunidos en esa capital —Mariano Varela, José María da Silva Paranhos y el uruguayo Adolfo Rodríguez—, donde se solicitaba la constitución de un gobierno paraguayo provisional. El pedido estaba firmado por 335 ciudadanos guaraníes, pero lo acompañaba una nota del 29 de abril donde se planteaba la necesidad de establecer el referido gobierno y de "preparar después la organización política de la República, creando los poderes permanentes que deberán firmar los tratados necesarios o preparatorios para el restablecimiento de buenas relaciones con las naciones aliadas". Ese agregado iba en contra de la posición del gabinete brasileño de firmar los tratados definitivos de paz en forma inmediata. Luego de recibir a Egusquiza en su casa en la noche del 1º de abril, Paranhos llegó a la conclusión de que "la nota fue improvisada, según se presume, por el Dr. Quintana", que era un diputado argentino crítico de la política brasileña. Para el diplomático, la actitud de la comisión paraguaya no era hostil sino que tenía como objetivo conseguir apoyo y al mismo tiempo intentar obtener condiciones más favorables de paz que las establecidas por el Tratado de la Triple Alianza[128].

Antes de reunirse con sus colegas aliados, Paranhos ya sabía que Varela se oponía a la formación de un gobierno interino en el Paraguay. El gobierno argentino incluso había propuesto que los generales aliados nombrasen autoridades provisionales para gobernar únicamente la ciudad de Asunción. Pese a ello, el enviado imperial presentó un memorándum el 30 de abril donde, además de defender la creación de un gobierno transitorio, sostuvo que ese gobierno debería estar investido de plenos poderes para firmar los tratados de paz. También planteó que los aliados deberían mantener tropas en territorio paraguayo, no con fines de conquista sino para atender a una "necesidad inevitable y [que sería] un apoyo beneficioso para el nuevo gobierno"[129]

Mariano Varela pensaba que el gobierno provisional era apenas un elemento auxiliar de los aliados, "aunque más importante que la Legión Paraguaya", cuya función sería preparar la definitiva organización del país. El argentino no creía que hubiera necesidad de conseguir ninguna garantía de las autoridades interinas, pues entendía que no habría resistencias futuras a la libre navegación ni a la celebración de los tratados de límites. Adolfo Rodríguez acompañó esa posición argumentando que como la mayoría de la población guaraní estaba en territorio bajo el control de Solano López y apenas había 4 mil paraguayos en las áreas ocupadas por los aliados, el gobierno provisional no podía ser el resultado de un acto de soberanía del pueblo del país. Paranhos sostenía que era correcto que el gobierno interino firmase los tratados de paz con los aliados, pues se trataba pura y simplemente de aplicarle al Paraguay los términos del tratado del 1º de mayo, excepto en lo referente a la región entre el río Pilcomayo y Bahía Negra, porque esta era un área que podría ser reclamada por Bolivia[130].

El enviado brasileño tuvo "gran dificultad" para conseguir que Varela aceptase la instalación de ese gobierno. La presión de los liberales mitristas también influyó para que el presidente Sarmiento admitiese la tesis brasileña y aceptase la formación de tal gobierno. Los mitristas criticaron duramente la política del gobierno argentino y pidieron un cambio de la misma que permitiera la constitución del gobierno provisional; también desaprobaron la desconfianza que demostraba Sarmiento en relación con el Tratado de Alianza, pues consideraban que ese sentimiento era la causa de las desinteligencias argentino-brasileñas. La oposición mitrista sostenía que era indispensable la firma inmediata de un tratado de paz con el Paraguay porque Buenos Aires no estaba preparada para encarar otra guerra en ese momento, y que además había que evitar que el Brasil tuviese un pretexto para tratar por separado con el país vencido, sacando más beneficios que la Argentina con la victoria aliada[131].

La política de Varela pretendía ser franca con el vencido, discutiendo con el Paraguay la cuestión de límites en pie de igualdad. A su vez, despreciaba la alianza con el Imperio, porque temía que este utilizase el tratado de 1865 para establecer un protectorado sobre el país guaraní. Aparentemente, el gobierno brasileño esperaba una actitud desinteresada de Buenos Aires en relación con el Chaco. En 1868, Elizalde le había dicho a Thomaz do Amaral que el territorio argentino no llegaba a la Bahía Negra. Esta afirmación se vio reforzada en abril de 1869, cuando el ex ministro de Relaciones Exteriores argentino y su sucesor, Varela, mantuvieron una conversación con Paranhos donde le aseguraron que el gobierno de Sarmiento no pretendía quedarse con toda la margen derecha del Chaco, y que no dudaría en "cederle a Bolivia del Pilcomayo para arriba". Es probable que esas manifestaciones hayan creado la esperanza en el gobierno imperial de que la cuestión de la posesión del Chaco estaría resuelta a corto plazo. No obstante, eso no impedía que el gabinete brasileño mantuviese la convicción de que la Argentina tenía mayores ambiciones. El barón de Cotegipe pensaba que el plan del presidente Sarmiento era reconstruir el Virreinato del Río de la Plata anexándose todo el Paraguay y no tan solo la parte chaqueña de su territorio. La única duda del ministro de Negocios Extranjeros —manifestada en febrero de 1869— era cómo y cuándo se daría el intento de anexión. Dos meses después el ministro afirmaba que en ese momento el Brasil disponía de medios para frustrar la realización del proyecto del jefe de Estado argentino, pero que no se podía afirmar lo mismo en cuanto al futuro. Esta era también la convicción de Paranhos, para quien la resistencia de Buenos Aires a aplicar garantías para mantener la independencia del Paraguay en la posguerra —así como su oposición a la adhesión del gobierno provisional al Tratado de la Triple Alianza— solo encontraba sentido por la existencia de un supuesto proyecto expansionista de parte de Sarmiento[132].

El establecimiento del gobierno interino, para el cual Paranhos había conseguido el asentimiento de sus colegas, era un objetivo prioritario de la diplomacia imperial. La persistente resistencia de Solano López comprometía el propio crédito externo del Brasil, y ya había causado "mal efecto en Europa, cayendo nuestros fondos públicos". Cotegipe señalaba que en el Viejo Continente se esperaba la instalación de las autoridades temporarias en Asunción, pues sin ellas los propios aliados estarían dando testimonio de que la nación paraguaya apoyaba a Solano López[133].

La firma de los tratados definitivos de paz, la definición de las fronteras, la fijación de la deuda de guerra paraguaya y los compromisos para garantizar la independencia guaraní a largo plazo, eran objetivos del gobierno brasileño que para poder ser alcanzados tendrían que esperar el advenimiento de circunstancias más favorables. Como escribió Paranhos en 1869, "vamos venciendo las dificultades poco a poco". Y en esa tarea resultó decisiva su actuación, pues era el mayor especialista brasileño de la época en temas platinos, debiendo enfrentarse no solo a la resistencia argentina sino también a las críticas de la oposición brasileña, que intentaba "debilitar nuestra acción en el exterior por todos los medios". Según Paranhos, los liberales sabían que la única manera de erosionar el poder de los conservadores era criticando su actuación en el Paraguay. De hecho, la oposición criticó duramente la diplomacia del gabinete conservador desde que comenzó la misión de ese enviado en el Plata. La prensa liberal condenó la idea del gobierno provisional, y el senador Silveira Lobo preguntó "con qué pueblo" sería organizado ese gobierno, argumentando que había muy pocos paraguayos en Asunción. Silveira da Motta fue más lejos cuando, en agosto de 1869, afirmó en la tribuna del Senado que, como Paranhos no podía negociar con Solano López, trataba "de organizar un gobierno fantasma que se prestaría a proponer la paz y [a] aceptar cualquier condición"[134].

El 2 de junio, los representantes aliados llegaron a establecer un denominador común y firmaron dos protocolos. El primer protocolo establecía la creación de un gobierno paraguayo provisional, que estaría compuesto por tres miembros libremente elegidos por los ciudadanos guaraníes de los territorios que estaban bajo el control de los aliados —siendo esta parte inspirada en el proyecto brasileño—. A efectos de reducir el poder nominal de las nuevas autoridades, Varela intentó agregar un texto donde se afirmaba "que el gobierno interino que ahora se establezca (...) se verá obligado a proceder en total acuerdo con los aliados hasta el fin de la guerra". Paranhos frustró esa iniciativa incorporándole al texto la siguiente reserva: "sin dejar de tener plena libertad en el ejercicio de su soberanía nacional", y además, que "en lo referente a la guerra" el gobierno transitorio actuaría de común acuerdo con los aliados. Eso significaba que las nuevas autoridades deberían organizarse para operar armónicamente con los aliados, permitiendo que las tropas extranjeras se movieran libremente y recibieran pertrechos de guerra y víveres. En el segundo protocolo se establecían los términos en que se daría el reconocimiento del gobierno provisional, quedando determinado que las nuevas autoridades no podrían tratar con Solano López, con su representante, ni con persona que estuviera bajo su influencia. Los tres paraguayos que formaban la comisión que había llegado a Buenos Aires en el mes de abril aceptaron todas las condiciones que se habían fijado para la creación del gobierno provisional[135].

Luego del acuerdo sobre el establecimiento de un gobierno temporario en Asunción, comenzó la reorganización del Estado paraguayo. Esta puso fin a la Primera República, la cual se había caracterizado por el sistema político autocrático. Entre 1869 y 1870 el Paraguay asistió a la precaria reorganización del Estado realizada por el gobierno temporal, mientras que la Asamblea Constituyente elaboraba la primera Constitución del país. De esta forma se establecieron las bases de la Segunda República, de carácter liberal.

Una vez que los aliados autorizaron la instalación del gobierno provisional, los grupos políticos paraguayos se organizaron para disputárselo. Paranhos llegó a Asunción en los primeros días de julio de 1869 en compañía de José Roque Pérez, ministro plenipotenciario argentino. Para preparar la instalación del nuevo gobierno de manera acorde a los deseos de la diplomacia brasileña, Paranhos tuvo que apartar a los legionarios —debido a su estrecho vínculo con la Argentina— y a ciertos militares y políticos brasileños que estaban en el Paraguay, donde hacían negocios y política. Estos brasileños operaban contra la designación de nuevas autoridades paraguayas porque les interesaba la continuidad del caos administrativo de Asunción, el cual contribuía al mantenimiento de los grandes gastos de guerra que favorecían el comercio[136]. El diplomático apuntaba que "nuestros militares quieren disponer de las cosas y de las personas del Paraguay a su voluntad", temiendo perder esa libertad y las casas que ocupaban en la capital paraguaya. La actuación de esos brasileños terminaba por fortalecer la posición argentina en el país guaraní[137].

El general Emilio Mitre —comandante de las fuerzas argentinas— protegía a la Legión Paraguaya para tenerla como aliada en una eventual ampliación de la influencia de Buenos Aires en el Paraguay[138]. Movido por esa intención, Mariano Varela solicitó y obtuvo el acuerdo de los otros aliados para entregarles la bandera paraguaya a los legionarios en una ceremonia que se realizó en Asunción el 29 de marzo. En esa oportunidad, los generales aliados hicieron una proclama por la que buscaban asociar los intereses de sus países con los del pueblo guaraní, reafirmando que la lucha era contra la tiranía y no contra la nación paraguaya. Según Quintinho Bocaiúva, asistieron al acto unos cuatrocientos paraguayos que mostraban en todo momento un aire indiferente[139].

Para Paranhos, el hecho de que Roque Pérez tuviera la ventaja de contar con la Legión podría hacer posible la constitución de un gobierno provisional favorable a la Argentina. Entonces, el enviado imperial le propuso al conde d'Eu que el Imperio también procurase tener paraguayos "amigos", pero desaprobó —y consiguió que fuese anulada por el comandante en jefe— la orden de reclutamiento de ciudadanos guaraníes en el Ejército brasileño. Paranhos entendía que ese reclutamiento tendría un efecto moral negativo, y planteó que se buscasen verdaderos voluntarios para formar en las filas imperiales "una fuerza paraguaya armada, que sea favorable a las buenas relaciones con el Brasil y pueda servir de contrapeso a la que tienen con ellos los argentinos"[140]. Sin embargo, esa fuerza nunca llegó a formarse.

La diplomacia imperial se equivocaba al creer que podría contar con una hipotética oposición interna a Solano López que lo sustituyera en el gobierno del Paraguay. El Imperio no trató de negociar a los emigrados paraguayos en la Argentina cuando tuvo la oportunidad de hacerlo, en 1865, y por ello se encontró en una posición delicada cuatro años después. Ni los liberales de Decoud ni los legionarios se presentaban como una facción política con la cual pudiese contar el gobierno imperial para impedir la ascendencia argentina sobre el futuro gobierno provisional. Quedaban los antiguos seguidores de Solano López, que habían abandonado su causa en desbandada y que eran enemigos tanto de los legionarios como de los decouistas. De esta forma, en julio, Paranhos y el conde d'Eu estaban de acuerdo con "que los hombres que el círculo argentino llama lopiztas son los que nos ofrecen más garantías para el futuro"[141]. Aunque el Imperio no transigía con Solano López, estaba dispuesto a llegar a un arreglo con los subordinados de este, que más que enemigos del Brasil eran víctimas de la obediencia y subordinación ciegas que les imponía el dictador; esos lopiztas se estaban por quedar huérfanos y la diplomacia brasileña necesitaba adoptar a un grupo político paraguayo al que pudiese manipular.

Para impedir que los legionarios controlasen la situación, Paranhos prohibió que hubiera nuevas reuniones políticas en Asunción. También amenazó a aquellos que pensaban imponerse por la fuerza —o sea, a los legionarios— con traer de Río de Janeiro a los prisioneros del Ejército de Solano López para que participaran de las articulaciones políticas paraguayas. No era una amenaza vana, sino el comienzo de la aproximación brasileña con los lopiztas[142].

El 21 de julio, Paranhos reunió en su casa a su colega argentino Roque Pérez y a sesenta paraguayos a los que consideraba los "más importantes", quienes concordaron en convocar a una reunión popular para el día siguiente. Esa reunión tenía como fin elegir una comisión para tratar con los aliados y promover la elección del gobierno provisional, y se realizó al día siguiente en el teatro de Asunción con la presencia de 129 ciudadanos. Mientras que el diplomático brasileño se retiró luego de que se constituyera la mesa directiva de los trabajos, el enviado argentino permaneció allí. La retirada de Paranhos se debió al desorden que reinaba en el lugar, pero también tuvo como fin demostrarle a Roque Pérez su desagrado ante la presencia de los miembros de la Legión Paraguaya, haciendo responsable por ese hecho al general Emilio Mitre[143].

En medio de acaloradas discusiones entre los integrantes de los dos grupos políticos —bareiristas y decouistas—, la asamblea eligió a una comisión de 21 miembros para que se encargara del proceso de elección del futuro triunvirato que gobernaría al país. La comisión debería elegir un comité elector de cinco miembros, quienes a su vez elegirían los nombres de dos triunviros que formarían parte del gobierno interino. Pese a que contaban con el apoyo de Paranhos y de Pérez, los bareiristas quedaron en minoría en el comité. El diario porteño *El Nacional* informó que cuando Roque Pérez advirtió que sus afiliados no habían sido elegidos para formar la Comisión de los 21, se dirigió a la asamblea de los paraguayos y afirmó: "¡Ustedes son muy desgraciados! ¡Pero ignoran hasta qué punto son desgraciados!". El apoyo argentino a los bareiristas se explica parcialmente por las buenas relaciones que mantenía Paranhos con el enviado de Buenos Aires, quien se vio envuelto por la habilidad del negociador brasileño[144]. También debe considerarse como factor explicativo el hecho de que los dos grupos políticos paraguayos no estaban consolidados y carecían de posiciones suficientemente claras, por lo que todavía no era posible deducir con certeza la posición de cada uno en relación con los aliados. Tanto fue así que durante 1869 los miembros se pasaban de un grupo a otro, ya fuera por motivos personales o porque habían logrado una mayor definición ideológica. Por último, hay que tener en cuenta que la correlación del poder militar era abrumadoramente favorable al Imperio. El general Mitre disponía de escasas fuerzas, lo cual inhibía cualquier tipo de oposición argentina a la diplomacia imperial.

Un estudiosos paraguayo afirma que los decouistas "respondían a los argentinos". mientras que los bareiristas se "apoyaron en los brasileños"[145]. Sin embargo, la realidad es que ninguno de los dos grupos tenía como proyecto establecer una relación de subordinación a Río de Janeiro o a Buenos Aires. Por lo tanto, bareiristas y decouistas tenían objetivos propios, pero para alcanzarlos se acercaron a la Argentina y al Brasil buscando respaldo y protección. Ante la fragilidad de cada una de esas fracciones —así como también del propio Paraguay—, esa aproximación terminó por ubicarlas en una posición de relativa subordinación hacia uno de los aliados. Por su parte, los gobiernos argentino y el brasileño intentaron atraer a uno de los grupos a su esfera de influencia a fin de limitar la presencia del otro aliado en el Paraguay de la posguerra.

El comité de cinco ciudadanos paraguayos designó a un triunvirato gobernante que estaba compuesto por Carlos Loizaga, José Díaz Bedoya y Juan Francisco Decoud. Pero este último recibió el veto de Paranhos porque su hijo escribía artículos en la prensa de Corrientes, Argentina, que eran considerados antibrasileños. Desde entonces, y por muchos años, los diplomáticos del Imperio vieron con desconfianza a la familia Decoud, e incluso en 1894 el gobierno de Floriano Peixoto apoyó un golpe de Estado en el Paraguay para evitar el ascenso a la presidencia de José Segundo Decoud[146]. El mismo comité decidió que el triunviro vetado fuera sustituido el 5 de agosto por Cirilo Antonio Rivarola[147]. Carlos Loizaga fue candidato de Roque Pérez y se convirtió en uno de los triunviros debido a las exigencias argentinas[148]. Al igual que Bedoya, Loizaga había vivido como emigrado en Buenos Aires, de modo que el único miembro del gobierno provisional que realmente residía en el Paraguay era Cirilo Rivarola.

Cuando ya era gobernante y protegido de Paranhos, Rivarola tenía como secretario particular al coronel brasileño Felipe Nery, quien había desempeñado esa misma función junto a aquel diplomático antes de que este lo cediera al triunviro. Nery era poderoso, pues mantenía contactos con los paraguayos y decidía quién era amigo o enemigo del Imperio[149].

Las autoridades militares del Brasil en el Paraguay no tomaban muy en cuenta a estos triunviros. Para el capitán de fragata A. J. de Mello, "los tales gobernadores improvisados o provisionales tienen cara de jueces de paz del campo (...) [y] se mueven según los deseos de Paranhos". La opinión del conde d'Eu no era menos severa cuando afirmaba que Loizaga "es un viejo estúpido que se emborracha diariamente"; en cuanto a Rivarola, recordaba que había sido sargento del Ejército de Solano López hasta caer prisionero, y que se había mandado confeccionar un uniforme de general para pasarle "una ridícula revista a la Legión Paraguaya". El príncipe apenas destacaba la figura de Bedoya, a quien calificaba —equivocadamente— como "el más decente"[150].

El gobierno paraguayo provisional asumió el 15 de agosto, y en un documento dirigido a Paranhos aceptó las condiciones establecidas por los aliados para su reconocimiento. El primer decreto del gobierno interino prohibió que los paraguayos continuaran sirviendo al "verdugo" Francisco Solano López, y también declaró que era deber de todo buen ciudadano contribuir para la victoria de la República y de los gobiernos aliados. El segundo decreto ponía fuera de la ley al líder paraguayo "como asesino de su patria y enemigo del género humano", desterrándolo para siempre del país. En los decretos se agregaba a la fecha: "año 1º de la libertad de la República del Paraguay"[151].

El 19 de agosto, Paranhos le comunicó al gobierno transitorio la devolución de la jurisdicción civil. Dejó de existir entonces la capitanía brasileña del puerto de Asunción; también cesó la función de los jueces encargados de la justicia civil y criminal, y llegó a su fin el tribunal administrativo que habían creado tres meses atrás los comandantes aliados para juzgar los reclamos de los ciudadanos paraguayos en cuanto a la posesión de propiedades y del alquiler de inmuebles[152].

El 29 de agosto el triunvirato organizó un ministerio claramente favorable a Rivarola. Este último asumió las carteras de Interior, de Guerra y de Marina, mientras que Loizaga se hizo responsable por la de Relaciones Exteriores y Bedoya pasó a ocupar la de Finanzas. Facundo Machaín asumió como presidente del recién creado Superior Tribunal de Justicia, mientras que Héctor Francisco Decoud fue nombrado jefe de policía de la capital.

Las nuevas autoridades carecían de infraestructura para ejercer sus funciones. A fin de atender a las necesidades de los refugiados de la guerra instalaron un precario hospital frente a otro de las fuerzas brasileñas. La casa de salud paraguaya estaba ubicada en un edificio que había servido para el acuartelamiento de tropas: sus paredes no estaban blanqueadas, no había camas y ni siquiera contaba con letrinas. Las condiciones de higiene eran tan malas que el hospital paraguayo se convirtió en un foco de infecciones para el hospital de las tropas imperiales[153].

En los meses siguientes el gobierno provisional asistió con impotencia al agravamiento de la situación. El *Jornal do Commercio* de Río de Janeiro registró las carencias del país en reportajes sin firma remitidos desde Asunción. El periódico informaba que los fugitivos de guerra llegaban hambrientos a la capital pues no tenían otro lugar adonde dirigirse. La gran cantidad de personas que se hacinaban en la ciudad en pésimas condiciones de higiene amenazó con provocar epidemias, y los alimentos alcanzaron un "precio extraordinario". En junio del año siguiente, el periódico afirmaba que la miseria llevaba a que el pueblo "en las calles de Asunción [se] muera de hambre", hecho confirmado por Paranhos. Según el diplomático, la mortalidad no se debía solo a la carencia de alimentos sino también a la falta de abrigo para la población[154] en un país de invierno riguroso.

Amparándose en la fiscalización aliada, las nuevas autoridades paraguayas declararon la libre explotación de la yerba mate, abrieron todos los puertos al comercio exterior y, para generar presupuesto, crearon una licencia de funcionamiento para los comerciantes y sellos para documentos y publicaciones, El diario argentino *El Nacional* informó que los comerciantes extranjeros en Asunción se movilizaron contra esas medidas pero, según el corresponsal del periódico, el triunvirato las pudo mantener con el apoyo de Paranhos, que era su verdadero autor. Sin embargo, las medidas no generaron los recursos mínimos necesarios para el funcionamiento del gobierno provisional. Debido a ello, para generar ingresos y a título de empréstito, el gobierno interino le solicitó en septiembre al conde d'Eu la entrega de los productos que los aliados le habían quitado a Solano López —yerba mate, cuero y tabaco—, que estaban depositados en Asunción. La respuesta del comandante brasileño fue que no podía hablar en nombre de los aliados, pero que cedía la parte de los productos aprehendidos que le correspondía al Brasil[155].

Cuando los aliados tomaron Asunción, todos los productos que había en sus depósitos y que pertenecían al gobierno de Solano López o a aquellos que luchaban a su lado fueron declarados como botín de guerra[156]. El pedido del gobierno provisional para la entrega de esos productos había sido sugerido por Paranhos, quien el mismo día en que los triunviros enviaron la nota ya afirmaba que los generales Mitre y Castro cederían la parte de yerba mate aprehendida que les correspondía a la Argentina y al Uruguay. Según Paranhos, la cesión solo fue posible debido a la postura del Brasil, que obligó a los comandantes argentino y uruguayo a hacerlo para no quedar en evidencia, pues en realidad ellos no estaban interesados en acortar la guerra ni en "que los paraguayos no se mueran de hambre". De hecho, Emilio Mitre se había opuesto a la entrega de la yerba mate pues esperaba obtener 80 mil patacones con su venta[157].

En octubre, y a fin de evitar que el gobierno paraguayo solo reparara en la generosidad del Brasil, Emilio Mitre le envió una nota a Paranhos donde le proponía que los alquileres de las casas de la ciudad fuesen puestos a disposición del triunvirato, incluso porque gran parte de ellas eran ocupadas por oficiales brasileños. Antes de hacer la propuesta, el comandante argentino había obtenido la aprobación del conde d'Eu para tal iniciativa. El valor de los alquileres recibidos era de 22 mil patacones y estaba depositado en la tesorería del Ejército brasileño. En realidad, el enviado imperial ya le había ordenado al cónsul brasileño en Asunción que hiciera tal entrega el 19 de agosto, pero aparentemente su pedido no fue atendido. Paranhos insistió para que se les entregaran a las autoridades paraguayas los objetos de oro y plata de las iglesias guaraníes que Solano López tenía en Ascurra, donde fueron incautados. Emilio Mitre había propuesto que esos objetos fuesen divididos entre los aliados y luego vendidos[158].

El 10 de octubre, el gobierno provisional distribuyó entre la población ejemplares de un manifiesto de diez páginas que había sido impreso en la imprenta del Ejército brasileño. El documento justificaba la intervención de los aliados en el país, reafirmaba que la guerra no era contra el pueblo paraguayo sino contra Solano López, e intentaba demostrar la legitimidad del triunvirato. El manifiesto describía los sufrimientos del pueblo guaraní, caracterizaba los regímenes tiránicos como violentos y corruptos, y hacía una profesión de fe de las instituciones y prácticas liberales como instrumentos de regeneración del país. Se defendía la libre iniciativa económica en lugar del monopolio estatal, así como las libertades de propiedad, de pensamiento, de locomoción y de prensa[159].

Las autoridades temporarias paraguayas pronto tuvieron que enfrentar un problema externo con la Argentina. El aventurero norteamericano Eduardo Hopkins estaba explotando madera en el Chaco, cerca de Asunción y del otro lado del río Paraguay, y se negaba a pagarles impuestos a las nuevas autoridades paraguayas. Estas recurrieron al general Emilio Mitre, quien alegó que según el Tratado de la Triple Alianza aquel territorio era argentino. El 17 de noviembre el general le envió una corta y dura nota a Carlos Loizaga donde afirmaba que el Chaco "es exclusivamente argentino y allí nada tienen que hacer las autoridades paraguayas". Utilizando como pretexto la necesidad de contar con una autoridad que concediese permisos para los diversos establecimientos que cortaban madera en el Chaco, Emilio Mitre le informó a Paranhos que había ordenado la instalación de una guarnición militar argentina en Villa Occidental, la cual estaba ubicada en la margen opuesta de Asunción, sobre el río Paraguay[160].

Este acontecimiento provocó la primera manifestación oficial del gobierno imperial contraria a la soberanía argentina sobre el Chaco, constituyendo un hito de la lucha diplomática que se prolongó durante los años siguientes. En su respuesta, Paranhos se refirió a Villa Occidental como una "antigua colonia paraguaya denominada Nueva Burdeos", relacionando su fundación con el gobierno de Carlos Antonio López y no dejando ninguna duda sobre cuál era la posición brasileña en relación con la posesión de ese lugar. El diplomático brasileño afirmó que a pesar de la solicitud que le había hecho llegar el gobierno provisional no apoyaría al Paraguay, pero le advirtió a Mitre que su comunicación no implicaba la responsabilidad de que el Brasil colaborara en relación con lo que el Tratado de la Triple Alianza había establecido sobre los ajustes de la paz. Esa declaración iba en contra del texto del Tratado, que teóricamente era determinante en cuanto a las fronteras de la posguerra y no dejaba margen para la falta de apoyo brasileño. En la respuesta, Paranhos también resaltó los derechos que "Bolivia alega tener sobre parte del Chaco". En una conversación que tuvo don Pedro II con el representante argentino en la Corte, el monarca calificó a la ocupación ordenada por Mitre como un acto "impolítico", aunque igualmente aseguró que no discutía el valor de la medida y agregó, diplomáticamente, que quería estrechar las relaciones entre los aliados[161].

El gobierno interino cuestionó la actitud de Emilio Mitre, recordándole que el Tratado de la Triple Alianza solo había establecido condiciones que, para ser válidas, dependían de los tratados de paz definitivos. El documento recordaba que el gobierno argentino se había opuesto a que dichos tratados fueran negociados con las autoridades provisionales, postergándolos para ser negociados cuando se estableciera un gobierno paraguayo permanente. También se afirmaba que si Hopkins había obtenido autorización argentina para instalarse en el Chaco, la conseguiría también del gobierno guaraní, e informaba que Asunción había resuelto instalar un agente temporario en Villa Occidental para defender con urgencia el derecho público y no para asegurarse la posesión del territorio, a pesar de que la nota paraguaya la reafirmase[162].

El gobierno transitorio dependía por completo de los aliados, y no hubiera podido protestar contra la ocupación argentina de Villa Occidental de no sentirse respaldado por Brasil. La nota paraguaya enviada a Emilio

Mitre seguía el modelo de los documentos diplomáticos redactados por Paranhos: una síntesis pormenorizada del documento recibido y luego una contraargumentación sutil, que evitaba un enfrentamiento directo pero que no por ello era menos incisiva. Así, es probable que el diplomático imperial haya colaborado en la redacción de la respuesta que le envió a Mitre el gobierno provisional, si no la escribió en su totalidad. Este hecho no sería de extrañar, pues según Paranhos él había sido el autor del decreto de organización política que creó tres ministerios del nuevo gobierno. De acuerdo con el senador Silveira da Motta, de la oposición liberal, el enviado imperial intervenía en todos los asuntos "sea paraguayos, sea [en temas] militares brasileños", y ningún asunto del gobierno interino era resuelto sin escuchar a Paranhos[163].

Mariano Varela les envió a Paranhos y al gobierno paraguayo notas sobre los acontecimientos del Chaco. Varela le afirmó al diplomático imperial que Buenos Aires aprobaba la conducta de Emilio Mitre, pero resaltó que no se rehusaba a tratar con el gobierno del Paraguay la cuestión de los derechos sobre el Chaco, así como tampoco le negaba a Bolivia el derecho de discutir la posesión de ese territorio. El canciller argentino les aseguró a las autoridades transitorias de Asunción que la victoria militar no les otorgaba derechos a las naciones aliadas en cuanto a los límites del Paraguay, y que ese tema debía ser discutido más adelante con el gobierno definitivo. Varela continuaba diciendo que con la ocupación del Chaco la Argentina "no resuelve la cuestión de límites: toma por derecho de victoria lo que cree suyo, y está dispuesta a devolverlo si el Paraguay presenta pruebas que superen a las nuestras cuando se trate la cuestión de derecho". Algunas décadas después, en 1902, Carlos Pellegrini —que fue presidente de la Argentina entre 1890 y 1892— escribió que "aquello de que la victoria no da derechos fue una frase que lanzamos para contrariar al Brasil". En realidad, con la frase de Varela la diplomacia argentina dejó de lado ventajas materiales que había conseguido con la guerra y cometió un error. Posteriormente, cuando Buenos Aires quiso hacer valer su pretensión sobre el Chaco ya era tarde, y el Imperio aparecía como aliado del vencido y defensor de eventuales derechos bolivianos sobre ese territorio[164].

Paranhos respondió a la nota de Varela con cortesía, y le informó que no reconocía la soberanía argentina sobre el Chaco porque los aliados habían preservado el derecho que tenía Bolivia para discutir su dominio sobre una parte de aquel territorio. En la respuesta recordaba que el Brasil nunca había afirmado que la victoria militar asegurase, "por sí sola", los derechos que los aliados habían establecido en el tratado del 1º de mayo de 1865. Señalaba que la nota de Varela presentaba una modificación de la posición del gobierno argentino en cuanto a los límites, y disentía de la "doctrina" según

*General Wenceslao Robles. Comandante de las tropas paraguayas que invadieron
Corrientes, fue fusilado en 1866 bajo la acusación de traición.*

Muerte del coronel Palleja, 1866. Palleja escribió importantes memorias sobre la marcha de las fuerzas aliadas para invadir el Paraguay.

Cadáveres paraguayos, 1866.

Refrigerio en el campamento, 1866.

Hospital brasileño y torre de vigilancia argentina, 1866.

*Militar con niños, 1868. Los niños participaban en la guerra, pues las familias
de los soldados argentinos los acompañaban. Del lado paraguayo ocurría
lo mismo, y Solano López permitió el alistamiento de niños para cubrir
sus pérdidas en las diferentes batallas.*

Batería Londres (Fortaleza de Humaitá), 1868.

Iglesia de Humaitá, destruida por las bombas, 1868.

Palacio de Solano López luego del bombardeo, c. 1870.

Tropas argentinas, Luque, 1869.

la cual los aliados ocupaban los territorios en litigio antes de la firma de los tratados de paz. Paranhos le escribió a Cotegipe que Sarmiento conocía poco de los asuntos referentes a la Triple Alianza, y que actuaba para impedir las supuestas intenciones del Imperio de absorber al Paraguay al mismo tiempo que intentaba crear una situación que favoreciera la anexión de ese país a la Argentina[165].

El gobierno provisional no podía hacer nada en cuanto a la ocupación argentina del Chaco, incluso porque al constituirse había aceptado los términos del Tratado de la Triple Alianza, donde constaba que ese territorio pertenecía a Buenos Aires. En una nota de respuesta a Varela firmada por Carlos Loizaga, las autoridades paraguayas reconocían que no podían ni debían luchar contra los aliados. En consecuencia, se abstenían de entablar cualquier discusión, pero reivindicaban la conservación de los límites en la situación anterior a la guerra[166].

Según el diario opositor carioca *A Reforma*, Paranhos estaba "desde hace más de un año (…) haciendo el papel de virrey de Asunción". Esta opinión coincidía con la de *La República* de Buenos Aires, para el cual "el Sr. Paranhos actúa en el Paraguay como el verdadero virrey de un país conquistado"[167]. De hecho, el diplomático intentaba crear condiciones propicias para los objetivos del gobierno imperial. Así, convenció a Rivarola y a Loizaga para firmar los acuerdos de paz, pero a la vez le escribía al barón de Cotegipe afirmando que tenía "gran dificultad en conseguir primero el acuerdo de los que deben sujetarse a la dura ley del vencido". Según lo evidencia su propio relato, el enviado brasileño actuaba para alcanzar un rápido acuerdo con la Argentina en torno de la instalación de un gobierno paraguayo definitivo; esto le permitiría retirar lo antes posible a las fuerzas brasileñas del territorio guaraní, ahorrándole al Tesoro imperial los gastos de la ocupación. Paranhos creía que los propios soldados paraguayos podrían continuar con la persecución de Solano López. La permanencia de las tropas brasileñas en el Paraguay sería más corta si se firmasen los tratados con el propio gobierno provisional en Asunción, pues el diplomático afirmaba que el Paraguay no tenía una persona idónea para enviar a Buenos Aires[168].

Paranhos prolongó su estadía en Asunción para combinar las cuestiones preliminares del acuerdo de paz con el gobierno interino, y también por las vacilaciones del conde d'Eu para continuar la persecución de Solano López. Una permanencia tan dilatada en un país destruido y en la miseria lo hizo acreedor a la ironía de Mariano Varela, quien le envió una carta al diplomático diciéndole: "Si en Roma se supiese lo que es el Paraguay, ¡no tenga dudas de que [Paranhos] sería canonizado! ¿Hasta cuándo se piensa quedar allí?". Luego de esa informalidad, el ministro argentino reafirmaba que el gobierno provisional era una creación de los aliados, y que en su calidad de auxiliar en la lucha contra Solano López no podía firmar los tratados de paz[169].

El gobierno argentino no era el único que había cambiado de política al considerar que las estipulaciones sobre territorios que contenía el Tratado de la Triple Alianza eran pasibles de discusión con el Paraguay. Con la muerte de Solano López, el 1º de marzo de 1870, Paranhos pudo comenzar a marginar a Buenos Aires antes de la firma de los tratados de paz. En su extensa respuesta a la carta que Varela le había enviado en el mes de febrero, el diplomático imperial señaló que estaba a favor de la firma del acuerdo de paz. En una velada amenaza, le preguntó al canciller argentino si creía que la negociación por separado de un aliado con el Paraguay podía estar en conformidad con el artículo 6º del tratado de 1865, siempre que se respetaran las estipulaciones generales del documento. Paranhos terminaba la carta afirmando su deseo de que la alianza llegase a su fin con la unión de sus integrantes, tal como había sido en el comienzo[170].

Cacería y muerte de Solano López

El resto de las fuerzas paraguayas que habían participado en las batallas de Peribebuy y Campo Grande se reunió con Solano López en el arroyo Hondo para marchar a la villa de Caraguataí; compuesta apenas por algunas cabañas, fue proclamada cuarta capital de la República. La aplastante superioridad de los aliados les permitió marchar en tres columnas por los tres diferentes caminos de acceso a Caraguataí; el objetivo era envolver al enemigo por los flancos y la retaguardia, en caso de que este retardase su retirada. El general Vitorino, que estaba al mando del 2º Cuerpo proveniente de Campo Grande, marchó por el camino central —la picada de Caaguijurú—, donde se concentraban los paraguayos; a su derecha avanzó la fuerza argentino-brasileña de Mitre y Auto Guimarães, y a su izquierda lo hizo el 1er Cuerpo de Ejército con el conde d'Eu[171].

Según la descripción de Centurión, al frente de la vanguardia de la columna de Vitorino marchaban despreocupadamente dos soldados que eran ordenanzas del conde d'Eu, quienes llevaban mulas cargadas con equipaje. Esos hombres no sabían que en la entrada del monte que llevaba a la villa de Caraguataí había una trinchera paraguaya con unos 1.200 soldados, por quienes fueron sorprendidos y muertos a tiros. Centurión escribe que no está seguro de si es verdadera la descripción que hacen los brasileños cuando afirman que los cadáveres de sus compañeros habían sido colgados desnudos de los árboles. Dionísio Cerqueira, que fue testigo ocular, asegura que las víctimas fueron más que dos soldados, y describe la escena:

"Antes de que nuestras fuerzas llegasen a la picada se encontraron con un cuadro horroroso que llenó de indignación a la tropa. Algunos soldados que se habían desviado en la víspera, entre ellos el maletero de la Corte Real, (...) yacían ahorcados en el borde del bosque con las más horrendas mutilaciones, colgando de las ramas de los árboles sobre hogueras que les habían carbonizado los pies"[172].

Vitorino atacó la trinchera enemiga y luego de una violenta refriega los paraguayos que no murieron cayeron prisioneros, pues fueron pocos los que consiguieron huir hacia el bosque. Deseoso de venganza por la muerte de aquellos soldados y también por las pérdidas sufridas ante la inesperada resistencia de los defensores de la trinchera, el general brasileño mandó degollar a los jefes enemigos y a otros dieciséis oficiales prisioneros[173]. El 2º Cuerpo de Ejército y las fuerzas argentinas del Regimiento San Martín acamparon en Caraguataí al atardecer del 18 de agosto, y el día 19 entró en el poblado el conde d'Eu. La población del lugar fue víctima del "salvajismo" de las tropas brasileñas[174].

En Caraguataí fueron recibidas muchas mujeres paraguayas *destinadas* que habían escapado de Solano López y vagaban por los bosques. Venían de una especie de campo de concentración llamado Espadín, próximo al río Iguazú. Llegaron al poblado cerca de ochenta mujeres con niños hambrientos, entre las que se contaban mujeres de familias tradicionales del Paraguay. Solo pudieron sobrevivir porque los indios caiuás les vendieron —a precios exorbitantes— sapos, ranas, perros y burros flacos que les permitieron alimentarse, y que pagaron con los pocos recursos que no les fueron arrancados por Solano López. El conde d'Eu fue informado de que en Espadín había centenas de otras *destinadas*, y envió hacia allí al coronel Moura con una fuerza de caballería. Cuando atravesaba el camino de la picada por el denso bosque, esta fuerza encontró numerosos cadáveres de mujeres y niños degollados, tal vez víctimas de los espías de Solano López, o tal vez de los soldados brasileños[175].

El coronel Moura encontró en Espadín a alrededor de 1.200 mujeres y niños en absoluta indigencia. Los dividió en tres grupos que deberían caminar a cierta distancia unos de otros, pero en su precipitación por huir del lugar adonde habían sido martirizadas, muchas *destinadas* quisieron atravesar juntas al mismo tiempo la madera que hacía las veces de puente sobre el río Espadín y cayeron al agua, donde se ahogaron. Las sobrevivientes marcharon entonces para Caraguataí divididas en diversos grupos, pero, como estaban exhaustas, la mitad de ellas quedó en el camino —las tropas brasileñas encontraron mujeres, niños y viejos degollados— y solo 350 llegaron a ese poblado. Entre las que lograron llegar a Caraguataí estaban la madre del fallecido obispo Palacios, la esposa de José María Leite Pereira

—el fallecido gerente del consulado portugués en Asunción— y Dorothéa Duprat Lasserre, una francesa de veinticinco años que escribió un impresionante relato de sus días de cautiverio. En Espadín había una hermana del coronel Moura que se había casado con un portugués vecino de la localidad paraguaya de Villa Rica y que, tras la muerte del marido, había permanecido allí hasta que en medio de la guerra fue hecha prisionera junto con sus dos hijas adolescentes. Cuando Moura llegó al campo de prisioneros descubrió que la hermana había muerto cuatro días antes, pero consiguió salvar a sus dos sobrinas[176].

Mientras, cuando perseguían a Solano López, las tropas se encontraban constantemente con mujeres muy flacas y pálidas, vestidas con harapos, que a veces llevaban aros y anillos de oro, lo que demostraba que pertenecían a familias de la elite. Estas mujeres extendían las manos, pidiéndoles a los soldados una limosna de *farinha* o de carne con la cual matar el hambre, mientras que más allá econtraban

> "niñitos esqueléticos succionando los senos marchitos de sus madres agonizantes. Más adelante habían niños desnudos, amarillentos, barrigones, con las costillas al aire, mirándonos espantados. Transidos de terror, nos sonreían con miedo porque en esas marchas sufridas perseguíamos a sus padres, a sus abuelos y a sus hermanos"[177].

Luego de la ocupación de Caraguataí, durante la tarde del mismo día 18, Emilio Mitre salió en persecución de Solano López con el objetivo de mantenerlo bajo presión y no darle tiempo para recuperarse y reorganizar sus fuerzas. Envió entonces a una vanguardia compuesta por una división de caballería brasileña, y al día siguiente continuó con el resto de las tropas que estaban bajo sus órdenes. La citada división fue hasta el Mandurivá y se encontró con los restos de los últimos vapores paraguayos que Solano López había mandado quemar para que no cayeran en manos de los aliados[178]. La división continuó su marcha el día 19 y al aproximarse al río Saladillo se encontró con el Regimiento San Martín, que en ese momento contaba con 150 hombres y estaba en contacto con la retaguardia enemiga. Cuando la caballería brasileña atravesó el arroyo ya no pudo encontrar al enemigo, pues este se había retirado[179].

El día 20, el grueso de las tropas de Mitre acampó a poco más de treinta kilométros de Caraguataí, mientras que su vanguardia, que estaba formada por la tropa brasileña del coronel Carlos Neri, se encontró con la retaguardia del enemigo en el arroyo Hondo, donde se supo que estaba Solano López. La caballería de Neri recibió el refuerzo de la infantería argentina y en la mañana del día 21 avanzó hasta la picada donde se encontraba una tropa paraguaya. Pero antes de iniciar el ataque le envió una intimación al comandantc paraguayo para que sc rindiera "en los términos de la nota que S. Excia. el Sr. general Mitre se dignó dirigirme". La nota les garantizaba la vida y el derecho de volver a sus casas a los que se rindieran, pero también amenazaba con no perdonarles la vida a los que no lo hicieran y fueran apresados luego del combate, todo lo cual constituía algo inédito en este tipo de documento. Neri les concedió media hora para que respondieran y luego avanzó, descubriendo que el enemigo había aprovechado la tregua para huir[180].

El contenido de la nota de intimación sorprendió al conde d'Eu, quien afirmó que era ajeno al incidente y no estaba de acuerdo con que se le enviaran parlamentarios con notas de rendición al enemigo en lugar de atacarlo. Centurión relata que la nota indignó a Solano López debido a sus "injuriantes afirmaciones", y que no alteró su disposición para la lucha[181].

> *"El día 27 de agosto las tropas del dictador apresaron a tres espías, dos hombres y una mujer, espías aliados de nacionalidad paraguaya que habrían confesado que su contacto era el alférez Aquino, de la escolta presidencial, y que tenían como proyecto asesinar a Solano López. El alférez fue detenido y llevado ante Solano López, quien lo indagó sobre el plan de matarlo, hecho que habría sido confirmado por Aquino. Entonces se entabló el siguiente diálogo:*
>
> —Sí, señor, planeaba matarlo por varios motivos. Perdimos nuestra patria y si continuamos hasta aquí fue solamente para acompañarlo. Y a pesar de eso V. Excia. se vuelve cada día más tirano.
> —¡Ah!... ¿entonces es así? Pero no tuvo suerte...
> —Es verdad, señor. V. Excia. llevó la mejor parte, pero no ha de faltar otro que tenga más suerte y consiga matarlo[182]."

Solano López llamó entonces al comandante de la escolta presidencial, coronel Hilario Marcó Mongelós, a otros 16 oficiales y a 86 militares de jerarquía inferior. A pesar de que reconoció que Mongelós era inocente de haber participado en la imaginaria conspiración, Solano López lo condenó a muerte, y le dijo:

> "—Mongelós, sé que usted es personalmente inocente de la conspiración, pero tampoco sabía nada sobre ella y por eso lo voy a mandar fusilar; ignorar lo que ocurre en su propio hogar es un delito muy grave, y el regimiento es una gran familia[183]."

Mongelós y el vicecomandante del batallón de escolta presidencial, mayor Riveros, fueron fusilados de frente. A los demás acusados se los fusiló por la espalda. El 7 de septiembre de 1869 Solano López acampó en la margen derecha del arroyo Capivarí, y allí mandó matar a lanzazos a algunos otros soldados del batallón de escolta presidencial que estarían implicados en la conspiración[184]. Posteriormente, cuando los brasileños llegaron a San Estanislao, todavía encontraron vestigios de la masacre. Y así describe el hecho el *Diario del Ejército*:

> "En diversos lugares se pueden ver las osamentas de los soldados que López ordenó fusilar y lancear a su paso. La tropa contó más de cien cráneos, y después de arrojar ramas secas sobre los restos, les prendió fuego para que se consumieran algunos cadáveres que todavía despedían mal olor"[185].

El día 18 del mismo mes, el dictador se encontraba a unos seis kilómetros del pueblo de San Isidro (Curuguatí), y en la mañana siguiente hubo un enfrentamiento entre tropas brasileñas y paraguayas en un lugar llamado Hucuratí, en la cordillera de San Joaquín, sucediendo lo mismo el día 22; los paraguayos fueron derrotados y huyeron en ambas ocasiones, pues ya no tenían más condiciones de lucha. Así, los brasileños entraron en la villa de San Joaquín. El capitán Pedro Werlang relata que cuando perseguían a las tropas paraguayas que se retiraban,

> "por el camino que iba tomando el adversario fugitivo, encontramos cientos de muertos extendidos en la ruta, pues se asesinaba a todos los que estaban exhaustos y enfermos, fuesen ellos hombres o mujeres; ni siquiera los niños escapaban de esa práctica. Hacían eso para evitar que cayesen en nuestro poder"[186].

Solano López no solo era perseguido por los soldados brasileños, sino también por una nueva supuesta conspiración. Su hermano, Venancio López, que estaba prisionero desde San Fernando, confesó bajo tortura una conspiración en que estarían implicados el mayor Hilario Marcó, su esposa y las hermanas del dictador —Inocencia y Rafaela—, y cuyo fin sería asesinar a Solano López con un dulce envenenado. Juana Carrillo de López, madre de Solano López, también fue acusada de complicidad. Los torturados se declaraban culpables en el momento de máximo dolor "para apresurar la muerte o el perdón". Solano López aprovechaba ese momento para exigirles el nombre de los cómplices. En esas circunstancias, "moribundos, doloridos, llevados por el delirio, murmuraban cualquier nombre. Después de todo, ¿qué les importaba?"[187]. De ese modo, más personas aún fueron acusadas de conspiración.

Se montó nuevamente el espectáculo de un pretendido proceso legal. Luego de estar varios días bajo presión, Rafaela López se declaró culpable pero se negó a acusar a su madre. Ante la amenaza de ser torturada para que confesara la participación de Juana Carrillo en la conspiración, Rafaela tomó una brasa ardiente de la hoguera y se la llevó a la boca para quemarse la lengua y no confesar nada. Desde ese día se le aplicaron castigos continuamente, mientras que la madre fue apresada y presionada durante nueve días para que confesara, siendo agredida por el coronel Aveiro con golpes de sable en dos ocasiones, y también con otros castigos. El 1º de marzo de 1870, cuando la caballería brasileña entró en el campamento de Solano López en Cerro Corá y lo mató, encontró en esas condiciones a Juana Carrillo López y a sus hijas Inocencia y Rafaela[188].

En enero de 1870 se realizó una nueva ejecución en gran escala de supuestos traidores. Entre ellos, fue muerta a lanzazos la "bellísima" Francisca Garmendia, a quien había intentado acercarse el joven Solano López hacia fines de 1850, siendo rechazado. En Igatimí y Panadero se realizaron otras ejecuciones, y a las víctimas se las seguía matando a lanzazos para economizar balas y municiones. Los soldados que llevaban las lanzas estaban tan debilitados por el hambre que no conseguían matar con la primera estocada. Así, eran necesarios "seis o siete golpes para acabar con el sentenciado, que se retuerce y gime de dolor rodando por el suelo al intentar esquivar cada estocada"[189].

De todos aquellos que fueron acusados de traición, Venancio López tuvo la peor suerte. Fue azotado diariamente a lo largo de toda la prolongada marcha, yendo desnudo y con el cuerpo cubierto de heridas, pues era arrastrado por el suelo con una cuerda amarrada a la cintura. En palabras de Bray, "las horribles torturas y deshumanas crueldades" impuestas a Venancio "no se justificarán jamás", incluso en caso de ser culpable; una bala o un golpe de lanza hubieran sido suficientes. Venancio murió de agotamiento, "como una bestia", en la picada de Chirigüelo, cerca de Cerro Corá, donde moriría Solano López. Este último no podía ignorar esas escenas, o en todo caso se dejaba engañar por sus seguidores; lo cierto es que en esa época estaba "en permanente desequilibrio, sin ninguna serenidad"[190].

En octubre, el 1er Cuerpo de Ejército brasileño permanecía en Caraguataí, mientras que el 2º Cuerpo acampaba en San Joaquín. En ambos sitios había fuerzas argentinas y un pequeño contingente de paraguayos antilopiztas. Sin embargo, las tropas argentinas se retiraron durante ese mes, yendo a acampar a Patiño-Cué, cerca de Asunción, aunque dejaron ochocientos soldados de esa nacionalidad con el conde d'Eu. Los soldados uruguayos que permanecían en el Paraguay estaban acampados en Cerro León a las órdenes del general Castro. A partir de ese momento el Ejército brasileño fue el único responsable de encontrar el lugar en el que se escondía Solano López dentro del Paraguay[191].

Las tropas aliadas que estaban en Caraguataí y en San Joaquín comenzaron a sentir la falta de víveres desde el mes de octubre. Se interrumpió la provisión de alimentos para los soldados y de forraje para los animales, el hambre se fue agravando, y alcanzó su peor momento cuando se llegó al potrero de Capivarí[192]. "El día 19 de octubre de 1869 el desaliento y el hambre eran atroces", entonces las tropas abatieron caballos y mulares enflaquecidos, al igual que perros, para poder alimentarse. No había esperanzas de recibir alimentos porque los caminos estaban inundados y las naves que venían de Buenos Aires y del Brasil con alimentos para Humaitá quedaban encalladas por las bajantes de los ríos Paraná y Paraguay. En un intento por paliar el hambre que reinaba en el Ejército, se recurrió a las latas de *extratum carnis* que había en los hospitales, y los soldados recibían una cucharada de ese extracto de carne disuelta con agua. Ese día se enfermaron tres octavas partes del Ejército y el hambre llegó a su peor momento[193].

El hambre fomentó el robo de comida en las tiendas. En muchas ocasiones, los soldados argentinos solían matar a los caballos de las tropas brasileñas durante la noche, cortando la cabeza de los animales para comérsela. El hecho no quedaba impune, y en el campamento argentino "no escaseaban los castigos ejemplares todos los días", inclusive los fusilamientos. Así, por ejemplo, un teniente de la Guardia Nacional de Rio Grande do Sul llamado Tito, que vigilaba y cuidaba a su caballo "como un verdadero amigo", lo encontró muerto una madrugada con la cabeza cortada. El comandante argentino mandó formar rápidamente a sus batallones y sorteó a cinco soldados para ser fusilados en caso de que no denunciasen al autor de la muerte del caballo. Uno de los sorteados denunció como autores a dos compañeros, que fueron fusilados de inmediato sin juicio o alguna otra formalidad. Desconsolado con lo que le había pasado a su caballo, el teniente Tito se suicidó esa misma noche con un disparo en la cabeza[194].

Las tropas brasileñas recibían de cien a doscientas cabezas de ganado cada ocho o diez días, pero estas reses habían perdido mucho peso porque para llegar hasta los campamentos debían recorrer caminos en muy mal estado. Esa cantidad de animales no alcanzaba a satisfacer ni la mitad de las necesidades, por lo que los soldados debieron alimentarse durante días casi exclusivamente con palmitos, o con el producto de la caza que eventualmente encontrasen en el bosque; a consecuencia de ello "desertaban centenas de soldados y oficiales". Los oficiales se presentaban a otras unidades que disponían de algunos alimentos, pero eran "poquísimos los que actuaban así" entre los soldados desertores. La mayor parte de estos últimos se internaba en los bosques o buscaba abrigo en la casa de pequeños chacareros, pero más tarde eran capturados por grupos de sus compañeros que habían sido enviados en su persecución. Aquellos que se resistían a entregarse eran "muertos inmediatamente", mientras que los que eran capturados recibían como castigo "trescientos a cuatrocientos golpes de espada" y eran llevados de vuelta a sus respectivas unidades[195].

La regularización del aprovisionamiento de víveres para las tropas brasileñas solo se pudo lograr a fines de noviembre de 1869. El conde d'Eu ordenó entonces que se reanudara la persecución de Solano López, y el día 2 de diciembre abandonó el campamento del potrero de Capivarí junto con sus tropas[196]. En sus marchas por las picadas en el monte, hombres y animales eran víctimas de enjambres de insectos succionadores de sangre, y que atacaban a los burros dejándolos exánimes o provocando su muerte. Había una mariposa de apariencia inocente que al buscar humedad se amontonaba en los ojos y narices de los animales, provocándoles una violenta infección. Al ser atacados constantemente por insectos, los animales no conseguían pastar, adelgazaban rápidamente y quedaban ciegos, pues sus ojos se transformaban en una "espantosa y repugnante fuente de ríos purulentos". Para evitar que se perdieran todos los animales de monta y de carga, se improvisó para ellos una "testera" de paja de maíz cortada en tiras finas que les servía de protección para los ojos[197].

El día 23 de diciembre el conde d'Eu envió a dos batallones y un cuerpo de caballería a San Pedro como refuerzo, pero también para proteger a "centenares de familias que se movilizaban desde Panadero en busca de su terruño". Esas familias eran atacadas por bandas de soldados paraguayos dispersos que saqueaban a las familias de migrantes pobres, muchas de las cuales morían de hambre por el camino. "Detuvimos a muchos de esos grupos, que mayormente estaban compuestos de oficiales paraguayos. A todos los que no encontraron la muerte en las refriegas los ejecutamos sin mayor trámite. En sus bolsos encontramos el producto de los pillajes: joyas de oro, plata y dinero que les habían quitado a los desplazados". Entre los saqueadores se encontraban "algunos pocos de los nuestros que habían huido del hambre en San Joaquín", los cuales también eran ejecutados[198].

El hambre y el paso del tiempo extendieron el desánimo entre las fuerzas brasileñas, lo cual puso en grave riesgo la disciplina. El general Vitorino J. C. Monteiro contó que los oficiales "no querían ir a sus cuerpos de ninguna manera", y que era necesario emplear "mucha energía" para que cumplieran con sus deberes, mientras que muchos soldados desertaban. Los Voluntarios de la Patria eran los que se quejaban y hablaban más, "anarquizando al Ejército"; "hoy nadie quiere hacer sacrificios". La escuadra presentaba el mismo panorama, y según el teniente Veiga "va yendo de mal en peor", pues "nuestros marineros ya están de mal humor, y pretenden hacer exigencias e imposiciones sobre sueldos y raciones a mano armada". Ante esta situación, y pensando que la guerra estaba por terminar, Paranhos planteó la retirada del Paraguay de una parte de las fuerzas imperiales, pero no solo para contener los gastos, sino también como prevención ante los reiterados actos de indisciplina[199].

El propio conde d'Eu evidenció un mayor pesimismo después de la batalla de Campo Grande, tal vez por la impresión que le causó la muerte de tantos adolescentes. Dejó de ser un hombre activo y se volvió "displicente y caprichoso, hablando continuamente de la necesidad de regresar a Río de Janeiro", afirmando a cada instante: "¡No tengo más nada que hacer aquí!". Una vez más fue Paranhos quien resolvió la situación, centralizando en su persona todos los movimientos de búsqueda de Solano López; y según escribió el vizconde de Taunay, hubo momentos en que las relaciones entre Paranhos y el príncipe se volvieron "bastante difíciles, tensas y espinosas"[200]. El enviado imperial relataba con aprehensión que en noviembre d'Eu estaba pesimista, pues "perdió su energía y resolución", y que en diciembre pensaba "pedir tres meses de licencia para ir a Río manteniendo el comando en jefe". El rumor de la posible retirada del conde llegó a ser noticia en la prensa de Buenos Aires[201].

De hecho, d'Eu le escribió a Paranhos diciéndole que pretendía solicitar tres meses de licencia. El conde argumentaba que era "ridículo" que el Brasil se mostrara ante el mundo haciendo "esfuerzos colosales e *impotentes* [resaltado en el original] para atrapar a un fantasma". No obstante, d'Eu estaba a favor de la continuidad de la ocupación militar brasileña en el Paraguay, pues creía que Solano López ("el monstruo") llegaría a caer prisionero en algún momento, "pero a mi juicio no será en estos pocos años". Algunos días después el príncipe le escribía a Paranhos diciéndole que si no se le permitía volver a Río de Janeiro con los primeros Voluntarios de la Patria, consideraría ese rechazo "como una ofensa gratuita". D'Eu se convirtió en una figura patética, y en enero de 1870 escribía que no partía del Paraguay porque el gobierno imperial no se lo permitía, por lo tanto "no tengo más remedio que resignarme a este tipo de vida durante algunos meses más"[202].

A Paranhos no le quedaba otra alternativa más que levantar el ánimo del conde d'Eu[203]. Después de todo, aunque la presencia del príncipe en el Paraguay fuese inútil desde el punto de vista militar, continuaba siendo un símbolo. Parece justo concluir que el príncipe consorte no quería enfrentar los rigores de la guerra, para la cual no tenía competencia. La memoria de los miles de muertos brasileños en la guerra, así como el sacrificio de combatientes que en su mayoría eran personas comunes o ex esclavos que habían permanecido durante años en el infierno paraguayo luchando como podían, merecían un comandante en jefe más digno.

A principios de enero de 1870, el conde d'Eu le escribió a Paranhos asegurándole que cada vez estaba más convencido de que "la tarea en la que

El conde d'Eu y algunos oficiales del Estado Mayor en Villa del Rosario, 13/1/1870.

me dejé involucrar" no tenía solución favorable, y que "en la medida en que lo confirman los hechos, y que se insiste en prolongar esta tarea, esto me atormenta día y noche". Anticipándose a una retirada de su yerno del Paraguay, Pedro II le dio instrucciones al ministro de Guerra para que le ordenara al comandante que pusiera mayor energía para concluir el conflicto. Una retirada anticipada del príncipe no era "conveniente" para la disciplina y el éxito de la campaña porque su salida "causaría gravísimos males", mucho mayores que los que había provocado el retiro de Caxias. Además de utilizar los instrumentos institucionales, el emperador le escribió directamente al conde d'Eu para instarlo a permanecer en el Paraguay y cumplir con su deber.

> "Si yo no confiase en su patriotismo, estaría muy desanimado; pero estoy seguro de que usted no me abandonará en esta empresa de honor y, ahora, de sosiego *verdadero* [resaltado por Pedro II], principalmente para el Brasil"[204].

427

La correspondencia desmentía su contenido. El solo hecho de que ella se diera en esos términos confirmaba que Pedro II no confiaba en el conde d'Eu.

A pesar del énfasis que trasuntaba la orden del emperador, el príncipe le respondió con ambigüedad, en enero de 1870, afirmando que permanecería en el teatro de operaciones "no obstante estar convencido que mi dirección ya no es útil para la continuación de las operaciones ni para su éxito", y agregando amenazadoramente "en tanto mi salud no me lo impida en forma absoluta". Poniendo en evidencia las fallas de su comando, el conde le escribió al general Câmara diciéndole que "ya no me creo capaz de dar ninguna orden ni de formarme un juicio sobre cualquier cosa relativa a las operaciones", y "por eso preferí (...) confiar todo a la pericia y el tino de V. Excia". Paranhos informó a Río de Janeiro que el príncipe "no piensa en operaciones", las cuales son el resultado de la suma de los esfuerzos de él —un diplomático— y Câmara[205].

Además de la amenaza de su retiro del Paraguay, el conde d'Eu le dio otro motivo de preocupación a Río de Janeiro. El 18 de noviembre de 1869, el gobierno imperial había ordenado la retirada de aquellos batallones de Voluntarios de la Patria que ya no fuesen necesarios, y el 24 del mismo mes, Paranhos y Mariano Varela —ministro de Relaciones Exteriores argentino— firmaron un protocolo para reducir la presencia de las fuerzas aliadas. El príncipe quería que en ese proceso de retirada de una parte del Ejército brasileño se enviara a Río de Janeiro una gran cantidad de soldados, según él, para despertar el regocijo público. La respuesta ya se había dado anticipadamente, pues el ministro de Guerra afirmó que no contaban con suficientes naves de guerra para transportar a tantos hombres, y ni siquiera había los suficientes cuarteles en la ciudad como para recibir una cantidad de tropas tan grande. En realidad, los gobernantes del Imperio temían que el retorno masivo de los ex combatientes desencadenara desórdenes y agitaciones en la capital, lo cual probablemente sería capitalizado por la oposición. Los conservadores tampoco querían que ganaran prestigio los generales brasileños ligados a los liberales. Así, en agosto de 1869, Paranhos advertía que cuando terminase la guerra no se debería permitir que las tropas fueran a la Corte "bajo la influencia de Herval [general Osório] y Portinho", pues todos ellos eran oficiales ligados al partido opositor. En octubre, el consejero reafirmó la necesidad de tener cautela con la retirada del Ejército porque este estaba "contaminado de indisciplina e ideas peligrosas", y sugirió que los Voluntarios de la Patria volviesen directamente a sus provincias en forma fraccionada[206]. Se estipuló que no debían llegar a Río de Janeiro más de 1.600 Voluntarios por vez, y que incluso no podían constituir batallones enteros, sino mezclados por mitades. El 3 de febrero de 1870 se retiraron del Paraguay los primeros tres batallones de los Voluntarios de la Patria[207].

La retirada de algunas tropas imperiales del Paraguay, a comienzos de 1870, se concretó no solo porque disminuía el descontento del Ejército que estaba en el Paraguay ante la perspectiva de un retorno al Brasil, sino también porque, de hecho, ya no había más guerra. Al final de cuentas, Solano López disponía de algunos pocos hombres exahustos que hacía meses que se venían alimentando con lo que encontraban durante la fuga, como naranjas silvestres, hierbas y ciertas raíces, y como casi no tenían carne, se veían obligados a compartir diariamente un enflaquecido buey entre quinientos hombres. Ya no había más combates, sino escaramuzas entre patrullas brasileñas y los pocos soldados del dictador. La situación de este último era tan precaria, que tenía como jefe de Estado Mayor a su hijo de 15 años de edad, el coronel Juan Francisco, "Panchito"[208].

Como a esa altura de los acontecimientos faltaba comida para las tropas que todavía acompañaban a Solano López, comenzaron las deserciones. Hubo varios oficiales que huyeron, no sin antes robar la plata, las joyas o el dinero que se transportaban en carretas que acompañaban la retirada. Los coroneles Del Valle y Sosa, por ejemplo, saquearon cerca de treinta carretas, llevándose 40 mil pesos fuertes; después le escribieron una carta a Solano López donde afirmaban que la guerra estaba perdida y que, en lugar de continuar sacrificando vidas en una lucha inútil, se retirarían hacia el interior del país[209].

Como los problemas de abastecimiento hacían imposible un avance con todo el Ejército, el 26 de octubre el conde d'Eu decidió enviar a Curuguatí una vanguardia bajo el mando del coronel Fidélis Pais da Silva. El objetivo de la misma era evitar que Solano López se escurriese por el interior. El coronel Fidélis tomó Curuguatí dos días después. Solano López había declarado a esa localidad como capital provisoria del Paraguay desde el 31 de agosto. El conde d'Eu llegó al poblado algunos días después de la toma, y su secretario, el vizconde de Taunay, escribió que cuando el coronel Fidélis tomó la localidad "mató mucha gente, sin que se le opusiera casi resistencia"[210].

Mientras tanto, el general Câmara actuaba en la región de Concepción junto con 2.600 hombres, vigilando la frontera matogrossense y tratando de impedir que Solano López alcanzase la margen derecha del río Paraguay[211]. El 28 de diciembre Solano López comenzó a marchar hacia el este, y no hacia el norte, a fin de atravesar la sierra de Maracaju. En los primeros meses de 1870 los aliados supieron que Solano López estaba en los contrafuertes de la sierra de Maracaju-Amambaí. En un principio se dirigió hacia el sur de Mato Grosso, en dirección a Punta Porá, pero luego se había desviado hacia el oeste para marchar por una picada conocida como Chiriguelo, instalándose en Cerro Corá. Este lugar parecía un anfiteatro, pues contaba con apenas dos entradas: una al sudeste, por el paso de Chiriguelo, y otra al no-

Foto de Solano López pocas
semanas antes de su muerte.

roeste, por el paso de Aquidabán, que era el nombre del río que atravesaba la explanada. El 4 de febrero de 1870 llegaron a Concepción cuatro paraguayas —Concepción Céspedes, Perto Cáceres, María Torres y Gregoria Varrerro—, y le informaron al general Câmara que ellas y otras *destinadas* habían huido cuando estaban a cuatro días de marcha de la picada de Chirigüelo, lugar al cual eran llevadas por el mayor Urbieta. Este oficial había enviado a un grupo de soldados para que persiguieran a las fugitivas, y algunas habían sido alcanzadas y lanceadas. Las cuatro sobrevivientes declararon que Solano López seguía su marcha hacia Dourados. En su correspondencia al general Vitorino, Câmara le aseguró que daba crédito a esas declaraciones "porque están de acuerdo con todas las que han llegado a mi conocimiento". Câmara decide entonces ejecutar su plan para alcanzar a Solano López: el grueso de las tropas marcharía bajo su mando por el camino Concepción-Bella Vista-Dourados, a fin de atacar al enemigo por el frente, mientras que la fuerza restante, al mando del coronel Paranhos, avanzaría por otro camino para llegar a la picada de Chirigüelo y salir en la retaguardia enemiga. El 18 de febrero, cuando obtuvo la confirmación de que Solano López estaba en Cerro Corá, Câmara invirtió el plan: el grueso de las tropas atacaría por la retaguardia y Paranhos lo haría por el frente; con ello trataba de impedir que Paranhos se expusiera primero al enemigo con sus pocos soldados[212].

La caballería y la infantería enemigas entraron en Cerro Corá el 1º de marzo de 1870, trabándose una lucha feroz contra dos o tres centenas de soldados paraguayos. Solano López intentó huir al galope, pero era fácilmente identificable —era el único hombre gordo en un Ejército de esqueletos[213]—, y en su fuga fue alcanzado y herido mortalmente por un golpe de lanza del cabo Francisco Lacerda, conocido como "Chico Diabo". El dictador terminó cayendo sobre las márgenes del arroyo Aquidabán, recostado sobre el brazo izquierdo, con la espada en la mano derecha, los pies dentro del agua y el cuerpo sobre el terreno poco elevado de la margen izquierda del arroyo. En esa posición lo encontró el general brasileño, quien al intimarle rendición obtuvo como respuesta la frase: "No le entrego mi espada, muero con mi espada y por mi patria". El comandante brasileño ordenó entonces que un soldado tomase la espada, pero en el esfuerzo infructuoso de este por hacerlo, arrastró a Solano López al agua y casi lo ahogó. Según relata Câmara en una carta para su esposa, "iba a ordenar que lo trajesen [al líder paraguayo] a tierra, cuando detrás de mí un soldado dispara un tiro que lo mata"[214].

Esta descripción de la muerte de Solano López no fue la misma que realizó Câmara de manera oficial, y que desde entonces fue repetida por la historiografía brasileña. El primer informe del general sobre la muerte del dictador llevaba a creer que este no había muerto por el lanzazo de *Chico Diabo* sino luego de ser herido. Posteriormente, en un oficio que le envió al ministro de Guerra el 30 de abril de 1870, Câmara hizo un supuesto esclarecimiento que se convirtió en la versión oficial: el dictador había sido herido en su fuga —aunque no aclaraba cómo— y lo encontró recostado dentro del Aquidabán. Ante la intimación de Câmara para que se rindiese, Solano López respondió, "con voz todavía clara y en tono arrogante", que no se rendía, no entregaba la espada y que moría con ella por su patria.

> "Fue entonces que ordené que le quitaran la espada, y en la resistencia que opuso cayó al agua sumergiendo la cabeza. Este incidente hizo que soltara el arma cuando se debatía por escapar de la inmersión. Pero estaba en tan mal estado que apenas pudo levantar la cabeza y después exaló su último aliento.
>
> (…)
>
> Las diferentes versiones que corren no llegan a sorprender, porque los últimos momentos del ex dictador fueron presenciados por pocos y hay mucha gente que, por hábito o liviandad, no busca la verdad en tales situaciones, o tiñe con los colores de su imaginación los sucesos que despiertan la curiosidad pública.
>
> Yo mismo creí en un principio que López había recibido un golpe mortal de lanza durante la persecución, y hoy estoy convencido de que no ocurrió tal cosa, sino que sucumbió a las heridas de arma de tiro"[215].

En 1880, el coronel Silva Tavares, comandante de la caballería en Cerro Corá, respondió a un artículo de Câmara sobre la muerte de Solano López que había sido publicado por un diario de Porto Alegre, reafirmando que el dictador recibió una herida de lanza en el bajo vientre de parte de Francisco Lacerda. Tavares incluso adjuntó el certificado de los médicos Costa Lobo y Barbosa Lisboa, que examinaron el cadáver de Solano López[216]. No obstante, la verdad es que hubo un tiro de fusil que aceleró la muerte del dictador paraguayo, y también es cierto que se disparó a distancia y sin el consentimiento de Câmara. Pero este general se vio forzado a sacrificar la verdad a la razón de Estado. El gobierno imperial decidió evitar que en los Estados Unidos y en Europa se pensase que Solano López había muerto cuando podría haber sido hecho prisionero, lo cual le hubiese acarreado al Imperio dificultades internacionales[217].

En un primer momento, don Pedro II no se enteró del disparo que apresuró la muerte de Solano López, y no le gustó que lo mataran en vez de hacerlo prisionero. A fin de alejar las sospechas, incluso ordenó que en caso de ser posible se realizara un nuevo examen médico que especificase claramente las condiciones de la muerte del dictador paraguayo; y también impidió que se le rindieran honores militares a *Chico Diabo*[218]. Pero los batallones brasileños pronto exaltaron a este último en versos donde se resaltaba la coincidencia de que los dos personajes del acontecimiento que marcó el fin a la guerra eran apodados *Chico*:

*"O Diabo Chico Diabo
ao Diabo Chico deu cabo"*[219]*.

En Cerro Corá también fue muerto el hijo adolescente de Solano López, Juan Francisco, quien empuñando la espada intentó vanamente atacar a los soldados que lo rodeaban. El coronel Francisco Martins, de la caballería atacante, lo intimó a rendirse: "Entrégate, niño", al igual que Elisa Lynch: "¡Ríndete, Panchito!" Pero Juan Francisco no les hizo caso y tiró un puntazo con la lanza que desvió la espada de Martins, después disparó con el revólver, errando el tiro, y por último intentó arremeter nuevamente con la lanza; entonces Martins lo mató. Lynch cargó su cuerpo hasta un carruaje, lo extendió entre almohadas y mientras lloraba le abrió los ojos al muerto dos o tres veces, clamando "¡Panchito! ¡Panchito!". El otro hijo gritó: "¡No me maten! Soy extranjero, hijo de inglesa", mientras que los demás pequeños llora-

---

* *N. del T.:* "El Diablo Chico Diablo/al Diablo Chico le dio fin".

432

ban[220]. Los dos López, padre e hijo, fueron enterrados en una sepultura poco profunda que fue reabierta luego a pedido de Elisa Lynch, y luego de ser más excavada, los dos cuerpos fueron colocados uno al lado del otro.

Según Jorge Maia, luego de la muerte de Solano López el soldado Genesio Gonçalvez Fraga, del 9° Batallón de Infantería imperial, le cortó la oreja izquierda al cadáver, y al ser censurado se justificó afirmando que había hecho esa promesa antes de partir para la guerra. Otro soldado le partió los dientes incisivos al difunto con la culata de la carabina, mientras que otros dos le cortaron un dedo y un pedazo del cuero cabelludo[221].

Después del combate de Cerro Corá todavía hubo varias muertes. Tras años de guerra y de sufrimiento embrutecedor, las tropas brasileñas estaban eufóricas con la muerte de Solano López y habían perdido el autocontrol. Así, los soldados mataron a personas indefensas e incendiaron el campamento, donde murieron carbonizados los enfermos y los heridos que estaban en los ranchos. El capitán Azambuja le dio orden de rendición al vicepresidente Francisco Sánchez, un anciano que empuñando su espada se negó a obedecer. Cuando Sánchez manifestó su negativa diciendo "con esta espada jamás...", fue atravesado por una lanza. El ayudante de órdenes de Solano López, coronel Aguiar, fue degollado dos horas después de la finalización de la lucha, cuando se lo descubrió intentando esconderse en un monte cercano[222].

Tras sepultar a su compañero, Elisa Lynch y sus hijos fueron llevados a Asunción bajo la protección del general Câmara. En esa capital, las mujeres de antiguos exiliados paraguayos publicaron una carta en el diario *La Regeneración*, en la cual exigían que se tomaran enérgicas medidas contra la compañera del fallecido dictador. Para mantener su seguridad, Lynch fue alojada a bordo de una nave de guerra brasileña[223], y poco después partió hacia Europa. El desarrollo de los acontecimientos que tienen que ver con las hermanas de Solano López no deja de ser irónico. Inocencia López tuvo una hija del general Câmara, mientras que el coronel Pedra se casó con Rafaela López, con quien tuvo un hijo; además, el capitán Teodoro Mauricio Wanderley contrajo matrimonio con una hija de Venancio López[224].

Guido Rodríguez Alcalá, que es uno de los más importantes intelectuales paraguayos contemporáneos, realiza una interesante evaluación de la figura de Solano López y lo compara con Hitler, guardando las diferencias que existen entre el dictador de una sociedad rural en relación con el de una sociedad industrializada como la alemana. Guido Rodríguez Alcalá señala las coincidencias entre ambos dictadores:

"La semejanza [entre López y Hitler] está en la movilización total para la guerra, en la guerra total que ambos llevaron a cabo, cada cual dentro de sus

433

El monumento que Solano López construyó para sí
mismo es una pila de muertos.

posibilidades. Creo que no es exagerado considerar a López como un precursor del moderno totalitarismo, el cual encarna de manera ejemplar en Hitler. Romanticismo, voluntarismo y paranoia definen las personalidades de los tiranos, y no es casual que la popularización del fascismo en el Paraguay (en su versión criolla) haya reivindicado la figura de López, el cual fue criticado por sus víctimas y cómplices (...)"[225].

El conde d'Eu recibió la noticia de la muerte de Solano López el 4 de marzo, cuando llegó a Concepción, tres días después de acontecida. Para festejar el hecho, d'Eu organizó un baile que contó con la presencia de las "mejores familias" de la villa y de la población, que parecía "sinceramente" contenta con la muerte del dictador. El capitán Caríssimo era el jefe político de Concepción —una especie de gobernador— y ofreció otro baile, pues se convirtió en enemigo de Solano López luego de que su familia fue degollada[226].

434

La muerte de Solano López provocó una enorme alegría en Río de Janeiro. Pedro II recuperó la popularidad que había perdido con la prolongada guerra. La noche que llegó la noticia, el emperador, la emperatriz y la princesa Isabel recorrieron a pie las calles principales de la ciudad, las cuales estaban embanderadas, iluminadas y llenas de gente[227]. Posteriormente, Pedro II no aceptó la espada de Solano López y la envió al Museo Militar. Tampoco permitió que se concretara la iniciativa de una comisión que representaba a comerciantes de Río de Janeiro, que habían recolectado fondos para levantar una estatua ecuestre que representaba al emperador, vestido con uniforme militar, durante el sitio de Uruguayana. Pedro II, que no tenía inclinación militar y su única foto de uniforme le fue sacada en esa ocasión, rechazó el homenaje y le sugirió a la comisión que empleara el dinero recaudado en la construcción de escuelas[228].

La muerte de Solano López permitió que el conde d'Eu finalmente pudiera volver al Brasil. Así, partió de Asunción el 19 de abril y llegó a Río de Janeiro el 29 del mismo mes, llevando consigo el prestigio de una victoria militar en la cual no había tenido mayores méritos. El príncipe consorte volvió a la corte sin regimientos, sin desfile, sin música, sin las banderas que había deseado. Pero de todos modos fue recibido con una gran manifestación popular, la cual fue promovida por los liberales para herir a Caxias y presentar a Osório y a d'Eu como los vencedores de la guerra[229]. A la vez que se le hacía justicia a Osório se cometía una injusticia con Caxias.

El 6 de agosto se realizó una ceremonia religiosa en la capilla real con la presencia del cuerpo diplomático y la familia real, donde se rindió homenaje a los oficiales y soldados que habían muerto en la Guerra del Paraguay. Allí se escuchó música de Mozart y el canto de coros de Río de Janeiro, pero la oración fúnebre fue demasiado larga y monótona, "sin ideas elevadas" o elegancia en el lenguaje[230].

BALANCE DE LA GUERRA

A casi 150 años del fin de la Guerra del Paraguay, todavía hay polémicas en torno del costo humano y las consecuencias del conflicto. La versión más conocida sobre las pérdidas humanas es la revisionista, la cual sostiene que antes de la guerra el Paraguay tenía una población que oscilaba entre 800 mil y 1.337.439 personas, siendo este último el número oficial del censo realizado en 1857. Sin embargo, el censo de 1886 registró 236.751 habitantes. Al comparar esas cifras, los autores revisionistas afirman que las pérdidas paraguayas en la guerra llegaron a ser de más del 70% de la población, con un 99% de mortalidad masculina incluido[231].

Cuando visitó el Paraguay, en 1869, Richard Francis Burton discutió las diferentes cifras de habitantes que había dado el país antes de la guerra, y llegó a la conclusión de que la población paraguaya no superaba las 400 mil o 450 mil personas cuando comenzó el conflicto. De todas estas personas, 110 mil serían combatientes de entre quince y cincuenta años, mientras que habría 150 mil de entre doce y sesenta años. En 1869, el viajero inglés escribió que la población masculina estaba "casi destruida o deportada", y que por lo tanto quedaba una población de 200 mil mujeres y niños[232]. Sin embargo, Burton no estableció diferencias entre los muertos en combate, que eran una minoría, y aquellos que murieron por el hambre, las enfermedades o el agotamiento derivado de las marchas forzadas civiles hacia el interior ordenadas por Solano López, y que constituían la mayoría de los muertos[233]. Tampoco tomó en consideración —tal vez por desconocimiento— que en las ciudades había muchas más mujeres que hombres desde antes de la guerra. De todos modos, la guerra causó una mayor mortandad entre los hombres y aumentó el desequilibrio demográfico del Paraguay.

En 1988, la historiadora norteamericana Vera Blinn Reber publicó un estudio donde consideraba que tales cifras eran inaceptables. Teniendo en cuenta que el censo de 1846 había registrado 250 mil habitantes, la población paraguaya solo podría haber alcanzado la cifra de 1,3 millones de personas si hubiera habido un crecimiento demográfico anual del 17%. Utilizando la metodología de la historia demográfica, que está basada en las tasas históricas del crecimiento poblacional paraguayo —a partir de las cuales, el período entre 1846 y 1864 debe tener números anuales de entre 1,8% y 2,2%—, y comparándola con el resto de América latina, la estudiosa concluye que el Paraguay tenía entre 285.715 y 318.144 habitantes al comienzo de la guerra. Para la autora, las pérdidas totales del país a causa del conflicto con la Triple Alianza probablemente hayan sido del 8,7%, con un porcentaje compuesto de la siguiente manera: 5% en combate; 2,5% de civiles muertos debido a factores relacionados con la lucha (enfermedades, migraciones, etc.), y 1,2% de ciudadanos paraguayos que se asilaron en países vecinos o que en 1870 vivían en territorios reconocidos como pertenecientes a la Argentina y al Imperio. Reber afirma que, si se exageran al máximo las cifras de cada uno de estos ítem, las pérdidas paraguayas llegarían a ser el 18% de la población[234]. Según las investigaciones de Reber, el número de muertos paraguayos en la guerra oscilaría entre un mínimo de 24.286 y un máximo de 58.857 ciudadanos.

Los historiadores Thomas L. Whigham y Barbara Potthast publicaron en 1999 un nuevo estudio sobre el tema que cuestiona las conclusiones de Vera Blinn Reber. Los dos autores critican el cálculo que hizo Reber de la tasa anual de crecimiento para el período 1846-1864, que aparece como inferior al de 1792-1846, sin que haya habido motivos para esa caída. Según este nuevo estudio, el Paraguay tenía entre 420 mil y 450 mil habitantes antes de la guerra. Recientemente fue descubierto el resultado de un censo realizado en 1870 por orden del gobierno provisional paraguayo, desconocido hasta ese momento. Los jueces de paz y jefes políticos de todas las localidades del país tuvieron que enviarles a los nuevos gobernantes paraguayos el número de personas que vivían en las ciudades y distritos que estaban bajo su jurisdicción. El resultado registrado es de 116.351 personas (dos tercios de mujeres), pero proyectando cálculos para las localidades que no enviaron informaciones para Asunción, los dos autores citados creen que en 1870 la población paraguaya variaría entre 141.351 y 166.351 personas. Por lo tanto, con la guerra habría habido una reducción del 60% al 69% de la población[235].

Sin embargo, el censo de 1870 debe ser visto con cautela. El gobierno provisional paraguayo carecía de una estructura administrativa para organizarlo, y es probable que los jueces de paz y jefes políticos no tuvieran condiciones de realizarlo. En esa época, el Paraguay carecía de rutas y estaba cubierto por una densa vegetación repleta de animales salvajes, pues había jaguares a pocos kilómetros del centro de Asunción. En esas condiciones, es bastante probable que haya un razonable margen de error en los datos estadísticos de 1870. Además, tampoco son confiables los números sobre la gran migración de paraguayos que huían de la miseria yendo hacia la Argentina y, en menor medida, a Mato Grosso. Esos migrantes eran hombres adultos, lo cual contribuyó a aumentar la escasez de población masculina luego del final del conflicto —aunque el principal factor continúe siendo la mortandad durante la guerra—. Por lo tanto, aunque el porcentaje de reducción de habitantes continúe siendo elevado, es posible que el número real de la población paraguaya fuese mayor de lo que estimaba el censo de 1870.

El Brasil llevó a la guerra a alrededor de 139 mil hombres[236] de un total de población de más de 9 millones de habitantes, o sea, cerca del 1,5% de la población. El origen conocido de los efectivos, sin incluir al Ejército profesional y al personal de la Marina, fue[237]:

REGIÓN	VOLUNTARIOS DE LA PATRIA	GUARDIA NACIONAL	RECLUTAMIENTO Y ESCLAVOS LIBERADOS	TOTAL	%
Norte	2.451	1.725	356	4.532	3,68
Nordeste	15.512	8.855	2.179	26.546	21,57
Este	25.147	12.255	4.417	41.819	33,97
Sur	9.740	32.652	1.474	43.864	35,63
Centro Oeste	1.692	4.182	63	5.937	4,82
Montevideo	450	–	–	450	0,35
TOTALES	54.992	59.669	8.489	123.148	100

El centenario de la epopeya

FALSIFICANDO LA HISTORIA
En la edición del 1º de marzo de 1970, en el centenario de la muerte de Solano López, el diario paraguayo Noticias *afirma que el Paraguay tuvo 1 millón de muertos en la guerra. Sin embargo, en 1864 el país tenía como máximo 450 mil habitantes.*

Hoy, amable lector, se cumplen 100 años del paso a la inmortalidad y a la gloria del mariscal Francisco Solano López. Su muerte marcó el fin de la sangrienta guerra que dejó regados por todo el territorio patrio los cadáveres de un millón de compatriotas.

Y hoy, a las 11:30, como homenaje de reconocimiento a aquellos que ofrendaron sus vidas por darnos una patria libre, el Paraguay detendrá su marcha y todos guardaremos un minuto de silencio elevando a Dios una oración por el eterno descanso de las almas de esos valientes. (Domingo 1 de marzo de 1970)

La contribución absoluta de cada provincia del Imperio, en Voluntarios de la Patria y Guardias Nacionales, tuvo el siguiente orden[238]:

PROVINCIA	VOLUNTARIOS Y GUARDIAS NACIONALES	
1. Rio Grande do Sul	33.803	
2. Bahia	15.197	
3. Município Neutro (Corte)	11.461	
4. Río de Janeiro	7.851	
5. Pernambuco	7.136	
6. San Pablo	6.504	
7. Ceará	5.648	
8. Mato Grosso	5.511	(tropa que permaneció en la defensa de la provincia)
9. Maranhão	4.536	
10. Minas Gerais	4.090	
11. Pará	3.827	
12. Piauí	2.805	
13. Alagoas	2.656	
14. Paraíba	2.454	
15. Sergipe	2.254	
16. Paraná	2.020	
17. Santa Catarina	1.537	
18. Rio Grande do Norte	1.311	
19. Espíritu Santo	966	
20. Amazonas	705	
21. Goiás	426	
SUBTOTAL	122.698	
Montevideo	450	
TOTAL	123.148	

En el período que va desde el comienzo de la guerra hasta el 18 de agosto de 1869, el número oficial de pérdidas que dio el gobierno imperial en 1870 fue de 23.917 soldados, 4.332 de los cuales fueron muertos, 18.537 heridos y 988 desaparecidos. Para el general Tasso Fragoso esos números son demasiado bajos, y la *História do Exército Brasileiro* —que fue publicada un siglo después, en 1972, por el Estado Mayor del Ejército— afirma que en el Paraguay murieron 33 mil brasileños. Dionísio Cerqueira va más lejos y asegura, con evidente exageración, que los muertos brasileños en el Paraguay llegaron a 100 mil. Luego de resaltar que no estudió detalladamente la cuestión, Vera Blinn Reber piensa que el número de 100 mil brasileños enviados a la guerra es exagerado y cuestiona que hubiera habido una mortandad tan alta[239]. Las memorias y cartas de los combatientes de diferentes nacionalidades, las noticias en diarios de la época, así como también la duración y las condiciones de la guerra y el número de soldados que envió el Imperio para luchar en ella, son elementos que permiten concluir que el número más probable es el que citó el vizconde de Ouro Preto: 50 mil muertos y mil inválidos brasileños[240].

Aunque la guerra fue traumática, constituyó el punto culminante de la "obra de unificación" del Brasil, pues se debieron conjugar las energías de todo el país para alcanzar la victoria[241]. En los comienzos del conflicto se presentaron voluntarios de todos los lugares del país; la imagen del emperador se vio fortalecida y el himno y la bandera fueron incorporados al protocolo de los grandes centros urbanos por medio de fiestas cívicas, conmemoraciones de victorias o ceremonias de partida de las tropas. Por fin, la identidad nacional brasileña se vio fortalecida por la existencia de un enemigo que —según el discurso de la época— era Solano López, quien también había victimizado al pueblo paraguayo. En el Sur, hasta ese momento el gobierno central brasileño había considerado a la provincia de Rio Grande como problemática, pero esta no solo se sumó al esfuerzo nacional con su caballería, sino que tal vez fue la provincia que salió más beneficiada económicamente gracias a la provisión de mantenimientos para las acciones bélicas. Otra consecuencia de la guerra fue que el Paraguay dejó de representar una amenaza en relación con Mato Grosso, y al ser derrotado no solo tuvo que aceptar los límites que reclamaba el Imperio, sino también garantizar la libre navegación de las embarcaciones brasileñas en sus ríos internacionales.

En el aspecto financiero, existen dos estimaciones diferentes acerca del costo que tuvo el conflicto para el Brasil. La primera, que fue elaborada por la comisión del Ministerio de Hacienda encargada de estipular las compensaciones de guerra que debían ser pagadas por el Paraguay, indicó la cantidad de 460.718 *contos de réis*. Ese monto se estableció por motivos diplomáticos —para no sobrecargar las finanzas del país vencido— y también nominalmente —porque el gobierno imperial no tenía intención de cobrar la deuda—. El Tesoro Real señaló un gasto de 614 mil *contos de réis*, los cuales provenían de las siguientes fuentes:

	MILLARES DE *CONTOS DE RÉIS*
Empréstito extranjero	49
Empréstito interno	27
Emisión de dinero	102
Emisión de títulos	171
Impuesto	265
TOTAL	614

Para tener una idea de la magnitud de esos gastos, basta compararlos con el presupuesto del Imperio para el año 1864, que era de 57 mil *contos de réis*[242]. Los gastos del presupuesto del Imperio con el Ministerio de Guerra saltaron de 21,94% en 1864 a 49,56% en 1865, y durante los demás años se mantuvieron porcentajes por arriba del 41%[243]. Así, el conflicto le costó al Brasil casi once años de presupuesto público anual —en valores anteriores a la guerra—, lo que permite comprender mejor el persistente déficit público que hubo en las décadas de 1870 y 1880. En lo que se refiere a los números sobre las fuentes de recursos que se gastaron en la lucha, también llama la atención la parte proporcionalmente pequeña de los empréstitos externos.

En cuanto a los aliados, de los 5.583 hombres de la fuerza uruguaya que comenzaron la guerra —una parte de los cuales eran extranjeros—, murieron 3.120 a lo largo del conflicto[244]. Al igual que en el interior argentino, la guerra fue impopular en el Uruguay, y los blancos simpatizaban con la causa paraguaya. Pero la entrada en el conflicto no puso fin a la tensión política interna del país, como lo demuestra el hecho de que en febrero de 1868 Venancio Flores fuera asesinado en una calle de Montevideo.

De los poco menos de 30 mil soldados que la Argentina envió a la guerra, perdió alrededor de 18 mil hombres entre muertos y heridos[245]. En la política interna, a medida que se prolongaba la guerra contra Solano López, aumentaba el número de opositores a la política de Bartolomé Mitre sobre el tema. Mitre se mantuvo firme en la decisión de llevar la guerra hasta el fin —tal como lo había hecho Pedro II—, y en su mensaje al Senado del 1° de mayo de 1868 afirmó:

> "Esa guerra que no buscamos, que no deseábamos (...) era inevitable debido a la naturaleza del poder despótico e irresponsable del gobierno del Paraguay, que constituía una amenaza perpetua para sus vecinos debido a la concentración de elementos militares en su territorio, militarizando en masa a su población para perturbar nuestra paz, fomentando nuestras divisiones [políticas]; debido a cuestiones económicas referentes a la libertad de navegación de los ríos y del comercio, originadas en su política restrictiva y exclusivista; y, finalmente, por la reivindicación de nuestros límites legítimos y naturales (...)"[246].

La guerra reavivó la oposición federal interna y contribuyó al surgimiento de diferentes rebeliones contra el gobierno nacional, el cual se fortaleció y se legitimó al conseguir reprimirlas. Sin embargo, constituye una paradoja el hecho de que el presidente Mitre obtuviera una victoria con las armas

—manteniéndose intransigente en lo referente a la continuación de la guerra y logrando sofocar las rebeliones— y a la vez fuera derrotado políticamente en la elección presidencial de 1868, cuando se impuso el candidato opositor Domingo Faustino Sarmiento.

En el plano económico, la Guerra del Paraguay resultó beneficiosa para la actividad pecuaria argentina, pues algunos criadores se enriquecieron como proveedores de carne, cueros y caballos para las tropas aliadas. Los precios de los cueros, por ejemplo, subieron de 12,7 pesos en 1865 a más de 17 pesos en 1870. Uno de los mayores beneficiarios fue Urquiza, quien acumuló una riqueza de la que formaban parte 600 mil cabezas de ganado, 500 mil ovejas, 20 mil caballos y más de dos millones de acres de tierra. La guerra le dio impulso a la producción de trigo y de maíz en las nuevas colonias agrícolas de Santa Fe y Entre Ríos. Los comerciantes de Buenos Aires se enriquecieron con el oro brasileño que llegaba a la ciudad para pagar el aprovisionamiento del Ejército imperial, y el gobierno argentino aprovechó para cobrarle impuestos a las mercaderías que iban desde el Brasil hacia el Paraguay. Las ganancias financieras que obtuvieron con la guerra los aliados políticos de Mitre hicieron que el mitrismo fuese apodado "Partido de los Proveedores"[247].

En el plano regional, la política exterior posterior al conflicto que puso en práctica el gobierno imperial —liderado por el Partido Conservador— trató de evitar que la Argentina se apoderase de todo el Chaco, como estaba determinado en el Tratado de la Triple Alianza. Con ello, los gobernantes conservadores trataban de evitar que se ampliase la frontera argentino-brasileña, pues consideraban que en algún momento habría una guerra entre los dos países. A su vez, el gobierno del presidente Sarmiento temía que el Imperio tuviera pretensiones expansionistas en relación con el país guaraní. Por ese motivo, en diciembre de 1869, el canciller argentino Mariano Varela declaró que la victoria militar no les daba derechos a las naciones vencedoras para imponerle una definición de fronteras al Paraguay[248].

Entre 1870 y 1876, la diplomacia imperial orientó en la práctica la política exterior de los débiles gobiernos paraguayos para que resistieran la pretensión argentina sobre el Chaco. Para los gobernantes brasileños de ese período —todos ellos conservadores—, la situación política interna del Paraguay era un elemento definidor del futuro del país como Estado independiente. Su existencia estaría tanto más amenazada cuanto mayor fuese la inestabilidad política interna o la influencia sobre el gobierno paraguayo de los ciudadanos argentinos residentes en Asunción, sobre todo comerciantes y militares. Desde esa perspectiva, cualquiera de los dos factores nombrados —o la conjunción de ambos— podría crear las condiciones propicias para la anexión del país que deseaba Buenos Aires. La mejor manera de combatir esa amenaza era la estabilidad política interna guaraní por medio del fortalecimiento de las instituciones y del poder central, así como también bloquear la llegada a la presidencia del país de un político paraguayo que estuviese relacionado con intereses argentinos. El Imperio actuó en relación con el Paraguay teniendo en cuenta esos objetivos; si bien utilizó la diplomacia, la respaldó mostrando que estaba dispuesto a recurrir a la acción militar en caso de que aquella fracasase. Entre 1869 y 1876 el Paraguay fue prácticamente un protectorado del Imperio.

En la Argentina, la declaración de Varela, ministro de Relaciones Exteriores, de que la victoria militar no daba derechos al vencedor sobre el vencido sufrió la oposición y las protestas de los liberales mitristas. Ante la repercusión negativa de su política exterior, Sarmiento invitó a Bartolomé Mitre para que expusiera sus opiniones ante todo el ministerio argentino. En esa ocasión, el ex presidente afirmó que el gobierno argentino no podía mantener el principio de que la victoria no daba derechos cuando para reafirmar esos derechos el país se había comprometido en una guerra. Luego de escuchar la exposición, Sarmiento le anunció a Mitre que estaba dispuesto a rectificar su política en relación con el Paraguay, lo que llevó a la renuncia de Varela el 15 de agosto de 1870. En su lugar fue nombrado Carlos Tejedor, quien comenzó a reclamar la posesión de todos los territorios que le habían sido adjudicados a la Argentina en el Tratado de la Triple Alianza, independientemente de los títulos de posesión. Ateniéndose a lo que determinaba el documento de alianza —que la paz fuese firmada por todos los países aliados—, Tejedor le creaba dificultades al Brasil para firmar por separado un tratado de paz con el Paraguay[249].

El Imperio rompió con lo que determinaba el Tratado de la Triple Alianza y envió a Asunción al barón de Cotegipe para que firmara la paz con el Paraguay, lo cual se hizo en enero de 1872. La frontera entre los dos países se estableció en el río Apa y el gobierno imperial no consideró al río Igurei como un marco fronterizo, tal como constaba en el tratado. Así, quedó decidido que desde Siete Caídas hacia abajo toda la margen derecha del río Paraguay le pertenecería a la República del Paraguay, y que desde ese punto hacia arriba le correspondería al Brasil. La frontera brasileño-paraguaya que fue establecida en 1872, era la misma que Paranhos le había propuesto a Carlos López en la década de 1850 y que Portugal le había disputado a España en el siglo XVIII.

Como el Paraguay había sido el país agresor, el Tratado de la Triple Alianza también determinaba que al término de la guerra ese país debería pagar todos los gastos que hubieran tenido los aliados durante el conflicto. De hecho, en la paz que firmó el barón de Cotegipe, el gobierno paraguayo reconocía que tenía una deuda de guerra con el Estado brasileño por los gastos que este había tenido que afrontar, y también con los ciudadanos brasileños, por los daños causados a sus propiedades durante la invasión de Mato Grosso y de Rio Grande do Sul. En una reunión con el presidente paraguayo Salvador Jovellanos —en la que también estaban presentes los ministros y miembros del Congreso—, Cotegipe habría garantizado que el requisito de pago de los gastos de guerra e indemnizaciones particulares —cuyo monto todavía debía ser calculado— solo era algo formal y no sería cobrado[250].

El gobierno imperial redujo intencionalmente la indemnización de guerra que debía pagarle el Paraguay. Una comisión del Ministerio de Hacienda estableció que el costo monetario total que tuvo que afrontar el Estado brasileño durante el conflicto —y que debía pagar el Paraguay— llegaba a 460.718 *contos de réis*; por su parte, el Tesoro hizo un cálculo más correcto indicando gastos por algo más de 614 mil *contos de réis*[251]. Si bien esta deuda no se cobró, tampoco fue cancelada en las décadas siguientes. Muchos años después, el barón de Rio Branco explicó que esa deuda garantizaba la independencia del Paraguay, pues inhibía cualquier intento de anexión de parte de la Argentina. De producirse esa situación, Buenos Aires tendría que hacerse responsable por ese débito de guerra[252]. La deuda solo fue perdonada por Getúlio Vargas a comienzos del año 1940, y en respuesta a una iniciativa similar de la Argentina.

En la Argentina hubo críticas generalizadas contra la firma de la paz por separado entre brasileños y paraguayos. El diario *La Nación* —un defensor tradicional de la amistad argentina con el Imperio, y que pertenecía a Bartolomé Mitre— afirmó que los tratados firmados en Asunción, más que un protectorado brasileño sobre el país guaraní, significarían "una alianza de los vencedores con el vencido". Otros dos diarios, *El Nacional* y *La Tribuna*, coincidieron en calificar la política brasileña como "pérfida y desleal"[253]. El propio presidente Sarmiento le escribió al representante argentino en Washington expresándole que la paz que había firmado Cotegipe "nos llevará inevitablemente a la guerra o a dejar al Paraguay como provincia brasileña", y en caso de que esta última posibilidad se concretase, más tarde correrían el mismo destino "la Banda Oriental [*sic*], Entre Ríos y Corrientes". Según informó el diario carioca opositor *A Reforma*, el vizconde de Rio Branco —que en ese momento era jefe del gobierno brasileño— había expresado, en una reunión en el Ministerio de Agricultura, que creía posible un conflicto con la Argentina[254].

Sin embargo, Sarmiento no disponía de medios militares para hacer que el Imperio volviese atrás en los tratados que había firmado con Asunción, ya que la inferioridad argentina era manifiesta en ese aspecto. Eso era cierto especialmente en el aspecto naval, pues prácticamente ya no existía una Marina de Guerra argentina. A esa inferioridad se le sumaba el hecho de que, desde abril de 1869, el Ejército argentino estaba ocupado enfrentando un levantamiento en Entre Ríos liderado por Ricardo López Jordán —cuyos seguidores habían asesinado a Urquiza en 1870—, y que la Argentina en esa época aún estaba aislada de sus vecinos. Los bolivianos, que estaban inquietos por las pretensiones argentinas sobre el Chaco, concentraban tropas en la frontera y reivindicaban el área que iba desde ese territorio hasta el río Bermejo; a su vez, Chile reclamaba la posesión de la Patagonia y amenazaba con ocuparla[255].

A partir de ese momento el gobierno de Sarmiento intentó superar su inferioridad naval y les encomendó a los astilleros ingleses la construcción de ocho naves de guerra de mayor porte y una flotilla de pequeñas torpederas; la entrega de esas embarcaciones permitiría la creación de una moderna Marina de Guerra. En el plano diplomático, Buenos Aires trató de ponerle fin a su aislamiento reaproximándose a sus vecinos e intentando establecer alianzas con Perú y Bolivia. El Imperio, por su parte, también trató de fortalecer su Marina de Guerra con nuevas naves: en 1873 lanzó al mar una cañonera y una corbeta, al año siguiente un acorazado, y en la segunda mitad de la década de 1870 se incorporaron al servicio dos cruceros más, pero con casco de madera. En el plano diplomático, las relaciones entre el Brasil y Chile se estrecharon con una intensidad sin precedentes[256].

Al considerar su debilidad militar, el gobierno argentino trató de buscar una salida diplomática para la situación. El presidente Sarmiento envió en misión especial a Río de Janeiro a su antecesor, Bartolomé Mitre, quien era admirado en el Brasil. De esta forma, en junio de 1872 se firmó un acuerdo que restablecía la alianza y por el cual el Brasil se comprometía a apoyar las posiciones argentinas en las negociaciones con el Paraguay.

Como consecuencia de ese acuerdo, el gobierno imperial envió al Paraguay al barón de Araguaia para que colaborase con el representante argentino —de nuevo Bartolomé Mitre— en sus negociaciones de paz con el país guaraní. Araguaia apenas acompañó las negociaciones —que se extendieron de abril a noviembre de 1873— y se abstuvo de ejercer presiones para que el gobierno paraguayo atendiese las pretensiones argentinas en cuanto a la posesión de todo el Chaco. Los gobernantes paraguayos aceptaban ceder la parte del Chaco que iba hasta el río Pilcomayo, afirmando su soberanía sobre el resto del territorio, lo cual coincidía con la posición de la diplomacia brasileña. El Imperio respaldó en esa posición a las autoridades paraguayas, pues el Estado guaraní había quedado tan arrasado por la guerra que no hubiera podido resistir la demanda territorial argentina sin haber contado con ese respaldo. Como resultado de ello, Mitre no consiguió llegar a un acuerdo con el gobierno paraguayo y volvió a la Argentina[257].

En mayo de 1875, el ministro de Relaciones Exteriores argentino, Carlos Tejedor, el enviado paraguayo, Jaime Sosa, y los representantes brasileños, vizcondes de Carabelas y de Rio Branco, se reunieron en Río de Janeiro para entablar una nueva negociación que desembocara en un tratado de paz definitivo entre la Argentina y el Paraguay. A pesar de la oposición de los representantes brasileños, Tejedor y Sosa llegaron a un acuerdo por el cual el Paraguay y la Argentina se dividirían los territorios del Chaco que estaban ubicados más arriba del río Pilcomayo; además, a cambio de la deuda que el Paraguay mantenía con Buenos Aires, la Argentina también se quedaría con Villa Occidental, una estratégica localidad ubicada frente a Asunción, en la otra margen del río. Pero al sentirse intimidados por la presencia de las fuerzas brasileñas de ocupación que estaban acuarteladas cerca de Asunción, el Congreso y el presidente paraguayo Juan Bautista Gill no ratificaron el acuerdo de Río de Janeiro, argumentando que Sosa había hecho concesiones para las cuales no estaba autorizado por su gobierno[258].

Gill, que había llegado a la presidencia con el apoyo del gobierno imperial, comenzó a manifestar cada vez más resistencias a la influencia brasileña a lo largo del año 1875, y se fue aproximando a la Argentina. A fines de ese año, Felipe José Pereira Leal, que era el jefe de la legación brasileña en Asunción, estimuló y apoyó un fracasado intento de golpe de Estado contra el presidente. Se trató de una iniciativa personal del diplomático, quien estaba convencido de que Gill se había pasado al lado argentino y de que, además, se había visto influido por comerciantes brasileños y de otras nacionalidades que estaban instalados en la capital paraguaya y a los que había afectado el cobro de un impuesto creado por Gill. El gobierno imperial condenó el acto de Pereira Leal y lo sustituyó por Antonio de Araújo e Gondim, quien lo había antecedido en la jefatura de la representación diplomática brasileña en el Paraguay e incluso ayudado a elegir al propio Gill[259]. Sin embargo, el Imperio nunca pudo restablecer la influencia que tenía antes sobre el presidente paraguayo.

El presidente Gill efectuó entonces el movimiento de salir de la órbita de influencia del Imperio y buscar el respaldo de la Argentina. Para ello fue determinante la postura del nuevo presidente, Nicolás Avellaneda, quien reconoció los desaciertos que había tenido su país en las negociaciones de paz con el Paraguay. La Cancillería argentina le dio garantías de apoyo a Gill para que este no temiese apartarse de la influencia del Imperio[260]. Al mismo tiempo, Avellaneda trató de distender las relaciones con el Brasil[261].

A mediados de 1875 Bernardo de Irigoyen asumió la cancillería argentina, convencido de que su país debería actuar para sustraer al Paraguay de la influencia brasileña. Para ello se debía lograr la retirada de las tropas imperiales de Asunción, solucionar la cuestión de límites argentino-paraguaya y "vincular" el Paraguay a la Argentina[262].

El 3 de febrero de 1876, Irigoyen y el representante paraguayo Facundo Machaín firmaron en Buenos Aires los Tratados de Paz, Límites, Amistad y de Comercio y Navegación. Allí se determinó que el río Paraguay fuera el límite entre las dos repúblicas, así los territorios de las Misiones y del Chaco Central quedarían en posesión de la Argentina. El resto del territorio chaqueño se dividió en dos partes, y la Argentina renunció a cualquier pretensión entre Bahía Negra y el río Verde. El área entre este río y el brazo principal del río Pilcomayo, incluyendo Villa Occidental, sería sometida al arbitraje del presidente de los Estados Unidos. Las islas de Atajo y Apipé continuarían siendo argentinas, mientras que la de Yaciretá pertenecería al Paraguay. Se decidió que las fuerzas de ocupación se retirarían del Paraguay hasta el 3 de junio del mismo año. En lo referente a la deuda de guerra, fueron reconocidos como parte de ella los gastos del gobierno argentino en el conflicto, así como los perjuicios que la invasión de Corrientes de 1865 les causó a las propiedades públicas y privadas[263].

El comienzo de las negociaciones de paz se hizo contra los deseos del gobierno brasileño, que no obstante fue invitado y aceptó enviar un representante. Aun así, para Ernesto Quesada los tratados que firmaron la Argentina y el Paraguay "consagraban las soluciones que había defendido la diplomacia imperial". Eso sucedió porque los documentos establecieron la desocupación simultánea de Asunción y de Villa Occidental por las tropas brasileñas y argentinas, respectivamente, también reconocieron la deuda de guerra e incluso encontraron una solución equilibrada para la cuestión de límites. El propio representante brasileño en la negociación de esos tratados, barón Aguiar de Andrada, los entendió como la realización de los objetivos del gobierno imperial, pese a que Villa Occidental y los territorios adyacentes fueran sometidos a arbitraje y no pasaran de inmediato a manos del Paraguay[264]. En 1878, el laudo arbitral del presidente norteamericano Rutherford Hayes declaró que el área en litigio era paraguaya.

El 13 de mayo de 1876 comenzó la retirada de las tropas brasileñas de ocupación del Paraguay. La diplomacia imperial presionó para que Gill escribiese una nota agradeciendo el servicio que esa fuerza brasileña le había prestado a su país; el canciller Cotegipe no quedó satisfecho con el "extraño lenguaje y contenido" del manifiesto que hizo circular Gill cuando comenzó la retirada. Para el titular de Negocios Extranjeros ese manifiesto no era político, e incluso era injusto. En ninguna parte de la nota se agradecía a los países aliados, sino que se veía a la ocupación militar del Paraguay como un mal necesario[265].

Las tropas brasileñas que se retiraron del Paraguay —1.894 hombres en total— fueron acuarteladas en posiciones estratégicas cercanas a la región del Río de la Plata, mientras la mayoría se ubicó en Mato Grosso. A esta provincia fueron enviados el 3er Regimiento de Artillería a Caballo, el 2º Batallón de Artillería a Pie y el 8º Batallón de Infantería; a Rio Grande do Sul se dirigió el 2º Batallón de Caballería Ligera, mientras que el 17º Batallón de Infantería fue acuartelado en Santa Catarina. Muchos comerciantes de Asunción cerraron sus negocios y se trasladaron a Mato Grosso siguiendo el rastro de las tropas que se retiraban, porque la plaza de esa capital se estancó cuando comenzaron a faltar las libras esterlinas que gastaba la Brigada de Ocupación. Gill pensaba, ingenuamente, que la partida de esa fuerza militar provocaría una mayor recaudación fiscal, pues como los productos que importaba aquella fuerza estaban exentos de tasas, los proveedores practicaban un contrabando que, desde esa óptica, ahora dejaría de existir. Tal ingenuidad fue compartida por el periódico *Los Debates,* que, luego de la retirada de las tropas brasileñas, llegó a afirmar que la economía paraguaya había mejorado[266]. Eso era más una expresión de deseos que un hecho concreto, y pronto se vio cuestionada por la realidad con la profundización de la crisis financiera que vivía el país.

Luego de alcanzar sus objetivos principales en relación con el Paraguay, el Imperio cambió su política hacia ese país. A partir de 1876 y hasta el fin de la monarquía, en 1889, la vecina república dejó de ser prioritaria para la diplomacia imperial, aunque continuó siendo importante. La menor presencia brasileña en el Paraguay no solo fue consecuencia de esa realización de objetivos sino también del agravamiento de la crisis del régimen monárquico brasileño, que impedía mantener una política externa en el Plata en los moldes de aquella que se había ejercido en el pasado. No obstante, Río de Janeiro continuó teniendo lo que se podría calificar como atención preventiva sobre el Paraguay, la que no pretendía alcanzar objetivos bilaterales sino mantenerse alerta ante una posible influencia de la Argentina que eventualmente amenazase la independencia guaraní. A su vez, en esa época el gobierno argentino no tenía una política premeditada para absorber al vecino paraguayo. Aunque las relaciones con el Paraguay también continuasen siendo importantes para Buenos Aires, igualmente dejaron de ser prioritarias. La Argentina tenía sus recursos y atenciones volcados hacia la economía agroexportadora y al estrechamiento de las relaciones con los países europeos, en particular con Inglaterra, que era el mayor mercado consumidor de los productos argentinos y la potencia hegemónica mundial. Así, la crisis del Estado brasileño y el éxito de la construcción del Estado nacional oligárquico argentino explican la menor relevancia de los temas paraguayos en ambos países. El primero no podía mantener la misma presencia que había tenido en el pasado en el país guaraní porque estaba debilitado, y ni siquiera tenía motivos para eso. El segundo, para quien el modelo de desarrollo dependiente llevaba necesariamente a privilegiar las relaciones con el capitalismo central, dejaba de conferirle carácter vital al espacio político y económico platino.

Conclusiones

La política del Imperio del Brasil en relación con el Paraguay pretendió alcanzar tres objetivos. El primero de ellos fue obtener la libre navegación del río Paraguay, a fin de garantizar la comunicación marítimo-fluvial de la provincia de Mato Grosso con el resto del Brasil. El segundo objetivo fue tratar de establecer un tratado que delimitara las fronteras con el país guaraní, ratificando por el derecho internacional la expansión territorial brasileña que se venía dando desde el período colonial. Por último, el Imperio mantuvo un tercer propósito en forma permanente hasta su fin, en 1889: intentar contener la influencia argentina sobre el Paraguay a partir de la convicción de que Buenos Aires pretendía ser el centro de un Estado que abarcase el territorio del antiguo Virreinato del Río de la Plata, incorporando al Paraguay.

La política brasileña necesaria para alcanzar esos objetivos fue implementada a partir de la segunda mitad de la década de 1840. En ese momento, luego de haberse logrado la unidad interna y la consolidación del Estado monárquico centralizado, estaban dadas las condiciones para que el Imperio se pudiera dedicar a los asuntos externos, y más específicamente al Río de la Plata. El Imperio no quería que en esa región se desarrollara una república grande y fuerte, tal como la que había pretendido recrear Buenos Aires durante la época de Rosas. Esa república implicaría la nacionalización de los ríos platinos e impediría su libre navegación, la que era fundamental para que Río de Janeiro pudiera acceder a la lejana provincia de Mato Grosso, muy alejada por tierra del resto del Brasil. Según la visión de los gobernantes del Imperio, esa hipotética república podría convertirse además en un polo de atracción para Rio Grande do Sul, y eventualmente llegaría a estimular un movimiento republicano brasileño.

A partir de 1849, la diplomacia imperial —liderada por Paulino José Soares de Souza (vizconde del Uruguay), del Partido Conservador— comenzó a aplicar una estrategia en el Plata para aislar a Rosas. El gobierno imperial se alió con sectores antirrosistas: la oposición interna argentina, representada por el gobernador entrerriano Justo José de Urquiza, así como también los colorados uruguayos. Aunque el Paraguay no participase de esa alianza, sus relaciones con el Brasil eran buenas porque la diplomacia imperial apoyaba política y materialmente a ese país por el acceso a las armas. A consecuencia de aquella alianza, en 1851 se produjo la derrota de un aliado de Buenos Aires en el Uruguay, el blanco Oribe, finalizando de esta manera la lucha que llevaba adelante contra los colorados; además, al año siguiente Rosas fue batido en el campo de batalla con la participación de tropas brasileñas. Surgieron entonces dos Estados argentinos, Buenos Aires y la Confederación Argentina, que recién se unificarían en 1862.

Entre 1844 y 1852 se privilegiaron los aspectos convergentes en las relaciones entre Río de Janeiro y Asunción. No es que faltasen motivos para disputas entre los dos países, pues el gobierno paraguayo no reconocía como territorio brasileño el área ubicada entre los ríos Branco y Apa que reivindicaba el Imperio. Pero a pesar de ello las relaciones bilaterales eran buenas, ya que el Brasil había sido el primer país en reconocer la independencia paraguaya en 1844, y Rosas era visto como una amenaza común. Las divergencias se hicieron presentes en el momento en que esa amenaza dejó de existir, al caer Rosas en 1852, y cuando Carlos Antonio López le puso trabas a la libre navegación de los barcos brasileños por el río Paraguay, condicionándola al establecimiento de los límites de los dos países en el río Branco. Al verse amenazado por el Imperio con una guerra para la cual todavía no estaba preparado, en 1856 el gobierno paraguayo firmó un tratado que garantizaba la libre navegación y postergó por seis años la discusión de las fronteras.

En 1862 murió Carlos Antonio López y accedió a la presidencia de la república su hijo mayor, Francisco Solano López. La política aislacionista que había llevado adelante el Paraguay hasta 1840, bajo el gobierno de José Gaspar Rodríguez de Francia, contribuyó para mantener la independencia del país en relación con Buenos Aires y le permitió al Estado acumular riquezas en la forma de productos agrícolas y de tierras. Cuando llegó al poder Carlos Antonio López puso el aparato estatal al servicio de la naciente burguesía rural y restableció los contactos de su país con el exterior, importando maquinarias y técnicos de Europa —en especial de Inglaterra—, para promover una modernización que apuntaría sobre todo al fortalecimiento militar del Paraguay[1]. Sin embargo, la continuidad de esa modernización exigía que el país se integrara en el comercio mundial, y ya en la presidencia de Solano López hubo una modificación de la política exterior paraguaya, que buscó tener una mayor presencia en el Plata a fin de obtener un puerto marítimo, el de Montevideo.

Durante 1862 se produjo también otro acontecimiento de capital importancia para el panorama platino: el surgimiento de la República Argentina. La burguesía mercantil de Buenos Aires, representada en la figura de Bartolomé Mitre, consiguió crear un Estado centralizado, si bien el mismo sufrió cuestionamientos de parte de las oligarquías regionales hasta la década siguiente, especialmente de las de Entre Ríos y Corrientes. Estas dos provincias se resistían a someterse a Buenos Aires y no aceptaban que la renta generada por la aduana de esa ciudad —que era el paso obligatorio del comercio exterior argentino— en lugar de ser nacionalizada fuese apropiada por la capital.

La victoria de Mitre sobre los federales de las provincias causó aprehensión en los países vecinos más pequeños. El Paraguay temía ser víctima del expansionismo del gobierno de la República Argentina, que en el Uruguay comenzó a apoyar de manera encubierta la rebelión armada de la oposición colorada contra los gobernantes blancos. Estos últimos contaban con las simpatías de los sectores internos argentinos opositores de Mitre y del gobierno paraguayo, al cual se aproximaron a fin de obtener el respaldo necesario para librar al Uruguay de la situación de dependencia en relación con sus dos poderosos vecinos. Esa situación llevó a que Solano López se acercara al caudillo Urquiza, quien era gobernador de Entre Ríos y el más importante cuestionador de los rasgos centralizadores que había asumido el gobierno nacional argentino.

En el Uruguay se cruzaban los intereses de los gobiernos argentino, brasileño y paraguayo. Cuando Montevideo intentó establecer una alianza con Asunción, el presidente Mitre reaccionó e intentó entenderse con el Brasil. Ese proyecto se veía favorecido por la convergencia ideológica que tenían los gobiernos argentino y brasileño —ejercidos por liberales—, y porque era la primera vez que había intereses concretos comunes, dado que ambos no veían con buenos ojos a los blancos y tenían que resolver cuestiones de fronteras con el Paraguay. Mitre planeaba terminar con la polarización histórica Buenos Aires-Río de Janeiro, sustituyéndola por un eje de cooperación[2]. Solano López, por su parte, quería ubicar a su país como otro polo regional, constituyendo un equilibrio de fuerzas triangular.

Cuando los liberales brasileños subieron al poder en 1862, luego de haber estado tanto tiempo en la oposición, no tenían preparada una política para el Río de la Plata. De esta forma, la acción diplomática brasileña en el área se dio de forma reactiva, respondiendo a las cuestiones del momento. La primera acción derivó del hecho de que los ganaderos *gaúchos* que tenían tierras en el Uruguay comenzaron a hostilizar al gobierno de ese país porque pretendía someterlos a las leyes locales. A continuación, presionaron a las autoridades imperiales para que se manifestaran contra las autoridades constituidas de la República Oriental. En contrapartida, el gabinete liberal estaba interesado en esa acción, pues esperaba que una medida de fuerza en el Plata le permitiera revertir la imagen de impotencia que tenía ante la opinión pública brasileña por no haber reaccionado militarmente a la humillación del bloqueo británico del puerto de la capital brasileña en 1862, si bien carecía de los medios adecuados para ello. Mientras que el Imperio iba atrás de los acontecimientos, Bartolomé Mitre y Solano López utilizaban los acontecimientos para implementar una política externa calculada.

La diplomacia imperial obtuvo el consentimiento del gobierno argentino para intervenir en el Uruguay. El gobierno imperial no esperaba que la entrada de las tropas brasileñas en el Estado oriental, en septiembre de 1864, llegase a provocar una reacción contraria significativa. Sin embargo, Solano López reaccionó invadiendo Mato Grosso en diciembre de 1864 y Corrientes, en la Argentina, en abril de 1865. Esas invasiones llevaron a que el 1º de mayo de ese año se constituyera la Triple Alianza, compuesta por Argentina, Brasil y Uruguay, para enfrentar al Paraguay de Francisco Solano López.

Los términos del Tratado de la Triple Alianza fueron duramente criticados en Río de Janeiro por el Partido Conservador, que era la oposición del Partido Liberal en el poder. Los conservadores habían sido los artífices de la política de aislamiento de Buenos Aires en el Plata y de apoyo a las independencias uruguaya y paraguaya, a fin de evitar la formación de un gran Estado republicano en el sur que rivalizase en poder con el Imperio del Brasil. Las críticas conservadoras estaban especialmente dirigidas contra la parte del Tratado de la Triple Alianza que reconocía que el Chaco —que hasta entonces había tenido soberanía paraguaya— era territorio argentino hasta Bahía Negra, donde limitaba con Mato Grosso. La oposición conservadora señaló que no era aconsejable ampliar las fronteras brasileño-argentinas, y agregó que la independencia paraguaya se vería amenazada porque el país guaraní quedaría cercado por territorio argentino de Este a Oeste, en una especie de apretado abrazo. El Partido Conservador volvió al poder en 1868, cuando en la Argentina asumió la presidencia Domingo Faustino Sarmiento, quien no estaba de acuerdo con la política mitrista de cooperación con el Brasil. Esa coincidencia impidió que el Tratado de la Triple Alianza les permitiese a los dos países sustituir la rivalidad por la cooperación.

El Paraguay mantuvo su ofensiva militar entre diciembre de 1864 y mediados de septiembre de 1865. Solano López planeó una guerra relámpago, pensando que la oposición federal argentina vería la entrada de su Ejército en Corrientes como un acto de liberación y lo acompañaría en su marcha hacia el Sur para derrocar al gobierno de Mitre. A su vez, la invasión de Rio Grande do Sul permitiría que la columna paraguaya llegase al Uruguay, donde supuestamente recibiría la adhesión de los blancos y se uniría a las tropas invasoras provenientes de Corrientes. De esta forma, se llegaría a constituir un Ejército paraguayo por lo menos tres veces más poderoso que las fuerzas brasileñas que estaban en el Uruguay, a las cuales derrotaría obligando al Imperio a firmar la paz. En ese caso se produciría un nuevo equilibrio de poder en el Plata: el Paraguay tendría el mismo *status* regional que el Brasil, y el territorio en disputa entre los ríos Apa y Branco sería considerado como paraguayo; caería el gobierno de Bartolomé Mitre y los límites entre los dos países serían determinados según los criterios de Asunción, y por último, como los blancos se podrían mantener en el poder en el Uruguay, el comercio exterior paraguayo tendría garantizado el puerto de Montevideo.

Se trataba de un plan arriesgado, pero a lo largo de toda la guerra Solano López ordenó operaciones militares de alto riesgo en cuya decisión no predominaba el razonamiento militar sino el voluntarismo. Esa era una característica de la personalidad de Solano López, quien despreciaba la capacidad de combate de los aliados y apostaba a la osadía y al factor sorpresa para superar las debilidades de los planes de ataque a las fuerzas enemigas. Actuaba menos como un comandante militar que como un jugador desafortunado, pues fue derrotado en todas las operaciones que ordenó. Una feliz síntesis de su actuación puede ser la siguiente:

> "Todo el talento militar de López consistía en intentar acciones ineficaces, estimulando triunfos que no eran decisivos, para enseguida buscar la protección de los grandes obstáculos naturales y artificiales de su país"[3].

Sin embargo, la incompetencia militar de Solano López fue camuflada por la demora de los aliados en concluir la guerra.

La "guerra relámpago" planeada por Solano López fracasó porque los federales argentinos no se unieron al Ejército invasor. El general Robles, quien comandaba ese Ejército, no solo carecía de experiencia en el comando de operaciones militares, sino que además dudó en avanzar rápidamente hacia el Sur y perdió parte de su tiempo emborrachándose. El coronel Estigarribia, que era el jefe de la columna invasora de Rio Grande do Sul, desobedeció las órdenes que tenía de no entrar en las villas, ocupó Uruguayana y permaneció en ella hasta que fue rodeado y obligado a rendirse el 18 de octubre de 1865. Tres meses antes de esa derrota los paraguayos sufrieron un revés naval en la batalla de Riachuelo, el 11 de junio, cuando la escuadra brasileña contuvo un ataque de la Marina enemiga y consolidó el bloqueo naval del Paraguay aislándolo del resto del mundo. Hasta el momento de esas dos derrotas paraguayas había un panorama de posibilidades para el desarrollo de la guerra, pero luego de ellas Solano López no tenía forma alguna de terminar el conflicto con una victoria militar.

La guerra cambió de sentido, y las tropas aliadas marcharon desde Rio Grande do Sul y Concordia en dirección a Corrientes enfrentando dificultades logísticas de todo tipo. Sin embargo, no fue necesario expulsar a los invasores, porque Solano López ordenó el retorno de sus soldados al Paraguay, concluyendo con la evacuación los primeros días de noviembre de 1865. En abril de 1866, los aliados invadieron el Paraguay por Paso de la Patria bajo las órdenes del presidente argentino Bartolomé Mitre. El objetivo era atacar la fortaleza de Humaitá, localizada a veinte kilómetros del punto de desembarco. Esa fortificación era el centro del sistema defensivo paraguayo y controlaba la navegación del río Paraguay; su captura permitiría que la escuadra brasileña remontase esa vía fluvial hasta Asunción, creando las condiciones para su ocupación por las tropas aliadas. Según la lógica militar de la época, la guerra terminaría con la conquista de la capital enemiga.

Sin embargo, el Ejército aliado no conocía el territorio enemigo porque no existían mapas del Paraguay. Las décadas de aislamiento que vivió el país lo convirtieron en una especie de esfinge: se desconocían su interior, el número real de sus habitantes y los recursos militares con los que contaba. Cuando la fuerza aliada desembarcó en Paso de la Patria encontró un terreno pantanoso, cortado por riachuelos y lagunas, cuya densa vegetación impedía que los invasores descubrieran los pocos caminos secos por donde podrían avanzar. Era un ambiente favorable para la posición defensiva, y Solano López construyó una eficiente línea de defensa entre Paso de la Patria, Humaitá y la confluencia de los ríos Paraná y Paraguay, que impidió el avance aliado y favoreció el desarrollo de una guerra de posiciones hasta 1867. Durante ese período, el Ejército que se mantuvo a la defensiva tuvo ventajas sobre el que desencadenaba el ataque: los paraguayos fueron derrotados cuando atacaron Tuyutí, y a los aliados les pasó lo mismo cuando atacaron Curupaytí. Era una nueva realidad militar para los dos lados, pues hasta ese momento las guerras eran rápidas, de movimiento, con predominio de la caballería y la artillería en batallas campales decisivas. El cambio en la forma de guerrear empezó con la Guerra de Secesión norteamericana (1860-1865), pues fue larga, exigió la movilización de vastos recursos de toda la sociedad, y por ello se convirtió en una "guerra total". El conflicto entre la Triple Alianza y el Paraguay fue la segunda "guerra total", y sus jefes militares no tuvieron el tiempo ni las condiciones intelectuales para incorporar las lecciones del conflicto norteamericano, lo que los obligó a improvisar nuevas tácticas y soluciones en el propio campo de batalla.

A comienzos de 1868 Bartolomé Mitre se retiró a Buenos Aires para reasumir la presidencia argentina. Lo sustituyó en el comando en jefe el marqués de Caxias, quien desde fines de 1866 se había desempeñado como comandante de las fuerzas brasileñas. La función de comandante en jefe dejaría de existir algunos meses después, debido a las divergencias y desconfianzas presentes entre los aliados brasileños y los argentinos. Provisto de recursos bélicos suficientes —aunque no los necesarios para un ataque frontal decisivo—, y ante los reclamos de la opinión pública brasileña, que estaba impaciente por acciones que llevasen al fin de la guerra, Caxias cercó por tierra a Humaitá. El gobierno imperial le ordenó a la escuadra sobrepasar la fortaleza contra la voluntad de sus jefes, quienes temían que fuese destruida en ese lance. A pesar del cerco por tierra y por agua, los paraguayos evacuaron Humaitá en una brillante operación que no fue descubierta por las naves brasileñas. La ocupación aliada de esa posición concluyó con una fase de la guerra en la cual los invasores habían estado inmovilizados durante casi dos años.

Aun cuando Solano López hubiera estado mal informado y subestimase al enemigo (despreciaba a los brasileños y los llamaba monos), no podía dejar de advertir que le era imposible conseguir una paz ventajosa. Pese a ello continuó con la guerra y sacrificó a los propios civiles paraguayos al establecer la práctica de la tierra arrasada, mediante la cual retiraba del territorio todos los recursos humanos y materiales que podrían serle útiles al enemigo. Al verse obligada a desplazarse por el interior del país sin transporte, comida ni abrigo, la población paraguaya sufrió una gran mortandad.

La ocupación de Humaitá no significó el fin de la guerra para los aliados. El pragmatismo de Caxias le hizo pensar que ese era un buen momento para hacer la paz, ahorrando vidas aliadas y recursos del Brasil, y por ello se lo propuso al gobierno imperial. En el Brasil de la época había muchos que aceptaban la idea de una paz con Solano López, inclusive algunos integrantes del nuevo gobierno conservador. Sin embargo, Pedro II rechazó la propuesta y persistió en su posición de que la paz futura solo estaría garantizada con la derrota de Solano López y su prisión y expulsión del Paraguay. Aquel historiador que haya llegado a tener alguna familiaridad con la personalidad del dictador paraguayo a través del estudio de las fuentes primarias, no puede negar la lógica presente en el razonamiento del emperador.

Hubo intentos de mediar en las negociaciones de paz realizados en forma aislada por los Estados Unidos, por el diplomático británico Gould y por las repúblicas sudamericanas de la costa del Pacífico. Todos ellos fueron rechazados por el gobierno imperial, pues la firma de la paz con Solano López implicaría la dependencia del Brasil para con un gobierno paraguayo fortalecido, aumentando la vulnerabilidad de la provincia de Mato Grosso en caso de que se mantuviera abierta la navegación de las naves brasileñas por el río Paraguay. Además, esa paz podría llevar a que otras repúblicas consideraran que el uso de la fuerza era un instrumento eficaz en caso de desavenencias con el Imperio. En realidad, luego de tantos sacrificios de la población brasileña —que desde 1866 se mostraba descontenta con el desarrollo del conflicto—, no vencer al dictador paraguayo era equivalente a una derrota. Una paz negociada, sin victoria militar, podría tener consecuencias imprevisibles en la situación política brasileña y quizá comprometicse la propia estabilidad del régimen monárquico.

Como don Pedro II había rechazado la idea de una paz que no implicara la salida de Solano López, Caxias —que cada vez estaba más desilusionado con la guerra y la baja combatividad de las tropas brasileñas— tuvo que salir en persecución del dictador paraguayo. Para ello elaboró una eficiente estrategia para ahorrar vidas: cruzar el río Paraguay y marchar con el Ejército brasileño por un improvisado camino que mandó abrir en el pantanoso terreno del Chaco; este camino fue construido con troncos de palmeras, y en algunos trechos no evitaba que las tropas tuviesen el agua hasta la cintura. Así, en diciembre de 1868 Caxias pudo atacar por la retaguardia al enemigo que estaba atrincherado en Lomas Valentinas.

En las tres grandes batallas de ese mes —Itororó, Avaí y Lomas Valentinas—, el Ejército brasileño sufrió miles de bajas y Caxias tuvo que ponerse al frente de sus tropas para evitar que estas le diesen la espalda al enemigo y huyesen. Ante la dificultad para tomar el reducto de Solano López en Lomas Valentinas, Caxias incorporó al ataque a la reserva, compuesta por las tropas argentinas, una brigada brasileña y los remanentes uruguayos. Los aliados destruyeron al Ejército paraguayo y abrieron el camino para ocupar Asunción. No obstante, Solano López consiguió escapar. Este fue uno de los acontecimientos más oscuros de la guerra, para el cual existe la hipótesis de que el dictador se habría comprometido a retirarse del Paraguay en un acuerdo secreto con Caxias. Lo cierto es que, luego de haber escapado del cerco aliado, Solano López reorganizó a los soldados sobrevivientes, incorporó a niños (los adolescentes ya formaban parte de su tropa) y viejos, e improvisó un Ejército que le permitió prolongar su resistencia por más de un año, huyendo por el interior del país hacia regiones cubiertas de bosques y con escasos caminos, lo que dificultaba su persecución por las fuerzas brasileñas.

El 1º de enero de 1869, las tropas brasileñas ocuparon y saquearon la desierta ciudad de Asunción. Caxias, que estaba agotado física y psicológicamente, declaró que la guerra estaba terminada y el mismo mes se retiró del Paraguay sin esperar instrucciones superiores. En febrero, las cúpulas del Ejército y de la Marina tuvieron la misma actitud. Esa retirada, sumada al cansancio de las tropas brasileñas luego de cuatro años de guerra en un ambiente físico hostil —calor sofocante en verano, frío intenso en invierno; terrenos anegados plagados de animales ponzoñosos—, hizo que los aliados mantuvieran la inmovilidad militar hasta abril de 1869. Si no fuera por el desánimo y la desorganización que evidenciaba el Ejército brasileño en el Paraguay —en gran parte derivados de la retirada de Caxias—, es probable que la guerra no se hubiera prolongado por mucho tiempo más.

Al gobierno imperial le resultó difícil nombrar a un nuevo comandante para el Ejército en el Paraguay. Los generales de mayor rango que podían ocupar esa función pertenecían al Partido Liberal o al Partido Conservador, lo cual hacía imposible el nombramiento de cualquiera de ellos debido a la tensa situación del panorama político brasileño. El partidismo de los oficiales del Ejército imperial era algo común, y ello perjudicó bastante el desempeño brasileño en la guerra. Como una alternativa a esa *impasse*, Pedro II nombró para el comando en el Paraguay a su yerno, el conde d'Eu. El príncipe consorte se resistió a asumir esa función todo lo que pudo —en ello fue apoyado por la princesa Isabel—, pero se vio obligado a marchar a la guerra al ser presionado por el emperador.

El conde d'Eu asumió el comando en el Paraguay en abril de 1869. Su presencia infundió ánimo en las tropas brasileñas e hizo que los aliados retomasen las operaciones militares. El príncipe contaba con el apoyo de José María da Silva Paranhos, futuro vizconde de Rio Branco, y del general Osório. Paranhos era ministro de Negocios Extranjeros y se encontraba en misión en el Paraguay, mientras que Osório —que había sido gravemente herido en el combate de Avaí, retirándose para Rio Grande do Sul— había cedido a un insistente pedido del conde para volver a la guerra, pues era el general más popular entre las tropas brasileñas, y también entre los argentinos y uruguayos. A partir del mes de agosto d'Eu cayó en un estado depresivo y solo no abandonó su puesto debido a las taxativas órdenes de Pedro II en ese sentido, aunque también colaboraron para ello la habilidad de Paranhos y el dinamismo de algunos jefes militares brasileños. Entre estos se destacaba el general Câmara (más tarde vizconde de Pelotas), quien el 1º de marzo de 1870 alcanzó y mató a Solano López.

A pesar de la superioridad militar, económica y demográfica de los países aliados, la guerra se prolongó de 1865 a 1870. Hay un conjunto de factores que explican esa duración: los desentendimientos en el comando aliado, la poca iniciativa de los jefes militares brasileños, la falta de conocimiento geográfico sobre el Paraguay, el clima hostil, la valentía de los soldados paraguayos y la creciente pérdida de combatividad de las tropas aliadas. Además, cuando la Argentina y el Brasil fueron atacados por el Paraguay no disponían de Ejércitos organizados que tuvieran las dimensiones requeridas para reaccionar rápidamente y vencer al agresor, ni del armamento adecuado para ello. La Marina imperial, por ejemplo, tenía naves preparadas para operaciones marítimas pero no fluviales, como las que debería desarrollar en los ríos Paraná y Paraguay. Pero esos problemas ya eran menores en 1866, cuando Solano López también había perdido los mejores hombres de su Ejército en virtud de la derrota de mayo en Tuyutí. En ese momento, el Paraguay ya no contaba con una Marina que mereciese ese nombre, pues gran parte de sus naves se habían perdido en el combate de Riachuelo. Por lo tanto, el Ejército aliado podría haber tomado alguna iniciativa militar relevante, pero permaneció prácticamente inmovilizado frente a Humaitá. A esa pasividad contribuyeron significativamente el comandante de la escuadra, Tamandaré, y su sucesor, Joaquim José Ignacio, futuro vizconde de Inhaúma, quienes se resistían a utilizar la superioridad naval brasileña en operaciones de apoyo de las acciones terrestres aliadas que fueran riesgosas para sus naves.

Los jefes navales brasileños se negaron a ejecutar el plan de Mitre de cercar Humaitá por tierra y aislarla totalmente. Según ese plan, la escuadra debía forzar el paso de la fortaleza, bajo un inevitable duelo de artillería, para encontrarse luego con las tropas aliadas río arriba. Tamandaré e Inhaúma sospechaban que Mitre ansiaba que los cañones de Humaitá destruyesen a la escuadra, debilitando ese instrumento del poder del Imperio en el Plata que era la Marina imperial, y de ese modo conseguir que la Argentina quedara en una posición ventajosa en la posguerra. Además de esa desconfianza, otro elemento que impedía la utilización de todo el potencial de la escuadra era el hecho de que su comando superior estaba compuesto por oficiales veteranos, que si bien eran leales al Estado monárquico, estaban acostumbrados a tareas burocráticas y no se adaptaban a la nueva tecnología naval y a las condiciones de la guerra contra el Paraguay. No solo no tenían condiciones para manejar las nuevas naves —las cuales habían incorporado los últimos avances tecnológicos de la época—, sino que tampoco aplicaban nuevas tácticas para concretar una acción coordinada con el Ejército aliado.

Pero al analizar las decisiones de los jefes militares aliados y paraguayos en la guerra, es conveniente repetir la siguiente observación de Dionísio Cerqueira:

"Pero la crítica a los grandes maestros siempre es fácil. El arte de la guerra es aquel en que se cometen más errores. Hasta los mayores capitanes se descuidaron, como el divino Homero. Según un ilustre oficial francés, la guerra es una serie de errores donde vence el que menos se equivoca"[4].

El bando aliado se equivocó menos, aunque haya errado mucho.

Una vez terminada la guerra, la política del gobierno imperial —bajo el control del Partido Conservador— fue reafirmar la existencia del Paraguay como Estado independiente y al mismo tiempo evitar que la Argentina se apoderase de todo el Chaco, para lo que estaba facultada por el Tratado de la Triple Alianza. El presidente Sarmiento, por su parte, desconfiando de las intenciones expansionistas del Imperio sobre el Paraguay, no sostuvo que los límites paraguayos con su país y con el Brasil fuesen el resultado de la pura y simple aplicación de los términos de ese tratado. Por el contrario, el gobierno argentino planteó la política de que la victoria militar no les daba derechos a los vencedores sobre el vencido en cuanto a la definición de las fronteras. La diplomacia imperial utilizó ese argumento y se aprovechó de la ocupación brasileña del país vencido para tutelar a sus gobernantes, de modo de impedir que todo el Chaco pasase a ser argentino. Al mismo tiempo, en 1872 el Imperio firmó un tratado de paz por separado con el Paraguay donde se definía como frontera común al río Apa, tal como lo había pretendido el Brasil antes de la guerra. Ese tratado iba contra el Tratado de la Triple Alianza, que les prohibía a los aliados firmar la paz por separado con el país guaraní.

Un vencedor, el Brasil, se aliaba con el vencido para impedir la concesión del Chaco a otro aliado, la Argentina. Pero esta última no podía reaccionar pues estaba en posición desfavorable en el plano militar y político, por lo que solo le restaba utilizar la diplomacia para intentar obtener del Brasil el reconocimiento de la vigencia del Tratado de la Triple Alianza, que ratificaría las demandas argentinas en relación con el Paraguay. Ese fue el sentido de la misión que Bartolomé Mitre llevó a la capital brasileña en 1872 en representación del gobierno de Sarmiento. Sin embargo, esa misión no resultó fructífera, pues cuando Mitre se dirigió a Asunción al año siguiente, el negociador imperial, barón de Araguaia, le negó su apoyo. En vista de ello, la diplomacia argentina intentó obtener un acuerdo de paz y límites con el Paraguay a pesar del Imperio, y en 1875 se firmó el Tratado Sosa-Tejedor, que no fue ratificado por el gobierno paraguayo debido a la presión brasileña. Las dos repúblicas recién pudieron firmar esos acuerdos en 1876, cuando la hegemonía del Brasil en el Plata estaba debilitada y no permitía una influencia decisiva en las negociaciones, como había ocurrido anteriormente. Aun así, el resultado del tratado argentino-paraguayo satisfizo a Río de Janeiro, pues se ratificó la independencia paraguaya y la Argentina no se apoderó de todo el Chaco. La definición de la frontera entre los dos países en ese territorio quedó dependiendo de un laudo arbitral del presidente norteamericano, quien en 1878 emitió una decisión favorable al Paraguay. El río Pilcomayo se convirtió en el límite entre la Argentina y el Paraguay, tal como lo había deseado la diplomacia imperial.

Entre 1869 y 1876 el gobierno imperial estuvo bajo el control de los conservadores, y tuvo éxito en el cuestionamiento de estos al Tratado de la Triple Alianza en 1865 por medio del Consejo de Estado. En esa ocasión, los conservadores habían señalado que concederle a Buenos Aires el Chaco hasta Bahía Negra ponía en riesgo la continuidad del Paraguay como Estado independiente, e incluso ampliaba la frontera entre el Imperio y su enemigo potencial, la Argentina. A pesar de la destrucción que causó la guerra, de la falta de recursos para la construcción de una nueva estructura gubernamental según los moldes del liberalismo y de la influencia económica argentina, el Paraguay pudo mantener su existencia propia, y con ello dio satisfacción al objetivo mayor que tenía la diplomacia imperial en relación con ese país. Río de Janeiro también obtuvo de Asunción la satisfacción de sus demandas territoriales, a la vez que frustró las de la Argentina, que se tuvo que conformar con el Chaco Central, tal como lo había indicado el referido Consejo de Estado una década atrás.

En el caso del Paraguay, la guerra contra la Triple Alianza llevó a la destrucción del Estado existente y a la pérdida de los territorios que disputaba con sus vecinos. La derrota causó "la ruptura definitiva de un modelo de crecimiento económico que en la época significaba echar las bases para una formidable expansión capitalista en todo el sistema [productivo] nacional". La reorganización del país llevaría décadas, y en términos comparativos con los vecinos, el Paraguay no consiguió alcanzar el mismo nivel de desarrollo económico anterior a la guerra. La destrucción de la economía paraguaya fue de tal magnitud, que el país apenas recibió de manera mediatizada el impacto que tuvo la introducción de factores productivos —como la inmigración europea y los capitales extranjeros— en la consolidación de las economías agroexportadoras de la Argentina y el Uruguay[5].

Las estadísticas sobre las pérdidas paraguayas en la guerra varían entre el 8,7% y el 69% de la población. También son divergentes los cálculos sobre el número de habitantes que tenía el Paraguay antes de la guerra, que según estudios recientes variaría entre 285.715 y 450 mil personas. Por lo tanto, la reducción de la población paraguaya durante los cinco años de la guerra se ubicaría entre 28.286, como mínimo, y 278.649, como máximo. No obstante, no hay dudas de que la mayoría de las muertes no se produjo en combate, sino debido a enfermedades, hambre y agotamiento físico. En contrapartida, una parte de esos desaparecidos estaba compuesta por paraguayos que vivían en territorios que fueron reconocidos como de soberanía argentina o brasileña, o que emigraron a esos dos países en la posguerra para huir de la situación de miseria en que se encontraba el Paraguay.

El Brasil envió a la guerra a cerca de 139 mil hombres, de los cuales murieron unos 50 mil. La mayor parte de estos no pereció en combate, sino debido a enfermedades y a los rigores del clima. Entre los aliados, el Uruguay envió a casi 5.500 soldados, de los cuales quedaban unos quinientos al final de la guerra; los demás murieron en combate, por enfermedades o desertaron. De los poco menos de 30 mil soldados que la Argentina envió al Paraguay, las pérdidas rondaron los 18 mil hombres, entre muertos y heridos[6].

Para el Imperio del Brasil, la Guerra del Paraguay puso de manifiesto su fragilidad militar, que estaba ligada al régimen esclavista y en gran parte era estructural. Sin embargo, el Imperio fue capaz de superar esa fragilidad, de movilizar todos sus recursos y de alcanzar el apogeo de su poder en el Plata. Obtuvo una victoria militar y fortaleció su hegemonía en esa región, que se había iniciado en 1850 y se extendió hasta 1875. En el plano interno, el conflicto constituyó el punto de inflexión que dio comienzo a la marcha descendente de la monarquía brasileña. Los gastos de cinco años de guerra agotaron al Tesoro brasileño y nunca se recuperó el equilibrio presupuestario del Imperio. El Ejército, por su parte, salió del conflicto impregnado de un sentimiento de identidad que antes le era desconocido, que se había forjado con la sangre de los campos de batalla. Luego del final de la guerra, hubo una disociación cada vez mayor entre la monarquía y el Ejército, hasta que en 1889 los republicanos lo utilizaron como instrumento para dar el golpe de Estado que depuso a Pedro II y creó la república brasileña.

Las repercusiones de la guerra fueron menores para el Uruguay, a pesar de que la situación de ese país había sido el elemento catalizador de las contradicciones que llevaron al conflicto. En la Argentina, el descontento interno con la guerra y la alianza con el Imperio favorecieron la eclosión de diferentes rebeliones federales contra el gobierno nacional, que consiguió reprimirlas y se vio fortalecido y legitimado. En el plano económico, las compras que realizaba el Imperio para reabastecer a sus tropas en el Paraguay beneficiaron a los criadores de ganado, a los que cultivaban cereales y a los comerciantes de Buenos Aires. Aunque el Estado argentino se endeudó con la guerra, las economías de las provincias cercanas al teatro de operaciones se vieron beneficiadas, al contrario del Brasil, donde el gobierno quedó endeudado pero el conflicto no estimuló la actividad económica del sector privado. En la Argentina, la guerra contribuyó a la consolidación del Estado nacional centralizado y a la dinamización de su economía, mientras que en el caso del Brasil, sirvió para acelerar las contradicciones internas del Estado monárquico y se constituyó en un obstáculo para el crecimiento económico.

En el plano regional, el conflicto brindó la posibilidad de alterar el panorama de las relaciones platinas. Los liberales argentinos y brasileños —que estuvieron en el poder en sus respectivos países entre 1862 y 1868— al comienzo de la lucha no pensaban que el Tratado de la Triple Alianza se agotaba con la victoria sobre el Paraguay. En especial los liberales ligados a Mitre, quienes pretendían reencauzar las relaciones argentino-brasileñas sustituyendo la disputa, que llevaba fricciones e inestabilidad al Plata, por la cooperación, como un instrumento generador de la estabilidad y garantizador de la paz en la región. Se trataba de un proyecto que significaba una verdadera alianza estratégica argentino-brasileña, una "alianza perpetua", según las palabras del ministro de Relaciones Exteriores de la Argentina, Rufino de Elizalde, que "basada en la justicia y en la razón (...) será bendecida por nuestros hijos"[7].

En su momento, tanto en la Argentina como en el Brasil esa alianza fue desechada por sectores políticos minoritarios, pero se desgastó aceleradamente a partir de la desaparición de Solano López, que era el enemigo común. A partir de 1868, los críticos de la alianza subieron al poder en Buenos Aires y en Río de Janeiro, y proyectaron en el otro aliado objetivos contrarios a la soberanía del Paraguay: para la Argentina, el Imperio quería establecer un protectorado en el país guaraní; para el Brasil, el gobierno de Sarmiento planeaba promover la incorporación del Paraguay. Esa proyección de intenciones era el resultado, parcial, del peso que tenían las desconfianzas históricas entre las dos partes, que hundían sus raíces en el período colonial. Al verse reforzadas en los comienzos de la vida independiente de ambos países, esas desconfianzas persistieron debido a las divergencias entre jefes militares argentinos y brasileños durante la Guerra del Paraguay. La política exterior argentina y brasileña, en una dinámica realimentadora entre la imagen que proyectaban sobre las intenciones de la otra y la realidad —que en buena medida era resultado de esa proyección—, rivalizaron para imponer su influencia en la reconstrucción institucional y en la definición territorial del Paraguay de la posguerra. A pesar de haber sido históricamente precoz, la cooperación estratégica planeada por Mitre constituyó un precedente que debió esperar un momento histórico más favorable para su concreción.

Notas

Introducción

[1] Gastón Bouthoul y René Carrère, *Le défi de la guerre (1740-1974): deux siècles des guerres et de révolutions*. París, Presses Universitaires de France, 1976, pág. 53.

[2] Umberto Peregrino, "A Guerra do Paraguai na obra de Machado de Assis", en *Anais do Museu Histórico Nacional*, Río de Janeiro, 1966, págs. 120-121.

[3] Los trabajos de los autores citados se encuentran en la bibliografía de este libro.

1. Tempestad en el Plata

[1] Diferentes autores concuerdan en que Francia era hijo de un portugués, pero hay divergencias en cuanto a la fecha de su nacimiento y sobre quién fue su madre. Para Cecilio Báez, Francia nació en Asunción el 6 de enero de 1766, "siendo sus padres el capitán de artillería don García Rodríguez Francia, natural de Río de Janeiro, y la criolla paraguaya doña María Josefa de Velazco" (*Ensayo sobre el Dr. Francia y la dictadura en Sudamérica*, 2ª ed. rev. y aum., Asunción, Cromos, 1985, pág. 105). El escritor, aventurero y diplomático inglés Richard Francis Burton, cónsul en San Pablo (1865-1868), quien efectuó dos viajes al Paraguay, en 1868 y 1869, afirma que la familia de Francia es de origen paulista y que en 1869 todavía existía en San Pablo la rama familiar Francia e Horta. El padre del dictador era García Rodríguez França, quien fue contratado por el gobernador del Paraguay para ser gerente de la plantación de tabaco en Jaguarão, con la cual los españoles pretendían rivalizar con la producción brasileña. França "españolizó" su nombre y, casado, se lo pasó a su fami-

lia. José Gaspar Rodríguez de Francia jamás habría negado su origen (sir Richard Francis Burton, *Cartas dos campos de batalha do Paraguay*, Río de Janeiro, Biblioteca do Exército, 1997, pág. 62).

[2] R. Antonio Ramos, *La política del Brasil en el Paraguay bajo la dictadura del Dr. Francia*, 2ª ed. Buenos Aires, Ediciones Nizza, 1959, págs. 117, 135 y 145-147.

[3] Ricardo Caballero Aquino, *La Segunda República paraguaya: 1869-1906. Política, economía, sociedad*. Asunción, Arte Nuevo Editores, 1985, págs. 28-30.

[4] Josefina Plá, *Hermano negro: la esclavitud en el Paraguay*. Madrid, Paraninfa, 1972, págs. 163-164.

[5] Ricardo Scavone Yegros, "Antecedentes de la declaración de la independencia del Paraguay en 1842", *Revista Jurídica*, Asunción, Universidad Católica, 1994, Nº 3, págs. 130-131.

[6] Juan Carlos Herken Krauer y María Isabel Giménez de Herken, *Gran Bretaña y la Guerra de la Triple Alianza*. Asunción, Editorial Arte Nuevo, 1982, pág. 46.

[7] En esa época, el máximo estatus de una representación diplomática permanente era el de legación, liderada por un ministro residente y plenipotenciario; el que le seguía en la jerarquía diplomática era el encargado de Negocios. La primera embajada brasileña fue creada en Washington en 1905.

[8] Luiz A. Moniz Bandeira, *O expansionismo brasileiro: o papel do Brasil na bacia do Prata. Da colonização ao Império*. Río de Janeiro, Philobíblion, 1985, págs. 233-234; Julio César Cháves, *El presidente López: vida y gobierno de don Carlos*. Buenos Aires, Depalma, 1968, págs. 63-64; John Hoyt Williams, *The Rise and Fall of the Paraguayan Republic: 1800-1870*. Austin, University of Texas at Austin, 1979, pág. 151.

[9] Julio César Cháves, op. cit., pág. 62.

[10] Sobre las relaciones internacionales en el Plata durante el siglo XIX ver: Francisco Fernando Monteoliva Doratioto, "Formação dos Estados nacionais e expansão do capitalismo no século XIX", en Amado Luiz Cervo e Mario Rapoport (orgs.), *História do Cone Sul*. Brasília/Rio de Janeiro, Editora da UnB/Revan, 1998, págs. 167-238.

[11] Juan Carlos Herken Krauer y María Isabel Giménez de Herken, op. cit., pág. 46; John Hoyt Williams, op. cit., pág. 191.

[12] Robert Bontine Cunninghame Graham, *Retrato de un dictador: Francisco Solano López (1865-1870)*. Buenos Aires, Interamericana, 1943, pág. 103 (1ª edición inglesa 1933). El autor era un inglés que llegó al Paraguay en 1871, en su adolescencia, y que viajó por el país durante un año y medio sin problemas de comunicación pues hablaba guaraní.

[13] Arturo Bray, *Solano López, soldado de la gloria y del infortunio*. 3ª ed., Asunción, Carlos Schauman editor, 1984, pág. 116.

[14] Luiz A. Moniz Bandeira, op. cit., págs. 161-163; Mario Pastore, "Estado e industrialización: la evidencia sobre el Paraguay, 1852-1870", *Revista Paraguaya de Sociología*, Asunción, Centro Paraguayo de Estudios Sociológicos, año 31, N° 91, sept.-dic., 1994, págs. 32-33; Josefina Plá, *The British in Paraguay: 1850-1870*. Oxford, The Richmond Publishing, 1976, págs. 227-230.

[15] Juan Carlos Herken Krauer y María Isabel Giménez de Herken, op. cit., pág. 35. Desconociendo esas informaciones, un historiador de la talla de Eric J. Hobsbawm llegó a afirmar que "el Paraguay ya había intentado escapar una vez al mercado mundial y fue masacrado y forzado a volver a él" (*A era dos impérios: 1875-1914*. Río de Janeiro, Paz e Terra, 1988, pág. 78). Ver también, del mismo autor: *A era do capital: 1848-1875*, 2ª ed., Río de Janeiro, Paz e Terra, 1979, págs. 95-96.

[16] Juan Carlos Herken Krauer y María Isabel Giménez de Herken, op. cit., pág. 47.

[17] Andrés Cisneros y Carlos Escudé, *Historia general de las relaciones exteriores de la República Argentina*. Buenos Aires, Cari/Grupo Editor Latinoamericano, 1999, t. V, págs., 170-173.

[18] Luiz A. Moniz Bandeira, op. cit., pág. 192; H. S. Fearns, *Gran Bretaña y Argentina en el siglo XIX*. Buenos Aires, Solar-Hachette, 1972, pág. 300.

[19] Luiz A. Moniz Bandeira, op. cit., pág. 164-165.

[20] José Maria da Silva Paranhos para el marqués de Caxias, s/f [1856], en Wanderley Pinho, *Cotegipe e seu tempo*. San Pablo, Cia. Editora nacional, 1937, págs. 442-444.

[21] Julio César Chaves, op. cit., págs. 254.

[22] En Luiz A. Moniz Bandeira, op. cit., págs. 195-196.

[23] Idem, ibidem, pág. 190; Andrés Cisneros y Carlos Escudé, op. cit., págs. 162-164; Rolando Segundo Silioni, *La diplomacia lusobrasileña en la Cuenca del Plata*. Buenos Aires, Editorial Rioplatense, 1975, pág. 159.

[24] Luiz A. Moniz Bandeira, op. cit., págs. 198-199.

[25] Lidia Besouchet, *Mauá e seu tempo*. Río de Janeiro, Nova Fronteira, 1978, págs. 112-113. Sobre las relaciones entre Mauá y Urquiza ver: Susana I. Ratto de Sambuccetti, *Urquiza y Mauá: el Mercosur del siglo XIX*. Buenos Aires, Ediciones Macchi, 1999.

[26] Despacho del cónsul Frank Parish para Londres. Buenos Aires, 30/12/1858, en Luiz A. Moniz Bandeira, op. cit., págs. 191-192.

[27] En Wanderley Pinho, op. cit., pág. 254.

[28] Discurso de Paranhos, sesión de la Cámara de Diputados dc 11/7/1862, en Francisco Félix Pereira Costa, *História da guerra do Brasil contra as*

Repúblicas do Uruguay e Paraguay. Río de Janeiro, Livraria de A. G. Guimarães, 1870, vol. I, pág. 259.

[29] Discurso de Paranhos, sesión del Senado de 6/9/1870, AS, 1870, vol. IV, pág. 73.

[30] Luiz A. Moniz Bandeira, op. cit., pág. 217; José Manoel Cardoso de Oliveira, *Actos diplomáticos do Brasil,* facsimilar (1ª edición, 1912), Brasilia, Senado Federal, 1997, t. I, pág. 269-270. En la Argentina, el peso fuerte era una unidad de cuenta cuyo valor en relación a la libra esterlina estaba establecido por ley.

[31] Varnhagen para el canciller José Luis Vieira Cansansão de Sinimbu, of. conf. Nº 5, Asunción, 12/9/1859, AHI, LBPOE, 201-I-9.

[32] Idem, of. conf. Nº 7, Buenos Aires, 14/11/1859, AHI, LBPOE, 201-I-9.

[33] Varnhagen para el canciller José Maria da Silva Paranhos, Montevideo, 20/7/1859, AHI, LBPOE, 201-I-9.

[34] Antonio Pedro de Carvalho Borges para el canciller Sá e Albuquerque, of. conf. Nº 1, Asunción, 10/6/1861, AHI, LBPOE, 201-I-9; idem, of. conf. Nº2, Asunción, 25/8/1861, AHI, LBPOE, 201-I-9.

[35] Borges para el canciller Magalhães Taques, Asunción, "particular", 5/I/1862, AHI, LBPOE, 201-I-9.

[36] Idem, of. conf. Nº 3, 24/2/1862, AHI, LBPOE, 201-I-9.

[37] Magalhães Taques a Borges, of. conf. Nº5, Río de Janeiro, 6/4/1862, AHI, LBPOE, 201-I-9.

[38] Idem, ibidem.

[39] Discurso del diputado Paranhos, sesión de 11/7/1862, en Francisco Félix Pereira Costa, op. cit., vol. I, pág. 259.

[40] Magalhães Taques a Borges, of. conf. s.n., Asunción, 2/4/1862, AHI, LBPOE, 201-I-9.

[41] Nota de la Legación brasileña para Francisco Sánchez, ministro de Relaciones Exteriores del Paraguay, Asunción, 7/4/1862, AHI, LBPOE, 201-I-9; nota de Francisco Sánchez para Borges, Asunción, 10/4/1862, AHI, LBPOE, 201-I-9.

[42] Borges a Magalhães Taques, of. res. Nº 3 y s.n., Asunción, ambos de 10/4/1862, AHI, LBPOE, 201-I-9.

[43] G[ene]ral Pedro Duarte, *Memorias,* AIMHM — *Colección Zeballos,* carpeta 121, doc. 2. Estanislao Zeballos (1854-1923), político e intelectual argentino, viajó al Paraguay en 1888 en busca de informaciones para escribir un libro sobre la Guerra del Paraguay, lo que nunca llegó a realizar. Sin embargo, dejó un importante acervo documental con entrevistas a sobrevivientes de la guerra, el cual fue adquirido después de su muerte por el paraguayo Juan A. Gill Aguinaga.

Hoy en día, este acervo se encuentra depositado en el archivo del Instituto y Museo de Historia Militar, en el Ministerio de Defensa del Paraguay.

[44] Luiz A. Moniz Bandeira, op. cit., págs. 222-225.

[45] Carta de Fidel Maíz a Juan E. O'Leary, Arroyo y Esteros, 10/6/1906, en Junta Patriótica Paraguaya, *El mariscal Francisco Solano López*, Asunción, Junta Patriótica, 1926 [ed. facsimilar 1996], págs. 179-183; carta de Fidel Maíz a Estanislao Zeballos, Arroyo y Esteros, 7/7/1889, AIMHM, *Colección Gill Aguinaga*, carpeta 122.

[46] Arturo Rebaudi, *Guerra del Paraguay: la conspiración contra S.E. el presidente de la República, mariscal don Francisco Solano López*. Buenos Aires, Imprenta Constancia, 1917, págs. 152-155; Carlos Machado, *Historia de los Orientales*, 3ª ed. Montevideo, Ediciones de la Banda Oriental, 1973, pág. 202.

[47] Carta de Fidel Maíz a Juan E. O'Leary, Arroyo y Esteros, 10/6/1906, en Junta Patriótica Paraguaya, op. cit, págs. 179-183; carta de Fidel Maíz a Estanislao Zeballos, Arroyo y Esteros, 7/7/1889, AIMHM, *Colección Gill Aguinaga*, carpeta 122.

[48] Efraím Cardozo, *El Paraguay independiente*. Asunción, El Lector, 1996, pág. 204.

[49] Jerry W. Cooney y Thomas L. Whigham (orgs.), *El Paraguay bajo los López: algunos ensayos de historia social y política*. Asunción, Centro Paraguayo de Estudios Sociológicos, 1994, pág. 170.

[50] Juan Crisóstomo Centurión, *Memorias o reminiscencias históricas sobre la Guerra del Paraguay*. Asunción, El Lector, 1987, t. 1, págs. 170-171; Efraím Cardozo, op. cit., págs. 219-220.

[51] Juan Crisóstomo Centurión, op. cit., pág. 71; Fidel Maíz, *Etapas de mi vida*, ed. facsimilar [1ª ed. 1919]. Asunción, El Lector, 1988, pág. 24.

[52] Efraím Cardozo, op. cit., págs. 219-220. Fidel Maíz permaneció en la prisión durante cuatro años, incomunicado, engrillado y recibiendo comida cada dos o tres días (carta de Fidel Maíz para Estanislao Zeballos, Arroyo y Esteros, 7/7/1889, AIMHM, Colección Gill Aguinaga, carpeta 122). Maíz fue una figura polémica: en septiembre de 1866 fue liberado por orden de Solano López y terminó convirtiéndose en su hombre de confianza; *Manuel Rivarola [presenta ante] el juez su declaración respecto de la mala interpretación de su conversación sobre la elección del presidente*, AGP, Sección Historia, vol. 331, carpeta 27. En ese volumen hay varios documentos, generalmente incompletos, del proceso contra Fidel Maíz.

[53] Juan Crisóstomo Centurión, op. cit., t. 1, pág. 252.

[54] *Primer informe del teniente coronel Julián N. Godoy para Estanislao Zeballos*. Asunción, 13/4/1888, AIMHM, Colección Gill Aguinaga, carpeta 144. Godoy luchó en Corrientes y, posteriormente, fue una especie

de ayudante de órdenes de Solano López, volviéndose un hombre de su confianza.

[55] *Jura del obispo Manuel Antonio Palacios fidelidad al Supremo Gobierno y las leyes y estatutos de la Nación.* Asunción, 30/8/1863, ANA, Sección Historia, *Agregados*, vol. 444.

[56] Carlos Calvo a Mariano González, ministro de Hacienda paraguayo, París, 24/8/1863, ANA, Sección Historia, *Agregados*, vol. 444, doc. 9.

[57] John Hoyt Williams, op. cit., pág. 192. Fernando Masi, "Contribución al estudio de la evolución socioeconómica del Paraguay", *Revista Paraguaya de Sociología*, Asunción, Centro de Estudios Sociológicos, año 19, N° 53, en.-feb. 1992, pág. 34.

[58] Luiz A. Moniz Bandeira, op. cit., pág. 246.

[59] Joaquim Nabuco, *Um estadista no Império: Nabuco de Araújo.* San Pablo, Progresso, s.f., vol. II, págs. 74, 78, 81, 92 y 96.

[60] Luiz A. Moniz Bandeira, op. cit., pág. 219. La afirmación de Mitre se encuentra originalmente en *La Nación*, Buenos Aires, 15/12/1870; transcripta por el *Jornal do Commercio*, Río de Janeiro, 8/1/1871, pág. 1, BSF, microfilm 0095.

[61] Luiz A. Moniz Bandeira, op. cit., pág. 220; Juan Bautista Alberdi, *Historia de la Guerra del Brasil.* Buenos Aires, Ediciones de la Patria Grande, 1962, pág. 105.

[62] José Pedro Barrán, *Apogeo y crisis del Uruguay pastoril y caudillesco: 1839-1875.* Montevideo, Ediciones de la Banda Oriental, 1982, pág. 70; Rolando Segundo Silioni, op. cit., pág. 194.

[63] Apud Miguel Ángel Scenna, *Argentina-Brasil: cuatro siglos de rivalidad.* Buenos Aires, Ediciones La Bastilla, 1975, pág. 10.

[64] Sir Richard Francis Burton, *Cartas dos campos de batalha do Paraguai.* Río de Janeiro, Biblioteca do Exército, 1997, pág. 157.

[65] José Pedro Barrán, op. cit., pág. 84; Enrique Arocena Oliveira, *Apogeo y evolución de la diplomacia uruguaya: 1828-1948.* Montevideo, Imprenta del Palacio Legislativo, 1984, pág. 49.

[66] Enrique Arocena Oliveira, op. cit., págs. 90-91; Pelham Horton Box, *Los orígenes de la Guerra del Paraguay contra la Triple Alianza.* Buenos Aires, Ediciones Nizza, 1958, pág. 129.

[67] José Pedro Barrán, op. cit., pág. 81; Enrique Arocena Oliveira, op. cit., págs. 90 y 92; Efraím Cardozo, *Vísperas de la Guerra del Paraguay.* Buenos Aires, El Ateneo, 1954, pág. 129.

[68] Octavio Lápido a Juan José Herrera, ministro de Relaciones Exteriores del Uruguay, Asunción, 19/7/1863, AGNU, caja 424, carta N° 1-II.

[69] "N° 2 — Ministerio de Estado de Relaciones Exteriores, Asunción, agosto 30 de 1864", anexo a: Viana de Lima a Dias Vieira, of.cons. s.n., Asun-

ción, 1/9/1864, AHI, LBPOE, 201-1-10. Según Viana de Lima, la copia de ese documento paraguayo fue obtenida por la legación brasileña en Asunción el mismo día de su envío a la legación uruguaya, y gracias a "una persona deseosa de hacerme ese servicio". Se trata de un largo documento —diez páginas—, donde el Paraguay recapitula su posición frente a la guerra civil uruguaya.

[70] Efraím Cardozo, op. cit., pág. 129.

[71] "N° 2, Ministerio de Estado de Relaciones Exteriores, Asunción, agosto 30 de 1864", anexo a: Viana de Lima para Dias Vieira, of. conf. s.n., Asunción, 1/9/1864, AHI, LBPOE, 201-1-10.

[72] Nota de José Berges, ministro de Relaciones Exteriores del Paraguay, para Rufino de Elizalde, Asunción, 6/9/1863, AGM, vol. II, pág. 41; Elizalde para Mariano Balcarce, ministro argentino en Londres, Buenos Aires, 9/10/1863, ARE, vol. IV, pág. 100.

[73] Hélio Lobo, *Antes da guerra (a Missão Saraiva ou os preliminares do conflicto com o Paraguay)*. Río de Janeiro, Instituto Histórico e Geográfico Brasileiro, 1914. Con ese título, la revista del Instituto Histórico y Geográfico Brasileño publicó una polémica que se dio en los años de 1880 en la prensa brasileña entre Antonio Saraiva y Vásquez Sagastume, antiguo representante del gobierno uruguayo junto a Solano López. En dicha polémica, cada uno de los contendientes intentó señalar al otro como responsable por el desencadenamiento de la guerra entre el Paraguay y la Triple Alianza.

[74] Nota de Rufino de Elizalde para José Berges, Buenos Aires, 2/10/1863, AGM, t. II, pág. 42; carta de Solano López a Mitre, Asunción, 6/2/1864, AGM, t. II, pág. 37.

[75] Solano López a Mitre, Asunción, 20/12/1863, AGM, t. II, pág. 37.

[76] Mitre a Solano López, Buenos Aires, 29/2/1864, AGM, t. II, pág. 58.

[77] Alan K. Manchester, *Preminência inglesa no Brasil*. San Pablo, Brasiliense, 1973, pág. 240.

[78] Joaquim Nabuco, op. cit., vol. II, pág. 163; José I. Garmendia, oficial de la Legación argentina, para Rufino de Elizalde, Río de Janeiro, 5/5/1864, ARE, vol. IV, pág. 372.

[79] Sesión de la Cámara de 5/4/1864, en Hélio Lobo, op. cit., pág. 38; Joaquim Nabuco, en Hélio Lobo, op. cit., pág. 163; Luiz A. Moniz Bandeira, op. cit., págs. 232-233.

[80] En Francisco Pinheiro Guimarães Filho, *Um Voluntário da Pátria: fôlha de serviços prestados pelo general Dr. Francisco Pinheiro Guimarães às classes armadas*, 2ª ed. Río de Janeiro, José Olympo, 1958, págs. 183-184.

[81] Joaquim Nabuco, *Um estadista no Império: Nabuco de Araújo*, t. 1, págs. 504-505; Lídia Besouchet, op. cit., pág. 117.

[82] Blanco del Valle, ministro residente español, para el secretario de Asuntos Exteriores de España, of. N° 52, Río de Janeiro, 9/5/1864, AMAE, *Política Exterior Brasileira*, atado 1416.

[83] Pelham Horton Box, op. cit., pág. 112.

[84] RRNE, 1864, pág. 11.

[85] Consejero J. M. Pereira da Silva, *Memórias do meu tempo*. Río de Janeiro, H. Garnier, 1896, t. II, pág. 36.

[86] *Instruções da Missão confiada em 1864 ao conselheiro Saraiva*. Río de Janeiro, 20/4/1864, en Hélio Lobo, op. cit., págs. 292-294; Saraiva para el Ministério dos Negócios Estrangeiros, Montevideo, 14/5/1864, en Luiz A. Moniz Bandeira, op. cit., págs. 305 y 233.

[87] Rufino de Elizalde a José Mármol, carta confidencial, Buenos Aires, 9/5/1864, AGNA, *Colección José Mármol, Correspondencia*, VII-20-4-8, doc. 7657.

[88] Discurso de José Maria da Silva Paranhos, sesión del Senado de 4/6/1865, AS, 1864, vol. II, pág. 34.

[89] Nota del gobierno uruguayo para Saraiva, Montevideo, 24/5/1864, RRNE, 1865, pág. II; Rufino de Elizalde a José Mármol, ministro argentino en Río de Janeiro, conf., Buenos Aires, 9/5/1864, ARE, t. IV, pág. 292.

[90] Hélio Lobo, op. cit., pág. 299-300.

[91] Thornton a Russel, Montevideo, 11/6/1864, en Pelham Horton Box, op. cit., pág. 118-119.

[92] Pelham Horton Box, op. cit., pág. 119.

[93] Idem, ibidem.

[94] Idem, ibidem, pág. 120; comentario del barón de Rio Branco, en Louis Schneider, *A Guerra da Tríplice Aliança (anotado pelo barão do Rio Branco)*. San Pablo, Ediciones Cultura, 2 vols., 1945, pág. 72.

[95] Pelham Horton Box, op. cit., págs. 126-127.

[96] Idem, págs. 128-129.

[97] Saraiva a Joaquim Nabuco, 1/12/1894, en Joaquim Nabuco, *La Guerra del Paraguay*. París, Garnier Hermanos Libreros, 1901, pág. 46.

[98] Thornton a Russel, Asunción, 5/9/1864, en *British Documents on Foreign Affairs: Reports and Papers from the Foreign Office Confidential Print; Latin-America, 1845-1914*, Part 1, Series D, pág. 165.

[99] Cándido Bareiro, ministro paraguayo ante los gobiernos británico y francés, al canciller británico Earl Russel, París, 24/10/1864, en *British Documents on Foreign Affairs...*, op. cit., págs. 163-165.

[100] Francisco Félix Pereira Costa, op. cit., vol. 1, pág. 174.

[101] Thornton a Russel, Buenos Aires, 12/7/1864, apud Pelham Horton Box, op. cit., pág. 130.

[102] Augusto Tasso Fragoso, *História da Guerra entre a Tríplice Aliança e*

o Paraguai. Río de Janeiro, Imprensa do Estado-Maior do Exército, vol. I, pág. 123.

[103] Apud Pelham Horton Box, op. cit., pág. 186.

[104] Anastasio C. de Aguirre a Solano López, Montevideo, 14/6/1864, ANA, *Colección Rio Branco*, doc. 2.774.

[105] José dos Santos Barbosa, cónsul general brasileño, para el canciller Dias Vieira, of. res. Nº 6, Asunción, 16/6/1864, AHI, *Repartições Consulares Brasileiras. Assunção*, 238-3-2; Charles Ames Washburn para Seward, Asunción, 1/6/1864, en John Harvey Saunders, *Diplomacy under Difficulties: United States Relations with Paraguay during the War of the Triple Alliance* (USA), University of Georgia, Ph. D., 1996, pág. 30.

[106] Leonardo de Souza Leite Azevedo, encargado de Negocios portugués en el Río de la Plata, para el ministro de los Negocios Extranjeros de Portugal, of. Nº 24, Montevideo, 30/7/1864, AMNE, *Consulado Geral da Legação de Portugal no Rio da Prata*, caja 788.

[107] Pelham Horton Box, op. cit., pág. 133. Cuando fue presentado el ultimátum, el Ejército brasileño tenía 16.824 hombres diseminados por el país y apenas 2.629 en Rio Grande do Sul, los cuales fueron utilizados para formar la división del general Menna Barreto, quien penetró en el Uruguay el 1º de diciembre de 1864 (comentario del mayor Emílio Fernandes de Souza Docca en canónigo João Pedro Gay, *Invasão paraguaia na fronterira brasileira do Uruguai.* Porto Alegre/Caxias do Sul, Instituto Estadual do Livro/Universidade de Caxias do Sul, 1980, págs. 198-199).

[108] Pelham Horton Box, op. cit., págs. 134-135; general Augusto Tasso Fragoso, op. cit., vol. 1, pág. 128.

[109] Mitre al escritor chileno Gregorio Beéche, Buenos Aires, 18/10/1864, AGM, t. XIII, pág. 328.

[110] R. U. Bartolani a Rufino de Elizalde, Montevideo, particular, s.d., ARE, vol. II, pág. 389; nota del gobierno paraguayo a la Legación brasileña en Asunción, 30/8/1864, RRNE, 1865, págs. 173-174.

[111] Juan Crisóstomo Centurión, op. cit., t. I, págs. 206-207.

[112] Zacarias, sesión del Senado de 4/8/1866, vol. IV, pág. 11; Elizalde a Saraiva, Buenos Aires, 11/10/1864, ARE, t. IV, pág. 395.

[113] Comentario de Rio Branco, en Louis Schneider, op. cit., pág. 170.

[114] "Nº 2, Ministerio de Estado de Relaciones Exteriores, Asunción, agosto 30 de 1864", anexo a: Viana de Lima para Dias Vieira, of. conf. s.n., Asunción, 1/9/1864, AHI, LBPOE, 201-1-10.
La queja paraguaya sobre la falta de información de todas las negociaciones que encaraba el gobierno uruguayo apuntaba a la actuación de Lépido en Asunción en 1863. También se quejaba de que el gobierno de Mon-

tevideo hubiera invitado al Paraguay para mediar en la crisis y, en seguida, aceptase la actuación de Elizalde, Saraiva y Thornton.

[115] Viana de Lima a Dias Vieira, of. conf. N° 3, Asunción, 3/9/1864, AHI, LBPOE, 201-1-10.

[116] José dos Santos Barbosa al canciller Paes Barreto, AHI, *Repartições Consulares Brasileiras, Asunción*, 238-3-2; Viana de Lima para el canciller Dias Vieira, of. conf. y res., Asunción, 19/9/1864; idem, LBPOE, 201-1-10; documento sin título, oct.-nov. 1864, con informe detallado de los movimientos de los miembros de la legación brasileña en Asunción, ANA, *Colección Rio Branco*, doc. 2411.

[117] Viana de Lima a Dias Vieira, oficio conf. y res. (parcialmente codificado), Asunción, 19/9/1864, AHI, LBPOE, 201-1-10.

[118] José Luis Simón G., "El Paraguay de Francia y el mundo: despotismo e independencia en una isla mediterránea", *Propuestas democráticas*, Asunción, Fundación Hanns Seidel, II:5, ene.-mar. 1995, pág. 143.

[119] Viana de Lima a Dias Vieira, of. conf. y res. (parcialmente codificado), Asunción, 19/9/1864, AHI, LBPOE, 201-1-10.

[120] Joaquim Nabuco, *Um estadista…*, op. cit., vol. I, pág. 48.

[121] Viana de Lima a Dias Vieira, of. conf. y res. (parcialmente codificado), Asunción, 19/9/1864, AHI, LBPOE, 201-1-10.

[122] Idem, of. com. y res., Asunción, 10/10/1864, AHI, LBPOE, 201-1-10.

[123] Idem, of. conf. y res. (parcialmente codificado), Asunción, 19/9/1864, AHI, LBPOE, 201-1-10.

[124] Viana de Lima a Tamandaré, of. conf. y res., Asunción, 13/10/1864, AHI, LBPOE, 201-1-10.

[125] Augusto Tasso Fragoso, op. cit., vol. I, pág. 261.

[126] Santos Barbosa a Paes Barreto, of. res. N° 2 y 3, Asunción, respectivamente 26/2/1864 y 7/4/1864, AHI, *Repartições Consulares Brasileiras, Assunção*, 238-3-2; *Santos Barbosa a Dias Vieira*, of. res., N° 5, Asunción, 23/5/1864, AHI, *Repartiçoes Consulares Brasileiras, Assunças*, 238-3-2.

[127] Francisco Félix Pereira Costa, op. cit., vol. I, pág. 204.

[128] Solano López al coronel Resquín, Asunción, 28/10/1864, ANA, *Colección Rio Branco*, doc. 2539, carta 26.

[129] Washburn a Seward, Asunción, 20/10/1864, en John Harvey Saunders, op. cit., pág. 32.

[130] Viana de Lima a Dias Vieira, of. conf. y res., Asunción, 10/10/1864, AHI, LBPOE, 201-1-10.

[131] *Relatório do presidente de Mato Grosso apresentado à Assambléia Legislativa Provincial, 1865*, pág. 8; comentario del barón de Rio Branco, en Louis Schneider, op. cit., págs. 169-170; Tasso Fragoso, op. cit., vol. I, págs.

259-260; *Relatório com que o general Albino de Carvalho passou a presidéncia da Província de Mato Grosso ao chefe de esquadra Augusto Leverger, em 30 de agosto de 1865*, pág. 4.

[132] General Emílio Fernandes de Souza Docca, *História do Rio Grande do Sul*. Río de Janeiro, Organização Simões, 1954, págs. 226-227.

[133] Antonio Gontijo de Carvalho, *Um ministério visto por dentro: cartas inéditas de João Batista Calógeras, alto funcionário do Império*. Río de Janeiro, José Olympio, 1959, págs. 122-123.

[134] Brígido Tinoco, *As duas paixões de Caxias*. Río de Janeiro, Biblioteca do Exército, 1955, pags. 178 y 191; discursos del senador Paranhos, sesiones de 4/6/1864 y 25/7/1864, AS, vol. II, pág. 34 y vol. III, págs. 143-145; Lídia Besouchet, op. cit., pág. 132.

[135] Viana de Lima a Dias Vieira, of. conf. y res. (parcialmente cifrado), s.n., Asunción, 4/11/1864, AHI, LBPOE, 201-1-10.

[136] Virgílio Corrêa Filho, *História de Mato Grosso*. Río de Janeiro, Instituto Nacional do Livro, 1969, pág. 569.

[137] Solano López a Resquín, campamento de Cerro León, 15/11/1864, ANA, *Colección Rio Branco*, doc. 2539, carta N° 30.

[138] Candido Bareiro a Russel, *Legation of Paraguay in England*. París, 1/2/1865, en *British Documents on Foreign Affairs...*, op. cit., pág. 173.

[139] Viana de Lima a Dias Vieira, Buenos Aires, 7/12/1865, AHI, LBPOE, 201-1-10.

[140] *Relatório do presidente da Província de Mato Grosso*, 1865, pág. 4.

[141] Solano López a Resquín, campamento de Cerro León, 21/11/1864, ANA, *Colección Rio Branco*, doc. 2539, carta N° 31.

[142] Emílio Fernandes de Souza Docca, en João Pedro Gay, op. cit., pág.21.

[143] Viana de Lima a Dias Vieira, Buenos Aires, 25/1/1865, AHI, LBPOE, 201-1-10.

[144] Nota del gobierno paraguayo a la legación imperial, Asunción, 12/11/1864, RRNE, 1865, pág. 180.

[145] Protesta de Viana de Lima a José Berges, Asunción, 13/11/1864, AHI, LBPOE, 201-1-10; nota de José Berges a Viana de Lima, Asunción, 12/11/1864, AHI, LBPOE, 201-1-10; Viana de Lima a Dias Vieira, Buenos Aires, 7/12/1864, AHI, LBPOE, 201-1-10.

[146] *Capitán de navío Romualdo Núñez, apunte de mi biografía para mis hijos. Guerra 1864/70* (AIMHM, Colección Zeballos, carpeta 139), se trata de una copia dactilografiada; Alejandro Hermosa, comandante de Humaitá, a Solano López, Humaitá, 22/2/1865, ANA, *Colección Rio Branco*, doc. 3637.

[147] Viana de Lima a Dias Vieira, Buenos Aires, 12/12/1864, AHI, LBPOE, 201-1-10; Santos Barbosa a Dias Vieira, of. conf., Asunción, 30/12/1864,

AHI, LBPOE, 201-1-10; *Repartições Consulares Brasileiras*, Asunción, 238-3-2.

[148] Santos Barbosa a Dias Vieira, Asunción, 8/4/1865, AHI, LBPOE, 201-1-10.

[149] Juan Crisóstomo Centurión, op. cit., t. I, págs. 242-243.

[150] *Sumario instruido por el Sr. juez de paz del 1er distrito de San Roque, de resulta ser que fue castigado por dos individuos desconocidos, Juan Barbosa, en la casa y servicio del S.S. el cónsul del Brasil, don Amaro José dos Santos Barbosa* (ANA, Sección Civiles y Judiciales, vol. 1697).

[151] Santos Barbosa a Dias Vicira, carta particular, Asunción, 1/8/1865, AHI, *Repartições Consulares Brasileiras*, Asunción, 238-3-2.

[152] Fidel Maíz, op. cit., pág. 28.

[153] J. G. de Lemos Britto, *Guerra do Paraguay: narrativa dos prisioneiros do vapor "Marquez de Olinda"*. Bahía, Lithographia-Typographia e Encadernação Reis e Cia., 1907, pág. 108.

[154] André Rebouças, *Diário: a Guerra do Paraguai (1866)*. San Pablo, Instituto de Estudos Brasileiros da Universidade de São Paulo, 1973, págs. 104-105.

[155] Solano López a Resquín, campamento de Cerro León, 15/11/1864, ANA, Colección Rio Branco, doc. 2539, carta 30. De hecho, el gobierno imperial estaba por enviar armamento hacia Mato Grosso (el cual, por cierto, no necesitaba la provincia), pero aparentemente suspendió el envío al enterarse del apresamiento del *Marquês de Olinda*; Viana de Lima a Dias Vieira, Asunción, 12/12/1864, AHI, LBPOE, 201-1-10.

[156] Sagastume a Urquiza, Asunción, 22/12/1864, AGNA, *Archivo del general Justo José de Urquiza*, VII-269, págs. 534-536.

[157] Solano López a Urquiza, Asunción, 23/12/1864, AGNA, *Archivo del general Justo José de Urquiza*, VII-269, págs. 525-526.

[158] Viana de Lima a Dias Vieira, Asunción, 12/12/1864, AHI, LBPOE, 201-1-10.

[159] Carta sin firma para José Berges, Uruguayana, 18/12/1864, ANA, *Colección Rio Branco*, doc. 3330; José Brizuela a José Berges, Montevideo, 30/12/1864, AGNA, *Paraguay. Varios*, X-1-9-12.

[160] Documento de trabajo de la Cancillería paraguaya, sin firma o fecha, elaborado luego de la caída de Salto y antes del ataque a Paysandú (ANA, *Colección Rio Branco*, doc. 2413.)

[161] Solano López a Urquiza, Asunción, 23/12/1864, AGNA, *Archivo del general Justo José de Urquiza*, VII-269, págs. 525-526; ver también: Gregorio Benítez, *Anales diplomático y militar de la Guerra del Paraguay*. Asunción, Establecimiento, 1906, vol.1, págs. 214-215.

[162] Luis G. Benítez, *Historia diplomática del Paraguay*. Asunción, s. ed., 1972, pág. 204.

163 Paranhos a José Mármol, Río de Janeiro, 22/9/1864, AGNA, *Archivo José Mármol*, VII-2-4-8, doc. 7670.

164 Senador Paranhos, sesión de 5/6/1865, AS, 1865, vol.II, apéndice, págs. 7-10.

165 José Maria da Silva Paranhos Jr. (barón de Rio Branco), *O visconde do Rio Branco*. Río de Janeiro, Ministerio de Relaciones Exteriores, 1947, *Obras do barão do Rio Branco*, vol. II; Paranhos a Mitre, Río de Janeiro, 22/4/1865, AGM, vol. XIII, pág. 289; Paranhos al barón de Cotegipe, Río de Janeiro, 6/10/1871, AIHGB, *Arquivo do barão de Cotegipe*, lata 922, paquete 31; comentario del barón de Rio Branco, en Louis Schneider, op. cit., vol. I, pág. 149.

166 Carlos Creus, ministro residente español, al secretario de Estado de Asuntos Exteriores de España, of. Nº 30, Buenos Aires, 25/12/1864, Amae, *Política Exterior Argentina*, paquete 2313.

167 Mitre a Benjamín Vicuña Mackenna, Buenos Aires, 22/2/1865, AGM, vol. XXI, pág. 43.

168 Germán O. Tjarks, "Nueva luz sobre el origen de la Triple Alianza", *Revista Histórica*, Buenos Aires, Instituto Histórico de la Organización Nacional, año 1, Nº 1, oct.-dic., 1977, págs. 129-171.

169 Mitre a Urquiza, Buenos Aires, 27/11/1865, AGM, vol. II, pág. 123.

170 "Del corresponsal en Montevideo", *O Correio Mercantil*, Río de Janeiro, 17/9/1864, BN, microfilm PRSPR-I(4); León Pomer, *Os conflitos da bacia do Prata*. San Pablo, Brasiliense, 1979, pág. 121; Paranhos a Mitre, "particular y reservada", s.l., 7/12/1864, ARE, vol. IV, pág. 399; Rufino de Elizalde para Manuel Lagraña, Buenos Aires, 30/12/1864, ANA, *Colección Rio Branco*, doc. 3368.

171 Atanasio Aguirre para Domingo Eneno, Montevideo, 7/12/1864, AGNA, *Archivo del general Justo José de Urquiza*, VII-269.

172 Antonio de las Carreras a Urquiza, Montevideo, 7/12/1864, AGNA, *Archivo del general Justo José de Urquiza*, VII-269.

173 Enrique Arocena de Oliveira, op. cit., pág. 94.

174 José Pedro Barrán, op. cit., pág. 88.

175 *Protocollo de Negociação da Paz celebrada em Villa de União*, 20/2/1865, RRNE, 1865, pág. 157.

176 Azevedo, ministro residente portugués, al ministro de los Negocios Extranjeros de Portugal, oficio 9, Montevideo, 28/2/1865, AMNE, *Consulado Geral e Legação de Portugal no Rio da Prata*, caja 788.

177 General J. B. Bormann, *A campanha do Uruguay (1864-1865)*, pág. 294; José Maria da Silva Paranhos (con el seudónimo João Carlos de Souza Ferreira), *A Missão Paranhos ou a paz no Uruguay por um ex-ministro de Estado*. Río de Janeiro, s. ed., 1865, págs. 16-18.

¹⁷⁸ Paranhos a Caxias, Montevideo, 28/2/1865, AN, códice 551, copia dactilografiada, pág. 8.

¹⁷⁹ Conde d'Eu, *Viagem militar ao Rio Grande do Sul (agosto a novembro de 1865)*. San Pablo, Cía. Editora Nacional, 1936, colección Brasiliana, vol. 61, pág. 86.

¹⁸⁰ Carlos Machado, op. cit., págs. 211-212; Luiz A. Moniz Bandeira, op. cit., págs. 252-253.

¹⁸¹ Luiz A. Moniz Bandeira, op. cit., pág. 253.

¹⁸² Lettsom, ministro residente británico, para Russel, Montevideo, 20/12/1864, en *British Documents on Foreign Affairs...*, op. cit., pág. 176.

¹⁸³ En Baptista Pereira, *Figuras do Império e outros ensaios*. San Pablo, Cía. Editora Nacional, 1931, pág. 12.

¹⁸⁴ Barón de Rio Branco, *O visconde...*, op. cit., pág. 202; Paranhos a Caxias, Montevideo, 7/3/1865, AN, códice 551, copia dactilografiada, pág. 12.

¹⁸⁵ Barón de Rio Branco, op. cit., págs. 215-216.

¹⁸⁶ Vasconcellos e Sousa, ministro residente portugués, al ministro de Negocios Extranjeros de Portugal, oficio 40, Río de Janeiro, 7/3/1865, AMNE, *Legação de Portugal no Rio de Janeiro*, caja 2081.

¹⁸⁷ Con la suspensión de pagos de la *Casa A. J. Alves Souto e Cía.*, fueron a la quiebra otras cinco instituciones bancarias, alcanzando pérdidas conjuntas entre 54.000$00 y 70.000$00; Carlos Manuel Peláez y Wilson Suzigan, *História monetária do Brasil*, 2ª ed. Brasília, Editora da UnB, 1981, págs. 104-105; Rui Guilherme Granziera, *A Guerra do Paraguay e o capitalismo no Brasil: moeda e vida urbana na economia brasileira*. San Pablo/Campinas, Hucitec/Unicamp, 1979, págs. 85-87.

¹⁸⁸ Karl Deutsch, *Análise das relações internacionais*. Brasília, Editora da UnB, 1982, págs. 85-87.

¹⁸⁹ Paranhos a Andrés Lamas, Buenos Aires, 21/3/1865, AGNU, caja III, paquete 9.

¹⁹⁰ Paranhos a Caxias, Montevideo, 15/3/1865, "a las 6 horas de la mañana", AN, códice 551, *Cartas para Caxias* (copias dactilografiadas).

¹⁹¹ Voto del Vizconde de Niteroi en la Sección de Negocios Extranjeros del Consejo de Estado, 25/12/1873, AHI, *Atas do Conselho de Estado. Seção dos Negócios Estrangeiros*, copia dactilografiada, pág. 303; Joaquim Nabuco, op. cit., vol. III, pág. 179.

¹⁹² Félix Egusquiza a José Berges, Buenos Aires, 31/12/1864, ANA, Colección Rio Branco, doc. 3367; anónimo para Solano López, Río de Janeiro, 7/2/1865, ANA, *Colección Rio Branco*, doc. 3367. El documento permite concluir que su autor es un diplomático en viaje hacia Inglaterra. Allí se afirma que don Pedro estaba convencido del poder militar del Paraguay

y que por ello quería evitar cualquier problema con ese país. El documento agrega que si el Brasil se decidiese hacer la guerra al Paraguay, iba a demorar mucho tiempo para estar preparado militarmente, pues "hoy es demasiado débil para atacarlo".

[193] Thornton para Russel, Buenos Aires, 9/12/1864, en *British Documents on Foreign Affairs...*, op. cit., págs. 171-172.

[194] Elizalde a Mármol, of. conf., Buenos Aires, 21/3/1865, AGNA, *Colección José Mármol. Correspondencia*, VII-204-8, doc. s.n.

[195] En 1933, Cunninghame Graham publicó sus memorias en Inglaterra, argumentando que lo hacía debido a la aparición de una nueva generación de paraguayos que no habían vivido la guerra, y que por ello "establecieron un monstruoso culto del hombre que llevó a sus antepasados a tal estado de miseria, que aquellos que lo vivieron jamás olvidarán" (op. cit., págs. 7-8).

[196] En Junta Patriótica Paraguaya, *El mariscal Francisco Solano López*. Asunción, Junta Patriótica, 1926 (ed. facsimilar, 1996), págs. 432-434.

[197] Mario Monteiro de Almeida, *Episódios da formação geográfica do Brasil*. Río de Janeiro, Pongetti, 1951, pág. 379.

[198] Carlos Pastore, *La lucha por la tierra en el Paraguay*. Montevideo, Antequera, 1972, págs. 148-150; Juan Crisóstomo Centurión, *Memorias: reminiscencias históricas sobre la Guerra del Paraguay*. Asunción, El Lector, 1987, vol. 4, pág. 145.

[199] Richard Francis Burton, op. cit., pág. 40.

[200] Junta Patriótica Paraguaya, op. cit., págs. 417-418.

[201] Robert Bontine Cunninghame Graham, op. cit., pág. 265; R. Andrew Nickson, *Historical Dictionary of Paraguay*, 2ª ed. New York, The Scarecrow Press, 1993, págs. 358-359.

[202] Juan Silvano Godoi, *El fusilamiento del obispo Palacios y los tribunales de sangre de San Fernando: documentos históricos*. Asunción, El Lector, 1996, pág. 151.

[203] Junta Patriótica Paraguaya, op. cit., pág. 410.

[204] Sentencia de la apelación civil Nº 683, del Supremo Tribunal Federal del Brasil, de 17/12/1902. Archivo del STF. Sin embargo, el 5/8/1881, en Buenos Aires, Estanislao Zeballos se resistió a la transferencia de la posesión de las tierras de Elisa Lynch para Enrique Venancio Solano López, lo cual fue registrado el 5/12/1881 por el escribano porteño Victoriano de la Riega. No fue posible esclarecer qué transferencia fue esa; en la sentencia del STF brasileño se hace referencia al año 1885 (*Dr. Zeballos Memorandum*, s.f. [1893 o 1895], AIMHM, *Colección Zeballos*, carpeta 121, s.n.).

[205] Cecilio Báez, *La tiranía en el Paraguay*, 2ª ed. Asunción, Ediciones

Ñandutí Vive/Intercontinental Editora, 1993, (1ª edición 1903), pág. 145; Junta Patriótica Paraguaya, op. cit., págs. 408-409.

[206] Junta Patriótica Paraguaya, op. cit., 391-407.

[207] Robert Bontine Cunninghame Graham, op. cit., pág. 265.

[208] Carlos Pastore, op. cit., pág. 151.

[209] Mario Monteiro de Almeida, op. cit., pág. 407.

[210] Juan Silvano Godoi, *Mi misión a Río de Janeiro*. Buenos Aires, F. Lajouane Editor, 1897, pág. 36.

[211] Francisco Fernando Monteoliva Doratioto, "La participación del Brasil en el golpe de Estado de 1894 en Paraguay: la Misión Cavalcanti", en *Historia Paraguaya*, Asunción, Anuario de la Academia Paraguaya de la Historia, vol. XXXVIII, 1998, págs. 193-215.

[212] Juan Silvano Godoi, op. cit., págs. 14, 35-42.

[213] Idem, ibidem, págs. 43-46.

[214] *Sentença da apelação civil Nº 683*, del Supremo Tribunal Federal del Brasil, de 17/12/1902, archivo del STF, Brasilia.

[215] Juan Silvano Godoi, op. cit., págs. 45-47.

[216] Mario Monteiro de Almeida, op. cit., pág. 432; *Sentença da apelação civil Nº 683*, del Supremo Tribunal Federal del Brasil, de 17/12/1902, archivo STF.

[217] *Relatório político sobre o Paraguai (confidencial), por Arthur dos Guimarães Bastos, 2º secretário da Legação em Assunção*, anexo al oficio 122, Asunción, 5/10/1931, AHI, LBPOE, 201-4-6.

[218] Cecilio Báez, "La tiranía de Solano López: su aspecto comercial", en Junta Patriótica Paraguaya, *El mariscal Francisco Solano López*, Asunción, Junta Patriótica Paraguaya, 1926, pág. 133.

[219] Lindolfo Collor, *No centenário de Solano López*. San Pablo, Melhoramentos, 1926, pág. 69. Según este autor, el positivismo veneraba "con honras excepcionales" la memoria del dictador paraguayo José Gaspar Rodríguez de Francia, cuyo nombre estaba inscripto en el calendario organizado por Augusto Comte (pág. 69).

[220] Francisco Alamabert, "O Brasil no espelho do Paraguai", en Carlos Guilherme Mota (org.), *Viagem incompleta: a experiência brasileira (1500-2000). Formação: histórias*. San Pablo, Senac, 2000, pág. 313.

[221] F. J. McLynn, "The Causes of the War of the Triple Alliance: An Interpretation", *Inter-American Economics Affairs*, vol. 33, Nº 2, otoño 1979, pág. 30; un estudio detallado sobre el cultivo de algodón en el Paraguay puede ser encontrado en Thomas Whigham, "El oro blanco del Paraguay: un episodio de la historia del algodón, 1860-1870", en *Historia Paraguaya*, Asunción, Academia Paraguaya de la Historia, vol. XXXIX, 1999, págs. 311-312.

222 Juan Carlos Herken Krauer y María Isabel Giménez de Herken, op. cit., pág. 35.

223 El representante británico en Montevideo obtuvo la copia del Tratado de la Triple Alianza del canciller uruguayo Carlos de Castro, quien fue firmante del documento. El gobierno británico lo divulgó en un informe sobre la situación en el Plata que había sido enviado al Parlamento (Federico Francisco de Figaniere, encargado de Negocios español, para el ministro de los Negocios Extranjeros de España, of. Nº 68, Río de Janeiro, 8/5/1866, AMNE, caja 209).

224 *Memoria del capitán de fragata Dn. Pedro V. Gill, dictado al Dr. E. Zeballos, 1864-1868. De Corrientes a Tymbó, 1888.* Asunción (AIMHM, Colección Zeballos, carpeta 137).

225 AGA, *Colección Rio Branco*, doc. 3277. El documento fue escrito originariamente en español. El nombre del destinatario de la carta se encuentra al final de la primera página.

226 Por ser un diplomático profesional, Thornton no hubiese ofrecido sus servicios para restablecer las relaciones normales entre el Brasil y el Paraguay si el gobierno británico hubiese tenido interés en desencadenar la guerra.

227 Sobre la población, comercio exterior y recaudación de impuestos, ver: Diego Abente, "La Guerra de la Triple Alianza: tres modelos explicativos", en Centro Paraguayo de Estudios Sociológicos, *Pasado y presente de la realidad social paraguaya*, Asunción, Ediciones y Artes, 1995, págs. 1154-1155. Sobre los efectivos argentinos, brasileños y uruguayos, ver: Miguel Ángel de Marco, *La Guerra del Paraguay*. Buenos Aires, Planeta, 1995, pág. 63; Efraím Cardozo, *El Imperio del Brasil y el Río de la Plata*. Buenos Aires, Librería del Plata, 1961, pág. 538; José Ignacio Garmendia, *Recuerdos de la Guerra del Paraguay: campaña de Corrientes y de Río Grande*. Buenos Aires, J. Peuser, 1904; Estado-Maior do Exército, *História do Exército Brasileiro*. Brasilia, Estado-Maior do Ejército, 1972, vol. 2, pág. 582.

228 John Hoyt Williams, op. cit., págs. 203-206; Efraím Cardozo, op. cit., pág. 538.

229 André Rebouças, un oficial ingeniero negro que estuvo en el Paraguay por un corto período de tiempo, relata "la desnudez y delgadez" de los prisioneros y los heridos paraguayos que eran capturados por los aliados: "Se dice que algunos fueron muertos comiendo carne que sacaban de los sacos de provisiones de nuestros soldados. Heridos, muchas veces de gravedad, comen con voracidad la *farinha* [N.del T.: harina de mandioca] y la carne que se les ofrece" André Rebouças, *Diário: a Guerra do Paraguai (1866)*, São Paulo, Instituto de Estudos Avançados da Universidade de São Paulo, 1973, pág. 85).

[230] Venancio López, ministro de Guerra, para Egusquiza, "agente confidencial de la República del Paraguay en Buenos Aires", Asunción, 29/11/1864, ANA, Sección Historia, vol. 339, doc. 18.

[231] Arthur Silveira da Mota (barón de Jaceguay) y Carlos Vidal de Oliveira, *Quatro séculos de atividade marítima: Portugal e Brasil.* Río de Janeiro, Imprenta Nacional, 1900, págs. 114-115.

2. El Paraguay ataca: el fracaso de la "guerra relámpago"

[1] El cañón estriado, o el arma de mano con esa característica, tiene surcos helicoidales en su interior que le dan al proyectil mayor impulso, estabilidad y precisión, e incluso penetración en el blanco enemigo.

[2] Discurso de Ferraz, sesiones del Senado de 30/6/1862 y 16/8/1864, AS, 1862, vol. II, pág. 38, y 1864, vol. IV, pág. 99; discurso de Silveira da Motta, sesión del Senado de 5/4/1864, AS, 1864, vol. IV, pág. 27; "Estado Oriental", *O Correio Mercantil*, Río de Janeiro, 6/4/1864, pág. 2, micr. PR-SPR-I (39).

[3] *Relatório do Ministério da Guerra*, 1862, págs. 14-15; 1863, pág. 6, y 1864, pág. 15.

[4] *Relatório do Presidente de Mato Grosso*, 1864, págs. 9-10; oficio de 13/8/1864 al comandante de armas, citado en comentario del barón de Rio Branco, en Louis Schneider, *A Guerra da Tríplice Aliança contra o Paraguai*, t.1, pág. 67.

[5] *Relatório do ministro da Guerra*, 1863, pág. 13; *Relatório do Ministério da Marinha*, 1864, pág. 8.

[6] Virgílio Corrêa Filho, *História de Mato Grosso*. Río de Janeiro, Instituto Nacional do Livro, 1969, pág. 549; Estevam Mendonça, *Datas matogrossenses*, apud general Antonio Souza Júnior, *Fronteiras flutuantes*. Río de Janeiro, Laemmert, 1954, págs. 84-85.

[7] *Declaración del indio brasileño desertor de las fuerzas de Coimbra, José Antonio Acosta*, 10/10/1864, ANA, Sección Historia, vol. 340, Nº II. Se trata de un minucioso interrogatorio compuesto de 39 preguntas.

[8] ANA, Sección Historia, vol. 339, docs. 31 y 32. La escuadrilla naval estaba comandada por el capitán de fragata Meza, quien posteriormente estuvo en la batalla de Riachuelo. La formación estaba compuesta por las naves *Tacuarí, Paraguarí, Igurey, Rio Branco, Salto del Guairá, Río Apa* y *Marquês de Olinda*. También había otras cinco embarcaciones de menor porte, utilizadas para transporte.

[9] Exposición del ministro de Guerra y Marina, Venancio López, para los *Muy Honorables Señores Representantes de la Nación*, Asunción, 5/3/1865; idem, Sección Nueva Encuadernación, vol. 3416.

[10] *Instrucciones del ministro de Guerra y Marina, Venancio López, para el coronel comandante de la expedición al Alto Paraguay ciudadano Vicente Barrios* (Sección Nueva Encuadernación, *Colección Rio Branco*, doc. 3293).

[11] Virgílio Corrêa Filho, op. cit., pág. 550.

[12] General Augusto Tasso Fragoso, *História da guerra entre a Tríplice Aliança e o Paraguai*. Río de Janeiro, Imprensa do Estado-Maior do Exército, 1934-5, vol. I, pág. 261.

[13] Comentario del barón de Rio Branco en Louis Schneider, *A Guerra da Tríplice Aliança (anotado por el barón de Rio Branco)*. San Pablo, Ediçōes Cultura, 1945, t. I, págs. 183-184; interrogatorio del sargento Lauvano Sanabria (uno de los ocho soldados paraguayos que entraron en el fuerte), en *Sumario instruido al teniente De la Cruz Sánchez para averiguar su comportamiento durante el combate de Coimbra* (ANA, Sección Civiles y Judiciales, vol. 1575); George Thompson, *La Guerra del Paraguay*. Asunción, RP Ediciones, 1992, pág. 34.

[14] Oficio Nº 34 del presidente de Mato Grosso, Albino de Carvalho, para el Ministerio de Guerra, Cuiabá, 22/4/1865; *Relatório do presidente da Província de Mato Grosso*, 1865, pág. 22.

[15] George Thompson, op. cit., págs. 34-35; Juan Crisóstomo Centurión, *Memorias o reminiscencias históricas sobre la Guerra del Paraguay*. Asunción, El Lector, 1987, vol. I, págs. 218-219. Centurión fue uno de los jóvenes que habían sido enviados a Europa por Carlos López para estudiar derecho, habiendo retornado al Paraguay en 1863. Participó de la guerra, con el grado de teniente coronel, desde la invasión a Corrientes hasta la muerte de Solano López en 1870. Ya en la posguerra, Centurión llegó a ser ministro de Relaciones Exteriores en 1888. Sus memorias están publicadas en cuatro tomos y constituyen una fuente importante, no solo para el estudio de las operaciones militares de la guerra, sino también de la visión que tenían de ella los paraguayos, así como de la figura de Solano López.

[16] Lista del armamento y munición capturados: diez cañones de bronce; cuatro obuses; 1.816 racimos de metralla; 1.220 espoletas de madera; 3 mil espoletas fulminantes; 169 cartuchos de cañón; 83.400 cartuchos de fusil; 23 fusiles calibre .12; siete bayonetas; 120 kilos de pólvora fina y nueve hachas. *Razón numérica de los cañones de bronce y municiones capturados del fuerte de Coimbra con el vapor* Salto Guayra *con especificación de sus calibres y largos. Cuartel del 1er. batallón. Enero 15 de 1865* (ANA, Sección Historia, vol. 343, doc. 18).

[17] Oficios Nº 33 y 34 del presidente de Mato Grosso para el Ministerio de Guerra, Cuiabá, 22/4/1865, en *Relatório do presidente da Província de*

Mato Grosso, 1865, págs. 22 y 28; Lécio G. de Souza, *História de Corumbá*. s. l., s. ed., 197(?), pág. 55.

[18] Luiz de Castro Souza, *A medicina na Guerra do Paraguai*. [Río de Janeiro], s. ed., s. f. [1971?], pág. 30; *Relatório do presidente da Província de Mato Grosso*, 1865, pág. 29.

[19] Resolución del presidente de Mato Grosso, 3/3/1865, en *Relatório do presidente da Província de Mato Grosso, 1865*, págs. 22 y 29; coronel Carlos A. de Oliveira, "*Evacuação de Corumbá (relatório do cel. Carlos A. de Oliveira)*", *Revista do Instituto Histórico de Mato Grosso*, Cuiabá, año VIII, t. XV, 1926, págs. 197-215. El informe está fechado en Cuiabá, 28/3/1865.

[20] George Thompson, op. cit., págs. 35-36; "Operaciones de los paraguayos en Mato Grosso", *La Tribuna*, Buenos Aires, 22/1/1865, pág. 2, BC, s/c. Sin embargo, Juan Crisóstomo Centurión, aunque reconoce que los soldados paraguayos cometieron "abusos" contra los "principios [...] de la civilización", afirma que ese relato es una calumnia (op. cit., vol. 1, págs. 221-222). Luego de ser apresado, el *Anhambaí* fue incorporado a la escuadra paraguaya, en la cual actuó hasta que fue hundido en 1869, cuando era perseguido por naves brasileñas en el río Yhagui. Retirado del fondo del río en la década de 1970, el *Anhambaí* se encuentra expuesto en el Parque Nacional y Museo de Vapor Cué, junto con otros navíos paraguayos hundidos simultáneamente en el mismo lugar.

[21] *Relatório do presidente da Província de Mato Grosso, 1865*, págs. 9-10.

[22] La colonia militar de Dourados fue creada por decreto del 26/4/1856. En el momento de la invasión contaba con cerca de cuatrocientos habitantes. A finales de la década de 1850, luego de la firma del tratado del 6/4/1856 con el Paraguay, el gobierno imperial intentó fortalecer las pruebas del *uti possidetis* en la región en disputa, fundando colonias militares en las cercanías de los establecimientos particulares (Virgílio Corrêa Filho, op. cit., pág. 135).

[23] Vizconde Taunay, *Memórias*, op. cit., San Pablo, Melhoramentos, 1946, págs. 187-188; Augusto Tasso Fragoso, op. cit., vol. I, pág. 150.

[24] Vizconde de Taunay, *Memórias*, op. cit., págs. 191-192.

[25] *Declaración tomada al brasileño Pedro Antonio Silva*, interrogatorio hecho en Corumbá, en 9/1/1865 (ANA, Sección Civiles y Judiciales, vol. 1675, doc. 8). Pedro Antonio Silva tenía veintidós años, era soldado de la banda de música de Coimbra y cayó prisionero al intentar huir de la invasión de Corumbá en un lanchón con civiles.

[26] *O Exército na história do Brasil*, págs. 154-155.

[27] *Relatório do presidente da Província de Mato Grosso, 1865*, pág. 44.

[28] Juan Crisóstomo Centurión, op. cit., págs. 215, 226-227; *Memorias del*

capitán de fragata Dn. Pedro V. Gill, dictada al Dr. Zeballos, 1863-1868.
De Corrientes a Tymbó, 1888. Asunción (AIMHM, *Colección Gill Agui-*
naga, carpeta 137); George Thompson, op. cit., pág. 37.

29 En realidad, la fuga fue posible debido a la escasez de población de Mato Grosso, particularmente de las villas tomadas por los paraguayos; en Miranda, Dourados y Albuquerque había apenas 1.820 personas, 606 de las
cuales eran esclavos. *Memorias del capitán de fragata Dn. Pedro V. Gill, dic-*
tada al Dr. E. Zeballos. 1863-1868. De Corrientes a Tymbó, 1888. Asunción
(AIMHM, *Colección Gill Aguinaga,* carpeta 137,); comentarios del barón de
Rio Branco, en Louis Schneider, op. cit., vol. I, págs. 132 y 134.

30 Martín Urbieta para el Comando Militar de Concepción, *Distrito Mili-*
tar de Mbotetey en Nioac, oficios de 3 y 30/8/1865 (ANA, Sección Nueva Encuadernación, vol. 2331).

31 *Relatório do presidente da Província de Mato Grosso, 1865,* págs. 13
y 24.

32 George Thompson, op. cit., pág. 35.

33 *Instrucciones para el coronel ciudadano Vicente Barrios, nombrado co-*
mandante de la división de operaciones del Alto Paraguay, firmadas por
el ministro de Guerra Venancio López, Asunción, 13/12/1864 (ANA, *Co-*
lección Rio Branco, doc. 3291); "Operaciones de los paraguayos en Mato Grosso", *La Tribuna,* Buenos Aires, 22/1/1865, pág. 2, BC, s/c.

34 Laurent-Cochelet, cónsul francés en el Paraguay, para el canciller
Drouyn De L'Huys, Asunción, 26/2/1865, en Milda Rivarola, *La polémi-*
ca francesa sobre la Guerra Grande. Asunción, Editorial Histórica, 1988,
págs. 141, 110 y 113.

35 "Operaciones de los paraguayos en Mato Grosso", *La Tribuna,* Buenos
Aires, 22/1/1865, pág. 2, BC, s/c.; comentario del barón de Rio Branco,
en Louis Schneider, op. cit., t. I, pág. 189; George Thompson, op. cit., págs.
35-36.

36 George Thompson, op. cit., pág. 36.

37 *Carasa comerciante extranjero establecido en Corumbá escribe sobre*
los acontecimientos ocurridos durante la guerra (ANA, Sección Historia,
vol. 341, doc. 13). En realidad, se trata del boticario portugués Manuel
Careza.

38 Interrogatorios de Antonio Gaudie Ley, Asunción, 4/2/1867, y de Francisco da Costa Leite Falcão, Asunción, 5/2/1867, en *Autos sobre Pereira,*
1867. Proceso a José María Leite Pereira gerente de Consulado portugués
por no tener confianza al billete paraguayo (ANA, Sección Civiles y Judiciales, vol. 1662, doc. 7). Rafael Peña le prestó 4 mil pesos paraguayos
contra una letra promisoria de 4 mil patacones, cuando la moneda paraguaya valía mucho menos. Interrogatorio del brasileño Luis José Botelho,

7/2/1867, en *Autos sobre Pereira, 1867...*, cit.; Gaudie Ley murió de viruela en 1866.

[39] *Lista nominal de los reos existentes en la cárcel pública de la capital especificando nacionalidad y causas.* Asunción, 26/4/1867 (ANA, Sección Civiles y Judiciales, vol. 1675, doc. 7).

[40] Francisco José Corrêa Madruga para el encargado de Negocios de Portugal en el Río de la Plata, *Consulado de Portugal en el Paraguay actualmente en Buenos Aires, 20 de septiembre de 1868* (AMNE, caja 212).

[41] Según interrogatorio del ciudadano brasileño Luis José Botelho, Asunción, 8/2/1867, en *Autos sobre Pereira, 1867. Proceso a José Maria Leite Pereira gerente de Consulado portugués por no tener confianza al billete paraguayo* (ANA, Sección Civiles y Judiciales, vol. 1662, doc. 7).

[42] *AS.E. el Sñr. don Carlos A. Washburn, ministro residente de los Estados Unidos de América en la República del Paraguay*, Asunción [11 o 12] de julio de 1868, (AMNE, caja 212). Se trata de un documento de veinte hojas del que faltan las páginas finales, y en el cual Pereira Leite le expone sus actividades de ayuda a los extranjeros en Asunción al representante diplomático norteamericano, en cuya casa tuvo que asilarse debido a la hostilidad del gobierno paraguayo.

[43] Idem, ibidem.

[44] Interrogatorio del ciudadano brasileño Luís José Botelho, Asunción, 8/2/1867, en *Autos sobre Pereira, 1867. Proceso a José Maria Leite Pereira gerente de Consulado portugués por no tener confianza al billete paraguayo* (ANA, Sección Civiles y Judiciales, vol. 1662, doc. 7).

[45] Leonardo de Souza Leite Azevedo para José Berges, carta "particular y confidencial", Montevideo, 14/5/1864 (ANA, *Colección Rio Branco*, doc. 2644); idem, "particular", Montevideo, 17/6/1864, (ANA, *Colección Rio Branco*, doc. 2795).

[46] José Berges para Solano López, Corrientes, 30/9/1865 (ANA, *Colección Rio Branco*, doc. 4065).

[47] Azevedo a Berges, "particular", Montevideo, 26/10/1867 (ANA, *Colección Rio Branco*, doc. 4489). A fines de 1865, cuando el cónsul Madruga llegó al Plata, Azevedo le había ordenado que transfiriese la jefatura del Consulado de Leite Pereira para el vicecónsul Vasconcellos. Esa orden nunca llegó a Asunción. Posteriormente, Madruga se defendió afirmando que el 25 de enero de 1866 había enviado el oficio para que fuese hecha la transferencia, pero que aparentemente el documento nunca llegó a su destino (Madruga para Azevedo, Buenos Aires, 20/9/1868, AMNE, caja 212).

[48] Decreto de Solano López, San Fernando, 20/7/1868, ANA, *Colección Rio Branco*, doc. 4768; comentario de J. Arthur Montenegro, en Dorothéa

Duprat de Lasserre, *Memórias de Mme. Dorothéa Duprat de Lasserre: versão e notas de J. Arthur Montenegro*. Rio Grande, Livraria Americana, 1893, pág. 33; sin embargo, Juan Silvano Godoi sostiene que Leite Pereira fue fusilado el 21 o 22 de diciembre de 1868 (*El fusilamiento del obispo Palacios y los tribunales de sangre de San Fernando: documentos históricos*. Asunción, El Lector, 1996, pág. III).

[49] RRNE, 1871, pág. 50.

[50] Klaus Becker, *Alemães e descendentes —do Rio Grande do Sul— na Guerra do Paraguai*. Canoas, Editora Hilgert, 1968, págs. 45-46.

[51] Caxias a Paranaguá, of. conf., Tuyu-Cué, 2/9/1868, AN, *Reservados e confidenciais referentes à campanha do Paraguai*, códice 924, libro 4.

[52] Affonso Henrique Stanislawczuk de Moura, *A Guerra da Tríplice Aliança e suas contribuções para a evolução do Exército brasileiro*. Río de Janeiro, Escola de Comando do Estado-Maior do Exército, 1996, monografía del Curso de Altos Estudios, págs. 14-15.

[53] *Relatório do Ministério da Justiça*, 1865, pág. 30.

[54] *Relatório do presidente da Província de Pernambuco*, julio de 1865, págs. 6-7.

[55] Idem, ibidem, pág. 6; *Relatório do presidente da Província de Santa Catarina, 1866*, pág. 4; *Relatório do presidente da Província da Paraíba do Norte, 1866*, pág. 19; *Relatório do presidente da Província do Rio de Janeiro, 1867*, pág. 7; *Relatório do presidente da Província de Minas Gerais, 1865*, pág. 13; *Relatório do presidente da Província do Rio Grande do Norte, 1866*, pág. 7.

[56] *Relatório do presidente da Província de São Paulo, 1866*, pág. 24; *Relatório do presidente da Província do Ceará, 1866 (1º de dezembro)*, pág. 5.

[57] *Relatório do Ministério da Justiça, 1865*, pág. 29.

[58] Emílio Fernandes de Sousa Docca, en canónigo João Pedro Gay, *Invasão paraguaia na fronteira brasileira do Uruguai*. Porto Alegre/Caxias do Sul, Instituto Estadual do Livro/Universidade de Caxias do Sul, 1980, págs. 198-199.

[59] En Klaus Becker, op. cit., pág. 22.

[60] Nelson Werneck Sodré, *A história militar do Brasil*, 3ª ed., Río de Janeiro, Civilização Brasileira, 1979, pág. 143.

[61] Vasconcellos e Sousa, ministro residente portugués, para el ministro de Negocios Extranjeros, of. Nº 5, Río de Janeiro, 9/1/1865, AMNE, *Legação de Portugal no Rio de Janeiro*, caja 208.

[62] *Relatório do Ministério da Guerra, 1864*, págs. 10-11; [sin autor], *Traços biographicos da heroína Jovita Alves Feitosa, ex-sargento do 2º Corpo de Voluntários do Piauhy*, Río de Janeiro, Typographia Imparcial,

1868; *Relatório do presidente da Província da Bahia, 1866*, pág. 15; *Relatório do presidente da Província de Pernambuco, julho de 1865*, págs. 7-8; *Relatório do presidente da Província da Bahia, 1866*, pág. 17; *Relatório do presidente da Província de Goiás, 1866*, pág. 9.

[63] Umberto Peregrino, "A Guerra do Paraguai na obra de Machado de Assis", en *Anais do Museu Histórico Nacional*, Río de Janeiro, 1966, pág. 26.

[64] Francisco Félix Pereira Costa, *História da guerra do Brasil contra as Repúblicas do Uruguay e Paraguay*. Río de Janeiro, Livraria de A. G. Guimarães, 1870, vol. II, pág. 100.

[65] Comentario de Emílio Fernandes de Souza Docca, en canónigo João Pedro Gay, op. cit., págs. 176-177; vicealmirante Helio Leoncio Martins, "A estratégia naval brasileira na Guerra do Paraguai (com algumas observações sobre suas ações táticas e o apoio logístico)", *Revista Marítima Brasileira*, Río de Janeiro, Serviço de Documentação da Marinha, vol. 117, N° 7/9, jul.-set. 1997, pág. 60.

[66] Solano López al general Resquín, Humaitá, 10/8/1865, "a las 23.30 horas", ANA, vol. 343, N° 43.

[67] Helio Leoncio Martins, op. cit., pág. 60.

[68] Comentario del barón de Rio Branco, en Louis Schneider, op. cit., t. II, pág. 109; *O Exército na história do Brasil*, págs. 165-166.

[69] Vizconde de Taunay, op. cit., pág. 120; Acyr Vaz Guimarães, *Mato Grosso do Sul, sua evolução histórica*. Campo Grande, UCDB, 1999, págs. 176-177; oficio N° 58 del presidente de Mato Grosso al Ministerio de Guerra, 8/6/1865, en *Relatório do presidente da Província de Mato Grosso*, 1865, págs. 44-45.

[70] Luiz Castro de Sousa, op. cit., pág. 49. El autor justifica la demora de Drago en Campinas señalando que no habría recibido recursos financieros, caballos, arreos y autorización para incorporar troperos durante la marcha; elementos estos que deberían haber sido proporcionados por el Ministerio de Guerra (pág. 48).

[71] Vizconde de Taunay, *Marcha das forças (expedição de Mato Grosso): 1865-1866*. San Pablo, Melhoramentos, 1928, pág. 65; Idem, *Memórias*, op. cit., págs. 120, 133-134.

[72] Idem, *Memórias*, op. cit., págs. 138, 142-145, 172.

[73] Idem, ibidem, págs. 171-172.

[74] Idem, *A retirada da Laguna*. San Pablo, Melhoramentos, 1975, pág. 32.

[75] Idem, págs. 37-38; sobre el comando del coronel Carvalho, ver, de ese autor, *Memórias*, op. cit., págs. 218-224.

[76] Idem, *A retirada...*, op. cit., págs. 37-38.

[77] Idem, pág. 41-43.

78 Idem, págs. 59-63.

79 Idem, *Memórias*, op. cit., pág. 236.

80 Idem, *A retirada...*, op. cit., págs. 57-62-63.

81 Taunay afirmó que se trataba de cólera, y esta información fue aceptada y repetida por los historiadores. No obstante, el médico militar Luiz de Castro Souza sostiene que el cuadro epidémico estaba originado por una intoxicación alimentaria (op. cit., pág. 90).

82 Vizconde de Taunay, *Memórias*, op. cit., págs. 253-254.

83 Idem, *A retirada...*, op. cit., págs. 84, 113-114.

84 Idem, págs. 135-137.

85 Francisco Isidoro Resquín, *La Guerra del Paraguay contra la Triple Alianza*. Asunción, El Lector, 1996, pág. 60; Silvio Gaona, *El clero en la Guerra del 70*. Asunción, El Arte, 1961, pág. 13; Los paraguayos muertos no fueron sepultados por las tropas brasileñas sino arrojados al río Paraguay; Efraím Cardozo, *Hace 100 años: crónicas de la guerra de 1864-1870*. Asunción, Emasa, 1972, t. VI, págs. 247-252; Acyr Vaz Guimarães, op. cit., pág. 189.

86 Acyr Vaz Guimarães, op. cit., pág. 192.

87 Luiz de Castro Souza, op. cit., pág. 110.

88 *Relatório do presidente da Província de Mato Grosso, 1869*, pág. 4; Luiz de Castro Souza, op. cit., pág. 129.

89 Solano López a Urquiza, Asunción, 14/1/1865, AGNA, *Archivo del general Justo José de Urquiza*, VII-270.

90 George Thompson, op. cit., págs. 42-43.

91 Idem, ibidem, pág. 43.

92 Adolfo Soler a Elizalde, Asunción, notas de 9/3/1865 y 15/3/1865, AMREC, *Paraguay. Correspondencia diplomática y consular*, caja 51, carpetas 1 y 2.

93 Coronel Juan Beverina, *La Guerra del Paraguay (1865-1870): resumen histórico*, 2ª ed., Buenos Aires, Instituto Mitre, 1973, págs. 118-120.

94 Testimonio del teniente segundo Julián Godoy, ayudante de órdenes de Solano López, 10/8/1865, en *Causa seguida al brigadier ciudadano Wenceslao Robles acusado de haber desmerecido la confianza del Supremo Gobierno Nacional con varios y continuados hechos criminales en el mando de la División del Sud* (ANA, Sección Historia, vol. 447, doc. 7); la información sobre el consumo de coñac está en la declaración del barbero de Robles, soldado Francisco Villalba, 10/8/1865 (ANA, Sección Historia, vol. 447, doc. 7).

95 Arturo Bray, *Solano López, soldado de la gloria y del infortunio*, Asunción, Carlos Schauman, 1984, pág. 250.

96 "¡Corrientes amenazado!"; "El Paraguay, los blancos y nosotros";

"¿Qué será?" y "Triple Alianza", respectivamente 29/1, 31/1, 9/4 y 11/4/1865. *El Nacional*, Buenos Aires, BC, s/c. El armamento con destino al Paraguay era transportado por el vapor *Esmeralda*, y estaba compuesto de 42 cañones, con veinte fusiles y veinte sables; dos cajones con munición; un cajón con cien sables y 31 cajones con paño para uniformes militares. El decreto de confiscación estaba firmado por Mitre, Elizalde, L. González y por el general Juan A. Gelly y Obes (Arturo Bray, op. cit., pág. 254).

[97] *Guerra del Paraguay. Diario sumariamente llevado por el Dr. George Stuart* [sic!] *cirujano mayor del Ejército* [paraguayo]. *Donado por él mismo el 6 de diciembre de 1887, de paso para Londres, a Estanislao Zeballos* (AIMHM, *Colección Zeballos*, carpeta 124).

[98] Juan Beverina, op. cit., pág. 120.

[99] Juan Crisóstomo Centurión, op. cit., págs. 245-247.

[100] *Informes del general Bernardino Caballero, Sr. presidente de la República del Paraguay* (AIMHM, *Colección Zeballos*, carpeta 131); *Primer informe del teniente coronel Julián N. Godoy, Asunción, 13/4/1888* (AIMHM, *Colección Zeballos*, carpeta 144).

[101] Juan Crisóstomo Centurión, op. cit., t. I, págs. 248, 254-256; George Thompson, op. cit., págs. 72-73.

[102] Solano López a Resquín, Humaitá, 5/8/1865, ANA, Sección Historia, vol. 343, doc. 12.

[103] Solano López a Camiños, cónsul paraguayo en Corrientes, s.l., 20/6/1865, ANA, Sección Historia. Agregados, vol. 345, doc. 15.

[104] *Memorias del coronel Juan Crisóstomo Centurión, 1888. Datos tomados en Buenos Aires el 6 de enero de 1888 de labios del coronel paraguayo Centurión* (AIMHM, *Colección Zeballos*, carpeta 118).

[105] Documentos de trabajo de la Cancillería paraguaya con argumentos para obtener una alianza con Urquiza, escritos entre la caída de Salto y antes del ataque a Paysandú, sin firma (ANA, *Colección Rio Branco*, doc. 2413); Solano López a Berges, Humaitá, 9/11/1865, ANA, *Colección Rio Branco*, doc. 4072.

[106] Francisco Isidoro Resquín, op. cit., pág. 25.

[107] Francisco Félix Pereira Costa, op. cit., vol. II, pág. 116.

[108] Juan Beverina, op. cit., págs. 121-122 y 129.

[109] Urquiza a Mitre, San José, 29/12/1864, AGM, vol. II, pág. 44; Charles Ames Washburn, *The History of Paraguay with Notes of Personal Observations, and Reminiscenses of Diplomacy under Difficulties*, vol. II, pág. 25.

[110] Urquiza a Mitre, San José, 29/12/1864, AGM, vol. II, pág. 44; Julio Victorica, op. cit., pág. 277; José Ramírez a Urquiza, Asunción, 26/2/1865,

AGNA, *Archivo del general Justo José de Urquiza*, VII, t. 271, docs. 403-404.

[111] Luiz A. Moniz Bandeira, *O expansionismo brasileiro: o papel do Brasil na Bacia do Prata. Da colonização ao Império*. Río de Janeiro, Philobiblion, 1985, pág. 257; Joaquim Luis Osório y Fernando Luis Osório Filho, *General Osório: pela verdade histórica. Rebatendo perfídias*. Río de Janeiro, Casa Bevilacqua, 1914, págs. 86-87; según João Batista Calógeras, Urquiza "es un hombre capaz de todo por dinero". Carta a la esposa e hijos, Río de Janeiro, 24/7/1865, en Antonio Gontijo de Carvalho, *Um ministério visto por dentro: cartas inéditas de João Batista Calógeras, alto funcionário do Império*. Río de Janeiro, José Olympo, 1959, pág. 217.

[112] Augusto Tasso Fragoso, op. cit., vol. II, págs. 33-34; Enrique Rottjer, *Mitre militar*. Buenos Aires, Círculo Militar, 1937, págs. 122-123.

[113] Miguel Ángel De Marco, *La Guerra del Paraguay*. Buenos Aires, Planeta, 1995, págs. 71-72.

[114] Idem, ibidem, págs. 63-66.

[115] Jorge M. Mayer, *Alberdi y su tiempo*. Buenos Aires, Editorial Universitaria, 1963, pág. 698; Elizalde al canciller brasileño José Antonio Saraiva, 11 y 12/5/1865, AMREC, *Guerra de la Triple Alianza*, caja 1.

[116] Andrés Cisneros y Carlos Escudé, *Historia general de las relaciones de la República Argentina*. Buenos Aires, Cari/Grupo Editor Latinoamericano, 1999, t. VI, págs. 105-106.

[117] Estanislao Zeballos, "El general Mitre, conferencia dedicada a la memoria del general Mitre", en *Anales del Instituto Popular de Conferencias*, séptimo ciclo, año 1921, Buenos Aires, 1925, pág. 91.

[118] Miguel Ángel De Marco, op. cit., pág. 58.

[119] Enrique I. Rottjer, op. cit., pág. 124.

[120] Mayor Daniel Vianna Peres, *Lições e ensinamentos do estudo dos deslocamentos e concentrações estratégicas realizadas pelo Exército brasileiro no período do Império e da República*. Río de Janeiro, Escola de Comando e Estado-Maior do Exército, 1999, monografía del Curso de Altos Estudios, mimeo.

[121] Augusto Tasso Fragoso, op. cit., vol. II, págs. 55-58; Juan Beverina, op. cit., págs. 136-137.

[122] Cáceres a Urquiza, 23/5/1865, en Juan Beverina, op. cit., pág. 141.

[123] Juan Beverina, op. cit., págs. 140-143.

[124] Juan Beverina, op. cit., pág. 144; José Ignacio Garmendia, *Recuerdos de la Guerra del Paraguay: campaña de Corrientes y de Rio Grande*. Buenos Aires, J. Peuser, 1904, pág. 103; Juan Crisóstomo Centurión, op. cit., t. I, págs. 261-262; Augusto Tasso Fragoso, op. cit., vol. II, pág. 72.

[125] Juan Beverina, op. cit., pág. 145; instrucciones de Solano López a Robles, 26/5/1865, en Juan Crisóstomo Centurión, op. cit., t. I, pág. 281.

[126] Juan Beverina, op. cit., pág. 146; Augusto Tasso Fragoso, op. cit., vol. II, pág. 75.

[127] Juan Crisóstomo Centurión, op. cit., t. I, págs. 262-263.

[128] Francisco Félix Pereira Costa, op. cit. vol. II, págs. 123-124.

[129] Juan Beverina, op. cit., pág. 151.

[130] Idem, ibidem, pág. 152.

[131] Idem, ibidem, págs. 152-154.

[132] Enrique I. Rottjer, op. cit., pág.127; León Rebollo Paz, *La Guerra del Paraguay: historia de una epopeya*, 2ª ed., Buenos Aires, Talleres Gráficos Lombardi, 1965, pág. 80; José María Rosa, *La Guerra del Paraguay y las montoneras argentinas*. Buenos Aires, A. Peña Lillo Editor, s. f., págs. 230-231.

[133] En Andrés Cisneros y Carlos Escudé, op. cit., t. VI, pág. 106.

[134] Evangelista de Castro Dionísio Cerqueira, *Reminiscências da campanha do Paraguai: 1865-1870*. Río de Janeiro, Biblioteca do Exército, 1980, pág. 77.

[135] Solano López a Resquín, Humaitá, 10/9/1865, ANA, Sección Historia. Agregados, vol. 343, doc. 15.

[136] Miguel Ángel De Marco, op. cit., pág. 203.

[137] Idem, ibidem, págs. 203-204.

[138] Joaquim Luís Osório y Fernando Luís Osório Filho, op. cit., págs. 86-87.

[139] Sir Richard Francis Burton, *Cartas dos campos de batalha do Paraguai*. Río de Janeiro, Biblioteca do Exército, 1997, pág. 184.

[140] Juan Crisóstomo Centurión, op. cit., t. I, págs. 269-271. *Memorias del capitán de fragata Dn. Pedro V. Gill, dictada al Dr. E. Zeballos, 1864-1868. De Corrientes a Tymbó, 1888*. Asunción (AIMHM, *Colección Zeballos*, carpeta 137).

[141] Alvanir Bezerra de Carvalho, "Construção do modelo das chatas-canhoneiras da Guerra do Paraguai; um esforço de nautimodelismo", *Revista Marítima Brasileira*, Río de Janeiro, Serviço de Documentação da Marinha, vol. 115, Nº 10/12, oct./dic.1995, pág. 112.

[142] Juan Crisóstomo Centurión, op. cit., t. I, pág. 271.

[143] *Informes del capitán de fragata Remijio Cabral, 2º jefe de la Escuadrilla Paraguaya en el Riachuelo, 1888. Asunción* (AIMHM, Colección Zeballos, carpeta 137).

[144] Juan Crisóstomo Centurión, op. cit., t. I, pág. 273.

[145] Salvo indicación en contrario, las descripciones que constan en este párrafo y en los siguientes se basan en: vicealmirante Armando de Senna Bittencourt, "Visitando Riachuelo e revendo controvérsias, 132 anos de-

pois", *Revista Marítima Brasileira*, Río de Janeiro, Serviço de Documentação da Marinha, vol. 117, N° 7/9, jul./set. 1997, págs. 41-58.

[146] *Guerra del Paraguay. Diario sumariamente llevado por el Dr. George Stuart [sic!] cirujano del Estado Mayor del Ejército. Donado por él mismo el 6 de diciembre de 1887, de paso para Londres, a Estanislao Zeballos* (AIMHM, *Colección Zeballos*, carpeta 124).

[147] La cañonera *Jequitinhonha* fue evacuada por sus tripulantes, que abandonaron todo a bordo excepto un cañón Whithwhorth, el cual fue arrojado al río para que no cayera en manos enemigas. Algún tiempo después de la batalla, los paraguayos retiraron de a bordo armas, libros y objetos de navegación. (AIMHM, *Colección Zeballos*, carpeta 276); Juan Crisóstomo Centurión, op. cit., t. I, págs. 274 y 276; José Corrêa da Silva para Barroso, Montevideo, 11/10/1877, en Francisco Manuel Barroso da Silva (barón de Amazonas), *Combate naval do Riachuelo*, págs. 38-39.

[148] Barón de Amazonas, op. cit., pág. 10. En *Combate naval do Riachuelo*, un pequeño libro de 41 páginas, Barroso transcribe el resultado del Consejo de Justificación y cartas de varios participantes del combate del Riachuelo.

[149] En la Marina paraguaya había otros mercenarios ingleses. Uno de ellos, Charles Alfred Cutler era maquinista del *Salto del Guairá*, perteneciente a la flotilla paraguaya en Mato Grosso, y vivió una situación paradigmática en cuanto al terror a que se veían sometidos los militares del lado paraguayo. Estando borracho, Cutler increpó a unos marineros paraguayos que le habían robado yerba mate, y agregó que Solano López era "de buena apariencia pero ladrón como todos los paraguayos". Cutler fue juzgado por "ofensas y calumnias contra el honor del Jefe Supremo de la Nación", siendo condenado a muerte por fusilamiento; *Proceso contra el maquinista, el inglés Alfredo [sic!] Cutler, por procedimientos criminales* (ANA, Sección Civiles y Judiciales, vol. 1465, doc. 8).

[150] *The day of action* [declaración del ingeniero de a bordo del *Marquês de Olinda*, el maquinista inglés George Gibson], s. f. [junio de 1865] (ANA, Sección Historia, vol. 448, doc. 1); *Causa seguida al brigadier ciudadano Wenceslao Robles acusado de haber desmerecido la confianza del Supremo Gobierno Nacional con varios y continuados hechos criminales en el mando de la División del Sud* (ANA, Sección Historia, vol. 447, doc. 7).

[151] Juan Crisóstomo Centurión, op. cit., t. I, págs. 275-276. Los demás sobrevivientes permanecieron en el *Marquês de Olinda* sin recibir ninguna ayuda. No disponían de una lancha para abandonar la embarcación. Esta se llenó de agua hasta alcanzar las rodillas de los que perma-

necían en ella, obligándolos a improvisar balsas y así consiguieron llegar a la orilla del río Paraná en Corrientes el día 15. El 16 de junio, los sobrevivientes del *Marquês de Olinda* entraron en el campamento del general Robles (*The day of action*, ANA, Sección Historia, vol. 448, doc. 1).

[152] Arthur Silveira da Motta (barón de Jaceguay), *Reminiscências da Guerra do Paraguay*. Río de Janeiro, s. ed., 1935, pág. 256.

[153] Juan Crisóstomo Centurión, op. cit., t. I, págs. 277-278.

[154] *Relatório do Ministério da Marinha, 1865*, pág. 13; Armando Amorim Ferreira Vidigal, *A evolução do pensamento estratégico naval brasileiro*, pág. 36.

[155] *Memorias del coronel Juan Crisóstomo Centurión, 1888. Datos tomados en Buenos Aires el 6 de enero de 1888 de labios del coronel paraguayo Centurión* (AIMHM, *Colección Zeballos*, carpeta 118).

[156] *Exposición de Juan Valiente para Solano López, Humaitá, 26/6/1865*, en *Causa seguida al brigadier ciudadano Wenceslao Robles acusado de haber desmerecido la confianza del Supremo Gobierno Nacional con varios y continuados hechos criminales en el mando de la División del Sud* (ANA, Sección Historia, vol. 447, doc. 7).

[157] Juan Crisóstomo Centurión, op. cit., vol. II, pág. 266.

[158] *Segundo informe del capitán Julián N. Godoy* [abril de 1888] (ANA, Sección Historia, vol. 447, carpeta 144).

[159] General Barrios, ministro de Guerra y Marina, para Solano López, Asunción, 13/6/1865, ANA, Sección Nueva Encuadernación, vol. 2824.

[160] *Primer informe del teniente coronel Julián N. Godoi, Asunción, 13/4/1888* (AIMHM, *Colección Zeballos*, carpeta 144).

[161] Laurent-Cochelet a Drouyn De L'Huys, Asunción, 12/7/1865, en Milda Rivarola, *La polémica francesa sobre la Guerra Grande. Eliseo Reclus: la Guerra del Paraguay; Laurent-Cochelet: correspondencia consular*, Asunción, Editorial Histórica, 1988, pág. 142.

[162] Según Centurión, en Cuevas los soldados brasileños se mantuvieron protegidos dentro de las embarcaciones, mientras que la tripulación del *Guardia Nacional* "se portó valientemente", respondiendo al fuego paraguayo (Juan Crisóstomo Centurión, op. cit., t. I, pág. 280); Augusto Tasso Fragoso, op. cit., vol. II, págs. 92-93.

[163] Augusto Tasso Fragoso, op. cit., pág. 93.

[164] Solano López a Resquín, Humaitá, 31/7/1865, ANA, Sección Historia, vol. 343, doc. 12; Elizalde a Saraiva, Buenos Aires, 12/7/1865, AMREC, *Guerra de la Triple Alianza*, caja I, expediente 2.

[165] Solano López a Resquín, Humaitá, 5/8/1865, ANA, Sección Historia, vol. 343, doc. 12.

166 Solano López a Robles, 1/6/1866, en Juan Crisóstomo Centurión, op. cit., t. I, págs. 281-282.

167 Julio Victorica, op. cit., pág. 284.

168 Francisco Isidoro Resquín, op. cit., pág. 25; Juan Crisóstomo Centurión, op. cit., t. I, págs. 281-285; Solano López a Resquín, Humaitá, 10/8/1865, "a las 23:30 horas", ANA, vol. 343, N° 43.

169 *Acta de la Comisión Directiva de la Asociación Paraguaya*, Buenos Aires, 30/12/1864, en Juan Bautista Gill Aguinaga, *La Asociación Paraguaya en la Guerra de la Triple Alianza*, Buenos Aires, edición del autor, 1959, págs. 86-87; *Memorandum* de la Asociación Paraguaya presentando a José Maria da Silva Paranhos, ministro plenipotenciario en Misión Especial en el Plata, Buenos Aires, 31/12/1864, en Juan Bautista Gill Aguinaga, op. cit., págs. 114-115; Pereira Leal, ministro brasileño en la Argentina, para el canciller Dias Vieira, of. conf., Buenos Aires, 4/5/1865, BSF, *Atas do Conselho de Estado*, microfilm 02/72; *Serapio Machaín y Juan Francisco Decoud dan cuenta del resultado de su comisión ante el gobierno del Brasil*, Buenos Aires, 18/5/1865, en Juan Bautista Gill Aguinaga, op. cit., págs. 127-130.

170 Notas intercambiadas entre la Asociación Paraguaya y Gelly y Obes, ministro de Guerra, Buenos Aires, 25/4/1865, en Juan Bautista Gill Aguinaga, op. cit., págs. 126-127; Caxias a Paranhos, of. res., Surubí-hi, 12/11/1868, AN, *Guerra do Paraguai*, códice 924, vol. 5, pág. 110. En 1865, la existencia de una pequeña fuerza paraguaya parecía militarmente innecesaria e implicaba un riesgo para el gobierno imperial. Dado que sus miembros no tenían preparación militar, la fuerza no era necesaria como refuerzo para las tropas brasileñas. Además, la presencia de la Legión entre las filas brasileñas sería algo delicado, puesto que lucharía contra otros paraguayos y eso podría causar defecciones y problemas de disciplina.

171 Elizalde a Mitre, Buenos Aires, 2/9/1865, AGM, vol. V, pág. 83; Juan Bautista Gill Aguinaga, op. cit., pág. 63.

172 Juan Crisóstomo Centurión, *Memorias: reminiscencias históricas sobre la Guerra del Paraguay*, vol. I, pág. 284; José María Rosa, op. cit., pág. 281.

173 Juan Crisóstomo Centurión, op. cit., t. II, pág. 26.

174 Varias declaraciones de diecisiete testigos, oficiales y soldados de la División del Sud, hechas en Humaitá al fiscal coronel Felipe Toledo entre 23/7 y 14/8/1865, en *Causa seguida al brigadier ciudadano Wenceslao Robles acusado de haber desmerecido la confianza del Supremo Gobierno Nacional con varios y continuados hechos criminales en el mando de la División del Sud* (ANA, Sección Historia, vol. 447, doc. 7);

declaraciones de los coroneles Paulino Alen y José María Aguiar y del capitán Vicente Meza, 21/7/1865, en *Causa seguida...*, ANA, Sección Historia, vol. 448, doc. I (*Relación de las causas seguidas al brigadier Wenceslao Robles*).

[175] Efraím Cardozo, *Hace 100 años: crónicas de la guerra*. Asunción, Edición Emasa, 1970, t. III, págs. 75-76; *Causa seguida al brigadier ciudadano Wenceslao Robles acusado de haber desmerecido la confianza del Supremo Gobierno Nacional con varios y continuados hechos criminales en el mando de la División del Sud* (ANA, Sección Historia, vol. 447, doc. 7); seis declaraciones de Robles: s. f.; 20/9; 21/9; 22/9; 23/9 y 2/10/1865, en *Causa seguida...*, ANA, Sección Historia, vol. 448.

[176] Parecer de Solano López, cuartel general en Paso de la Patria, 6/1/1865; *Notificación de la sentencia a los sentenciados a la pena capital*, 8/1/1865, y *Constancia de la ejecución de la sentencia*, 8/1/1866, en *Causa seguida...*, ANA, Sección Historia, vol. 447, doc. 6 (*Continuación de la causa seguida a Wenceslao Robles como comandante de la expedición Sud*).

[177] Elizalde a José Maria da Silva Paranhos, Buenos Aires, 25/2/1866, AMREC, *Guerra de la Triple Alianza*, caja 1, folio 30.

[178] Francisco Octaviano de Almeida Rosa para Dias Vieira, of. conf., Buenos Aires, 20/4/1865, AHI, 272-I-21.

[179] *A Missão Especial no rio da Prata*, José Antonio Saraiva para Francisco Octaviano de Almeida Rosa, of. conf. Nº 35, 29/11/1865, AN, códice 551, *Cartas a Caxias*, copias dactilografiadas; Dias Vieira para Almeida Rosa, of. conf., Río de Janeiro, 24/4/1865, AHI, lata 617 (*Informações e Pareceres. Questões com o Paraguai*), marzo 3.

[180] El Tratado de la Triple Alianza, así como sus anexos, se encuentran publicados en el *Relatório da Repartição dos Negócios Estrangeiros de 1872*, anexo 1, págs. 1-28.

[181] Juan Beverina, op. cit., pág. 95.

[182] Luiz A. Moniz Bandeira, op. cit., pág. 260.

[183] Almeida Rosa para Dias Vieira, of. conf., Buenos Aires, 4/5/1865, AN, caja 811, pág. 1.

[184] Idem, of. conf., Buenos Aires, 25/4/1865, AHI, 272-I-21.

[185] Apud Joaquim Nabuco, *Um estadista no Império: Nabuco de Araújo*. San Pablo, Progresso, s. f., vol. II, pág. 207; Carlos Creus, ministro residente español, para el secretario de Estado de Asuntos Exteriores, of. 36, Buenos Aires, 26/5/1865, Amae, *Política Exterior Argentina*, paquete 2313.

[186] Apud barón de Rio Branco, *O visconde...*, op. cit., pág. 189; Thornton para Russel, Buenos Aires, 24/4/1865, "Correspondence Respecting Hostilities in the River Plate", presentada al Parlamento británico

en 1865, en Juan Bautista Alberdi, *Historia de la Guerra del Brasil*. Buenos Aires, Ediciones de la Patria Grande, 1962, pág. 143.

[187] Senador Zacarias, sesión de 26/6/1869, vol. II, pág. 285.

[188] Senador Francisco Octaviano de Almeida Rosa, sesión de 13/7/1870, AS, 1870, vol. III, pág. 88.

[189] Barón de Jaceguay, op. cit., pág. 189.

[190] Ricardo Scavone Yegros, "Orígenes de las relaciones paraguayo-bolivianas", en *Historia Paraguaya: Anuario de la Academia Paraguaya de la Historia*, Asunción, vol. XXXV, 1995 (II), págs. 281-282; Joaquim Nabuco, op. cit., vol. II, pág. 207.

[191] Barón de Jaceguay, op. cit., pág. 288.

[192] Mármol a Mitre, Río de Janeiro, 4/5/1865, AGIM, doc. 6891.

[193] Elizalde a Saraiva, Buenos Aires, 11/5/1865, AMREC, *Guerra de la Triple Alianza*, carpeta I, folio 4.

[194] Joaquim Nabuco, op. cit., vol. IV, reproduce íntegramente el proyecto argentino en las págs. 244-252, así como el Parecer de la Sección de Negocios Extranjeros del Consejo de Estado en las págs. 229-231; ver también el vol. II, págs. 207-238. El Consejo de Estado estaba compuesto por doce miembros ordinarios u efectivos y por doce extraordinarios o suplentes, y también por miembros de la familia real, que eran supranumerarios. Además de esos integrantes, los ministros también participaban de las reuniones, que podían ser plenas o por secciones. Las primeras se daban bajo la presidencia del emperador, con un mínimo de siete miembros, y trataban los temas más importantes. Las cuatro secciones —Negocios del Imperio, Negocios de la Justicia y Extranjeros, Hacienda, Guerra y Marina—, se reunían bajo la presidencia del ministro a cuya cartera perteneciese el asunto tratado, y el parecer —resultado del voto de los consejeros— era enviado al emperador; João Camilo de Oliveira Torres, *A democracia coroada (teoría política do Império do Brasil)*, Río de Janeiro, José Olympio, 1957, págs. 191-192.

[195] Joaquim Nabuco, op. cit., vol. IV, pág. 98.

[196] Almeida Rosa a Saraiva, Buenos Aires, 26/4/1866, en Wanderley Pinho, *Cartas de Francisco Octaviano*. Río de Janeiro, Brasilia, Civilização Brasileira/INL, 1977, págs. 160-161.

[197] Senador Francisco Octaviano de Almeida Rosa, sesión del 13/7/1870, AS, 1870, vol. II, pág. 98.

[198] Almeida Rosa para Dias Vieira, Buenos Aires, 4/5/1865, BSF, *Atas do Conselho de Estado*, documento anexo al acta del 30/9/1865, microfilm 02/72; *Conversa con Mármol, 2 de abril às 6-7 h da tarde*, AHI, 272-I-20; Almeida Rosa para Saraiva, Buenos Aires, 26/4/1866, en Wanderley Pinho, op. cit., pág. 162.

[199] Almeida Rosa para Saraiva, Buenos Aires, 26/4/1866, en Wanderley Pinho, op. cit., pág. 162.

[200] Idem, Montevideo, 8/6/1865, en Wanderley Pinho, op. cit., pág. 136; idem, Buenos Aires, 27/2/1866 y 12/1/1866, ibidem, págs. 153 y 145.

[201] En Phocion Serpa, *Francisco Octaviano: ensaio biográfico*. Río de Janeiro, Academia Brasileira de Letras, 1952, pág. 91.

[202] José Antonio Saraiva para Almeida Rosa, conf. Nº 33, Río de Janeiro, 29/II/1865, AN, códice 551, copia dactilografiada, págs. 17-21.

[203] Joaquim Nabuco, op. cit., vol. IV, transcripto íntegramente en las págs. 244-252.

[204] Idem, ibidem, vol. II, pág. 293.

[205] Jean-Baptiste Duroselle, *Tout empire périra*. París, Armand Colin, 1992, pág. 223.

[206] G[ene]ral Pedro Duarte. *Memorias*, AIMHM, *Colección Zeballos*, carpeta 121, doc. 2.

[207] George Thompson, op. cit., pág. 73.

[208] Estigarribia para el general Barrios, ministro de Guerra y Marina, *campamento en Pindapoy*, 17/5/1865, ANA, Sección Nueva Encuadernación, vol. 3272 (*Informe del coronel Estigarribia y mayor Duarte*).

[209] Solano López a Resquín, Humaitá, 26/8/1865, ANA, Sección Historia. Agregados, vol. 343, doc. 15.

[210] Canónigo João Pedro Gay, *Invasão paraguaia na fronteira brasileira do Uruguai*, Porto Alegre/Caxias do Sul, Instituto Estadual do Livro/ Universidade de Caxias do Sul, 1980, pág. 23 (1ª ed. 1867, Río de Janeiro). Gay era ciudadano francés y vicario de São Borja desde 1850; fue testigo de la invasión paraguaya a Rio Grande do Sul y asistió a la rendición de los invasores en Uruguayana en septiembre de 1865.

[211] Comentario del barón de Rio Branco, en Louis Schneider, op. cit., t. 1, pág. 290; João Pedro Gay, op. cit., pág. 94.

[212] Estado Mayor del Ejército, *História do Exército brasileiro*. Brasilia, Estado-Maior do Exército, 1972, vol. 2, pág. 613.

[213] João Pedro Gay, op. cit., págs. 32, 35-38, 52-53; Louis Schneider, op. cit., págs. 295-296.

[214] *Recuerdos del sargento mayor Pedro Duarte hoy general y ministro de Guerra y Marina del Paraguay con su croquis de la batalla del Yatay, 1888. Asunción* (AIMHM, Colección Zeballos, carpeta 129).

[215] Louis Schneider, op. cit., t. I, pág. 293, con comentario al pie de página del barón de Rio Branco.

[216] João Pedro Gay, op. cit., págs. 65-66, 78-83. Este autor, que fue testigo de la invasión paraguaya a territorio *gaúcho*, afirma sin embargo que Estigarribia, al permitir los saqueos, seguía órdenes superiores. Ci-

ta un comunicado de Estigarribia fechado el 14 de junio y dirigido a Solano López, donde le informa haber autorizado el saqueo, con hora marcada para cada cuerpo de la columna invasora, "conforme las instrucciones que me dio Va. Exa.".

217 Idem, págs. 89, 99, 107-108.

218 Solano López para Resquín, Humaitá, 10/8/1865, ANA, Sección Historia. Agregados, vol. 343, doc. 15.

219 *Recuerdos del sargento mayor Pedro Duarte hoy general y ministro de Guerra y Marina del Paraguay con su croquis de la batalla de Yatay, 1888*. Asunción (AIMHM, *Colección Zeballos*, carpeta 129).

220 Louis Schneider, op. cit., t. I, págs. 308-309. El producto del saqueo de Itaquí ocupó siete carretas; João Pedro Gay, op. cit., pág. 107.

221 *Campaña del Uruguay, recuerdos del sargento mayor oriental Justiniano Salvaniaach, 1888*. Asunción (AIMHM, *Colección Zeballos*, carpeta 141, doc. 4). Salvaniaach fue enviado a Asunción en 1864, con la noticia de la caída de Paysandú. Permaneció entonces en la capital paraguaya hasta recibir órdenes de Solano López para que se integrara a la columna de Estigarribia.

222 Comentarios del barón de Rio Branco, en Louis Schneider, op. cit., t. I, págs. 310-312.

223 Francisco Félix Pereira Costa, op. cit., vol. II, pág. 223.

224 João Pedro Gay, op. cit., págs. 115-116; comentario del barón de Rio Branco, en Louis Schneider, op. cit., t. I, pág. 312.

225 Louis Schneider, op. cit., t. I, págs. 309-312, y comentario del barón de Rio Branco, pág. 313; João Pedro Gay, op. cit., pág. 116.

226 Francisco Barreiro, funcionario del Ministerio de Guerra y Marina, para el mayor Pedro Duarte, Asunción, 22/8/1865, ANA, Sección Nueva Encuadernación, vol. 755.

227 João Pedro Gay, op. cit., págs. 117-118.

228 Francisco Barreiro, funcionario del Ministerio de Guerra y Marina, para el mayor Pedro Duarte, Asunción, 22/8/1865, ANA, Sección Nueva Encuadernación, vol. 755.

229 João Pedro Gay, op. cit., pág. 119.

230 Coronel León Palleja, *Diario de la campaña de las fuerzas aliadas contra el Paraguay*, Montevideo, El Pueblo, 1865, págs. 75 y 84.

231 Solano López para José Berges, Humaitá, 1/10/1865, ANA, *Colección Rio Branco*, doc. 4072. El 28 de julio, el teniente Joaquín Guillén llegó hasta la columna invasora paraguaya portando nuevas órdenes de Solano López, que derivaban del hecho de que Estigarribia no había obedecido a las que recibiera al comienzo de su marcha; G[ene]ral Pedro Duarte. *Memorias* (1888), AIMHM, *Colección Zeballos*, doc. 2.

[232] Solano López para Berges, Humaitá, 10/9/1865, ANA, *Colección Rio Branco*, doc. 4072.

[233] Idem, 10/8/1865, ANA, *Colección Rio Branco*, doc. 4072. El voluntarismo lopizta se veía reforzado por la postura aduladora de sus subordinados, quienes no osaban disentir con su jefe. Así, el canciller José Berges le escribía en septiembre a Solano López que, aunque el teatro de guerra estuviese en Corrientes, "mañana" podría extenderse a Entre Ríos y Buenos Aires (José Berges para Solano López, Corrientes, 15/9/1865, ANA, *Colección Rio Branco*, doc. 4065).

[234] *Campaña del Uruguay, recuerdos del sargento mayor oriental Justiniano de Salvaniaach, 1888*. Asunción (AIMHM, *Colección Zeballos*, carpeta 141, doc. 4); Cecilio Báez, "Guerra del Paraguay", en Junta Patriótica Paraguaya (org.), *El mariscal Francisco Solano López*, Asunción, Junta Patriótica Paraguaya, 1926, pág. 47.

[235] Joaquim Nabuco, op. cit., t. I, págs. 531-532. "Lamento no poder volar hacia la parte del territorio de mi patria invadido por los bárbaros; sin embargo, entiendo que primero debo sostener los compromisos nacionales de la Alianza, el centro desde donde debe partir la garantía de las operaciones" (oficio del general Osório para Francisco Octaviano de Almeida Rosa, 29/6/1865, citado por el barón de Rio Branco, en Louis Schneider, op. cit., vol. I, pág. 315).

[236] Elizalde a Saraiva, "particular", Buenos Aires, 12/7/1865, AMREC, *Guerra de la Triple Alianza*, carpeta 1, expediente 2.

[237] Ejército brasileño, *O Exército na história do Brasil*, pág. 168.

[238] Tal vez la defensa posterior más apasionada de Canabarro sea la del mayor Souza Docca, ya sea en su libro *História do Rio Grande do Sul*, o bien en sus comentarios a las memorias de João Pedro Gay. En estos últimos, Docca responsabiliza, en gran parte, al general Caldwell por la invasión parguaya de Rio Grande do Sul (págs. 210-213); comentario del barón de Rio Branco, en Louis Schneider, op. cit., págs. 290-291. Sin embargo, Rio Branco transcribe fragmentos y recomienda la lectura del libro de memorias del canónigo João Pedro Gay, que es muy crítico en relación a aquellos dos responsables por la defensa de Rio Grande do Sul; Antonio Sousa Júnior, "A Guerra do Paraguai", en Sérgio Buarque de Holanda (org.), *História geral da civilização brasileira*, 4ª ed., San Pablo, Difel, 1985, t. II, vol. 4, pág. 303; Augusto Tasso Fragoso, op. cit., vol. I, pág. 259; Francisco Félix Pereira Costa, op. cit., vol. II, pág. 183, 187 y 199.

[239] Joaquim Nabuco, op. cit., vol. I, págs. 533-534; Gregorio G. Viscaino para José Berges, Paso de los Libres, 19/12/1864, ANA, *Colección Rio Branco*, doc. 3304.

240 Mármol a Elizalde, Río de Janeiro, 6/7/1865, AMREC, *Brasil, 1865-1866*, caja 33.

241 Apud comentario del barón de Rio Branco, en Louis Schneider, op. cit., vol. I, pág. 327.

242 Francisco Félix Pereira Costa, op. cit., vol. II, pág. 214.

243 Klaus Becker, op. cit., págs. 55-56.

244 Elizalde a José Antonio Saraiva, "particular", Buenos Aires, 13/9/1865, AMREC, *Guerra de la Triple Alianza*, caja 1, expediente 2.

245 Estado Mayor del Ejército, *História do Exército brasileiro*, vol. II, págs. 616-617; Wilma Peres Costa, *A espada de Dâmocles: o Exército, a Guerra do Paraguai e a crise do Império*, pág. 177; León de Palleja, op. cit., pág. 101.

246 Al entrar en Paso de los Libres, y también al día siguiente, Duarte le proveyó carne a los habitantes que se quejaban de la escasez de comida (*G[ene]ral Pedro Duarte. Memorias (1888)*, AIMHM, *Colección Zeballos*, doc. 2).

247 Comentario del barón de Rio Branco, en Louis Schneider, op. cit., vol. I, págs. 319-320 y 322; Flores para Bartolomé Mitre, cuartel general, Paso de los Libres, 18/8/1865, en Manuel Rawson, *Bibliografía del teniente general Emilio Mitre*, págs. 85-86.

248 Solano López para Berges, Humaitá, 10/9/1865, ANA, *Colección Rio Branco*, doc. 4072.

249 Solano López para Resquín, Humaitá, 10/9/1865, ANA, *Colección Rio Branco*, doc. 4072.

250 *Interrogatorio del soldado paraguayo Roque Salcedo, que se rindió en Uruguayana, por el fiscal Genaro Eseato* [Humaitá?], 12/3/1866, ANA, Sección Civiles y Judiciales, vol. 1797, doc. 1. Salcedo fue hecho prisionero en Uruguayana y luego incorporado a las tropas argentinas, pero huyó y volvió al Paraguay.

251 Solano López a Berges, Humaitá, 10/9/1865, ANA, *Colección Rio Branco*, doc. 4072.

252 Comentario del barón de Rio Branco, en Louis Schneider, op. cit., vol. I, págs. 329-330.

253 Idem, ibidem, págs. 324-326; Emilio C. Jourdan, *História das campanhas do Uruguay, Mato Grosso e Paraguay*. Río de Janeiro, Imprensa Nacional, 1894, vol. 3, pág. 147.

254 João Pedro Gay, op. cit., pág. 130.

255 Augusto Tasso Fragoso, op. cit., vol. II, págs. 129-130, 194 y 234; mapas estadísticos del barón de Rio Branco, en Louis Schneider, op. cit., vol. I, págs. 335-336.

256 Evangelista de Castro Dionísio Cerqueira, op. cit., pág. 104.

[257] Comentario del barón de Rio Branco, en Louis Schneider, op. cit., vol. I, págs. 337-341; Ejército brasileño, *O Exército na História do Brasil*, pág. 170. La exigencia de Estigarribia, en cuanto a que sus oficiales de nacionalidad uruguaya permaneciesen como prisioneros del Imperio, es una prueba adicional de que no fue una orden brasileña la que llevó al fusilamiento del general blanco Leandro Gómez en Paysandú. Después de todo, "nadie conocía mejor este episodio que los propios oficiales orientales y, al formular semejante pedido en la propuesta de capitulación, demostraron que depositaban más confianza en el modo de proceder de los brasileños que en el de sus compatriotas colorados"; Louis Schneider, op. cit., pág. 338; León de Palleja, op. cit., págs. 171-172; João Pedro Gay (op. cit., pág. 137) afirma que eran mil los paraguayos que se retiraron en la grupa de la caballería brasileña, lo que aumentaría todavía más la estadística de los que se rindieron. Mitre cita entre ochocientos y mil paraguayos que habrían sido "robados" por los jinetes brasileños, cuyos jefes no consiguieron impedir el hecho [Mitre al vicepresidente Marcos Paz, Cuartel General, Capihiquise, 4/10/1865, en *Archivo del coronel doctor Marcos Paz*, La Plata, Universidad Nacional de La Plata, 1966, t. VII (*Correspondencia Marcos Paz a Mitre / marzo 1865-diciembre 1867*), pág. 59].

[258] León de Palleja, op. cit., pág. 182. Los prisioneros paraguayos incorporados al Ejército de Flores recibían el mismo sueldo que los soldados uruguayos. *Interrogatorio del cabo paraguayo Facundo Cabral, que se rindió en Uruguayana, por el fiscal Paulino Alen*, Paso de la Patria, 21/1/1866, ANA, Sección Civiles y Judiciales, vol. 1797, doc. 1.

[259] Mitre al vicepresidente Marcos Paz, Cuartel General, Capihiquise, 4/10/1865, en *Archivo del coronel doctor Marcos Paz*, La Plata, Universidad Nacional de La Plata, 1966, t. VII, (*Correspondencia Marcos Paz a Mitre / marzo 1865-diciembre 1867*), pág. 59.

[260] *Interrogatorio del soldado Pablo Cumán, aprisionado en Uruguayana, por el fiscal Andrés Maciel*, Paso de la Patria, 18/3/1866, ANA, Sección Civiles y Judiciales, vol. 1797, doc. 1.

[261] Comentario del barón de Rio Branco, en Louis Schneider, op. cit., vol. I, pág. 320; *G[ene]ral Pedro Duarte. Memorias (1888)*, AIMHM, *Colección Zeballos*, doc. 2.

[262] Comentario del barón de Rio Branco, en Louis Schneider, op. cit., vol. I, pág. 320; *Relatório do presidente do Rio Grande do Sul à Assembléia Legislativa, 1866*, pág. 8; aviso del ministro de Guerra, 23/9/1865, apud comentario de E. F. de Sousa Docca, en João Pedro Gay, op. cit., pág. 317.

[263] General Mario Barreto, *A campanha lopesguaya*. Río de Janeiro, Officina do Centro da Boa Imprensa, 1930, vol. IV, págs. 15 y 55; carta del

senador Silveira da Motta para su hijo Arthur Silveira da Motta, Río de Janeiro, 7/10/1865, en barón de Jaceguay, op. cit., págs. 347-348; según Sousa Docca, además de una gran cantidad de soldados, también recibían vencimientos del Tesoro imperial un ministro (José Falcón), cuatro sacerdotes (entre ellos el polémico Fidel Maíz), cuatro estudiantes, seis telegrafistas, 239 oficiales, siendo ellos un general (Bernardino Caballero), seis coroneles, seis tenientes coroneles, trece mayores, 25 capitanes, 56 tenientes y 132 alféreces (comentario en João Pedro Gay, op. cit., pág. 320).

264 Mario Barreto, op. cit., vol. IV, pág. 55.

265 Afonso Celso Villela de Carvalho, "Los hijos de la Patria", *A Defesa Nacional*, Río de Janeiro, N° 691, set-oct 1980, págs. 123-124.

266 Instrucciones del ministro de Guerra Venancio López, Asunción, 1/1/1865, ANA, *Colección Rio Branco*, doc. 3202.

267 Apud comentario del barón de Rio Branco, en Louis Schneider, op. cit., pág. 346.

268 Comentario del barón de Rio Branco, en Louis Schneider, op. cit., pág. 347.

269 *Memorias del coronel Juan Crisóstomo Centurión, 1888. Datos tomados en Buenos Aires el 6 de enero de 1888 de labios del coronel paraguayo Centurión* (AIMHM, *Colección Zeballos*, carpeta 118).

270 *Declaración de Augusto Parmentier, vicecónsul francés y antiguo residente en Paso de los Libres, testigo ocular durante la guerra*, Paso de los Libres, 24/4/1888, AIMHM, *Colección Zeballos*, carpeta 141, doc. 18.

271 Idem, ibidem.

272 En Miguel Ángel De Marco, op. cit., págs. 280-281.

273 José Luiz Rodrigues da Silva, *Recordações da campanha do Paraguay*. San Pablo, Melhoramentos, s.f. [1924?], pág. 44.

274 Francisco Félix Pereira Costa, op. cit., vol. IV, pág. 628.

275 Joaquim S. de Azevedo Pimentel, *Episódios militares*. Río de Janeiro, Biblioteca do Exército, 1978, pág. 19.

276 Idem, ibidem, págs. 19-20.

277 Enrique I. Rottjer, op. cit., págs. 139-140; Francisco Félix Pereira Costa, op. cit., vol. II, pág. 356.

278 José Ignacio Garmendia, op. cit., pág. 493.

279 Louis Schneider, op. cit., t. II, pág. 24; comentario del barón de Rio Branco en esa misma página.

280 Evangelista de Castro Dionísio Cerqueira, op. cit., pág. 100.

281 Helio Leôncio Martins, op. cit., pág. 68; comentario del barón de Rio Branco, en Louis Schneider, op. cit., pág. 27.

282 George Thompson, op. cit., pág. 82.

283 Arturo Bray, op. cit., pág. 294.

3. La guerra de posiciones (1866-1867)

[1] Mayor Affonso Henrique Stanislawczuk de Moura, *A Guerra da Tríplice Aliança e suas contribuições para a evolução do Exército brasileiro*. Río de Janeiro, Escola de Comando do Estado-Maior do Exército, 1996, monografía del Curso de Altos Estudios, pág. 11.

[2] George Thompson, *La Guerra del Paraguay*. Asunción, RP Ediciones, 1992, págs. 82-83; Cecilio Báez afirma que el número de muertos paraguayos hacia fines de 1865 era de 62 mil, pues en los hospitales de Humaitá, Cerro León y Paso Pucú habrían fallecido 40 mil hombres ("Guerra del Paraguay", en Junta Patriótica Paraguaya (org.), *El mariscal Francisco Solano López*. Asunción, Junta Patriótica, 1926, pág. 48); senador Henrique d'Ávilla, sesión del 26/5/1885, AS, 1885, vol. VI, apéndice, pág. 23.

[3] *Orden de fusilamiento contra el Cap. José María Rodríguez, campamento en Paso de la Patria*, 6/1/1866 (ANA, Sección Civiles y Judiciales, vol. 1723, doc. 14).

[4] *Proceso contra el sargento mayor José Martínez y sus cómplices por insubordinación* [Paso de la Patria, enero de 1866] (ANA, Sección Civiles y Criminales, vol. 1590, doc. 7).

[5] Laurent-Cochelet para Drouyn de L'Huys, Asunción, 7/10/1865, Milda Rivarola, *La polémica francesa sobre la Guerra Grande. Eliseo Reclus: la Guerra del Paraguay; Laurent-Cochelet: correspondencia consular*. Asunción, Editorial Histórica, 1988, págs. 143-144.

[6] General Evangelista de Castro Dionísio Cerqueira, *Reminiscências da campanha do Paraguai: 1865-1870*. Río de Janeiro, Biblioteca do Exército, 1980, pág. 105.

[7] Coronel Juan Beverina, *La Guerra del Paraguay (1865-1870): resumen histórico*, 2ª ed. Buenos Aires, Instituto Mitre, 1973, págs. 187-188; comentario del barón de Rio Branco, en Louis Schneider, op. cit., pág. 59; George Thompson, op. cit., pág. 96.

[8] Evangelista de Castro Dionísio Cerqueira, op. cit., págs. 110-111; George Thompson, op. cit., pág. 94; Augusto Tasso Fragoso, *História da Guerra entre a Tríplice Aliança e o Paraguai*. Río de Janeiro, Imprensa do Estado-Maior do Exército, 1934-1935, vol. II, pág. 338; Juan Beverina, op. cit., pág. 192; Leandro Aponte B., *Hombres... armas... y batallas: la epopeya de los siglos*. Asunción, Comuneros, 1971, pág. 175.

[9] Evangelista de Castro Dionísio Cerqueira, op. cit., pág. 109.

[10] Mitre para Marcos Paz, s.l., 25/1/1866, y cuartel general Ensenadita, 1/2/1866, en *Archivo del coronel doctor Marcos Paz*, t. VII, págs. 136 y 141.

[11] André Rebouças, *Diário: a Guerra do Paraguai (1866)*. San Pablo, Instituto de Estudos Brasileiros da Universidade de São Paulo, 1973, págs. 27-28.

[12] Blanco Del Valle, ministro residente español, para el ministro de Asuntos Exteriores de España, of. N° 22, Río de Janeiro, 7/2/1866, Amae, *Política Exterior Brasileira*, paquete 2330.

[13] José Ignacio Garmendia, *Recuerdos de la Guerra del Paraguay*, 4ª ed. corregida y aumentada, Buenos Aires, Casa Editora, 1890, pág. 613.

[14] George Thompson, op. cit., págs. 94-95; Juan Crisóstomo Centurión, *Memorias: reminiscencias históricas sobre la Guerra del Paraguay*. Asunción, El Lector, 1987, vol. II, pág. 35.

[15] Juan Crisóstomo Centurión, op. cit., pág. 63.

[16] Guillermo Rawson para Mitre, Buenos Aires, 14/12/1865, AGM, vol. V, pág. 23.

[17] Arthur Silveira da Motta (barón de Jaceguay), op. cit., pág. 129; Saraiva para Almeida Rosa, of. conf. N° 33, 29/11/1865, AN, códice 551, copia dactilografiada, págs. 17-21.

[18] Nelson Werneck Sodré, *Panorama do Segundo Império*. San Pablo, Companhia Editora Nacional, 1939, pág. 143; voto de José Maria da Silva Paranhos en el Consejo de Estado Pleno, sesión de 30/9/1865, BSF, *Atas do Conselho de Estado*, microfilm 02/72.

[19] El primer millonario a quien el gobierno argentino le presentó un pedido de empréstito por 25 mil pesos fuertes fue Manuel Ocampo, quien respondió negativamente y agregó que también se negarían otros particulares (vicepresidente Marcos Paz a Mitre, Buenos Aires, 27/12/1866, AGM, respectivamente, t. 5, págs. 424-425 y t. 6 pág. 15). El peso fuerte era una unidad de cuenta argentina cuyo valor estaba establecido por ley. La relación con la libra era de 4,90 pesos fuertes por libra, y en 1876 pasó a 4,88. Hasta 1875, el valor del peso fuerte era de 1,029 pesos oro —que a su vez valía 1,6129 gramos y 9.10 de oro fino—, y entre 1876 y 1882 correspondió a 1,033 pesos oro (Emilio Muniz Barreto, *Evolução histórica do comércio argentino-brasileiro (1800-1930)*, tesis de doctorado en economía (1972), Facultad de Economía y Administración de la Universidad de San Pablo, mimeo, pág. 254).

[20] Augusto Tasso Fragoso, op. cit., vol. II, págs. 301-302.

[21] Barón de Jaceguay, "A Guerra do Paraguay: reflexões críticas sobre operações combinadas da esquadra brasileira e exércitos aliados", en barón de Jaceguay y Carlos Vidal de Oliveira Freitas, *Quatro séculos de atividade marítima: Portugal e Brasil*, Río de Janeiro, Imprensa Nacional, 1900, pág. 82.

[22] Renato Mendonça, "Uma página na história diplomática", *Mensário do Jornal do Commercio*, Río de Janeiro, t. I, vol. II, feb. 1938, pág. 30.

[23] Barón de Jaceguay, "A Guerra do Paraguay...", op. cit., págs. 114-115.
[24] Armando Amorim Ferreira Vidigal, op. cit., págs. 34-35. Renato Mendonça, "Diplomacia e Guerra do Paraguay: os armamentos e o financiamento da campanha na Praça de Londres", *Mensário do Jornal do Commercio*, Río de Janeiro, t. IX, vol. III, set. 1930, pág. 540.
[25] George Thompson, op. cit., pág. 90; Augusto Tasso Fragoso, op. cit., vol. II, pág. 339.
[26] En Augusto Tasso Fragoso, op. cit., págs. 348-350.
[27] Comentario del barón de Rio Branco, en Louis Schneider, op. cit., vol. II, pág. 66-67.
[28] Idem, ibidem, págs. 82-83.
[29] Juan Crisóstomo Centurión, op. cit., vol. II, pág. 45.
[30] Augusto Tasso Fragoso, op. cit., vol. II, págs. 367-369.
[31] André Rebouças, op. cit., pág. 85.
[32] Comentario del barón de Rio Branco, en Louis Schneider, op. cit., t. II, pág. 57. Los 37.870 brasileños eran del 1er Cuerpo de Ejército. También había 15.386 hombres del 2º Cuerpo de Ejército, comandado por el marqués de Porto Alegre, que permanecía de reserva en Rio Grande do Sul. En abril de 1866, 8.000 hombres pertenecientes a este último cuerpo hicieron una marcha para atacar el flanco paraguayo, amenazando Itapúa, en Misiones; esa tropa llegó, de hecho, al río Paraná, pero se desvió marchando río abajo en dirección a Paso de la Patria. Por lo tanto, los efectivos del Ejército brasileño en la región eran de 53.530 hombres. Augusto Tasso Fragoso, op. cit., vol. II, págs. 382-386; Juan Beverina, op. cit., págs. 193-194.
[33] Juan Crisóstomo Centurión, op. cit., vol. II, pág. 55. Los números de los efectivos paraguayos, al igual que casi todos los otros que se refieren a las tropas y a las pérdidas de ambos bandos en la guerra, son polémicos. Francisco Isidoro Resquín, por ejemplo, afirma que eran 45 mil (op. cit., pág. 43), mientras que para el mayor Antonio E. González eran 25 mil (pág. 27).
[34] J. B. Magalhães, *Osório: síntese de seu perfil histórico*. Río de Janeiro, Biblioteca do Exército, 1978, pág. 133; Juan Beverina, op. cit., pág. 197; *Memorias del general José María Morales. La Capital* [Buenos Aires] *julio 1º de 1885* (AIMHM, *Colección Zeballos*, carpeta 141, doc. 5); comentario del barón de Rio Branco, en Louis Schneider, op. cit., t. II, págs. 56, 84-85.
[35] Augusto Tasso Fragoso, op. cit. vol. II, pág. 343.
[36] Louis Schneider, op. cit., t. II, pág. 60; comentario del barón de Rio Branco en la misma página.
[37] Comentario del barón de Rio Branco, en Louis Schneider, op. cit., vol. II, pág. 90.

[38] Enrique I. Rottjer, op. cit., págs. 158-159; Augusto Tasso Fragoso, op. cit., vol. III, pág. 395; Leandro Aponte B., *Hombres... armas... y batallas: la epopeya de los siglos.* Asunción, Comuneros, 1971, pág. 178; George Thompson, op. cit., pág. 102.

[39] Apud J. B. Magalhães, op. cit., pág. 294.

[40] George Thompson, op. cit., pág. 103.

[41] Idem, ibidem, págs. 103-104.

[42] Idem, págs. 99-100.

[43] Augusto Tasso Fragoso, op. cit., vol. II, pág. 408.

[44] Comentario del barón de Rio Branco, en Louis Schneider, op. cit., t. II, pág. 103.

[45] Juan Crisóstomo Centurión, op. cit., vol. II, pág. 68; *Guerra del Paraguay. Diario sumariamente llevado por el Dr. George Stuart* [isic!] *cirujano-mayor del Ejército [paraguayo]. Donado por él mismo el 6 de diciembre de 1887, de paso para Londres, a Estanislao Zeballos* (AIMHM, Colección Zeballos, carpeta 124); sin embargo, en una declaración hecha a Estanislao Zeballos, Centurión afirmó que los atacantes eran 8 mil. *Memorias del coronel Juan Crisóstomo Centurión, 1888. Datos tomados en Buenos Aires el 6 de enero de 1888 de labios del coronel paraguayo Centurión* (idem, ibidem, carpeta 118).

[46] Enrique I. Rottjer, op. cit., pág. 166; Augusto Tasso Fragoso, op. cit., vol. II, págs. 413, 418-419.

[47] Juan Crisóstomo Centurión, op. cit., vol. II, pág. 69.

[48] *Memorias del general José María Morales. La Capital* [Buenos Aires] *julio 1º de 1885* (AIMHM, Colección Zeballos, carpeta 141, doc. 5). Durante la guerra, Morales estuvo al mando del 2º Batallón del 3ᵉʳ Regimiento de Granaderos de Buenos Aires y tenía sesenta y siete años cuando dio su testimonio.

[49] Augusto Tasso Fragoso, op. cit., vol. II, pág. 415. El número de bajas paraguayas es de Juan Crisóstomo Centurión, op. cit., vol. II, pág. 75; coronel Juan Beverina, *La Guerra del Paraguay (1865-1870): resumen histórico*, 2ª ed. Buenos Aires, Institución Mitre, 1973, pág. 208; Emilio Conesa para Martín de Gainza, Yataytí, 20/5/1866, AGNA, ex Museo Histórico Nacional, doc. 3835.

[50] *Informe del general Patricio Escobar, coronel en Cerro Corá, presidente de la República ahora, Asunción 1888* (AIMHM, Colección Zeballos, carpeta 130, doc. 1).

[51] *Memorias del coronel Juan Crisóstomo Centurión, 1888. Datos tomados en Buenos Aires el 6 de enero de 1888...* (AIMHM, Colección Zeballos, carpeta 124).

[52] Evangelista de Castro Dionísio Cerqueira, op. cit., pág. 144.

[53] Emilio Conesa para Martín de Gainza, Yataytí, 20/5/1866, AGNA, ex Museo Histórico Nacional, doc. 3835.

[54] Juan Crisóstomo Centurión, op. cit., págs. 74-75.

[55] Augusto Tasso Fragoso, op. cit., vol. II, págs. 418-423; Juan Beverina, op. cit., pág. 209.

[56] Idem, ibidem, vol. II, págs. 424-425.

[57] Juan Crisóstomo Centurión, op. cit., vol. II, pág. 82.

[58] Justiniano Rodas Benítez, *Saturnino Ferreira Pérez, testimonios de un capitán de la Guerra del 70*. Asunción, Talleres Gráficos de Editora Litocolor, 1989, págs. 32-35.

[59] Augusto Tasso Fragoso, op. cit., vol. II, pág. 429.

[60] Evangelista de Castro Dionísio Cerqueira, op. cit., pág. 155.

[61] Juan Crisóstomo Centurión, op. cit., vol. II, págs. 96-97.

[62] Augusto Tasso Fragoso, op. cit., vol. II, págs. 431-432; coronel Enrique I. Rottjer, *Mitre militar*. Buenos Aires, Círculo Militar, 1937, pág. 177.

[63] Juan Beverina, op. cit., pág. 213.

[64] *Adib Murad, A batalha de Tuiuti e uma lição de civismo*, Río de Janeiro, Biblioteca do Exército, 1957, págs. 16-17; José Ignacio Garmendia, *Recuerdos de la Guerra del Paraguay: campaña de Humaytá*, 2ª ed. Buenos Aires, Jacobo Peuser, 1901, pág. 244.

[65] Adib Murad, op. cit., pág. 29.

[66] Idem, ibidem; Arturo Bray, *Solano López, soldado de la gloria y del infortunio*, 3ª ed. Asunción, Carlos Schauman Editor, 1984, pág. 222.

[67] Arturo Bray, op. cit., págs. 316-317.

[68] Adib Murad, op. cit., págs. 30-31.

[69] Centurión critica principalmente a Resquín y a Barrios, así como al propio plan de ataque, cuando afirma que las tropas bajo el mando de ambos jefes deberían haber marchado durante la noche. De ese modo, el ataque podría haberse realizado en la hora prevista, en forma simultánea por las cuatro columnas. Juan Crisóstomo Centurión, op. cit., vol. II, págs. 99-100; Juan Beverina, op. cit., pág. 217.

[70] André Rebouças, *Diário: a Guerra do Paraguai (1866)*. San Pablo, Instituto de Estudos Brasileiros da Universidade de São Paulo, 1973, págs. 168-169, 173; Antônio de Souza Júnior, "A Guerra do Paraguai", en Sérgio Buarque de Holanda (org.), *História geral da civilização brasileira*, 4ª ed. San Pablo, Difel, 1985, t. II, vol. 4, pág. 306.

[71] *Memorias del general José María Morales. La Capital* [Buenos Aires] julio 1º de 1885 (AIMHM, *Colección Zeballos*, carpeta 141, doc. 5).

[72] Evangelista de Castro Dionísio Cerqueira, op. cit., págs. 159-160, 162.

[73] Francisco Pinheiro Guimarães Filho, *Um Voluntário da Pátria: folha de serviços prestados pelo general Dr. Francisco Pinheiro Guimarães às*

classes armadas, 2ª ed. Río de Janeiro, José Olympio, 1958, págs. 42 y 235; Juan Crisóstomo Centurión, op. cit., vol. II, págs. 102-103, 106.

[74] Joaquim S. de Azevedo Pimentel, op. cit., págs. 124-125.

[75] Juan Crisóstomo Centurión, op. cit., vol. II, pág. 103.

[76] George Thompson, op. cit., pág. 112; Joaquim S. de Azevedo Pimentel, op. cit., págs. 41-42.

[77] Adib Murad, op. cit., pág. 23; Augusto Tasso Fragoso, op. cit., vol. II, pág. 459.

[78] Juan Crisóstomo Centurión, op. cit., vol. II, pág. 102; George Thompson, op. cit., pág. 110; José Francisco Paes Barreto, op. cit., pág. 42; Joaquim S. Azevedo Pimentel, op. cit., pág. 124; teniente coronel Manuel Rawson, *Bibliografía del teniente general Emilio Mitre*, [Buenos Aires], s. ed., s. f., pág. 94; Juan Beverina, *La Guerra del Paraguay (1865-1870): resumen histórico*, 2ª ed. Buenos Aires, Instituto Mitre, 1973, pág. 216; orden del día Nº 156, Tuyutí, 28/5/1866, en general Manoel Luiz Osório (marqués de Herval), *Exército em operações na República do Paraguay, ordens do dia do Primeiro Corpo*, Río de Janeiro, Typographia Francisco Alvez de Sousa, 1877, vol. 2, pág. 443.

[79] José Ignacio Garmendia, *Recuerdos de la Guerra del Paraguay...*, op. cit., pág. 238.

[80] André Rebouças, op. cit., pág. 142.

[81] Francisco Félix Pereira Costa, *História da guerra do Brasil contra as Repúblicas do Uruguay e Paraguay*. Río de Janeiro, Livraria de A. G. Guimarães, 1870, vol. III, pág. 95. Según ese autor, a los hospitales brasileños se les cobraban precios extorsivos por sus provisiones. Por ejemplo, un carro de leña se vendía por 10$000 a los particulares y por 120$000 para esos hospitales. Sin embargo, otra descripción, en cambio, afirma que los hospitales brasileños en Corrientes fueron construidos de acuerdo con especificaciones de ventilación y confort, contando con todas las instalaciones necesarias (Theotonio Meirelles, oficial retirado de la Armada Nacional e Imperial, *A Marinha de Guerra brasileira em Paysandú e durante a campanha do Paraguay*. Río de Janeiro, Typographia Theatral e Commercial, 1876, pág. 115).

[82] José Luiz Rodrigues da Silva, *Recordações da campanha do Paraguai*, San Pablo, Melhoramentos, s. f. [¿1924?], pág. 116.

[83] Dr. Deyler Goulart Meira, "A anestesia aplicada durante a campanha do Paraguai", *Revista Brasileira de Anestesiologia*, Río de Janeiro, Sociedade Brasileira de Anestesiologia, año 22, Nº 2, abr.-jun. 1972, págs. 231-232.

[84] José Luiz Rodrigues da Silva, op. cit., pág. 116.

[85] Ricardo Caballero Aquino, "Abnegación romántica y estéril", prólogo al libro de memorias de Centurión, *Memorias...*, op. cit., vol. I, pág.

20; Juan Crisóstomo Centurión, op. cit., vol. II, págs. 97 y 102; Francisco Seeber, *Cartas sobre la Guerra del Paraguay (1865-1866)*. Buenos Aires, Talleres Gráficos de L. J. Rosso, 1907, pág. 57.

[86] Natalio Talavera, correspondencia de 26/5/1865, *La Guerra del Paraguay: correspondencias publicadas en "El Semanario"*. Buenos Aires, Ediciones Nizza, 1958, pág. 83; Evariesto [¿Díez?], vicecónsul español, para el ministro de Asuntos Exteriores de España, of. 17 y 20, Gualeguaychú, 24/6 y 24/7/1866, Amae, *Política exterior argentina*, paquete 2313.

[87] Luis Vittone, *Tres guerras, dos mariscales, doce batallas*. Asunción, Editorial Gráfico, 1967, pág. 137; Juan Crisóstomo Centurión, op. cit, vol. II, págs. 132-133.

[88] Augusto Tasso Fragoso, op. cit., vol. II, pág. 467.

[89] Idem, ibidem, págs. 467-469; Enrique I. Rottjer, op. cit., págs. 177-178.

[90] Maury, ministro residente español, para el Ministerio de Asuntos Exteriores de España, Buenos Aires, 12/7/1866, Amae, *Política exterior argentina*, paquete 2313.

[91] Augusto Tasso Fragoso, op. cit., págs. 472-473; Enrique I. Rottjer, op. cit., pág. 180.

[92] Mitre a Elizalde, Tuyutí, 1/6/1866, en Universidad de Buenos Aires, *Correspondencia Mitre-Elizalde*, Buenos Aires, UBA, Departamento Editorial, 1960, págs. 276-277.

[93] Mitre a Porto Alegre, 21/3/1866, en Augusto Tasso Fragoso, op. cit., vol. III, págs. 54-57.

[94] Oficio de Porto Alegre al ministro de Guerra, 8/5/1866, en Augusto Tasso Fragoso, op. cit., vol. III, págs. 61-62.

[95] En Augusto Tasso Fragoso, op. cit., vol. II, pág. 474.

[96] Idem, ibidem, págs. 476-477.

[97] Idem, ibidem, pág. 477; Enrique I. Rottjer, op. cit., págs. 180-181.

[98] Augusto Tasso Fragoso, op. cit., vol. III, págs. 66, 68-69.

[99] Mitre a Marcos Paz, *Ctel. Gral. frente a las líneas paraguayas*, 24/5/1866, en *Archivo del coronel doctor Marcos Paz*, t. VII, pág. 201; Elizalde a Mitre, 6/7/1866, en Universidad de Buenos Aires, op. cit., pág. 286; Mitre a Elizalde, Tuyutí, 27/7/1866, en Universidad de Buenos Aires, op. cit., pág. 290.

[100] *Circular sobre caballos para el servicio del Ejército*, Asunción, 28/5/1866, firmado por el vicepresidente Francisco Sánchez, ANA, Sección Historia, vol. 347, doc. 5.

[101] Josefina Plá, *Hermano negro: la esclavitud en el Paraguay*, Madrid, Paraninfa, 1972, págs. 163-164. La autora calcula que en 1867 existían cerca de 25 mil esclavos en el Paraguay; Silvestre Aveiro, *Memorias militares (1864-1870)*. Asunción, Comuneros, 1970, págs. 44-45.

[102] Jerry W. Cooney y Thomas L. Whigham (orgs.), *El Paraguay bajo los López: algunos ensayos de historia social y política*. Asunción, Centro Paraguayo de Estudios Sociológicos, 1994, pág. 34.

[103] Juan Crisóstomo Centurión, op. cit., vol. II, págs. 133 y 137.

[104] George Thompson, op. cit., pág. 115.

[105] George Thompson, op. cit., pág. 118; Augusto Tasso Fragoso, op. cit., vol. III, pág. 73; Juan Beverina, op. cit., pág. 224.

[106] George Thompson, op. cit., pág. 119.

[107] Idem, págs. 119-120; Juan Crisóstomo Centurión, op. cit., vol. II, págs. 155-156.

[108] Mitre a Elizalde, Tuyutí, 3/8/1866, en Universidad de Buenos Aires, op. cit., pág. 293.

[109] Augusto Tasso Fragoso, op. cit., vol. III, págs. 29-30.

[110] Juan Crisóstomo Centurión, op. cit., vol. II, pág. 151.

[111] Idem, ibidem, pág. 157.

[112] Augusto Tasso Fragoso, op. cit., vol. III, págs. 21 y 37; Juan Crisóstomo Centurión, op. cit., vol. II, pág. 161.

[113] Juan Crisóstomo Centurión, op. cit., págs. 162-163.

[114] Augusto Tasso Fragoso, op. cit., vol. III, pág. 37-39.

[115] Idem, ibidem, págs. 15-16; J. B. Magalhães, op. cit., pág. 159.

[116] José Luiz Rodrigues da Silva, op. cit., págs. 53-54.

[117] Augusto Tasso Fragoso, op. cit., vol. III, págs. 73-74. Sin embargo, Mitre informaba que eran 40.132 hombres, siendo 12.165 argentinos, 27.047 brasileños y 920 uruguayos, sin contar los ausentes, que formaban el 20% de los efectivos totales, pero incluyendo los enfermos, que eran un 8% (Mitre a Marcos Paz, Tuyutí, 30/8/1866, en *Archivo del coronel doctor Marcos Paz*, t. VII, pág. 238).

[118] Augusto Tasso Fragoso, op. cit., vol. III, págs. 76-77.

[119] Idem, ibidem, págs. 78-79.

[120] George Thompson, op. cit., pág. 123.

[121] Idem, ibidem, págs. 124-125; Augusto Tasso Fragoso, op. cit., vol. III, págs. 91-92.

[122] Almirante Arthur Silveira da Motta (barón de Jaceguay), *Reminiscencias da Guerra do Paraguay*. Río de Janeiro, s. ed., 1935, págs. 124-125; George Thompson, op. cit., pág. 125; Augusto Tasso Fragoso, op. cit., vol. III, pág. 92.

[123] Apud Juan Beverina, op. cit., pág. 232.

[124] George Thompson, op. cit., pág. 126.

[125] Barón de Jaceguay, *Reminiscências...*, op. cit., pág. 122; Juan Crisóstomo Centurión, op. cit., vol. II, pág. 126.

[126] Augusto Tasso Fragoso, op. cit., vol. III, págs. 95-102.

[127] *Acta de la Junta de Guerra, que trató el ataque a Curupaytí,* Tuyutí, 8/9/1866, AIGM, doc. 5836; Mitre a Marcos Paz, cuartel general de Curuzú, 20/9/1866, AGNA, *Archivo Marcos Paz,* VII, paquete 10; José María Rosa, *La Guerra del Paraguay y las montoneras argentinas,* Buenos Aires, A. Peña Lillo Editor, s.f., pág. 251; Mitre a Marcos Paz, cuartel general de Curuzú, 20/9/1866, AGNA, *Archivo Marcos Paz. Documentos Inéditos, octubre 1862-1877,* VII, paquete 10.

[128] Barón de Porto Alegre para Mitre, cuartel general de Curuzú, 10/9/1866, AIGM, doc. 5841. Al final de ese documento, luego de la firma de Porto Alegre, Tamandaré firmó y escribió: "Protesto contra la posición secundaria a la que quedaron reducidos los generales brasileños, comandantes de los dos Ejércitos, en el plan de operaciones"; Flores para Mitre, cuartel general en Tuyutí, 18/9/1866, AIGM, doc. 5856; Mitre para Marcos Paz, cuartel general de Curuzú, 29/9/1866.

[129] Mitre para Elizalde, Tuyutí, 13/9/1866, en Universidad de Buenos Aires, op. cit., pág. 303.

[130] Juan Crisóstomo Centurión, op. cit., vol. II, pág. 226.

[131] Augusto Tasso Fragoso, op. cit., vol. III, pág. 97; Francisco Seeber, op. cit., pág. 153; George Thompson, op. cit., págs. 127-128; según Efraín Cardozo, Solano López compartía el desprecio que existía en el Río de la Plata en cuanto al coraje y a las posibilidades bélicas de los brasileños, *El Imperio del Brasil y el Río de la Plata.* Buenos Aires, Librería del Plata, 1961, pág. 542.

[132] En Juan Crisóstomo Centurión, op. cit., vol. II, pág. 203; Pelham Horton Box, op. cit., pág. 289; Juan Crisóstomo Centurión, op. cit., vol. II, pág. 177.

[133] Mitre a Marcos Paz, Curuzú, 13/9/1866, en *Archivo del coronel doctor Marcos Paz,* t. VII, págs. 247-248.

[134] Francisco Isidoro Resquín, *La Guerra del Paraguay contra la Triple Alianza,* Asunción, El Lector, 1996, pág. 44; Maury, ministro español, para el ministro de Asuntos Exteriores de España, of. res. 157, Buenos Aires, 24/9/1866, Amae, *Política exterior argentina,* paquete 2313.

[135] *Relación hecha por el general Mitre el día 5 de septiembre de 1891, comiendo en casa de Mauricio Peirano con el teniente general Roca, doctor E. Zeballos y doctor don Ramón Muñiz, y el cónsul de Italia Cav. Quicco,* firma Estanislao Zeballos, Buenos Aires, 5/2/1898, en Isidoro J. Ruiz Moreno, "Testimonios de Mitre sobre la guerra contra López", en *Historia paraguaya.* Asunción, Academia Paraguaya de la Historia, vol. XXXIX, 1999, págs. 444-445.

[136] Juan Crisóstomo Centurión, op. cit., vol. II, pág. 195; barón de Jaceguay, *Reminiscências...,* op. cit., pág. 208.

[137] Editorial "Lucha va a terminar", *El Nacional*, Buenos Aires, 19/9/1866, pág. 2, BC, s/c; José María Rosa, op. cit., pág. 251; Luis Vittone, op. cit., pág. 155; Augusto Tasso Fragoso, op. cit., vol. III, pág. 69.

[138] Charles J. Kolinsky, *Independence or Death! The Story of the Paraguayan War*, Gainesville, University of Florida Press, 1965, pág. 128; Teodoro Caillet-Bois, *Historia naval argentina*, Buenos Aires, Emecé Editorial, 1944, pág. 480; Justiniano Rodas Benítez, op. cit., págs. 41-42.

[139] José Ignacio Garmendia, *Recuerdos de la Guerra del Paraguay*, págs. 184-190.

[140] *Memorias del general José María Morales*, AIMHM, *Colección Zeballos*, carpeta 141, doc. 5.

[141] Miguel Ángel De Marco, *La Guerra del Paraguay*, Buenos Aires, Planeta, 1995, pág. 317.

[142] Idem, ibidem, pág. 318.

[143] Barón de Jaceguay, *Reminiscências...*, op. cit., pág. 217.

[144] Augusto Tasso Fragoso, op. cit., vol. III, págs. 139-140; Juan Beverina, op. cit., pág. 239; Claudio Moreira Bento, "Aguerra do Paraguai: um laboratório de doutrina militar pouco explorado", *Revista Militar Brasileira*, Río de Janeiro, Centro de Documentação do Exército, 119 (I), ene/mar. 1982, pág. 92; Maury, ministro español, para el ministro de Asuntos Exteriores de España, of. 164, Buenos Aires, 5/10/1866, Amae, *Política exterior argentina*, paquete 2313; Joaquim S. de Azevedo Pimentel, op. cit., pág. 131; George Thompson, op. cit., págs. 130-131; Juan Crisóstomo Centurión, op. cit., vol. II, págs. 222 y 225. Ese autor afirma que las pérdidas paraguayas fueron de 92 hombres; José María Rosa, op. cit., pág. 252; Arturo Brasy, op. cit., pág. 237.

[145] George Thompson, op. cit., págs. 131-132.

[146] Decreto sobre contribución de vestuario al Ejército, Paso de la Patria, 14/2/1866, ANA, Sección Historia, vol. 347, doc. 1.

[147] Barón de Jaceguay, *Guerra do Paraguay...*, op. cit., pág. 129.

[148] Mitre a Polidoro, cuartel general en Curuzú, 21/9/1866, AIGM, doc. 5858.

[149] Barón de Jaceguay, *Reminiscências...*, op. cit., págs. 125-126, 212-215 y 218. Afonso Celso (vizconde de Ouro Preto), *A Marinha d'outr'ora (subsídios para a história)*, Río de Janeiro, Domingos de Magalhães, 1894, pág. 285.

[150] Polidoro para Mitre, Tuyutí, 2/11/1866, AIGM, doc. 5868; Mitre a Polidoro, Tuyutí, 3/11/1866, AIGM, doc. 5869 (borrador).

[151] Augusto Tasso Fragoso, op. cit., vol. II, págs. 135-136; Mitre para Elizalde, cuartel general en Yataytí, 11/10/1866, en Universidad de Buenos Aires, op. cit., pág. 316.

[152] Mitre para Elizalde, Tuyutí, 9 y 10/10/1866 [carta única], en Universidad de Buenos Aires, op. cit., págs. 309-310.

[153] *Conferência com o ministro argentino em 15 de outubro de 1866*, AHI, lata 618 (*Informações e pareceres. Questões com o Paraguai*), paquete 1.

[154] Elizalde para Mitre, Buenos Aires, 26/12/1866, AGM, vol. V, pág. 152; idem, ibidem, Buenos Aires, 9/1/1867, idem, pág. 153; Pedro II a Paranaguá, Río de Janeiro, 12/1/1867, en Wanderley Pinho, *Cartas do imperador d. Pedro II ao barão de Cotegipe*. San Pablo, Cia. Editora Nacional, 1933, colección Brasiliana, vol. 85, pág. 36.

[155] D. Pedro II para el marqués de Paranaguá, s.l., 9/12/1866, en Pedro Calmon, *A vida de d. Pedro II. o rei filósofo*. Río de Janeiro, Biblioteca do Exército Editora, 1975, pág. 153.

[156] Mármol para Mitre, Buenos Aires, 29/9/1866, AIGM, doc. 6893; Mitre para Mármol, Yataytí Corá, 11/10/1866, idem, doc. 6894.

[157] Almeida Rosa para Mitre, s. l., 23/10/1866, AIGM, doc. 5878.

[158] Augusto Tasso Fragoso, op. cit., vol. II, pág. 100; José María Rosa, op. cit., págs. 257-278; Miguel Ángel Scenna, *Argentina-Brasil: cuatro siglos de rivalidad*. Buenos Aires, Ediciones La Bastilla, 1975, págs. 222-223.

[159] Mitre a Marcos Paz, cuartel general de Curuzú, 20/9/1866, AGNA, *Archivo Marcos Paz*, VII, paquete 10; Flores para Polidoro, Montevideo, 20/10/1866, AN, *Arquivo do general Polidoro*, caja 4, paquete 2.

[160] Alberto Amerlan, *Bosquejos de la Guerra del Paraguay*. Buenos Aires, Editores Hermann Tjarks, 1904, pág. 71.

[161] Laurent-Cochelet para el marqués de Moustier, Asunción, 5/10/1866, en Milda Rivarola, op. cit., pág. 138. Según esa autora [pág. 225], el apellido de los dos jóvenes era González y Corbalán, mientras que el oficial "polaco" era Luis Miskowsky.

[162] Idem, ibidem.

[163] *Curupaytí*, correspondencia de 22/9/1866, *El Semanario*, en op. cit., pág. 89; *División de la Alianza*, correspondencia de 27/10/1866, idem, ibidem; Charles Ames Washburn, *The History of Paraguay with Notes of Personal Observations, and Reminiscences of Diplomacy under Difficulties*. New York, Lee, Shepard & Dillingham, 1871, pág. 159.

[164] Según los números de Washburn, el Ejército brasileño tenía entre 20 mil y 22 mil soldados, el argentino contaba con 5 mil a 6 mil hombres y la escuadra imperial tenía seis acorazados; agregó que se esperaba un refuerzo de seiscientos argentinos, 2 mil brasileños y dos acorazados (Berges para Solano López, Asunción, 10 y 12/11/1866, AHI, *MS Originaes. Guerra do Paraguay*, 337-4-21).

[165] Thornton para Clarendon, particular, Río de Janeiro, 23/6/1866, PRO-FO, 391-16, págs. 13-15 (documento cedido por Luiz A. Moniz Bandeira);

Vasconcellos e Sousa, ministro portugués para el ministro de Negocios Extranjeros de Portugal, of. 153, Río de Janeiro, 9/10/1866, AMNE, *Legação de Portugal no Rio de Janeiro*, caja 209. Ver también Wanderley Pinho, op. cit., pág. 37.

[166] Vasconcellos e Sousa para el ministro de Negocios Extranjeros de Portugal, of. 158, Río de Janeiro, 23/10/1866, AMNE, *Legação de Portugal no Rio de Janeiro*, caja 209.

[167] Wilma Peres Costa, *A espada de Dâmocles: o Exército, a Guerra do Paraguai e a crise do Império*, San Pablo, Hucitec/Unicamp, 1996, pág. 208.

[168] Zacarias, presidente del Consejo de Ministros, sesión del Senado de 8/6/1868, AS, 1868, vol. II, págs. 113-114; barón de Jaceguay, *Reminiscências...*, op. cit., pág. 295.

[169] Zacarias, sesión del Senado de 8/6/1868, AS, 1868, vol. II, pág. 114; Augusto Tasso Fragoso, op. cit., vol. III, págs. 192-193; Joaquim Nabuco, *Um estadista no Império: Nabuco de Araújo*. San Pablo, Progresso, s. f., vol. III, pág. 77.

[170] Barón de Jaceguay, *Reminiscências...*, op. cit., pág. 221.

[171] Conde d'Eu para el duque de Nemours [¿Río de Janeiro?], 4/12/1866, en Alberto Rangel, *Gastão de Orléans (o último conde d'Eu)*, San Pablo, Cia. Editora Nacional, 1935, pág. 153; "Tamandaré se retiró a Río (...) a fin de tratar su salud" (Augusto Tasso Fragoso, op. cit., vol. III, pág. 183).

[172] Barón de Jaceguay, *Reminiscências...*, op. cit., págs. 102-104, 197, 258 y 274; "La misma enfermedad, 'masa cerebral reblandecida', se le atribuye a Tamandaré, y así explican los marineros y generales brasileños la inmovilidad del almirante, y la facilidad con que promete y olvida lo prometido, para finalmente permanecer quieto (...)" (Mitre para Elizalde, s. l., 3/8/1866, en Universidad de Buenos Aires, op. cit., pág. 293).

[173] Juan Carlos Herken Krauer y María Isabel Giménez De Herken, *Gran Bretaña y la Guerra de la Triple Alianza*, Asunción, Editorial Arte Nuevo, 1982, págs. 20 y 53.

[174] Milda Rivarola, op. cit., págs. 190-196. En su camino de vuelta a Francia, Laurent-Cochelet pasó por Río de Janeiro y tuvo una entrevista con Pedro II, donde "[se] refiere con lágrimas en los ojos a las tiranías de López. Él cree que este se encuentra cercado". Pedro II para la condesa de Barral, Río de Janeiro, 23/11/1867, en Alcindo Sodré, *Abrindo um cofre: cartas de dom Pedro II à condessa de Barral*. Río de Janeiro, Livros de Portugal, 1956, pág. 138; Renato Mendonça, "Uma página na história diplomática", *Mensário do Jornal do Commercio*. Río de Janeiro, t. I, vol. II, feb. 1938, pág. 30.

[175] RRNE, 1866, pág. 6.

[176] Luiz A. Moniz Bandeira, *O expansionismo brasileiro: o papel do Brasil na Bacia do Prata, da colonização ao Império*, Río de Janeiro, Philobiblion, 1985, pág. 269. Faustino Sarmiento para Mitre, New York, 22/12/1867, AGM, vol. I, pág. 73; *Legação do Brasil no Chile ao Ministério dos Negócios Estrangeiros*, Santiago, 16/4/1867, AHI, *Oficios Reservados e Confidenciais da Legação no Chile*, 231-I-2.

[177] Luiz A. Moniz Bandeira, *Presença dos Estados Unidos no Brasil*, 2ª ed. Río de Janeiro, Civilização Brasileira, 1978, págs. 88-97; idem, *O expansionismo...*, op. cit., pág. 269; Carlos Dclgado de Carvalho, *História diplomática do Brasil*. San Pablo, Cia. Editora Nacional, 1959, pág. 144.

[178] Harold F. Peterson, *Argentina and the United States: 1810-1960*. New York, University of New York, 1964, pág. 196; Webb para Seward, Río de Janeiro, 7/8/1866, en John Harvey Saunders, op. cit.; Marcelo Carmagnani, *Estado y sociedad en América Latina: 1850-1930*. Barcelona, Editorial Crítica, 1984, pág. 154.

[179] Harold F. Peterson, op. cit., págs. 196-197; José Berges para Charles Alfred Washburn, Asunción, 4/3/1867, ANA, Sección Carpetas Sueltas, carpeta 201(*Correspondencia de José Berges, 1863; 1865; 1867*); Caxias para Osório, Tuyutí, 20/3/1867, en Joaquim Luís Osório y Fernando Luís Osório Filho, *General Osório: pela verdade histórica, rebatendo perfídias*. Río de Janeiro, Casa Bevilacqua, 1914, pág. 340.

[180] John Harvey Saunders, *Diplomacy under Difficulties: United States Relations with Paraguay during the War of the Triple Alliance* (USA), University of Georgia, Ph.D., 1966, pág. 150.

[181] Luiz Alberto Moniz Bandeira, *O expansionismo...*, op. cit., pág. 267.

[182] José Berges para Solano López, Asunción, 10 y 12/11/1866, AHI, *Originaes. Guerra do Paraguay.*

[183] Washburn para Seward, 6/7/1867, en John Harvey Saunders, op. cit., pág. 159.

[184] Carlos Creus, ministro residente español, para el ministro de Asuntos Exteriores de España, of. res. 52, Montevideo, 28/4/1867, Amae, *Política exterior paraguaya*, paquete 2576.

[185] La escuadrilla norteamericana estaba compuesta por las siguientes naves de guerra: USS *Pawnee* (novecientas toneladas y once cañones); USS *Quineberg* (750 toneladas, siete cañones); USS *Kansas* (seiscientas toneladas y cinco cañones) y por la nave capitana USS *Wasp* (550 toneladas y tres cañones) (sir Richard Francis Burton, *Cartas dos campos de batalha do Paraguai*. Río de Janeiro, Biblioteca do Exército, 1997, pág. 126).

[186] Harold F. Peterson, op. cit., pág. 198; Webb para Washburn, Río de Ja-

neiro, 25/3/1869, en John Harvey Saunders, op. cit., pág. 130; *New York Times*, 15/2/1870, pág. 8, en John Harvey Saunders, op. cit., pág. 134.

[187] Luiz A. Moniz Bandeira, *O expansionismo...*, op. cit., págs. 267-268; Gregorio Benítez, *Anales diplomático y militar de la Guerra del Paraguay*. Asunción, Establecimiento, 1906, vol. I, pág. 100.

[188] Maury para el ministro de Asuntos Extranjeros de España, of. 115, Buenos Aires, 9/10/1867, Amae, *Política exterior paraguaya*, paquete 2576.

[189] Idem, ibidem.

[190] G. Z. Gould, cuartel general en Tuyú-Cué, 12/9/1867, RRNE, 1868, pág. 87; Mitre para Elizalde, 12/9/1867, en Universidad de Buenos Aires, *Correspondencia Mitre-Elizalde*. Buenos Aires, UBA, Departamento Editorial, 1960, págs. 390-391.

[191] Maury para el ministro de Asuntos Extranjeros de España, of. 115, Buenos Aires, 9/10/1867, Amae, *Política exterior paraguaya*, paquete 2576. En ese oficio Maury transcribe el relato verbal que le hizo Gould.

[192] Luis Caminos para Gould, cuartel general en Paso Pucú, 14/9/1867, RRNE, 1868, pág. 87; Gould para Fortunato de Britto, Buenos Aires, 6/10/1867, RRNE, 1868, anexo I, pág. 8; Mitre para Elizalde, "Reservadísima" [Tuyú-Cué], 12/9/1867, AIM, A-8 C-14 C-44, doc. 12.476.

[193] Richard Francis Burton, op. cit., págs. 155 y 284.

[194] Gould para Mathew, *confidential*, Paso Pucú, 10/9/1867, en *British Documents on Foreign Affairs: Reports and Papers from the Foreign Office Confidential Print; Latin America, 1845-1914*, Part I, Series D, págs. 224-227.

[195] Carta del coronel José Antonio Corrêa da Câmara, jefe del Estado Mayor del Ejército imperial, para la esposa Maria Rita, Tuyú-Cué, 12/9/1867, en general Rinaldo Pereira da Câmara, *O general Câmara*, Porto Alegre, Livraria O Globo, 1964, vol. II, pág. 178; Juan Crisóstomo Centurión, op. cit., vol. II, pág. 275; George Thompson, op. cit., pág. 154; *Declaraciones del Dr. Stuart [¡sic!] súbdito inglés cirujano mayor del Ejército del Paraguay*, AIMHM, *Colección Zeballos*, carpeta 124.

[196] Informe de la situación militar de José Berges para las legaciones paraguayas en París y en Berlín, Asunción, 15/10/1867, ANA, *Colección Rio Branco*, doc. 4474; José Berges para Solano López, Asunción, 31/12/1867, ANA, *Colección Rio Branco*, doc. 4510; Solano López para José Berges, s. l., 2/1/1868, ANA, *Colección Rio Branco*, doc. 4392.

[197] José Álvaro Teixeira Soares, *O drama da Tríplice Aliança (1865-1870)*. Río de Janeiro, Editora Brand, 1956, pág. 191.

[198] RRNE, 1868, págs. 6-7, y 1867, pág. 5.

[199] Carta del general Melgarejo para Solano López, La Paz, 30/8/1866, en Juan Crisóstomo Centurión, op. cit., vol. II, págs. 289-290; Mariano

Nunes, ministro de Relaciones Exteriores de Bolivia, para el canciller José Berges, La Paz, 7/5/1867, ANA, *Colección Rio Branco*, doc. 4395; Felipe Osoriol, ministro de Relaciones Exteriores del Perú, para el canciller José Berges, Lima, 13/5/1867, idem, ibidem, doc. 4405.

[200] Álvaro Teixeira Soares, *Formação de fronteiras do Brasil*, Río de Janeiro, Conselho Federal de Cultura, 1972, págs. 214-215; Luiz A. Moniz Bandeira, *O expansionismo...*, op. cit., págs. 222-224 y 255; Delgado de Carvalho, op. cit., págs. 220-221; Juan E. Torrent para Elizalde, nota conf., Río de janeiro, 5/5/1867, AMREC, caja 34, *Brasil 1878-1868*.

[201] Sarmiento a Bartolomé Mitre, New York, 22/12/1867, AGM, t. I, pág. 76.

[202] "La Guerra de la Triple Alianza contra el Paraguay", *Cabichuí*, Paso Pucú, 10/6/1867, págs. 2-3, edición facsimilar; *Legação imperial em Santiago para o Ministério dos Negócios Estrangeiros*, of. res., 16/6/1867, AHI, 231-I-2.

[203] Alfredo d'Escragnolle Taunay (vizconde de Taunay), *Memórias*, San Pablo, Melhoramentos, 1946, págs. 132-133.

[204] Senador Pompeu, sesión de 6/6/1866, AS, 1866, vol. II, págs. 27-31; Cotegipe para Penedo, s. l., 12/5/1866, en Wanderley Pinho, *Cotegipe e seu tempo*, San Pablo, Cia. Editora Nacional, 1937, pág. 68; senador Silveira da Motta, sesión de 10/6/1867, AS, vol. II, págs. 33-35.

[205] Joaquim Nabuco, op. cit., vol. II, págs. 277 y 279; senador Pompeu, sesión de 27/9/1869, AS, 1869, vol. V, pág. 282. El senador observó que en el mes de agosto de 1868 ocurrieron doce asesinatos en Ceará, sea por los agentes policiales que estaban encargados de "cazar a los reclutas", sea por los perseguidos que se resistían a la acción de esas autoridades; senador Cotegipe, sesión de 9/6/1868, AS, 1868, vol. II, pág. 166; Junqueira, sesión del Senado de 8/6/1874, AS, 1874, vol. I, pág. 211; ministro de Guerra, sesión del Senado de 3/6/1870, AS, 1870, vol. I, pág. 86.

[206] Victor Izeckson, *O cerne da discórdia: a Guerra do Paraguai e o núcleo profissional do Exército brasileiro*. Río de Janeiro, Biblioteca do Exército, 1997, pág. 108.

[207] Vizconde de Taunay, *Viagens de outr'ora*. San Pablo, Melhoramentos, 1921, pág. 74.

[208] Eugenio Egas, *Galeria dos presidentes de São Paulo*. San Pablo, Secção de Obras d'O Estado de S. Paulo, 1926, vol. I, pág. 35.

[209] Oficios de J. T. Bastos, San Pablo, 12/11/1866 para el juez de Itapetininga; 13/11/1866, para el juez de Moji-Mirim; 17/11/1866, para el fiscal de Iguapé; 21/11/1866, para el subcomisario de policía de Caraguatatuba; 26/11/1866, para el capitán del puerto de Santos; 26/11/1866 y 16/4/1867, "a los comisarios de policí, circular"; 9/11/1867, "a los coman-

dantes superiores - circular"; 3/1/1868, "al jefe de policía [de la provincia], Apesp, *Correspondência reservada do governo com funcionários da Província (1866-1888)*, libro 0908.

[210] Eugenio Egas, op. cit., pág. 387.

[211] Pedro II para la condesa de Barral, Río de Janeiro, 22/11/1866, en Alcindo Sodré, op. cit., pág. 117.

[212] *Diário do Povo*, Río de Janeiro, editoriales de 8/3 y 13/3/1868, pág. 1, BN, microfilm Pr-SOR-164(2); Vinicio Stein Campos, *A crise política de 1868, observada de um ângulo local: Capivari*, s. l., s. ed., 1943, pág. 9; Eugenio Egas, op. cit., pág. 421.

[213] Victor Izeckson, op. cit., págs. 110-111.

[214] En Paulo de Carvalho Neto, "Folclore da Guerra do Paraguai", *Journal of Inter-American Studies*, Florida, School of Inter-American Studies (University of Florida), vol. III, ene. 1961, págs. 278-279.

[215] *Correio Mercantil*, Río de Janeiro, 9/11/1866, pág. 2, BN, microfilm, Pr-SPR-1; Vasconcellos e Sousa para el ministro de Negocios Extranjeros de Portugal, of. 173, Río de Janeiro, 22/11/1866, AMNE, *Legação de Portugal no Rio de Janeiro*, caja 209.

[216] Vasconcellos e Sousa para el ministro de Negocios Extranjeros de Portugal, of. 31, Río de Janeiro, 29/3/1867, idem, caja 210.

[217] Juan E. Torrent para Elizalde, nota conf., Río de Janeiro, 6/4/1867, AMREC, *Brasil 1867-1868*, caja 34; De la Quadra para el ministro de Asuntos Exteriores de España, f. 79, Río de Janeiro, 6/7/1867, AMNE, *Política exterior de Brasil*, paquete 2330.

[218] Editoriales, *Diário do Povo*, Río de Janeiro, 21 y 22/10/1867 (única edición), pág. 1, y 5/3/1868, pág. 1, BN, respectivamente microfilms PR-SOR-164 (1) y PR-SOR-164 (2).

[219] Nelson Werneck Sodré, *A história militar do Brasil*, 3ª ed. Río de Janeiro, Civilização Brasileira, 1979, pág. 230.

[220] De la Quadra, ministro español en el Brasil, para el ministro de Asuntos Exteriores, of. 18, Río de Janeiro, 7/2/1868, Amae, *Política exterior brasileña*, paquete 2330.

[221] Eugenio Egas, op. cit., pág. 420.

[222] *Cabichuí*.

[223] André Amaral de Toral, "A participação dos negros escravos na Guerra do Paraguai", *Estudos Avançados*, San Pablo, Instituto de Estudos Avançados da USP, vol. 9, Nº 24, mayo-agosto 1995, págs. 288-291.

[224] Idem, ibidem, págs. 291-292.

[225] Ricardo Salles, *Guerra do Paraguai: escravidão e cidadania na formação do Exército*. Río de Janeiro, Paz e Terra, 1990, págs. 66-70, 76-77.

[226] André do Amaral Toral, op. cit., pág. 295.

²²⁷ Ricardo Salles, op. cit., págs. 74-77.

²²⁸ Caxias para Muritiba, s. l., 13/12/1868, AN. códice 924, *Guerra do Paraguai*, vol. 5, págs. 133-140.

²²⁹ Corrêa da Câmara para Maria Rita, Lomas Valentinas, 26/12/1868, en Rinaldo Pereira da Câmara, op. cit., vol. II, pág. 250.

²³⁰ *Oipinião Liberal*, Río de Janeiro, 28/2/1868, en Nelson Werneck Sodré, *História do Segundo...*, op. cit., pág. 232; editorial "A Guerra e as Finanças", *Jornal do Commercio*, Río de Janeiro, 22/1/1868, BSF, microfilm 0086.

²³¹ Juan E. Torrent para Mitre, Río de Janeiro, 6/2/1868, AIGM, doc. 6166; Diego De la Quadra, de la Legación de España en el Brasil, para el ministro de Asuntos Extranjeros, of. 20, Río de Janeiro, 22/2/1868, AMRE, *Dirección de los Asuntos Políticos. Brasil*, paquete 1416; Vasconcellos e Souza, of. 20, Río de Janeiro, 20/2/1868, AMNE, *Legação de Portugal no Rio de Janeiro*, caja 211.

²³² Discurso del barón de Cotegipe, sesión del Senado del 9/6/1868, AS, vol. II, pág. 166; discurso de Zacarias, presidente del Consejo de Ministros, sesión del Senado del 13/6/1868, idem, ibidem, pág. 195.

²³³ Victor Izeckson, op. cit., págs. 117-118.

²³⁴ Augusto Tasso Fragoso, op. cit., pág. 180.

²³⁵ Caxias para Paranaguá, of. conf., Río de Janeiro, 21/10/1866, Augusto Tasso Fragoso, op. cit., vol. III, pág. 180; Paranaguá para Caxias, s. f. [octubre de 1866], Augusto Tasso Fragoso, op. cit., págs. 181-182.

²³⁶ Barón de Cotegipe, ministro interino de los Negocios Extranjeros, sesión del Senado de 3/8/1869, AS, 1869, vol. IV, pág. 31. Sin embargo, diferentes historiadores afirman que Caxias recibió el comando de la escuadra. Ver, por ejemplo, Augusto Tasso Fragoso, op. cit., vol. III, pág. 174.

²³⁷ Mitre para Elizalde, Tuyutí, 15/11/1866, en Universidad de Buenos Aires, op. cit., pág. 341.

²³⁸ Nota del jefe de la División Uruguay, coronel Isidoro Reguera, a Mitre, Santa María, 5/10/1866, AIGM, doc. 5878.

²³⁹ Andrés Cisneros y Carlos Escudé, *Historia general de las relaciones exteriores de la República Argentina*. Buenos Aires, Cari/Grupo Editor Latinoamericano, 1999, t. IV, págs. 113-115.

²⁴⁰ Juan E. Torrent para Elizalde, nota conf., Río de Janeiro, 3/2/1867, AMREC, caja 34, *Brasil 1867-1868*; Gelly y Obes para Martín de Gainza, Palma, 4/12/1868, AGNA, ex Museo Histórico Nacional, paquete 33.

²⁴¹ En León Rebollo Paz, *La Guerra del Paraguay*, 2ª ed. Buenos Aires, Talleres Gráficos Lombardi, 1965, pág. 114.

²⁴² Caxias para Osório, Tuyutí, 17/2/1867, en Joaquim Luis Osório y Fernando Luis Osório Filho, op. cit., pág. 323.

243 Augusto Tasso Fragoso, op. cit., vol. III, pág. 193.

244 General Paulo de Queiróz Duarte, *Os Voluntários da Pátria na Guerra do Paraguai*. Río de Janeiro, Biblioteca do Exército, vol. 3, t. III, 1988, pág. 116.

245 Sección de Geografía e Historia del Estado Mayor del Ejército, "Os Voluntários da Pátria e a Guerra da Tríplice Aliança", *Revista Militar Brasileira*, Brasília, Centro de Documentação do Exército, año 65, vol. 115, N° 3, set-dic. 1979, pág. 84.

246 Evangelista de Castro Dionísio Cerqueira, op. cit., pág. 167; discurso del senador Caxias, sesión de 15/7/1870, AS, 1870, vol. II, págs. 99-104.

247 João Manoel da Silva para "mi hermano y amigo José", campamento de Tuyutí, [?]/10/1866, en David Carneiro, *O Paraná na Guerra do Paraguai*. Río de Janeiro, Cia. Editora Americana, s. f., pág. 212.

248 Paranaguá a Caxias, Río de Janeiro, 27/10/1866, IHGB, *Coleção Marquês de Paranaguá*, lata 314, carpeta 2.

249 Evangelista de Castro Dionísio Cerqueira, op. cit., págs. 176 y 184.

250 Idem, ibidem, pág. 192.

251 Evangelista de Castro Dionísio Cerqueira, op. cit., pág. 241.

252 Miguel Ángel De Marco, *La Guerra del Paraguay*, Buenos Aires, Planeta, 1995, pág. 181.

253 Evangelista de Castro Dionísio Cerqueira, op. cit., pág. 183.

254 Caxias para Osório, Tuyutí, 13/5/1867 y "[a] bordo del vapor *Duque de Saxes*", 29/5/1867, en Joaquim Luís Osório y Fernando Luís Osório Filho, op. cit., págs. 355 y 358.

255 George Thompson, op. cit., pág. 145.

256 Juan Crisóstomo Centurión, op. cit., vol. II, págs. 255-257.

257 Evangelista de Castro Dionísio Cerqueira, op. cit., págs. 191-192.

258 Idem, ibidem, págs. 200-201.

259 Milda Rivarola, *Vagos, pobres y soldados: la domesticación estatal del trabajo en el Paraguay del siglo XIX*. Asunción, Centro Paraguayo de Estudios Sociológicos, 1994, págs. 111-113.

260 George Thompson, op. cit., págs. 138-139, 147 y 149. El coraje de que hacía gala el general Díaz, comandante de Curupaytí, lo hizo objeto de gran admiración por parte de las tropas paraguayas. El 26 de enero de 1867, el citado jefe y otros ayudantes salieron a pescar con una canoa por el río Paraguay. Como habían fondeado no muy lejos de la escuadra imperial, de allí partió un disparo de cañón que cayó cerca de la canoa hiriendo a Díaz, a quien se le tuvo que amputar una pierna y falleció el 7 de febrero (Juan Crisóstomo Centurión, op. cit., vol. II, págs. 243-244).

261 Comentario de Carlos von Koseritz, *Deustche Zeitung*, 20/4/1867, en Klaus Becker, *Alemães e descendentes, do Rio Grande do Sul, na*

Guerra do Paraguai, Canoas, Hilgert & Filhos, 1968, págs. 84-85. Koseritz era redactor del *Deutsche Zeitung*, diario de la colonia alemana en Rio Grande do Sul, y se basaba en las informaciones aportadas por los miembros de esa colonia que habían ido a la guerra.

[262] Caxias, sesión del Senado de 15/7/1870, AS, 1870, vol. II, pág. 100.

[263] Osório para Monteiro, s. l., 23/5/1867, en J. B. Magalhães, op. cit., pág. 174; más informaciones en las páginas 170-172 y 180-182.

[264] Augusto Tasso Fragoso, op. cit., vol. III, págs. 222-223.

[265] Evangelista de Castro Dionísio Cerqueira, op. cit., págs. 175-176.

[266] Fray Salvador María de Nápoles para el internuncio apostólico monseñor Sanguigni, Tuyú-Cué, 6/9/1867, AV, *Nunziatura Apostolica in Brazil. Missionari Capuccini*, N° 43 (fasc. 198).

[267] Juan Crisóstomo Centurión, op. cit., vol. II, págs. 249-250, 264-265; George Thompson, op. cit., págs. 147-149.

[268] George Thompson, op. cit., pág. 147.

[269] Caxias para Osório [Tuyutí], 4/4/1867, en J. B. Magalhães, op. cit., págs. 178-179. "Sin perjuicio del mérito de Caxias (...), es preciso señalar que la idea de maniobrar la posición enemiga bordeándola, ya había sido concebida por Mitre (...)" (J. B. Magalhães, pág. 178). Este tema será retomado más adelante en este libro.

[270] Joaquim Nabuco, op. cit., vol. IV, pág. 75; *O Cabrião*, San Pablo, 24/3/1867, pág. 200, BMA, s/c, encuadernado.

[271] Caxias para Carlota, Tuyutí, 11/3/1867, en E. Vilhena Moraes, *Novos aspectos da figura de Caxias*, Río de Janeiro, Leuzinguer, 1937, pág. 79.

[272] Vasconcellos e Souza, of. res. 26 y of. res. 43, Río de Janeiro, 23/2 y 6/5/1867, AMNE, *Legação de Portugal no Rio de Janeiro*, caja 210.

[273] Sá de Albuquerque para Caxias, Río de Janeiro, 16/5/1867, AN, caja 811, carpeta I.

[274] Caxias para Osório,Tuyutí, 6/6/1867, en Joaquim Luis Osório y Fernando Luis Osório Filho, op. cit., pág. 361.

[275] Augusto Tasso Fragoso, op. cit., vol. III, pág. 207.

[276] Tasso Fragoso, op. cit., vol. III, págs. 208-209. El original es Bormann, ver.

[277] Teniente brigadier Wanderley Lavanière, "Os balões de observação da Guerra do Paraguai", en *A Defesa Nacional*, Río de Janeiro, año 65, N° 677, mayo-jun. 1978, pág. 52.

[278] Augusto Tasso Fragoso, op. cit., vol. III, págs. 210-211.

[279] Wanderley Lavanière, op. cit., págs. 53-56. Según ese autor, James Allen recibió una bonificación de US$ 10 mil del gobierno brasileño (pág. 58).

[280] Apud Augusto Tasso Fragoso, op. cit., vol. III, pág. 235.

[281] Vasconcellos e Sousa para el ministro de Negocios Extranjeros de

Portugal, of. 31, Río de Janeiro, 29/3/1867, AMNE, *Legação de Portugal no Rio de Janeiro*, caja 210.

[282] Cinco de las naves quedaron fondeadas frente a Humaitá en forma permanente realizando el bombardeo, cuatro permanecieron en Puerto Elisário y una quedaba entre las dos divisiones sirviendo como repetidora de señales, entre otras funciones (Levy Scavarda, op. cit., pág. 37).

[283] Juan Crisóstomo Centurión, op. cit., vol. II, págs. 234-235.

[284] J. B. Magalhães, op. cit., pág. 246-248.

[285] Idem, ibidem, págs. 184 y 186; barón de Jaceguay, "A Guerra do Paraguay...", op. cit., pág. 134.

[286] Francisco Félix Pereira Costa, op. cit., vol. III, pág. 332; Caxias para Paranaguá, of. conf., Tuyutí, 10/6/1867, AN, caja 811, carpeta 1.

[287] Cartas de Caxias a su esposa, Tuyú-Cué, 8/8/1867, en John Schulz, *O Exército na política: origens da intervenção militar, 1850-1894*. San Pablo, Edusp, 1994, pág. 66.

[288] Richard Francis Burton, op. cit., pág. 37.

[289] Carta de Benjamin Constant, 7//1867, en Benjamin Constant Neto, *Benjamin Constant*. Río de Janeiro, Leuzinguer, 1940, págs. 42-43.

[290] Mitre para Marcos Paz, Tuyú-Cué, 1/8/1867, AGM, vol. III, pág. 300.

[291] Barón de Jaceguay, "A Guerra do Paraguay...", op. cit., pág. 134. Emilio Jourdan, citado por Augusto Tasso Fragoso, op. cit., vol. III, pág. 253; también págs. 257-258. El 9 de septiembre de 1867, Mitre sistematizó el intercambio de correspondencia del mes anterior con Caxias sobre el avance aliado en un documento titulado *Memoria militar* (65 páginas escritas en Tuyú-Cué), en donde constan sus planes militares y el planeamiento del ataque a Humaitá (Enrique I. Rottjer, op. cit., pág. 199).

[292] José S. Campobassi, *Mitre y su época*, Buenos Aires, Editorial Universitaria, 1980, págs. 505-507; José M. Niño, *Mitre, su vida íntima, histórica, hechos, reminiscencias, episodios y anécdotas militares y civiles*. Buenos Aires, Casa Editora de A. Grau, 1906, vol. I, pág. 221; general Rinaldo Pereira da Câmara, op. cit., vol. II, págs. 159-160; J. B. Magalhães, op. cit., pág. 179; Paunero para Mitre, Petrópolis, 10/1/1868, AM, *Archivo íntimo de Mitre*, AE, C71 C20, doc. 15.093.

[293] Mitre para Caxias, 5/8/1867, en Augusto Tasso Fragoso, op. cit., vol. III, págs. 259-262.

[294] En idem, ibidem, págs. 263-264.

[295] Antônio de Sousa Júnior, op. cit., pág. 307; J. B. Magalhães, op. cit., pág. 186.

[296] Inhaúma para el ministro de Marina, 3/8/1867, en Joaquim Nabuco, op. cit., vol. IV, pág. 75; Antônio de Sousa Júnior, op. cit., pág. 307; Max von Versen, *História da Guerra do Paraguai*. Belo Horizonte/San Pablo, Editora Itatiaia/Edusp, 1976, pág. 105; George Thompson, op. cit., pág. 152.

[297] Ver *Relatório sobre a Estrada de Ferro do Chaco*, presentado al ministro de Marina, Afonso Celso de Assis Figueiredo, después vizconde de Ouro Preto, por el constructor, teniente primero Jaime Gomes Argolo Ferrão, ayudante del director de los Talleres de Máquinas del Arsenal de la Marina de la Corte, 30/12/1867, en Levy Scavarda, "Centenário da passagem de Humaitá", *Revista Marítima Brasileira*, Río de Janeiro, Serviço de Documentação da Marinha, año LXXXVIII, ene.-mar. 1968, N° 1/3, págs. 35-40.

[298] Mitre para Caxias [Tuyú-Cué], 6/9 y 9/9/1867, AIGM, respectivamente doc. 5688 (borrador) y doc. 5688; Marcelino Ugarte, nuevo ministro de Relaciones Exteriores de la Argentina, para Francisco Fortunado de Britto, ministro residente del Brasil, Buenos Aires, 30/9/1867, AIGM, doc. 5784. En marzo de 1867 Britto sustituyó a Francisco Octaviano de Almeida Rosa; Britto para Ugarte, Buenos Aires, 2/10/1867, idem, ibidem; Ugarte para Britto, Buenos Aires, 14/11/1867, idem, ibidem; Britto para Ugarte, Buenos Aires, 10/12/1867, idem, ibidem.

[299] Mitre para Marcelino Ugarte, Tuyú-Cué, 5/1/1868, AIGM, doc. 5785.

[300] Caxias para el ministro de Guerra, of. res., Tuyú-Cué, 11/9/1867, AN, *Guerra do Paraguai*, caja 811, paquete I.

[301] En Enrique I. Rottjer, op. cit., 1937, págs. 203-204.

[302] Afirmación citada en carta de Francisco Octaviano de Almeida Rosa para João Pedro Dias Vieira, Buenos Aires, 4/5/1865, en *Ata do Conselho do Estado* de 30/9/1867, BSF, *Atas do Conselho do Estado*, microfilm 02/72.

[303] Vasconcellos e Sousa para el ministro de Negocios Extranjeros de Portugal, of. 98, Río de Janeiro, 6/9/1867, AMNE, *Legação de Portugal no Rio de Janeiro*, caja 210.

[304] Apud Pedro Calmon, op. cit., pág. 143.

[305] Gould para Mathew, secret, Paso Pucú, 10/1867, en *British Documents on Foreign Affairs: Reports and Papers from the Foreign Office Confidential Print, Latin America, 1845-1914*, Part I, Series D, págs. 227-228.

[306] Pedro II para la condesa de Barral, Río de Janeiro, 7/11/1867, en Alcindo Sodré, *Abrindo um cofre: cartas de dom Pedro II à condesa de Barral*, Río de Janeiro, Livros de Portugal, 1956, pág. 134.

[307] Afonso Celso para Inhaúma, Río de Janeiro, 21/9/1867, en Joaquim Nabuco, *La Guerra del Paraguay*, París, Garnier Hermanos Libreros, 1901, pág. 207; "Uma página sobre a Guerra", *Diário do Povo*, Río de Janeiro, 20/10/1867, pág. 3, BN, microfilm PR-SOR-164 (I).

[308] Pedro II para la condesa de Barral, Río de Janeiro, 23/11 y 23/10/1867, en Alcindo Sodré, op. cit., págs. 137-138.

[309] *Teatro de la Guerra. Correspondencia particular*, Corrientes, 2/2/1868, firma EP; *La República*, Buenos Aires, 6/2/1868, pág. 1, BC, s/c.

[310] Barón de Jaceguay, "A Guerra do Paraguai...", op. cit., págs. 143-145.
[311] Idem, ibidem, págs. 157-158.
[312] Idem, ibidem, págs. 159-160.
[313] Idem, págs. 161, 146-147 y 153.

4. 1868: El año decisivo

[1] Augusto Tasso Fragoso, *História da Guerra entre a Tríplice Aliança e o Paraguai*. Río de Janeiro, Imprensa do Estado-Maior do Exército, 1934-1935, vol. III, pág. 356.

[2] Barón de Jaceguay, "A Guerra do Paraguay...", op. cit., en barón de Jaceguay y Carlos Vidal de Oliveira, *Quatro séculos de atividade marítima: Portugal e Brasil*, Río de Janeiro, Imprensa Nacional, 1900, págs. 166 y 168; Romeu Beltrão, *O vanguardeiro de Itororó*, Santa María, RS, Câmara Municipal de Vereadores, págs. 121-122.

[3] Augusto Tasso Fragoso, op. cit., vol. III, pág. 365.

[4] Francisco Félix Pereira Costa, *História da guerra do Brasil contra as Repúblicas do Uruguay e Paraguay*, Río de Janeiro, Livraria de A. G. Guimarães, 1870, vol. III, pág. 441; Justiniano Rodas Benítez, *Saturnino Ferreira Pérez, testimonios de un capitán de la Guerra del 70*, Asunción, Talleres Gráficos de Editora Litocolor, 1989, pág. 46; George Thompson, *La Guerra del Paraguay*, Asunción, RP Ediciones, 1992, págs. 161-163.

[5] George Thompson, op. cit., pág. 163; Augusto Tasso Fragoso, op. cit., vol. III, pág. 376.

[6] Correspondencia de Otto Stieher, 8/11/1867, *Deutsche Zeitung*, en Klaus Becker, *Alemães e descendentes, do Rio Grande do Sul, na Guerra do Paraguai*, Canoas, Hilgert & Filhos, 1968, pág. 92.

[7] *Diário de campanha do capitão Pedro Werlang*, en Klaus Becker, idem, pág. 132.

[8] Barón de Jaceguay, op. cit., pág. 166; correspondencia de Otto Stieher, 8/11/1867, *Deutsche Zeitung*, en Klaus Becker, op. cit., pág. 94; Manlio Cancogni e Ivan Boris, *Solano López, o Napoleão do Prata*, Rio de Janeiro, Civilização Brasileira, 1975, págs. 175-177; Charles J. Kolinsky, *Independence or Death! The Story of the Paraguayan War*, Gainsville, University of Florida Press, 1965, pág. 153; Leandro Aponte B., *Hombres... armas... y batallas: la epopeya de los siglos*, Asunción, Comuneros, 1971, pág. 195.

[9] Correspondencia de Otto Stieher, 8/11/1867, *Deutsche Zeitung*, en Klaus Becker, op. cit., pág. 93.

[10] Augusto Tasso Fragoso, op. cit., vol. III, págs. 375-376; general Pau-

lo de Queiroz Duarte, *Os Voluntários da Pátria na Guerra do Paraguai*, Río de Janeiro, Biblioteca do Exército, 3 vols., t. II, 1988, pág. 211.

[11] George Thompson, op. cit., pág. 166.

[12] *Proceso Criminal N° 29. Contra cuarenta y cuatro prisioneros brasileños descubiertos de haber tramado un complot contra el Ejército Nacional [¡sic!] y deserción de uno de ellos llamado Cipriano Gomes de Moreira*, "campamento Paso Pucú, 16/11/1867", ANA, Sección Civiles y Judiciales, vol. 1799, doc. N° 5. Sentencia del general Resquín, Paso Pucú, 9/12/1867, idem, ibidem; decreto de Solano López, Paso Pucú, 11/12/1867, idem, ibidem. Fueron fusilados el alférez Dionisio Machado, nueve sargentos, doce cabos y quince soldados. *Diligencia de la ejecución de la sentencia*, Paso Pucú, 12/12/1867, firman el juez José Falcón y el comandante José Duarte, idem; George Thompson, op. cit., pág. 166.

[13] *Proceso criminal contra el teniente 1° José Bargas, de la 1ª Compañía del 1er Escuadrón, acusado por varias quejas que produjo contra el servicio y disposiciones de los jefes de vanguardia en que se hallaba* (ANA, Sección Civiles y Judiciales, vol. 1799, doc. 4).

[14] "Viva el gran López" y "Oda", *El Centinela*, Asunción, 7/11/1867, año I, N° 29, págs. 1-2.

[15] "Gran Jornada de Tuyuty", idem, 14/11/1867, año I, N° 30, pág. 1.

[16] "El retrato del mariscal", idem, 21/11/1867, año I, N° 31, pág. 1.

[17] "Entusiasmo del pueblo paraguayo", *Cabichuí*, 17/6/1867, pág. 1, edición facsimilar. "El Exmo. señor mariscal López", idem, 24/7/1868, pág. 4, ibidem.

[18] Barbara Potthast-Jutkeit, *¿"Paraíso de Mahoma" o "país de las mujeres"? el rol de la familia en la sociedad paraguaya del siglo XIX*, Asunción, Instituto Cultural Paraguayo-Alemán, 1996, págs. 259-261.

[19] Carolina Valenzuela se defendió afirmando que no había hecho un comentario en contra de Solano López, sino que al estar enferma, se había molestado porque sus empleadas habían salido sin autorización. Temerosa por la posibilidad de ser blanco de un proceso, ya había mandado a rezar dos misas: una para Solano López y otra para el Ejército (*Informe del juez de paz de Itacurubí del Rosario*, 26/5/1868, en idem, ibidem, pág. 261).

[20] Augusto Tasso Fragoso, op. cit., vol. III, págs. 306-309; barón de Jaceguay, op. cit., pág. 167.

[21] Barón de Jaceguay, op. cit., pág. 167.

[22] Idem, ibidem, págs. 171-172; George Thompson, op. cit., pág. 168.

[23] Mitre para Elizalde, Tuyú-Cué, 14/11/1867, en Universidad de Buenos Aires, *Correspondencia Mitre-Elizalde*, Buenos Aires, UBA, Depar-

tamento Editorial, 1960, pág. 420; Augusto Tasso Fragoso, op. cit., vol. III, págs. 384-385.

[24] Solano López para José Berges, s. l., 2/1/1868, ANA, *Colección Rio Branco*, doc. 4392.

[25] George Thompson, op. cit, pág. 170; traducción del oficio de Washburn al Departamento de Estado anexa a la carta de Berges para Solano López, Asunción, 8/1/1868, ANA, *Colección Rio Branco*, doc. 4510.

[26] Gumercindo Benítez para Luiz Caminos, secretario general del Ministerio de Relaciones Exteriores, Luque, 20/3/1868, ANA, *Colección Rio Branco*, doc. 4652.

[27] Vasconcellos e Sousa, representante portugués en el Brasil, para el ministro de Negocios Extranjeros, *Legação de Portugal no Rio de Janeiro*, caja 211.

[28] Augusto Tasso Fragoso, op. cit., vol. III, págs. 395-396.

[29] Barón de Jaceguay, op. cit., págs. 171-176.

[30] Idem, ibidem, pág. 179.

[31] Idem, ibidem, pág. 180.

[32] Idem, págs. 176-179.

[33] Idem, págs. 201 y 214.

[34] Arthur Silveira da Motta (barón de Jaceguay) y Carlos Vidal de Oliveira Freitas, *Ensaio histórico sobre a génesis e desenvolvimento da Armada brasileira até o fim do século XIX*, 2ª ed., Río de Janeiro, Typographia Leuzinger, 1903, pág. 174.

[35] Discurso de Silveira da Motta, sesión del Senado de 20/6/1868, AS, vol. II, pág. 293.

[36] Caxias para Muritiba, of. 924, códice 924, *Guerra do Paraguai. Reservados e confidenciais. Correspondência ao comandante-em-chefe*, vol. 4.

[37] Augusto Tasso Fragoso, op. cit., vol. III, págs. 415-418.

[38] Idem, ibidem, vol. III, pág. 419.

[39] Barón de Jaceguay, "A Guerra do Paraguay...", op. cit., págs. 182 y 215.

[40] Idem, ibidem, pág. 184; Evangelista de Castro Dionísio Cerqueira, *Reminiscências da campanha do Paraguai: 1865-1870*, Río de Janeiro, Biblioteca do Exército, 1980, pág. 223.

[41] Barón de Jaceguay, "A Guerra do Paraguay...", op. cit., pág. 210.

[42] Juan Crisóstomo Centurión, *Memorias: reminiscencias históricas sobre la Guerra del Paraguay*, Asunción, El Lector, 1987, vol. III, pág. 92.

[43] Barón de Jaceguay, "A Guerra do Paraguay...", op. cit., pág. 222.

[44] Jorge Federico Masterman, *Siete años de aventuras en el Paraguay*, Buenos Aires, Imprenta Americana, 1870, pág. 200; Efraím Cardozo, *El Paraguay independiente*, Asunción, El Lector, 1996, pág. 236.

[45] Barón de Jaceguay, "A Guerra do Paraguay...", op. cit., págs. 223-224.

[46] Vasconcellos e Sousa para el ministro de Negocios Extranjeros de Portugal, of. 32, Río de Janeiro, 10/3/1868, AMNE, *Legação de Portugal no Rio de Janeiro*, caja 211.

[47] De la Quadra para el ministro de Asuntos Exteriores de España, of. s. n., Río de Janeiro, 10/5/1868, Amae, *Política exterior de Brasil*, paquete 2330; *Atas da Câmara da Cidade de São Paulo (1865-1870)*, San Pablo, Departamento de Cultura da Prefeitura do Município de São Paulo, 1946, vol. LIV, págs. 42-43.

[48] Pedro II para la condesa de Barral, Río de Janeiro, 7/4/1868, en Alcindo Sodré, *Abrindo um cofre: cartas de dom Pedro II à condessa de Barral*, Río de Janeiro, Livros de Portugal, 1956, pág. 142.

[49] Augusto Tasso Fragoso, op. cit., vol. III, pág. 308; Juan Crisóstomo Centurión, op. cit., vol. III, págs. 103-104.

[50] Barón de Jaceguay, "A Guerra do Paraguay...", op. cit., págs. 227, 167 y 170.

[51] Juan Crisóstomo Centurión, op. cit., vol. III, pág. 113.

[52] Augusto Tasso Fragoso, op. cit., vol. III, págs. 308-309.

[53] Gelly y Obes para Mitre, Tuyú-Cué, 21 y 27/3/1868; "Costa del Chaco en Pavón", 2/5/1868, AM, *Archivo inédito del general Mitre*, respectivamente, docs. 7081, 7086 y 7098.

[54] Telegrama de Solano López para los coroneles Alen, Martínez y Cabral, s. l., 7/5/1868, AIGM, doc. 7523.

[55] Juan Crisóstomo Centurión, op. cit., vol. III, págs. 120-121.

[56] Mitre para Gelly y Obes, Buenos Aires, 15/7/1868, AM, *Archivo del general Mitre*, t. III, pág. 259.

[57] Augusto Tasso Fragoso, op. cit., págs. 488-489.

[58] Augusto Tasso Fragoso, op. cit., vol. III, pág. 493; Juan Crisóstomo Centurión, op. cit., págs. 121-123; Osório para Pedro, s. l., 20/7/1868, en Joaquim Osório e Fernando Luis Osório Filho, op. cit., pág. 451. La observación sobre la Orden del Día Nº 237 la hacen los autores del libro en la pág. 457.

[59] *Diário de campanha do capitão Pedro Werlang*, en Klaus Becker, op. cit., pág. 136. El número de 194 bajas paraguayas es de Juan Crisóstomo Centurión, op. cit., pág. 123. Pero un sobrino de Osório que estaba en el frente de batalla afirma que los brasileños tuvieron 548 muertos y 348 desaparecidos, es decir, que probablemente eran muertos que quedaron en territorio bajo control paraguayo (Manoel Joaquim Osório para "Tío Pedro", Pare-Cué, 19/7/1868, en Joaquim Osório y Fernando Luis Osório Filho, op. cit., pág. 451).

[60] Juan Gelly y Obes para Bartolomé Mitre, Tuyú-Cué, 21/3/1868, AM, *Archivo inédito del general Mitre*, doc. 7081.

[61] En Augusto Tasso Fragoso, op. cit., vol. III, pág. 492.

⁶² Juan Crisóstomo Centurión, op. cit., vol. III, págs. 127-130.

⁶³ Augusto Tasso Fragoso, op. cit., vol. III, págs. 310-311.

⁶⁴ Joaquim S. de Azevedo Pimentel, *Episódios militares*, Río de Janeiro, Biblioteca do Exército Editora, 1978, pág. 72.

⁶⁵ Conde d'Eu para el duque de Nemours [¿Río de Janeiro?], 21/4/1868, en Alberto Rangel, *Gastão de Orléans (o último conde d'Eu)*, San Pablo, Cia. Editora Nacional, 1935, pág. 190.

⁶⁶ Evangelista de Castro Dionísio Cerqueira, op. cit., pág. 205.

⁶⁷ Copia del oficio del capitán y comandante Álvaro G. de Sousa Soares d'Andrea, "Bordo do vapor Zarco em Montevideo em 4 de Outubro de 1868", para el barón de Sousa, encargado de Negocios de Portugal en el Río de la Plata (anexo al oficio 50, de Sousa para la Cancillería portuguesa, Montevideo, 14/10/1868); AMNE, *Consulado Geral e Legação de Portugal no Rio da Prata*, caja 789.

⁶⁸ Richard Francis Burton, op. cit., pág. 273.

⁶⁹ Augusto Tasso Fragoso, op. cit., vol. III, pág. 503; general Paulo de Queiróz Duarte, *Os Voluntários da Pátria na Guerra do Paraguai*, Río de Janeiro, Biblioteca do Exército, t. 3, vol. III, 1984, pág. 126.

⁷⁰ Apud Augusto Tasso Fragoso, op. cit., vol. III, pág. 5.

⁷¹ Juan Crisóstomo Centurión, op. cit., vol. III, págs. 131-132; Augusto Tasso Fragoso, op. cit., vol. III, pág. 312.

⁷² Juan Crisóstomo Centurión, op. cit., vol. III, págs. 133-135; Augusto Tasso Fragoso, op. cit., vol. III, pág. 313.

⁷³ Augusto Tasso Fragoso, op. cit., vol. III, págs. 516-517.

⁷⁴ Evangelista de Castro Dionísio Cerqueira, op. cit., pág. 256.

⁷⁵ Juan Crisóstomo Centurión, op. cit., vol. III, págs. 135-136.

⁷⁶ Apud Augusto Tasso Fragoso, op. cit., vol. III, págs. 519-521; Extensión trincheras: Augusto Tasso Fragoso, op. cit., vol. III, pág. 521.

⁷⁷ Richard Francis Burton, op. cit., págs. 280-281.

⁷⁸ Idem, ibidem, pág. 290.

⁷⁹ Idem, págs. 280-282 y 395; la representación británica en Buenos Aires también informó de batallones enteros formados por extranjeros (Gould para lord Stanley, Buenos Aires, 12/5/1868, en *British Documents on Foreign Affairs: Reports and Papers from the Foreign Office Confidential Print; Latin-America, 1845-1914*, Part I, pág. 239, Series D, págs. 224-227).

⁸⁰ Idem, pág. 282.

⁸¹ Joaquim Nabuco, *Um estadista no Império: Nabuco de Araújo*, San Pablo, Progresso, s. f., vol. III, págs. 95-97.

⁸² Wilma Peres Costa, *A espada de Dâmocles*, San Pablo, Hucitec/Unicamp, 1996, págs. 251-252.

[83] Idem, ibidem, pág. 252.

[84] Raimundo Magalhães Júnior, *Deodoro: a espada contra o Império*, San Pablo, Cia. Editora Nacional, 1957, vol. I (*O aprendiz de feiticeiro*), págs. 87-88.

[85] Joaquim Nabuco, op. cit., vol. III, págs. 95-100.

[86] Zacarias, presidente del Consejo de Ministros, sesión del Senado de 6/6/1868, AS, 1868, vol. II, págs. 116-117; Wanderley Pinho, *Política e políticos no Império: contribuções documentales*, Río de Janeiro, Imprensa Nacional, 1930, págs. 79-80; Paranhos para Cotegipe, Río de Janeiro, 27/2/1868, ABC, lata 932, carpeta 128.

[87] Wanderley Pinho, op. cit., pág. 123; Baptista Pereira, *Figuras do Império e outros ensaios*, San Pablo, Cia. Editora Nacional, 1931, págs. 17-18.

[88] Joaquim Nabuco, op. cit., vol. III, pág. 104; Wanderley Pinho, op. cit., pág. 90.

[89] Joaquim Nabuco, op. cit., vol. II, pág. 105.

[90] Joaquim Nabuco, *La Guerra del Paraguay*, París, Garnier Hermanos Libreros, 1901, pág. 229; Caxias para el barón de Muritiba, of. conf., "Pare-Cué, frente a Humaitá", 14/8/1868, AN, códice 924 (*Reservados e confidenciais. Correspondência do comandante-em-chefe*), vol. 4, págs. 131-134.

[91] Carta de Caxias para su esposa, Humaitá, 19/8/1868, en Brígido Tinoco, *As duas paixões de Caxias*, Río de Janeiro, Biblioteca do Exército, 1955, pág. 205.

[92] De la Quadra, ministro español en el Brasil, para el ministro de Asuntos Exteriores, *Correspondencia embajadas y legaciones. Brasil*, paquete 1416.

[93] Vasconcellos e Sousa, ministro portugués en el Brasil, para el ministro de Negocios Extranjeros, Río de Janeiro, 8/7/1868, AMNE, *Legação de Portugal no Rio de Janeiro*, caja 211.

[94] Caxias para el barón de Muritiba, of. conf., "Pare-Cué, frente a Humaitá", 14/8/1868, AN, códice, 924 (*Reservados e confidenciais. Correspondência do comandante-em-chefe*), vol. 4, págs. 131-134; vizconde de Itaboarí, sesión del Senado de 3/8/1869, AS, 1869, vol. IV, pág. 22; Caxias para Paranhos, particular, 16/9/1868, en Wanderley Pinho, *Cartas do Imperador d. Pedro II ao barão de Cotegipe*, San Pablo, Cia. Editora Nacional, 1933, pág. 238. "Soy consciente de q. V. Exa., y sus dignos colegas no tienen por ahora otro pensamiento sino el de concluir la guerra según lo acordado en el Tratado de la Triple Alianza (...)" (Caxias para Muritiba, particular, s. l., 26/9/1868, AN, códice 924, *Guerra do Paraguai. Reservados e confidenciais. Correspondência do comandante-em-chefe*, vol. 4, pág. 265); Heitor Lyra, *História de d. Pedro II: 1825-1870*, San Pablo, Cia. Editora Nacional, 1938, vol. I, págs. 509-510.

[95] Caxias para Paranhos, particular, Surubí-hi, 16/9/1868, AN, códice 924, *Guerra do Paraguai. Reservados e Confidenciais. Correspondência do comandante-em-chefe*, vol. 4, pág. 238.

[96] Joaquim, Nabuco, *La Guerra...*, op. cit., pág. 125.

[97] Lilia Moritz Schwarcz, *As barbas do Imperador: d. Pedro II: um monarca nos trópicos*, San Pablo, Companhia das Letras, 1998, pág. 313.

[98] Luis Vittone, *Tres guerras, dos mariscales, doce batallas*, Asunción, Editorial Gráfico, 1967, pág. 392.

[99] Cecilio Báez, en Junta Patriótica Paraguaya, *El mariscal Francisco Solano López*, Asunción, Junta Patriótica, 1926 (ed. facsimilar, 1996), pág. 76.

[100] Idem, ibidem, pág. 77.

[101] Juan Crisóstomo Centurión, op. cit., vol. III, págs. 95-97.

[102] Idem, ibidem, págs. 97-98.

[103] Idem, ibidem, pág. 78.

[104] Carta de Fidel Maíz para Zeballos, Arroyo y Esteros, 7/7/1889, AIMHM, *Colección Zeballos*, carpeta 122.

[105] Ver la extensa correspondencia entre Solano López y Venancio López, ANA, *Colección Rio Branco*, doc. 4545.

[106] Juan Crisóstomo Centurión, op. cit., vol. III, págs. 145-146.

[107] Cecilio Báez, en Junta Patriótica Paraguaya, *El mariscal Francisco Solano López*, op. cit., págs. 79-80.

[108] José María Rosa, *La Guerra del Paraguay y las montoneras argentinas*, Buenos Aires, A. Peña Lillo Editor, s. f., pág. 291; Juan Crisóstomo Centurión, op. cit., vol. III, pág. 153; John Hoyt Williams, *The Rise and Fall of the Paraguayan Republic, 1800-1870*, Austin, University of Texas at Austin, 1979, pág. 223.

[109] Juan Crisóstomo Centurión, op. cit., vol. III, págs. 154-155; carta de Fidel Maíz a Estanislao Zeballos, Arroyo y Esteros, 7/7/1889, AIMHM, *Colección Zeballos*, carpeta 122 ("Padre Fidel Maíz").

[110] Juan Crisóstomo Centurión, op. cit., pág. 160.

[111] George Thompson, op. cit., pág. 230.

[112] Interrogatorio del capitán paraguayo Matías Goyburú, hecho por el Ejército brasileño, Asunción, 14/3/1869, en Guido Rodríguez Alcalá, *Residentas, destinadas y traidoras*, Asunción, RP/Criterio, 1991, pág. 112.

[113] Juan Silvano Godoi, *El fusilamiento del obispo Palacios y los tribunales de sangre de San Fernando: documentos históricos*, Asunción, El Lector, 1996, pág. 102.

[114] Declaración del ingeniero inglés Taylor ante la Cámara de los Comunes de Inglaterra, en idem, ibidem, págs. 109-110.

[115] *Segundo informe del capitán Julián N. Godoy [1888]*, AIMHM, *Colección Zeballos*, carpeta 144.

[116] Juan Silvano Godoi, op. cit., págs. 14-151 y 194.

[117] *El padre Maíz. Informes y apuntes. Asunción, 1888*, ANA, *Colección Zeballos*, carpeta 122; Fidel Maíz, op. cit., págs. 49-74; *Segundo informe del capitán Julián N. Godoy* [abril de 1888], AIMHM, *Colección Zeballos*, carpeta 144; Silvio Gaona, *El clero en la Guerra del 70*, 2ª ed., Asunción, El Arte, 1961, pág. 38.

[118] Charles Alfred Washburn para Gumercindo Benítez, "Ministro accidental de R.E.", Asunción, 3/8/1868, ANA, *Colección Rio Branco*, doc. 4805; *Declarações de José Berges, sobre a correspondência que teve com Caxias... 1868*, idem, ibidem, doc. 4780. La clasificación del documento está en portugués en el original.

[119] Jorge Federico Masterman, op. cit., págs. 210-228; George Thompson, op. cit., pág. 200.

[120] Caxias para Paranhos, Surubí-hi, 4/10/1868, AN, códice 824, vol. 4, págs. 17-18; John Hoyt Williams, op. cit., pág. 225; Jorge Thompson, op. cit., pág. 195; Max von Versen, op. cit., pág. 133; Luis Vittone, op. cit., págs. 403-411.

[121] *Segundo informe del capitán Julián N. Godoy [abril de 1888]*, AIMHM, *Colección Zeballos*, carpeta 144; Cecilio Báez, en Junta Patriótica Paraguaya, *El mariscal Francisco Solano López*, op. cit., págs. 80-81; John Hoyt Williams, op. cit., págs. 224 y 253.

[122] Declaración de Clião de Arouca, en J. G. de Lemos Britto, *Guerra do Paraguay: narrativa dos prisioneiros do vapor "Marquêz de Olinda"*, Bahia, Lithographia-Typographia e Encadernação Reis e Cia., 1907, pág. 92.

[123] George Thompson, op. cit., pág. 231. Fueron víctimas de la confiscación los españoles Uribe and Co. (200 mil pesos fuertes), Inocensio Gregorio (20 mil pesos fuertes), Villo Hermanos (30 mil pesos fuertes), Ignacio Gallarrago (50 mil pesos fuertes). En la lista hay otros 21 españoles a los cuales les fue confiscada una cantidad aproximada de 30 mil pesos fuertes; con cantidades variables aparecen seis italianos, cuatro alemanes, once argentinos, cuatro uruguayos y cinco portugueses. "Latest from Paraguay", *The Standard*, Buenos Aires, 5/1/1869, anexo al oficio Stuart, representante británico, para Stanley, of. 2, Buenos Aires, 12/1/1869, en *Public Record Office* (Londres), FO 6/82 - From Stuart, 1869 Jan.-May. Documento investigado por Eugenio Vargas García.

[124] Vizconde de Taunay, *Recordações de Guerra e de viagem*, San Pablo, Weiszflog, 1920, pág. 101.

[125] Alberto Amerlan, *Bosquejos de la Guerra del Paraguay*, Buenos Aires, Editores Hermann Tjarks, 1904, pág. 98.

[126] Fausto de Queiróz Guedes, encargado de Negocios interino portugués en el Brasil, para el ministro de Negocios Extranjeros de Portugal,

of. 81, Río de Janeiro, 23/6/1869, AMNE, *Legação de Portugal no Rio de Janeiro*, caja 212.

[127] Arturo Bray, *Solano López, soldado de la gloria y del infortunio*, 3ª ed., Asunción, Carlos Schauman Editor, 1984, págs. 348-349.

[128] Idem, ibidem, pág. 349; *Hombres y épocas del Paraguay*, Buenos Aires, Editorial Difusam, vol. I, 1943, págs. 90-91; ver también Barbara Potthast-Jutkeit, op. cit., pág. 216.

[129] *Varias noticias recogidas en la Asunción*, s. f. [1888], AIMHM, *Colección Zeballos*, carpeta 128.

[130] Evangelista de Castro Dionísio Cerqueira, op. cit., pág. 258.

[131] En Augusto Tasso Fragoso, op. cit., vol. V, pág. 28.

[132] Augusto Tasso Fragoso, op. cit., vol. IV, pág. 8.

[133] Carta de Caxias a su esposa, Humaitá, 19/8/1868, en Brígido Tinoco, op. cit., pág. 204.

[134] Caxias para Muritiba, conf., Pare-Cué, 17/8/1868, AN, códice 924, vol. 4, págs. 147-149.

[135] Idem, of. conf., Pare-Cué, 14/8/1868, ibidem, págs. 126-127.

[136] Carlos Creus, ministro español en el Uruguay, para el Ministerio de Asuntos Exteriores de España, of. 15, Montevideo, 28/1/1868, Amae, *Política exterior paraguaya*, paquete 2576.

[137] Maury, representante español en la Argentina, para el ministro de Asuntos Exteriores de España, of. 43, Buenos Aires, 26/3/1869, Amae, *Política exterior paraguaya*, paquete 2576.

[138] "La firmeza con que el gobierno imperial consideró rota la Alianza por los actos del general Gelly y Obes produjo efectos de lo más saludables; nuestro ministro en misión especial en el Río de la Plata, que me había enviado un oficio comunicándome la resolución del gobierno imperial, se vio forzado a ceder a los ruegos del presidente de la República para que se considerase suspendida la declaración del fin de la Alianza (...)" (idem, of. conf., Surubí-hi, 3/10/1868, vol. 5, págs. 15-16).

[139] Caxias para Muritiba, [?]/5/1868, en Víctor Izecksohn, op. cit., págs. 114-115.

[140] Augusto Tasso Fragoso, op. cit., vol. IV, pág. 28.

[141] Caxias para Gelly y Obes, Surubí-hi, 3/10/1868; idem, ibidem, pág. 218; Caxias para Itaboraí, particular, 26/9/1868, ibidem, págs. 250-254; Caxias para Muritiba, particular, 26/9/1868, ibidem, pág. 265; Juan Bautista Alberdi para Gregorio Benítez, ministro paraguayo en París, St. André (Francia), 16/12/1867, AGNA, ex Museo Histórico Nacional, paquete 33, doc. 3905.

[142] En Augusto Tasso Fragoso, op. cit., vol. IV, pág. 34.

[143] Idem, ibidem, pág. 40.

[144] Idem, ibidem, pág. 50.

[145] Augusto Tasso Fragoso, op. cit., vol. IV, pág. 51.

[146] Antonio de Sousa Júnior, op. cit., págs. 309-320; Rinaldo Pereira da Câmara, op. cit., vol. II, pág. 218.

[147] José Ignacio Garmendia, *Recuerdos de la Guerra del Paraguay*, 4ª ed., corregida y aumentada, Buenos Aires, Casa Editora, 1890, pág. 285.

[148] Caxias para Gelly y Obes, Surubí-hi, 15/10/1868, AN, códice 924, vol. 5, págs. 42-43.

[149] Caxias para Paranhos, ministro de Negocios Extranjeros, "Margen izquierda del Tebicuary", s. f. (fines de agosto/comienzos de septiembre de 1868), AN, códice 924, *Guerra do Paraguai. Reservados e Confidenciais. Correspondência do comandante-em-chefe*, vol. 4.

[150] Caxias para Joaquim Thomaz do Amaral, of. res., Surubí-hi, 11/10/1868, idem, ibidem, págs. 28-30; Caxias para Paranhos, particular, Surubí-hi, 12/11/1868, AN, idem, págs. 75-81. La desconfianza sobre una eventual modificación de la postura del brigadier Castro se explica por las dudas en cuanto a lo que ocurriría en Montevideo. El general Flores había sido asesinado en las calles de esa ciudad el 19 de febrero de 1868. Con cierta exageración, pero demostrando la importancia que tenía el muerto para el Imperio, el conde d'Eu afirmó que Flores "por así decir, sacrificó su vida a nuestra causa". *Viagem militar ao Rio Grande do Sul (agosto a novembro de 1865)*, San Pablo, Cia. Editora Nacional, 1936, pág. 116.

[151] Caxias para Paranhos, of. res., Surubí-hi, 12/11/1868, AN, códice 924, *Guerra do Paraguay. Reservados e confidenciais. Correspondência do comandante-em-chefe*, vol. 5, págs. 103-110.

[152] Caxias para Paranhos, of. res., Surubí-hi, 12/11/1868, idem, ibidem; Caxias para Muritiba, "Surubí-hy, of. conf., 8/11/1868, idem, ibidem, vol. 5, págs. 81-84; Gelly y Obes para Mitre, Tuyú-Cué, 27/3/1868, AIGM, doc. 7086; idem, "Costa del Chaco en el Pavón", 2/5/1868, ibidem, doc. 7098; según Augusto Tasso Fragoso, cuando Caxias decidía las operaciones militares actuaba por sí mismo, sin consultar a los jefes aliados, op. cit., vol. V, pág. 192.

[153] Caxias para el barón de Muritiba, ministro de Guerra, "Pare-Cué, frente a Humaitá", 17/8/1868, AN, códice 924, *Guerra do Paraguai. Reservados e confidenciais. Correspondência do comandante-em-chefe*, vol. 4.

[154] George Thompson, op. cit., pág. 199.

[155] Idem, ibidem, pág. 199.

[156] Carlos Creus, ministro español en el Uruguay, para el ministro de Asuntos Extranjeros de España, of. 8, Montevideo, 14/1/1868, Amae, *Política exterior paraguaya*, paquete 2576.

[157] *Diário de campanha do capitão Pedro Werlang*, en Klaus Becker, op. cit., pág. 138.

[158] José Ignacio Garmendia, op. cit., pág. 284.

[159] Augusto Tasso Fragoso, op. cit., pág. 73.

[160] Emilio Carlos Jourdan, *Guerra do Paraguay*, Río de Janeiro, Typographia de Laemmert y Cia., pág. 60; Augusto Tasso Fragoso, op. cit., vol. IV, págs. 75 y 87; vizconde de Maracaju, *A campanha do Paraguay (1867 e 1868)*, Río de Janeiro, Imprensa Militar, 1922, pág. 148.

[161] Evangelista de Castro Dionísio Cerqueira, op. cit., pág. 272.

[162] En Joaquim Luís Osório y Fernando Luís Osório Filho, op. cit., págs. 514-515.

[163] Idem, ibidem, págs. 515-517.

[164] En Francisco Félix Pereira Costa, op. cit., vol. 4, págs. 90-91; Osório para Silveira da Motta, Pelotas, 1/8/1870, en J. B. Magalhães, op. cit., pág. 211.

[165] Francisco Félix Pereira Costa, op. cit., pág. 120; *Diário de campanha do capitão Pedro Werlang*, en Klaus Becker, op. cit., pág. 139.

[166] Vizconde de Taunay, *Memórias*, San Pablo, Melhoramentos, 1946, pág. 298.

[167] Paulo de Carvalho Neto, op. cit., pág. 278; la información sobre el color del agua está en *Segundo informe del capitán Julián N. Godoy* [1888], AIMHM, *Colección Zeballos*, carpeta 144.

[168] Evangelista de Castro Dionísio Cerqueira, op. cit., pág. 276; *Diário de campanha do capitão Pedro Werlang*, en Klaus Becker, op. cit., pág. 140.

[169] Idem, ibidem.

[170] José Ignacio Garmendia, op. cit., págs. 337-338.

[171] Idem, ibidem, pág. 277; la información sobre los fusiles es de Juan Crisóstomo Centurión, op. cit., vol. III, pág. 210.

[172] Augusto Tasso Fragoso, op. cit., vol. IV, pág. 87; general Paulo de Queiróz Duarte, *Os Voluntários da Pátria na Guerra do Paraguai*, Río de Janeiro, Biblioteca do Exército, 3 vols., t. III, 1988, pág. 100.

[173] José Ignacio Garmendia, *Campaña del Pikysiri*, Buenos Aires, Peuser, 1890, pág. 134; el comentario sobre las atrocidades se encuentra en *Recuerdos de la Guerra del Paraguay*, pág. 345.

[174] Juan Crisóstomo Centurión, op. cit., vol. III, pág. 191-192.

[175] Caxias para Muritiba, of. conf. y res., Villeta, 13/12/1868, AN, códice 924, vol. 5, págs. 136-137.

[176] Vizconde de Maracaju, op. cit., pág. 148; Dionísio Cerqueira, op. cit., pág. 274.

[177] Juan Crisóstomo Centurión, op. cit., vol. III, pág. 205.

[178] *Segundo informe del capitán Julián N. Godoy*, AIMHM, *Colección Zeballos*, carpeta 144.

[179] Evangelista de Castro Dionísio Cerqueira, op. cit., pág. 272.

[180] Caxias para Muritiba, of. conf. y res., Villeta, 13/12/1868, AN, cód. 924, vol. 5, págs. 136-137.

[181] José Ignacio Garmendia, Recuerdos..., op. cit., pág. 365.

[182] Los números relativos a las tropas son de Augusto Tasso Fragoso, op. cit., vol. IV, pág. 141; Juan Crisóstomo Centurión, op. cit., vol. III, pág. 218; José Ignacio Garmendia, Recuerdos..., op. cit., pág. 504; George Thompson, op. cit., pág. 205.

[183] Guerra del Paraguay. Diario sumariamente llevado por el Dr. George Stuart..., AIMHM, Colección Zeballos, carpeta 124.

[184] Justiniano Rodas Benítez, op. cit., págs. 54-55.

[185] Caxias para Muritiba, of. conf., "Em frente a Lomma Valentina", 26/12/1868, AN, códice 924, vol. 5, pág. 157; José Luiz Menna Barreto (1817-1879) sustituyó al general Argolo en el comando del 2º Cuerpo de Ejército el 6 de diciembre de 1868. El 11 de diciembre, Menna Barreto participó de la batalla de Avaí ejerciendo ese comando, pero la orden del día del comando en jefe no hizo ninguna referencia a esa participación, lo que llevó a que este general enviara una carta particular a Asunción, fechada el 20/1/1869, con la siguiente solicitud a todos los jefes militares: "Pido que se sirva informarme, [si] en calidad de comandante de la 2ª Columna de Ejército dejé de deliberar por inspiración propia en los diferentes combates que tuvimos (...)". Le respondieron favorablemente, entre otros, los generales Osório y el barón de Jaguarão, así como el consejero de Paranhos. La orden del día del 29/1/1869 nombró a José Luiz Menna Barreto miembro de la Junta Militar de Justicia, una función secundaria para un combatiente. Posteriormente, y luego de que Caxias se retiró del Paraguay, Menna Barreto participó en las batallas de Piraju y de Peribebuy; coronel João de Deus Noronha Menna Barreto, Os Menna Barreto: seis gerações de soldados: (1769-1950), Río de Janeiro, Gráfica Laemmert, s. f., pág. 235.

[186] Caxias para Muritiba, of. conf., Lomas Valentinas, 26/12/1868, AN, códice 924, vol. 5, pág. 158.

[187] Caxias para Paranaguá, s. l., 13/4/1868, IHGB, Coleção Marquês de Paranaguá, lata 313, carpeta 16.

[188] João Luiz de Araujo Ribeiro, A lei de 10 de junho de 1835: os escravos e a pena de morte no Império do Brasil; 1822-1889, disertación de maestría en Historia (2000), Universidad Federal de Río de Janeiro, mimeo, pág. 172.

[189] Evangelista de Castro Dionísio Cerqueira, op. cit., págs. 91 y 93.

[190] Idem, ibidem, págs. 92-94.

[191] AN, Consultas do Conselho de Estado. Seção de Guerra e Marinha, 1867, caja 573, paquete 1.

[192] José Ignacio Garmendia, *Recuerdos de la Guerra del Paraguay*, pág. 383.

[193] Idem, ibidem, págs. 387 y 392-393. Intimación a Solano López, "Acampamento em frente a 'Lomma Valentina', 24 de dezembro de 1868 = às 6 horas da manhã", AN, códice 924, vol. 5, págs. 145-147. Según Centurión y la propia nota de respuesta de Solano López, la copia que este recibió con la intimación no tenía fecha; Solano López a los generales aliados, "Cuartel General en Pikysyry, diciembre 24 de 1868. (A las tres de la tarde)", en Juan Crisóstomo Centurión, op. cit., vol. III, págs. 230-233.

[194] Francisco Félix Pereira Costa, *História da guerra do Brasil contra as repúblicas do Uruguay e Paraguay*, Río de Janeiro, Livraria de A. G. Guimarães, 1870, vol. IV, pág. 134.

[195] José Ignacio Garmendia, *Recuerdos de la Guerra del Paraguay*, págs. 364, 366, 406 y 506.

[196] Augusto Tasso Fragoso, op. cit., vol. IV, pág. 129; Luis Vittone, op. cit., pág. 170; Antonio de Sousa Júnior, op. cit., pág. 311; Barbara Potthast-Jutkeit, op. cit., pág. 273; Héctor Francisco Decoud, *Sobre los escombros de la guerra: una década de vida nacional, 1869-1880*, Buenos Aires, Talleres Gráficos Argentinos, 1934, pág. 76; José Ignacio Garmendia, *Recuerdos de la Guerra del Paraguay*, pág. 476.

[197] José Ignacio Garmendia, *Recuerdos...*, op. cit., pág. 471.

[198] *Diário de campanha do capitão Pedro Werlang*, en Klaus Becker, op. cit., págs. 143-144.

[199] Juan Crisóstomo Centurión, op. cit., vol. III, pág. 237; *Diário de campanha do capitão Pedro Werlang*, en Klaus Becker, op. cit., pág. 143.

[200] *Diário do capitão Jacob Fransen*, en Klaus Becker, op. cit., pág. 155; *Diário do Forriel Jakob Dick*, en idem, ibidem, pág. 163.

[201] General Mário Barreto, *A campanha lopesguaya*, Río de Janeiro, Centro da Boa Imprensa, 1930, vol. IV, pág. 165; J. G. de Lemos Britto, op. cit., pág. 148.

[202] J. G. de Lemos Britto, op. cit., págs. 150-153.

[203] Idem, *A Guerra do Paraguay: narrativa dos prisioneiros do "Marquêz de Olinda" com um prefacio do Dr. Arlindo Coelho Fragoso*, 2ª ed. corregida y ampliada, Bahía, Livraria e Papelaria Catilina, 1927, pág. 185.

[204] Cecilio Báez, *Política americana*, Asunción, Imprenta Zamphirópolos, 1925, pág. 41.

[205] Augusto Tasso Fragoso, op. cit., vol. IV, pág. 146; Julio José Chiavenatto, *Os Voluntários da Pátria e outros mitos*, San Pablo, Global, 1983, pág. 107.

[206] MacMahon para Seward, Peribebuy, 31/1/1868, en Arthur H. Davis, *Martin T. MacMahon: un diplomático en el estruendo de las armas*, Asunción, Instituto de Estudios Geopolíticos, 1989, págs. 158-166.

[207] Vizconde de Maracaju, *A campanha do Paraguay (1867 e 1868)*, Río de Janeiro, Imprensa Militar, 1922, págs. 16-167.

[208] Según Augusto Tasso Fragoso, las pérdidas hasta el día 21 de diciembre, entre muertos, heridos y desaparecidos, ascendían a 5.118 hombres de un total de 17.883 brasileños envueltos en los combates (en op. cit., vol. IV, págs. 71, 79 y 86); para el vizconde de Maracaju, las pérdidas brasileñas superarían los 7 mil hombres (idem, pág. 166).

[209] Caxias para Paranhos, conf., particular y reservada, Asunción, 14/1/1869, AN, códice 924, vol. 5, pág. 189.

[210] En Augusto Tasso Fragoso, op. cit., vol. IV, págs. 171-172.

[211] Gelly y Obes para Mitre, Lomas de Combarití, 27/12/1868, "a las 7 de la noche", AIGM, doc. Nº 7195; Manuel Carazar para Urquiza, campamento en Combarití, 1/1/1869, AGNA, *Archivo del general Justo José de Urquiza*, tomo 315.

[212] Augusto Tasso Fragoso, op. cit., vol. IV, pág. 172.

[213] General Luiz Alvez de Lima e Silva (duque de Caxias), *Exército en operações na República do Paraguay sob o comando em chefe de todas as forças de S. Exa. o Sr. marechal de Exército Luiz Alvez de Lima e Silva*, Río de Janeiro, Typographia Francisco Alves de Souza, 1877, vol. 4, pág. 348.

[214] Discurso del duque de Caxias, sesión del Senado de 15/7/1870, AS, vol. III, pág. 99.

[215] Orden del Día Nº 272, Asunción, 14/1/1869, en *Exército en operações no Paraguay, sob o comando em chefe de todas as forças de S. Exa. o Sr. marechal de Exército Luiz Alvez de Lima e Silva*, vol. 4, pág. 348; Osório para la esposa ("Querida Chiquinha"), Villeta, 1/1/1870, en Joaquim Luís Osório y Fernando Luís Osório Filho, *General Osório: pela verdade histórica, rebatendo perfídias*, Río de Janeiro, Casa Bevilacqua, 1914, pág. 532.

[216] Paranhos para Cotegipe, particular Nº 28, Asunción, 31/8/1869, ABC, lata 920, carpeta 133.

[217] Antonio de Sena Madureira, *Guerra do Paraguai: resposta ao Sr. Jorge Thompson, autor da "Guerra del Paraguay" e aos anotadores argentinos*, Brasilia, Editora de la UnB, 1982, págs. 76-77.

5. La cacería de Solano López

[1] Augusto Tasso Fragoso, *História da Guerra entre a Tríplice Aliança e o Paraguai*, Río de Janeiro, Imprensa do Estado-Maior do Exército, 1935, vol. IV, pág. 174; *Carta do correspondente em Assunção* de 27/22/1869, *Jornal do Commercio*, Río de Janeiro, 12/3/1869, pág. 1, BSF, microfilm 0092.

[2] Cuverville, cónsul de Francia, para Caxias, 13/1/1869, RRNE, 1869, anexo 1, pág. 83; Chapperon, cónsul de Italia, para el comandante de las fuerzas brasileñas en el Paraguay, 6/2/1869, idem, ibidem, pág. 93; teniente Kirkland, comandante del vapor *WASP*, para el comandante de las fuerzas brasileñas, Asunción, 25/2/1869, idem, pág. 58; Caxias para Cuverville, Montevideo, 26/1/1869, ibidem, pág. 83; general Xavier de Souza para Chapperon, 14/2/1869, ibidem, pág. 94; coronel Hermes da Fonseca, comandante de la 6ª Brigada de Infantería, para el general Xavier de Souza, s. l., 10/2/1869, ibidem, pág. 95; *La Nación Argentina*, 4/2/1869, transcripto bajo el título *Saqueo de Asunción* en el *Jornal do Commercio*, 17/2/1869, pág. 1, BSF, microfilm 0092; vizconde de Taunay, *Memórias*, San Pablo, Melhoramentos, 1946, pág. 569.

[3] *Teatro de la Guerra. Correspondencia particular*, firma "Cambary", *La República*, Buenos Aires, 10/1/1869, págs. 1-2, BC, s/c; *Teatro de la Guerra. Correspondencia particular*, Asunción, 27/1/1869, idem, 2/2/1869, ibidem; *Varias noticias recogidas en la Asunción*, AIMHM, *Colección Zeballos*, carpeta 128; Paranhos para Muritiba, particular N° 1, "Reservadísima", Asunción, 27/2/1869, AN, Coleção Caxias, caja 805, paquete 17; discurso de Silveira da Motta, sesión del Senado de 22/7/1869, AS, 1869, vol. V, apéndice pág. 12; "(...) por lo demás el saqueo no vale un pito" (Emilio Mitre para Bartolomé Mitre, Hiraí, 1/2/1869, AIGM, doc. 6275); José Luiz Rodrigues da Silva, op. cit., pág. 68; *Noticias Locales. El conde d'Eu*, *La República*, Buenos Aires, 3/4/1869, pág. 1, BC, s/c; vizconde de Taunay, *Recordações de guerra e de viagem*, San Pablo, Weiszflog, 1920, págs. 16-17; "Ese era el aspecto de Buenos Aires entonces, oriental; casas de azotea dominadas por miradores y cimborios que simulaban minaretes. Un movimiento mucho mayor que en Montevideo; había más coches (...) El mercado, grande; lindas frutas. Las mujeres elegantes, pero no bellas; [no] muchos edificios de piedra; casi siempre de ladrillos, con una ornamentación agradable. La catedral espaciosa; simple y majestuosa en su interior (...)" (idem, pág. 16).

[4] *Informes de la Sra. Concepción Domecq de Decoud. Asunción. 1888*, AIMHM, *Colección Zeballos*, carpeta 128.

[5] Juan Bautista Gill Aguinaga, "Excesos cometidos hace cien años", en *Historia paraguaya*, Asunción, Academia Paraguaya de la Historia, vol. XII, 1967-1968, págs. 19-21.

[6] General Luiz Alves de Lima e Silva (duque de Caxias), *Exército em operações na República do Paraguay sob o comando em chefe de todas as forças de S. Exª o sr. marechal de Exército Luiz Alvez de Lima e Silva*, Río de Janeiro, Typographia Francisco Alves de Souza, 1877, vol. 4, pág. 348.

[7] Caxias para Muritiba, Montevideo, 24/1/1869, AN, códice 924, vol. 5; Orden del Día N° 273, Asunción, 18/1/1869, en *Exército en operações...*, op. cit., vol. 4, pág. 389; don Pedro II para Cotegipe, s. l., 25/1/1869, en Heictor Lyra, *História de D. Pedro II: 1825-1870*, San Pablo, Cia. Editora Nacional, 1938, vol. 1°, pág. 511.

[8] Paranhos para Muritiba, particular N° 1, res., Asunción, 27/2/1869, AN, caja 805, paquete 1; Caxias para la esposa, Tuyú-Cué, 8/8/1867, en John Schulz, op. cit., pág. 66; Paranaguá para Caxias, of. conf., Río de Janeiro, 22/9/1867, AN, caja 805, paquete 17.

[9] Caxias para Silveira da Motta, Tuyutí, 11/2/1867, en Francisco Pinheiro Guimarães Filho, *Um Voluntário da Pátria: fôlha de serviços prestados pelo general Dr. Francisco Pinheiro Guimarães às classes armadas*, 2ª ed., Río de Janeiro, José Olympio, 1958, pág. 167.

[10] Caxias para Paranhos, conf., particular y res., Asunción, 14/1/1869, ibidem, códice 924, vol. 4, págs. 188-190.

[11] Emilio Mitre para Bartolomé Mitre, Trinidad, 1/1/1869, AM, *Archivo inédito del general Mitre*, doc. 6273; *Theatro da Guerra. De uma carta do Exército, escripta de Villeta em 30 do passado (...)*, *Diário do Povo*, Río de Janeiro, 13/1/1869, pág. 2, BN, microfilm PR-SOR-164(3); Caxias para Muritiba, conf. y particular, Asunción, 13/1/1869, AN, códice 924, vol. 4, págs. 179-181.

[12] Gustavo Barroso, "Biografia do marechal de campo José Luiz Menna Barreto", en *Anais do Museu Histórico Nacional*, Río de Janeiro, Imprensa Nacional, 1943, vol. II (1941), págs. 383-385. Mediante la Orden del Día N° 2 del día 29 de enero de 1869, el comando en jefe del Ejército brasileño en el Paraguay nombró a José Luiz Menna Barreto para la Junta Militar de Justicia. Posteriormente, la Orden del Día N° 12 del 18 de marzo, lo nombró comandante interino del 1er Cuerpo de Ejército, y el 8 de julio acumuló la jefatura del Estado Mayor brasileño en el Paraguay. José Luiz Menna Barreto dirigió el retorno de la caballería al Brasil, en una marcha por tierra que entró en territorio nacional por el paso de São Borja, en Rio Grande do Sul.

[13] Vizconde de Taunay, *Recordações de guerra e...*, op. cit., pág. 58.

[14] Paranhos para Cotegipe, particular, Montevideo, 7/2/1869, ABC, lata 920, carpeta 133; Orden del Día N° 274, Montevideo, 31/1/1869, en *Exército em operações...*, op. cit., vol. 4, pág. 392; Orden del Día N° 275, Montevideo, 9/2/1869, en idem, pág. 395. La Orden del Día N° 274 fue firmada por el general João de Souza Fonseca Costa, jefe del Estado Mayor de Caxias. Las dos órdenes del día estaban identificadas con la leyenda "Comando en Jefe de todas las fuerzas brasileñas en operaciones contra el gobierno del Paraguay".

15 Heitor Lyra, op. cit., vol. 1°, pág. 470.

16 Conde d'Eu para Nemours, Río de Janeiro, 20/2/1869, en Alberto Rangel, *Gastão de Orléans (o último conde d'Eu)*, San Pablo, Cia. Editora Nacional, 1935, pág. 209; conde d'Eu para el general Dumas, Río de Janeiro, 24/2/1869, en idem, ibidem, pág. 213.

17 Vizconde de Taunay, *Memórias*, op. cit., págs. 305-306.

18 Idem, ibidem, págs. 299 y 301. Taunay describe a Caxias como un jefe militar generoso, que perdonaba las pequeñas faltas de sus subordinados, pero que era implacable con aquellos que cometiesen actos graves o que traicionasen su confianza. A pesar de que era cuidadoso del dinero público, Caxias gastaba generosamente sus "cuantiosos vencimientos". Era honesto, hasta el punto de que en 1850, cuando compró una *fazenda* y encontró en ella sesenta esclavos más de los estipulados, se lo comunicó al vendedor, quien le respondió: "Son esclavos de la Nación; continúe disfrutando de sus servicios". Caxias reunió a esos esclavos y los liberó, en un acto que "en aquella época, en pleno florecimiento de la esclavitud, (...) tiene la más alta elocuencia y significación".

19 Discurso de Moreira Barros, sesión de la Asamblea de San Pablo de 24/5/1869, *Annaes da Assambléia Legislativa Provincial de São Paulo, 1869*, pág. 60; discurso de Oliveira Braga, idem, 1/6/1869, ibidem, pág. 117; discurso de Zacarias, sesión del Senado de 26/6/1869, AS, 1869, vol. II, págs. 290-291; discurso de Teófilo Ottoni, sesión del Senado de 12/8/1869, idem, ibidem, vol. IV, págs. 127-132.

20 Cotegipe para el barón de Penedo (Río de Janeiro), 8/3 y 23/3/1869, en Heitor Lyra, op. cit., vol. I, págs. 517-518 y 521.

21 Discurso del duque de Caxias, sesión del Senado de 15/7/1870, AS, 1870, vol. II, pág. 99.

22 Alberto Rangel, op. cit., pág. 218.

23 Caxias para Osório, Tijuca, 6/8/1869, en Joaquim Luís Osório y Fernando Luís Osório Filho, op. cit., pág. 609.

24 En Augusto Tasso Fragoso, op. cit., vol. IV, pág. 190.

25 John Schulz, *Exército na política: origens da intervenção militar, 1850-1894*, San Pablo, Edusp, 1994, pág. 69.

26 Evangelista de Castro Dionísio Cerqueira, *Reminiscências da campanha do Paraguai: 1865-1870*, Río de Janeiro, Biblioteca do Exército, 1980, pág. 274.

27 "Factos diversos", *Diário do Povo*, Río de Janeiro, 6/2/1869, pág. 1, AN, PR-SOR-164(3); Augusto Tasso Fragoso, op. cit., vol. IV, págs. 159-160; Caxias para Osório, Río de Janeiro, 19/3/1869, en Wanderley Pinho, *Cartas do imperador D. Pedro II ao barão de Cotegipe*, San Pablo, Cia. Editora Nacional, 1933, pág. 47.

[28] *Instruções de paz*, Río de Janeiro, Ministerio de Negocios Extranjeros, sin día, enero de 1869. Documento sin destinatario y sin firma, pero con la identificación de ese ministerio, AN, códice 547, vol. 15 (enero de 1869).

[29] Paranhos para Cotegipe, Montevideo, 7 y 27/2/1869, ABC, lata 920, carpeta 133. Teniente segundo Pedro Pinto da Veiga, secretario y ayudante de órdenes del comando de la División Avanzada de la Escuadra, a Arthur Silveira da Motta: "Todos quieren retirarse. Los partes de enfermo son frecuentes (...)", Asunción (a bordo del *Bahia*), 29/1/1869, en almirante Arthur Silveira da Motta (barón de Jaceguay), *De aspirante a almirante: minha fé de officio documentada*, Río de Janeiro, Typographia Leuzinguer, 1910, t. II, pág. 298.

[30] Vizconde de Taunay, *Memórias*, op. cit., pág,. 447; Cotegipe para Paranhos, s. f., en Wanderley Pinho, op. cit., pág. 41; Quintinho de Souza Bocaiúva, Montevideo, 15/3/1869, en *Guerra do Paraguay: nova phase (carta a um amigo)*, Montevideo, Typographia Sul Americana, 1869, pág. 19. El libro con ese título no contiene el nombre del autor u otra información que permita identificarlo. Sin embargo, la Biblioteca Nacional de Río de Janeiro cataloga la obra como de autoría de Bocaiúva.

[31] Xavier de Souza para Muritiba, of. conf., Asunción, 27 y 22/3/1869, AN, códice, 547, vol. 15.

[32] Quintinho de Souza Bocaiúva, Montevideo, 15/3/1869, en *Guerra do Paraguay...*, op. cit., pág. 9; Paranhos para Muritiba, particular, N° 2, Asunción, 6/3/1869, AN, caja 805, paquete I.

[33] Discurso de Silveira da Motta, sesión del Senado de 22/7/1869, AS, 1869, vol. IV, apéndice, págs. 4-12. Este senador visitó Asunción, adonde llegó el 21 de febrero.

[34] General Xavier de Souza para Muritiba, of. conf., Asunción, 27/2/1869, AN, códice 547, vol. 15.

[35] Vizconde de Taunay, *Recordações de guerra e...*, op. cit., pág. 8.

[36] Elizalde para Mitre, Asunción, 19/3/1869, en Universidad de Buenos Aires, *Correspondencia Mitre-Elizalde*, Buenos Aires, UBA, Departamento Editorial, 1960, pág. 457.

[37] Quintinho de Souza Bocaiúva, Montevideo, 15/3/1869, en *Guerra do Paraguay...*, op. cit., pág. 16.

[38] Wenceslao Paunero para el presidente Domingo Faustino Sarmiento, Río de Janeiro, 28/3/1869, AGNA, ex Museo Histórico Nacional, paquete 34, doc. 4129.

[39] Idem, ibidem.

[40] Actas del Consejo de Estado de 13/10/1866 y de 18/3/1867, BSF, microfilm 02/72; Zacarias, sesión del Senado de 7/7/1870, AS, 1870, vol. II, pág. 36; Paunero para Sarmiento, Río de Janeiro, 28/3/1869, AGNA,

ex Museo Histórico Nacional, paquete 34, doc. 4129; ver también Arthur de Gobineau para el marqués de La Valette, ministro de Negocios Extranjeros de Francia, Río de Janeiro, 29/3/1869, en Jean-François Raymond, *Arthur de Gobineau et le Brésil: correspondance diplomatique du Ministre de France à Rio de Janeiro, 1869-1870*, Grenoble, Presses Universitaires de Grenoble, 1990, pág. 80.

[41] Conde d'Eu para Nemours, Río de Janeiro, 20/2/1868, en Alberto Rangel, op. cit., págs. 209-212; princesa Isabel para don Pedro II, Petrópolis, 26/2/1869, en Heitor Lyra, op. cit., vol. I, págs. 530-532.

[42] Pedro Calmon, *A vida de Pedro II: o rei filósofo*, Río de Janeiro, Biblioteca do Exército Editora, 1975, pág. 171.

[43] Declaraciones del desertor de la Marina paraguaya, alférez Ángel Benítes, apud vizconde de Taunay, *Recordações de guerra...*, op. cit., pág. 101.

[44] Manilo Cancogni e Ivan Boris, *Solano López, o Napoleão do Prata*, Río de Janeiro, Civilização Brasileira, 1975, págs. 232-234.

[45] Augusto Tasso Fragoso, op. cit., págs. 192-193 y 196.

[46] Vizconde de Taunay, *Recordações de guerra...*, op. cit., pág. 10.

[47] Idem, ibidem, págs. 21-22.

[48] En J. B. Magalhães, op. cit., pág. 234.

[49] En idem, ibidem.

[50] Câmara para María Rita, Lambaré, 21/4/1869, en Rinaldo Pereira da Câmara, op. cit., vol. II, pág. 280.

[51] Vizconde de Taunay, *Recordações de guerra...*, op. cit., págs. 26-27; Antônio de Sousa Júnior, op. cit., pág. 312.

[52] Coronel Everaldo de Oliveira Reis, "O conde d'Eu e o Exército brasileiro", en *Anuário do Museu Imperial*, Petrópolis, Museo Imperial, vol. 32, pág. 92.

[53] Vizconde de Taunay, *Recordações de guerra e...*, op. cit., págs. 23-24.

[54] Idem, ibidem, pág. 29.

[55] Evangelista de Castro Dionísio Cerqueira, op. cit., pág. 316.

[56] Barón de Jaceguay, "A guerra do Paraguay: reflexões críticas sobre as operações combinadas da esquadra brasileira e exércitos aliados", en Arthur Silveira da Motta (barón de Jaceguay) y Carlos Vidal Oliveira de Freitas, *Quatro séculos de atividade marítima: Portugal e Brasil*, Río de Janeiro, Imprensa Nacional, 1900, págs. 248-249.

[57] *Diário de campanha do capitão Pedro Werlang*, en Klaus Becker, op. cit., pág. 146. "Saquearon lo que pudieron; inutilizaron el resto" (Evangelista de Castro Dionísio Cerqueira, op. cit., pág. 304).

[58] Juan Crisósotomo Centurión, *Memorias: reminiscencias históricas sobre la guerra del Paraguay*, Asunción, El Lector, 1987, vol. IV, pág. 54; *Diário...*, en Klaus Becker, op. cit.

[59] Vizconde de Taunay, *Recordações de guerra e...*, op. cit., pág. 42.

[60] Guido Rodríguez Alcalá, *Residentas, destinadas y traidoras*, Asunción, RP/Criterio, 1991, págs. 9-11.

[61] Vizconde de Taunay, *Recordações de guerra e...*, op. cit., págs. 29-30.

[62] Manlio Cancogni e Ivan Boris, op. cit., pág. 234; Augusto Tasso Fragosso, op. cit., vol. IV, págs. 263-268 y 297.

[63] Vizconde de Taunay, *Recordações de guerra e...*, op. cit., pág. 41.

[64] Augusto Tasso Fragoso, op. cit., vol. IV, págs. 299-300.

[65] Vizconde de Taunay, *Recordações de guerra e...*, op. cit., pág. 41; Augusto Tasso Fragoso, op. cit., vol. IV, págs. 301-302.

[66] Augusto Tasso Fragoso, op. cit., vol. IV, págs. 347-350.

[67] Vizconde de Taunay, *Recordações de guerra e...*, op. cit., pág. 43.

[68] Augusto Tasso Fragoso, op. cit., vol. IV, págs. 310-311.

[69] Juan Crisóstomo Centurión, op. cit., vol. IV, págs. 70-71.

[70] Vizconde de Taunay, *Recordações de guerra e...*, op. cit., pág. 50.

[71] Augusto Tasso Fragoso, op. cit., vol. IV, págs. 266 y 274.

[72] Apud Miguel Ángel de Marco, *La Guerra del Paraguay*, Buenos Aires, Planeta, 1995, pág. 324.

[73] Evangelista de Castro Dionísio Cerqueira, op. cit., págs. 316-317.

[74] Juan Crisóstomo Centurión, op. cit., págs. 71-73. La historiografía brasileña afirma que Menna Barreto murió víctima de la esquirla de una bomba de cañón, pero Centurión insiste en que esa versión no es correcta. Cita entonces varios testimonios, incluso de algunos protagonistas que todavía estaban vivos cuando publicó sus memorias, que confirman que Menna Barreto habría muerto por un disparo de fusil mientras comandaba valerosamente el ataque a una trinchera.

[75] Vizconde de Taunay, *Recordações de guerra e...*, op. cit., pág. 50. Augusto Tasso Fragoso afirma que los aliados perdieron 499 hombres, 111 argentinos; de todos modos, el razonamiento continúa siendo válido (op. cit., vol. IV, pág. 320).

[76] Posteriormente, José María da Silva Paranhos, vizconde de Rio Branco, llevó ese archivo al Brasil. Los originales permanecieron en la Biblioteca Nacional de Río de Janeiro hasta la década de 1970, cuando le fueron devueltos al Paraguay. Hoy se encuentran en el Archivo Nacional de Asunción bajo el título *Colección Rio Branco*, y cuando el autor investigó allí en 1997, varios documentos de la colección ya no pudieron ser localizados. No obstante, la Biblioteca Nacional brasileña posee esa colección microfilmada. Alberto Rangel, op. cit., pág. 245; conde d'Eu para Muritiba, Caraguatí, 3/9/1869, AN, códice 547, vol. 19.

[77] Vizconde de Taunay, *Recordações de guerra e...*, op. cit., pág. 48.

[78] Evangelista de Castro Dionísio Cerqueira, op. cit., pág. 317.

[79] Juan Crisóstomo Centurión, op. cit., vol. IV, págs. 72-73.

[80] Juan Bautista Gill Aguinaga, "Excesos cometidos hace cien años", en *Historia paraguaya*, Asunción, Academia Paraguaya de la Historia, vol. XII, 1967-1968, págs. 22-23.

[81] El capitán brasileño Pedro Werlang, que participó de la batalla de Peribebuy, relata los degüellos y muestra que en ese momento no constituían una excepción, afirmando que "por lo general la mayoría del enemigo era degollada después de la batalla" (*Diário de campanha do capitão Pedro Werlang*, en Klaus Becker, *Alemães e descendentes, do Rio Grande do Sul, na Guerra do Paraguai*, Canoas, Hilgert & Filhos, 1968, págs. 146-171).

[82] Ver Juan E. O'Leary, *El libro de los héroes: páginas históricas de la Guerra del Paraguay*, Asunción, Librería Mundial, 1922, pág. 248; Juan Bautista Gill Aguinaga, op. cit., pág. 23.

[83] Juan Crisóstomo Centurión, op. cit., vol. IV, pág. 74.

[84] Vizconde de Taunay, *Recordações de guerra e...*, op. cit., pág. 51.

[85] La devolución de esas piezas de oro y plata se produjo debido a la insistencia de Paranhos, pues el comandante de las fuerzas argentinas, general Emilio Mitre, había propuesto que fuesen divididas entre los aliados y después vendidas (Paranhos para Emilio Mitre, Asunción, 15/10/1869, RRNE, 1872, anexo I, pág. 170); nota del gobierno provisional a la Misión Especial del Brasil, Asunción, 18/10/1869, idem, ibidem, pág. 182; Emilio Mitre para el coronel Martín de Gainza, Caraguataí, 16/9/1869, AGNA, ex Museo Histórico Nacional, paquete 35.

[86] Augusto Tasso Fragoso, op. cit., vol. IV, págs. 323-324.

[87] Milda Rivarola, *Vagos, pobres y soldados: la domesticación estatal del trabajo en el Paraguay del siglo XIX*, Asunción, Centro Paraguayo de Estudios Sociológicos, 1994, pág. 110.

[88] Vizconde de Taunay, *Recordações de guerra e...*, op. cit., pág. 52.

[89] Evangelista de Castro Dionísio Cerqueira, op. cit., pág. 322.

[90] Idem, ibidem, pág. 323.

[91] J. B. Magalhães, op. cit., pág. 245.

[92] Vizconde de Taunay, *Recordações de guerra e...*, op. cit., pág. 53.

[93] En J. B. Magalhães, op. cit., págs. 248-249.

[94] No obstante, la mayor parte de las tropas argentinas estaban con el general Emilio Mitre, quien marchaba con algunas unidades brasileñas al mando del general José Auto Guimarães. Las fuerzas de Mitre y de Guimarães permanecieron en el valle del Pirajú para proteger la línea férrea y la base de operaciones. Como parte de la operación distractiva que había implementado el conde d'Eu, Mitre atravesó el río Pirajú con sus tropas y los batallones brasileños el 9 de agosto, acampando frente

a las posiciones enemigas de Pedrosa y Ascurra. En la noche del día 11, Mitre partió hacia la Cordillera tomando el rumbo de la localidad de Altos. Esta última se pudo conquistar el día 12, y luego hubo un frustrado intento paraguayo de reconquistar ese punto. Los aliados tuvieron 62 pérdidas: diecisiete argentinos y 45 brasileños.

[95] Augusto Tasso Fragoso, op. cit., vol. IV, pág. 343.

[96] Vizconde de Taunay, *Recordações de guerra e...*, op. cit., págs. 62-63.

[97] Idem, ibidem, págs. 58-59.

[98] Idem, ibidem, págs. 61-62.

[99] Idem, ibidem, pág. 64.

[100] Evangelista de Castro Dionísio Cerqueira, op. cit., págs. 327-328.

[101] Vizconde de Taunay, *Recordações de guerra e...*, op. cit., pág. 65.

[102] Evangelista de Castro Dionísio Cerqueira, op. cit., pág. 329.

[103] Vizconde de Taunay, *Recordações de guerra e...*, op. cit., pág. 69; Antônio de Sousa Júnior, op. cit., pág. 313; Juan Crisóstomo Centurión, op. cit., vol. IV, pág. 89; Augusto Tasso Fragoso, op. cit., vol. IV, pág. 342.

[104] *Diário de campanha do capitão Pedro Werlang*, en Klaus Becker, op. cit., pág. 147.

[105] Evangelista de Castro Dionísio Cerqueira, op. cit., pág. 324.

[106] Vizconde de Taunay, *Recordações de guerra e...*, op. cit., pág. 69. Luis Vittone ofrece los siguientes números: 1.500 paraguayos muertos e igual número entre prisioneros y heridos. Mientras que los aliados habrían tenido doscientos muertos y 450 heridos (*Tres guerras, dos mariscales, doce batallas*, Asunción, Editorial Gráfico, 1967, pág. 188).

[107] Evangelista de Castro Dionísio Cerqueira, op. cit., pág. 339.

[108] Francisco Fernando Monteoliva Doratioto, *As relações entre o Império do Brasil e a República do Paraguai (1822-1889)*, disertación de maestría en Historia (1989), Universidad de Brasilia, mimeo, vol. II, págs. 582-613.

[109] Vizconde de Taunay, *Recordações de guerra e...*, op. cit., pág. 76.

[110] Francisco Fernando de Monteoliva Doratioto, op. cit., vol. I, págs. 274-275.

[111] Sarmiento para Emilio Mitre, Buenos Aires, 21/1/1869, en José Campobassi, *Sarmiento y su época*, Buenos Aires, Losada, 1982, vol. II, pág. 212.

[112] Liliana M. Brezzo y Beatriz Figallo, *La Argentina y el Paraguay, de la guerra a la integración*, Rosario, Instituto de Historia, Pontificia Universidad Católica Argentina, 1999, págs. 5-6.

[113] Instrucciones de Cotegipe, ministro interino del Ministerio de Negocios Extranjeros, para Paranhos, Río de Janeiro, 1/2/1869, AHI, 272-3-3. En realidad, el autor de las instrucciones es el mismo Paranhos pe-

ro, por una cuestión formal —no podía darse instrucciones a sí mismo—, figura como autor el barón de Cotegipe, que era su sustituto.

[114] Idem, Río de Janeiro, 15/4/1869, en Wanderley Pinho, *Cartas do imperador D. Pedro II ao barão de Cotegipe*, San Pablo, Cia. Editora Nacional, 1933, pág, 80.

[115] Idem, Río de Janeiro, 22/2 y 15/4/1869, en ibidem, págs. 72 y 79. Paranhos para Cotegipe, of. res., Buenos Aires, 22/5/1869, AHI, *Arquivo do visconde do Rio Branco*, 272-3-12.

[116] Paranhos para Cotegipe, carta particular N° 14, Buenos Aires, 26/4/1869, IHGB, *Arquivo do barão de Cotegipe*, lata 932, carpeta 133.

[117] Sesión de 30/9/1867, AHI, *Atas da Seção dos Negócios Estrangeiros do Conselho de Estado* (copia dactilografiada), págs. 417-440; João Pedro Dias Vieira para Almeida Rosa, of. conf., Río de Janeiro, 25/3/1865, AHI, 272-1-22.

[118] Sarmiento para Wenceslao Paunero, Buenos Aires, 12/2/1869, MM, *Archivo del Gral. Wenceslao Paunero*, A7 C4 C11, doc. N° 848.

[119] Senador Francisco Ignácio Homem de Mello, *Viagem ao Paraguay*, Río de Janeiro, *Revista Trimestral do Instituto Histórico, Geográfico e Ethnográphico do Brasil*, t. XXXVI, segunda parte, 1873, pág. 31.

[120] RRNE, 1869, anexo I, pág. 78.

[121] Adolfo Rodrigues, ministro plenipotenciario uruguayo, para el Ministerio de Relaciones Exteriores del Uruguay, Buenos Aires, 1/5/1869, AGNU, *Misión Adolfo Rodrigues a la República Argentina*, caja 34.

[122] Héctor Francisco Decoud, *Sobre los escombros de la guerra: una década de vida nacional, 1869-1880*, Buenos Aires, Talleres Gráficos Argentinos, 1934, pág. 87.

[123] *Aos Exmos. governos da alliança contra o governo do Paraguay*, Asunción, 30/1/1869, RRNE, 1870, pág. 73.

[124] Harris Gaylord Warren, *Paraguay and the Triple Alliance: the Post-Ward Decade, 1869-1878*, Austin, University of Texas at Austin, 1978, pág. 52.

[125] Héctor Francisco Decoud, op. cit., págs. 99-100.

[126] Antonio Salum-Flecha, *Historia diplomática del Paraguay de 1869 a 1938*, Asunción, Talleres Gráficos Emasa, 1978, pág. 13; discurso del senador Silevira da Motta, sesión de 18/8/1869, AS, apéndice, pág. 114.

[127] Héctor Francisco Decoud, op. cit., págs. 104-106.

[128] Idem, ibidem, pág. 106; Antonio Salum-Flecha, op. cit., pág. 14; RRNE, 1870, págs. 19-20; Paranhos para Cotegipe, of. res., Buenos Aires, 5/3/1869, AHI, *Arquivo visconde do Rio Branco*, 272-3-12.

[129] Cotegipe para Paranhos, Río de Janeiro, 29/3/1869, en Wanderley Pinho, op. cit., pág. 74; Sarmiento para Paunero, Buenos Aires, 3/5/1869, MM, *Archivo del general Wenceslao Paunero*, A7 C4 C11, doc. N° 849: *Memo-*

randum do plenipotenciário brasileiro, 17/5/1869, RRNE, 1870, pág. 30; *Exposição do plenipotenciário brasileiro*, 30/4/1869, idem, ibidem, pág. 25.

[130] *Memorandum do plenipotenciário argentino*, 8/5/1869, idem, ibidem, págs. 25-28; *Memorandum do plenipotenciário uruguaio*, 18/5/1869, idem, ibidem, págs. 44-48; *Exposição do plenipotenciário brasileiro*, 30/4/1869, idem, ibidem, pág. 24.

[131] Paranhos para Cotegipe, carta particular N° 14, Buenos Aires, 26/4/1869, ABC, lata 932, carpeta 133; José S. Campobassi, *Mitre y su época*, Buenos Aires, Editorial Universitaria, 1980, vol. II, pág. 213.

[132] Paranhos para Cotegipe, of. res., Buenos Aires, 26/4/1869, AHI, *Arquivo do visconde do Rio Branco*, 272-3-12; Cotegipe para Paranhos, Río de Janeiro, 22/2 y 15/4/1869, en Wanderley Pinho, op. cit., págs. 72 y 79; Paranhos para Cotegipe, of. res., Buenos Aires, 22/5/1869, AHI, *Arquivo do visconde do Rio Branco*, 272-3-12.

[133] Cotegipe para Paranhos, Río de Janeiro, 6/4/1869, en Wanderley Pinho, op. cit., pág. 76.

[134] Paranhos para Cotegipe, Buenos Aires, 26/4/1869, y carta particular N° 15, 12/5/1869, ABC, lata 932, carpeta 133; editorial, *Diário do Povo*, Río de Janeiro, 2/3/1869, pág. 1, BN, PR-SOR-164 (3); discurso del senador Silveira Lobo, sesión de 16/6/1869, AS, vol. II, pág. 190; discurso del senador Silveira da Motta, sesión de 18/8/1869, idem, ibidem, apéndice, págs. 13-14.

[135] RRNE, 1872, anexo 1 (*Documentos sobre o Paraguai*), pág. 63; ibidem, 1870, págs. 48-56; ibidem, 1872, págs. 61-64; carta de la comisión de ciudadanos paraguayos a los plenipotenciarios aliados, Buenos Aires, 11/6/1869, AHI, *Arquivo do visconde de Rio Branco*, 272-2-13.

[136] Paranhos para Cotegipe, carta particular N° 20, Buenos Aires, 24/6/1869, ABC, lata 920, carpeta 133.

[137] Idem, carta particular N° 22, Asunción, 8/7/1869, ibidem.

[138] Idem, ibidem.

[139] Héctor Francisco Decoud, op. cit., págs. 62-65; Quintinho de Souza Bocaiúva, *Guerra do Paraguay: nova phase (carta a um amigo)*, Montevideo, Typographia Sul Americana, 1869, pág. 32.

[140] Paranhos para el conde d'Eu, Asunción, 10/6/1869, AN, caja 811, carpeta 2; Paranhos para Cotegipe, Asunción, 26/7/1869, idem, ibidem.

[141] Paranhos para Cotegipe, carta particular N° 22, Asunción, 8/7/1869, ABC, lata 920, carpeta 133.

[142] Idem, ibidem, y carta particular N° 24, 22/7/1869, ABC, lata 920, carpeta 133.

[143] RRNE, 1872, anexo 1, pág. 75; Paranhos para Cotegipe, carta particular N° 24, Asunción, 22/7/1869, ABC, lata 920, carpeta 133.

144 "Asunción. Correspondencia", 2/10/1869, firmada por "MM", *El Nacional*, Buenos Aires, 7/10/1869. pág. 2, BC, s/c.

145 Antonio Salum-Flecha, op. cit., pág. 221.

146 Francisco Fernando Monteoliva Doratioto, "La participación del Brasil en el golpe de Estado de 1894 en Paraguay: La misión Cavalcanti", en *Historia paraguaya*, Asunción, Anuario de la Academia Paraguaya de la Historia, vol. XXXVIII, 1998, págs. 193-215.

147 Ricardo Caballero Aquino, *La Segunda República Paraguaya: 1869-1906. Política. Economía. Sociedad*, Asunción, Arte Nuevo Editores, 1985, págs. 45-47; F. Arturo Bordon, *Historia política del Paraguay*, Asunción, Talleres Gráficos Orbi, 1976, t. I, pág. 48.

148 Paranhos para Cotegipe, carta particular Nº 24, Asunción, 22/7/1869, ABC, lata 920, carpeta 133; conde d'Eu para don Pedro II, s. l., 29/9/1869, en Alberto Gastón de Orléans Rangel, op. cit., pág. 249.

149 Héctor Francisco Decoud, op. cit., pág. 278; Harris Gaylord Warren, op. cit., pág. 79.

150 Carta del capitán de fragata A. J. de Mello para Arthur Silveira da Motta, Asunción, 11/7/1869 (isic!), en barón de Jaceguay, *De aspirante a...*, op. cit., t. II, pág. 357. La datación de la carta en julio se debe a algún error de impresión o transcripción, pues el triunviro asumió en agosto; conde d'Eu para don Pedro II, s. l., 29/9/1869, en Alberto Gastón de Orléans Rangel, op. cit., pág. 249.

151 Nota de los triunviros para Paranhos, Asunción, 15/8/1869, RRNE, 1872, anexo I, pág. 82. Nota de las autoridades provisionales constituidas para Paranhos, ratificando la nota del 15/8, Asunción, 18/8/1869, idem, ibidem, pág. 91; decretos del gobierno provisional de 17/8/1869, idem, 1870, págs. 81-82.

152 Nota de Paranhos para el gobierno provisional, Asunción, 19/8/1869, RRNE, 1872, pág. 97; acuerdo entre Enrique Castro, Emilio Mitre y el conde d'Eu, Asunción, 3/5/1869, AN, códice 547, vol. 16.

153 Dr. Carlos Federico dos Santos Azevedo, *História médico-cirúrgica da esquadra brasileira na campanha do Uruguay e Paraguay de 1864 a 1869*, Río de Janeiro, Typographia Nacional, 187(?), pág. 448.

154 "Correspondência de Assumpção" de 248 y de 31/8/1869, *Jornal do Commercio*, Río de Janeiro, 16/9/1869, pág. 1, BSF, microfilm 0090; idem, de 29/5/1870, ibidem 22/6/1870, pág. 1, ibidem, microfilme 0093; Paranhos para Cotegipe, carta particular Nº 58, Asunción, 17/9/1870, ABC, lata 920, carpeta 133.

155 "Paraguay. Correspondencia", Asunción, 9/10/1869, *El Nacional*, Buenos Aires, 15/10/1869, pág. 1, BC, s/c; nota del gobierno provisional al conde d'Eu, Asunción, 17/9/1869, RRNE, 1870, págs. 164-165; nota

del conde d'Eu al gobierno provisional, s. l., 19/9/1869, idem, ibidem, pág. 166.

156 Artículos 1º y 2º de las Instrucciones del Tribunal Militar Mixto, firmadas por los comandantes aliados, Asunción, 6/3/1869, RRNE, 1869, pág. 78.
157 Paranhos para Cotegipe, carta particular Nº 29, Asunción, 17/9/1869, ABC, lata 920, carpeta 133; Emilio Mitre para el coronel Martín de Gainza, Caraguataí, 16/9/1869, AGNA, ex Museo Histórico Nacional, paquete 35.
158 Emilio Mitre para Paranhos, Asunción, 14/10/1869, RRNE, 1870, pág. 169; Paranhos para Miguel J. de Souza Malhado, cónsul general del Imperio en Asunción, 19/8/1869; idem, 1872, anexo 1, pág. 100; Paranhos para Emilio Mitre, Asunción, 15/10/1869, idem, ibidem, anexo I, pág. 170; *Nota do governo provisório à Missão Especial do Brasil*, Asunción, 18/10/1869, ibidem, pág. 182; Emilio Mitre para el coronel Martín de Gainza, Caraguataí, 16/9/1869, AGNA, ex Museo Histórico Nacional, paquete 35.
159 Juan Emiliano O'Leary, *Los legionarios*, Asunción, Editorial de Indias, 1930, pág. 138; Héctor Francisco Decoud, op. cit., págs. 140-148.
160 Nota del general Emilio Mitre al "Exmo. Sr. D. Carlos Loizaga, miembro del gobierno provisional de la República del Paraguay", Asunción, 17/11/1869, RRNE, 1872, anexo I, págs. 116-117; nota del general Emilio Mitre para Paranhos, Asunción, 21/11/1869, idem, ibidem, pág. 111.
161 Nota de Paranhos para Emilio Mitre, Asunción, 23/11/1869, ibidem, págs. 112-113; Paunero para Mariano Varela, conf., Petrópolis, 28/3/1870, AMREC, *Brasil 1869-1870*, caja 35.
162 Nota del gobierno provisional a los aliados, firmada por Serapio Machaín, Asunción, 25/11/1869, RRNE, 1872, anexo I, págs. 118-119.
163 Paranhos para Cotegipe, carta particular Nº 28, Asunción, 20/8/1869, ABC, lata 920, carpeta 133; discurso del senador Silveira da Motta, sesión de 12/9/1870, vol. IV, pág. 142.
164 Nota del gobierno argentino a la Misión Especial del Brasil en el Paraguay, Buenos Aires, 27/12/1869, RRNE, 1872, anexo I, págs. 120-121; nota del gobierno argentino al gobierno provisional, Buenos Aires, 27/12/1869, idem, ibidem, pág. 122; Carlos Pellegrini para Idalécio Gómez, Buenos Aires, 21/6/1902, apud Víctor Lascano, *América y la política argentina*, Buenos Aires, Librería y Casa Editorial Emilio Perrot, 1938, pág. 74; Ricardo Caillet-Bois, *Cuestiones internacionales (1852-1966)*, Buenos Aires, Editorial Universitaria, 1970, pág. 20.
165 Nota de Paranhos para Mariano Varela, Asunción, 11/1/1870, RRNE, anexo I, págs. 124-125; Paranhos para Cotegipe, carta particular Nº 42, Asunción, 13/1/1870, ABC, lata 920, carpeta 133.

[166] Nota de Carlos Loizaga para Mariano Varela, Asunción, 12/1/1870, RRNE, 1872, anexo I, pág. 125.

[167] J. Julio de Barros, "Congresso de Assumpção", *A Reforma*, Río de Janeiro, 6/4/1870, pág. 1, BN, microfilm, I-215-03-02; editorial "El Brasil en el Paraguay", *La República*, Buenos Aires, 9/1/1870, pág. 1, BC, s/c.

[168] Paranhos para Cotegipe, carta particular Nº 47, Asunción, 9/2/1870, ABC, lata 920, carpeta 133; Paranhos para Antonio Pedro de Carvalho Borges, ministro residente brasileño en Buenos Aires, Asunción, 5/2/1870, idem, ibidem.

[169] Varela para Paranhos, Buenos Aires, 20/2/1870, RRNE, 1872, anexo I.

[170] Paranhos para Varela, Asunción, 8/3/1870, RRNE, 1872, anexo I.

[171] Augusto de Tasso Fragoso, op. cit., vol. IV, págs. 353-354.

[172] Juan Crisóstomo Centurión, op. cit., vol. IV, pág. 91; Evangelista de Castro Dionísio Cerqueira, op. cit., pág. 330.

[173] Juan Crisóstomo Centurión, op. cit., pág. 92.

[174] Justiniano Rodas Benítez, *Saturnino Ferreira Pérez, testimonios de un capitán de la guerra del '70*, Asunción, Talleres Gráficos de Editora Litocolor, 1989, pág. 64.

[175] Vizconde de Taunay, *Diário do Exército (1869-1870)*, Río de Janeiro, Biblioteca do Exército, 1958, págs. 233-234; idem, *Recordações de guerra...*, op. cit., pág. 90.

[176] Joaquim S. de Azevedo Pimentel, *Episódios militares*, Río de Janeiro, Biblioteca do Exército Editora, 1978, págs. 55-58; Vizconde de Taunay, *Diário do Exército*, pág. 251, y *Recordações de guerra...*, op. cit., págs. 91-93; Dorothéa Duprat de Lasserre, *Memorias de Mme. Dorothéa Duprat de Lasserre: versão e notas de J. Arthur Montenegro*, Rio Grande, Livraria Americana, 1893.

[177] Evangelista de Castro Dionísio Cerqueira, op. cit., pág. 331.

[178] Fueron quemados los siguientes vapores: *Yporá, Paraná, Río Apa, Salto Guairá, Pirabebé* y *Amambay*; Juan Crisóstomo Centurión, op. cit., vol. IV, pág. 93.

[179] Augusto de Tasso Fragoso, op. cit., vol. IV, págs. 360-363.

[180] "Al Sr. mayor Olsura y Hermosa, comandante de la retaguardia del Ejército del mariscal López. Campamento en Bageí, 21 de agosto de 1869. Como comandante de la vanguardia y por orden del Exmo. Sr. General en jefe del Ejército argentino, os invito a rendiros a discreción, con las fuerzas a vuestras órdenes, garantizándoos a todos la vida y la retirada para vuestros hogares o para otro punto que os convenga más. Pero si la propuesta no fuera aceptada de modo pronto y terminante, el Ejército del cual soy la vanguardia cargará a continuación y el castigo será severo, pues no damos cuartel a ningún soldado y sobre todo a los

jefes y oficiales" (coronel Carlos Neri, en Augusto de Tasso Fragoso, op. cit., vol. IV, págs. 365-366).

[181] Idem, ibidem, vol. IV, pág. 366; Juan Crisóstomo Centurión, op. cit., vol. IV, pág. 95.

[182] Juan Crisóstomo Centurión, op, cit., vol. IV, págs. 104-105.

[183] Arturo Bray, *Solano López, soldado de la gloria y del infortunio*, 3ª ed., Asunción, Carlos Schauman Editor, 1984, pág. 385.

[184] Juan Crisóstomo Centurión, op, cit., vol. IV, págs. 106 y 108.

[185] Alfredo de Escragnole (vizconde de Taunay), *Diário do Exército (1869-1870)*, Río de Janeiro, Biblioteca do Exército, 1958, pág. 200.

[186] *Diário de campanha do capitão Pedro Werlang*, en Klaus Becker, op. cit., pág. 148.

[187] Cecilio Báez, en Junta Patriótica Paraguaya, *El mariscal Francisco Solano López*, Asunción, Junta Patriótica, 1926, págs. 83 y 89. Juan Crisóstomo Centurión describe esos acontecimientos sin hacer referencias a torturas y sin emitir su opinión sobre si existió o no la conspiración (Juan Crisóstomo Centurión, op, cit., vol. IV, págs. 112-128).

[188] Idem, ibidem, págs. 92-95.

[189] Arturo Bray, op. cit., pág. 387.

[190] Idem, ibidem, pág. 388.

[191] Francisco Félix Pereira Costa, *História da guerra do Brasil contra as repúblicas do Uruguay e Paraguay*, Río de Janeiro, Livraria de A. G. Guimarães, vol. IV, pág. 422.

[192] Vizconde de Taunay, *Recordações de guerra...*, op. cit., pág. 76.

[193] Joaquim de Azevedo Pimentel, op. cit., págs. 36-37.

[194] Vizconde de Taunay, *Recordações de guerra...*, op. cit., págs. 82-83.

[195] *Diário de campanha do capitão Pedro Werlang*, en Klaus Becker, op. cit., págs. 148-149. "Llegó a haber deserciones, esto es: fuga de soldados hacia la villa de Rosario, donde esperaban mitigar las exigencias del estómago" (Joaquim S. de Azevedo Pimentel, op. cit., págs. 36-37).

[196] Vizconde de Taunay, *Recordações de guerra...*, op. cit., pág. 84.

[197] Idem, ibidem, págs. 84-85.

[198] *Diário de campanha do capitão Pedro Werlang*, en Klaus Becker, op. cit., pág. 150.

[199] Vitorino J. C. Monteiro, "comandante de la fuerza brasileña al norte del Manduviné", para el general Polidoro Jordão, Rosario, 5/11/1869, AN, *Arquivo do general Polidoro da Fonseca Quintanilha Jordão*, AP-9, caja 13, paquete 3; carta del teniente primero Pedro Pinto da Veiga, a bordo del *Taquary*, a Arthur Silveira da Motta, Alto Paraná, 10/9/1869, en *De aspirante...*, op. cit., pág. 307; Paranhos para Cotegipe, Asunción, 3 y 13/12/1869, en Wanderley Pinho, op. cit., págs. 192-193 y 194.

[200] Vizconde de Taunay, *Memórias...*, op. cit., págs. 534, 553-554.

[201] Paranhos para Cotegipe, particulares N° 37 y 39, Asunción, 29/11 y 12/12/1869, ABC, lata 920, carpeta 133; *Paraguay. Correspondencia. El Nacional*, 22/9/1869, pág. 2, BC, s/c.

[202] Conde d'Eu para Paranhos, 5/12 y 10/12/1869, en Alberto Rangel, op. cit., pág. 280; conde d'Eu para Macedo, 27/1/1870, en idem, ibidem, págs. 280-292.

[203] Paranhos para el conde d'Eu, 16/12/1869, en idem, ibidem, pág. 282.

[204] Conde d'Eu para Paranhos, Villa del Rosario, 13/1/1870, en Wanderley Pinho, op. cit., pág. 214; Muritiba para el conde d'Eu, Río de Janeiro, 29/12/1869, AN, códice 547, vol. 20; Pedro II para d'Eu, s. l., 14/1/1870, en Heitor Lyra, op. cit., pág. 533.

[205] Conde d'Eu para Muritiba, Villa del Rosario, 27/1/1870, AN, códice 547, vol. 20. Conde d'Eu para Câmara, cuartel general en la Villa del Rosario, 6/2/1870, en Rinaldo Pereira da Câmara, op. cit., vol. II, pág. 391; Paranhos para Cotegipe, particular N° 51, Asunción, 27/2/1870, ABC, lata 920, carpeta 133.

[206] Augusto Tasso Fragoso, op. cit., vol. IV, pág. 13; conde d'Eu para Muritiba, Villa del Rosario, 27/1/1870, AN, códice 547, vol. 20; Muritiba para el conde d'Eu, 29/12/1869, idem, ibidem; Paranhos para Cotegipe, particular N° 28, Asunción, 31/8/1869, ABC, lata 920, carpeta 133; Paranhos para Muritiba, Asunción, 1/10/1869, AN, caja 811, carpeta 2.

[207] Conde d'Eu para Nemours, 16/12/1869, en Alberto Rangel, op. cit., págs. 285 y 293.

[208] Juan Crisóstomo Centurión, op. cit., vol. IV, pág. 165.

[209] *Guerra del Paraguay. Diario sumariamente llevado por el Dr. George Stuart...*, AIMHM, *Colección Zeballos*, carpeta 124.

[210] Augusto Tasso Fragoso, op. cit., vol. V, págs. 43-47. En 1871 o 1872, Fidélis se implicó en las luchas internas del Uruguay, siendo "estaqueado y muerto luego de un prolongado martirio. Por cierto, tenía que expiar culpas por lo que había hecho en el Paraguay (...)" (vizconde de Taunay, *Recordações de guerra...*, op. cit., pág. 86).

[211] Augusto Tasso Fragoso, op. cit., vol. V, pág. 52.

[212] En idem, ibidem, págs. 159-160, 166-167.

[213] Manuel Gálvez, *Escenas de la Guerra del Paraguay*, Buenos Aires, Editorial La Facultad, 1932, vol. III, Humaitá (novela), pág. 300.

[214] Câmara para María Rita, Paso Negla, 7/3/1870, en Rinaldo Pereira da Câmara, op. cit., vol. II, págs. 428-430. La frase exacta que dijo Solano López es motivo de polémica. Para algunos habría dicho que moriría "por la" patria, y para otros —adversos al dictador—, "muero con mi patria", lo que sería más correcto en función de la situación de des-

trucción a la que llevó al país prolongando inútilmente la guerra. El testimonio insospechable del general Câmara le pone fin a la polémica.

[215] General Câmara (vizconde de Pelotas), para el barón de Muritiba, ministro de Guerra, cuartel general en Asunción, 30 de abril de 1870, en Augusto Tasso Fragoso, op. cit., vol. V, págs. 180-182.

[216] En idem, ibidem, vol. V, págs. 182-185.

[217] Parte oficial de Concepción Câmara, 13/3/1870, en Rinaldo Pereira da Câmara, op. cit., vol. II, págs. 430, 433-438.

[218] Apud Pedro Calmon, op. cit., pág. 173.

[219] Manuel Gálvez, op. cit., vol. III, pág. 300.

[220] Descripción del vizconde de Taunay, en Augusto Tasso Fragoso, op. cit., vol. V, págs. 187-188.

[221] Juan Crisóstomo Centurión, op. cit., vol. IV, pág. 184; Jorge Maia, *A invasão de Mato Grosso: 1º centenário da Guerra do Paraguai*, Río de Janeiro, Biblioteca do Exército, 1964, pág. 311. El corte de la oreja también lo relata Manuel Gálvez, op. cit., vol. III, pág. 307.

[222] Juan Crisóstomo Centurión, op. cit., vol. IV, págs. 189-190.

[223] Arturo Bray, op. cit., págs. 359-360.

[224] Francisco Pinheiro Guimarães Filho, op. cit., pág. 44.

[225] Guido Rodríguez Alcalá, op. cit., pág. 19.

[226] Vizconde de Taunay, *Recordações de guerra...*, op. cit., págs. 102-104.

[227] Roberto (?), representante español en el Brasil, para el ministro de Asuntos Exteriores, of. Nº 25, 25/10/1870, Amae, *Correspondencia embajadas y legaciones. Brasil*, paquete 1416.

[228] Pedro Calmon, op. cit., pág. 174; Heitor Lyra, op. cit., pág. 544.

[229] Pedro Calmon, op. cit., pág. 176.

[230] Pascual Olivero, encargado de Negocios interino español en el Brasil, para el ministro de Asuntos Exteriores, of. 86, Río de Janeiro, 10/8/1870, Amae, *Correspondencia embajadas y legaciones. Brasil*, paquete 1416.

[231] Julio José Chiavenatto, *Genocídio americano: a Guerra do Paraguai*, San Pablo, Brasiliense, 1979, págs. 150-151; Paulo Miceli, *O mito do herói nacional*, San Pablo, Contexto, 1988.

[232] Sir Richard Francis Burton, *Cartas dos campos de batalha do Paraguai*, Río de Janeiro, Biblioteca do Exército, 1997, pág. 33.

[233] Guido Rodríguez Alcalá, op. cit., pág. 19.

[234] Vera Blinn Reber, "The Demographics of Paraguay: A Reinterpretation of the Great War, 1864-1870", *Hispanic American Historical Review*, vol. 68, Nº 2, mayo 1988, págs. 289-319.

[235] Thomas Whigham y Barbara Potthast, "The Paraguayan Rosetta Stone: new Insights into the Demographics of the Paraguayan War, 1864-

1870", en *Latin American Research Review*, vol. 34, N° 1, 1999, págs. 179-181, 184-185.

[236] Augusto Tasso Fragoso, op. cit., vol. IV, pág. 220.

[237] General Paulo de Queiróz Duarte, *Os Voluntários da Pátria na Guerra do Paraguai*, Río de Janeiro, Biblioteca do Exército, vol. I, 1981, pág. 217. Los números de Montevideo corresponden a mercenarios extranjeros que formaron el Cuerpo de Voluntarios.

[238] Idem, ibidem, pág. 218.

[239] Augusto Tasso Fragoso, op. cit., vol. V, pág. 252; Estado Mayor del Ejército, *História do Exército Brasileiro*, Brasilia, Estado Mayor del Ejército, 1972, pág. 660; el general Antônio de Sousa Júnior, en "Guerra do Paraguai", in Sérgio Buarque de Holanda (org.), *História geral da civilização brasileira*, 4ª ed., San Pablo, Difel, 1985, t. II, vol. 4, pág. 314, habla de "más de 30 mil bajas, entre muertos y heridos"; Evangelista de Castro Dionísio Cerqueira, op. cit., pág. 136; Vera Blinn Reber, op. cit., pág. 317.

[240] Afonso Celso (vizconde de Ouro Preto), *A Marinha d'outr'ora (subsídios para a história)*, Río de Janeiro, Domingos de Magalhães, 1894, pág. 140. Ouro Preto afirma que el Brasil envió 100 mil hombres al Paraguay y que la "mitad murió" a causa de los combates y de las enfermedades; Nelson Werneck Sodré, *Panorama do Segundo Império*, San Pablo, Cia. Editora Nacional, 1939, pág. 304; Francisco Félix Pereira Costa confirma el número de 50 mil muertos y agrega el de mil inválidos (op, cit., vol. IV, pág. 643).

[241] Nelson Werneck Sodré, op. cit., págs. 135 y 145.

[242] Carlos Manuel Peláez y Wilson Suzigan, *História monetária do Brasil*, 2ª ed., Brasilia, Editora de la UnB, 1981, pág. 114. Según Augusto Tasso Fragoso —a quien utilizamos como fuente en lo referido al presupuesto del Imperio de 1864—, la cantidad exacta de gastos del Imperio en la guerra fue de 613.183:262$695 *réis* (op. cit., vol. IV, págs. 230-231).

[243] Víctor Izeckson, *O cerne da discórdia: a Guerra do Paraguai e o núcleo profissional do Exército brasileiro*, Río de Janeiro, Biblioteca do Exército, 1997, pág. 121.

[244] José Ignacio Garmendia, *Recuerdos de la Guerra del Paraguay: campaña de Corrientes y de Río Grande*, Buenos Aires, J. Peuŝer, 1904, pág. 493; Vicente Gesualdo, "La trágica Guerra del Paraguay", en *Historia*, Buenos Aires, Ediciones AP, t. 15, N° 60, dic. 1995-feb. 1996, pág. 4.

[245] Vicente Gesualdo, op. cit., pág. 30.

[246] En Andrés Cisneros y Carlos Escudé, *Historia general de las relaciones exteriores de la República Argentina*, Buenos Aires, Cari/Grupo Editor Latinoamericano, 1999, t. VI, págs. 108-109.

[247] David Rock, *Argentina, 1516-1987: desde la colonización española hasta Raúl Alfonsín*, Buenos Aires, Alianza Singular, 1995, pág. 178.

[248] Nota del gobierno argentino al gobierno paraguayo, Buenos Aires, 27/12/1869, RRNE, 1870, págs. 109-110.

[249] José S. Campobassi, *Mitre y su época*, vol. II, págs. 214-215.

[250] Ramón J. Cárcano, *Guerra del Paraguay: acción y reacción de la Triple Alianza*, Buenos Aires, Domingo Vian y Cía., 1941, vol. II, pág. 545.

[251] Carlos Manuel Peláez y Wilson Suzigan, *História monetária do Brasil*, 2ª ed., Brasilia, Editora de la UnB, 1981, pág. 114.

[252] Rio Branco para Bocaiúva, representante brasileño en Asunción, of. res. 3, Río de Janeiro, 28/9/1907, AHI, *Missões diplomáticas brasileiras. Assunção. Despachos*, 202-1-1.

[253] Apud Ramón J. Cárcano, op. cit., vol. II, págs. 564 y 568; editoriales "La política del Brasil: la ruptura de la Alianza" y "Lo que exige la prudencia", *El Nacional*, Buenos Aires, 18/1/1872, pág. 1, y 23/1/1872, pág. 1, respectivamente, BC, s/c; editoriales "Nuestras relaciones con el Brasil", "La cuestión con el Brasil" y "La política del Brasil y el Tratado de Alianza", *La Tribuna*, Buenos Aires, respectivamente: 10/4/1872, pág. 1, 12/4/1872, pág. 1, y edición única de 15 y 16/4/1872, pág. 1, idem, ibidem.

[254] Sarmiento para M. R. García, Buenos Aires, 16/2/1872, en José María Rosa, *La Guerra del Paraguay y las montoneras argentinas*, Buenos Aires, A. Peña y Lillo Editor, s. f., pág. 331; editorial "Relações internacionais", *A Reforma*, Río de Janeiro, 19/5/1872, pág. 1, BN, I-215-03-06.

[255] Domingos José Gonsalves de Magalhães, barón de Araguaia, para Manuel Francisco Correia, of. res., Buenos Aires, 9/3/1872, AHI, LBAOE, 205-3-15; Miguel Ángel de Scenna, *Argentina-Brasil: cuatro siglos de rivalidad*, Buenos Aires, Ediciones La Bastilla, 1975, pág. 235.

[256] Capitán de fragata Teodoro Caillet-Bois, *Historia naval argentina*, Buenos Aires, Amece Editorial, 1944, págs. 489-490; contralmirante Armando Amorim Ferreira Vidigal, *A evolução do pensamento estratégico naval brasileiro*, 3ª ed., Río de Janeiro, Biblioteca do Exército, 1985, pág. 46; Juan José Fernández, *La República de Chile y el Imperio del Brasil: historia de sus relaciones diplomáticas*, Santiago, Editorial Andrés Bello, 1959, págs. 68-69, 76-82.

[257] Francisco Fernando Monteoliva Doratioto, "O fracasso da primeira cooperação entre Brasil e Argentina", *Revista Múltipla*, Brasilia, Faculdades Integradas Upis, vol. 4, Nº 6, jul. de 1999, pág. 32.

[258] RRNE, 1875, suplemento, págs. 1-44, y 1877, anexo I, págs. 9-10.

[259] Barón de Cotegipe para Pereira Leal, Río de Janeiro, 5/11/1875, ABC, lata 396, carpeta 75.

[260] Dr. Pedro A. Pardo, canciller argentino, para Dardo Rocha, enviado especial a Asunción, Buenos Aires, 30/6/1875, AGNA, *Archivo y Colección Dardo Rocha*, paquete 242.

[261] Pádua Fleury, representante brasileño en la Argentina, para el canciller Caravelas, of. res., Buenos Aires, 3/7/1875, AHI, LBAOE, 205-4-3.

[262] José Paradiso, *Debates y trayectoria de la política exterior argentina*, Buenos Aires, Grupo Editor Latinoamericano, 1993, pág. 28; Sinforiano Alcorta, *Antecedentes históricos sobre los tratados con el Paraguay*, Buenos Aires, Moreno y Nunez, 1885.

[263] RRNE, 1877, *República Argentina e Paraguay*, págs. 35-60.

[264] Ernesto Quesada, *La política argentino-paraguaya*, Buenos Aires, Bradahl, 1902, pág. 169; Aguiar de Andrada para Cotegipe, Buenos Aires, 4/2/1876, AHI, *Missão do barão Aguiar de Andrada*, 271-1-8.

[265] Eduardo Callado para Cotegipe, Asunción, 6/5/1876, idem, AHI, LBPOE, 201-1-14; instrucciones de Cotegipe para Callado, Río de Janeiro, 31/3/1876, ibidem, LBPOR, 201-4-9; Gómes Freire Esteves, op. cit., pág. 39.

[266] Informe del Ministerio de Guerra, 1877, pág. 9. La fuerza terrestre que estaba acuartelada en el Paraguay fue de: 1870: 3.722 hombres; 1871: 2.965; 1872: 2.870; 1873: 1.959; 1874: 2.937, y 1875: 1.894; idem 1870-1875; Ricardo Caballero Aquino, op. cit., pág. 84; editorial "Desocupación", *Los Debates*, Asunción, 16/7/1876, pág. 1, BNP, s/c.

Conclusiones

[1] Juan Carlos Herken Krauer y María Isabel Giménez de Herken, *Gran Bretaña y la Guerra de la Triple Alianza*, Asunción, Editorial Arte Nuevo, 1982, pág. 46.

[2] Francisco Fernando Monteoliva Doratioto, "O fracasso da primeira cooperação entre Brasil e Argentina", *Revista Múltipla*, Brasilia, Faculdades Integradas Upis, vol. 4, N° 6, jul. 1999, págs. 21-40; Germán O. Tjarks, "Nueva luz sobre el origen de la Triple Alianza", *Revista Histórica*, Buenos Aires, Instituto Histórico de la Organización Nacional, año 1, N° 1, oct.-dic. 1977, págs. 131-171.

[3] José Ignacio Garmendia, *Recuerdos de la Guerra del Paraguay*, 4ª ed. corregida y aumentada, Buenos Aires, Casa Editora, 1890, pág. 405.

[4] Evangelista de Castro Dionísio Cerqueira, *Reminiscências da campanha do Paraguai: 1865-1870*, Río de Janeiro, Biblioteca do Exército, 1980, pág. 274.

[5] Juan Carlos Herken Krauer y María Isabel Giménez de Herken, op. cit., pág. 61.

[6] Augusto Tasso Fragoso, *História da Guerra entre a Tríplice Aliança e o Paraguai*, Río de Janeiro, Imprensa do Estado-Maior do Exército, 1935, vol. V, pág. 252; Afonso Celso (vizconde de Ouro Preto), *A Marinha d'outr'ora (subsídios para a história)*, Río de Janeiro, Domingos de Magalhães, 1894, pág. 140; Vicente Gesualdo, "La trágica Guerra del Paraguay", en *Historia*, Buenos Aires, Ediciones AP, t. 15, N° 60, dic. 1995-feb. 1996, pág. 4.

[7] Elizalde para José María da Silva Paranhos, Buenos Aires, 25/2/1866, AMREC, *Guerra de la Triple Alianza*, caja I, folio 30.

Archivos consultados y abreviaturas

AGNA — Archivo General de la Nación Argentina (Buenos Aires)

AGNU — Archivo General de la Nación (Uruguay)

AHI — Archivo Histórico de Itamaraty (Río de Janeiro)

AIHGB — Archivo del Instituto Histórico y Geográfico Brasileño (Río de Janeiro)

AIMHM — Archivo del Instituto y Museo de Historia Militar (Asunción)

AMAE — Archivo del Ministerio de Asuntos Exteriores (Madrid)

AMNE — Archivo del Ministerio de Negocios Extranjeros (Lisboa)

AMREC — Archivo del Ministerio de Relaciones Exteriores y Culto (Buenos Aires)

AN — Archivo Nacional (Río de Janeiro)

ANA — Archivo Nacional de Asunción (Paraguay)

APCPS — Archivo Particular de Carlos Pusineri Scala (Asunción)

APESP — Archivo Público del Estado de San Pablo

AV — Archivo Vaticano (Roma)

MM — Museo Mitre (Buenos Aires)

AIGM — Archivo Inédito del General Mitre

AIM — Archivo Íntimo de Mitre

Bibliotecas

BC — Biblioteca del Congreso (Buenos Aires)

BN — Biblioteca Nacional (Río de Janeiro)

BSF — Biblioteca del Senado Federal (Brasilia)

Fuentes impresas

AGM — Archivo del General Mitre
ARE — El doctor Rufino de Elizalde y su época vista a través de su archivo
AS — Anales del Senado del Imperio de Brasil
RRNE — Relatório da Repartição dos Negócios Estrangeiros apresentado à Assembléia Geral do Império

Otras abreviaturas

Conf. — confidencial
Doc. — documento
Of. — oficio
LBAOE — Legación de Brasil en la Argentina / Oficios Enviados
LBAOR — Legación de Brasil en la Argentina / Oficios Recibidos
LBPOE — Legación de Brasil en el Paraguay / Oficios Enviados
LBPOR — Legación de Brasil en el Paraguay / Oficios Recibidos
Part. — particular
Res. — reservado
S. d. — sin dato
S/c — sin clasificar
S. n. — sin número
Vol. — volumen

Cronología

6 DE FEB. 1862: En el Paraguay, Francisco Solano López, en su calidad de ministro de Guerra, se reúne con jefes militares y comienza la movilización militar. Por los tratados que se habían firmado 6 años atrás, en 1862 terminaba la moratoria en relación con la definición de fronteras del Paraguay con Brasil y la Confederación Argentina.

24 DE MAYO 1862: En el Brasil, sube al poder el Partido Liberal y el diputado Zacarias de Góes e Vasconcellos es nombrado presidente del Consejo de Ministros.

30 DE MAYO 1862: El gabinete de Góes e Vasconcellos es reemplazado por otro, también liberal, presidido por el marqués de Olinda (Pedro de Araújo Lima).

10 DE SEP. 1862: En el Paraguay muere el presidente Carlos Antonio López y su hijo Francisco Solano López lo sustituye en la jefatura del Estado.

12 DE OCT. 1862: Bartolomé Mitre se convierte en el primer presidente de la República Argentina, luego de una década de división entre dos Estados: la Confederación y Buenos Aires.

5 DE DIC. 1862: Tres oficiales de la fragata inglesa *Fort*, ebrios y de civil, son encarcelados en Río de Janeiro por causar disturbios. El representante británico, William D. Christie, da un ultimátum formal para que el gobierno brasileño castigue al jefe de policía y además pague una indemnización de 6 mil libras esterlinas por el pillaje del navío inglés *Prince of Wales*, naufragado en las costas de Rio Grande do Sul en diciembre de 1861.

31 DE DIC. 1862: Manifestaciones populares en Río de Janeiro contra Gran Bretaña.

1-6 DE JUN. 1863: El gobierno brasileño no atiende las exigencias de Christie y naves de guerra inglesas bloquean la bahía de Guanabara, capturando cinco navíos brasileños.

26 DE FEB. 1863: Brasil paga, bajo protesta, la indemnización por el *Prince of Wales*, pero Christie se ve forzado a dejar el país.

19 DE MAR. 1863: Provenientes de Buenos Aires y con el apoyo del presidente Mitre, el general Venancio Flores y otros miembros del Partido Colorado invaden Uruguay e inician una rebelión contra el gobierno del presidente Bernardo Berro, del Partido Blanco.

25 DE MAYO 1863: Debido a que Londres se niega a pedir disculpas en relación con los actos de Christie, Brasil rompe relaciones diplomáticas con Gran Bretaña.

JUNIO 1863: El gobierno uruguayo envía a Octavio Lápido a Asunción para lograr una alianza con el Paraguay en contra de la Argentina y el Brasil, acusados de haber apoyado la rebelión colorada. Solano López no asume el compromiso, pero le insinúa un apoyo político al gobierno uruguayo.

6 DE SEP. 1863: Una nota paraguaya enviada al gobierno de Mitre le advierte que el apoyo argentino a Flores tendría un efecto "desastroso" sobre los intereses del Paraguay.

2 DE OCT. 1863: El canciller de la Argentina, Rufino de Elizalde, le envía una nota al gobierno paraguayo donde niega un compromiso argentino en la Guerra Civil uruguaya.

20 DE DIC. 1863: Una carta de Solano Lopez a Bartolomé Mitre le recuerda la tradicional neutralidad política del Paraguay en las cuestiones platinas, pero afirma que dicha neutralidad no es absoluta y que en caso de tener que defender la seguridad paraguaya podría modificarse.

15 DE EN. 1864: Zacarias Góes e Vasconcellos vuelve a la presidencia del Consejo de Ministros del Brasil.

FEB. 1864: Movilización militar en el Paraguay.

29 DE FEB. 1864: En respuesta a la carta de Solano López (20 diciembre de 1863), Mitre reafirma la neutralidad argentina en las cuestiones internas uruguayas, por ser la que mejor atendía los intereses de su país. Asimismo, Mitre resalta que su país podría adoptar una posición opuesta "sin que tuviese que rendir cuentas a nadie por su conducta".

MARZO 1864: Termina el mandato del presidente uruguayo Bernardo Berro y, ante la imposibilidad de realizar elecciones presidenciales por la Guerra Civil, asume la presidencia del Ejecutivo el presidente del Senado, el también blanco Atanasio Cruz Aguirre.

ABRIL 1864: El caudillo *gaúcho* Souza Neto se dirige a Río de Janeiro con una representación formal de los pecuaristas *gaúchos* instalados en el Uruguay, quienes vieron afectados sus intereses económicos por las medidas del gobierno de Berro. Souza Neto denuncia disturbios en la frontera y supuestos abusos del gobierno uruguayo contra ciudadanos brasileños, pidiendo el apoyo armado al gobierno imperial.

ABRIL-JUNIO 1864: Misión de José Mármol, quien es enviado por el gobierno argentino a Río de Janeiro para evitar que haya desacuerdos entre la Argentina y el Brasil sobre los objetivos respectivos de cada uno en el Uruguay.

MAYO-JULIO 1864: El gobierno imperial envía al Uruguay a José Antonio Saraiva y a una escuadra comandada por el vizconde de Tamandaré, para obtener reparaciones del presidente Aguirre por los "agravios" sufridos por los ciudadanos brasileños.

6 DE JUN. 1864: Reunión de José Antonio Saraiva, Rufino de Elizalde y Eduard Thornton, representante británico en Buenos Aires, con el presidente Aguirre en Montevideo, buscando una conciliación para ponerle fin a la guerra civil uruguaya.

18 DE JUN. 1864: En Puntas del Rosario, Saraiva y Thornton toman nota de las exigencias de Flores para la paz, mientras que Elizalde hace lo mismo en relación con los dos representantes de Aguirre. Se redactó un acuerdo de paz donde Aguirre acepta las exigencias de Flores, inclusive el cambio del ministerio, donde aparta a los blancos radicales e incorpora políticos colorados. No obstante, Aguirre da marcha atrás y exige la desmovilización de las fuerzas coloradas antes de considerar la posibilidad de alterar su ministerio; la Guerra Civil continúa.

14 DE JUL. 1864: El presidente Aguirre envía al Paraguay a Antonio de las Carreras, quien le asegura a Solano López que el Brasil pretendía anexarse una porción del territorio uruguayo, mientras que la Argentina, en contrapartida, se quedaría con el resto. Según Carreras, después del Uruguay podría ser el turno del Paraguay. En una carta dirigida a Solano López, Aguirre le solicita la urgente intervención paraguaya en el Plata a fin de evitar complicaciones que serían perjudiciales a la tranquilidad y a la seguridad de la región.

4 DE AGOS. 1864: Ultimátum de Saraiva al gobierno uruguayo para que acepte las exigencias destinadas a terminar con las supuestas violaciones de los derechos de los hacendados *gaúchos* en Uruguay y punir a sus autores bajo pena de intervención militar brasileña.

22 DE AGOS. 1864: En Buenos Aires, Saraiva y Elizalde firman un protocolo en el que declaran que la paz en Uruguay es indispensable para la solución de las divergencias de ese país con la Argentina y el Brasil. Los gobiernos argentino y brasileño se reconocen mutuamente la libertad para actuar en relación con Montevideo, respetando la integridad territorial y la independencia del Estado oriental. La Argentina y el Brasil se prometen ayuda mutua en los esfuerzos tendientes a solucionar las respectivas cuestiones con el gobierno de Aguirre.

30 DE AGOS. 1864: El presidente Aguirre rompe relaciones diplomáticas con el Imperio del Brasil.
Nota del gobierno paraguayo a la representación diplomática brasileña en Asunción, en la cual protesta contra cualquier ocupación del territorio uruguayo por parte de fuerzas de mar y tierra del Imperio. Ello sería un "atentado al equilibrio de los Estados del Plata", que interesa al Paraguay, cuyo gobierno afirma no asumir la responsabilidad por las consecuencias de cualquier acto brasileño.

31 DE AGOS. 1864: Cae el gabinete de Zacarias; el senador Francisco José Furtado es el nuevo presidente del Consejo de Ministros.

7 DE SEP. 1864: El gobierno imperial ordena que las tropas brasileñas ocupen la villa de Salto y también Paysandú, además reconoce a Venancio Flores como parte beligerante.

12 DE OCT. 1864: Tropas brasileñas entran al Uruguay.

20 DE OCT. 1864: Tamandaré firma con Flores el Acuerdo de Santa Lucía, donde se establece la cooperación entre ambas fuerzas, aun cuando el Imperio no le había declarado la guerra a Aguirre, quien era el gobernante legal del Uruguay, y contra quien solo se habían anunciado represalias.

12 DE NOV. 1864: Cumpliendo la amenaza de la nota del 30 de agosto, Solano López ordena apresar al vapor brasileño *Marquês de Olinda*, en el momento en que este navegaba un poco al norte de Asunción rumbo a Mato Grosso, llevando al nuevo presidente de esa provincia.

2 DE DIC. 1864: Fusileros brasileños actuando en conjunto con los colorados cercan y toman Paysandú, ciudad localizada en las márgenes del río Uruguay.

28 DE DIC. 1864: En Mato Grosso, el fuerte de Coimbra es atacado y ocupado por fuerzas paraguayas.

2 DE EN. 1865: Divididas en dos columnas, las fuerzas paraguayas ocupan las colonias militares de Miranda y Dourados, así como la villa de Nioaque. El coronel Carlos Augusto de Oliveira abandona Corumbá sin esperar la llegada de los paraguayos, a pesar de tener condiciones para defender la villa. Los civiles son abandonados a su suerte. Corumbá es ocupada el día 4.

7 DE EN. 1865: Decreto del gobierno imperial creando los cuerpos de combatientes de Voluntarios de la Patria.

12 DE EN. 1865: Los invasores ocupan la villa Miranda.

21 DE EN. 1865: Decreto del gobierno imperial convocando a 15 mil guardias nacionales para reforzar al Ejército, donde cada provincia debe aportar una cuota.

2 DE FEB. 1865: La Marina brasileña comienza el bloqueo del puerto de Montevideo.

15 DE FEB. 1865: Tomás Villalba es elegido presidente del Senado y automáticamente se convierte en el jefe del Ejecutivo uruguayo.

20 DE FEB.1865: José María da Silva Paranhos, futuro vizconde de Río Branco, firma un acuerdo de paz con el nuevo gobierno blanco uruguayo y le abre el camino a Flores para que ascienda a la presidencia del Uruguay.

10 DE ABR. 1865: Parte de San Pablo una columna militar que debía socorrer a Mato Grosso. En su libro épico *A retirada da Laguna*, uno de los participantes del hecho narra el fracaso de la expedición: el teniente Alfredo d'Escragnolle de Taunay, futuro vizconde de Taunay.

13 DE ABR. 1865: Luego de que Mitre niega la autorización para que las tropas paraguayas atraviesen el territorio de Misiones para invadir Rio Grande do Sul, Solano López le declara la guerra a la Argentina y ataca Corrientes.

24 DE ABR. 1865: En Mato Grosso, los paraguayos llegan hasta Coxim, punto culminante de la invasión.

1º DE MAYO 1865: Se firma en Buenos Aires el Tratado de la Triple Alianza, por el cual la Argentina, el Brasil y el Uruguay se unen para enfrentar a Solano López, derrocarlo y garantizar la libre navegación de los ríos. Una cláusula secreta establece las fronteras para después de la guerra, y por ella la Argentina y el Brasil se hacen acreedores de los territorios que estaban en litigio con el Paraguay.

12 DE MAYO 1865: El marqués de Olinda (Pedro de Araújo Lima) es nombrado nuevo presidente del Consejo de Ministros.

25 DE MAYO 1865: Fuerzas argentinas comandadas por el general Paunero y apoyadas por soldados brasileños llegan a Corrientes en la escuadra imperial y retoman la ciudad. Al día siguiente, Paunero ordena la retirada porque no había condiciones para sostener la posición.

10 DE JUN. 1865: Tropas paraguayas provenientes de Encarnación invaden Rio Grande do Sul por São Borja. Al no encotrar una fuerte resistencia, los invasores marchan rápidamente y ocupan Uruguayana el 5 de agosto, donde quedan atrincherados.

11 DE JUN. 1865: Batalla fluvial de Riachuelo, en donde la Marina paraguaya es destruida por la escuadra imperial. Se concreta el bloqueo al Paraguay, que durante la guerra ya no puede recibir armas ni mantener el comercio con el exterior.

3-4 DE JUL. 1865: En el campamento de Basualdo, el 25% de las tropas entrerrianas comandadas por Urquiza desertan para no enfrentar a los paraguayos. En el interior argentino la guerra era impopular; había simpatía por el Paraguay y antipatía por el Brasil.

23 DE JUL. 1865: Solano López destituye al general Resquín del comando del Ejército paraguayo en territorio argentino, acusándolo de traición. Robles será fusilado el 8 de enero de 1866.

17 DE AGOS. 1865: Una columna paraguaya es derrotada en Jataí, en la margen argentina del río Uruguay, próximo a Uruguayana.

18 DE AGOS. 1865: Rendición de las tropas paraguayas en Uruguayana, en presencia de Pedro II, Mitre y Flores.

22 DE AGOS. 1865: En Uruguayana, Edward Thornton presenta sus credenciales de representante del gobierno británico, y en una carta oficial lamenta la ruptura de relaciones diplomáticas entre el Brasil y Gran Bretaña, restablecidas más tarde.

31 DE OCT.-3 DE NOV. 1865: Las tropas paraguayas que invadieron Corrientes retornan a su país.

30 DE NOV. 1865: Declaración del Consejo de Estado del Imperio donde se critican las concesiones territoriales que se le hicieron a la Argentina en el Tratado de la Triple Alianza. Según esta declaración, si todo el Chaco y Misiones quedaban como territorio argentino, estaría amenazada la independencia paraguaya después de la guerra. La declaración sostiene que la Argentina solo debe quedarse con la parte del Chaco que llega hasta el río Pilcomayo.

2 DE MAR. 1866: En un informe sobre la situación en el Río de la Plata presentado al Parlamento, el gobierno británico revela el contenido de la parte secreta del Tratado de la Triple Alianza que obtuvo del ministro de Relaciones Exteriores de Uruguay. Esta revelación les creó una serie de contratiempos a los aliados durante la guerra.

16 DE ABR. 1866: El Ejército aliado, que estaba acampado en territorio argentino, inicia una travesía a través del río Paraná e invade el Paraguay. Su objetivo es alcanzar Humaitá, la fortaleza que estaba ubicada en las márgenes del río Paraguay y que, al ser el epicentro del sistema defensivo paraguayo, impedía que la escuadra brasileña pudiese llegar hasta Asunción.

18 DE ABR. 1866: Los aliados ocupan el fuerte de Itapirú.

22-23 DE ABR. 1866: Ante una orden de Solano López, los soldados paraguayos abandonan el campamento de Paso de la Patria.

2 DE MAYO 1866: Ataque sorpresa paraguayo a la vanguardia aliada en estero Bellaco.

20 DE MAYO 1866: Continuando su marcha hacia Humaitá, el Ejército aliado acampa en Tuyutí.

24 DE MAYO 1866: Ataque sorpresa paraguayo al campamento aliado de Tuyutí. Los atacantes sufren enormes pérdidas que comprometen su capacidad militar.

10 DE JUL. 1866: Llega a Itapirú procedente de Misiones el 2º Cuerpo del Ejército imperial, comandado por el barón de Porto Alegre. El comandante en jefe aliado, general Bartolomé Mitre, había propuesto que ese cuerpo atacase Encarnación y penetrase por el interior paraguayo hasta alcanzar Humaitá. Sin embargo, Tamandaré induce a Porto Alegre para dirigirse a Paso de la Patria. Para no generar fricciones entre los aliados, Mitre concuerda con ese movimiento en la junta de generales del 25 de junio.

15 DE JUL. 1866: Osório, que era el general brasileño más popular entre las tropas, transfiere el comando del 1er Cuerpo de Ejército al general Polidoro Jordão y parte hacia Rio Grande do Sul por motivos de salud.

JULIO 1866: Batallas de Yataytí-Corá [11], Boquerón [16] y Sauce [18].

3 DE AGOS. 1866: Zacarias de Góes e Vasconcellos es nombrado presidente del Consejo de Ministros.

3 DE SEP. 1866: El 2º Cuerpo del Ejército brasileño ataca y ocupa la posición fortificada de Curuzú, en las márgenes del río Paraguay.

12 DE SEP. 1866: Conferencia entre Bartolomé Mitre y Solano López en Yataytí-Corá, a pedido del jefe paraguayo. Siguiendo la orden del gobierno imperial de no negociar con el jefe de Estado paraguayo, ningún general brasileño participa del encuentro, mientras que Flores se retira pronto luego de una ríspida discusión con el líder paraguayo. En el encuentro, López intenta inútilmente apartar a Mitre de la alianza con el Brasil.

22 DE SEP. 1866: Ataque aliado a la posición fortificada de Curupaytí, en las márgenes del río Paraguay. Los aliados sufren la mayor derrota de guerra y detienen su avance durante casi un año.

25 DE SEP. 1866: Venancio Flores, comandante de las fuerzas uruguayas en el frente de guerra, se retira hacia Uruguay.

10 DE OCT. 1866: Como resultado de la derrota en Curupaytí, el gobierno brasileño decide ponerles fin a las intrigas y discordias que había entre los generales brasileños y unificar la jefatura de sus fuerzas en el Paraguay, nombrando para ese puesto al marqués de Caxias. Además, el comandante de la escuadra, Tamandaré, es sustituido por Joaquim José Ignacio, vizconde de Inhaúma.

6 DE NOV. 1866: Decreto del gobierno imperial ofreciéndoles la libertad a los llamados "esclavos de la Nación" que sirvieran en el ejército brasileño en el Paraguay.

17 DE NOV. 1866: Caxias llega a Itapirú.

10 DE DIC. 1866: La revuelta federal en el nordeste argentino derrota a las tropas del gobierno central. En su proclama, el caudillo rebelde catamarqueño Felipe Varela escribió: "Nuestro programa es la estricta aplicación de la Constitución jurada, del orden común, de la paz y amistad con el Paraguay".

DIC. 1866: El Congreso norteamericano aprueba una resolución en la cual recomienda al Departamento de Estado ofrecer su mediación para ponerle fin al conflicto. En los meses siguientes, diplomáticos norteamericanos realizan gestiones para obtener un cese del fuego, las que serán rechazadas por el gobierno brasileño (26 de abril de 1867).

15 DE EN. 1867: Se firma en Montevideo un protocolo por el cual el Brasil le concede al Uruguay un préstamo mensual mientras dure la guerra contra el Paraguay.

9 DE FEB. 1867: Mitre le transfiere provisionalmente la jefatura del comando aliado a Caxias y vuelve a la Argentina para sofocar la rebelión contra el gobierno.

16 DE FEB. 1867: Debido a las declaraciones favorables al Paraguay de parte del presidente coronel Prado, el Imperio rompe relaciones diplomáticas con el Perú, las que serán restablecidas luego del derrocamiento de Prado, en 1868.

13 DE MAR. 1867: Un decreto del gobierno imperial convoca por sorteo a 8 mil guardias nacionales para ir a la guerra. Hay una fuerte resistencia de los convocados.

7 DE MAYO 1867: Comienza la retirada de la columna brasileña, que, partiendo de San Pablo y recibiendo refuerzos en Minas Gerais, marcha en dirección al sur de Mato Grosso para ayudar en la defensa contra los invasores paraguayos. La columna invade el territorio paraguayo el 21 de abril de 1867 y penetra treinta kilómetros hasta la *fazenda* Laguna. Hostigados por los paraguayos, los brasileños tuvieron que retroceder: fue la retirada de la Laguna.

MARZ.-MAY. 1867: Una epidemia de cólera en las tropas aliadas causa miles de bajas. Mueren unos 4 mil soldados brasileños. En mayo, la epidemia alcanza el bando paraguayo.

13 DE JUN. 1867: Tropas brasileñas recuperan momentáneamente Corumbá.

24 DE JUN. 1867: Caxias utiliza por primera vez un globo de observación para localizar las posiciones paraguayas. Con esa finalidad se traen de Estados Unidos dos globos con sus respectivos operadores. Hasta julio de 1867 se realizan varias observaciones, pero no son de gran provecho debido al humo provocado por las fogatas que hacen los soldados paraguayos a fin de dificultar la visión de sus posiciones.

4 DE JUL. 1867: Caxias ordena que las tropas evacuen Curuzú; las fuerzas brasileñas se concentran en Tuyutí.

13-19 DE JUL. 1867: El 3ᵉʳ Cuerpo del Ejército brasileño llega al campamento aliado en el Paraguay. Cuenta con poco menos de 6 mil hombres y es organizado con gran dificultad por el general Osório en Rio Grande do Sul.

22 DE JUL. 1867: Caxias inicia la "marcha de flanco" con la finalidad de rodear Humaitá, aislarla y encontrar un punto vulnerable por donde pueda ser atacada.

31 DE JUL. 1867: Caxias llega a Tuyú-Cué con el grueso de las tropas; el mismo día el general Mitre vuelve al frente de batalla y reasume la jefatura del comando de las fuerzas aliadas el 1° de agosto.

5 DE AGOS. 1867: Mitre le ordena a Caxias que la escuadra brasileña fuerce el paso de Humaitá para ir al encuentro de las fuerzas aliadas que debían llegar a las márgenes del río Paraguay, aislando la fortaleza.

15 DE AGOS. 1867: La escuadra imperial sobrepasa Curupaytí, pero Joaquim José Ignacio, respaldado por Caxias, contraría las órdenes de Mitre y se niega a intentar el paso de Humaitá. Los acorazados brasileños permanecen durante seis meses entre esas dos posiciones enemigas, bombardeándolas sin mayores consecuencias.

SEP. 1867: Fracaso de las gestiones de paz que entabló el diplomático británico G.Z. Gould con Solano López y los jefes militares aliados.

2 DE NOV. 1867: Ocupación aliada de Tahí.

3 DE NOV. 1867: Ataque paraguayo a Tuyutí en un intento infructuoso de Solano López por romper el cerco aliado.

10 DE DIC. 1867: Ante la insistencia de Mitre para que la escuadra imperial fuerce el paso de Humaitá, el representante brasileño en Buenos Aires le comunica al gobierno argentino que, a pesar de ser él comandante en jefe, ese general no tiene autoridad sobre los navíos brasileños.

14 DE EN. 1868: Mitre se retira definitivamente del Paraguay para reasumir la presidencia de la Argentina por la muerte del vicepresidente Marcos Paz. Caxias es el nuevo comandante en jefe de las fuerzas aliadas.

19 DE FEB. 1868: Seis naves de guerra brasileñas sobrepasan Humaitá y navegan rumbo a Asunción, la capital enemiga.

22 DE FEB. 1868: Asunción es evacuada y Luque se convierte en la segunda capital del Paraguay.

28 DE FEB. 1868: Navíos brasileños llegan a la bahía de Asunción; breve intercambio de tiros con los defensores de la ciudad.

2 DE MAR. 1868: Siguiendo un estrafalario plan de Solano López para apoderarse de parte de la escuadra imperial, ocho canoas con casi doscientos hombres armados con sables y puñales se acercan durante una noche oscura y lluviosa a las naves brasileñas. Al ser descubiertos, los atacantes son muertos.

3 DE MAR. 1868: Solano López abandona Humaitá en barco y desembarca en Timbó. Instala su nuevo cuartel general en San Fernando, a unos diez kilómetros al norte, en la boca del río Tebicuarí.

23 DE MAR. 1868: Durante la noche, gran parte de los defensores de Humaitá pasan al Chaco y siguen hacia San Fernando. En la fortaleza quedan cerca de 3 mil hombres.

ABRIL 1868: Los paraguayos evacuan Corumbá, hecho que recién es confirmado por el gobierno de Mato Grosso el 17 de agosto, cuando envía una patrulla de reconocimiento a la villa.

MAY.-DIC. 1868: Centenares de personas mueren fusiladas o lanceadas al ser acusadas de conspirar contra Solano López. Entre ellas se encuentra Ángel Benigno López, hermano del líder paraguayo, y sus yernos: el general Vicente Barrios —ministro de Guerra— y Saturnino Díaz de Bedoya —ministro de Economía—.

9 DE JUN. 1868: En un discurso en el Senado, el barón de Cotegipe afirma que el ánimo popular en relación con la guerra está decaído, lo que obliga al gobierno a utilizar "medios todavía más rigurosos" para obtener nuevos soldados. El reclutamiento despoblaba el campo, sobre todo las provincias del norte; los que no eran llevados por el Ejército se encontraban bajo protección de los políticos oficialistas locales, o se "internaban por el monte", huyendo de la convocatoria.

9 DE JUL. 1868: Solano López repite infructuosamente el intento de tomar naves acorazadas con canoas. Fueron atacados el *Barroso* y el *Rio Grande*, los cuales estaban fondeados arriba de Tahí.

16 DE JUL. 1868: En Brasil vuelve al poder al Partido Conservador, y el vizconde de Itaboraí (Joaquim José Rodrigues Torres) es nombrado presidente del Consejo de Ministros.

17 DE JUL. 1868: Por orden de Caxias, el 3er Cuerpo de Ejército, comandado por Osório, ataca Humaitá y sufre grandes pérdidas.

24 DE JUL. 1868: Sin recursos para defender Humaitá, los 3 mil soldados remanentes evacuan la posición por orden de Solano López.

25 DE JUL. 1868: Los aliados entran en Humaitá.

26 DE JUN.-5 DE AGOS. 1868: Combates en el Chaco entre soldados paraguayos que evacuaron Humaitá y los aliados.

14 DE AGOS. 1868: En una carta que le envía al barón de Muritiba, Caxias defiende el fin de la guerra, pues "como brasileño y senador del Imperio, y con la conciencia de general, pienso que las injurias realizadas por el tirano del Paraguay a las potencias aliadas están más que suficientemente vengadas". Pedro II ordena continuar la guerra.

15 DE AGOS. 1868: El comandante de las fuerzas argentinas, general Gelly y Obes, le comunica a Caxias que sus soldados no marcharán con las fuerzas brasileñas pues recibieron órdenes en ese sentido de parte de su gobierno, por "estar la situación impregnada de ideas de paz". Como consecuencia de ello, el gobierno imperial consideró que la alianza con la Argentina estaba rota, lo que llevó a Mitre a solicitar que fuese suspendida esta ruptura. El 6 de septiembre Gelly y Obes le informa a Caxias que las fuerzas argentinas están listas para la acción.

14 DE SEP. 1868: El Ejército aliado retoma la marcha en dirección a Palmas, cercana al fortín de Angostura, cuyos cañones dominaban una porción estrecha del río Paraguay, lo que dificultaba la acción de la escuadra brasileña.

23 DE SEP. 1868: Luego de una reñida lucha, tropas brasileñas toman el puente sobre el arroyo Surubí-hi.

24 DE SEP. 1868: La vanguardia aliada llega al puerto de Palmas, en las márgenes del estero Poí. Durante 36 días, Caxias dirigió una marcha de doscientos kilómetros por terreno pantanoso y desconocido, iniciada en Pare-Cué.

28-30 SEP. 1868: Las tropas argentinas se instalan en Palmas.

3 DE OCT. 1868: Un protocolo firmado en Buenos Aires por representantes de los gobiernos argentino y brasileño elimina la figura del comandante en jefe aliado. De esta forma, los jefes militares argentino, brasileño y urugua-

yo realizarían operaciones militares conjuntas "siempre y cuando lo permitiesen las circunstancias".

3 DE DIC. 1868: Llega a Angostura —fortificación paraguaya en las márgenes del río Paraguay— el nuevo representante norteamericano en el país guaraní, el general MacMahon. Venía a sustituir a Charles Washburn, quien fue obligado a retirarse acusado de conspirar contra Solano López.

Para poder atacar las fortificaciones de Solano López por la retaguardia, Caxias atraviesa el río Paraguay viniendo de Palmas y desembarca en el Chaco, por donde marcha con el Ejército brasileño por un camino de doce kilómetros que había mandado construir sobre terreno anegadizo. Para hacerlo, fue necesario que 3.554 hombres trabajaran durante 23 días; tres kilómetros del camino fueron cubiertos por los troncos de 6 mil palmeras taladas para ese fin.

5-9 DE DIC. 1868: La escuadra imperial transporta al Ejército del Chaco hacia San Antonio, en la retaguardia de las fortificaciones paraguayas.

DIC. 1868: En la campaña de ese mes, llamada "Decembrada", fue destruido el poder militar paraguayo en las batallas de Itororó [6], Avaí [11] y Lomas Valentinas [21-27].

21 DE DIC. 1868: Palacio, el obispo de Asunción, es fusilado en Lomas Valentinas acusado de conspirar contra Solano López.

27 DE DIC. 1868: Fuga de Solano López a la vista del Ejército aliado.

1º DE EN. 1869: Tropas brasileñas comandadas por el coronel Hermes de Fonseca ocupan Asunción, que se encontraba desierta y fue saqueada.

14 DE EN. 1869: En la Orden del Día Nº 272, Caxias declara que "La guerra llegó a su fin y el ejército y la escuadra brasileña pueden enorgullecerse de haber combatido por la más justa y santa de todas las causas".

17 DE EN. 1869: Caxias se desmaya durante una ceremonia religiosa en la catedral de Asunción.

19 DE EN. DE 1869: Caxias se retira de Asunción hacia Montevideo sin esperar la autorización del gobierno imperial. Miembros de la cúpula del Ejército y de la escuadra imperial hacen lo mismo.

24 DE EN. DE 1869: Caxias llega a Montevideo, donde se encuentra con José Maria da Silva Paranhos, ministro de Negocios Extranjeros, que se dirigía a Asunción en una misión especial.

9 DE FEB. 1869: Caxias parte de Montevideo hacia Río de Janeiro, donde llega el día 15 en el anonimato y sin que nadie lo esperase en el puerto.

20 DE FEB. 1869: Paranhos llega a Asunción.

22 DE MAR. 1869: Se publica un decreto que acepta la renuncia de Caxias al cargo de comandante en jefe de las fuerzas brasileñas en el Paraguay.

23 DE MAR. 1869: Caxias se convierte en duque por decreto del emperador. Fue el único brasileño que obtuvo ese título en la historia del Imperio del Brasil.

24 DE MAR. 1869: Se publica el decreto que nombra comandante de las fuerzas brasileñas en el Paraguay al príncipe consorte Luís Felipe Fernando Gastão de Orléans, el conde d'Eu, a pesar de que este no deseaba ir a la guerra.

16 DE AB. 1869: En Luque, cerca de Asunción, el conde d'Eu asume el comando en jefe de las fuerzas brasileñas. En la Orden del Día N°1 d'Eu afirma: "Asumo en este día tan difícil cargo".

1° DE MAYO 1869: El Ejército aliado inicia una marcha en dirección a la Cordillera, al sudoeste, donde se suponía que estaba Solano López.

5 DE MAYO 1869: Toma y destrucción de la fundición de Ibicuí, donde se producían armas para el ejército paraguayo.

2 DE JUN. 1869: En Buenos Aires, Paranhos y el canciller argentino Mariano Varela firman un protocolo que autoriza la organización de un gobierno provisional paraguayo.

4 DE AGOS. 1869: Tropas brasileñas ocupan las trincheras de Sapucaí y liberan el camino de acceso a Peribebuy, declarada capital del Paraguay por Solano López.

7 DE AGOS. 1869: Tropas brasileñas ocupan la villa de Valenzuela.

12 DE AGOS. 1869: Los aliados toman la localidad de Altos.
Ataque aliado a Peribebuy bajo el comando directo del conde de d'Eu. Los

prisioneros paraguayos son degollados frente a d'Eu, masacre que solo termina debido a la intervención del general Mallet.

15 DE AGOS. 1869: La caballería brasileña ocupa la localidad de Tobatí. Por iniciativa brasileña, y luego de vencer la resistencia argentina, se instala en Asunción un gobierno provisional paraguayo ejercido por un triunvirato: Carlos Loizaga, Cirilo Rivarola y José Díaz Bedoya. Para poder obtener fondos con que financiar las actividades gubernamentales, Bedoya es enviado a Buenos Aires para vender las joyas del Tesoro paraguayo. Luego de hacerlo, se apodera del dinero, pide la renuncia a su cargo y no vuelve más al Paraguay.

16 DE AGOS. 1869: Última gran batalla de la guerra en Campo Grande/Acosta Ñu, donde 20 mil aliados se enfrentan a 6 mil paraguayos (buena parte de ellos eran ancianos y niños).

19 DE AGOS. 1869: Tropas aliadas ocupan Caraguataí.

27 DE AGOS. 1869: Solano López se cree víctima de una nueva conspiración originada en el batallón que lo escolta. Decenas de acusados son fusilados, y pese a reconocer la inocencia del comandante del regimiento, Hilario Marcó Mongelós, López lo manda fusilar con el argumento de que también era delito ignorar lo que estaba ocurriendo entre los subalternos.

30 DE AGOS. 1869: El general Osório se retira definitivamente del Paraguay debido al agravamiento de una herida en la mandíbula.

SEP. 1869: Al ser sometido a torturas, el hermano de Solano López acusa a su madre, Juana Carrillo, y a sus dos hermanas, Inocencia y Rafaela, de participar en una conspiración para asesinar al dictador. Rafaela es torturada, al igual que su madre, que es golpeada con el plano de una espada. Venancio muere debido a los tormentos recibidos.

OCT.-NOV. 1869: Las tropas brasileñas que persiguen a Solano López pasan hambre debido a que los caminos se vuelven intransitables por la lluvia, lo que provoca la interrupción del suministro de víveres.

1º DE MAR. 1870: Las tropas brasileñas alcanzan a Solano López en Cerro Corá, donde es herido con una lanza por el cabo Francisco Lacerda y muerto por otro soldado que le dispara con un fusil.

20 DE JUN. 1870: El gobierno provisional paraguayo firma un protocolo con los representantes aliados y acepta, *en su fondo*, los términos del Tratado de la Triple Alianza. Los tratados definitivos de paz serían firmados por el futuro gobierno constitucional del Paraguay.

3 DE JUL. 1870: Se realizan elecciones para la formación de la Asamblea Constituyente paraguaya.

29 DE SEP. 1870: En Brasil, el vizconde de São Vicente (José Antonio Pimenta Bueno) es nombrado nuevo presidente del Consejo de Ministros.

25 DE NOV. 1870: Juramento de la Constitución paraguaya, la primera en la historia del país. Cirilo Rivarola es elegido presidente del Paraguay.

25 DE EN. 1871: Se firma el Acuerdo Previo entre los aliados, el cual fija las condiciones de paz que le serían ofrecidas al gobierno paraguayo.

7 DE MAR. 1871: En Brasil, el vizconde de Rio Branco (José Maria da Silva Paranhos) es nombrado nuevo presidente del Consejo de Ministros.

15 DE NOV 1871: Divergencias entre los aliados durante las negociaciones de paz con el gobierno paraguayo; el enviado argentino, Manuel Quintana, se retira a Buenos Aires. El representante brasileño, barón de Cotegipe, continúa negociando un tratado de paz con el gobierno paraguayo.

18 DE DIC. 1871: El Congreso paraguayo acepta la renuncia de Rivarola a la presidencia paraguaya y decide que la jefatura del Ejecutivo pase a ser ejercida por el vicepresidente, Salvador Jovellanos.

9 DE EN. 1872: Se firma el Tratado Loizaga-Cotegipe, que es de paz, amistad, límites y navegación. La firma del mismo sin la participación de los demás aliados se opone a lo que había determinado el Tratado de la Triple Alianza. En la Argentina hay una fuerte reacción de resistencia al tratado; las relaciones brasileño-argentinas alcanzan el momento de mayor tensión.

31 DE EN. 1872: El presidente Sarmiento nombra un gobernador militar en el Chaco con sede en Villa Occidental, la que era reclamada por el Paraguay.

JUN.-NOV. 1872: Misión de Bartolomé Mitre a Río de Janeiro, enviada por el presidente Sarmiento con el objetivo de obtener apoyo en las reivindicaciones territoriales argentinas en las negociaciones de límites con el Paragauay. El Imperio promete apoyo moral.

JUL.-AGOS. 1873: Misión de Bartolomé Mitre a Asunción. Fracasa el intento argentino de obtener soberanía sobre el Chaco más allá del río Pilcomayo, pues el representante brasileño no apoya las reivindicaciones argentinas.

25 DE JUN. 1874: Juan Bautista Gill es elegido presidente del Paraguay con apoyo brasileño.

12 DE OCT. 1874: Nicolás Avellaneda asume la presidencia argentina.

20 DE MAYO 1875: El ministro de Relaciones Exteriores argentino, Carlos Tejedor, y el enviado del gobierno paraguayo, Jaime Sosa, llegan a un tratado de paz definitivo con el desacuerdo de los representantes brasileños. Según el acuerdo, la parte del Chaco ubicada por encima del Pilcomayo sería dividida entre el Paraguay y la Argentina, que obtendría también la estratégica localidad de Villa Occidental a cambio del cancelamiento de la deuda de guerra paraguaya con Buenos Aires. Intimidadas por la presencia de las fuerzas brasileñas de ocupación que estaban acuarteladas en las cercanías de Asunción, las autoridades paraguayas no ratificaron el tratado.

25 DE JUN. 1875: En Brasil, el duque de Caxias (Luiz Alves de Lima e Silva) es nombrado nuevo presidente del Consejo de Ministros.

9 DE DIC. 1875: Comienzo de un intento de golpe de Estado contra el presidente Gill estimulado por el representante brasileño en Asunción, Felipe José Pereira Leal, quien contrariaba las órdenes recibidas del gobierno imperial. El movimiento golpista fracasa.

3 DE FEB. 1876: El canciller argentino Bernardo de Irigoyen y el enviado paraguayo Facundo Machaín firman el Tratado de Paz, Amistad y Comercio entre sus países. Las Misiones son reconocidas como argentinas, sucediendo lo mismo con el territorio hasta el río Pilcomayo. La posesión del área ubicada por encima del Pilcomayo hasta el río Verde sería definida por arbitraje del presidente de los Estados Unidos, mientras que el resto del Chaco pertenecería a Paraguay.

1º DE MAYO 1876: Comienzo de la retirada de los 1.894 militares brasileños de la división de ocupación que el gobierno imperial mantenía en el Paraguay luego de la guerra.

12 DE NOV. 1878: El laudo arbitral del presidente norteamericano Rutherford Hayes determina como paraguayo el territorio entre los ríos Pilcomayo y Verde.

Fuentes y bibliografía

I. Fuentes primarias manuscritas

1. Argentina

Archivo del Ministerio de Relaciones Exteriores y Culto, correspondencia de las legaciones en Asunción, Montevideo y Río de Janeiro.
Archivo General de la Nación, archivos personales y documentos referentes a la Guerra del Paraguay.
Archivo Mitre:
  Archivo Inédito
  Archivo Personal

2. Brasil

Instituto Histórico e Geográfico Brasileiro.
Arquivo Histórico do Itamaraty, correspondencia de las legaciones en Asunción, Buenos Aires, Montevideo, Santiago, Washington, Londres y archivos personales.
Arquivo Nacional.
Arquivo Público do Estado de São Paulo.

3. España

Archivo del Ministerio de Asuntos Exteriores.

4. Paraguay

Archivo General de Asunción.
Correspondencia del presidente Juan Bautista Gill, cedida por el señor Carlos Pusineri Scala.

5. Portugal

Arquivo do Ministério dos Negócios Estrangeiros.

6. Uruguay

Archivo General de la Nación, documentación diplomática y archivo del general Máximo Santos.

7. Vaticano

Archivio Vaticano

II. Fuentes primarias impresas

1. Libros

[Sin autor]. *Papeles de López o el tirano pintado por sí mismo y sus publicaciones. Papeles encontrados en los archivos del tirano. Tablas de sangre y copia de todos los documentos y declaraciones importantes de los prisioneros para el proceso de la tiranía; incluso la de madame Lasserre.* Buenos Aires: Imprenta Americana, 1871.

Archivo del coronel doctor Marcos Paz. La Plata: Universidad Nacional de La Plata, 1966, t. VII (*Correspondencia Marcos Paz a Mitre, mar. 1865-dic. 1867*).

Archivo del general Mitre: Documentos y correspondencia. Buenos Aires: Biblioteca de "La Nación", 1911, t. I-III

British documents on Foreing affairs: reports and papers from the Foreing Office confidential print, Latin-America, 1845-19914, Part I, Series D.

Caxias, general Luiz Alvez de Lima e Silva (duque de). *Exército em operações na República do Paraguay sob o comando em chefe de todas as forças de S. Ex. o Sr. marechal-de-exército Luiz Alvez de Lima e Silva.* Río de Janeiro: Typographia de Francisco Alvez de Souza, 1877, 4 vols. ("reimpresa por orden del gobierno").

Cidade de São Paulo. *Atas da Câmara (1865-70).* São Paulo: Departamento de Cultura da Prefeitura do Município de São Paulo, 1946, vol. LIV.

Herval, general Manoel Luiz Osório (marqués de). *Exército em operações na República do Paraguay: ordens do dia do Primeiro Corpo.* Río de Janeiro: Typographia de Francisco Alvez de Souza, 1877, 2 vols.

Império do Brasil. *Anais do Parlamento brasileiro (1862-89).*

— *Anais do Senado do Império (1862-89)*.

— *Relatório do Ministério da Guerra apresentado à Assembléia Geral do Império (1865-76)*.

— *Relatório da Repartiçao dos Negócios Estrangeiros apresentado à Assembléia Geral do Império (1831-89)*.

PROVÍNCIA DE SÃO PAULO. *Anais da Assembléia Legislativa (1869)*.

Relatórios dos presidentes das províncias do Império apresentados às respectivas Assembléias Legislativas provinciais (anos de 1864-70)

REPÚBLICA ARGENTINA. *Memorias del Ministerio de Relaciones Exteriores y Culto presentada al Honorable Congreso Nacional (1873-77)*.

REPÚBLICA DEL PARAGUAY. *Registro Oficial de la República del Paraguay (1869 a 1875)*. Asunción: Fischer e Quell. Bazar y Librería "La ciudad de Berlín", s. d.

SANTA TEREZA, general Polydoro da Fonseca Quintanilha Jordão (visconde de). *Exército em operações na República do Paraguay: ordens do dia do Primeiro Corpo*. Río de Janeiro: Typographia de Francisco Alvez de Souza, 1877.

SOUZA, general Manoel Marquês de. *Exército em operações na República do Paraguay: ordens do dia do Segundo Corpo*. Río de Janeiro: Typogra-phia de Francisco Alvez de Souza, 1877.

TAUNAY, Alfredo d'Escragnolle (visconde de). *Diário do Exército (1869-70)*. Río de Janeiro: Biblioteca do Exército, 1958.

XAVIER DE SOUZA, marechal Guilherme. *Exército em operações na República do Paraguay: ordens do dia do comandante interino*. Río de Janeiro: Typographia de Francisco Alvez de Souza, 1877.

2. Diarios

Argentina: *El Nacional; La Tribuna; La República*.

Brasil: *Cabrião*, 2ª ed. São Paulo: Unesp/Imprensa Oficial do Estado, 2000, ed. facsimilar; *Correio Mercantil; O Globo; Jornal do Commercio; A Reforma; A República*.

Paraguay: *Cabichuí; La Centinela; Los Debates; La Patria; El Pueblo*.

3. Memorias y publicaciones de época

[SIN AUTOR]. *Traços biographicos da heroína Jovita Alves Feitosa, ex sargento do 2º Corpo de Voluntários do Piauhy*. Río de Janeiro: Typographia Imparcial, 1868.

ALBERDI, Juan Bautista. *El Brasil ante la democracia de América: las disensiones de las Repúblicas del Plata y las maquinaciones del Brasil*. Buenos Aires: El Libro Ejemplar, 1946.

— *Historia de la Guerra del Brasil*. Buenos Aires: Ediciones de la Patria Grande, 1962.

ALCORTA, Sinforiano. *Antecedentes históricos sobre los tratados con el Paraguay*. Buenos Aires: Establecimiento Tipográfico de Moreno y Núñez, 1885.

AMAZONAS, Francisco Manuel Barroso da Silva (barón de). *Combate naval do Riachuelo*. Río de Janeiro: Villeneuve, 1878.

AVEIRO, coronel Silvestre. *Memorias militares (1864-70)*. Asunción: Comuneros, 1970.

AZEVEDO, Dr. Carlos Frederico dos Santos. *História médico-cirúrgica da esquadra brasileira na campanha do Uruguay e Paraguay de 1864 a 1869*. Río de Janeiro: Typographia Nacional, 187(?).

AZEVEDO, Moreira de. *Rio da Prata e Paraguay: quadros guerreiros*. Río de Janeiro: Eduardo & Henrique Laemmert, 1871.

AZEVEDO PIMENTEL, Joaquim S. de. *Episódios militares*. Río de Janeiro: Biblioteca do Exército, 1978.

BARRETO, teniente honorário José Francisco Paes. *História da Guerra do Paraguay*. Recife: Typographia de F. P. de Boulitreau, 1893.

BENÍTEZ, Gregorio. *Anales diplomático y militar de la Guerra del Paraguay*. Asunción: Establecimiento, 1906, 2 vols.

— *La Triple Alianza de 1865: escapada de un desastre en la guerra de invasión al Paraguay*. Asunción: Talleres Mons. Lasagna, 1904.

BOCAIÚVA, Quintinho de Souza. *Contraprotesto feito por um brasileiro em resposta ao Sr. visconde de Jequitinhonha relativo à rendição de Uruguayana*. Río de Janeiro: Laemmert, 1865.

— *Guerra do Paraguay: Nova phase (carta a un amigo)*. Montevideo: Typographia Sul Americana, 1869.

BORMANN, general J. B. *A campanha do Uruguay* (1864-65). Río de Janeiro: Imprensa Nacional, 1907.

BRITTO, J. G. de Lemos. *Guerra do Paraguay: narrativa dos prisioneros do vapor "Marquês de Olinda"*. Bahía: Lithographia-Typographia e Encadernação Reis e Cia., 1907.

— *A Guerra do Paraguay: narrativa histórica dos prisioneiros do "Marquês de Olinda" com um prefacio do Dr. Arlindo Coelho Fragoso*. 2ª ed. refundada y ampliada. Bahía: Livraria e Papelaria Catilina, 1927.

BURTON, sir Richard Francis. *Cartas dos campos de batalha do Paraguai*. Río de Janeiro: Biblioteca do Exército, 1997.

CENTURIÓN, major Gaspar. *Recuerdos de la Guerra del Paraguay*. Asunción: Imprenta Ariel, 1931.

CENTURIÓN, coronel Juan Crisóstomo. *Memorias: reminiscencias históricas sobre la Guerra del Paraguay*. Asunción: El Lector, 1987, 4 vols.

CERQUEIRA, general Evangelista de Castro Dionísio. *Reminiscências da campanha do Paraguai: 1865-70*. Río de Janeiro: Biblioteca do Exército, 1980.

COSTA, Francisco Félix Pereira. *História da guerra do Brasil contra as repúblicas do Uruguay e Paraguay*. Río de Janeiro: Livraria de A.G. Guimarães, 1870, 4 vols.

CUNNINGHAME GRAHAM, Robert Bontine. *Retrato de un dictador: Francisco Solano López (1865-70)*. Buenos Aires: Interamericana, 1943.

D'ÈU, Gastão de Orléans, conde. *Viagem militar ao Rio Grande do Sul (agosto a novembro de 1865)*. San Pablo: Cia. Editora Nacional, 1936, Coleção Brasiliana, vol. 61.

ELIZALDE, Rufino de. *El doctor Rufino de Elizalde y su época vista a través de su archivo*. Buenos Aires: Facultad de Filosofía y Letras, Universidad de Buenos Aires, vol. IV, 1974.

GARMENDIA, José Ignacio. *Cartera de un soldado (bocetos sobre La Marcha)*. 6ª ed. Buenos Aires: Círculo Militar, 1973.

— *Campaña del Pikysiri*, Buenos Aires: Jacobo Peuser, 1890.

— *Recuerdos de la Guerra del Paraguay*. 4ª ed. corregida y aumentada. Buenos Aires: Casa Editora, 1890.

— *Recuerdos de la Guerra del Paraguay: campaña de Corrientes y de Río Grande*. Buenos Aires: Jacobo Peuser, 1901.

— *Recuerdos de la Guerra del Paraguay: campaña de Humaitá*. 2ª ed. Buenos Aires: Jacobo Peuser, 1901.

GAY, cônego João Pedro. *Invasão paraguaia na fronteira brasileira do Uruguai*. Porto Alegre/Caxias do Sul: Instituto Estadual do Livro/Universidade de Caxias do Sul, 1980.

GODOI, Juan Silvano. *El fusilamiento del obispo Palacios y los tribunales de sangre de San Fernando: documentos históricos*. Asunción: El Lector, 1996.

— *Mi misión a Rio de Janeiro*. Buenos Aires: F. Lajouane Editor, 1897.

GONÇALVEZ, Affonso. *Memória: Caxias e Mitre*. Río de Janeiro: Cia. Typographica do Brasil, 1906.

JACEGUAY, almirante Arthur Silveira da Motta (barón de). *De aspirante a almirante: minha fé de officio documentada*. Río de Janeiro: Typographia Leuzinger, 1910: t. II (1867 a 1870); 1913: t. III (1870 a 1874).

— & OLIVEIRA DE FREITAS, Carlos Vidal. *Ensaio histórico sobre a gênesis e desenvolvimento da armada brasileira até o fim do século XIX*. 2ª ed. Río de Janeiro: Typographia Leuzinger, 1903.

— "A guerra do Paraguai: reflexões críticas sobre as operações combinadas da esquadra brasileira e exércitos aliados". En: *Jaceguay, barón de & Oliveira de Freitas, Carlos Vidal. Quatro séculos de atividade marítima: Portugal e Brasil*. Río de Janeiro: Imprensa Nacional, 1900.

— *Reminiscências da Guerra do Paraguay*: Río de Janeiro: s. ed., 1935.

JOURDAN, Emilio Carlos. *Guerra do Paraguay*. Río de Janeiro: Typographia de Laemmert e Cia., 1890.

— *História das campanhas do Uruguay, Mato-Grosso e Paraguay*. Río de Janeiro: Imprensa Nacional, 1894.

HOMEM DE MELLO, senador Francisco Ignácio. *Viagem ao Paraguay*. Río de Janeiro: *Revista Trimestral do Instituto Histórico, Geográfico e Etnográfico do Brasil*, t. XXXVI, parte segunda, 1873.

KENNEDY, commander A. J. *La Plata; Brazil and Paraguay during the Present War*. Londres: Edward Stanford Charing Cross, 1869.

LASSERRE, Dorothéa Duprat de. *Memorias de Mme. Dorothéa Duprat de Lasserre: versão e notas de J. Arthur Montenegro*. Rio Grande: Livraria Americana, 1893.

LOBO, Hélio. *Antes da guerra (a Missão Saraiva ou os preliminares do conflicto com o Paraguay)*. Río de Janeiro: Instituto Histórico e Geográfico Brasileiro, 1914.

LYNCH, Elisa María. *Exposición y protesta; cartas inéditas de Elisa Alicia Lynch; Enrique Solano López Lynch; Emiliano López Pesoa*. 2ª ed. Asunción: Fundación Cultural Republicana, 1987.

MADUREIRA, Antonio de Sena. *Guerra do Paraguai: resposta ao Sr. Jorge Thompson, autor da "Guerra del Paraguay" e aos anotadores argentinos*. Brasilia: Editora da UnB, 1982.

MAÍZ, Fidel. *Etapas de mi vida*. Asunción: El Lector, 1988, ed. facsimilar (1ª edición 1919).

MANSILLA, Lucio V. *Una excursión a los indios Ranqueles*. Caracas: Biblioteca Ayacucho, 1984.

MARACAJU, marechal e visconde de. *A campanha do Paraguay (1867 e 1868)*. Río de Janeiro: Imprensa Militar, 1922.

MASTERMAN, Jorge Federico. *Siete años de aventuras en el Paraguay*. Buenos Aires: Imprenta Americana, 1870.

MEIRELLES, Theotonio (oficial reformado de la Armada Nacional e Imperial). *A Marinha de guerra brasileira em Paysandú e durante a campanha do Paraguay*. Río de Janeiro: Typographia Theatral e Commercial, 1876.

OLIVEIRA, coronel Carlos A. de. "Evacuação do Corumbá (relatório do cel. Carlos A. de Oliveira)". *Revista do Instituto Histórico de Mato Grosso*, Cuiabá, año VIII, t. XV, 1926, págs. 197-215.

OURO PRETO, Afonso Celso (visconde de). *A Marinha d'outr'ora (subsídios para a história)*. Río de Janeiro: Domingos de Magalhães, 1894.

PALLEJA, coronel León de. *Diario de la campaña de las fuerzas aliadas contra el Paraguay*. Montevideo: El Pueblo, 1865.

PARANHOS, José María da Silva (bajo seudónimo de João Carlos de Souza

Ferreira). *A Missão Paranhos ou a paz no Uruguay por um ex ministro de Estado*. Río de Janeiro: s. ed., 1865.

PEREIRA DA SILVA, conselheiro J. M. *Memórias do meu tempo*. Río de Janeiro: H. Garnier, 1895-96, 2 vols.

REBOUÇAS, André. *Diário: a Guerra do Paraguai (1866)*. San Pablo: Instituto de Estudos Avançados da Universidade de São Paulo, 1973.

RENGGER, J. R.; Carlyle & Demersay. *El doctor Francia*. Asunción: El Lector, 1987.

RESQUÍN, Francisco Isidoro. *La Guerra del Paraguay contra la Triple Alianza*. Asunción: El Lector, 1996.

RICCI, Franco Maria (org.) *Cándido López: Imagens da Guerra do Paraguai*. Milán/Río de Janeiro: Franco Maria Ricci Editore/Nova Fronteira, 1977.

RODRIGUES DA SILVA, José Luiz. *Recordações da campanha do Paraguay*. San Pablo: Melhoramentos, s.d. (¿1924?).

SCHNEIDER, Louis. *A Guerra da Tríplice Aliança (anotado pelo barão do Rio Branco)*. San Pablo: Ed. Cultura, 2 t., 1945.

SEEBER, teniente Francisco. *Cartas sobre la Guerra del Paraguay (1865-66)*. Buenos Aires: Talleres Gráficos de L. J. Rosso, 1907.

SOSA ESCALADA, Jaime. *Negociaciones diplomáticas entre Brasil, la República Argentina y el Paraguay: misión del ciudadano paraguayo Jaime Sosa Escalada a Río de Janeiro*. Buenos Aires: Imprenta de "La Tribuna", 1878.

TALAVERA, Natalício. *La Guerra del Paraguay: correspondencias publicadas en "El Semanário"*. Buenos Aires: Ediciones Nizza, 1958.

TAUNAY, Alfredo d'Escragnolle Taunay (visconde de). *Em Mato Grosso invadido (1866-67)*. San Pablo: Melhoramentos, 1929.

— *Marcha das forças (expedição de Mato Grosso): 1865-6*. San Pablo: Melhoramentos, 1928.

— *Memórias*. San Pablo: Melhoramentos, 1946.

— *A retirada da Laguna*. San Pablo: Melhoramentos, 1975.

— *Recordações de guerra e de viagem*. San Pablo: Weiszflog, 1920.

— *Scenas de viagem: exploração entre os rios Taquaray e Aquidauana no distrito de Miranda*. Río de Janeiro: Typographia Americana, 1868, 187 págs.

— *Viagens de outr'ora*. San Pablo: Melhoramentos, 1921, 162 págs.

— *Visconde de Rio Branco: glória do Brasil e da humanidade*. 2ª ed. San Pablo: Melhoramentos, 1930, 155 págs.

THOMPSON, George. *La Guerra del Paraguay*. Asunción: RP Ediciones, 1992 (1ª edición 1869).

UNIVERSIDAD DE BUENOS AIRES. *Correspondencia Mitre-Elizalde*. Buenos Aires: UBA, Departamento Editorial, 1960.

VARGAS VILA GARCÍA, Federico. *El mariscal Solano López y yo: aspectos no-*

vísimos para el estudio de la tiranía en el Paraguay. Asunción: Imprenta Ariel, 1919.

VERSEN, Max von. *História da Guerra do Paraguay.* Belo Horizonte/San Pablo: Editora Itatiaia/Editora de la USP, 1976.

VICTORICA, Julio. *Urquiza y Mitre: contribución al estudio histórico de la organización nacional.* 2ª ed. Buenos Aires: La Cultura Argentina, 1918.

III. FUENTES SECUNDARIAS

1. Artículos

ABENTE, Diego. "La Guerra de la Triple Alianza: tres modelos explicativos". En: Centro Paraguayo de Estudios Sociológicos. *Pasado y presente de la realidad social paraguaya.* Asunción: Ediciones y Arte, 1995, págs. 1140-70.

ALAMBERT, Francisco. "O Brasil no espelho do Paraguai". En: Mota, Carlos Guilherme (org.) *Viagem incompleta: a experiência brasileira (1500-2000). Formação: histórias.* San Pablo: Senac, 2000, págs. 301-28.

ALBUQUERQUE, capitán A.L. Pôrto e. "Considerações sobre o poder naval do Brasil na década de 1860-70". En: *Navigator, subsídios para a história marítima do Brasil,* Río de Janeiro: Serviço de Documentação Geral da Marinha, Nº 2, 1970, págs. 43-71.

AMAYO, Enrique. "Guerras imperiais na América Latina do século XIX: a Guerra do Paraguai em perspectiva histórica". En: *Estudos Avançados,* San Pablo: Instituto de Estudios Avanzados de la USP, vol. 9, Nº 24, may.-agos. 1995, págs. 255-67.

BARRETO, general Mário. *A campanha lopesguaya.* Río de Janeiro: Archivo Nacional (1928: vol. I); Papelaria Brasil (1929: vols. II y III) y Centro da Boa Imprensa (1930: vol. IV).

BARROSO, Gustavo. "Biografia do marechal-de-campo José Luiz Menna Barreto". En: *Anais do Museu Histórico Nacional.* Río de Janeiro: Imprensa Nacional, 1943, vol II (1941), págs. 375-89.

BENTO, coronel Claudio Moreira. "A Guerra do Paraguai: um laboratório de doutrina militar pouco explorado". *Revista Militar Brasileira,* Río de Janeiro: Centro de Documentação do Exército, 119 (1), en.-mar. 1982, págs. 89-94.

BETHELL, Leslie. "O imperialismo britânico e a Guerra do Paraguay". *Estudos Avançados.* San Pablo: Instituto de Estudios Avanzados de la USP, vol. 9, Nº 24, may.-agos. 1995, págs. 269-85.

BITTENCOURT, vicealmirante Armando de Senna. "Visitando Riachuelo e revendo controvérsias, 132 anos depois". *Revista Marítima Brasileira,* Río

588

de Janeiro: Servicios de Documentación de la Marina, vol. 117, N° 7/9, jul.-set. 1997, págs. 41-58.

BREZZO, Liliana M. "Historias nacionales e integración: Estanislao Zeballos y el Paraguay". En: *Historia paraguaya*. Asunción: Academia Paraguaya de la Historia, vol. XXXVIII, 1998, págs. 217-43.

CABALLERO AQUINO, Ricardo. "Abnegación romántica y estéril", prólogo a Juan Crisóstomo Centurión, *Memorias...*, vol. I, págs. 7-26.

CARVALHO, Afonso Celso Villela de. "Los hijos de la patria". *A Defesa Nacional*, Río de Janeiro, N° 691, set.-oct., 1980, 113-24.

CARVALHO, Alvanir Bezerra de. "Construção do modelo das chatas-canhoneiras da Guerra do Paraguai, um esforço de nautimodelismo". *Revista Marítima Brasileira*, Río de Janeiro: Servicio de Documentación de la Marina, vol. 115, N° 10/12, oct.-dic. 1995, págs. 111-26.

CARVALHO NETO, Paulo de. "Folclore da Guerra do Paraguai". *Journal of Inter-American Studies*, Florida: School of Inter-American Studies (University of Florida), vol III, en. 1961, págs. 273-80.

CHAVES, general Omar Emir. "Forças em presença na Guerra do Paraguai". *Revista do Instituto de Geografia e História Militar do Brasil*, Río de Janeiro, año XXXVIII, N° 76, vol. LX, 1er sem. 1978, págs. 135-92.

DORATIOTO, Francisco Fernando Monteoliva. "Formação dos Estados nacionais e expansão do capitalismo no século XIX". En: Cervo, Amado Luiz & Rapoport, Mario (orgs.). *História do Cone Sul*. Brasilia/Río de Janeiro: Editora de la UnB/Revan, 1998, págs. 167-238.

— "O fracasso da primeira cooperação entre Brasil e Argentina". *Revista Múltipla*, Brasilia: Faculdades Integradas UPIS, vol. 4, N° 6, jul. 1999, págs. 21-40.

— "A imprensa de oposição e a politica brasileira em relação ao Paraguai (1869-75)". *Textos de História*, Brasilia: Revista de la posgraduación en Historia de la UnB, vol. 1, N° 1, mayo 1993, págs. 77-102.

— "La participación del Brasil en el golpe de Estado de 1894 en Paraguay: la Misión Cavalcanti". En: *Historia paraguaya*. Asunción: Academia Paraguaya de la Historia, vol. XXXVIII, 1998, págs. 193-216.

ESTADO-MAIOR DO EXÉRCITO, Sección de Geografía e História. "Os Voluntários da Pátria e a guerra da Tríplice Aliança". *Revista Militar Brasileira*, Brasilia: Centro de Documentação do Exército, año 65, vol. 115, N° 3, set.-dic., 1979.

GESUALDO, Vicente. "La trágica Guerra del Paraguay". *Historia*, Buenos Aires: Ediciones AP, t. 15, N° 60, dic. 1995-feb. 1996, págs. 3-34.

GILL AGUINAGA, Juan Bautista. "Excesos cometidos hace cien años". En: *Historia paraguaya*. Asunción: Academia Paraguaya de la Historia, vol. XIII, 1967-8, págs. 17-26.

LAVANIÈRE, teniente-brigadier Wanderley. "Os balões de observação da Guerra do Paraguai". *A Defesa Nacional*, Río de Janeiro, año 65, N° 677, may.-jun. 1978, págs. 47-62.

MARTINS, vicealmirante Helio Leoncio. "A estratégia naval brasileira na Guerra do Paraguai (com algumas observações sobre suas ações táticas e o apoio logístico)". *Revista Marítima Brasileira*, Río de Janeiro: Servicio de Documentación de la Marina, vol. 117, N° 7/9, jul.-set. 1997, págs. 59-86.

MARTINS DA SILVA, mayor-médico Alberto. "Um hospital militar brasileiro em Montevidéu (ano de 1865)". *Revista Militar Brasileira*, Brasilia: Centro de Documentación del Ejército, vol. 115, en.-ab., 1979, págs. 52-9.

MASI, Fernando. "Contribución al estudio de la evolución socioeconómica del Paraguay". *Revista Paraguaya de Sociología*. Asunción: Centro de Estudios Sociológicos, año 19, N° 53, en.-feb. 1992.

McLYNN, F. J. "The Causes of the War of Triple Alliance: An Interpretation". *Inter-American Economic Affairs*, vol. 33, N° 2, autumn, 1979, págs. 21-43.

MEIRA, Dr. Deyler Goulart. "A anestesia aplicada durante a campanha do Paraguai". *Revista Brasileira de Anestesiologia*, Río de Janeiro: Sociedade Brasileira de Anestesiologia, año 22, N° 2, abr.-jun. 1972, págs. 227-32.

MENDONÇA, Renato. "Diplomacia e Guerra do Paraguay: os armamentos e o financiamento da campanha na Praça de Londres". *Mensário do Jornal do Commercio*, Río de Janeiro, t. IX, vol. III, set. 1930.

— "Uma página na história diplomática". Idem, t. I, vol. II, feb. 1938.

MOREIRA, Paulo Roberto Staudt. "Sobre fronteiras e liberdade: representações e práticas dos escravos gaúchos na Guerra do Paraguay (1864-70)". *Anos 90*, Porto Alegre: Programa de posgraduación en Historia da UFRGS, N° 9, jul. 1998, págs. 119-49.

MOTA, Carlos Guilherme. "A guerra contra o Paraguai: a história de um silêncio". *Estudos avançados*. San Pablo: Centro de Estudos Avançados da USP, vol 9, N° 24, may.-agos. 1995, págs. 243-54.

PASTORE, Mario. "Estado e industrialización: la evidencia sobre el Paraguay, 1852-70". *Revista Paraguaya de Sociología*. Asunción: Centro Paraguayo de Estudios Sociológicos, año 31, N° 91, sept.-dic. 1994, págs. 7-42.

PEREGRINO, Umberto. "Batalha de Tuiuti segundo testemunhos da época (24 de maio de 1866)". En: *Anais do Museu Histórico Nacional*. Río de Janeiro: Ministerio de Educación y Cultura, vol. XVII, 1967, págs. 15-36.

— "A Guerra do Paraguay na obra de Machado de Assis". En: *Anais do Museu Histórico Nacional*. Río de Janeiro: Ministerio de Educación y Cultura, vol. XVI, 1966, págs. 105-22.

PETERSON, Harold F. "Efforts of the United States Mediate in the Paraguayan War". *Hispanic American Historical Review*, vol. XII, feb. 1932, págs. 2-17.

PINHO, Wanderley. "Caxias senador". *Revista Militar Brasileira*, Río de Janeiro: Estado Mayor del Ejército, 1936, año XXVI, Nº 3, vol. XXXV, págs. 123-63.

PONDÉ, general Francisco de Paula e Azevedo. "De Monte Caseros a Tuiuti, história, armas e fardamentos". En: *Anais do Museu Histórico Nacional*. Río de Janeiro: Ministerio de Educación y Cultura, vol. XVII, 1967, págs. 37-87.

REBER, Vera Blinn. "The Demographics of Paraguay: A Reinterpretation of the Great War 1864-70". *Hispanic American Historical Review*, vol. 68, Nº 2, may. 1988, págs. 289-319.

REIS, coronel Everaldo de Oliveira. "O conde d'Eu e o Exército brasileiro". En: *Anuário do Museu Imperial*. Petrópolis: Museo Imperial, vol. 32, 1973, págs. 87-104.

RUIZ MORENO, Isidoro J. "Testimonios de Mitre sobre la guerra contra López". En: *Historia paraguaya*. Asunción: Academia Paraguaya de la Historia, vol. XXXIX, 1999, págs. 439-46.

SCAVARDA, Levy. "Centenário da passagem de Humaitá". *Revista Marítima Brasileira*, Río de Janeiro: Servicio de Documentación de la Marina, año LXXXVIII, en.-mar. 1968, Nº 1/3, págs. 8-81.

— "A Marinha no final de uma campanha gloriosa: de Humaitá a Assunçao". *Navigator, subsídios para a história marítima do Brasil*. Río de Janeiro: Servicio de Documentación General de la Marina, Nº 2, 1970, págs. 3-42.

SCAVONE YEGROS, Ricardo. "Antecedentes de la declaración de la independencia del Paraguay en 1842". *Revista Jurídica*. Asunción: Universidad Católica, 1994, Nº 3, págs. 129-62.

— "Orígenes de las relaciones paraguayo-bolivianas". En: *Historia paraguaya*. Asunción: Academia Paraguaya de la Historia, vol. XXXV, 1995 (II), págs. 251-90.

SIMÓN G., José Luis. "El Paraguay de Francia y el mundo: despotismo e independencia en una isla mediterránea". *Propuestas democráticas*, Asunción: Fundación Hanns Seidel, II: 5, en.-mar. 1995.

SOUSA JÚNIOR, general Antônio. "Guerra do Paraguai". En: Holanda, Sérgio Buarque de (org.). *História geral da civilização brasileira*. 4ª ed., San Pablo: Difel, 1985, t. II, vol. 4, págs. 299-314.

SOUZA, teniente coronel Augusto Fausto. "A redempção de Uruguayana: histórico e considerações acerca do sucesso de 18 de setembro de 1865 na província do Rio Grande do Sul". *Revista Trimestral do Instituto Histórico e Geográfico Brasileiro*, Río de Janeiro, t. L, parte primera, 1887, págs. 1-123.

TASSO FRAGOSO, general Augusto. "A paz com o Paraguay depois da guerra da Tríplice Aliança". *Revista do Instituto Histórico e Geográfico Brasileiro*, Río de Janeiro: IHGB, 1939, vol. 174.

TJARKS, Germán O. "Nueva luz sobre el origen de la Triple Alianza". *Revista Histórica*, Buenos Aires: Instituto Histórico de la Organización Nacional, año I, N° 1, oct.-dic. 1977, págs. 131-71.

TORAL, André Amaral de. "A participação dos negros escravos na Guerra do Paraguai". *Estudos Avançados*, San Pablo: Instituto de Estudios Avanzados de la USP, vol. 9, N° 24, may.-agos 1995, págs. 287-96.

ZEBALLOS, Estanislao. "El general Mitre, conferencia dedicada a la memoria del general Mitre". En: *Anales del Instituto Popular de Conferencias*, séptimo ciclo, año 1921, Buenos Aires, 1925, págs. 87-105.

WHIGHAM, Thomas. "El oro blanco del Paraguay: un episodio de la historia del algodón, 1860-70". En: *Historia paraguaya*, Asunción: Academia Paraguaya de la Historia, vol. XXXIX, 1999, págs. 311-32.

— & POTTHAST, Barbara. "The Paraguayan Rosetta Stone: New Insights into the Demographics of the Paraguayan War, 1864-70". *Latin American Research Review*, vol. 34, N° 1, 1999, págs. 174-86.

WILLIAMS, John Hoyt. "Tuyuti: 'A Swamp of blood'". *Military History*, Leesburg (USA), vol. 17, N° 1, Ab. 2000, págs. 58-64.

2. Libros

ALMEIDA, Mario Monteiro de. *Episódios da formação geográfica do Brasil*. Río de Janeiro: Pongetti, 1951.

ALVES, Joaquim V. Portella Ferreira. *Seis séculos de artilharia*. Río de Janeiro: Biblioteca del Ejército, 1959.

— *Mallet, o patrono da artilharia*. Río de Janeiro: Biblioteca del Ejército, 1979.

AMARILLA FRETES, Eduardo. *La liquidación de la Guerra de la Triple Alianza contra el Paraguay (negociaciones diplomáticas)*. Asunción: Imprenta Militar, 1941.

AMERLAN, Alberto. *Bosquejos de la Guerra del Paraguay*. Buenos Aires: Editores Hermann Tjarks, 1904.

APONTE B., Leandro. *Hombres... armas... y batallas: la epopeya de los siglos*. Asunción: Comuneros, 1971.

AROCENA OLIVEIRA, Enrique. *Apogeo y evolución de la diplomacia uruguaya: 1828-1948*. Montevideo: Imprenta del Palacio Legislativo, 1984.

ARRUDA PEREIRA, Armando de. *Heróis abandonados: peregrinação aos lugares históricos do Sul de Mato Grosso*. San Pablo: Sección de Obras de *O Estado de São Paulo*, 1925.

BÁEZ, Cecilio. *Cuadros históricos y descriptivos*. Asunción: Talleres Gráficos de H. Kraus, 1906.

— *Ensayo sobre el Dr. Francia y la dictadura en Sudamérica*. 2ª ed. revisada y aumentada. Asunción: Cromos, 1985.

— *Política americana*. Asunción: Imprenta Zamphirópolos, 1925.

— *Resumen de la historia del Paraguay: desde la época de la conquista hasta el año 80*. Asunción: Talleres Gráficos Nacionales de H. Kraus, 1910.

— *La tiranía en el Paraguay*. 2ª ed. Asunción: Ediciones Ñanduti Vive/Intercontinental Editora, 1993 (1ª edición 1903).

BANDEIRA, Luiz A. Moniz. *O expansionismo brasileiro: o papel do Brasil na bacia do Prata. Da colonização ao Império*. Río de Janeiro: Philobiblion, 1985.

— *Presença dos Estados Unidos no Brasil*. 2ª ed. Río de Janeiro: Civilização Brasileira, 1978.

BARRÁN, José Pedro. *Apogeo y crisis del Uruguay pastoril y caudillesco: 1839-75*. Montevideo: Ediciones de la Banda Oriental, 1982.

BARROS, Orlando de. *Paraguai: a transição política e suas bases (1869-80)*. Niterói: Universidade Federal Fluminense, disertación de maestría en Historia (1977), mimeo.

BARROSO, Gustavo. *História militar do Brasil*. 2ª ed. San Pablo: Cia. Editora Nacional, 1938, Colección Brasiliana, vol. 49.

BECKER, Klaus. *Alemães e descendentes —Rio Grande do Sul— na Guerra do Paraguai*. Canoas: Hilgert & Filhos, 1968.

BELTRÃO, Romeu. *O vanguardeiro de Itororó*. Santa María (RS): Cámara Municipal de Concejales, 1998, 222 págs.

BENÍTEZ, Luis G. *Historia diplomática del Paraguay*. Asunción: s. ed., 1972.

BESOUCHET, Lidia. *Mauá e seu tempo*. Río de Janeiro: Nova Fronteira, 1978.

BETHELL, Leslie (org.). *A Guerra do Paraguai 130 anos depois*. Río de Janeiro: Relume Dumará, 1995.

BEVERINA, coronel Juan. *La Guerra del Paraguay (1865-70): resumen histórico*. 2ª ed. Buenos Aires: Institución Mitre, 1973.

BOITEUX, almirante Lucas A. *Santa Catarina nas guerras do Uruguai e Paraguai*. Florianópolis: Imprensa Universitária (UFSC), 1972.

BORDÓN, F. Arturo. *Historia política del Paraguay*. Asunción: Talleres Gráficos ORBI, 1976, t. I.

BOUTHOUL, Gastón & Carrère, René. *Le défi de la guerre (1740-1974): deux siècles de guerres et de révolutions*. París: Presses Universitaires de France, 1976.

BOX, Pelham Horton. *Los orígenes de la Guerra del Paraguay contra la Triple Alianza*. Buenos Aires: Ediciones Nizza, 1958.

BRAY, Arturo. *Hombres y épocas del Paraguay*. Buenos Aires: Editorial Difusam, vol. I, 1943.

— *Solano López, soldado de la gloria y del infortunio.* 3ª ed. Asunción: Carlos Schauman Editor, 1984.

BREZZO, Liliana M. & Figallo, Beatriz. *La Argentina y el Paraguay, de la guerra a la integración.* Rosario: Instituto de Historia, Pontificia Universidad Católica Argentina, 1999.

CABALLERO AQUINO, Ricardo. *La Segunda República paraguaya: 1869-1906. Política. Economía. Sociedad.* Asunción: Arte Nuevo Editores, 1985.

CAILLET-BOIS, Ricardo. *Cuestiones internacionales (1852-1966).* Buenos Aires, Editorial Universitaria, 1970.

CAILLET-BOIS, capitán de fragata Teodoro. *Historia naval argentina.* Buenos Aires: Emecé Editorial, 1944.

CALMON, Pedro. *A vida de D. Pedro II: o rei filósofo.* Río de Janeiro: Biblioteca del Ejército, 1975.

CALÓGERAS, Pandiá. *Estudos históricos e políticos (Res nostra...).* 2ª ed. San Pablo: Cia. Editora Nacional, 1936, Colección Brasiliana, vol. 74.

CÂMARA, general Rinaldo Pereira da. *O general Câmara.* Porto Alegre: Librería O Globo, 1964 (vol. I) y 1970 (vol. II).

CAMPOBASSI, José S. *Mitre y su época.* Buenos Aires: Editorial Universitaria, 1980.

— *Sarmiento y su época.* Buenos Aires: Losada, 1982, 2 vols.

CAMPOS, Vinicio Stein. *A crise política de 1868, observada de um ângulo local: Capivari.* s.l.: s. ed., 1943.

CANCOGNI, Manlio & Boris, Ivan. *Solano López, o Napoleão do Prata.* Río de Janeiro: Civilização Brasileira, 1975.

CANNAMORE, Vernon Theo. *Dilemma Diplomacy: The Ministry of Charles Ames Washburn to Paraguay: 1861-68.* Austin State University: Master of Arts,1976.

CÁRCANO, Ramón J. *Guerra del Paraguay: acción y reacción de la Triple Alianza.* Buenos Aires: Domingo Vian y Cia., 1941, 2 vols.

CARDOSO, Vicente Linicio. *À margen da história.* 3ª ed. San Pablo/Brasilia. Cia. Editora Nacional/INL, 1979.

CARDOZO, Efraím. *Breve historia del Paraguay.* Buenos Aires, Editorial Universitaria, 1965.

— *Hace 100 años: crónicas de la guerra del 1864-70.* Asunción: Edición Emasa, 1970, 13 t., 1968-82.

— *El Imperio del Brasil y el Río de la Plata.* Buenos Aires: Librería del Plata, 1961.

— *El Paraguay independiente.* Asunción: El Lector, 1996.

— *Vísperas de la Guerra del Paraguay.* Buenos Aires: El Ateneo, 1954.

CARCAMAGNI, Marcelo. *Estado y sociedad en América Latina: 1850-1930.* Barcelona: Editora Crítica, 1984.

CARNEIRO, David. *O Paraná na Guerra do Paraguai*. Río de Janeiro: Cia. Editora Americana, s.d., Biblioteca Militar, vol. XXIX.

CARVALHO, Carlos Delgado de. *História diplomática do Brasil*. San Pablo: Cia. Editora Nacional, 1959.

CASCUDO, Luís da Câmara. *Conde d'Eu*. San Pablo: Cia. Editora Nacional, 1933, Colección Brasiliana, vol. XI.

CASTILLO, Benjamín E. del. *Mitre íntimo y anecdótico*. Buenos Aires: Virtus, 1920.

CASTRO SOUZA, Luiz de. *A medicina na Guerra do Paraguay*. (Río de Janeiro): s. ed., s. d. (1971?).

CERVO, Amado Luiz. *O Parlamento brasileiro e as relações exteriores (1826-89)*.

— & Rapoport, Mario (orgs.). *História do Cone Sul*. Brasilia/Río de Janeiro: Editora da UnB/Revan, 1998.

CHAVES, Julio César. *El presidente López: vida y gobierno de don Carlos*. Buenos Aires: Depalma, 1968.

CHIAVENATTO, Júlio José. *Genocídio americano: a Guerra do Paraguay*. San Pablo: Brasiliense, 1979.

— *Os Voluntários da Pátria e outros mitos*. San Pablo: Global, 1983.

CISNEROS, Andrés & Escudé, Carlos. *Historia general de las relaciones exteriores de la República Argentina*. Buenos Aires: Cari/Grupo Editor Latinoamericano, 1999, tomos V, VI y VII.

CONSTANT NETO, Benjamin. *Benjamin Constant*. Río de Janeiro: Leuzinger, 1940.

COLLOR, Lindolfo. *No centenário de Solano López*. San Pablo: Melhoramentos, 1926.

COONEY, Jerry W. & Whigham, Thomas L. (orgs.). *El Paraguay bajo los López: algunos ensayos de historia social y política*. Asunción: Centro Paraguayo de Estudios Sociológicos, 1994.

CORRÊA, Lúcia Salsa. *História e fronteira: o Sul de Mato Grosso 1870-1920*. Campo Grande: UCDB, 1999.

CORRÊA FILHO, Virgílio. *História de Mato Grosso*. Río de Janeiro: Instituto Nacional do Livro, 1969.

COSTA, Wilma Peres. *A espada de Dâmocles: o Exército, a Guerra do Paraguai e a crise do Império*. San Pablo: Hucitec/Unicamp, 1996.

DAVIS, Arthur H. *Martin T. MacMahon: diplomata en el estridor de las armas*. Asunción: Instituto Paraguayo de Estudios Geopolíticos, 1989.

DECOUD, Arsenio López. *Álbum gráfico de la República del Paraguay*. Asunción: Talleres Gráficos, 1983, ed. facsimilar (ed. original 1912).

DECOUD, Héctor Francisco. *Sobre los escombros de la guerra: una década de vida nacional, 1869-80*. Buenos Aires: Talleres Gráficos Argentinos, 1934.

DEUTSCH, Karl. *Análise das relações internacionais*. Brasilia: Editora da UnB, 1982.

DONATO, Hernâni. *Dicionário das batalhas brasileiras: dos conflitos indígenas aos choques da reforma agrária (1996)*. 2ª ed. ampl. San Pablo: Ibrasa, 1996.

DORATIOTO, Francisco Fernando Monteoliva. *As relações entre o Império do Brasil e a República do Paraguai (1822-89)*. Universidad de Brasilia: disertación de maestría en Historia (1989), mimeo 2 vols.

DUARTE, general Paulo de Queiróz. *Os Voluntários da Pátria na Guerra do Paraguai*. Río de Janeiro: Biblioteca do Exército, 3 vols., 1981-8.

DUROSELLE, Jean-Baptiste. *Tout empire périra*. París: Armand Colin, 1992.

EGAS, Eugenio. *Galeria dos presidentes de São Paulo*. San Pablo: Sección de Obras de *O Estado de São Paulo*, 1926, vol. I.

ESTADO-MAIOR DO EXÉRCITO. *História do Exército brasileiro*. Brasilia: Estado Mayor del Ejército, 1972, vol. 2.

ETCHEPAREBORDA, Roberto. *Historia de las relaciones internacionales argentinas*. Buenos Aires: Editorial Pleamar, 1978.

FERNÁNDEZ, Juan José. *La República de Chile y el Imperio del Brasil: historia de sus relaciones diplomáticas*. Santiago: Editorial Andrés Bello, 1959.

FERNS, H. S. *Gran Bretaña y Argentina en el siglo XIX*. Buenos Aires: Solar-Hacchetti, 1972.

FORNOS PEÑALBA, José Alfredo. *The Fourth Ally: Great Britain and the War of the Triple Aliance*. Los Ángeles: University of California, PhD (1979).

FREIRE ESTEVES, Gómes. *Historia contemporánea del Paraguay*. Buenos Aires: s. ed., 1921.

FULLER, general J. F. *Batallas decisivas del mundo occidental y su influencia en la historia*. Barcelona: Luis de Caralt Editor, 1963, vol. 3.

— *Máquinas de guerra: una investigación sobre la influencia de la mecánica en el arte de la guerra*. Madrid: Editorial Bibliográfica Española, 1945.

GABRIEL, Aziz. *O Chaco e a política internacional do Brasil na bacia do Prata*. San Pablo: Departamento de Ciencias Sociales de la Universidad de San Pablo, tesis de doctorado en Ciencia Política (1981), mimeo.

GÁLVEZ, Manuel. *Escenas de la Guerra del Paraguay*. Buenos Aires: Editorial La Facultad, 1928-32, 3 vols. (novela).

GAONA, Silvio. *El clero en la Guerra del 70*. Asunción: El Arte, 1961.

GARCIA, Eugênio Vargas. *Cronologia das relações internacionais do Brasil*. San Pablo/Brasilia: Alfa-Omega/Fundación Alexandre de Gusmão, 2000.

GILL AGUINAGA, Juan Bautista. *La Asociación Paraguaya en la Guerra de la Triple Alianza*. Buenos Aires: edición del autor, 1959.

GONTIJO DE CARVALHO, Antonio. *Um ministério visto por dentro: cartas iné-ditas de João Batista Calógeras, alto funcionário do Império.* Río de Janeiro: José Olympo, 1959.

GRAMSCI, Antonio. *Maquiavel, a política e o Estado moderno.* 2ª ed., Río de Janeiro: Civilização Brasileira, 1976.

GRANZIERA, Rui Guilherme. *A Guerra do Paraguay e o capitalismo no Brasil: moeda e vida urbana na economia brasileira.* San Pablo/Campinas: Hucitec/Unicamp, 1979.

GUIMARÃES, Acyr Vaz. *Mato Grosso do Sul, sua evolução histórica.* Campo Grande: UCDB, 1999.

— *Seiscentas léguas a pé.* Río de Janeiro: Biblioteca do Exército Editora, 1999.

HAYES, Robert A. *Nação armada: a mística militar brasileira.* Río de Janeiro: Biblioteca do Exército, 1991.

HERKEN KRAUER, Juan Carlos & Giménez de Herken, María Isabel. *Gran Bretaña y la Guerra de la Triple Alianza.* Asunción: Editorial Arte Nuevo, 1982.

HOBSBAWM, Eric. *A era do capital: 1848-75.* 2ª ed. Río de Janeiro: Paz e Terra, 1979.

— *A era dos impérios: 1875-1914.* Río de Janeiro: Paz e Terra, 1988.

HOLANDA, Sérgio Buarque de. "Crise do regime". En: *Historia geral da civilização brasileira.* San Pablo: Difel, 1985, t. II, Vol. 5.

HOMEM, coronel S. J. Torres. *Annaes das guerras do Brazil com os Estados do Prata e Paraguay.* Río de Janeiro: Imprensa Nacional, 1911.

IZECKSON, Víctor. *O cerne da discórdia: a Guerra do Paraguai e o núcleo profissional do Exército brasileiro.* Río de Janeiro: Biblioteca del Ejército, 1997.

JUNTA PATRIÓTICA PARAGUAYA. *El mariscal Francisco Solano López.* Asunción: Junta Patriótica, 1926 (ed. facsimilar, 1996).

KOLINSKI, Charles J. *Independence or Death! The Story of the Paraguayan War.* Gainesville: University of Florida Press, 1965.

LEMOS, Renato. *Benjamin Constant: vida e história.* Río de Janeiro: Topbooks, 1999.

LEMOS BRITTO, J. G. de. *Solano López e a Guerra do Paraguay, réplica ao livro de igual título do escritor mexicano D. Carlos Pereyra.* Río de Janeiro: Typographia Escola 15 de Novembro, 1927.

LIMA, Francisco. *Marquês de Tamandaré: patrono da Marinha (seu perfil histórico).* Río de Janeiro/Brasilia: Francisco Alves/INL, 1983.

LINHARES, Temístocles. *História econômica do mate.* Río de Janeiro: José Olympio, 1969, Série Documentos Brasileiros, Nº 138.

LUNA, Félix. *Historia integral de la Argentina.* Buenos Aires: Planeta, 1996 (t. 6: La Nación Argentina).

Lyra, Heitor. *História de D. Pedro II: 1825-70.* San Pablo: Cia. Editora Nacional, 1938, vol. 1.

Machado, Carlos. *Historia de los Orientales.* 3ª ed. Montevideo: Ediciones de la Banda Oriental, 1973.

Magalhães, J. B. *Osório: Síntese de seu perfil histórico.* Río de Janeiro: Biblioteca do Exército, 1978.

Magalhães Júnior, Raimundo. *Deodoro, a espada contra o Império: o aprendiz de feiticeiro.* San Pablo: Cia. Editora Nacional, 1957, vol. I.

Maia, Jorge. *A invasão de Mato Grosso: 1º centenário da Guerra do Paraguai.* Río de Janeiro: Biblioteca do Exército, 1964.

Manchester, Alan K. *Preeminência inglesa no Brasil.* San Pablo: Brasiliense, 1973.

Marco, Miguel Ángel De. *La Guerra del Paraguay.* Buenos Aires: Planeta, 1995.

Martins, Zildete Inácio de Oliveira. *A participação de Goiás na Guerra do Paraguai (1864-70).* Goiânia: Editora da Universidade Federal de Goiás, 1983.

Mayer, Jorge M. *Alberdi y su tiempo.* Buenos Aires: Editorial Universitaria, 1963.

Mellid, Atilio García. *Proceso a los falsificadores de la historia del Paraguay.* Buenos Aires: Ediciones Theoria, 1964, 2 vols.

Mello, Raul Silveira de. *A epopéia de Antônio João.* Río de Janeiro: Biblioteca do Exército, 1969.

Menezes, Alfredo da Mota. *Guerra do Paraguai: como construímos o conflito.* San Pablo/Cuiabá: Contexto/Editora da UFMT, 1998.

Menna Barreto, coronel João de Deus Noronha. *Os Menna Barreto: seis gerações de soldados (1769-1950).* Río de Janeiro: Gráfica Laemmert, s.d.

Miceli, Paulo. *O mito do herói nacional.* San Pablo: Contexto, 1988.

Monteiro de Almeida, Mario. *Episódios da formaçao geográfica do Brasil.* Río de Janeiro: Pongetti, 1951.

Montenegro, José Arthur. *Fragmentos históricos: homens e factos da Guerra do Paraguay.* Río Grande: Typographia da Livraria Rio-Grandense, 1900.

Moraes, E. Vilhena. *Novos aspectos da figura de Caxias.* Río de Janeiro: Leuzinger, 1937.

Moura, mayor Affonso Henrique Stanislawczuk de. *A Guerra da Tríplice Aliança e suas contribuições para a evolução do Exército brasileiro.* Río de Janeiro: Escuela de Comando del Estado Mayor del Ejército, 1996, monografía del Curso de Altos Estudios, mimeo.

Muniz Barreto, Emilio. *Evolução histórica do comércio argentino-brasileiro (1800-1930).* Facultad de Economía y Administración de la Universidad de San Pablo: Tesis de doctorado en Economía (1972), mimeo.

MURAD, teniente coronel Adib. *A batalha de Tuiuti e uma lição de civismo*. Río de Janeiro: Biblioteca do Exército, 1957.

NABUCO, Joaquim. *Um estadista no Império: Nabuco de Araújo*. San Pablo: Progresso, s. ed., 4 vols.

— *La Guerra del Paraguay*. París: Garnier Hermanos Libreros, 1901.

NICKSON, R. Andrew. *Historical dictionary of Paraguay*. 2ª ed. N. J. & Londres: The Scarecrow Press, 1993.

NIÑO, José M. *Mitre, su vida íntima, histórica, hechos, reminiscencias, episodios y anécdotas militares y civiles*. Buenos Aires: Casa Editora de A. Grau, 1906, 2 vol.

O'LEARY, Juan Emiliano. *El centauro de Ybicuí: vida heroica del general Bernardino Caballero en la Guerra del Paraguay*. París: Le Livre Libre, 1929.

— *El libro de los héroes; páginas históricas de la Guerra del Paraguay*. Asunción: Librería Mundial, 1922.

— *Los legionarios*. Asunción: Editorial de Indias, 1930.

— *Lomas Valentinas*. Asunción: s. ed., 1916.

— *El mariscal Solano López*. 2ª ed. Madrid: Imprenta de Félix Molinos, 1925.

OLIVEIRA, José Manoel Cardoso de. Actos diplomáticos do Brasil. Brasilia: Senado Federal, 1997, ed. facsímil (1ª edición 1912).

ONETO Y VIANA, Carlos. *La diplomacia del Brasil en el Río de la Plata*. Montevideo: Librería de la Universidad, 1903.

OSÓRIO, Joaquim Luis & Osório Filho, Fernando Luis. *General Osório: pela verdade histórica —rebatendo perfidias—*. Río de Janeiro: Casa Bevilacqua, 1914.

PARADISO, José. *Debates y trayectoria de la política exterior argentina*. Buenos Aires: Grupo Editor Latinoamericano, 1993.

PASTORE, Carlos. *La lucha por la tierra en el Paraguay*. Montevideo: Antequera, 1972.

PELÁEZ, Carlos Manuel & Suzigan, Wilson. *História monetária do Brasil*. 2ª ed. Brasilia: Editora da UnB, 1981.

PEREGRINO, Umberto. *Batalha de Tuiuti segundo testemunhos da época, 24 de maio de (1867)*. En: Anais do Museu Histórico Nacional. Río de Janeiro: Ministerio de Educación y Cultura, vol. XVII, 1967, págs. 15-36.

— *A Guerra do Paraguai na obra de Machado de Assis*. En: idem, vol. XVI, 1966, págs. 105-22.

PEREIRA, Baptista. *Figuras do Império e outros ensaios*. San Pablo: Cia. Editora Nacional, 1931, Colección Brasiliana, vol. 10.

PERES, mayor Daniel Vianna. *Lições e ensinamentos do estudo dos deslocamentos e concentrações estratégicas realizadas pelo Exército brasileiro no período do Império e da República*. Río de Janeiro: Escuela del Comando Mayor del Ejército, 1999, monografía del Curso de Altos Estudios, mimeo.

PETERS, Heinz. *El sistema educativo paraguayo desde 1811 hasta 1865*. Asunción: Instituto Cultural Paraguayo-Alemán, 1996.

PETERSON, Harold F. *Argentina and the United States: 1810-1960*. Nueva York: State University of New York, 1964.

PINHEIRO GUIMARÃES FILHO, Francisco. *Um voluntário da Pátria: folha de serviços prestados pelo general Dr. Francisco Pinheiro Guimarães às classes armadas*. 2ª ed. Río de Janeiro: José Olympio, 1958.

PINHO, Wanderley. *Cartas de Francisco Octaviano*. Río de Janeiro/Brasilia: Civilização Brasileira/INL, 1977.

— *Cartas do Imperador D. Pedro II ao barão de Cotegipe*. San Pablo: Cia. Editora Nacional, 1933, Colección Brasiliana, vol. 85.

— *Cotegipe e seu tempo*. San Pablo: Cia. Editora Nacional, 1937.

— *Política e políticos no Império: contribuições documentaes*. Río de Janeiro: Imprensa Nacional, 1930.

PLA, Josefina. *The British in Paraguay: 1850-70*. Oxford: The Richmond Publishing, 1976.

— *Hermano negro: la esclavitud en el Paraguay*. Madrid: Paraninfa, 1972.

POMER, León. Cinco años de guerra civil en la Argentina (1865-70). Buenos Aires: Amorrortu, 1986.

— *Os conflitos da bacia do Prata*. San Pablo: Brasiliense, 1979.

— *A Guerra do Paraguai: a grande tragédia rio-platense*. 2ª ed. San Pablo: Global, 1981.

POTTHAST-JUTKEIT, Barbara. *"Paraíso de Mahoma" o "País de las mujeres": el rol de la familia en la sociedad paraguaya del siglo XIX*. Asunción: Instituto Cultural Paraguayo-Alemán, 1996.

QUESADA, Ernesto. *La política argentino-paraguaya*. Buenos Aires: Bradahl, 1902.

RAMOS, R. Antonio. *Juan Andrés Gelly*. Buenos Aires: Libro de Edición Argentina, 1972.

— *La política del Brasil en el Paraguay bajo la dictadura del Dr. Francia*. 2ª ed. Buenos Aires: Ediciones Nizza, 1959.

RAMOS GIMÉNEZ, Leopoldo. *En el centenario del mariscal Francisco Solano López (refutaciones al Sr. Lindolfo Collor)*. San Pablo: s. ed., 1927.

RANGEL, Alberto. *Gastão de Orléans (o último conde d'Eu)*. San Pablo: Cia. Editora Nacional, 1935.

RATTO DE SAMBUCCETTI, Susana I. *Urquiza y Mauá: el Mercosur del siglo XIX*. Buenos Aires: Ediciones Macchi, 1999.

RAWSON, teniente coronel Manuel. *Bibliografía del teniente general Emilio Mitre* [Buenos Aires]: s. ed., s. d.

RAYMOND, Jean-François. *Arthur de Gobineau et le Brésil: correspondance diplomatique du ministre de France à Rio de Janeiro: 1869-70*. Grenoble: Presses Universitaires de Grenoble, 1990.

REBAUDI, Arturo. *Guerra del Paraguay: la conspiración contra S.E. el presidente de la República, mariscal don Francisco Solano López*. Buenos Aires: Imprenta Constancia, 1917.

REBOLLO PAZ, León. *La Guerra del Paraguay: historia de una epopeya*. 2ª ed. Buenos Aires: Talleres Gráficos Lombardi, 1965.

RIBEIRO, João Luiz de Araujo. *A lei de 10 de junho de 1835: os escravos e a pena de morte no Império do Brasil; 1822-89*. Río de Janeiro: Universidade Federal do Río de Janeiro, disertación de maestría en Historia (2000), mimeo.

RIO BRANCO, José Maria da Silva Paranhos Jr. (barón de). *O visconde do Rio Branco*. Río de Janeiro: Ministerio de Relaciones Exteriores, 1947. (Obras do barão do Rio Branco, vol. VII.)

RIVAROLA, Milda. *La polémica francesa sobre la Guerra Grande*. Eliseo Reclus: La Guerra del Paraguay; Laurent-Cochelet: correspondencia consular. Asunción: Editorial Histórica, 1988, 279 págs.

— *Vagos, pobres y soldados: la domesticación estatal del trabajo en el Paraguay del siglo XIX*. Asunción: Centro Paraguayo de Estudios Sociológicos, 1994.

ROCK, David. *Argentina, 1516-1987: desde la colonización española hasta Raúl Alfonsín*. Buenos Aires: Alianza Singular, 1995.

RODAS BENÍTEZ, Justiniano. *Saturnino Ferreira Pérez, testimonios de un capitán de la Guerra del 70*. Asunción: Talleres Gráficos de Editora Litocolor, 1989.

RODRÍGUEZ ALCALÁ, Guido. *Ideología autoritaria*. Asunción: RP Ediciones, 1987.

— *Residentas, destinadas y traidoras*. Asunción: RP/Criterio, 1991.

ROSA, José María. *La Guerra del Paraguay y las montoneras argentinas*. Buenos Aires: A. Peña Lillo Editor, s. d.

ROSSANI, Argentino B. *Guerra del Paraguay (cronología)*. Río de Janeiro/ Buenos Aires: Editorial ETA, 1940.

ROTTJER, coronel Enrique I. *Mitre militar*. Buenos Aires: Círculo Militar, 1937, Biblioteca del Oficial, vol. 230.

SALLES, Ricardo. *Guerra do Paraguai: escravidão e cidadania na formação do Exército*. Río de Janeiro: Paz e Terra, 1990.

SALUM-FLECHA, Antonio. *Historia diplomática del Paraguay de 1869 a 1938*. Asunción: Talleres Gráficos Emasa, 1978.

SAUNDERS, John Harvey. *Diplomacy under Difficulties: United States Relations with Paraguay during the War of the Triple Alliance* (USA): University of Georgia, Ph. D, 1966.

SCENNA, Miguel Ángel. *Argentina-Brasil: cuatro siglos de rivalidad*. Buenos Aires: Ediciones La Bastilla, 1975.

SCHULZ, John. *O Exército na política: origens da intervenção militar, 1850-94*. San Pablo: Edusp, 1994.

SCHWARCZ, Lilia Moritz. *As barbas do imperador: D. Pedro II: um monarca nos trópicos*. San Pablo: Companhia das Letras, 1998.

SEIDL, capitán Raymundo Pinto. *O duque de Caxias: esbôço de sua gloriosa vida*. Río de Janeiro: Luiz Macedo, 1903.

SERPA, Phocion. *Francisco Octaviano: ensaio biográfico*. Río de Janeiro: Academia Brasileira de Letras, 1952.

SILIONI, Rolando Segundo. *La diplomacia lusobrasileña en la Cuenca del Plata*. Buenos Aires: Editorial Rioplatense, 1975.

SILVEIRA, Mauro César. *A batalha de papel: a Guerra do Paraguay através da caricatura*. Porto Alegre: L&PM, 1996.

SODRÉ, Alcindo. *Abrindo um cofre: cartas de dom Pedro II à condessa de Barral*. Río de Janeiro: Livros de Portugal, 1956.

SODRÉ, Nelson Werneck. *A história militar do Brasil*. 3ª ed. Río de Janeiro: Civilização Brasileira, 1966.

— *Panorama do Segundo Império*. San Pablo: Cia. Editora Nacional, 1939.

SOUSA DOCCA, general Emilio Fernandes de. *História do Rio Grande do Sul*. Río de Janeiro: Organização Simoes, 1954, 454 págs.

SOUSA JÚNIOR, general Antonio. *Fronteiras flutuantes*. Río de Janeiro: Laemmert, 1954.

SOUZA, Lécio Gomes. *Historia de Corumbá*. s. l.: s. ed., ¿197…?

TASSO FRAGOSO, general Augusto. *História da Guerra entre a Tríplice Aliança e o Paraguai*. Río de Janeiro: Imprensa do Estado-Maior do Exército, 1934-5, 5 vols.

TEIXEIRA SOARES, José Alvaro. *O drama da Tríplice Aliança (1865-70)*. Río de Janeiro: Editora Brand, 1956.

— *Formação de fronteiras do Brasil*. Río de Janeiro: Conselho Federal de Cultura, 1972.

TINOCO, Brígido. *As duas paixões de Caxias*. Río de Janeiro: Biblioteca do Exército, 1955,

TORAL, André. *Adeus, chamigo brasileiro: uma história da Guerra do Paraguai*. San Pablo: Companhia das Letras, 1999.

TORRES, João Camilo de Oliveira. *A democracia coroada (teoria política do Império do Brasil)*. Río de Janeiro: José Olympio, 1957.

VIDIGAL, contraalmirante Armando Amorim Ferreira. *A evolucão do pensamento estratégico naval brasileiro*. 3ª ed. Río de Janeiro: Biblioteca do Exército, 1985.

VITTONE, Luis. *Tres guerras, dos mariscales, doce batallas*. Asunción: Editorial Gráfico, 1967.

ZEBALLOS, Estanislao. *Diplomacia desarmada*. Buenos Aires: Editorial Universitaria, 1974.

WARREN, Harris Gaylord. *Paraguay and the Triple Alliance: The Post-War Decade, 1869-78*. Austin: University of Texas at Austin, 1979.

WILLIAMS, John Hoyt, *The Rise and Fall of the Paraguayan Republic, 1800-70*. Austin: University of Texas at Austin, 1979.

WRIGHT, Ione S. y NEKHOM, Lisa M. *Diccionario histórico argentino*. Buenos Aires: Emecé, 1994.

Crédito de las ilustraciones

Para determinar los orígenes de las fotos utilizadas en este libro se han realizado todos los esfuerzos necesarios, pero no siempre ha sido posible lograrlo. Tendremos el placer de acreditar el origen de las fuentes en el caso de ser solicitado.

pág. 29: Efraím Cardozo, *El Paraguay independiente*, Editorial El Lector, 1996, pág. 305; Miguel Ángel Cuarterolo, *Soldados de la memoria*, Editorial Planeta, 2000, pág. 97; Efraím Cardozo, *El Paraguay independiente*, pág. 220.

pág. 40: Dibujo de Alfred Demersay / Atlas, reproducido en J. R. Rengger, *El doctor Francia*, El Lector, 1987; Folleto de Bernardino Báez, ejemplar del fallecido historiador Walter Alexander de Acevedo, en R. Antonio Ramos, *Juan Andrés Gelly*, pág. 273; Miguel Ángel Cuarterolo, *Soldados de la memoria*, pág. 97.

pág. 45: Colección M&MC, reproducido en Miguel Ángel Cuarterolo, *Soldados de la memoria*, pág. 96.

pág. 83: Reproducción del autor.

pág. 90: Cortesía de Augusto Carlos Veloso.

pág. 95: *História do Exército Brasileiro*, v. 2, pág. 560, acervo de la Biblioteca Mário de Andrade, reproducción del autor.

pág. 109: Paulo de Queiróz Duarte, *Os Voluntários da Pátria na Guerra do Paraguai*, v. 3, pág. 166.

pág. 113: Foto de Radilson Carlos Gomes da Silva.

pág. 119: *Memórias do Visconde de Taunay*, pág. 148.

pág. 139: Alvanir Bezerra de Carvalho.

pág. 151: *Álbum de la Guerra del Paraguay*, v. 1. págs. 11 y 13.

pág. 175: Anónimo, acervo de la Biblioteca Nacional de Río de Janeiro / División de Iconografía. Reproducido de André Toral, *Adeus, chamigo brasileiro*, San Pablo, Companhia das Letras, 1999, pág. 126.

pág. 183: Dionísio Cerqueira, *Reiminiscências da campanha do Paraguai*, Bibliotcca do Exército Editora, 1980, pág. 49.

pág. 203: *História do Exército brasileiro*, v. 2, pág. 625, acervo da Biblioteca Mário de Andrade.

pág. 207: Paulo de Queiróz Duarte, *Os Voluntários da Pátria na Guerra do Paraguai*, v. 1, pág. 163.

pág. 217: Reproducción del autor.

pág. 223: Correo del Domingo, 1865, Félix Luna, *Historia integral de la Argentina*, v. 7, Editorial Planeta Argentina, 1996, pág. 25; *Álbum de la guerra del Paraguay*, v. 1, pág. 81.

pág. 240: Ângelo Agostini, *Cabrião*, año 1, N° 26, 31-3-1867, reproducido de *Cabrião*, San Pablo, Editora da Unesp, 2000, pág. 208.

pág. 244: Serviço de Relações Públicas da Marinha; Emílio Carlos Jourdan, *Atlas histórico da Guerra do Paraguay*, acervo da Biblioteca Mário de Andrade; Serviço de Relaçoes Públicas da Marinha.

pág. 255: Àngelo Agostini, *Cabrião*, 3-12-1866, reproducido de *Cabrião*, pág. 100.

pág. 257: Àngelo Agostini, *Cabrião*, 5-5-1867 y 22-9-1867, reproducido de *Cabrião*, págs. 244 y 397.

pág. 260: *Cabichuí*, mayo 1867-julio 1868, edición Museo Del Barro, 1984.

pág. 262: *Cabichuí*, 5-8-1867.

pág. 264: *Cabichuí*, 7-10-1867.

pág. 266: Félix Luna, Historia integral de la Argentina, v. 7, pág. 22.

pág. 269: Ângelo Agostini, *Cabrião*, 17-2-1867, reproducido de *Cabrião*, pág. 160.

pág. 273: Ângelo Agostini, *Cabrião*, 12-5-1867, reproducido de *Cabrião*, pág. 255.

pág. 279: Ângelo Agostini, *Cabrião*, 14-7-1867, reproducido de *Cabrião*, pág. 318.

pág. 281: Ângelo Agostini, *Cabrião*, 24-3-1867, reproducido de *Cabrião*, pág. 200.

pág. 282: *El Centinela*, 30-5-1867, Fondo Editorial Paraquarial, 1964.

pág. 284: *El Centinela*, 8-8-1867, Fondo Editorial Paraquarial, 1964.

pág. 293: Ângelo Agostini, *Cabrião*, 31-3-1867, reproducido de *Cabrião*, pág. 205.

pág. 305: *Cabichuí*, 9-1-1868.

pág. 324: Litografía de L. A. Boulanger, reproducida en Joaquim Nabuco, *Um estadista no Império*, v. 1, Río de Janeiro, Topbooks, 1997; Litografía de S. A. Sisson, reproducida en Joaquim Nabuco, *Um estadista no Império*.

pág. 332: *Semana Ilustrada*, 12-4-1868, reproducido de Mauro César Silveira, *A batalha de papel. A Guerra do Paraguai através da caricatura*, Porto Alegre, L&PM Editores, 1996, pág. 114.

pág. 342: B. Acosta, *Cabichuí*, 24-7-1868.

pág. 384: Wanderley Pinho, *Cartas do Imperador D. Pedro II ao Barão de Cotegipe*, pág. 69.

pág. 427: Lilia Moritz Schwarcz, *As barbas do Imperador*, San Pablo, Companhia das Letras, 1998, pág. 291.

pág. 430: André Toral, *Adeus, chamigo brasileiro*, pág. 121, San Pablo, Companhia das Letras, 1999.

pág. 434: *A vida fluminense*, 6-11-1869, reproducido en Mauro César Silveira, *A batalha de papel*, pág. 98.

pág. 438: *Notícias*, 1-3-1970.

Álbumes de fotos

pág. 1: Miguel Ángel Cuarterolo, *Soldados de la memoria*, págs. 97, 96, 98, 95. Foto 3: Colección Abel Alexander.

pág. 2: *A vida fluminense*, 11/4/1868, pág. 178, reproducido de Mauro César Silveira, *A batalha de papel*, pág. 96.

pág. 3: Manuel Chaves Pinheiro, acervo del Museo Imperial de Petrópolis, reproducido en Lilia Moritz Schwarcz, *As barbas do imperador*, pág. 300.

pág. 4: Claudio Amato et. al., *Cédulas do Brasil: Império-República*, San Pablo, Perfecta Artes Gráficas, pág. 125.

pág. 5: Bate & Cia.W., acervo de la Biblioteca Nacional del Uruguay, reproducido de Miguel Ángel Cuarterolo, *Soldados de la memoria*, págs. 50-51.

pág. 6: Reproducción del autor.

pág. 7: Acervo de la Biblioteca Nacional del Uruguay, reproducción de Miguel Ángel Cuarterolo, *Soldados de la memoria*, p. 55.

pág. 8: *Álbum de la Guerra del Paraguay*, pág. 106.

pág. 1: Fotógrafo no identificado, acervo del Servicio Oficial de Difusión Radioeléctrica (SODRE), reproducido de Miguel Ángel Cuarterolo, *Soldados de la memoria*, pág. 113.

pág. 2: Bate & Cía. W., acervo de la Biblioteca Nacional del Uruguay, pág. 56.

pág. 3: Bate & Cía. W., acervo de la Biblioteca Nacional del Uruguay, pág. 58.

pág. 4: Bate & Cía. W., acervo de la Biblioteca Nacional del Uruguay, pág. 44.

pág. 5: Bate & Cía. W., acervo de la Biblioteca Nacional del Uruguay, pág. 42.

pág. 6: Fotógrafo no identificado, acervo de la Biblioteca Nacional de Río de Janeiro, reproducido de Miguel Ángel Cuarterolo, *Soldados de la memoria*, pág. 43.

pág. 7: Fotógrafo no identificado, acervo del Museo Mitre, reproducido de Miguel Ángel Cuarterolo, *Soldados de la memoria*, págs. 62 y 66.

pág. 8: Foto Agostino Forni, acervo del Servicio Oficial de Difusión Radioeléctrica (SODRE), reproducido de Miguel Ángel Cuarterolo, *Soldados de la memoria*, pág. 71; fotógrafo no identificado, acervo del Museo de Luján, reproducido de Miguel Ángel Cuarterolo, *Soldados de la memoria*, pág. 82.

Índice alfabético

A Reforma (Río de Janeiro): 417, 444, 551 n.167, 556 n.254.

A Retirada da Laguna: 114, 119.

Abaeté, vizconde de. Véase Limpo de Abreu, Antônio Paulino.

Abente, Diego: 18, 481 n.227.

Abreu, Bonifacio de: 370.

Abreu, Francisco Pedro de (barón de Jacuí): 163, 166, 169.

Acosta Ñu, batalla de. Véase Campo Grande.

Acosta, José Antonio: 93, 482 n.7.

Acta (brasileña) de Reconocimiento de la independencia paraguaya: 25.

Acuerdo de San Nicolás: 26.

Acuerdo de Santa Lucía: 59.

Aguapeí: 285.

Aguapú: 383.

Agüero, coronel: 400.

Aguiar de Andrada, barón: 447, 557 n.264.

Aguiar, coronel: 433.

Aguiar, José María: 495-496 n.174.

Aguirre, Atanasio de la Cruz: 48, 50, 51-55, 59, 61, 69, 70-72, 129, 473 n.104, 477 n.171.

Alagoas, embarcación: 306-309.

Alagoas: 264, 439.

Alambert, Francisco: 81, 480 n.220.

Alberdi, Juan Bautista: 338, 470 n.61, 496-497 n.186, 533 n.141.

Albuquerque, Sá de: 522 n.273.

Albuquerque: 96, 100, 485 n.29.

Alcalá, Guido Rodríguez: 531 n.112, 544 n.60, 554 n.225 y 233.

Alcorta, Sinforiano: 557 n.262.

Alegrete: 171.

Alen, Paulino: 147, 495-496 n.174, 502 n.258, 528 n.54.

Alice, vapor: 396.

Almeida Rosa, Francisco Octaviano de: 149-150, 151-153, 154, 156-159, 168, 192, 195, 228-229, 237-238, 280, 288, 402, 496 n.177, 179 y 183, 497 n.188, 196, 197 y 198, 498 n.199 y 202, 500 n.235, 505 n.17, 514 n.157, 524 n.298 y 302, 547 n.117.

Alonso, Mariano Roque: 23.

Alsina, Adolfo: 401.

Altos, cordillera de: 384, 389.

Altos: 545-546 n.94.

Alvear, Marcelo Torcuato de: 369.

Alves Feitosa, Jovita: 110, 487 n.62.

Alves Loureiro, João: 46.

Allen, E. S.: 281, 283.

Allen, James: 281, 283, 522 n.279.

Amambay, vapor: 551 n.178.

Amaral, Joaquim Thomaz do (vizconde de Cabo Frío): 30, 337, 340, 407, 534 n.150.

Amazonas, barón de. Véase Barroso da Silva, Francisco Manuel.

Amazonas, fragata: 64, 138, 141, 142.

Amazonas, provincia brasileña: 439.

Amazonas, río: 158, 246.

Américo, Pedro: 398.
Amerlan, Alberto: 514 n.160, 532 n.125.
Andaí, río: 312.
Andrade Neves: 349.
Anglo-Brazilian Times: 320-321.
Angostura, fortaleza: 243, 335, 338-340, 344, 349, 357-358, 363, 367.
Ángulo: 285.
Anhambaí, vapor: 94, 97, 484 n.20.
Antonio Pedro: 254.
Antunes, Hilario Maximiano: 351.
Aoropí, arroyo: 146.
Apa, río: 30, 34, 42, 57, 98, 116, 119, 120, 152, 443, 452, 455, 461.
Apa, vapor: 265.
Apipé, isla de (o Cerrito o Islas de Atajo): 143, 155, 160, 199, 217-218, 269, 383, 447.
Aponte B., Leandro: 504 n.8, 507 n.38, 525 n.8.
Aquidabán, batalla de: 15.
Aquidabán, río y paso de: 430, 431.
Aquidabó, río: 156.
Aquidauana, río: 99, 117, 122.
Aquino, alférez: 421.
Aquino, coronel: 221.
Araguaí, cañonera: 138.
Araguaia, barón de. Véase Gonçalves de Magalhães, Domingos José.
Aranda, mayor: 299.
Araújo e Gondin, Antônio de: 446.
Araújo Lima, Pedro (marqués de Olinda): 154, 242.
Araújo, Nabuco de: 156, 529 n.81.
Araujo, Riveiro, João Luiz de: 536 n.188.
Archivo Público del Paraguay: 391.
Argolo Ferrão, Jaime Gomes: 285, 312, 314-315, 346-349, 353, 370, 524 n.297, 536 n.185.
Aricá, río: 99.
Arocena de Oliveira, Enrique: 470 n.65, 66 y 67, 477 n.173.
Arouca, Clião de: 360-361, 532 n.122.
Arroyo y Esteros: 531 n.104 y 109.

Arroyo, Melitón: 267.
Ascurra: 333, 364, 366, 382, 387, 389, 414, 546-547 n.94.
Ashboth, general (Estados Unidos): 247.
Asociación Paraguaya 147, 495 n.170.
Assis e Figueiredo, Afonso Celso de (vizconde de Ouro Preto): 289, 291, 307, 440, 524 n.297, 555 n.240, 558 n.6.
Asunción del Paraguay: 22, 26, 28, 30-33, 36, 37, 41, 43, 44, 53, 56, 61, 62-63, 66, 75-76, 80, 86-87, 91, 93, 97, 100-103, 111-112, 123, 124, 125, 130, 143, 144, 152-153, 160, 176, 181, 191, 197, 203, 208, 218, 247, 275, 278, 280, 283, 287, 295, 297-298, 301, 310, 320, 325-327, 333-334, 344, 350, 353, 363, 365, 367-373, 377, 379, 381-383, 385-386, 393, 395, 400-410, 412-415, 417, 423, 433, 435, 437, 444, 446-448, 452, 455, 458-459, 461, 536 n.185, 538 n.216, 542 n.33, 543 n.58, 549 n.150.
Atajo, isla de: 447 Véase también Apipé.
Atibaia: 258.
Auto Guimarães, José: 389, 418, 545 n.94.
Avaí, batalla de: 345, 349, 350, 372, 383, 458-459, 536 n.185.
Aveiro, Silvestre: 328, 423.
Avellaneda, Nicolás: 446.
Ávilla, Henrique d': 189, 504 n.2.
Ayala, Cipriano: 125.
Ayala, Eusebio: 80.
Azambuja, capitán: 433.
Azevedo Pimentel, Joaquim S. de: 180, 181-182, 235, 315, 477 n.176, 503 n.275, 509 n.74, 75, 76 y 78, 513 n.144, 529 n.64, 552 n.193 y 195.
Báez, Cecilio: 80, 168, 328, 361, 465 n.1, 479 n.205, 480 n.218, 500 n.234, 504 n.1, 531 n.99 y 100, 531 n.107, 532 n.121, 537 n.204, 552 n.187.

Bageí: 551 n.180.

Bahía Negra: 32, 152, 156, 252, 406-407, 447, 454, 462.

Bahia, acorazado: 195, 292, 294, 308, 542 n.29.

Bahía: 106, 109-110, 439.

Balcarce, Mariano: 471 n.72.

Banda Oriental. Véase Uruguay.

Baptista Pereira: 478 n.183, 530 n.87.

Barbolani, Ulisses: 69.

Barbosa Lisboa, doctor: 432.

Barbosa, Juan: 64, 476 n.150.

Barbosa, Pedro Máximo: 64.

Barbosa, Rui: 79.

bareiristas (Paraguay): 404-405, 410-411.

Bareiro, Cándido: 65-66, 87, 404, 472 n.99, 475 n.138.

Bargas, José: 301, 526 n.13.

Barral, condesa de: 515 n.174, 519 n.211, 524 n.306 y 308, 528 n.48.

Barrán, José Pedro: 470 n.62, 65 y 67, 477 n.174.

Barreiro, Francisco: 167, 499 n.226 y 228.

Barreto, Mario: 213, 360, 502 n.263, 503 n.264, 537 n.201.

Barrios, Vicente: 93-94, 96-97, 99, 100-101, 144, 209-210, 229, 299, 326, 330, 332, 483 n.10, 485 n.33, 494 n.159, 498 n.208, 508 n.69.

Barros, Francisco Fernando de: 256.

Barros, J. Julio de: 551 n.167.

Barroso da Silva, Francisco Manuel (barón de Amazonas): 134, 138, 141, 142, 145, 146, 182, 184-185, 192, 243, 244, 493 n.147 y 148.

Barroso, acorazado: 195, 289, 292-293, 308-310, 313.

Barroso, Gustavo: 540 n.12.

Bartolani, R. U.: 473 n.110.

Bastos, J. T.: 254, 518 n.209.

Basualdo, arroyo: 135.

Basualdo, campamento de: 135-137, 169.

Beberibei, vapor: 138, 309.

Becker, Klaus: 487 n.49 y 59, 501 n.243, 521 n.261, 525 n.6, 7, 8 y 9, 528 n.59, 535 n.157, 168 y 169, 537 n.198, 199 y 200, 543 n.57 y 58, 545 n.81, 546 n.104, 552 n.186, 195 y 198.

Bedoya, Saturnino: 325-328, 393.

Beéche, Gregorio: 473 n.109.

Belgrano, Manuel: 22, 55.

Belmonte, cañonera: 138, 141.

Bella Vista, fuerte de: 93, 98, 120, 128, 133, 142, 145, 430.

Bellaco, estero: 201-204, 209.

Benítes, Apolinario: 138.

Benítez, Ángel: 333, 543 n.43.

Benítez, Gregorio: 245, 333, 476 n.161 y 162, 517 n.187, 533 n.141.

Benítez, Gumersindo: 527 n.26, 532 n.118.

Benítez, Justiniano Rodas: 508 n.58, 513 n.138, 525 n.4, 536 n.184, 551 n.174.

Berá, laguna: 315.

Beresford, William Carr: 188.

Berges, José: 38, 44, 53, 63, 83, 84-85, 103-104, 127-128, 247-248, 252, 327-328, 330, 471 n.72 y 74, 475 n.145, 476 n.159, 478 n.192, 486 n.45, 46 y 47, 490 n.105, 499 n.231, 500 n.232, 233 y 239, 501 n.248 y 251, 514 n.164, 516 n.179 y 182, 517 n.196, 517-518 n.199, 527 n.24 y 25, 532 n.118.

Berlín: 252, 391.

Bermejo, río: 28, 31, 76, 78, 445.

Berro, Bernardo Prudencio: 41-43, 45-46.

Besouchet, Lidia: 467 n.25, 471 n.81, 475 n.134.

Beverina, Juan E.: 213, 220, 489 n.93, 490 n.98 y 108, 491 n.121, 122, 123 y 124, 492 n.125, 126, 129, 130, 131, 496 n.181, 504 n.7 y 8, 506 n.34, 507 n.49, 508 n.55 y 56, 508 n.63, 509 n.78, 511 n.123, 513 n.144.

Bezerra de Carvalho, Alvanir: 492 n.141.

Bittencourt, Conrado: 142-143, 399.

blancos (Uruguay): 26, 41, 44, 48, 49, 50, 51-52, 55, 59-61, 69, 70, 72, 74, 87, 91, 129, 185, 441, 452-454, 502 n.257.

Bliss, Porter Cornelio: 248, 331, 344.

Blyth & Co.: 27.

Bocaiúva, Quintinho de Souza: 542 n.30, 32 y 37, 548 n.139, 556 n.252, 377-378, 409.

Bolivia: 34, 43, 153, 158, 160, 238, 246-247, 251-252, 280, 308, 332, 406-407, 415-416, 445, 457.

Boquerón, batalla de: 221, 224.

Borges Monteiro, Candido (barón de Itaúna): 256.

Boris, Ivan: 525 n.8, 543 n.44, 544 n.62.

Bormann, J. B.: 477 n.177, 522 n.276.

Botelho, Luis José: 485-486 n.38, 486 n.40, 41 y 44.

Bouthoul, Gastón: 465 n.1.

Brabo, Francisco Javier: 138.

Branco, río: 30, 57, 452, 454, 473 n.113.

Brasil, acorazado: 195, 292.

Bray, Arturo: 235, 333-334, 423, 467 n.13, 489 n.95, 503 n.283, 504 n.1, 533 n.127 y 128, 552 n.183, 554 n.223.

Brezzo, Liliana M.: 546 n.112, 189 y 190.

Brigada mineira: 115.

Britto, Francisco Fortunado de: 250, 517 n.192, 524 n.298.

Brizuela, José: 27, 103, 476 n.159.

Brugues, comandante: 141, 210, 325, 328.

Buarque de Holanda, Sérgio: 500 n.238, 508 n.70, 555 n.239.

Buenos Aires, estado de: 28, 33, 34, 452.

Buenos Aires, vapor: 199-200.

Buenos Aires: 22, 24, 26, 32, 36, 45, 49, 62, 63, 65, 67-68, 87, 129, 146, 150, 154, 155-158, 160, 169, 176, 182, 193, 232, 247, 269, 290, 336, 364, 393, 402-404, 406, 408, 412, 416-418, 424, 444, 451, 453, 462, 464, 500 n.233, 539 n.3.

Burton, sir Richard Francis: 465-466 n.1, 470 n.64, 479 n.199, 492 n.139, 516 n.185, 517 n.193, 523 n.288, 529 n.68, 77, 78, 79 y 80, 554 n.232, 76, 316, 319-320, 436.

Caacupé: 352, 382, 395, 396-397.

Caaguijurú, picada de: 418.

Caballero Aquino, Ricardo: 18, 466 n.3, 509 n.85, 549 n.147, 557 n.266.

Caballero, Bernardino: 80, 178, 299, 327, 345, 348-350, 397, 400, 490 n.100, 502-503 n.263.

Caballero, Pablo: 390, 392.

Cabichuí: 252, 260-261, 262, 302, 305, 519 n.222, 526 n.17.

Cabo Frío, vizconde de. Véase Amaral, Joaquim Thomaz do.

Cabral de Meneses, Juvêncio Manuel: 119-120.

Cabral, acorazado: 195, 292, 311.

Cabral, Facundo: 502 n.258.

Cabral, Francisco: 171.

Cabral, Hermógenes: 122.

Cabral, Mariano: 138.

Cabrita, isla de: 198.

Cabrita, Willigran (o Vilagran): 58, 198.

Caçapava: 171.

Cáceres, Nicanor: 129, 133-134, 146.

Cáceres, Perto: 430.

Cáceres, Sinforoso: 127.

Cacheira: 171.

caiuás, indios: 419.

Caldas, Augusto: 233.

Caldwell, João Frederico: 163, 166, 169, 173, 500 n.238.

Calmon, Pedro: 381, 514 n.155, 524 n.304, 543 n.42, 554 n.218, 228 y 229.

Calógeras, João Batista: 61, 491 n.111.

Calógeras, Pandiá George: 61.
Calvo, Carlos: 470 n.56.
Callado, Eduardo: 557 n.265.
Callet-Bois, Teodoro: 513 n.138, 550 n.164, 556 n.256.
Câmara, Conceição: 554 n.217.
Câmara, José Antonio Corrêa da (vizconde de Pelotas): 263, 315, 383, 386, 428-431, 433, 459, 517 n.195, 520 n.229, 543 n.50, 553 n.205 y 214, 554 n.215 y 216.
Câmara, Manuel Correa da: 22.
Câmara, Maria Rita da: 517 n.195, 520 n.229, 543 n.50, 553 n.214.
Câmara, Rinaldo Pereira da: 287-288, 517 n.195, 520 n.229, 523 n.292, 534 n.146, 543 n.50, 553 n.205 y 214, 554 n.217.
"Cambary": 539 n.3.
Caminos, Luis: 249-251, 333, 517 n.192, 527 n.26.
Camiños, José Rufo: 43-44.
Camisão, Carlos de Morais: 117, 119-122.
Campinas: 114-116, 488 n.70.
Campo Grande/Acosta Ñu, batalla de: 372, 394, 395, 397, 399, 418, 426.
Campo Grande: 379, 397.
Campobassi, José S.: 523 n.292, 546 n.111, 556 n.249.
Campos, Luis María: 385, 388, 390, 397.
Canabarro, David: 162, 164-170, 500 n.238.
Cancogni, Manlio: 525 n.8, 543 n.44, 544 n.62.
Candelaria: 131, 168, 169.
Cansansão de Sinimbu, José Luis Vieira: 291, 468 n.31.
Canseco, general (Perú): 252.
Canuto, puerto de: 122.
Capilla de San Joaquín: 178.
Capivarí, arroyo/potrero de: 421-425.
Capivarí: 256.
Carabelas, vizconde: 446.
Caraguataí: 385, 395, 397, 418-420,

423, 518 n.209, 544 n.76, 545 n.85, 550 n.157 y 158.
Caraguatatuba: 254.
Caravelas, vizconde de: 557 n.261.
Carazar, Manuel: 364, 538 n.211.
Cárcano, Ramón J.: 556 n.250 y 253.
Cardoso de Oliveira, José Manoel: 468 n.30.
Cardozo, Efraím: 122, 310, 469 n.48 y 52, 470 n.67, 471 n.70, 481 n.227, 489 n.85, 496 n.175, 512 n.131, 527 n.44.
Careza, Manuel (Caraza): 485 n.37.
Caribe: 247.
Caríssimo, capitán: 434.
Carlota: 522 n.271.
Carmagnani, Marcelo: 516 n.178.
Carneiro de Campos, coronel: 62, 521 n.247.
Carrão, João da Silva: 106, 521 n.247.
Carreras, Antonio de las: 53, 65, 328, 477 n.172.
Carrère, René: 465 n.1.
Carrillo de López, Juana: 334, 422-423.
Carvalho Borges, Antonio Pedro de: 33-36, 468 n.34, 35, 37, 40, 41 y 42, 551 n.168.
Carvalho Neto, Paulo de: 519 n.214, 535 n.167.
Carvalho, Alexandre Manuel Albino de: 60, 94, 99, 114-115, 117, 233, 474-475 n.131, 483 n.14.
Carvalho, Carlos de: 78-79, 516 n.177, 518 n.200.
Carvalho, Delfim Carlos de (barón de Passagem): 142, 308-311, 376.
Casa Branca: 115.
Casa Real de los Borbones-Bragança: 25, 248, 252, 497 n.194.
Casa Souto y Cía.: 72, 478 n.187.
Castellanos, Federico: 51-52.
Castro Souza, Luis de: 484 n.18, 488 n.70, 489 n.81, 87 y 88.
Castro, Carlos (de): 150, 285, 481 n.223.

Castro, Enrique (de): 287, 314, 320, 341, 384, 414, 423, 549 n.152.
Catamarca (provincia argentina): 268.
Cavalcanti, Amaro: 78.
Cavalcanti, Misión: 480 n.211, 549 n.146.
Caxias, duque/marqués de [Luis Alves de Lima e Silva]: 18, 41, 47-48, 61, 71-72, 81, 105, 108, 111-112, 122, 147, 170, 171, 233, 240-243, 247-248, 250, 258, 262, 263, 265-295, 297, 300, 306-307, 309-316, 318-323, 324, 325, 328, 331, 335-341, 345-355, 357-366, 367-368, 370-376, 385, 392, 395, 396, 427, 435, 457, 458-459, 467 n.20, 478 n.178, 184 y 190, 487 n.51, 495 n.170, 496 n.179, 516 n.179, 520 n.228, 235, 236 y 242, 521 n.246 y 248 y 254, 522 n.262 y 269, 522 n.271, 273 y 274, 523 n.286, 287, 291 y 293, 524 n.298 y 300, 527 n.36, 530 n.90, 91 y 94, 531 n.95, 532 n.118 y 120, 533 n.133, 139 y 141, 534 n.148, 149, 150, 151, 152 y 153, 535 n.175, 536 n.180, 185, 186 y 187, 538 n.209, 213, 214 y 215, 539 n.2, 3 y 6, 540 n.7, 8, 9, 10, 11 y 14, 541 n.18, 21 y 23.
Caxim: 99.
Ceará: 106, 439, 518 n.205.
Cebollate, río: 42.
Ceibo, campamento: 325.
Centro Liberal (Brasil): 322.
Centurión, Juan Crisóstomo: 63, 76, 77, 96, 142-143, 147, 207, 213, 222, 229, 235, 240, 250-251, 350-351, 359, 386, 392, 400, 418, 421, 469 n.50, 51 y 53, 473 n.111, 476 n.149, 479 n.198, 483 n.15, 484 n.20 y 28, 490 n.99, 101 y 104, 491 n.124, 492 n.125, 127, 140, 142 y 144, 493 n.147 y 151, 494 n.153, 155, 157 y 162, 495 n.168, 172 y 173, 495 n.173, 503 n.269, 505 n.15, 506 n.29 y 33, 507 n.45, 47, 49 y 51, 508 n.54,

57, 61 y 69, 508-509 n.73, 509 n.75 y 78, 509-510 n.85, 510 n.87, 511 n.103, 107, 111, 113 y 125, 512 n.130, 132 y 136, 513 n.144, 517 n.195 y 199, 521 n.256 y 260, 522 n.267, 523 n.283, 528 n.49, 51, 55, 58 y 59, 529 n.62, 71, 72 y 75, 531 n.101, 102, 103, 108, 109 y 110, 535 n.171, 174 y 177, 536 n.182, 537 n.193 y 199, 543 n.58, 544 n.69, 73 y 74, 545 n.79 y 83, 546 n.103, 551 n.172, 173 y 178, 552 n.181, 182, 184, 187, 553 n.208, 554 n.221 y 222.
Ceravia, Juan: 69.
Cerqueira, Evangelista de Castro Dionísio: 492 n.134, 504 n.6, 8 y 9, 507 n.52, 508 n.60 y 72, 521 n.246, 249, 250, 251, 253, 257 y 258, 522 n.265, 527 n.40, 529 n.66 y 74, 533 n.130, 535 n.161, 168, 169 y 176, 536 n.179, 189 y 190, 541 n.26, 543 n.55 y 57, 544 n.73 y 78, 545 n.89 y 90, 546 n.100, 102, 105 y 107, 551 n.172 y 177, 555 n.239, 557 n.4, 174, 183, 191-192, 204, 211, 271-272, 274, 309-310, 316-318, 350-351, 355-356, 375, 391, 398, 400, 418-419, 460.
Cerrito, isla del. Véase Apipé, isla de.
Cerro Corá, batalla de: 74, 182, 400, 429, 431-433.
Cerro Corá: 27, 423.
Cerro León: 36, 86, 102, 103, 161, 352, 357, 361, 366, 386, 388, 423, 475 n.137; hospital de 504 n.2.
Cervo, Amado Luiz: 466 n.10.
César, Cayo Julio: 348.
Céspedes, Concepción: 430.
Céspedes, mayor: 346.
Cierva, laguna: 303, 309.
Cierva, plaza fortificada: 309.
Cisneros, Andrés: 467 n.17 y 23, 491 n.116, 492 n.133, 520 n.239, 555 n.246.
Clarendon: 514 n.165.

Club de la Reforma (Brasil): 322.
Coburgo-Gotha, Luis Augusto María Eudes de Saxe, duque de Saxe: 171.
Coelho, Antonio Maria: 122.
Coimbra, batería: 96, 99, 100.
Coimbra, combate de: 483 n.13.
Coimbra, fuerte de: 60, 92, 93-94, 95, 96, 190, 483 n.16.
Colombo, acorazado: 195, 292.
colorados (Uruguay): 26, 41, 42-43, 45-48, 50-51, 70, 452-453, 502 n.257.
Columna Expedicionaria de Mato Grosso: 112.
Collor, Lindolfo: 480 n.219.
Combarití: 538 n.211.
Comisión de 21 (Paraguay): 410-411.
Companhia Matte Larangeira: 78-79.
Comte, Augusto: 480 n.219.
Conceição, Maria França da: 300.
Concepción del Uruguay: 135.
Concepción: 86, 93, 117, 120, 327, 333, 429-430, 434.
Concordia: 132, 136-138, 163, 166, 169, 171, 173, 179, 182, 456.
Conesa, Emilio: 191-192, 204-205, 507 n.49, 508 n.53.
Confederación Argentina: 23, 26, 31, 33, 34, 338, 452.
Consejero Furtado. Véase Furtado, Francisco José.
Consejo de Regencia: 23.
Constant Neto, Benjamín: 286, 523 n.289.
Constitución argentina (1853): 26.
Constitución del estado de Buenos Aires (1854): 26.
Convención de 1856: 34. Véase también Tratado de 1856.
Convenio del 20 de febrero de 1865: 73.
Cooney, Jerry W.: 469 n.49, 511 n.102.
Corbalán: 514 n.161.
Cordillera, campaña de la: 384-435.
Cordilleras, región de las: 338, 359, 366, 368, 382, 385, 387.
Córdoba: 132.

Corrales, fortificación de: 191, 198.
Correa da Silva, José: 493 n.147.
Corrêa Filho, Virgilio: 475 n.136, 482 n.6, 483 n.11, 484 n.22.
Corrêa Madruga, Francisco José: 102, 104, 486 n.40 y 47.
Correia, Manuel Francisco: 556 n.255.
Corrientes, río: 135-136, 285, 447.
Corrientes: 21, 31, 32, 41, 42, 58, 64, 67, 91, 123-148, 148, 149, 151, 155, 167, 172, 174, 176, 177, 179, 181, 182, 184-185, 190, 192, 195, 197, 199, 202, 216, 219, 242, 269, 271-272, 317, 385, 444, 454, 455-456, 469 n.54, 483 n.15, 493-494 n.151, 500 n.233, 509 n.81.
Corumbá: 60, 78, 93, 96-97, 99-103, 117, 123, 226, 251-252, 304, 383.
Costa Lobo, doctor: 432.
Costa Pinto, Antônio da: 383.
Costa, capitán (brasileño): 308.
Cotegipe, barón de: 11, 248, 253, 265, 321, 370, 372, 374, 402, 407, 417, 443-444, 477 n.165, 518 n.204 y 205, 520 n.232 y 336, 530 n.86, 538 n.216, 540 n.7 y 14, 541 n.20 y 27, 542 n.29 y 30, 546 n.113, 547 n.114, 115, 116, 128 y 129, 548 n.132, 133, 134, 136, 140 y 141, 549 n.148, 550 n.157, 163 y 165, 551 n.168, 552 n.199, 553 n.201 y 206, 556 n.259, 557 n.264 y 265.
Couto de Magalhães: 122, 123.
Coxim: 93, 115-116.
Creus, Carlos: 477 n.166, 496 n.185, 516 n.184, 533 n.136, 534 n.156.
Cuencas: 355.
Cuerpo Expedicionario en Operaciones en el Sur de Mato Grosso: 115-116.
Cuevas: 145, 494 n.162.
Cuiabá: 26, 30, 60, 62, 94, 96-97, 99, 100-101, 114-116, 122-123, 383.
Cumán, Pablo: 502 n.260.
Cunha Mattos, Augusto Ernesto da: 299-301, 359.

Cunninghame Graham, Robert Bontine: 74, 466 n.12, 479 n.195 y 201, 480 n.207.

Curuguatí: 387, 429. Véase también San Isidro.

Curupaytí, batalla de: 64, 219, 226-227, 227-244, 265, 267, 269-270, 294, 456, 521 n.260.

Curupaytí: 191, 197, 205, 217, 224, 225, 274, 280, 283-284, 289, 292, 312, 314, 318.

Curuzú: 191, 224-227, 265, 272, 274, 280, 292, 307, 513 n.148, 514 n.159.

Cutler, Charles Alfred: 493 n.149.

Cuverville, M. de (cónsul de Francia): 245, 368, 539 n.2.

Cuyo (región argentina): 268.

Chacabuco, vapor: 199-200.

Chaco: 28, 31, 32, 34, 140, 152, 153, 155, 157, 160, 202, 247-248, 277, 280, 285, 303, 309-310, 312-313, 315, 325, 330, 340, 342, 345, 349, 407, 414-415-417, 442, 445-447, 454, 458, 461-462, 528 n.53, 534 n.152.

Chapperon, cónsul italiano: 368, 539 n.2.

Cháves, Julio César: 466 n.8 y 9, 467 n.21.

Chiavenatto, Julio José: 17, 537 n.205, 554 n.231.

Chico Diabo. Véase Lacerda, Francisco.

Chile: 247, 252, 445, 457.

Chirigüelo, picada de: 423, 429-430.

Christie, Cuestión: 71-72, 179, 195.

d'Eu, conde [Luis Felipe Gastón de Orleans] [Luis Filipe Fernando Gastão de Orleans] (el príncipe consorte): 70, 171, 174, 233, 316, 330, 359-360, 367, 369, 373-375, 379, 381-383, 384, 385, 387, 388-390, 392, 395-401, 409-410, 412-414, 417, 418-419, 421, 423, 425-429, 435, 459, 478 n.179, 515 n.171, 529 n.65, 534 n.150, 541 n.16, 543 n.41 y 52, 544 n.76, 545 n.94, 548 n.140,

549 n.150, 549-550 n.155, 553 n.202, 203, 204, 205, 206 y 207.

Davis, Arthur H.: 248, 344, 537 n.206.

De L'Huys, Drouyn: 485 n.34, 494 n.161, 504 n.5.

De la Cruz Sánchez: 483 n.13.

De la Quadra, Diego: 259, 264, 519 n.220, 520 n.231, 528 n.47, 530 n.92.

De Marco, Miguel Ángel: 131.

Declaración de Guerra (De Paraguay a la Argentina): 124.

Decoud, Concepción Domecq: 539 n.4.

Decoud, familia: 411.

Decoud, Héctor Francisco: 412, 495 n.169, 537 n.196, 547 n.122, 125, 127 y 128, 548 n.139, 549 n.149, 550 n.159.

Decoud, José Segundo: 78, 411.

Decoud, Juan Francisco: 147, 404-405, 410-411.

decouistas (Paraguay): 404-405, 410-411.

Del Valle, Blanco: 472 n.82, 505 n.12.

Del Valle, coronel: 429.

Deutsch, Karl: 478 n.188.

Deutsche Zeitung: 299, 521-522 n.261, 525 n.6, 8 y 9.

Diario de la campaña de las fuerzas aliadas contra el Paraguay: 224.

Diario del Ejército: 422.

Diário do Povo: 259, 291, 371, 376, 518 n.218, 540 n.11, 541 n.27, 548 n.134.

Diário do Rio de Janeiro: 110, 347.

Dias de Silva: 98.

Dias Vieira, João Pedro: 71, 470 n.69, 471 n.71, 473 n.105 y 114, 474 n.115, 116, 117, 119, 121 y 130, 475 n.135, 143 y 147, 476 n.148, 151, 155 y 158, 495 n.169, 496 n.178 y 183, 497 n.198, 524 n.302, 547 n.117.

Díaz Bedoya, José: 405, 411-412.

Díaz, general (uruguayo): 70.

Díaz, José Eduviges: 203, 209-210, 226, 521 n.260.

Dick, Jakob: 359.

División Gualeguaychú: 137.

Docca, Emilio Fernandes de Sousa: 473 n.107, 475 n.132 y 142, 487 n.58, 488 n.65, 500 n.238, 502 n.262, 502-503 n.263.

Dolores, departamento (provincia de Buenos Aires): 176.

Domecq Decoud, Concepción: 369.

Domecq García, Manuel: 369.

Doratioto, Francisco Fernando Monteoliva: 466 n.10, 480 n.211, 546 n.108 y 110, 549 n.146, 556 n.256, 557 n.2.

Dourados, río: 35.

Dourados: 35, 76, 93, 97-100, 430, 484 n.22, 485 n.29.

Drago, Manuel Pedro: 114, 115-116, 488 n.70.

Du Graty, Alfredo: 66.

Duarte, José: 161, 526 n.12.

Duarte, padre: 164, 166.

Duarte, Pedro: 36, 165, 167, 171-172, 176, 468 n.43, 498 n.206, 208 y 214, 499 n.219, 226, 228 y 231, 501 n.246, 502 n.261.

Dumas, general (Francia): 373, 541 n.16.

Duque de Saxes, vapor: 521 n.254.

Duroselle, Jean-Baptiste: 498 n.205.

Ecuador: 457.

Egas, Eugenio: 518 n.208, 519 n.210, 212 y 220.

Egusquiza, Félix: 63, 405. 478 n.192, 482 n.230.

Egusquiza, Juan Bautista: 78.

Ejército español: 381.

Ejército Paraguayo en el Sur: 123, 126.

El Centinela: 282, 301-302, 526 n.14.

El Nacional (Buenos Aires): 125, 411, 413, 444, 489-490 n.96, 513 n.137, 549 n.144, 556 n.253.

El Semanario: 33, 214-215, 230, 241, 510 n.86, 514 n.163.

Elisario, puerto: 289, 307, 523 n.282.

Elizalde, Rufino de: 45, 50, 51-52, 54, 55, 67, 68-69, 73-74, 124, 132, 149-150, 151, 152, 154, 216, 219, 229-230, 236-237, 268, 291, 340, 407, 463, 471 n.72, 74 y 78, 472 n.87 y 89, 473 n.110 y 112, 473-474 n.114, 477 n.170, 479 n.194, 489 n.92, 489-490 n.96, 491 n.115, 494 n.164, 495 n.171, 496 n.177, 497 n.193, 500 n.236, 500 n.240, 501 n.244, 510 n.92 y 99, 511 n.108, 512 n.129, 513 n.151, 514 n.152 y 154, 515 n.172, 517 n.190 y 192, 518 n.200, 519 n.217, 520 n.237 y 240, 526 n.23, 542 n.36, 558 n.7.

Empedrado, arroyo: 126, 133, 135, 145.

Encarnación: 36, 64, 86, 161-163, 217.

Eneno, Domingo: 477 n.171.

Ensenada: 190.

Entre Ríos: 26, 32, 41, 42, 43, 56, 64, 67, 91, 128-130, 131, 133, 135, 138, 185, 215, 444-445, 500 n.233.

Escobar, Patricio: 507 n.50.

Escudé, Carlos: 467 n.17 y 23, 491 n.116, 492 n.133, 520 n.239, 555 n.246.

Eseato, Genaro: 501 n.250.

Esmeralda, vapor: 63, 489-490 n.96.

Esmerat, padre: 317.

Espadín, río: 419.

Espadín: 387, 419-420.

España: 21, 23, 69, 264, 381, 443, 472 n.82, 477 n.156, 481 n.223, 505 n.12, 510 n.86 y 90, 512 n.134, 513 n.144, 516 n.184, 517 n.188 y 191, 519 n.217, 520 n.231, 528 n.47, 533 n.136 y 137, 534 n.156.

Espíritu Santo: 439.

Esquina: 135.

Establecimiento, plaza fortificada: 303, 307, 309-310.

Estado Oriental. Véase Uruguay.

Estados Unidos: 82-84, 157, 246-248, 283, 305, 338, 344, 361, 368, 401, 432, 447, 457, 461.

Estância Nova, campamento de: 107.

Estancias de la Patria: 23, 220.
Estero Bellaco, batalla de. Véase Bellaco, estero.
Estigarribia, Antonio de la Cruz: 128, 135, 161-168, 171-176, 179, 185, 189, 455, 498 n.208 y 216, 499 n.221 y 231, 502 n.257.
Europa: 361, 364, 407, 432.
Evariesto, vicecónsul español: 510 n.86.
Falcón, José: 502-503 n.263, 526 n.12.
Faria, Benedito de: 94.
Farroupilha, revolución: 25, 47, 162, 166.
Fazenda Laguna: 120.
federales (Argentina): 44, 50, 87, 217, 455.
Felipe Camarão, vapor: 123.
Fernandes Lima, coronel: 164-165.
Fernandes Vieira, vapor: 123.
Fernández, Francisco: 326-328.
Fernández, Juan José: 556 n.256.
Fernando VII, rey de España: 23.
Ferreira da Veiga: 47.
Ferreira Nery, Ana Justina: 180-181.
Ferreira Pérez, Saturnino: 508 n.58, 551 n.174.
Ferreira Vidigal, Armando Amorim: 494 n.154, 506 n.24, 556 n.256.
Ferreira, Joaquim Maurício: 180.
Fialho, Anfrísio: 377.
Figallo, Beatriz: 546 n.112.
Figaniere, Frederico Francisco de: 481 n.223.
Fish, Hamilton: 249.
Flores, Venancio: 42, 43, 45, 48, 50-52, 57, 59, 60, 61, 65, 69, 70, 129, 130, 148, 149, 153, 158, 171-174, 176, 182, 190, 196, 200, 203-205, 215-216, 218, 221-222, 224, 227-229, 233, 235-236, 238-239, 243, 279, 313, 441, 501 n.247, 502 n.258, 512 n.128, 514 n.159, 534 n.150.
Florisbela: 180-182.
Fonseca Costa, João de Sousa: 540 n.14.

Fonseca Galvão, José Antonio da: 115-117.
Fonseca, Hermes da: 368-369, 539 n.2.
Fonseca, Manoel Deodoro da: 397.
Fontana y Cía.: 39.
Forriel Jacob Dick: 537 n.200.
Fort, fragata: 561.
Fragoso, Arlindo Coelho: 537 n.203.
Franca: 115.
Francia, José Gaspar Rodríguez de (Dictador Perpetuo): 22, 23, 40, 452, 465-466 n.1, 480 n.219.
Francia: 42, 187, 245, 246.
Franco, Rafael: 17, 80.
Frank, Adolphe: 355.
Franzen, Jacob: 359, 537 n.200.
Freire Esteves, Gómes: 557 n.265.
Fuerzas en Operación al Sur del Mato Grosso: 116, 120.
Fuerzas en Operaciones en el Norte del Paraguay: 120.
Furtado, Francisco José: 66, 71, 168, 242.
Gabinete liberal: 41.
Gabinete Zacarías. Véase Góes e Vasconcellos, Zacarías de.
Gainza, Martín de: 507 n.49, 508 n.53, 520 n.240, 545 n.85, 550 n.157 y 158.
Galeano, mayor: 386.
Gálvez, Manuel: 553 n.213, 554 n.219 y 221.
Gallarrago, Ignacio: 532 n.123.
Gaona, Silvio: 122, 489 n.85, 532 n.117.
García Rodríguez França: 465 n.1.
García, M. R.: 556 n.254.
Garmendia, Francisca: 423.
Garmendia, José Ignacio: 193, 234, 350, 358, 471 n.78, 481 n.227, 491 n.124, 503 n.278, 505 n.13, 509 n.79, 513 n.139, 534 n.147, 535 n.158, 170, 171 y 173, 536 n.181 y 182, 537 n.192, 192, 195, 196 y 197, 555 n.244, 557 n.3.
Gastão de Orléans, Luis Filipe Fernando. Véase d'Eu, conde.

Gaudie Ley, Antonio: 101, 485 n.38.

Gauna, Teodoro: 127.

Gay, João Pedro: 167, 473 n.107, 475 n.142, 487 n.58, 488 n.65, 498 n.210, 213 y 216, 499 n.220, 224, 225, 227 y 229, 489-490 n.96, 500 n.238, 501 n.254, 502 n.257 y 262.

Gelly y Obes, Andrés: 404,.

Gelly y Obes, Juan Andrés: 67, 68, 179, 268, 285-286, 312-315, 336-341, 344, 352, 357-359, 364, 404, 495 n.170, 520 n.240, 528 n.53, 56 y 60, 533 n.138 y 141, 534 n.152, 538 n.211.

Genocídio americano: *a Guerra do Paraguay*: 17.

Gesualdo, Vicente: 555 n.244 y 245, 558 n.6.

Gibson, George: 142, 493 n.150.

Gill Aguinaga, Juan Bautista: 468 n.43, 495 n.169, 170 y 171, 495 n.170 y 171, 539 n.5, 545 n.80 y 82.

Gill, Juan Bautista: 446-447.

Gill, Pedro V.: 481 n.224, 484-485 n.28, 485 n.29, 492 n.140.

Giménez de Herken, María Isabel: 18, 82, 466 n.6 y 11, 467 n.15 y 16, 481 n.222, 515 n.173.

Gobineau, Arthur de: 542-543 n.40, 557 n.1 y 5.

Godoi, Juan Silvano: 78, 479 n.202, 480 n.210, 212, 213 y 215, 486-487 n.48, 531 n.112, 532 n.116.

Godoy, Julián N.: 143-144, 329-330, 469 n.54, 489 n.94, 490 n.100, 494 n.158 y 160, 531 n.115, 532 n.117 y 121, 535 n.167 y 178.

Godwin, ingeniero: 275.

Góes e Vasconcellos, Zacarías de: 47, 242, 253, 265, 321-322, 374, 381.

Goiás: 106, 112, 115, 120, 439.

Gomensoro, José Secundino de: 129.

Gomes de Moreira, Cipriano: 526 n.12.

Gómez, Idalécio: 550 n.164.

Gómez, Leandro: 70, 502 n.277.

Gonçalves Fraga, Genésio: 433.

Gonsalves de Magalhães, Domingos José (barón de Araguaia): 445, 461, 513 n.149, 556 n.255, 558 n.6.

Gontijo de Carvalho, Antonio: 475 n.133, 491 n.111.

González, Antonio E.: 506 n.33.

González, L.: 489-490 n.96.

Gonzalez, Mariano: 470 n.56.

Goulart Meira, Deyler: 509 n.83.

Gould, G. F.: 245, 249-251, 291, 457.

Gould, G. Z.: 517 n.190, 191, 192 y 194, 524 n.305, 529 n.79.

Goya: 133, 145-146.

Goyburú, Matías: 531 n.112.

Gran Bretaña: 17, 27, 28, 31, 42, 47, 49, 52-53, 62, 68, 81, 84, 87, 92, 150, 157, 187, 195, 230, 241, 245-247, 249, 251, 305, 454, 457, 479 n.195, 481 n.226.

Grant, Ulysses Simpson: 249.

Granziera, Rui Guilherme: 478 n.187.

Gregorio, Inocencio: 532 n.123.

guaicurú, tribu: 121. Véase también kadiweus.

Gualeguay, embarcación: 124-125, 201.

guaná, tribu: 98.

Guanabara, bahía de: 47.

Guardia Nacional, vapor: 145, 199.

Guastavino, Bernardo: 141.

Guerra Argentino-Brasileña (1825-1828): 24, 194, 243.

Guerra civil uruguaya: 24, 42, 45, 48, 51-53, 69, 87, 149.

Guerra con el Brasil. Véase Guerra Argentino-Brasileña.

Guerra de la Cisplatina. Véase Guerra Argentino-Brasileña.

Guerra de Marruecos: 381.

Guerra de Secesión (Estados Unidos): 81, 187, 216, 281, 456.

Guido, Tomás: 28.

Guillén, Joaquín: 499 n.231.

Guimarães Bastos, Arthur dos: 480 n.217.

Guimarães Filho, Francisco Pinheiro: 471 n.80, 508 n.73, 540 n.9, 554 n.224.
Gurjão, general: 346.
Hayes, Rutherford Birchard: 447.
Hemsing, Jº: 107.
Henrique Martins, cañonera: 200.
Herken Krauer, Juan Carlos: 18, 82, 466 n.6 y 11, 467 n.15 y 16, 481 n.222, 515 n.173, 557 n.1 y 5.
Hermes, João: 107.
Hermosa, Alejandro: 312, 475 n.146.
Herrera y Obes, Manuel: 51-52, 70.
Herrera, Juan José (de): 43, 49, 55-56, 470 n.68.
Herreras, Andrés: 93.
Herval, acorazado: 292.
Herval, marqués de. Véase Osório, Manuel Luis.
Hiraí: 539 n.3.
História do Exército Brasileiro: 439.
Historia secreta de la misión del ciudadano norteamericano Charles A. Washburn: 331.
Hitler, Adolf: 391, 433.
Hobsbawm, Eric J.: 467 n.15.
Homem de Mello, Francisco Ignacio: 547 n.119, 549 n.150.
Homem de Mello, Inácio Marcondes: 276.
Homem, Torres Salles: 322.
Homero: 375.
Hondo, arroyo: 418, 420.
Hopkins, Eduardo: 414-415.
Hornos, Manuel: 146, 192.
Horqueta: 333.
Horton Box, Pelham: 470 n.66, 472 n.83, 471 n.103, 512 n.132.
Hucuratí: 422.
Humaitá, fortaleza, ataque a: 37, 58, 63, 64, 73, 86, 96, 111, 123, 125, 127, 130, 134, 135, 138, 140, 142, 143, 150, 154, 155, 159, 163, 181, 187, 191, 197, 202-203, 205-206, 215-216, 218, 225, 240, 243-244, 248, 278, 283-290, 291, 294-295,

297, 299, 303, 304-311, 312-319, 322, 325, 326-327, 332, 335, 339-340, 369, 370, 372, 383, 424, 456-457, 460, 475 n.146, 495 n.174, 504 n.3, 523 n.282 y 291, 524 n.297, 530 n.90, 91 y 94, 533 n.133, 534 n.153.
Iberá, vapor: 140.
Ibicuí, fundición de: 278, 385, 395.
Ibicuí, río: 166.
Igatimí: 387, 423.
Iglesias: 322.
Iguaçu, embarcación: 236.
Iguapé: 518 n.209.
Iguatemi, cañonera: 138.
Iguatemí, río: 34.
Iguazú, río: 152, 156, 419.
Igurei, río: 152, 156, 443.
Igurei, vapor: 303, 312, 482 n.8.
Independencia del Paraguay (reconocimiento de la Confederación Argentina, 1852): 28.
Inglaterra. Véase Gran Bretaña.
Inhaúma, vizconde. Véase Maris e Barros, Ignacio, Joaquim José.
Insfrán de Martínez, Juliana: 318, 329.
Instituto Histórico y Geográfico Brasileño, revista del: 471 n.73.
Ipané, capilla de: 348-349.
Iparreguazú, río: 156.
Ipiranga, cañonera: 138.
Iporá, nave: 93, 97.
Irigoyen, Bernardo de: 446-447.
Isabel, embarcación: 213.
Isabel, princesa: 70, 381, 435, 459, 543 n.41.
Islapoí, isla de: 315, 317-318, 329.
Itá: 357.
Itaboraí, vizconde de. Véase Rodrigues Torres, Joaquim José.
Itacurubi del Rosario: 526 n.19.
Itá-Ivaté, batalla de: 358-359, 372, 391.
Itá-Ivaté: 352, 357, 363-364, 366.
Italia: 69, 512 n.135, 539 n.2.
Itapetininga: 518 n.209.
Itapirú, fuerte de: 191, 196-198, 200-

201, 203, 211, 219, 242, 269, 271, 276, 299.
Itapúa: 506 n.32.
Itaquá: 357.
Itaqui, saqueo de: 499 n.220.
Itaquí, villa de: 165, 167, 179.
Itaytí-Corá, batalla de: 220.
Itororó, arroyo: 345, 349-351, 353.
Itororó, batalla de: 345-349, 375, 458.
Iturburu, Fernando: 147, 404.
Izecksohn, Victor: 18, 518 n.206, 519 n.213, 520 n.233, 555 n.243.
Jaceguay, barón de. Véase Silveira da Motta, Arthur.
Jacobina, vapor: 97.
Jacuí, barón de. Véase Abreu, Francisco Pedro de.
Jaguarão: 60, 465 n.1, 536 n.185.
Jataí, arroyo: 171.
Jataí, batalla: 168, 172, 176.
Jequitinhonha, cañonera: 138, 141-142, 493 n.147.
Jequitinhonha, consejero: 156.
Joanicó, Cándido: 69.
Jornal do Commercio: 230, 248, 263, 287, 413, 470 n.60, 520 n.230, 539 n.2.
Jourdan, Emilio Carlos: 501 n.253, 523 n.291, 535 n.160.
Jovellanos, Bernardo: 75.
Jovellanos, Salvador: 444.
Juchem, Carlos: 107.
Junqueira, ministro: 253-254, 518 n.205.
Junta Patriótica Paraguaya: 552 n.187.
Juquerí, arroyo: 359, 397, 399.
kadiweus, tribu: 98.
Kelly, coronel: 171.
kinikinau, tribu: 98.
Kirkland, teniente: 539 n.2.
Kolinski, Charles J.: 513 n.138, 525 n.8.
Koseritz, Carlos von: 521 n.261, 521-522 n.261.
La Guerra del Paraguay: ¡gran negocio!: 17, 543 n.58.

La Nación Argentina: 69, 368.
La Nación: 287, 444, 470 n.60, 539 n.2.
La Paz (Bolivia): 153, 252-253.
La Regeneración (Asunción): 433.
La República (Buenos Aires): 291, 369, 417, 539 n.3.
La Tribuna: 69, 248, 444, 485 n.35, 556 n.253.
La Valette, marqués de: 542-543 n.40.
Lacerda, Francisco (Chico Diabo): 431, 432.
Lagraña, Manuel: 69, 125, 126, 477 n.170.
Laguna Brava, campamento: 174, 190.
Laiano, tribu: 98.
Lamare, Rodrigo Antônio de: 171.
Lamas, Andrés: 50, 51, 478 n.189.
Lambaré: 543 n.50.
Lápido, Octavio: 43-44, 470 n.68.
Lascano, Víctor: 550 n.164.
Lasserre, Dorothéa Duprat de: 420, 486-487 n.48, 551 n.176.
Laureles: 310.
Laurent-Cochelet: 144-145, 190, 239-240, 245, 485 n.34, 494.
Lavanière, Wanderley: 522 n.277 y 279.
Lavradio, conde de: 245.
Legión Paraguaya: 147, 298-300, 382, 404, 406, 409-410, 412, 495 n.170.
Leite Azevedo, Leonardo de Sousa (barón de Sousa): 103-104, 486 n.45 y 47.
Leite Falcão, Francisco da Costa: 101, 485 n.38.
Leite Pereira, José María, esposa de: 419.
Leite Pereira, José María: 101-104, 329, 485 n.38, 486 n.41, 42, 43, 44 y 47, 486-487 n.48.
Lemos Britto, J. G. de: 360-361, 476 n.153, 532 n.122, 537 n.201, 202 y 203.
León XII [Aníbal de la Genga]: 23.
Leopoldo I, rey de Bélgica: 179.
Lépido: 473 n.114.
Lettsom, ministro británico: 478 n.182.

Leverger, Augusto: 474-475 n.131.
Lezcano, Pedro: 38.
Lezica & Lanús: 349, 378.
liberales mitristas. Véase mitrismo.
Libertad, vapor: 199.
Liga Progresista (Brasil): 41, 322.
Lima (Perú): 251-252.
Lima Barros, acorazado: 195, 292, 311-312.
Lima e Silva, Luis Alves de. Véase Caxias, duque de.
Lima e Silva, Luis Manuel de: 276.
Lima, Targino José de: 356.
Limpo de Abreu, Antônio Paulino (vizconde de Abaeté): 28.
Línea Negra: 272-274.
Lisboa, Marques de: 30. Véase también Tamandaré, almirante.
Liverpool: 195.
Lobo, Hélio: 471 n.73 y 79, 472 n.86 y 90.
Loizaga, Carlos: 405, 411-412, 414, 417, 551 n.166.
Lomas Valentinas, batalla de: 297, 349-350, 367-368, 458.
Lomas Valentinas: 76, 330, 345, 352, 360-361, 364, 366, 458, 520 n.229, 536 n.185 y 186, 537 n.193.
Londres: 195, 374.
Lópes Leite Pereira, Francisca: 104.
Lópes Neto, consejero: 252.
Lópes, José Francisco: 120, 121.
López Jordán, Ricardo: 137, 445.
López, Ángel Benigno: 37, 38, 326-328, 330, 332.
López, Carlos Antonio: 23, 24-25, 27, 28, 30, 32-35, 37, 40, 58, 86, 149, 334, 415, 443, 452, 483 n.15.
López, Enrique Venancio Solano: 37, 77-80, 93, 326-328, 332, 422, 423, 433, 479 n.204, 482 n.230, 482 n.9, 483 n.10, 485 n.33, 503 n.266, 531 n.105.
López, familia: 28, 37, 334.
López, Francisco Solano (cl gran Mariscal, el tirano, el monstruo): 16-18, 21, 27, 32, 34-39, 40, 42, 43, 44, 46, 48, 52-59, 61, 63-67, 71-74, 74-90, 91, 93, 99, 101, 103, 112, 120, 123, 124-125, 127-130, 134, 137-138, 140, 143-148, 149-150, 153, 154-155, 159-161, 164, 165, 167-168, 172, 175, 179, 182, 187-190, 193-197, 199-203, 207-210, 214, 216-217, 219-220, 226-227, 229, 231-233, 237-239, 241, 245-248, 250-252, 260, 262, 267, 272, 273-274, 277-280, 283, 286-287, 289, 293, 297, 301, 303, 304-307, 310-313, 315, 323, 324, 325, 327-334, 336, 338-341, 342, 344-345, 349-350, 352, 357-366, 367-449, 452-453-460, 469 n.52, 469-470 n.54, 471 n.73, 74, 75 y 76, 473 n.104, 474 n.128, 475 n.137, 141 y 146, 476 n.155, 157 y 161, 478 n.192, 483 n.15, 486 n.46 y 48, 488 n.66, 489 n.89 y 94, 490 n.102, 103 y 105, 492 n.125 y 135, 493 n.149, 494 n.156, 159, 164 y 165, 495 n.166 y 168, 496 n.176, 498 n.209, 498-499 n.216, 499 n.218, 221 y 231, 500 n.232 y 233, 501 n.248, 249 y 251, 512 n.131, 514 n.164, 516 n.182, 517 n.196 y 199, 526 n.12, 14 y 19, 527 n.24 y 25, 528 n.54, 531 n.105, 537 n.193, 538 n.207, 553 n.214.
López, Inocencia: 332, 422-423, 433.
López, Juan Francisco (Panchito): 37, 429, 432.
López, Leopoldo: 35, 127.
López, Rafaela: 332, 422-423, 433.
López, Venancio. Véase López, Enrique Venancio.
Los Debates: 448, 557 n.266.
Luis Felipe I de Orleans, rey: 381.
Luján, Elías: 333.
Luque, Manuel de: 102.
Luque: 326, 368, 379, 382-383, 385.
Lustosa da Cunha, João (marqués de Paranaguá): 242, 254, 267, 286, 371, 514 n.155.

Lustosa Paranaguá, João. Véase Lustosa da Cunha.

Lynch, Elisa Alicia: 27, 76-78, 80, 84, 127, 235, 359, 364, 393, 432-433, 479 n.204.

Lyra, Heitor: 530 n.94, 540 n.7, 541 n.15 y 20, 543 n.41, 553 n.204.

Llamas: 52.

macacos: 261.

Macedo: 553 n.202.

Maciel, Andrés: 502 n.260.

MacMahon, Martín T.: 76, 248, 333, 344, 361, 362, 364, 368, 537 n.206.

Machado Bittencourt, Jacinto: 271, 351, 370.

Machado de Assis, Joaquim Maria: 15, 110, 488 n.63.

Machado, Carlos: 469 n.46, 478 n.180.

Machado, coronel: 347.

Machado, Dionisio: 526 n.12.

Machaín, Facundo: 412, 447.

Machaín, Serapio: 404, 495 n.169, 550 n.162.

Magalhães Júnior, Raimundo: 530 n.84.

Magalhães Taques, canciller: 468 n.35, 37, 40 y 42.

Magalhães, J. B.: 276, 288, 396, 506 n.34, 507 n.39, 522 n.263 y 269, 523 n.284, 285, 292 y 295, 535 n.164, 543 n.48 y 49, 545 n.91 y 93.

Magalhães, Joaquim José de: 339.

Maia, Jorge: 433, 554 n.221.

Maíz, Fidel: 38, 327-328, 330-331, 400, 469 n.45, 47, 51 y 52, 476 n.152, 502-503 n.263, 531 n.104 y 109, 532 n.117.

Majé, embarcación: 309.

maletero de la Corte Real: 419.

Mallet, Emilio Luis: 208-210, 393.

Manchester, Alan K.: 471 n.77.

Manduviné: 552 n.199.

Manduvirá: 420.

Maracaju, vizconde de: 346, 362, 366, 535 n.160 y 176, 538 n.208.

Maracaju-Amambaí, sierra de: 98, 152, 429.

Marañón (provincia brasileña): 439.

Marcó Mongelós, Hilario: 209-210, 421, 422.

Marco, Miguel Ángel De: 481 n.227, 491 n.113 y 118, 492 n.136 y 137, 503 n.272, 513 n.141 y 142, 521 n.252, 544 n.72.

Marcha de los Voluntarios: 258.

Marecos, Patricio: 392.

Maris e Barros, barco: 292.

Maris e Barros, Joaquim José Ignacio (vizconde de Inhaúma): 197, 242-244, 267, 288-291, 295, 306, 307-308, 311-312, 338-339, 373, 376, 460, 523 n.296, 524 n.307.

Maris e Barros, teniente: 197.

Mármol, José: 49, 74, 152, 154, 157, 238, 472 n.87 y 89, 479 n.194, 497 n.192, 501 n.240, 514 n.156.

Mármol, potrero de: 357-358, 361, 363.

Marquês de Olinda, navío: 61-64, 72, 97, 104, 105, 124, 139, 142, 178, 253, 360, 476 n.153, 482 n.8, 493 n.150 y 151, 493-494 n.151, 532 n.122, 537 n.203.

Martín García, isla de: 43, 56, 59, 289.

Martínez, coronel: 317-318.

Martínez, José: 189-190, 504 n.4, 528 n.54.

Martínez, Ulises: 251.

Martins, Bento: 166-167.

Martins, Francisco: 432.

Martins, Helio Leoncio: 488 n.65 y 67, 503 n.281.

Masi, Fernando: 470 n.57.

Masterman, Jorge Federico: 248, 310, 331, 344, 527 n.44, 532 n.119.

Mateus: 254.

Mathew: 245, 517 n.194, 524 n.305.

Mato Grosso: 16, 21, 24, 25, 26, 30, 33, 35, 59-60, 62, 64, 74, 78-79, 86, 89, 91-104, 104, 111-112, 113, 114-123, 131, 143, 148, 152, 155-156, 162, 190, 239, 257, 323, 382, 383, 389, 395, 400, 402, 429, 437, 439,

440, 444, 448, 451, 454, 457-458, 485 n.29, 493 n.149.

Mauá, barón de, ver Sousa, Irineu Evangelista de: 467 n.25, 501 n.256, 503 n.280.

Mauriti, comandante: 308-309.

Maury: 510 n.90, 512 n.134, 513 n.144, 517 n.188, 189 y 191, 533 n.137.

Mayer, Jorge M.: 491 n.115.

Mbotetey, provincia de (Paraguay): 100.

McLynn, F. J.: 480 n.221.

Mearim, cañonera: 138.

Medina, general uruguayo: 70.

Meduce, João Baptista: 79.

Meirelles, Theotonio: 509 n.81.

Melgaço: 99.

Melgarejo, Mariano: 252-253, 304-305, 517 n.199.

Melo, Custódio José de: 227.

Melo, João de Oliveira: 97.

Melo, villa de: 60.

Mello, A. J. de: 412.

Memórias: 119.

Mendonça, Estevam: 482 n.6.

Mendonça, Renato: 505 n.22, 506 n.24, 515 n.174.

Mendoza (provincia argentina): 267.

Menna Barreto, João de Deus Noroña: 473 n.107, 536 n.185.

Menna Barreto, João Manuel: 163-164, 221, 298, 349, 360.

Menna Barreto, José Luis: 60, 349, 353, 370-372, 388, 390, 392, 396, 536 n.185, 540 n.12.

Mercedes, villa de: 145, 179, 182, 190.

Mesa, coronel: 334.

Meza, Pedro Ignacio: 139-140, 142-143, 144.

Meza, Vicente: 495-496 n.174.

Miceli, Paulo: 18, 554 n.231.

Minas Gerais: 106, 112, 439.

Miranda, colonia militar: 98, 119.

Miranda, río: 35.

Miranda, villa de: 35, 60, 93, 100, 111, 116-117.

Miranda: 485 n.29.

Misión Loureiro: 48.

Misiones: 31, 123, 130, 132, 152, 155, 162, 216, 447, 506 n.32.

Miskowsky, Luis: 514 n.161 y 162.

Mitre, Bartolomé: 11, 18, 34, 35, 36, 41, 42, 44, 46, 50, 53, 54, 56, 57, 59, 65, 67, 68, 74, 81, 87, 112, 127, 129, 130-136, 138, 146, 148, 152, 157-158, 171, 173-174, 176, 182, 192, 194, 196, 202-204, 211, 215-216, 217-222, 223, 225, 227, 227-239, 243-244, 250-251, 262, 265-268, 277, 279-280, 285-295, 297-298, 303, 304-307, 313, 337-338, 341, 401, 441-443, 445, 454-457, 460-461, 463-464, 470 n.60, 471 n.74, 75 y 76, 473 n.109, 477 n.165, 167, 169 y 170, 489-490 n.96, 490 n.109 y 110, 495 n.171, 497 n.192, 501 n.247, 502 n.257 y 259, 504 n.10, 505 n.16 y 19, 510 n.92, 93 y 99, 511 n.108 y 117, 512 n.127, 128, 129, 133 y 135, 513 n.148 y 150, 514 n.152, 154 y 156, 157 y 159, 515 n.172, 516 n.176, 517 n.190 y 192, 518 n.201, 520 n.237 y 238, 522 n.269, 523 n.290, 291, 292 y 293, 524 n.298 y 299, 526 n.23, 528 n.53, 56 y 60, 534 n.152, 538 n.211, 539 n.3, 540 n.11, 542 n.36.

Mitre, Emilio: 223-224, 233, 369, 371, 384, 388-389, 409-411, 414-416, 418, 421, 539 n.3, 540 n.11, 545 n.85 y 94, 545-546 n.94 y 111, 549 n.152, 550 n.157, 158, 160 y 161.

mitrismo (Partido de los Proveedores): 406, 442, 463.

Mogi-Mirim: 518 n.209.

Moisés: 302.

Molino Torres, Julián: 369.

Moniz Bandeira, Luiz Alberto: 466 n.8, 467 n.14, 18, 19, 22, 24 y 26, 468 n.30, 469 n.44, 470 n.58, 60 y 61, 471 n.79, 472 n.86, 478 n.180 y 181, 491 n.111, 496 n.183, 514 n.165, 516 n.176, 177 y 181, 517 n.187, 518 n.200.

Monteiro de Almeida, Mario: 479 n.197, 480 n.209 y 216.

Monteiro, Emídio de Azevedo: 212.

Monteiro, Vitorino J. C.: 222, 276, 418-419, 425, 430, 552 n.199.

Montenegro, J. Arthur: 486 n.48, 551 n.176.

Montevideo: 36, 41, 42, 43, 45, 49, 50, 54, 55, 60, 62, 65-66, 69-70, 71, 112, 176, 182, 248, 269, 370, 372-374, 376-377, 396, 439, 452, 455, 534 n.150, 539 n.3.

Moraes, Prudente de: 78, 183.

Morales, José María: 507 n.48, 508 n.71, 513 n.140.

Moreira Barros: 541 n.19.

Moreira Bento, Claudio: 234-235, 513 n.144.

Moreno, comandante (paraguayo): 348.

Morinigo, Higino: 17.

Moritz Schwarcz, Lilia: 531 n.97.

Mota Menezes, Alfredo da: 18.

Mota, Carlos Guilherme: 18, 480 n.220.

Mota, Oliveiro: 91.

Moura, coronel: 419-420.

Moustier, marqués de: 514 n.161.

Mozart, Wolfgang A.: 435.

Municipio Neutro (Corte): 439.

Muniz Barreto, Emilio: 505 n.19.

Muñiz, Ramón B.: 512 n.135.

Muñoz, Basilio: 60.

Murad: 508 n.65 y 66, 509 n.77.

Muratore, José: 199.

Muritiba, barón de. Véase Vieira Tosta, Manuel.

Museo Militar (Brasil): 435.

Nabuco, Joaquim: 73, 170, 242, 278, 322, 470 n.59, 471 n.78, 79 y 81, 472 n.97, 474 n.120, 478 n.191, 496 n.185, 497 n.190,194 y 195, 498 n.203 y 204, 500 n.235 y 239, 515 n.169, 518 n.205, 522 n.270, 523

n.296, 524 n.307, 529 n.81, 530 n.85, 88, 89 y 90, 531 n.96.

Napoleón III [Carlos Luis Napoleón Bonaparte]: 195.

Nápoles, Salvador Maria de: 277, 522 n.266.

Nemours, duque de: 515 n.171, 529 n.65, 540 n.16, 543 n.41, 553 n.207.

Neri, Carlos: 420, 551-552 n.180, 552 n.181.

Nery, Antonio: 180.

Nery, Felipe: 412.

New York Times: 248.

Nickson, Andrew: 479 n.201.

Niederauer, coronel: 347-348.

Niño, José M.: 523 n.292.

Nioaque, villa de: 60, 93, 98, 117, 121, 122.

Niteroi, vizconde de: 73, 478 n.190.

Noroeste (región de la Argentina): 268.

Noticias: 438.

Nueva Burdeos: 415.

Nueva York: 281.

Nunes, Mariano: 517-518 n.199.

Núñez, Romualdo: 475 n.146.

Ñaró, monte: 220.

O Cabrião: 278.

O Correio Mercantil: 68, 91, 258.

O'Leary, Juan Emiliano (El Reivindicador): 75, 80, 469 n.45 y 47, 545 n.82, 550 n.159.

Obella, potrero: 298.

Ocampo, Manuel: 505 n.19.

"Oficial polaco": 239-240. Véase también Luis Miskowsky.

Olascoaga, Manuel José: 266.

Olimar, río: 42.

Olinda, marqués de. Véase Araújo Lima, Pedro de.

Oliveira Braga: 541 n.19.

Oliveira Freitas, Carlos Vidal de: 482 n.231, 525 n.2, 527 n.34, 543 n.56.

Oliveira Neri, coronel: 271.

Oliveira Reis, Everaldo de: 543 n.52.

Oliveira Torres, João Camilo de: 497 n.194.

Oliveira, Carlos Augusto de: 60, 96-97, 117, 484 n.19.
Olivero, Pascual: 554 n.230.
Olsura y Hermosa: 551 n.180.
Onze de Junho, vapor: 173, 179, 197.
Opinião Liberal: 263.
Oribe, Manuel: 452.
Orleans, Luis Felipe Gastón de. Véase d'Eu, conde.
Oroño, Nicasio: 131.
Ortellado, Bernardo: 326.
Osório Filho, Fernando Luís: 491 n.111, 492 n.138, 516 n.179, 520 n.242, 521 n.254, 522 n.274, 528 n.58 y 59, 535 n.162 y 163, 536 n.185, 538 n.215, 541 n.23.
Osório, Felipe: 517-518 n.199.
Osório, Joaquim Luís: 491 n.111, 492 n.138, 516 n.179, 520 n.242, 521 n.254, 522 n.274, 528 n.58 y 59, 535 n.162, 163 y 164, 536 n.185, 538 n.215, 541 n.23 y 27.
Osório, Manuel Luis (vizconde de Herval): 60, 112, 114, 130, 138, 153, 163, 168-170, 173-174, 179, 182, 190, 192, 195-196, 198-201, 204, 208-209, 211, 213, 215-216, 218, 224, 233, 242, 254, 270, 276, 277, 280, 283, 285, 286, 312, 314, 315, 321, 339, 346-349, 353, 365, 370, 373-374, 381, 383, 388-390, 392-393, 395, 396, 428, 435, 459, 509 n.78.
Osoriol, Felipe: 252.
Ottoni, Teófilo: 374, 541 n.19.
Ouro Preto, vizconde de. Véase Assis Figueiredo, Afonso Celso de.
Ouro Preto: 115.
Pacto Federal (Argentina, 1831): 26.
Padilla, Juan: 304.
Pádua, Fleury: 557 n.261.
Paes Barreto, José Francisco: 474 n.116 y 126, 509 n.78.
Pais da Silva, Fidélis: 429, 553 n.210.
Paiva, coronel: 164.
Palacios, Manuel Antonio (obispo de Asunción): 39, 127, 326, 330, 419, 470 n.55, 486-487 n.48, 531 n.113.
Palmar: 289.
Palmas: 338-339, 341, 344-345, 352, 358.
Palleja, León de: 175, 224, 499 n.230, 501 n.245, 502 n.257 y 258.
Pan de Azúcar, isla de: 56.
Panadero: 423, 425.
Pará: 111, 306, 309, 439.
Paradiso, José: 557 n.262.
Paraguarí, navío: 142, 482 n.8.
Paraguarí: 326, 382, 385, 386, 388.
Paraguay, río: 26, 30, 31, 35, 56, 58, 62, 73, 82, 92-94, 96, 97, 100-101, 111, 116, 117, 130, 143, 149-150, 152, 154, 162, 182, 191, 192, 197-199, 202, 203, 205, 218, 225, 227, 235, 248, 252, 287-288, 292, 297-298, 303, 306, 309-310, 335, 340, 345, 379, 385, 414-415, 424, 429, 443, 447, 452, 456, 458, 460, 489 n.85, 521 n.260.
Paraguayo Independiente: 25.
Paraíba: 106, 439.
Paraná (ciudad argentina): 26, 31-32, 125, 270.
Paraná (provincia brasileña): 130, 439.
Paraná, río: 22, 26, 64, 82, 87, 111-112, 124, 128-129, 130, 133, 135, 138, 140, 152, 155, 162, 163, 167, 182, 184-185, 187, 191-194, 196-198, 200, 204, 216-218, 221, 248, 269, 299, 316, 424, 456, 460, 493-494 n.151, 506 n.32.
Paraná, vapor: 63, 551 n.178.
Paranaguá, marqués de: 487 n.51, 514 n.155, 520 n.235, 521 n.248, 523 n.286, 536 n.187, 540 n.8. Véase también Lustosa da Cunha, João.
Paranaguá: 514 n.154.
Paranaíba, cañonera: 138, 141.
Paranaíba, río: 115.
Paranhos Júnior, José Maria da Silva, barón de Rio Branco: 178, 283.
Paranhos, José María da Silva (barón

y vizconde de Rio Branco) (seudónimo: João Carlos de Souza Ferreira): 30-31, 32, 35, 49, 61, 66, 68-74,
102, 149, 152, 167, 169, 194, 308,
318, 321, 341, 353, 363, 365, 369,
371-372, 374, 376-379, 388, 393,
400, 401-414, 416-418, 425-426,
428, 443, 444, 446, 459, 467 n.20 y
28, 468 n.33 y 39, 472 n.88 y 94,
474 n.131,475 n.134, 477 n.163,
164, 165, 170 y 177, 478 n.178, 184,
185, 189 y 190, 482 n.4, 483 n.13,
485 n.29 y 35, 488 n.68, 495 n.169
y 170, 496 n.177, 498 n.211 y 215,
499 n.222, 224 y 225, 500 n.235 y
238, 501 n.241, 247, 252 y 255, 502
n.257, 261 y 262, 503 n.267, 268,
279 y 281, 504 n.7, 505 n.18, 506
n.27, 32, 34, 36 y 37, 507 n.44, 530
n.86 y 94, 531 n.95, 532 n.129, 534
n.149, 150, 151 y 152, 536 n.185,
538 n.209 y 216, 539 n.3, 540 n.8,
10 y 14, 542 n.29, 30 y 32, 544
n.76, 545 n.85, 546 n.113, 547
n.114, 115, 116, 128 y 129, 548
n.131, 132, 133, 134, 136, 140 y
141, 549 n.148, 151 y 152, 550
n.157, 158, 160, 161, 163 y 165, 551
n.168, 169 y 170, 552 n.199, 553
n.201, 202, 203, 204 y 206, 556
n.253, 558 n.7.
Pardo, Pedro A.: 557 n.260.
Pardo, río: 171.
Pare-Cué: 312, 336, 339, 528 n.59, 530
n.90 y 94, 533 n.134 y 135, 534
n.153.
París: 252, 338.
Parish, Frank: 467 n.26.
Parmentier, Augusto: 179, 503 n.270.
Partido Colorado (Paraguay): 80, 400.
Partido Conservador (Brasil): 26, 36,
47-48, 71, 111, 156, 236, 241, 243,
265, 321, 373, 375, 380, 401, 403-
404, 408, 442, 451, 454, 459, 461-
462.
Partido Liberal (Brasil): 36, 68, 71,

236, 243, 253, 322, 347, 373-375,
380, 408, 416, 454, 459, 463.
Partido Progresista (Brasil). Véase Liga
Progresista.
Paso de la Patria: 111, 130, 134, 148,
180, 182, 185, 187, 191, 193, 196,
197-199, 201-205, 216-219, 269,
276, 292, 311, 456, 496 n.176, 506
n.32, 513 n.146. Véase también Ita-
pirú.
Paso de los Libres: 165, 170-171, 179-
180, 500 n.246 y 247.
Paso Gómez: 229, 272.
Paso Negla: 553 n.214.
Paso Pucú: 208, 210, 250, 300, 312,
504 n.2, 517 n.192 y 194, 524 n.305,
526 n.12.
Passagem, barón da. Véase Carvalho,
Delfim de.
Passo do Imbá: 166.
Pastore, Carlos: 479 n.198, 480 n.208.
Pastore, Mario: 467 n.14.
Patagonia: 445.
Patiño-Cué: 423.
Paunero, Wenceslao: 132-135, 137,
146, 151, 171, 173-174, 200, 233,
381, 523 n.292, 542 n.38, 39 y 40,
547 n.118 y 129, 547-548 n.129,
548 n.130, 550 n.161.
Pavón, batalla de (1861): 34, 42.
Pavón, vapor: 199.
Paysandú, asedio y toma de: 57, 59, 60,
68, 70, 163, 490 n.105, 499 n.221.
Paz, Francisco: 234.
Paz, Marcos: 219, 230, 234, 268, 272,
304; 306, 502 n.257 y 259, 504 n.10,
505 n.19, 510 n.99, 511 n.117, 512
n.127, 512 n.128 y 132, 514 n.159,
523 n.290.
Pedra, capitán/coronel: 339, 392, 433.
Pedro II (Don Pedro, el gran macaco):
23, 46, 61, 67, 72-73, 154, 170, 173,
176, 178-179, 192, 237-238, 246,
256, 259, 263, 267, 271, 280, 291,
316, 318, 321-323, 325, 342, 354-
355, 362, 370, 373, 374, 381, 383,

415, 427-428, 432, 435, 440-441, 457-459, 463, 514 n.154 y 155, 515 n.174, 519 n.211, 524 n.306 y 308, 528 n.48, 530 n.94, 531 n.97, 540 n.7, 541 n.27, 543 n.41 y 42, 547 n.114, 549 n.148 y 150.

Pedrosa: 389, 546-547 n.94.

Peirano, Mauricio: 512 n.135.

Peixoto, Floriano: 78, 411.

Pelaes, Bernardo (el Mulato): 240.

Peláez, Carlos Manuel: 478 n.187, 555 n.242 y 556 n.251.

Pelotas, vizconde de. Véase Câmara, José Antônio Corrêa da.

Pellegrini, Carlos: 416, 550 n.164.

Penedo, barón de: 11, 195, 374, 518 n.204, 541 n.20.

Peña, Rafael: 101, 485 n.38.

Pepirí Guazú, río: 31.

Peregrino, Umberto: 465 n.2, 488 n.63.

Pereira Costa, Francisco Félix: 169, 347, 467-468 n.28, 468 n.39, 472 n.100, 474 n.127, 488 n.64, 490 n.107, 492 n.128, 499 n.223, 500 n.238, 501 n.242, 503 n.274 y 277, 509 n.81, 523 n.286, 525 n.4, 535 n.164 y 165, 537 n.194, 552 n.191, 555 n.240.

Pereira da Cunha: 242.

Pereira da Silva, Consejero J. M.: 472 n.85.

Pereira de Camargo, Fabiano José: 256.

Pereira Leal, Felipe José: 446, 495 n.169, 556 n.259.

Pereira, Astrogildo: 226.

Pereira, Gabriel Antonio: 70.

Pereira, José María Leite. Véase Leite Pereira, José.

Pereira, Manuel Luis: 356.

Peres Costa, Wilma: 501 n.245, 515 n.167, 529 n.82, 530 n.83.

Pérez, José Roque: 409-411.

Peribebuy, batalla de: 387, 388-393, 401, 418, 536 n.185, 545 n.81.

Peribcbuy: 369-370, 382, 384, 389, 537 n.206.

Pernambuco: 106, 110, 439.

Perú: 43, 158, 238, 246-247, 251-253, 445, 457.

Peterson, Harold F.: 516 n.178, 179 y 186.

Petrópolis: 523 n.292, 550 n.161.

Peuser, Jacobo: 481 n.227, 491 n.124, 508 n.64, 535 n.173, 555 n.244.

Piauí: 110, 264, 439.

Pikysiri, Campaña del: 535 n.173, 537 n.193.

Pilcomayo, río: 76, 78, 156, 406-407, 445-447, 461.

Pimenta Bueno, José Antonio (marqués de São Vicente): 24-25, 112, 156, 287.

Pinheiro Guimarães (Filho), Francisco: 471 n.80, 508 n.73, 540 n.9, 554 n.224.

Pinheiro Guimarães, Francisco: 269.

Pinho, Wanderley: 467 n.20 y n.27, 497 n.196 y 198, 498 n.199 y 200, 514 n.154, 514-515 n.165, 518 n.204, 530 n.86, 87, 88 y 94, 541 n.27, 542 n.30, 547 n.114 y 129, 548 n.132 y 133, 552 n.199, 553 n.204.

Pinto da Veiga, Pedro: 542 n.29, 552 n.199.

Piquirí, ruta de: 99.

Piquissirí, río: 335, 339, 345.

Piquissirí: 329, 335, 349, 352, 358.

Pirabebé, vapor: 551 n.178.

Piraí, campamento de: 60.

Pirajú, batalla de: 536 n.185.

Pirajú, río: 389, 545 n.94.

Pirajú: 357, 385, 386, 388-389, 545 n.94.

Piris, potrero y laguna: 205, 209, 211, 221, 272-273.

Plá, Josefina: 466 n.4, 467 n.14, 510 n.101.

Poí, estero: 339.

Polidoro da Fonseca, general. Véase Quintanilha Jordão.

Pomer, León: 17, 477 n.170.

Pompeu, senador: 253, 518 n.204 y 205.

Ponsonby, lord: 42.

Portinho, oficial: 428.

Porto Alegre, barón/conde/marqués de: 170, 173-174, 216-219, 225, 226, 227-229, 233-234, 236-237, 265, 267, 272, 285, 298, 300, 306, 312, 381, 392, 506 n.32, 510 n.93, 512 n.128.

Porto Alegre: 171.

Portocarrero, Hermenegildo: 58, 94, 96.

Portugal: 187, 241, 245, 264, 291, 305, 368.

Posadas: 163.

Potthast-Jutkeit, Barbara: 436-437, 526 n.18, 533 n.128, 537 n.196, 554 n.235.

Prado, Mariano Ignacio: 251-252.

Primera Guerra Mundial: 153.

Prince of Wales, navío: 47.

Príncipe Odone, vapor: 103.

Protocolo de Paz de Villa Unión: 69-70, 477 n.175.

Provincia Cisplatina. Véase Uruguay.

Provincias brasileñas, contribución de soldados: 439.

Punta Porá: 98, 429.

Puntas del Rosario, Conferencia de: 51-52.

Puntas del Rosario: 149.

Queiróz Duarte, Paulo de: 521 n.244, 525-526 n.10, 529 n.69, 535 n.172, 555 n.237 y 238.

Queiróz Guedes, Fausto de: 532 n.126.

Quesada, Ernesto: 447, 557 n.264.

Quicco, cónsul de Italia: 512 n.135.

Quintana, Manuel: 405.

Quintanilha Jordão, Polidoro Guimarães da Fonseca: 221, 222, 224-225, 227-229, 235-236-237, 239, 242, 267, 381, 382, 383, 385, 388, 513 n.148 y 150, 514 n.159, 552 n.199.

Quinteros, matanza de: 70.

Ramíres, Silvéria Maria: 300.

Ramírez, José: 490 n.110.

Ramos, R. Antonio: 466 n.2.

Rangel, Alberto Gastão de Orleans: 515 n.171, 541 n.16 y 22, 543 n.41, 544 n.76, 549 n.148 y 150, 553 n.202 y 207.

Ranger, vapor: 97.

Rapoport, Mario: 466 n.10.

Rawson, Guillermo: 193-194, 268, 505 n.16.

Rawson, Manuel: 213, 501 n.247, 509 n.78.

Raymond, Jean-François: 542-543 n.40.

Rebaudi, Arturo: 469 n.46.

Reber, Vera Blinn: 436, 554 n.234, 555 n.239.

Rebollo Paz, León: 492 n.132, 520 n.241.

Rebouças, André: 192, 476 n.154, 481 n.229, 505 n.11, 506 n.31, 508 n.70, 509 n.80.

Recalde, Dolores: 329.

Reclus: 504 n.5.

Regencia, período de. Véase Consejo de Regencia.

Reguera, Isidoro: 520 n.238.

Reinheimer, Jacob: 107.

Remijio Cabral, fragata: 492 n.143.

República Oriental. Véase Uruguay.

Resquín, Francisco Isidoro: 93, 98-99, 146, 182, 209-210, 230, 300-301, 312, 474 n.128, 475 n.137 y 141, 476 n.155, 488 n.66, 489 n.85, 490 n.102 y 106, 492 n.135, 494 n.164 y 165, 495 n.168, 498 n.209, 499 n.218, 501 n.249, 506 n.33, 508 n.69, 512 n.134, 526 n.12.

Retirada de la Laguna: 118-119, 121.

Revista Histórica: 557 n.2.

Revista Múltipla: 556 n.257, 557 n.2.

Revolución *Farroupilha*. Véase *Farroupilha*.

Revolución liberal (1842): 374.

Riachuelo, arroyo del: 129, 133, 135, 141, 146.

Riachuelo, batalla naval de: 135, 136,

140-145, 147, 167, 168, 185, 195-196, 199, 243-244, 455, 460, 482 n.8, 493 n.147 y 148.
Ribeiro de Almeida, Severino: 256.
Ribeiro, Antônio João: 98.
Richmond, fortificaciones de: 216.
Riega, Victoriano de la: 479 n.204.
Rincón de Lagraña: 140-141.
Rincón de Soto: 145.
Rio Apa, navío: 97, 482 n.8, 551 n.178.
Rio Branco, barón de. Véase Paranhos, José Maria da Silva.
Rio Branco, navío: 482 n.8.
Rio de Janeiro, acorazado: 227.
Río de Janeiro, provincia de: 439.
Río de Janeiro: 15, 21, 24, 26, 31, 32, 35, 44-45, 47, 48, 55, 60, 62, 67-68, 70-71, 79, 100, 101, 106, 111, 117, 123, 154, 157-158, 160, 163, 170, 176, 178, 179, 192, 195-196, 237-238, 241-242, 246, 248, 251, 252-253, 258-259, 263, 267, 268, 276-277, 279, 286, 291, 294, 311-313, 320-321, 336, 338, 353, 373, 376, 378-382, 400, 404, 410, 413, 426, 428, 435, 445-446, 448, 451-454, 464, 514 n.154, 521 n.248, 547 n.114.
Río de la Plata: 26, 143, 159, 312.
Rio Grande do Norte, embarcación: 306-307.
Rio Grande do Norte: 106, 322, 439.
Rio Grande do Sul: 25, 42, 47, 53, 58, 60, 64, 65, 69, 74, 91, 99, 111, 112, 123, 128, 130, 131, 133, 135, 146, 161-185, 216, 242, 254, 270, 276, 277, 299, 353, 439, 440, 444, 451, 454-456, 459, 500 n.238, 506 n.32, 521-522 n.261, 540 n.12.
Rio Grande, navío: 310, 313.
Rio Grande: 171, 179, 396, 551 n.176.
Rivarola, Cirilo Antonio: 411-412, 417.
Rivarola, Manuel: 469 n.52.
Rivarola, Milda: 485 n.34, 494 n.161, 504 n.5, 514 n.161, 515 n.174, 521 n.259, 545 n.87.
Rivas, general: 313, 317, 358.

Rivera, Cuartel/prisión de la: 101.
Riveros, Carlos: 38, 421.
Robles, Ezequiel: 142, 147.
Robles, Wenceslao: 125, 127-129, 132-135, 142-143, 146-148, 168, 172, 185, 455, 489 n.94, 492 n.125, 493 n.150, 493-494 n.151, 494 n.156, 495 n.166, 495 n.174, 496 n.175 y 176.
Roca, Julio Argentino: 512 n.135.
Rock, David: 556 n.247.
Rocha, Dardo: 557 n.260.
Rodrigues da Silva, José Luis: 180, 369, 503 n.273, 509 n.82 y 84, 511 n.116, 539 n.3.
Rodrigues Torres, Joaquim José (vizconde de Itaboraí): 322, 325, 530 n.94.
Rodríguez Alcalá, Guido: 18, 433-434.
Rodríguez Larreta: 328.
Rodríguez, Adolfo: 405-406, 547 n.121.
Rodríguez, José María: 189, 504 n.3.
Rohan, Beaurepaire: 111.
Rojas (provincia de Buenos Aires): 176.
Rojas, estero: 202, 205-208, 215, 220, 277, 285, 312.
Rojas, señor: 334, 335.
Roma: 417.
Rosa, José María: 147, 228, 235, 326, 492 n.132, 512 n.127, 513 n.137 y 144, 514 n.158, 531 n.108, 556 n.254.
Rosario, villa de (Paraguay): 384, 427.
Rosario: 552 n.199, 553 n.206.
Rosas, Juan Manuel de: 23, 24, 26, 31, 41, 58, 130, 241, 268, 451-452.
Rottjer, Enrique I.: 491 n.112 y 119, 492 n.132, 503 n.277, 507 n.38 y 46, 508 n.62, 510 n.91 y 97, 523 n.291, 524 n.301.
Ruiz Moreno, Isidoro J.: 512 n.135.
Russel, Earl: 472 n.91, 98, 99 y 101, 475 n.138, 478 n.182, 479 n.193, 496 n.186.

Sá e Albuquerque, canciller: 280, 468 n.34.

Sáa, Juan: 251.

Sagastume, Vázquez: 471 n.73, 476 n.156.

Saguier, Fernando: 176.

Saladillo, río: 420.

Salcedo, Roque: 501 n.250.

Salta: 132.

Salto del Guairá, navío: 482 n.8, 483 n.16, 493 n.149, 551 n.178.

Salto, caída de: 490 n.105.

Salto, villa de: 57, 60.

Salum-Flecha, Antonio: 547 n.126, 549 n.145.

Salvador: 110.

Salvaniaach, Justiniano de: 168, 499 n.221, 500 n.234.

Salles, Ricardo: 18, 519 n.225, 520 n.227.

Salles, Roberto: 261.

Sambuccetti, Susana I. Ratto de: 467 n.25.

Sampaio: 170.

San Antonio, río: 31.

San Antonio: 345, 347, 349.

San Cosme: 190.

San Estanislao: 422.

San Fernando (Paraguay): 312, 318, 325, 327, 329, 333, 335, 422, 531 n.113.

San Isidro (Curuguatí): 422.

San Joaquín, cordillera y villa de: 422-423, 425.

San Juan (provincia argentina): 268.

San Lorenzo, río: 97, 99.

San Luis (provincia argentina): 251, 268.

San Martín, regimiento argentino de caballería: 205, 382, 419-420.

San Miguel: 167.

San Pablo: 26, 106, 112, 114, 117, 131, 254, 256, 258, 259, 311, 373, 439, 465 n.1, 541 n.16 y 19.

San Pedro, villa de: 101, 384, 386, 425.

San Roque: 127, 135-136.

San Solano, estancia: 287, 298, 312.

Sanabria, Lauvano: 483 n.13.

Sánchez, Francisco: 76, 326, 433, 468 n.41, 510 n.100.

Sanguigni, monseñor: 522 n.266.

Santa Ana (Rio Grande do Sul): 107.

Santa Catalina, barrancas de: 140-141.

Santa Catarina: 106, 111, 176, 348, 439, 448.

Santa Cruz de la Sierra: 101.

Santa Fe: 26, 442.

Santa Lucía, río: 134-135.

Santa María, embarcación: 171.

Santa María: 520 n.238.

Santa Rita: 115.

Santana do Parnaíba: 115.

Santo Tomé: 135, 162, 163, 169.

Santos Azevedo, Carlos Frederico dos: 549 n.153.

Santos Barbosa, Amaro José dos: 58, 63-64, 473 n.105, 474 n.116 y 126, 475 n.147, 476 n.148 y 151, 476 n.150.

Santos Barbosa, Manuel dos: 64.

Santos, Elisário Antonio dos: 376, 386, 388.

Santos: 518 n.209.

São Borja: 64, 111, 162, 163-165, 167, 179, 498 n.210, 540 n.12.

São Gabriel: 171.

São José do Rio Preto: 254.

São Leopoldo: 107.

São Paulo. Véase San Pablo.

São Sebastião: 254.

São Vicente, marqués de. Véase Pimenta Bueno, José Antônio.

Sapucai: 388.

Sará, puerto: 97.

Saraco, Miguel Arcângelo: 120.

Saraiva, José Antonio: 48-55, 66, 149, 154, 159, 194, 471 n73, 472 n.86, 89 y 97, 473 n.113, 473-474 n.114, 491 n.115, 494 n.164, 496 n.179, 497 n.193, 196 y 198, 498 n.202, 500 n.236, 501 n.244, 505 n.17.

Sarmiento, Domingo Faustino: 234,

338, 344, 369, 393, 401-403, 406-407, 417, 442-445, 454, 461, 463, 516 n.176, 518 n.201, 542 n.38, 39 y 40, 546 n.111, 547 n.118 y 129, 556 n.254.

Sarmiento, Domingo Fidel (Dominguito): 234.

Sauce, arroyo, potrero y monte de: 166, 208-209, 221, 285.

Sauce, batalla de: 222-224.

Sauce, trinchera de: 222-223, 273-274.

Sauce: 205.

Saunders, John Harvey: 473 n.105, 474 n.129, 516 n.178, 180 y 183, 516-517 n.186.

Saxe, duque de. Véase Coburgo-Gotha, Luís Augusto Maria Eudes de Saxe.

Scavarda, Levy: 523 n.282.

Scavone Yegros, Ricardo: 466 n.5, 497 n.190.

Scenna, Miguel Ángel: 470 n.63, 514 n.158, 556 n.255.

Scully, William: 320.

Schauman, Carlos: 489 n.95.

Schmidt, João Jacob: 107.

Schneider, Louis: 472 n.94, 473 n.113, 474 n.131, 477 n.165, 482 n.4, 483 n.13, 485 n.29 y 35, 488 n.68, 498 n.211 y 215, 499 n.220, 222, 224 y 225, 500 n.235 y 238, 501 n.241, 247, 252 y 255, 502 n.257, 261 y 262, 503 n.267, 268, 279 y 281, 504 n.7, 506 n.27, 32, 34, 36 y 37, 507 n.44.

Schulz, John: 523 n.287, 540 n.8, 541 n.25.

"Sebastopol": 316.

Seeber, Francisco: 180, 509-510 n.85, 512 n.131.

Semana Illustrada: 109.

Sena Madureira, Antonio de: 538 n.217.

Senna Bittencourt, Armando de: 11, 492 n.145.

Senna Madureira: 366.

Sergipe: 439.

Serpa, Phocion: 498 n.201.

Serrano, mayor: 328.

Seward: 473 n.105, 474 n.129, 516 n.178 y 183, 537 n.206.

Sidra, paso de: 205.

Siete años de aventuras en el Paraguay: 331.

Siete Caídas: 443.

Silioni, Rolando Segundo: 467 n.23, 470 n.62.

Silva Ferraz, Àngelo Muniz (barón de Uruguayana): 91, 170-171, 242, 482 n.2.

Silva Pimentel: 213.

Silva Tavares, coronel: 432.

Silva, João Manoel da: 270.

Silva, Pedro Antonio: 484 n.25.

Silvado, acorazado: 292, 303.

Silvado, teniente: 227.

Silveira da Motta, Arthur (barón de Jaceguay): 234, 236, 242-243, 253, 292, 307-308, 346-347, 372, 416, 482 n.231, 494 n.152, 497 n.189 y 191, 502-503 n.263, 505 n.21, 506 n.23, 511 n.122 y 125, 512 n.136, 513 n.143, 147 y 149, 515 n.168, 170 y 172, 523 n.285 y 291, 525 n.310, 311, 312 y 313, 525 n.2 y 8, 526 n.20, 21 y 22, 527 n.29, 30, 31, 32, 33, 34, 35, 39, 41, 43 y 45, 528 n.50, 535 n.164, 539 n.3, 540 n.9, 542 n.29 y 33, 543 n.56, 547 n.126, 548 n.134, 549 n.150, 550 n.163, 552 n.199.

Silveira da Motta, Francisco Ignacio: 369, 408, 502-503 n.263, 518 n.204.

Silveira Lobo, ministro/senador: 143, 408, 548 n.134.

Silvero, Ramón: 189-190.

Silvero, Víctor: 127, 182.

Simón G., José Luís: 474 n.118.

Soares d'Andrea, Álvaro G. de Sousa: 529 n.67.

Soares de Souza, Paulino José (vizconde de Uruguay): 30, 451.

Sobre el plan de operaciones: 287.

Sodré, Alcindo: 505 n.18, 515 n.174,

519 n.211, 524 n.306 y 308, 528
n.48, 555 n.240 y 241.
Soler, Adolfo: 124, 489 n.92.
Sosa, coronel: 429.
Sosa, Jaime: 446.
Sousa Júnior, Antônio de: 169, 482
n.6, 500 n.238, 508 n.70, 523 n.295
y 296, 534 n.146, 537 n.196, 543
n.51, 546 n.103, 555 n.239.
Sousa Leite Azevedo, Leonardo de
(barón de Sousa): 473 n.106. Véase
también Leite Azevedo.
Souza Ferreira, João Carlos de (seudó-
nimo): 477 n.177. Véase Paranhos,
José Maria da Silva.
Souza Gonzaga, João Marcelino de:
168.
Souza Machado, Miguel Joaquim de:
68, 550 n.158.
Souza Neto, Antonio de: 47, 48, 60.
Souza, Guilherme Xavier de: 353, 370,
372, 377-379, 404.
Souza, Irineu Evangelista de (barón de
Mauá): 31, 61, 150, 372, 529 n.67.
Souza, Lécio G. De: 483-484 n.17.
Stanislawczuk de Moura, Affonso
Henrique: 487 n.52, 504 n.1, 513
n.149.
Stanley, lord: 529 n.79, 532 n.123.
Stein Campos, Vinicio: 519 n.212.
Stewart, William: 27, 76, 251.
Stieher, Otto: 299, 525 n.6, 8 y 9.
Stroessner, Alfredo: 17, 80, 82.
Stuart, George: 493 n.146, 507 n.45,
517 n.195, 532 n.123, 536 n.183,
553 n.209.
Surubí-hi: 270, 339, 531 n.95, 533
n.138 y 141, 534 n.150, 151 y 152.
Suzigan, Wilson: 478 n.187, 555 n.242,
556 n.251.
Tacuaral: 385.
Tacuarí, navío: 58, 62, 139, 142, 303,
312, 482 n.8.
Tacurú, río: 42.
Tahí, río: 202, 307, 309, 310-311.
Tahí: 191, 287, 298, 312-313.

Talavera, Natalicio: 240, 510 n.86.
Tamandaré, almirante [Joaquim Marques Lisboa]: 49, 58, 59, 60, 69-73,
81, 102, 130, 145, 153, 158, 173,
174, 182-183, 188, 192-197, 199,
201, 211, 215, 218-219, 225-226,
227-229, 232-234, 236-237, 242-243,
244, 265, 267, 306, 460, 474 n.124,
512 n.128, 515 n.171 y 172.
Tamandaré, embarcación: 195, 197,
292-293, 309.
Taquary, embarcación: 552 n.199.
Tasso Fragoso, Augusto: 169, 216, 220,
226, 288, 303, 306, 361, 439, 472
n.102 y 108, 474 n.125 y 131, 483
n.12, 491 n.112, 121 y 124, 492
n.126, 494 n.162 y 163, 500 n.238,
501 n.255, 504 n.8, 505 n.20, 506
n.25, 26, 30, 32 y 35, 507 n.38, 43 y
49, 508 n.55, 56, 59 y 62, 509 n.77,
510 n.88, 89, 91, 93, 94, 95, 96, 97 y
98, 511 n.105, 109, 112, 114, 117,
118, 119, 121, 122 y 126, 512 n.131,
513 n.137 y 144, 513 n.151, 514
n.158, 515 n.169 y 171, 520 n.234,
235 y 236, 521 n.243, 522 n.264,
275, 276, 278 y 280, 523 n.291, 293
y 294, 525 n.1, 3, 5 y 10, 526 n.20,
526-527 n.23, 527 n.28 y 37, 528
n.49, 52, 57, 58 y 61, 529 n.63, 69,
70, 71, 73 y 76, 533 n.131, 132, 140,
142 y 143, 534 n.144, 145 y 152, 535
n.159, 160, y 172, 536 n.182, 537
n.196 y 205, 538 n.208, 210, 212,
538 n.1, 541 n.24 y 27, 543 n.45,
544 n.62, 64, 65, 66, 68, 71 y 75,
545 n.86, 546 n.95, 96, 97, 98, 99 y
103, 551 n.171 y 179, 551-552
n.180, 552 n.181, 553 n.206, 210,
211 y 212, 554 n.215 y 220, 555
n.236, 239 y 242, 558 n.6.
Taunay, vizconde de [Alfredo d'Escragnolle Taunay]: 113, 114, 119, 368,
372, 377, 382-383, 387, 391, 393,
397-398, 426, 429, 484 n.23 y 24,
488 n.69, 71,72, 73, 74, 75, 76 y 77,

489 n.78, 79, 80, 81, 82, 83 y 84, 518 n.203 y 207, 532 n.124, 535 n.166, 539 n.2, 539 n.3, 540 n.13, 541 n.17 y 18, 542 n.30 y 35, 543 n.43, 46, 47, 51 y 53, 544 n.59, 61, 63, 65, 67, 70, 75 y 77, 545 n.84, 88 y 92, 546 n.101, 103, 106 y 109, 551 n.175 y 176, 552 n.184, 185, 192, 194 y 196, 553 n.200 y 210, 554 n.220 y 226.

Taylor, ingeniero inglés: 531 n.114.

Tebicuarí, río: 191, 218, 278, 303, 312, 325, 332, 336, 338, 534 n.149.

Teixeira de Freitas, vapor: 271.

Teixeira Soares, José Álvaro: 517 n.197, 518 n.200.

Tejedor, Carlos: 443, 446.

Terena, tribu: 98, 121.

Teresa Cristina, emperatriz de Brasil: 373, 435.

The Standard: 333, 532 n.123.

Thompson, Edward: 246, 251, 331, 344.

Thompson, George: 27, 96, 99, 176, 189, 201, 212-213, 220-221, 226, 235, 240, 299, 333, 358, 483 n.13 y 15, 484 n.20, 484-485 n.28, 485 n.32, 35 y 36, 489 n.90, 490 n.101, 498 n.207, 503 n.282, 504 n.7 y 8, 505 n.14, 506 n.25, 509 n.76 y 78, 511 n.104, 105, 106, 107, 120, 122 y 124, 512 n.131, 513 n.144, 145, 517 n.195, 521 n.255 y 260, 522 n.267 y 268, 523 n.296, 525 n.5, 526 n.11, 12 y 22, 527 n.25, 531 n.111, 532 n.119, 120 y 123, 534 n.153 y 154, 536 n.182, 538 n.217.

Thornton, Edward J.: 17, 50, 51-53, 73, 83, 84-85, 152, 178, 245,472 n.91, 98 y 101, 473-474 n.114, 479 n.193, 481 n.226, 496 n.186, 507 n.38, 40, 41 y 42, 514 n.165.

Tijuca: 373, 541 n.23.

Timbó, río: 303, 309.

Timbó: 191, 307, 311-312, 315.

Tinoco, Brígido: 475 n.134, 530 n.91, 533 n.133.

Tito, teniente de la Guardia Nacional: 424.

Tjarks, Germán O.: 67-68, 477 n.168, 557 n.2.

Tobatí: 389.

Toledo, Felipe: 495 n.174.

Toledo, sublevación de: 137-138.

Toral, André Amaral de: 18, 261-262, 519 n.223, 224 y 226.

Tororó. Véase Itororó, batalla de.

Torrens, doctor: 207.

Torrent, Juan E.: 237, 518 n.200, 519 n.217, 520 n.231 y 240.

Torres, María: 430.

Tratado de Alianza, Comercio, Navegación, Extradición y Límites (Paraguay-Brasil, 1844): 25.

Tratado de Amistad, Comercio y Navegación (Confederación Argentina-Imperio del Brasil, 1856): 28.

Tratado de Amistad, Comercio y Navegación (Paraguay-Confederación Argentina, 1856): 28.

Tratado de Amistad, Comercio y Navegación (Paraguay-Corrientes, 1841): 24.

Tratado de Badajoz (1801): 30.

Tratado de Comercio y Navegación (Uruguay-Brasil, 12 de octubre de 1851): 42, 70-71.

Tratado de la Triple Alianza (1º de mayo de 1865): 130, 149-154, 154-161, 195, 215, 229-230, 232, 237-238, 251-252, 280, 289-290, 316, 323, 325, 337, 362, 368, 402, 404-407, 414-418, 442-443, 454, 461-462, 481 n.223, 496 n.180, 530 n.94.

Tratado de Libre Navegación (Paraguay-Imperio del Brasil, 1856): 30.

Tratado de Límites (Argentina-Paraguay, 1852): 28.

Tratado de Límites (Confederación Argentina-Imperio del Brasil, 1857): 31, 33, 67.

Tratado de Límites (Paraguay-Corrientes, 1841): 24.

Tratado de Límites, Comercio y Navegación (Brasil-Bolivia, 1867): 252-253.

Tratado de Límites, región de Misiones: 28.

Tratado de Paz (Argentina-Paraguay, 1875). Véase Tratado Sosa-Tejedor.

Tratado de Paz, Límites, Amistad y de Comercio y Navegación (1876): 447.

Tratado de San Ildefonso (1777): 22, 25, 30.

Tratado del 1º de mayo de 1865. Véase Tratado de la Triple Alianza.

Tratado Loizaga-Cotegipe (1872): 443-444.

Tratado Sosa-Tejedor (Río de Janeiro, 1875): 446, 461.

Tres Bocas, confluencia: 182, 196.

Triple Alianza: 15, 37, 52, 84, 148-161, 338, 393, 401, 417, 454.

Triunfo, barón de: 357-358, 392.

Tupí-hú, río: 386.

Tuyú-Cué: 283, 285-287, 300, 321, 487 n.51, 517 n.190, 190 y 195, 522 n.266, 523 n.287, 290 y 291, 524 n.298 y 299, 526 n.23, 528 n.53 y 60, 534 n.152, 540 n.8.

Tuyutí, batalla de: 208-215, 218, 220, 224, 231, 272, 277, 298, 337, 359, 456, 460.

Tuyutí, campamento de: 205-208, 216, 218, 228, 265, 269, 270, 280-281, 283, 285-286, 299, 300-301.

Tuyutí, laguna de: 205.

Tuyutí: 513 n.150, 514 n.152, 516 n.179, 520 n.237 y 242, 521 n.247 y 254, 522 n.271 y 274, 523 n.286, 524 n.15, 540 n.9.

Uberaba, villa de: 114-116.

Ugarte, Marcelino: 524 n.298 y 299.

Urbieta, Martín: 98-99, 430, 485 n.30.

Urdapilleta Caríssimo, Dolores: 75.

Uribe and Co.: 532 n.123.

Urquiza, Justo José de: 26, 31-34, 41, 43, 44, 56, 57, 64, 68, 87, 123, 128, 129, 130, 132, 133, 135-138, 146,

148, 169, 279, 442, 445, 452, 467 n.25, 476 n.156, 157 y 161, 477 n.169 y 172, 489 n.89, 490 n.105, 109 y 110, 491 n.111 Y 122, 538 n.211.

Uruguay, río: 128, 131, 132, 135, 150, 155, 162, 163, 164, 167, 171, 173, 179, 187, 316, 323.

Uruguay, vizconde de. Véase Soares de Souza, Paulino José.

Uruguay: 24, 37, 50, 125, 133, 237, 444, 454.

Uruguayana, barón de. Véase Silva Ferraz, Ângelo Muniz.

Uruguayana: 165-170, 172-176, 178-179, 242, 246, 435, 455, 498 n.210, 501 n.250.

USS Kansas, nave de guerra: 516 n.185.

USS Pawnee, nave de guerra: 516 n.185.

USS Quineberg, nave de guerra: 516 n.185.

USS Wasp, nave capitana: 516 n.185, 539 n.2. Véase *Wasp*.

Valente, comandante: 211.

Valenzuela, Carolina: 303, 526 n.19.

Valenzuela: 388-389.

Valiente, Bernardo: 405.

Valiente, Juan: 494 n.156.

Varela, Felipe: 268, 304-305.

Varela, José María: 38.

Varela, Mariano: 401-402, 405-409, 416-418, 428, 442-443, 550 n.161 y 165, 551 n.166, 169 y 170.

Vargas García, Eugenio: 532 n.123.

Vargas, Getúlio: 444.

Varnhagen, Francisco Adolpho de: 33, 251, 468 n.31 y 22.

Varrero, Gregoria: 430.

Vasco Alves, coronel: 357-359, 368.

Vasconcellos e Sousa: 478 n.186, 487 n.61, 514-515 n.165, 515 n.166, 519 n.215 y 216, 520 n.231, 522 n.272 y 281, 524 n.303, 526 n.27, 528 n.46, 530 n.93.

Vasconcellos, Antonio: 102, 104, 251, 486 n.47.

Vásquez Sagastume: 55, 65.

Vaticano: 13, 39.

Vaz Guimarães, Asir: 489 n.85 y 86.

Veiga, teniente: 425.

25 de Mayo, embarcación: 124-125.

Velazco, Maria Josefa: 465 n.1.

Veloce, cañonera: 103.

Vera, Ramón: 333.

Verde, río: 447.

Versen, Max von: 289, 331, 523 n.296, 532 n.120.

Viana de Lima, Cézar Sauvan: 56-58, 61, 62-63, 470-471 n.69, 471 n.71, 473 n.114, 474 n.115, 116, 117, 119, 121, 124 y 130, 475 n.135, 139, 143, 145 y 147, 476 n.155 y 158.

Vianna Peres, Daniel: 491 n.120.

Victoria I, reina de Inglaterra [Alejandrina Victoria]: 179.

Victorica, Julio: 129-130, 146, 490 n.110, 495 n.167.

Vicuña Mackenna, Benjamín: 67, 477 n.167.

Vieira Tosta, Manuel (barón de Muritiba): 323, 341, 370, 383, 520 n.228, 527 n.36, 530 n.90 y 94, 533 n.134, 139 y 141, 534 n.152 y 153, 535 n.175, 536 n.180, 185 y 186, 539 n.3, 540 n.7, 8 y 11, 542 n.31, 32 y 34, 544 n.76, 553 n.204, 205, 206, 554 n.215 y 216.

Vilhena Moraes, E.: 522 n.271.

Villa de Itapúa: 22.

Villa del Pilar, puerto de la: 22, 298.

Villa Occidental: 101, 415, 446-447.

Villa Rica: 218, 384, 420.

Villalba, Francisco: 489 n.94.

Villalba, Tomás: 69, 71.

Villela de Carvalho, Afonso Celso: 236, 503 n.265.

Villeta: 338-339, 345, 348-349, 352, 535 n.175, 536 n.180, 538 n.215, 540 n.11.

Villo Hermanos: 532 n.123.

Vinãles, Martín: 234.

Virreinato del Río de la Plata: 407.

Viscaino, Gregorio G.: 500 n.239.

Vittone, Luis: 331, 510 n.87, 513 n.137, 531 n.98, 532 n.120, 537 n.196, 546 n.106.

Voluntarios de la Patria: 99, 107, 109-110, 163, 180, 253-254, 256, 269-270, 316, 356, 377, 425-426, 428, 437, 439, 521 n.244 y 245, 525-526 n.10, 537 n.205, 555 n.237 y 238.

Wanderley, Teodoro Mauricio: 433.

Warren, Harris Gaylord: 547 n.124, 549 n.149.

Washburn, Charles Alfred: 474 n.129, 486 n.42 y 43, 516 n.179, 183 y 186, 527 n.25, 532 n.118.

Washburn, Charles Ames: 63, 104, 241, 247, 248, 304, 328, 330, 338, 344, 473 n.105, 490 n.109, 514 n.163.

Washington: 246, 444, 466 n.7.

WASP, cañonera: 344, 368. Véase también *USS WASP*.

Webb, general: 246, 516 n.178 y 186.

Werlang, Pedro: 348, 359, 422, 525 n.7, 528 n.59, 535 n.157, 165, 168 y 169, 537 n.198 y 199, 543 n.57, 545 n.81, 546 n.104, 552 n.186, 195 y 198.

Werneck Sodré, Nelson: 194, 487 n.60, 519 n.219, 520 n.230, 555 n.242.

Whigham, Thomas L.: 436-437, 469 n.49, 480 n.221, 511 n.102, 554 n.235.

Whythed, William K.: 27.

Williams, John Hoyt: 326, 331, 466 n.8 y 11, 470 n.57, 481 n.228, 531 n.108, 532 n.120 y 121.

Withworth, cañones: 300.

Xavier de Souza, Guilherme: 539 n.2, 542 n.31 y 34.

Yaciretá, isla de: 447.

Yatay, batalla del: 498 n.214, 499 n.219.

Yataytí: 508 n.53, 513 n.151.

Yataytí-Corá, conferencia de: 229-232, 237, 357.

Yataytí-Corá: 514 n.156.
Yhagui, río: 484 n.20.
Yhú: 387.
Ypoá, laguna: 340.
Yporá, vapor: 551 n.178.
Zacarías: 473 n.112, 497 n.187, 515 n.168 y 169, 520 n.232, 530 n.86, 541 n.19, 542 n.40.
Zagalo, Bernardo Antônio: 187.
Zarco, vapor: 316, 529 n.67.

Zeballos, Colección: 468 n.43, 493 n.146 y 147.
Zeballos, Estanislao Severo: 230-231, 334, 468 n.43, 469 n.45, 47, 52 y 54, 479 n.204, 481 n.224, 484-485 n.28, 485 n.29, 490 n.97, 491 n.117, 492 n.140, 493 n.146, 507 n.45, 512 n.135, 531 n.104 y 109.
Zubizarreta, Ramón: 77.